libretto

T. CORAGHESSAN BOYLE

WATER MUSIC

roman

Traduit de l'anglais (États-Unis)
par ROBERT PÉPIN

Titre original :
Water Music

ISBN : 978-2-7529-0893-3

Né en 1948, spécialiste de Dickens, et acclamé par la critique dès ses premières nouvelles aussitôt publiées par les magazines américains majeurs de l'époque, Thomas Coraghessan Boyle, de son vrai nom Thomas John Boyle, s'est imposé en France à la fin des années quatre-vingt avec son premier grand roman, *Water Music*, alors comparé à *Cent ans de solitude* de Gabriel García Márquez. Le public français ne le découvrira cependant réellement qu'avec *Au bout du monde*, sorti quelques mois plus tard, et récompensé par le prix Faulkner. Le prix Médicis Étranger attribué en 1997 pour *America* achèvera la conquête de l'Europe. Thomas Coraghessan Boyle mène aujourd'hui une vie discrète et enseigne en Californie du Sud. Il est l'auteur culte de près de vingt romans ou recueils de nouvelles et continue, avec régularité, à composer une œuvre traduite dans le monde entier.

Ce livre est affectueusement dédié aux membres du Club des Raconteurs, à savoir Alan Arkawy, Gordon Baptiste, Neal Friedman, Scott Friedman, Rob Jordan, Russel Timothy Miller et David Needelman.

Et à toi aussi, K.K.

Écoute citoyen des terres sèches
des doigts du harpiste la pluie

W.S. MERVIN
Antique présomption

APOLOGIA

L'impulsion qui est à l'origine de *Water Music* étant de nature esthétique plutôt qu'érudite, j'ai exploité les décors de l'Histoire non tant avec l'arrière-pensée de mettre en scène plus ou moins fidèlement des événements qui se trouvent consignés dans les livres que mû par ce qu'ils m'apportent de plaisir et d'émerveillement. C'est de propos délibéré que j'ai joué de l'anachronisme, que j'ai inventé une langue, des mots, bref, que j'ai laissé mon inspiration divaguer bien au-delà de mes sources premières. Chaque fois que la vérité historique allait à l'encontre de l'invention créatrice, je l'ai remodelée, en pleine et lucide connaissance de cause, afin de satisfaire les exigences de mon propos.

T.C. BOYLE

PREMIÈRE PARTIE

LE NIGER

Que nenni, aie confiance ! point ne seras bien
Tant que n'y seras dessus...
Dessus le sommet même, la haute cime
Du bonnet de la Dam'selle !

ROBERT BURNS
Ode au pou

D'UN BAS-VENTRE DOUX ET BLANC

À l'âge où les trois quarts des jeunes Écossais retroussent les jupes des demoiselles, labourent, creusent leurs sillons et répandent leur semence, Mungo Park, lui, exposait ses fesses nues aux yeux du hadj Ali Ibn Fatoudi, émir de Ludamar. On était en l'an 1795. George III[1] bavouillait sur les murs du château de Windsor, les « Notables » au pouvoir en France fichaient tout en l'air, Goya était sourd et De Quincey n'avait pas encore dépassé le stade du préadolescent dépravé. George Bryan, dit le « Beau Brummell », lissait son premier col amidonné ; vingt-quatre ans et le front en mailloche, le jeune Ludwig van Beethoven estomaquait les foules avec son deuxième concerto pour piano ; et Ned Rise se tapait des *Strip-Me-Naked*[2] en compagnie de Nan Punt et de Sally Sebum à la taverne du *Cochon Vérolé*, dans Maiden Lane.

Ali était Maure. Assis en tailleur sur un coussin de damas, il inspectait donc un fessier pâle et barré de plis : vous auriez cru voir Épicure en train d'examiner une

1. Troisième souverain de la dynastie de Hanovre (1738-1820), ennemi déclaré des libertés populaires, il sombra sur la fin de son règne dans une douce folie. (*Toutes les notes sont du traducteur, sauf mention contraire.*)

2. Littéralement : « Fous-moi-à-poil ».

mouche tombée dans sa julienne. Il avait la voix sablonneuse.

– Retourne-toi, dit-il.

Mungo Park était Écossais. Chausses baissées, il s'agenouilla sur la natte de jonc et jeta un coup d'œil à Ali par-dessus son épaule. Mungo cherchait le Niger.

– Retourne-toi, répéta Ali.

Si l'explorateur était aimable et prompt à satisfaire les désirs d'autrui, son arabe manquait un peu d'étoffe. Voyant qu'une fois de plus il ne savait comment réagir à l'ordre du hadj, le bourreau Dassoud, Grand Chacal de l'émir, fit un pas en avant, un fouet à la main. L'instrument avait été façonné à l'aide des appendices caudaux d'une demi-douzaine de gnous. Les queues houppées fendirent l'air, y battirent bien haut comme des ailes d'anges. À l'extérieur de la tente, il faisait une température de 57 degrés centigrades. Toute en trame et chaîne, la tente d'Ali était tissée de poils de chèvre. À l'intérieur, il faisait tout de même 48. Le fouet tomba. Mungo se retourna.

L'envers était aussi blanc que l'endroit : blanc comme un linge, blanc comme le blizzard. Ali et son entourage en restèrent de nouveau confondus.

– Sa mère l'aura trempé dans du lait, lança quelqu'un.

– Comptez-lui les doigts et les orteils ! cria un autre.

Des femmes et des enfants bloquaient l'entrée, des chèvres bêlaient, des chameaux toussaient ou s'accouplaient ; plus loin quelqu'un recrachait des figues. Cent voix s'entrelaçaient comme des sentiers, des layons, chemins hauts et bas empilés les uns sur les autres – lequel prendre ? – et tout cela était de l'arabe, trompeur, rapide, dur : la langue du Prophète.

– La la la la la ! hurla une femme.

On reprit son cri d'une voix de fausset qui écorchait les oreilles.

– La la la la la !

Le pénis de Mungo – blanc lui aussi – se rétrécit tellement qu'il lui en rentra presque dans le ventre.

~

Par-delà les parois nues de la tente se trouvait le camp de Benoum, résidence d'hiver du hadj. Trois cents milles de coups de soleil et de pustules plus loin s'étendait la rive nord du Niger, fleuve sur lequel aucun Européen n'avait jamais posé les yeux. Ce n'était pas faute d'intérêt, non. Hérodote s'était inquiété de son cours cinq siècles avant Jésus-Christ. Vaste, avait-il conclu. Mais tributaire du Nil. Al-Idrisi en avait peuplé les berges de créatures étranges et mythiques : le vermiculaire sangle-pied qui parle la langue des serpents et rampe plus qu'il ne marche ; le sphinx et la harpie ; la manticore au torse de lion, à la queue de scorpion et à la vilaine prédilection pour la chair humaine. Pline l'Ancien avait parlé d'un fleuve d'or, qu'il avait pourtant baptisé « le Nègre ». Les éclaireurs d'Alexandre avaient enflammé l'esprit de leur maître en lui contant ce fleuve des fleuves qui arrosait des jardins remplis de lotus, où paressaient des dames et des seigneurs buvant dans des coupes en or martelé. Et voilà qu'aujourd'hui, entre la fin des Lumières et l'avènement de la Bourse, la France voulait se l'approprier, et l'Angleterre aussi, sans parler de la Hollande, du Portugal et du Danemark. Selon les renseignements les plus récents et les plus sûrs, ceux que renfermait la *Géographie* de Ptolémée, le Niger coulait entre la Nigritia, ou Terre des Noirs, et le Grand Désert. Il s'avéra plus tard que ledit Ptolémée avait mis dans le mille. Pour l'heure toutefois, il ne s'était trouvé personne pour réchapper de la fournaise du Sahara ou de la Ceinture des Fièvres de la Gambie, et qui pût lui donner raison.

En 1788 enfin, un groupe de géographes, de botanistes, de galants et autres passionnés de la vérité, tous des plus distingués, se réunit à *La Taverne de Saint-Alban*, sise dans Pall Mall, afin de fonder l'Association africaine : on entendait ouvrir le Continent noir aux explorateurs. L'Afrique du Nord ? Ce fut du nanan. 1790 n'avait pas encore expiré qu'on l'avait déjà mesurée, encartée, étiquetée, disséquée et distribuée. Mais l'Afrique occidentale demeurait un mystère, et c'était au cœur de ce mystère que coulait le Niger. Dès sa première année d'existence, l'Association commandita une expédition placée sous la direction de John Ledyard. Sa mission : rejoindre l'Égypte, traverser le Sahara et découvrir le cours du grand fleuve. Ledyard était Américain. Il jouait du violon et souffrait de strabisme. Il avait couru le Pacifique avec Cook, s'était enfoncé au cœur des Andes et avait, à pied, traversé la Sibérie jusqu'à Yakoutsk. « J'ai foulé le monde, disait-il ; j'ai ri de la peur, je me suis moqué du danger. Hordes de sauvages, déserts calcinés, septentrion gelé, glaces éternelles et mers tempétueuses, de quoi ne suis-je pas sorti indemne ? Quel Dieu bon que mon Dieu ! » Quinze jours après avoir débarqué au Caire, il mourait de dysenterie. Simon Lucas, interprète de langues orientales à la cour de Saint-James, le remplaça. Il atterrit à Tripoli, erra jusqu'à une distance de cent milles à l'intérieur du désert, attrapa des ampoules, fut tourmenté par la soif et l'angoisse et s'en revint en Angleterre sans autre résultat que celui d'avoir dépensé 1 250 livres. Le major Daniel Houghton prit sa place. Irlandais et failli, il avait cinquante-deux ans d'âge. Il ignorait tout de l'Afrique mais ne demandait pas cher. « J'vous fais ça pour cent liv' », avait-il dit. Plus une caisse de scotch. Il remonta la Gambie en pirogue, but à même la flaque d'eau fétide, mangea de la viande de singe et, à force de caractère ou par entêtement de poivrot, réchappa du typhus, de la malaria, de la loïasis, de la lèpre et de la fièvre jaune. Malheureusement, les Maures de Ludamar finirent par le soumettre, nu et cru au haut d'une dune, au supplice du pal. Là se termina sa vie.

~

Mungo se redressa pour remonter ses braies. Dassoud l'expédia par terre. Les hululements des femmes attisaient la fureur de la foule.

– Bouffe-cochon ! Chrétien ! criait-on. Bouffe-cochon !

Mungo n'aimait pas leurs airs. Pas davantage il ne lui plaisait de montrer son fessier à des gens des deux sexes. Mais qu'y faire ? On lui trancherait la gorge et on lui mettrait les os à blanchir au moindre signe de résistance.

Soudain Dassoud brandit un poignard ; effilé comme un pic à glace, aussi noir que le sang.

– Chien d'infidèle ! hurla-t-il, ses veines dessinant un damier sur son cou.

Sombre, impassible, Ali observait la scène derrière les plis de son burnous. À l'intérieur de la tente, la température monta à 50. La foule retint son souffle. Dassoud abaissa la lame de son arme sur l'explorateur sans cesser de marmonner. On aurait dit un anatomiste enragé dissertant sur les excentricités que se permet la forme humaine. La pointe du poignard se rapprochait, Ali cracha dans le sable, Dassoud exhorta la foule, Mungo se raidit. Puis la lame le piqua – oh ! si légèrement ! –, descendit, et atteignit l'endroit où il était le plus mou, le plus blanc. Dassoud éclata d'un rire de ruisseau asséché. La foule siffla et hurla. C'est alors qu'un *bushrin*[1] avec de la paille

1. Sorte de derviche.

dans la barbe et une orbite vide se fraya un chemin à travers la cohue et poussa Dassoud de côté.

– Ses yeux ! vociféra-t-il. Regardez ! Il a des yeux de diable !

Dassoud regarda. Et cessa de glousser d'un air sadique pour prendre une mine horrifiée.

– Il a des yeux de chat ! siffla-t-il. Il faut les lui crever.

DEBOUT !

Quand il se réveille, Ned a mal à la tête. Il a bu du gin – des *Strip-Me-Naked*, des Beaux-Désastres, des Malédictions. Le gin, c'est le liquide qui affaiblit et aveulit le bas peuple. Clair comme l'urine de celui qui en boit, il est aussi amer que le jus de genièvre. Ned a donc bu du gin et ne sait plus bien où il se trouve. Il est pourtant raisonnablement certain de reconnaître ces demi-bottes éculées, ces phalanges poilues et cette cape rouge cannelle qui figurent parmi les premiers objets à lui tomber sous les yeux. Oui, cette cape, ces phalanges et ces bottes, et ces culottes, déchirées elles aussi, tout cela lui est familier. Intime même. Oui, conclut-il, tout cela, appartient bien à Ned Rise. Tout de même que la tête en morceaux et les yeux enfoncés qui perçoivent ces phénomènes, même imparfaitement, doivent lui être rattachés d'une manière ou d'une autre.

Il se redresse, s'arrête longuement, se lève. On dirait qu'il a passé la nuit allongé sur un tas de paille décolorée... en même temps que sur son chapeau. Il se penche pour le ramasser, pique du nez, retrouve l'équilibre en y allant d'un rot péremptoire. Le chapeau est fichu.

L'homme conserve ainsi quelque temps une pose méditative, tandis que quelque chose lui tambourine à l'arrière du crâne. Les paupières à demi closes, il examine la pièce et se prend pour un explorateur en train de poser le pied sur un continent inconnu.

C'est dans une cave qu'il se trouve, il n'y a pas à en douter. Le sol en terre battue, la serpillière dans le baquet, les murs en pierres brutes. Contre celui du fond, une double rangée de tonnelets : madère, porto, vin de Lisbonne, bordeaux rouge, hochheimer. Dans le coin, une pelletée ou deux de charbon. Se pourrait-il que ce fussent là les basses régions de la taverne du *Cochon Vérolé* ? Alors, Rise découvre qu'il n'est pas seul. D'autres formes, humaines, ce n'est pas impossible, occupent la paille qui au sol fait des couches de fortune. On entend des ronflements, des gémissements et des gargouillis qui font songer à la pluie courant dans un caniveau. Urine et vomi se combattent dans l'air où flottent lourdement leurs parfums.

– Comme çô, t'es réveillé, pôs vrai ?

Vraie face de *memento mori*, une pocharde qui perd ses cheveux est en train de lui parler derrière une planche qui va d'un tonneau à un autre. Un mince anneau d'or se balance à sa lèvre inférieure comme une bulle glaireuse.

– Ben, b'jour à vous, monsieur, reprend-elle. Ha... haaaa ! Et comment qu'on a dormi, hein ? Et si on s'tapait un p'tit verre pour commencer la journée du pied qu'y faut ?

Deux mesures en étain de la taille d'un coquetier et une cruche en terre cuite sont posées sur la planche, comme dans une nature morte. Au-dessous de ce comptoir improvisé, une truie s'est allongée sur le flanc, la bosse de la mâchoire cachée par un pot de chambre renversé.

Hogarth aurait adoré. Ned se demande ce qui s'est passé la nuit précédente.

Soudain la folle se met à hurler comme si on l'avait poignardée. Son cri ressemble à une longue inspiration pleine de rugosités :

– Hiiiiiiiiiiii !

Les coups qui martèlent le cerveau de Ned se transforment en rythmes de batterie, en roulements de tonnerre, en lourds poum-poum de grosse caisse. Mais un instant !... Non, la commère n'est pas du tout en train de succomber à une attaque : non, elle est juste en train de rire. Et la voilà qui tousse, qui crache et qui tape sur la planche jusqu'à ce qu'un long ruban de morve jaune lui dégouline de la bouche et commence à se frayer un chemin vigoureux vers le dessus du comptoir.

– T'as... avalé ta langue... peau de pêche ? demande-t-elle en s'étranglant.

Accroché au mur derrière elle, un avis. Les caractères en ont été tracés d'une main secouée de convulsions :

Saoul pour un rond
Archi-rond pour deux sous
Paille claire pour pas un rond.

Ned lui fait la nique.

– Va te faire foutre, espèce de pute à nichons scrofuleux ! Et ta mère avec ! Et toute ta lignée de guenilleux empoivrés aussi ! hurle-t-il en commençant à se sentir mieux.

– Hiiiiiiiiiiii ! lui renvoie-t-elle en un rire grinçant. T'as pas envie d'l'élixir à Maman Ginève, hein ? C'est pourtant pas qu't'en aurais pas eu envie hier soir !... Bon, là, fais un peu voir ta boutique à Maman... histoire qu'elle t'la remette d'aplomb !

L'œil paillard, elle soulève ses jupes. Mollets de coq et touffe jaunie. On dirait le dénouement d'un roman gothique.

Sur la gauche, une volée de marches branlantes conduit à une porte donnant sur la rue. À travers les lattes, Ned discerne la lumière glacée de l'aurore. Il se maudit de gaspiller sa salive avec la vieille folle, il a des affaires qui l'attendent cet après-midi-là, et il commence à grimper l'escalier qui a le vertige.

– Hiiiiiiiiiiiiiii ! hurle la mégère, fais gaffe à ta robe, hé ! poupée !

Ned lui fait la figue, resserre sa cape rouge cannelle autour de lui et, d'une poussée, ouvre la porte : Maiden Lane et la lumière du jour. Des profondeurs qui s'étendent derrière lui monte un cri aussi éraillé que le grincement d'un alto aigri :

– Fais gaffe, fais gaffe !... fais gaffe à la cravate du bourreau !

AVANT LA MOITIÉ DE MON ÂGE

Formé de deux bandes de cuivre, l'appareil à éteindre la vue ressemble un peu à une ceinture de chasteté à l'envers. La première bande fait le tour de la tête à la hauteur des yeux du condamné, la seconde s'ajuste sur son crâne. Deux vis y sont montées, l'une et l'autre munies d'un disque convexe fixé à la partie mobile du mécanisme. Le premier instrument de ce genre a été fabriqué au IXe siècle pour le compte du pacha aveugle de Tripoli, le caïd Hassan Ibn Mohammed. Se sentant menacé du fait de son infirmité, il avait décrété que quiconque souhaitait paraître en sa présence devait d'abord accepter de se faire crever les yeux. Cet homme était très seul.

L'appareil fonctionne sur le principe de l'étau. On tourne jusqu'à ce que les vis effleurent le globe oculaire de la victime, après quoi on serre, un tour après l'autre, jusqu'à éclatement de la cornée. Simple, inexorable, définitif.

Un grand calme s'est abattu sur la foule. Un instant plus tôt, tout le monde était encore au bord de l'hystérie, à se moquer et marmonner comme *oi polloi*[1] dans l'arène ou devant la cage aux monstres. Mais maintenant c'est le silence. Des mouches cisaillent l'air chaud à qui mieux mieux, le bruit soulevé par la chèvre ou par le chameau urinant dans le sable évoque le mugissement d'une cataracte. Des sandales raclent le sol, un homme se gratte la barbe. Beaucoup se sont voilé la face derrière des guenilles, comme pour fuir la contagion qu'ils lisent dans les yeux de l'explorateur. Dassoud et le trouble-fête borgne le toisent du regard, les poings sur les hanches, le visage empreint d'une profonde solennité.

Mungo a du mal à saisir le sens général de l'affaire. Il est raisonnablement sûr d'avoir attrapé au moins un mot au passage, le mot *ayn,* qui signifie « œil ». Il se souvient bien de l'avoir découvert dans la *Grammaire arabe* d'Ouzel : « Levons les *ayoun* vers le ciel, où réside Allah. » Mais pourquoi diable faudrait-il qu'ils se chamaillent pour des histoires d'yeux ? Et puis ce calme qui est tombé soudain… il s'interroge aussi là-dessus. Mais il fait chaud, bestialement chaud, et c'est à peine s'il arrive à fixer son attention sur quoi que ce soit. Si chaud, même, qu'il ne se rappelle pas avoir déjà eu si chaud – sauf peut-être le jour où il est allé au sauna derrière Grosvenor Square. Sir Joseph Banks, le trésorier et directeur de l'Association africaine, l'y avait emmené un après-midi afin d'élucider

1. En grec, « la populace ».

certains détails concernant sa quête du Niger. On les avait d'abord exposés à des jets de vapeur émanant de pierres brûlantes : elles rougeoyaient aussi fort que de la lave en fusion – du moins était-ce l'impression qu'il avait eue sur le moment. Un préposé les avait ensuite fouettés avec des rameaux de bouleau avant de leur talocher les reins et la colonne vertébrale du tranchant acéré de ses mains. Sir Joseph avait paru trouver l'opération revigorante. L'explorateur, lui, avait presque perdu connaissance. Voilà, c'est tout à fait cela, ce qu'il est en train de ressentir à l'instant précis : une manière d'étourdissement. Il n'y a guère à s'en étonner si l'on songe qu'il lui a fallu non seulement résister au soleil, aux puces des sables, à la dysenterie et à la fièvre, mais aussi à l'inanition. Les Maures lui ont confisqué ses provisions, se sont approprié son cheval et son interprète et ont apparemment décidé de le soumettre à un régime sévère. Trop sévère à son goût : cela fait deux jours qu'il n'a pas vu une miette de nourriture.

Et donc, malgré la situation critique dans laquelle il se trouve, et le cercle de visages étrangement hostiles qui l'entoure, Mungo commence à se sentir éméché – comme s'il avait bu trop de bordeaux rouge ou d'eau-de-vie. Il regarde ces yeux furtifs, ces fronts plissés, ces barbes et ces burnous, ces robes de prophète et ces sandales de pèlerin et, brusquement, tous ces visages durs, toutes ces mines menaçantes commencent à s'adoucir, à perdre leurs contours, à se ramollir ; on croirait voir fondre des figurines de cire. Tout cela n'est que mascarade, voilà ! Dassoud et le Borgne ? Des jongleurs et cracheurs de feu. Le vieil Ali ? Grimaldi – Grimaldi le clown. Mais ne voilà-t-il pas qu'ils ont l'air de lui assujettir quelque chose sur la tête... un casque ? Voudraient-ils donc qu'il s'en aille guerroyer pour leur compte ? Ou bien serait-ce qu'ils ont enfin retrouvé le sens commun et décidé de lui prendre son tour de tête en vue de quelque couronnement ?

L'explorateur grimace d'un air idiot sous sa coiffe d'airain. Il a les yeux gris. Aussi gris que les doigts de glace qui gagnent sur les trous d'eau de la Yarrow les matins de gel. Ailie les avait un jour comparés au Puits aux Amoureux de Galashiels, puis, prenant deux pièces dans sa bourse, elle lui en avait recouvert les paupières, tandis qu'il était étendu dans l'herbe. Gloucester avait à ce qu'on dit les yeux gris. Ceux d'Œdipe étaient noirs comme des olives. Et ceux de Milton... ceux de Milton ressemblaient à des geais bleus fourrageant dans la neige. Dassoud ignore tout de Shakespeare, de Sophocle ou de Milton. Il serre les deux vis de ses gros doigts. L'explorateur sourit. Béatement. Saisis d'horreur devant son calme insensé, les spectateurs s'enfuient en panique. Il les entend se ruer, il entend le claquement de leurs sandales sur la terre desséchée... mais que se passe-t-il ? Il a soudain l'impression d'avoir quelque chose dans l'œil...

CHIRURGIE ORTHOPÉDIQUE

– Arrêtez !

Mungo n'y voit rien (la coiffe semble être munie d'une visière et chaque fois qu'il va pour l'ôter, une main lui saisit le poignet), mais il reconnaît la voix dans l'instant. C'est Johnson. Ce cher vieux Johnson, son guide et interprète, est venu à sa rescousse !

– Arrêtez ! répète la voix de Johnson, avant de dégringoler tête la première dans le flot débordant des laryngales et des fricatives arabes.

Dassoud lui répond. Dans un registre suraigu, le Borgne déploie aussitôt des harmoniques où s'enchaînent à l'envi grognements et emphases. Johnson réfute. C'est ensuite à la voix d'Ali de se faire entendre dans un coin. Elle est dure et granuleuse. Un coup qui résonne, et Johnson déboule sur la natte à côté de l'explorateur.

– Monsieur Park, murmure-t-il. Pourquoi c'est-y que vous avez ce machin sur la tête ? Vous comprenez donc pas ce qu'y sont en train de vous faire !

– Johnson, ah ! mon cher vieux Johnson ! Ça fait du bien d'entendre ta voix !

– Y sont en train de vous crever les yeux, m'sieur Park !

– Comment ça ?

– Grand Chacal ici présent, y dit que vous avez des yeux de chat... et m'est avis que c'est pas ce qu'il y a de mieux porté dans la région, vu qu'y sont présentement en train de vous les écrabouiller. Ç'aurait pas été mon intervention fortuite, j'parie que vous seriez aussi aveugle qu'un mendiant à l'heure qu'il est.

Les idées de Mungo s'éclaircissent comme un matin de brume laissant la place au grand soleil de midi. Plus les choses avancent, plus il devient agité ; à la fin il se dresse d'un bond et tente d'arracher sa coiffe d'airain en beuglant comme un veau qui a perdu sa mère. Dassoud l'expédie à terre, fait claquer le fouet en queues de gnou une ou deux fois dans les airs et crie qu'on lui apporte d'autres instruments de torture. Un bruit de pieds qui détalent, le sifflement de l'auvent de la tente et puis, tout près, le cri d'un être humain pris dans les affres de la mort. Cela semble émaner de Johnson. L'explorateur en est alarmé et tire sur sa coiffe avec une vigueur nouvelle. Il a vraiment l'impression d'être un gamin de dix ans qui s'est coincé la tête entre les barreaux d'une rampe d'escalier en fer.

– Johnson ! suffoque-t-il, qu'est-ce qu'ils t'ont fait ?

– Rien pour l'instant. Mais y viennent juste d'envoyer chercher une rapière à double tranchant.

La coiffe relâche enfin son étreinte, saute de dessus la tête de l'explorateur comme le bouchon d'une bouteille de spumante. Mungo regarde autour de lui en clignant des yeux. Ali, Dassoud et le Borgne sont accroupis à l'autre bout de la pièce et bavardent en gesticulant. La foule s'en est allée, l'auvent de la tente est rabaissé. Bras croisés sur la poitrine, un énorme Noir en turban et robe rayée bloque l'entrée.

– Une rapière ? Qu'est-ce que ça signifie ? chuchote Mungo.

– Qu'on va être tous les deux comme le singe, tu sais : ne pas voir le mal, et ne pas parler mal non plus... Y prétendent que je jacasse comme une pie, monsieur Park. Y vont m'arracher la langue !

ALIAS KATUNGA OYO

Deux mots sur Johnson ; il appartient à la tribu des Mandingues, gens qui habitent près des sources de la Gambie et du Sénégal et peuplent l'essentiel de la vallée du Niger jusqu'à la cité légendaire de Tombouctou. Ce n'est pas sa mère qui lui a donné le nom de Johnson. Elle l'appelait Katunga – Katunga Oyo – comme son grand-père paternel. À l'âge de treize ans, Johnson s'était fait enlever par des bouviers peuhls alors qu'il rendait hommage à la nubilité d'une jeune et tendre sylphide dans un champ de blé sis aux abords immédiats de son village natal de Dindikou. La sylphide avait nom Nili. Les Peuhls ne voulurent pas le savoir. Leur chef, qui s'était épris des tatouages faciaux et du reste, chez la belle, en fit sa favorite. Johnson fut vendu à un *slati*[1], ou marchand d'esclaves itinérant, qui lui passa des fers aux chevilles et l'emmena jusqu'à la côte avec soixante-deux autres prisonniers. Quarante-neuf d'entre eux seulement y arrivèrent vivants. Là, le garçon passa aux mains d'un négrier américain qui l'enchaîna dans la cale d'une goélette en partance pour la Caroline du Sud. Son compagnon d'infortune, un jeune Bobo originaire de Djenné, était déjà mort depuis six jours lorsque le navire accosta à Charleston.

Pendant douze ans Johnson travailla comme manœuvre agricole dans la plantation de Sir Reginald Durfeys, baronnet de son état. Il fut ensuite promu au rang de domestique. Trois ans plus tard, Sir Reginald s'en vint visiter les Carolines, s'enticha de Johnson, en fit son valet de chambre et le ramena à Londres. Cela se passait en l'an 1771. Les Colonies américaines n'avaient pas encore fait sécession, l'esclavage était toujours reconnu en Angleterre, George III hébergeait déjà ces méchantes molécules de porphyrine qui allaient lui coûter sa santé mentale, et Napoléon bébé prenait d'assaut les barreaux de son parc.

Johnson, puisque c'est ainsi que Sir Reginald l'avait baptisé, commença à s'instruire dans la bibliothèque de Piltdown, résidence de campagne des Durfeys. Il apprit le grec et le latin. Il lut les Anciens. Il lut les Modernes. Il lut Smollett, Ben Jonson, Molière et Swift. Il parla de Pope comme s'il l'avait connu personnellement, se moqua de la puérilité de Richardson et fut tellement séduit par

1. Homme libre de la nation mandingue, nouveau musulman la plupart du temps, spécialisé dans le commerce de chair humaine (*N.d.A.*).

Fielding qu'il tenta même de traduire *Amélia* en mandingue.

Durfeys était fasciné. Non seulement par la maîtrise de la langue et de la littérature anglaises que manifestait le jeune homme mais aussi par ses souvenirs du Continent noir. Bientôt le baronnet fut incapable de s'endormir sans avaler une tasse de lait froid à l'ail... et sans se faire bercer par la basse profonde et apaisante de cet homme qui lui narrait des histoires de cases couvertes de chaume, de léopards et d'hyènes, de volcans crachant le feu dans le ciel, de cuisses et de fesses luisantes de sueur et aussi sombres qu'un rêve sorti du ventre maternel. Sir Reginald, qui lui allouait déjà un salaire généreux, l'émancipa en 1777 et lui proposa une jolie pension s'il consentait à rester à son service. Johnson réfléchit à cette offre en buvant un verre de xérès dans le bureau de son maître. Il finit par lui répondre d'un large sourire et le tapa d'une augmentation.

Pendant les sessions parlementaires, Sir Reginald prenait ses quartiers en ville et s'y faisait accompagner par Johnson et deux valets de pied en livrée. Londres était une fille aux joues rouges et Johnson un petit-maître élégant. En haut-de-forme, habit à taille de guêpe et bas de soie, il trottinait dans Bond Street avec les meilleurs d'entre ses semblables. Il fréquenta les cafés, apprit l'art de la repartie et se mit à tourner des épigrammes acérées. Un après-midi, un gentleman rougeaud à pattes de lapin le traita de « sale nègre hottentot » et l'invita à défendre chèrement sa vie. Le lendemain matin à l'aube, Johnson logeait une balle dans l'œil droit du gentleman en présence de deux témoins. Le gentleman en périt instantanément ; quant à Johnson, il fut incarcéré puis condamné à mourir par pendaison. Sir Reginald joua de son influence. La sentence fut commuée en travaux forcés dans une colonie pénitentiaire.

En janvier 1790, les jambes de Johnson retrouvèrent donc les fers, ce qui eut pour effet de lui endommager ses bas. Embarqué à bord de *L'Incapable*, il fut déposé dans l'île de Gorée, à quelques encablures de la côte occidentale de l'Afrique : il devait y servir en qualité de soldat du rang. Il sentit le passé l'investir et tout son être frissonna quand il posa le pied sur la plage. Il était chez lui. Quinze jours plus tard – il était de dernier quart – il s'appropria un canot, pagaya jusqu'au rivage et se fondit dans la jungle noire qui dévalait vers la mer. Après quoi il retrouva le chemin de Dindikou, où il épousa la cadette de Nili et se mit en devoir de repeupler le village.

Il était alors âgé de quarante-sept ans. Il avait les cheveux légèrement poivre et sel. Les arbres grimpaient dans le ciel et l'aurore descendait comme un lit de fleurs. La nuit, il entendait les hurlements stridents du daman et les quintes de toux du léopard, le jour, le bourdonnement assoupi des abeilles. Sa mère était devenue une vieille femme au visage fendillé de rides et aussi desséché que ceux des cadavres momifiés qu'il avait vus dans le désert – ceux des esclaves qui ne s'en étaient pas sortis. Elle le serra fort sur ses os et fit claquer sa langue. Il plut. Les récoltes poussèrent, les chèvres engraissèrent. Il vécut dans une hutte, alla pieds nus et se ceignit la poitrine et les reins d'un morceau de drap noir qu'il baptisa « toge ». Et il s'abandonna à la sensualité.

Moins de cinq ans plus tard, il nourrissait déjà trois épouses et onze enfants, soit quatorze bouches, sans compter un vaste assortiment de chiens, de simiens, d'écureuils acrobates et de scinques. Cela étant, on ne pouvait pas dire qu'il s'usât au travail, non ; en fait, il tirait le meilleur profit de sa réputation d'homme de lettres. Les villageois venaient le voir munis d'une calebasse de bière ou d'un flanc de bubale et lui demandaient en échange de leur griffonner quelques mots. Chacun portait une *saphie,* bourse en cuir de la taille d'un portefeuille, attachée autour du cou ou du poignet. Ces *saphies* contenaient des fétiches et des amulettes contre diverses calamités : le doigt conservé dans la saumure était censé immuniser contre la morsure de la vipère clotho ; la mèche de cheveux mettait à l'abri de n'importe quelle mutilation pendant la bataille ; la glande à musc de la civette préservait le navigateur des embardées et écartait la lèpre. Le charme souverain n'en était pas moins conféré par le Logos : écrit, le mot était en effet capable de donner la sagesse, la puissance sexuelle et l'abondance en période de disette. Il avait aussi le pouvoir de faire repousser les cheveux, de guérir le cancer, de couvrir un homme de femmes, et de tuer les criquets. Johnson fut prompt à comprendre le potentiel commercial de ses qualités d'écrivain. Il se prit à gribouiller un ou deux vers de mirliton en échange de trois livres de miel ou d'un mois de grain ; ou bien alors il citait Pope contre deux anneaux de chevilles destinés à la plus jeune de ses épouses :

Qui de son bla-bla-bla lésa le sapajou
Recevra trois miaous pour paiement, voilà tout ;
Ce héraut fatigué, le tambour que voilà,
Du bourricot-clairon le braiment couvrira.

Elle avait quinze ans et était fort démonstrative dans ses remerciements. Johnson se renversait en arrière et savourait : la chose était assurément aussi douce que fiction. *Le Paradis retrouvé,* pensait-il.

C'est alors qu'un après-midi, un coursier arriva de Pisania, comptoir anglais sur la Gambie. Il portait une lettre aux armoiries des Durfeys (une chèvre en rumination). L'Angleterre, ses clubs, ses théâtres, Covent Garden et le Pall Mall, les boucles de la Tamise, la texture de la lumière tombant dans la bibliothèque de Piltdown à la fin de l'après-midi, tout lui revint en mémoire en un éclair. Il déchira l'enveloppe.

Piltdown, le 21 mai 1795

Mon cher Johnson,

J'espère que si jamais elle t'atteint, cette missive te trouvera en bonne santé. Je dois t'avouer que la nouvelle de ta fugue hors de Gorée nous a tous immensément ravis. Il faut croire que tu es retourné à « l'état de nature », avec quelques-unes de ces sirènes au teint de miel sur lesquelles tant tu t'extasiais, n'est-ce pas ?

Mais au fait. Je t'écris cette lettre afin de te présenter un certain Mungo Park : c'est le jeune Écossais que nous avons engagé pour s'enfoncer dans ton pays et tenter de reconnaître le cours du Niger. Consens seulement à lui servir de guide et d'interprète et ton prix sera le mien.

Bien à toi, en toute ferveur géographique,

SIR REGINALD DURFEYS, BARONNET,
Membre Fondateur de l'Association Africaine

En échange de ses bons offices, Johnson exigea les œuvres complètes de Shakespeare, dans l'édition in-quarto que Sir Reginald venait juste de déposer sur les rayons de sa bibliothèque. Il fit son bagage, gagna Pisania à pied, s'enquit de l'explorateur et finit par le trouver, après quoi il rédigea un contrat d'embauche pour entrer à son service. L'explorateur en question était âgé de vingt-quatre ans.

Il avait les cheveux soyeux comme les blés. Il serra la main de Johnson dans son gros poing butyreux.

– Johnson, dit-il, je suis vraiment enchanté de faire votre connaissance.

Johnson mesurait cinq pieds quatre pouces pour deux cents livres bon poids. Il avait la tignasse en plumeau, allait pieds nus et arborait une aiguille en or au travers de la narine droite.

– Tout le plaisir est pour moi, fit-il.

Ils partirent à pied. En amont du fleuve, à Froukabou, l'explorateur s'arrêta pour acheter un cheval. Le vendeur était un marchand de sel mandingue.

– Une belle affaire, leur disait-il. Venez donc voir le fringant poulain que nous avons là...

Ils trouvèrent la bête à l'attache derrière une hutte en clayonnage située à l'autre bout du village. Au milieu d'une ribambelle de poulets qu'elle observait de sa hauteur en clignant des yeux, elle mâchonnait des chardons.

– Vous allez voir ces dents ! promit le marchand de sel.

Pas plus haut qu'un poney des Shetland, le cheval était borgne et émacié comme seuls peuvent l'être les grands vieillards. Des ulcères béants, verts de mouches, parsemaient son flanc droit ; il lui dégoulinait des naseaux une humeur jaunâtre qui faisait songer à du porridge clair. Pis encore sans doute, l'animal était atteint de pétomanie sénile, et il émanait de lui de tels remugles que le soleil en tremblait dans le ciel et que l'univers entier n'en était plus qu'un cloaque.

– Rossinante ! ironisa Johnson.

L'allusion passa au-dessus de la tête de l'explorateur. Il acheta la bête.

Mungo chevauchait devant, Johnson suivait à pied. Ils traversèrent le royaume des Woulis et des Bondous sans incident mais s'aperçurent, en foulant les terres de Kaarta, que le roi du pays, Tiggitty Ségo, était en guerre avec l'État voisin de Bambara. L'explorateur suggéra de tirer vers le nord en passant par le Ludamar. Deux jours après en avoir franchi la frontière, les deux hommes furent accostés par trente Maures à cheval. Ils donnaient l'impression de gens qui sortaient de table après avoir accommodé et dégusté leurs mères. Ils étaient armés de mousquets, mais aussi de rapières et de cimeterres. Aussi glacées et cruelles que la lune en sa phase ascendante, ces lames étaient mieux faites encore pour la taille que pour l'estoc : c'était d'un seul coup d'un seul que cela vous arrachait un membre, vous désossait une épaule ou vous décollait. Géant encapuchonné, avec une cicatrice en trait d'union en travers de l'arête du nez, leur chef s'avança en trottinant et cracha dans le sable.

– Suivez-nous jusqu'au camp d'Ali, à Benoum, dit-il.

Johnson tira sur les guêtres de l'explorateur et lui chuchota quelques mots à l'oreille. Les chevaux trépignaient et bégayaient d'impatience. Mungo leva les yeux sur les visages sinistres qui l'entouraient, sourit, et fit savoir en anglais qu'il serait ravi d'accepter l'invitation qu'on lui faisait.

FATIMA

Un garçon entre brusquement dans la tente, une rapière à double tranchant à la main. Dassoud lance un regard méchant, Johnson frémit. Mungo se remet debout à la hâte, remonte ses chausses et boucle sa ceinture.

– J'aimerais bien savoir quel crime nous avons... commence-t-il.

Dassoud l'expédie à terre. Un deuxième garçon se rue alors dans la tente, porteur d'un message pour Ali. Dassoud s'étant retourné vers ses compagnons, il s'ensuit un furieux colloque. Des doigts y sont secoués, des bras brandis, des barbes tirées. Dans tout cela l'explorateur ne parvient à reconnaître qu'un seul mot qu'on répète encore et encore comme une incantation : Fatima, Fatima, Fatima... En gardant les yeux fixés sur ceux qui confèrent, il sort subrepticement la main de sa poche pour tirer son compagnon par la toge.

– Johnson, lui glisse-t-il, qu'est-ce qui se passe ?

Johnson a les yeux grands ouverts.

– Chut ! lui répond-il.

Un instant plus tard, Ali se lève. Le Borgne ramasse son coussin de damas. Dassoud, de dégoût, jette sa rapière par terre, et tous les trois sortent de la tente d'une démarche majestueuse. L'explorateur et le guide restent seuls avec la sentinelle nubienne. Et les mouches de sable.

– Pssssiit ! Johnson ! reprend Mungo. Qu'est-ce que c'est que cette Fatima dont ils n'arrêtent pas de caqueter ?

– J'en sais foutre rien. Quoi qu'il en soit pourtant, je vous fiche mon billet que vous ne trouverez pas là de quoi perdre la tête...

LEVURE

Ned Rise est en train de sortir du débit de boissons à petits pas, en se brossant les vêtements et en boxant son chapeau écrabouillé, lorsqu'il est soudain fauché par un direct aux naseaux. Il rejoint le trottoir en zigzaguant, tel un ballon qui se dégonfle, tant la peur, la douleur et la stupéfaction lui troublent l'esprit. Une fois au sol cependant, il se retrouve admirant le riche poli couleur acajou des bottes de cavalier qui trépignent et déjà se soulèvent avec une belle précision chorégraphique afin de lui administrer une volée de coups dans les organes vitaux. Chaque coup reçu le fait siffler de la poitrine. Tousser aux larmes. Vomir. Les bottes sont assujetties aux pieds agiles de Daniel Mendoza, le pugiliste, le juif, l'ex-champion de Londres de lutte-aux-poings, l'ami et associé de George Bryan dit le « Beau Brummell ». Mendoza s'est mis sur son trente et un : col en coton amidonné, gilet rouge écarlate, culottes rayées et bottes de maroquin. Âgé de douze ou treize ans, un jeune gommeux aux allures de dandy se tient à ses côtés et s'occupe à replier sa veste en velours bleu sur son bras comme le maître d'hôtel sa serviette. Mendoza a le visage rouge.

– Alors ! hurle-t-il. De la soie d'Chine, pas vrai ?

Au ras des pavés, Ned marmonne un mélange d'excuses, de dénégations et d'appels à la pitié.

– Du satin d'Hollande à douze sous le mètre, oui ! reprend Mendoza. Et toi, fumier, tu oses demander six liv' au Beau Brummell pour « une cravate en pure soie d'Chine d'origine et sans modifications, tout droit sortie des métiers de Pékin en Orient »... que tu disais. Hé, j'me trompe ou quoi ?

Ned se raidit dans l'attente du coup. Il le reçoit juste sous l'aisselle gauche.

Mais, un couteau à la main, Mendoza s'est déjà penché sur lui. Le garçon-tailleur ressemble à un ange du Seigneur. Il se met à neiger.

– Je m'en vais juste te soulager de cette babiole, dit-il en tranchant les cordons de la bourse de Ned. Ça m'remboursera un peu du chôgrin que mon ami a souffert.

Le bout de la botte de Mendoza atteint Ned par trois fois à la rate, un organe de son corps dont il avait jusque-là ignoré l'existence.

– Et qu'ça t'ôrrive pus jômais, 'spèce de trou-du-cul, ou j't'estropie comme j'ai estropié Nasmyeth le Turc au deuxième round à la foire de Bartholomew. T'entends ?

Crissement de la batiste sur le velours, tapotement de pieds qui s'en vont – deux paires. La neige est molle comme un tas de poudre d'os, l'air aussi vif que la lancette du saigneur.

Ned se redresse en force et s'essuie la bouche du revers de la main. Il grimace un sourire. Écœuré de gin à en vomir, narines, reins, rate et aisselle en proie à de grands élancements de douleur, l'assailli, le rossé, le détroussé qu'il est, oui, grimace un sourire ! Il sourit en pensant à la tête que fera Mendoza lorsqu'il ouvrira sa bourse et découvrira qu'elle ne contient que huit onces de sable de rivière, deux boutons en cuivre et une dent de cochon. Il se passe une main plus bas, dans la fourche, et sourit encore plus fort : sa récompense est indemne. Retenue par des points de résine de pin disposés sur son ventre et sur ses fesses, une bande de mousseline lui emmaillote les parties. Douillettement et chaudement nichées contre la chair duveteuse de ses couilles se lovent vingt-deux guinées d'or, fruit d'une semaine de larcins et de filouteries. Ned entend bien les placer, et les regarder faire des petits.

~

À l'auberge de *La Tête de Campagnol*, il crie qu'on lui apporte des tranches de lard grillé, des côtes de mouton, quelques galettes de blé, des œufs durs, de la langue, du jambon, du pain grillé, une tourte au pigeon, de la confiture d'orange… « et une pinte de bière amère pour lubrifier le tout ! ». Après quoi il envoie un gamin lui acheter un costume dans un des monts-de-piété qui font face à la maison de jeux de White – « des godillots au galure en passant par la cravate, précise-t-il, tout ce qu'y faut pour un rupin ». Le gamin a les pieds entourés de haillons et les yeux, la bouche et les oreilles qui suintent. Le scorbut lui a ravi toutes ses dents. Ned lui donne une demi-couronne pour sa peine.

Le patron de *La Tête de Campagnol* ? Un certain Nelson Smirke. Lequel est un gros homme couvert de croûtes. Il a le crâne symétriquement dégarni. Seul le dessus s'orne d'une chevelure quasi électrique. L'ensemble fait songer à un légume. Smirke ne ressemble à rien de connu sauf, peut-être, à un navet de dimensions colossales.

– Ah ! Smirke, s'écrie Ned en dévorant sa tourte au pigeon. Tire donc une chaise, l'ami... j'ai une proposition à te faire.

L'autre s'assoit et croise ses énormes mains sur la table.

– Je te mets d'un coup au parfum, reprend Ned. Ce soir, je te loue la chambre de l'Aléseur. Disons de 8 heures à 3 ou 4 heures du matin. Je te file deux guinées et tu la fermes.

– C'est pour quoi faire ? Une petite fête ?

– Tu l'as dit : une petite fête.

– Vous allez pas me déchirer les rideaux et me pisser dans le service à thé comme la dernière fois, hein ?

– Allons, allons, Smirke, réplique Ned en faisant claquer sa langue, tu n'as pas confiance en moi ? C'est une réunion entre gens comme y faut.

Derrière lui, une tête de daim est accrochée au mur. Des braises rougeoient dans l'âtre. Ned pose sa fourchette et plonge la main dans sa culotte pour y repêcher son or. Il reprend largement son souffle, s'arrache la mousseline (et les poils) de l'abdomen et farfouille dans le magot.

– Comme y faut, mon cul ! proteste Smirke. Comme si je connaissais pas le ramassis de brutes, d'épaves et de déchets humains que c'est, ceusse qui te disent « mon poteau », môssieur Ned Rise !

Deux guinées tintent sur le bois de la table et la musique en est bien douce. Smirke les recouvre de toute la graisse de son poing. Ned regarde le patron de *La Tête de Campagnol* droit dans les yeux, s'enfourne une galette de blé dans le gosier, la mâche comme un réfugié. Il plie une tranche de jambon en deux, se la rajoute en gueule, et se cale un œuf dur dans la joue.

– Disons trois guinées et ça marche, fait Smirke.

Ned s'étouffe un instant – quelque chose de coincé dans le mauvais tuyau – et lui expédie la troisième pièce en la faisant rouler en travers de la table. Smirke se lève. Un doigt épais posé entre les deux yeux de l'entrepreneur, il menace et gronde :

– Et pas de pétard chez moi ce soir... ou, nom de Dieu, j'te jure que j't'arrache le foie !

~

Sept heures et demie. Ned se tient à la porte de la chambre de l'Aléseur. Il s'est habillé en jeune lord. De loin, et dans l'obscurité du couloir, il pourrait presque passer pour un honnête citoyen. De près l'illusion s'envole. Et d'abord, il y a cette tête. De quelque manière qu'on la regarde, oui, sous quelque angle, sous quelque lumière, dans quelque pénombre, de quelque endroit ou position que ce soit, ce n'est jamais qu'une gueule de petit dessalé. Celle du jeune voyou qui, les bottes sur son pupitre, flemmarde en classe, celle du vaurien qui fiche le feu aux robes des vieilles dames et sirote l'encre de l'école. Celle de l'adolescent qui traînaille, se vautre et terrorise le marchand de fruits, celle du mécréant qui fume de l'opium, qui se baigne dans du gin et qui du monde entier fait son pot de chambre. Celle du jeune maquereau qui, pour finir, est en train de manigancer du vilain, voire de l'outrageant, là, à la porte de la chambre de l'Aléseur, à l'auberge de *La Tête de Campagnol*, dans le Strand. En plus de la gueule, il y a les habits : culottes à fines rayures et veste de style *engagé**[1] qui le fagote à en donner des cauchemars à un tailleur. Le col de la veste est tellement maculé de taches de xérès, de jus, de ketchup et de worcester-sauce qu'il en ressemble au cuir de quelque bête hurlante de la jungle ; et le voilà déjà qui pend, aussi mollement qu'une serviette de bain. La chaîne de montre en or ? Du cuivre poli. Le renflement dans la poche du gilet ? Un caillou en guise d'oignon de gousset. Les bas ne sont que de vulgaires chaussettes en laine et la fleur à la boutonnière un simple bout de papier coloré. Mais tout cela n'est rien au regard de la cape qui, avec ses étoiles blanches sur fond cannelle, flotte aux épaules de l'imprésario comme la tente d'un romanichel.

Il n'empêche : les affaires marchent bien. Des messieurs, par deux ou par trois, parfois même tout seuls, descendent le couloir étroit et lui glissent des guinées d'or et des souverains d'argent dans la paume avant d'entrer dans la chambre de l'Aléseur. Ned dépose leurs offrandes à la Banque « de la Paire et Cie ». Non sans grimacer à la ronde des sourires de bon bourgeois. À l'intérieur, des bruits de réjouissances : verres qui s'entrechoquent, chaises qui grincent, arh ! arh ! et hou-là ! hou-là ! Enfin ! C'était le signal qu'attendait Smirke. Un plateau de boissons brandi bien

1. Les mots, ou expressions, en italique suivis d'un astérisque sont en français dans le texte.

haut, d'une seule main charnue à souhait, il apparaît au bout du couloir. Deux serveuses le précèdent comme des bulles chevauchant la crête d'une vague.

– Magnez-vous l'cul d'entrer là-d'dans et d'voir à c'que le vin coule ! rugit-il à leur adresse. Et plus vite que ça, sinon, par Jozachar ! y vont m'péter toute la baraque !

Les filles passent devant Ned en gloussant et pénètrent dans la pièce sous un déluge d'applaudissements, de cris d'animaux et de sifflements féroces. Smirke s'arrête devant la porte un instant.

– Ça j'te l'accorde, Ned, tu t'es trouvé un parterre de gens comme y faut, qui s'est d'jà descendu un demi-tonneau de scotch et cinquante-trois bouteilles de jus d'la treille !

Ned a le sourire large et doucereux.

– Qu'est-ce que j't'avais dit, Smirke ? Fais-moi confiance et tu s'ras riche, va !

Une voix de stentor, la voix d'une montagne en colère, commence à crier de l'autre côté de la porte :

– À boire, bordel de merde ! Ah ! que soit damnée la vierge, ah ! la putain ! À boire !

– Du picrate ! lance un autre. Voilà-à-à-à-à !

Ces hurlements sont comme autant d'électrodes qu'on planterait dans la colonne vertébrale du dénommé Smirke : il en tremble, se raidit, se crispe, ses muscles sont secoués de spasmes cloniques, les verres vacillent au bord de son plateau. Il pousse la porte à la hussarde et reçoit en pleine figure la claque brûlante d'un sirocco ruisselant de sueurs, d'odeurs de sperme, de bière renversée et d'urine. Il ouvre des yeux en petits pois.

– Bon Dieu, Ned Rise, y a intérêt à c'que ton spectacle, il en vaille la peine ! Sinon j'te... j'te...

– ...Tu m'arraches le foie ?...

– J'en fais de la fricassée, oui ! s'écrie l'aubergiste avant de s'abandonner au tintamarre.

Ned claque la porte et avale une gorgée à sa gourde. Saloperie de journée ! Il y a d'abord eu les charpentiers et la scène… toute une histoire. Et après, la réclame. Les panneaux pour les hommes-sandwichs, c'est lui qui les a rédigés, au pinceau :

POUR LES DANDYS QU'EN ON ASSEZ D'ATTENDE
Spectacle entièremen nouvau
À *La Tête de Campagnol.* À 8 heures. Ce soir.
SÉANCE DE CHATOUILLI
À *La Tête de Campagnol.* Ce soir.
VENEZ AU BAL DU VOILLEUR
À *La Tête de Campagnol.* Ce soir !

Après, il a fallu payer Billy Boyles et deux autres malfrats – un shilling chacun – pour qu'ils aillent se planter devant les maisons de jeu et les magasins pour beaux messieurs. Ils étaient censés répondre aux questions à mi-voix et ne donner de détails que le plus discrètement possible. Sauf qu'avec Boyles, à tous les coups cet abruti vous aura pris sa plus grosse voix pour clamer l'affaire du haut en bas de la rue, jusqu'à ce que tous les cognes et tous les magistrats de la ville en aient eu vent. Bref, soucis sur soucis. Et ce n'était qu'un début. Tout l'après-midi durant, et cela sans cesser d'apaiser Smirke et d'aboyer aux fesses des charpentiers, il lui a aussi fallu veiller à ce que Nan et Sally soient bien saoules : bien saoules, mais juste à point ; en somme assez blindées pour ne pas déprimer, mais pas pleines au point de ne plus pouvoir monter sur les planches. Et après, le plus gros casse-tête de toute l'histoire : louer Jutta Jim, le grand nègre du Congo, à son maître et employeur, Lord Twit. Lequel n'avait pas exigé moins de trois guinées et la ferme assurance que son précieux serviteur lui serait retourné avant l'aurore, «toutes ses aimables énergies en bon état». Merde! Ennuis, tension, longues heures de sobriété obligatoire, tout ce bazar l'a mis sur les rotules. Il a la tête en ampoule qui suppure, et le gin est vraiment le seul remède capable de lui redonner du tonus.

Or donc, là il se tient, debout dans le couloir mal éclairé, et suce son flacon, et rêve, et se caresse la bosse dorée qu'il a à l'entre-deux (trente-deux guinées de plus pour l'instant)... lorsque soudain il se retrouve cloué au lambris. Un poing s'agite sous son menton et des doigts de fer lui serrent le kiki. Une odeur de lavande, la manche de chemise froissée: c'est Mendoza.

– T'as intérêt à ce que la fête soit stimulante, connard, ou j'te pète les cannes et les bras comme si que c'était des allumettes. C'est que, vois-tu, j'ai amené le jeune Beau avec moi, et j'ai sacrément envie que ça l'excite et que ça l'édifie, ce qu'y va voir, le gamin. Compris?

Les doigts relâchent leur étreinte et, l'attraction terrestre aidant, le menton de l'imprésario se retrouve à son niveau habituel. Ned s'éclaircit la vue et regarde l'endroit où, debout derrière le champion de lutte-aux-poings, un jeune dandy de dix-sept ou dix-huit ans l'observe en ricanant. Il a le cheveu aussi frisé qu'un barbet à poils roux et des yeux miel. Son linge est si pur qu'il en luit.

– Fiche la paix à cet étron, Danny, geint-il d'une voix nasillarde.

Il marque un temps d'arrêt, sort une tabatière guillochée de sa poche, dépose une prise sur le revers de sa main et l'aspire en rejetant élégamment la tête en arrière. Lorsqu'il la rabaisse, ses yeux transpercent Ned comme des brochettes.

– On ne fait pas payer les amis, n'est-ce pas, Rise ? dit-il.

Ned grimace un sourire jusqu'à ce que les lèvres lui en brûlent.

– Non, répond-il, on ne fait pas payer les amis...

Mendoza pousse la porte et le Beau Brummell entre dans la pièce comme le cygne se pose sur l'étang de la montagne.

– Suce-queues ! marmonne Ned d'une voix si basse et si lointaine qu'il n'est même pas certain de s'être entendu parler.

La porte se referme en claquant. Il tire le caillou de sa poche et y jette un coup d'œil. Plat et lisse, ce caillou – deux pouces de diamètre. Quelqu'un y a peint un cadran de montre. Les aiguilles marquent 8 heures. L'heure du lever de rideau.

~

Sally Sebum et Jutta Jim sont sur la scène et leur numéro est déjà en train. Revêtue d'une robe de chambre en popeline, Nan Punt se tient à côté de Ned. Elle attend le signal.

– Ouh ! ouh ! ouh ! ouh ! gémit Sally. Ouh-ah ! ah ! Aaah ! Aaaaahh !

Jutta Jim s'écarte d'elle en reculant : cul nu, cul noir, membre lisse et raide dans la lumière des lampes à huile. De minables éclats d'os lui traversent le nez, des plumes lui percent le lobe des oreilles, des cicatrices convolutées lui veinent le torse ainsi qu'une carte de la lune. Le public s'est tu. Jutta Jim se tourne vers les spectateurs et lentement, sans rien dire, méthodiquement, commence à se battre la poitrine, qu'il a en tonneau.

– Ça y est, c'est le moment, chuchote Nan en ôtant sa robe de chambre avant d'entrer en scène d'un pas léger.

Elle est saoule comme une truie. Après une parade consistant à caracoler en se frottant les seins, elle s'enfourne la bite de Jim dans la bouche. Les spectateurs – ceux-là mêmes qui un instant plus tôt tapaient du pied, sifflaient et jetaient en l'air chaussettes, chapeaux, serviettes et couverts en argent – ne pipent plus mot. Sally en profite pour se décoincer du seul accessoire qu'il y ait sur la scène – une bergère en velours vert – et regagne les coulisses en titubant. Ned lui présente la robe de chambre grande ouverte.

– Houah ! souffle-t-elle, ramoner comme ça, non ! Il m'a presque tuée, le cannibale !

Elle sue à grosses gouttes, son maquillage n'est plus qu'un cloaque, ses boucles de cheveux d'un noir profond lui collent aux joues et à la gorge. La couleur de ses seins va du rouge au blanc. Ils font des bosses contre sa robe de chambre, comme des légumes dans un sac.

– Ah ! et son haleine ! Il pue comme un pot d'chamb' ! Mais ça, il a un bel outil ! On peut pas dire ! Ah ! l'animal !

– Content que ça t'ait plu, Sal.

– Que ça m'ait plu ?

Indignée, mains sur les hanches :

– Pasque tu t'imagines que ça m'plaît de m'faire grogner et baver d'sus par un barbare de nèg' qui pue d'la gueule ?

Elle lui fait quand même un clin d'œil.

– Jamais empoché quatre liv' aussi vite depuis que Lord Dalhousie s'était tellement rétamé la gueule au punch au lait qu'y m'avait laissé tomber sa bourse aux pieds en me palpant ma robe en satin.

Ned éclate de rire.

– Ce n'est qu'un début, Sal. J't'ai trouvé un autre spectacle pour jeudi, et pis encore un autre pour samedi à la taverne du *Cochon Vérolé*. Et que j'te dise encore... si t'y retournes et que tu m'y fais un truc historique, j'te rajoute deux couronnes par-dessus.

Elle est sur le point de lui raconter comment sa mère a toujours voulu qu'elle fasse carrière sur les planches lorsqu'elle se ravise et, préférant jeter un œil à la salle, se met à glousser.

– Ned, chuchote-t-elle, viens voir un peu ça !

Lords, chevaliers de l'ordre de la Jarretière, officiers de marine, boutiquiers, détrousseurs de grands chemins et ecclésiastiques, Smirke même, tout le monde est en transe. On a la bouche grande ouverte, la mâchoire pendante, le menton et la barbe couverts de bave. Jim s'est allongé sur le dos, à l'avant-scène, et Nan le chevauche comme un jockey. Ici elle saute par-dessus une digue, là elle franchit une clôture, là encore elle évite les aqueux périls de l'orgasme, et toujours elle halète et ne cesse de grommeler des mots incohérents. Pas un chuchotement, pas une quinte de toux, pas un grognement, pas même un « Bon Dieu ! » ou un « Nom de d'là ! » ne monte du parterre : on ne lèverait même pas les yeux si la comète de Halley venait arracher le toit de la taverne. Certains tremblent, visage et membres convulsés, d'autres agrippent leurs chapeaux et leurs cannes comme s'ils se raccrochaient à des brindilles au bord d'un précipice. Ici et là un mouchoir tamponne un front, des dents rétives mâchonnent le dossier d'une chaise, des pieds tapotent, des genoux s'entrechoquent.

– Vouououahah ! hurle Nan au zénith du galop le plus pur, tandis que le pauvre Smirke pique du nez et va s'écraser dans un typhon de verre brisé.

Personne ne le remarque. Sally se sert un petit coup à boire au flacon de Ned. Et se prend à rire. À rire si fort qu'elle est obligée de s'en tenir les côtes.

– De quoi que tu te marres ? demande Ned.

– Ben, parvient-elle à répondre malgré ses gloussements, ou bien c'est qu'y se sont tous foutu des coquilles d'escrimeur ou alors, je l'jure, c'est qu'y aura quelqu'un qui leur aura collé de la levure dans la culotte !

LE SAHEL

Longue étendue de terre semi-aride, le Sahel entoure l'Afrique occidentale comme une ceinture qui s'étire de la côte atlantique, à l'ouest, jusqu'au lac Tchad, à l'est. Au nord s'étend le Grand Désert ; au-dessous, la forêt tropicale africaine. Sur ses limites septentrionales, il laisse place à une steppe desséchée blanchie par le soleil, puis aux dunes et aux ergs du Grand Désert proprement dit. Au sud, il se transforme en savane, en océans débordant d'herbe vert-bleu de juin à octobre, mois de la mousson. C'est pendant ces mois-là que le hadj Ali Ibn Fatoudi pousse vers le nord ses troupeaux de chèvres et tout son bétail, ses gens, ses tentes, ses femmes, ses poulains nourris au lait, et longe la verte frontière jusqu'en ses derniers abords. De novembre à juin, il rebrousse chemin vers le sud, cependant que le féroce vent d'harmattan sort du désert en hurlant, toutes griffes de sable dehors, et lessive l'humidité de l'air, des buissons, des yeux et de la gorge des bêtes et des hommes. La triste vérité ? Les troupeaux d'Ali dénudent le nord du Sahel à force d'y trop brouter. Ses vaches tondent l'herbe à ras avant même qu'elle ait le temps de germer et ses chèvres la déracinent. Tous les ans, Ali s'enfonce un peu plus au sud, une lieue par-ci, une lieue par-là. Dans deux cents ans, Benoum sera un désert. Déjà les grands ergs d'Iguidi et d'Es-Cheh coulent sous le vent, dérivent, allongent ici une langue, là un doigt, là encore un bras, déjà ils lui lancent des défis et l'assiègent.

Pas la joie, la vie au Sahel, il faut dire ce qui est. Parlez-moi plutôt de rareté et de besoin, de caprices de la nature : bienvenue au pays ! Parlez-moi d'années où les pluies refusent de tomber et où les doux troupeaux qui bêlent ne sont plus que monuments d'os érigés à la gloire du soleil ! Ou alors du puits dont l'eau devient saumâtre, de tempêtes de sable qui vous arrachent les favoris des joues ! Sans parler des hyènes qui, la nuit, se sauvent avec la chèvre et le chevreau, les éventrent et n'en laissent que des restes compissés aux vautours et aux chacals. Et la migration vers le sud ! Plus on s'y enfonce et plus on a de chances de se faire subrepticement attaquer par les Peuhls et les Sahraouis. Ce serait du beau. Voir ses gens enchaînés, son bétail abattu, ses chevaux violés, son couscous dévoré. Triste nécessité ! La vie est frugale. Et transportable. À Benoum, c'est le campement tout entier, oui, avec ses trois cents tentes, qui pourrait disparaître en une heure. Fata morgana !

Parce qu'il vit sous la loi de la poudre, Ali a tout converti en biens mobiliers, en biens qui marchent – chameaux, chevaux, chèvres, bœufs et esclaves. À faire l'inventaire des objets inanimés qu'il possède, on le mettrait presque au rang des mendiants. L'émir de Ludamar, le chef de milliers, celui qui règne sans partage sur des terres aussi vastes que le pays de Galles, l'homme du Livre Sacré, le descendant du Prophète est, en fait, moins bien nanti qu'une femme de chambre de Chelsea. Une tente en poil de chèvre, une *djoubba*[1] de rechange, un pot, un

1. Ample vêtement d'homme.

fourneau, deux mousquets, un narguilé qui fuit et un sabre émoussé ayant autrefois appartenu au major Houghton, et c'est bien tout. Ah! mais ses chevaux! Blancs comme la lune, marbrés de muscles, la queue aussi rouge (il les teint) que la veine ouverte. Et ses femmes! Aurait-on à l'envier, que ce serait pour ses femmes. N'importe laquelle de ses quatre épouses serait capable de lancer mille navires – s'il s'en trouvait une seule pour savoir ce qu'est un navire.

La plus grande, tant en influence qu'en beauté, c'est Fatima de Jafnou, la fille du chérif Bou Khaloum, de la tribu d'Al-Muta. L'érotisme de Fatima repose tout entier sur une seule de ses qualités : la dame est imposante. Quel idéal de perfection humaine pourrait approcher celui-là dans une société de squelettes ? Fatima pèse trois cent quatre-vingt-deux livres : pour elle, passer d'un coin de la tente à un autre exige l'intervention de deux esclaves. Une fois, sur les soixante milles qu'il faut parcourir pour atteindre Dina, au nord, elle creva ainsi deux chameaux et un bouvillon et, pour finir, dut se faire porter sur une litière tirée par six bœufs. Qu'il rentre du désert, les yeux pleins de sable tout injectés de sang, et c'est dans la moite fécondité de ses chairs qu'Ali aussitôt veut plonger. Car elle est source, puits, oasis. Elle est le lait qui déborde du bol, la fête mobile, le vert pâturage et le quartier de bœuf. Elle est or. Elle est pluie.

Fatima n'a pas toujours été une reine de beauté. Fillette, elle n'était qu'un fétu de rien du tout – de gros os et d'énormes possibilités certes, mais rien de plus à tout prendre qu'un vilain petit canard maigrichon aux yeux noirs. Bou Khaloum décida de la prendre en main. Un soir il entra dans sa tente, une natte en jonc et un oreiller sous les bras. Il étend la natte dans un coin, y dépose l'oreiller et ordonne à sa fille de s'asseoir. Sur ce, il crie qu'on lui fasse venir du lait de chamelle et du couscous.

Fatima était fort étonnée : les restes du dîner – des assiettes noires de mouches et une cruche renversée – gisaient encore dans un coin de la pièce. Tout à coup elle remarqua que des ombres se déplaçaient sur les parois de la tente, comme si une foule de gens tournaient autour. Elle demanda à son père s'il avait l'intention de réunir les anciens. Il lui répondit de la fermer. Soudain la porte s'ouvrit et un homme entra. C'était Mohammed Bello, soixante-trois ans, le plus grand ami et le conseiller de son père. Il était nu. Fatima en fut mortifiée. Jamais encore elle n'avait vu les jambes d'un homme, et encore moins ces espèces de caroncules boursouflées qui se tortillaient entre les cuisses du vieillard comme une énormité de la nature. Elle pensa à ces choses molles qui se débattent dans la fange des trous d'eau à demi asséchés. Elle avait onze ans. Elle fondit en larmes.

Mohammed Bello n'était pas seul. La porte se rouvrit dans un sifflement et huit hommes de plus, tous aussi nus que l'enfant qui vient de naître, entrèrent dans la pièce en silence. Zib Sahman, le parrain de la gamine, en faisait partie. Et aussi Akbar Al-Akbar, l'homme le plus âgé de la tribu. Après qu'ils se furent tous rassemblés, un esclave apparut, porteur d'une assiette creuse grande comme une bassine. Elle contenait du lait de chamelle – de quoi boire pendant une semaine au moins. Un deuxième esclave suivait, porteur, lui, d'une assiette plus grande encore et remplie, à ras bord, de couscous. Les deux assiettes furent déposées devant Fatima. Le lait de chamelle est doux et riche en éléments nutritifs. Le couscous, sorte de porridge fait de semoule de blé cuite, constitue le plat de base de la nourriture maure. La chose n'est pas du tout désagréable au palais mais elle a ses limites, comme tout.

– Mange, dit Bou Khaloum.

Au début, elle ne comprit pas. Pour elle, il ne faisait pas de doute que toute cette nourriture fût destinée aux hôtes de son père. Attendait-il d'elle qu'elle les servît? Mais, se souvenant qu'ils étaient nus, elle se mit à bafouiller. Son père hurlait. « Mange, je te dis ! Tu ne comprends pas l'arabe ? Tu es devenue sourde ? Mange ! »

Elle regarda les huit vénérables. Ils s'étaient assis en demi-cercle et l'observaient. Ils étaient toujours aussi nus. C'est alors qu'elle eut droit au choc de sa vie : son père était en train d'ôter sa *djoubba* ! Toute sa vie durant – pendant les repas, à l'heure d'aller se coucher, sur la route – elle n'avait rien vu de plus que son visage, ses mains et ses orteils. Et voilà que brusquement il se tenait devant elle, oui, nu, et lui aussi équipé des mêmes caroncules caoutchouteuses que les autres. Elle était terrifiée.

– Mange !

Elle en resta stupéfaite. Mais déjà une baguette était apparue dans la main du père. Il l'en frappa à la figure à deux reprises. Elle hurla. Il la frappa encore. Et encore.

– Mange ! hurlait-il.

Elle approcha les lèvres de l'assiette de lait et but entre deux sanglots. Elle prit une poignée de couscous et se la rentra de force dans la bouche. Mais elle n'avait pas faim. Elle venait juste de manger – et de manger plus que coutume. Sa mère n'avait pas cessé de lui adresser des reproches : elle n'avait que la peau et les os, elle manquait totalement de poli... Comment un mari voudrait-il d'elle, « la fille qui ressemblait à une autruche du désert » ? Elle avait donc fait un effort. Et maintenant elle était rassasiée : une bouchée de plus et elle rendait tout. Le porridge lui restait en travers de la gorge.

Bou Khaloum n'avait plus toute sa tête. Il la fouetta jusqu'à ce que son bras se mît à trembler, il hurla jusqu'à s'en casser la voix.

– Plus de parties de berceau[1] avec les camarades, plus de leçons, plus de tissage... plus rien ! Tu vas rester assise sur ce coussin et y manger jusqu'à ce que tu sois une femme. Tu mangeras et tu grandiras. Tu seras belle. Tu entends ? Belle !

Mohammed Bello et les autres contemplaient la scène. De temps à autre, l'un d'entre eux hochait la tête en signe d'approbation. Fatima mangea. Pleura et mangea.

– Et quand tu seras femme, tu continueras de manger !... hurlait le père. Nuit et jour ! C'est ton devoir. Envers ton père, et envers ton époux. Il aura une verge ! Une verge comme celle-ci. Et il te rossera comme je te rosse en ce moment et comme je te rosserai demain et après-demain et après-après-demain !

Et soudain, voilà que les anciens s'étaient mis debout, comme mus par un signal. Les joues gonflées de semoule, Fatima leva les yeux et faillit s'étouffer : ils s'étaient tous transformés en des êtres hideux et contre nature. Là où ils avaient été flasques, ils étaient raides. Les vieillards, dindons ratatinés mais au membre engorgé, s'étaient mis en cercle autour d'elle, se rapprochaient...

– Que je te rosse ! beugla le père, tandis que, le regard dur et distant, béat même, tous commençaient à se manipuler et, un coup bref, un coup long, à se traire la verge.

Fatima eut l'impression d'être en cire. La tête lui tourna. Elle tombait, elle dégringolait d'une éternité dans une autre, elle s'abîmait dans la terre, dans le néant. Ce

1. Jeu d'adresse où il faut créer des figures géométriques de plus en plus compliquées à l'aide d'un simple bout de ficelle.

fut alors qu'elle sentit les premières gouttes, comme de pluie, la toucher.

Après cette nuit de déchirements et de violence, elle se mit à manger, mais à manger prodigieusement, furieusement : jamais elle n'en avait assez. Dattes bien lisses, mouton, yaourt, pains de sel, couscous au poisson séché, couscous aux noix, couscous au couscous... Dans le Sud elle mangea des cassaves, des melons d'eau et les fruits du tamarinier. Dans le Sud encore elle mangea des pains plats, des pots entiers de miel sauvage, des patates douces, du riz, du maïs et du beurre. Et elle but du lait, encore du lait, toujours du lait. Du lait de chèvre, du lait de vache, du lait de chamelle – comme un bébé, elle téta même une esclave qui donnait le sein à son enfant. Elle était insatiable. Elle mangeait pour vaincre sa peur, elle mangeait pour se venger. Elle mangeait pour être belle.

TANTALE

Il est en train de périr, de descendre le long tunnel sinueux de la dévastation et de la mort, de courir au terme, de tomber dans la poussière des générations qui ont passé. Il est, tout simplement, en train de mourir de soif. De faim aussi – mais la soif est plus pressante. Le soir, quand ils s'en souviennent, les Maures lui donnent une poignée de couscous et une demi-tasse de rinçure. Ce soir-là, ils ont oublié. Il a l'estomac qui se resserre autour de rien. Il a les cellules qui se dessèchent, qui agonisent comme les méduses que le flot a jetées au rivage. Enfin la chaleur diminue. Il reste pelotonné dans sa veste, il tremble et il sue, la fièvre qui le tient joue du temps qu'il fait en lui ainsi qu'un robinet, ouvert, fermé, soleil, glace... Dehors, au-delà du cercle des tentes, les chacals ont des jappements en coups de couteau au cœur, les hyènes se rassemblent pour intimider la lune. Il y aura de la douleur, des pleurs et des grincements de dents, pense-t-il. Puis il ferme les yeux.

Le rêve de l'explorateur est immédiat, vivant. Il est arrivé au cœur du Grand Désert, dans la pleine chaleur de midi. Le soleil est une torche de feu, du sable lui est entré dans la bouche. Il y a des hommes derrière lui. Des inconnus. Visages brûlés, barbes, haillons. Ils avancent en ligne sur l'horizon ainsi que des fourmis. Il tient un bâton fourchu dans la main. À côté de lui, Zander, le bel et vieux Zander, le frère d'Ailie. Jadis, ils allaient à la pêche ensemble.

– Où est-elle ? demande Mungo. Elle n'est jamais là quand on a besoin d'elle.

– Elle est à la maison, répond Zander. Elle attend.

Quelqu'un qui s'étouffe et pique du nez. L'explorateur retourne le corps du malheureux et recule d'effroi : les orbites sont vides, les dents déchaussées, la peau aussi cassante que la croûte incisée d'un jambon au caramel. C'est alors qu'une louche en étain apparaît dans les airs, partie renflée glacée de rosée – et puis une autre, une autre encore. Toute une procession, rien que des louches pleines d'eau qui planent dans l'azur comme des mouettes portées par un courant ascendant. Une ovation sans force monte des hommes. Ils tendent les bras et font claquer leurs lèvres goudronneuses – rien à faire : les louches ne bougent pas, restent hors d'atteinte, quoique presque à portée de leurs mains. Pris de frénésie, les hommes se piétinent, se montent dessus, leurs doigts griffant le ciel. Les louches font les timides, elles dansent, elles se trémoussent, elles flirtent avec leurs doigts tendus ; mais non, pas une goutte, elles ne veulent rien savoir. Les hommes désespèrent, se jettent la tête contre les pierres, les buissons, les parois rocailleuses.

– Mais faites quelque chose ! implorent-ils. Aidez-nous !

À cet instant le bâton fourchu se met à frémir entre ses mains. Mungo tend l'oreille dans la direction du vent. Il entend quelque chose : le bruit est infime, lointain, chantant, lyrique. Le bruit est mouillé de gouttes, comme celui d'une flûte ou d'une harpe. Se pourrait-il ? Mungo est prompt, ferme, décidé.

– Suivez-moi ! crie-t-il, et il se met à trotter à petits pas vers le bruit qui s'amplifie, qui devient rugissement, sifflement, douces syncopes de l'eau dévalant sur un lit de pierres.

Stupéfaits, les hommes se relèvent en vacillant et se traînent à sa suite. Ils traversent une plaine, gravissent une pente et là, devant eux, le découvrent ! Le Niger ! Clair et froid comme un matin d'octobre. Des pelouses impeccables recouvrent ses rives, des bachots, des foulques noires et de grands cygnes muets glissent sur ses eaux ridées, des saumons bondissent, des fougères pleines de fraîcheur, des ormes feuillus éventent ses berges. Il plonge, les hommes poussant des houp ! derrière lui. Ils sont en extase, sauvés, vivants ! Mais lorsqu'il se retourne, ils ont disparu. Les vagues ne font plus qu'à peine clapoter, les cygnes ont baissé la tête, il est seul avec son triomphe. Mais qu'importe ! Comme il est heureux de faire des remous et des bulles dans l'eau, d'en avaler, d'aspirer cette onde lisse et qui lui glace les dents, jusqu'à ce qu'il ne puisse plus en absorber une goutte !

Il se réveille, et c'est avec l'impression d'avoir une pierre dans la gorge. Il a la langue sèche. Et aussi la bouche. Et la luette. Boire, voilà ce qu'il lui faut. Boire de l'eau. De la glace. Du sang. Une tasse de thé. Un verre de lait.

Une chope de bière ! Il gagne l'entrée de la tente sur la pointe des pieds et jette un coup d'œil dehors. Les trois gardiens sont endormis. Ils se mâchonnent la barbe et ronflent comme des poivrots. L'ennui, c'est qu'ils sont vautrés en travers de l'entrée, épaule contre épaule, le plus proche au ras de l'ouverture. Pour fuir, Mungo devrait sauter par-dessus leurs trois corps à la fois et, à supposer qu'il y arrive, cela ne supprimerait pas le bruit sourd qu'il ferait en touchant terre. Et, bon sang, ils se redresseraient comme des loups affamés s'ils croyaient seulement entendre le plus faible craquement et, tout en jurant, ils auraient tôt fait de se saisir de leur poignard. Mungo hésite.

Mais voilà que, miracle des miracles, l'homme du milieu a laissé un vide en se retournant sur le flanc. C'est maintenant ou jamais. L'explorateur s'extrait de ses bottes, respire un grand coup et enjambe le corps du premier garde. L'air est immobile. Quelque part, un oiseau lance un cri. Toujours en proie à un ronflement qui fait claquer ses lèvres, paupières agitées de soubresauts, la sentinelle continue de dormir. Mungo fait basculer tout son poids sur le pied qu'il a mis en avant et commence à ramener sa jambe gauche vers lui lorsque, tout à coup, il se sent pris d'un léger vertige et songe, Dieu sait pourquoi, au funambule de la Foire de Bartholomew. C'était il y a bien des années de cela. Enfant, il se tenait au milieu de la foule et, une poupée *kewpie*[1] sous le bras, il regardait l'artiste se déplacer sur un fil tendu à deux cents mètres au-dessus du sol. L'acrobate jonglait avec une douzaine de pommes lorsqu'un pigeon était venu se poser sur la perche qu'il tenait en équilibre dans sa main. Il s'était écrasé par terre.

1. Petit lutin bienfaisant que l'on représente souvent sous les traits d'un enfant ailé. Son nom est une déformation populaire du mot Cupidon.

Mungo cligne des yeux et se retrouve assis sur la poitrine du premier garde. L'homme marmonne quelque chose en arabe – quelque chose de lent et de sirupeux – puis se prend à frotter la main de l'explorateur contre sa joue hérissée de poils. Vu les circonstances, la sensation n'est vraiment pas désagréable. Mais voilà qu'il laisse tomber la main de l'explorateur et repart de plus belle dans un autre stertor. Mungo file dans la nuit.

– *Yummah !* gémit le garde, aussi passionnément qu'un amant, *yibbah*[1] *!*

~

Cela fait maintenant plus d'un mois qu'il est prisonnier des Maures. Au mitard. On lui a confisqué son cheval et ses biens. Il n'est accusé d'aucun délit particulier. Allah soit loué, la question de savoir s'il convient de lui crever les yeux est, pour le moment, toujours pendante. Il semblerait qu'en sa qualité de première épouse d'Ali, Fatima ait, du village de Dina, mandé qu'on lui laissât le monstre en bon état ; elle souhaite le passer au crible, mauvais œil et le reste. (Si à Londres on se presse pour aller voir la chenille humaine et l'homme à trois nez, à Ludamar, ce sont les mutants albinos qui excitent la curiosité des foules.) Il n'empêche : l'explorateur mène une vie qui n'a rien d'idyllique. On le retient contre son gré, on le harcèle parce qu'il est « infidèle », on le menace de mort et de mutilations diverses, on l'affame, on le blackboule, on le tourmente, on le condamne à l'ennui, on le prive de toute conversation, de tout stimulant intellectuel, et pour finir, d'eau. Qui plus est, cela fait une semaine qu'il n'a pas

1. Interjections valant approximativement : « Maman ! Papa ! »

revu son interprète. La dernière fois qu'il a posé les yeux sur lui, Johnson avait encore une langue – civile ou autre – dans la bouche. Ali avait en effet compris que, sans cet appendice fait de muscles et de tissu adipeux, il ne pourrait jamais interroger l'explorateur ; or il voulait savoir le fin mot de ses vêtements et de ses bagages, comprendre tout, ces chaussures et ces bas, ces boutons de veste et de braies, cette boussole, cette montre et ce rasoir. « Comment ça marche ?... Et ça ? » demandait-il à Johnson sans pour autant cesser de fixer l'explorateur de ses yeux sombres et tristes. Pour finir il avait obligé Mungo à ôter et à remettre ses habits trente-sept fois de suite, car il souhaitait voir ses badauds s'émerveiller de leur ingénieuse conception. À la trente-huitième démonstration, il s'était montré curieux de savoir ce qui avait bien pu pousser l'explorateur à venir au Sahel : s'il n'était pas marchand, il ne pouvait être qu'espion.

– Je cherche le Niger, lui avait répondu Mungo.

Ali avait étudié son gros orteil un instant avant de lever les yeux sur lui.

– Et pourquoi ça ? Vous n'avez donc pas de rivières chez vous ?

~

C'est au pied d'un talus en pente douce sis à quelque distance du campement, trois cents pas tout au plus, que se trouvent lcs puits. Mungo n'a aucun mal à entendre les beuglements des bêtes lorsque, chaque soir, elles se pressent autour des auges afin de s'irriguer un peu le gosier. S'en approche-t-il, qu'il n'a pas plus de difficuté que cela à distinguer les bosses arrondies de leurs dos, à voir leurs cornes furieusement acérées déchirer la nuée comme une forêt en mouvement. Les vaches, qui ressemblent plus à des gazelles obèses qu'à du bétail sur pied, tapent du sabot, se poussent et meuglent : elles ont envie de boire. Il pourrait meugler avec elle. Il pourrait même pleurer, grincer et hurler plus fort que tous les démons de l'enfer tant il a soif. Mais que se passe-t-il ? Quelque chose s'est mis à bouger dans le bouquet d'acacias là-bas devant. L'explorateur se met un peu de côté pour mieux observer la scène.

Emmitouflés dans leurs burnous, six ou sept esclaves paressent autour d'un feu en riant et se passant une pipe. De temps à autre, l'un d'entre eux tire un seau du puits et en répand le contenu dans une manière d'abreuvoir. Les bêtes grognent et se bousculent autour. Mungo sort de l'ombre et se jette à genoux devant les esclaves.

– De l'eau, supplie-t-il. Donnez-moi de l'eau.

Et puis, en anglais :

– Une goutte, un soupçon, une cuillerée !

Au début, ils se montrent surpris. Mais en découvrant la loque épuisée qui se prosterne dans la bouse devant eux, ils commencent à rire. Ils ont les yeux brillants, veinés de rouge. Ils vacillent, ils poussent des houp-houp ! et se tiennent les côtes. Leurs rires se perdent en échos dans la nuit. « Hi hi hi ! ha haa ! ha ! » Rires en cris d'oiseaux qui s'étranglent. Puis, la pipe à la main, l'un d'eux fait un pas en avant. Il a des yeux minuscules, des yeux de cochon. Le front, fortement bombé au-dessus du visage, ressemble à la berge érodée d'une rivière.

– De l'eau ! lui crie Mungo.

L'homme se penche, tire sur sa pipe et lui envoie une bouffée de fumée dans la figure. L'odeur est forte, aromatique, visqueuse : fumeraient-ils de l'encens ? Mungo tousse. L'homme se remet en équilibre sur les talons et appelle ses compagnons.

– *Nazarini* veut de l'eau ?

Ils rient.

– Donne-lui-en, Sidi !

Sidi se tourne vers l'explorateur.

– *La illah al-Allah, Mohammad rassoul Allahi*, lance-t-il dans un sifflement.

Mungo reconnaît la phrase : « Il n'est qu'un Dieu, et Mahomet est son prophète. » Ils la lui font répéter cent fois par jour.

– O.K., dit-il, O.K., et vite il marmonne une petite prière au Seigneur en le suppliant de lui accorder les circonstances atténuantes.

Sidi lui flanque un coup de pied.

– *La illah al-Allah, Mohammad rassoul Allahi*, répète Mungo.

– De l'eau ! crient les autres. Allez, Sidi, donne de l'eau au *Nazarini*. Donne-lui de l'eau bénite.

Les jarrets des bêtes se soulèvent et s'abaissent. La poussière retombe sur l'explorateur comme une poudre neigeuse. Elle lui monte dans le nez, elle lui descend dans la gorge. Il les entend fort bien, toutes ces bêtes idiotes qui bavouillent au-dessus des trous d'eau en toute satisfaction et en toute inconscience : précieuses et soyeuses, les gouttes d'eau leur dégoulinent du museau, s'accrochent comme des perles au bout de leurs moustaches.

– Tu veux de l'eau ? insiste Sidi.

Mungo hoche la tête en signe d'assentiment. Alors, sans avertir, l'esclave ouvre sa *djoubba* et lui pisse dessus. Vive et salée, l'urine chaude lui coule dans la chemise, lui passe entre les doigts, transperce le tissu de son gilet. L'explorateur se lève d'un bond, pris de frénésie. Il n'en peut plus, il est prêt à tuer mais Sidi a déjà reculé en riant et les autres se penchent en avant pour ramasser des pierres et des bâtons. Mungo reste planté sur place. Il est sans force et couvert de puanteur lorsque les bouviers commencent à le lapider.

– T'as qu'à boire ta pisse, hé, chrétien ! lui lancent-ils en se moquant.

Il tourne les talons et s'enfonce dans la nuit au petit trot.

Tout est calme. Les étoiles se sont répandues dans les cieux comme du lait renversé ; des moustiques poussent leur plainte sous les arbres... On le chasse des trois puits suivants en le bastonnant et en le rossant à coups de poing. Au dernier – guère plus qu'un trou déjà ancien, très éloigné des autres et rempli d'eau saumâtre –, un vieil esclave et son fils, ce dernier âgé de huit ou neuf ans, sont en train d'abreuver le troupeau de leur maître à la lumière d'une torche. Mungo les supplie de lui donner à boire. Le vieillard l'examine un instant d'un œil soupçonneux, puis il lui présente un seau d'eau.

– *Salaam, salaam, salaam*, remercie Mungo.

Et déjà il tend la main lorsque le garçonnet tire son père par la manche.

– *Nazarini*, dit-il.

Le vieillard hésite, regarde son seau, regarde le puits. Il a peur que l'eau ne soit contaminée, il craint le mauvais sort, il se demande si le puits ne va pas s'assécher pendant la nuit.

– Je t'en prie, dit l'explorateur, je t'en supplie.

Le vieillard gagne le puits en traînant les pieds, vide son seau et, d'un doigt usé, lui fait signe d'approcher. Mungo ne se le fait pas dire deux fois. Il se rue en avant et dans l'instant se retrouve la tête coincée entre les grands mufles encornés de deux génisses.

La rigole ressemble à un égout un jour de pluie, il n'y coule que de vagues eaux usées, à la surface desquelles tourbillonnent des brindilles, de la paille et des excréments. L'explorateur y plonge la figure et boit. Mais la concurrence est impitoyable : le filet d'eau s'est transformé en une flaque où bavent les bêtes ; déjà, de leurs grandes langues roses, elles en aspirent comme des éponges les dernières gouttes. Mungo se tourne vers le vieillard.

– Encore ! crie-t-il. Encore !

Une vache pie aux yeux gros comme des montres de poche le renverse. Soudain une détonation se fait entendre, aussi forte qu'un coup de tonnerre. Puis une deuxième. Les bêtes reculent, effarées. Elles se cognent le poitrail, le museau et les flancs et, prises de panique, s'enfuient à l'aveuglette. *Bo-boum, bo-boum, bo-boum*, elles s'enfoncent sourdement dans la nuit.

La poussière une fois retombée, Mungo se retrouve devant trois cavaliers. L'un d'eux n'est autre que Dassoud. Sa cicatrice en trait d'union luit à la lumière de la torche. Il tient un pistolet à la main. Il calme sa monture, abaisse son arme vers la tête de l'explorateur et appuie sur la détente. Rien ne se produit. Mungo reste assis dans la poussière, parmi les bouses de vaches, le cœur glacé et les nerfs à vif, se demandant comment diable apaiser ce fou.

– *La illah al-Allah Mohammud rassoul Allahi*, clame-t-il, risquant le tout pour le tout.

Dassoud est en train de remettre une amorce dans le bassinet de son arme. Il ne cesse de gronder comme un chien lancé aux chausses d'un intrus. Les chevaux trépignent et hennissent, le vieillard et son fils se font tout petits. Dassoud lève son arme une deuxième fois, crie quelque chose en arabe et presse de nouveau la détente. Éclair de feu, bruit de charbons ardents tombant dans une bassine d'eau. Le coup n'est pas parti.

– Mais qu'est-ce que j'ai fait ! lui demande l'explorateur d'un ton implorant, en essayant de filer de côté.

Dassoud jure, jette son arme par terre et crie qu'on lui en apporte une autre.

– Houa ! hurle le cavalier qui se trouve derrière lui – et il lui en lance une autre.

Dassoud l'attrape au vol, arme le chien et vise les taches de rousseur qui constellent la joue gauche de l'explorateur, juste à côté du nez.

– Monsieur Park !

Toutes jupes flottantes dehors, Johnson saute dans le rond de lumière comme un bouffon de la *commedia dell'arte.* Sa poitrine se soulève et s'abaisse violemment. Il a les bajoues striées de sueur.

– Monsieur Park, vous êtes pas fou ? Allez, debout et filez à la tente au triple galop avant qu'ils ne vous assassinent ! Vous avez ameuté tout le village. Ils croient que vous êtes en train d'essayer de vous sauver.

Mungo lève la tête. Des feux brillent au flanc de la colline. Des cavaliers se ruent dans la nuit avec des torches. Cris et jurons, coups de fusils qu'on tire au hasard. Mungo se remet debout. Dassoud abaisse son pistolet.

NAÏADE

De l'autre côté des rideaux en dentelles et des vitraux, une neige paresseuse tombe à gros flocons sur les arbres et les jardins de Selkirk. Elle arrondit les angles, efface les repères et recouvre les bornes miliaires de la route d'Édimbourg. Il n'y a plus ni sentiers, ni parterres de fleurs, ni pelouses. Les azalées ont courbé la tête et les conifères vacillent au bord du champ. Cela fait déjà deux jours qu'il neige. Des congères assombrissent les vitres du rez-de-chaussée et s'entassent contre la porte, les chevaux de selle se passent d'exercice et les voitures de rouliers se transforment en sculptures molles. Il y a de la glace dans le puits. Au sommet du toit, la girouette grince sur son axe.

Ici, dans la cuisine, c'est un tout autre monde. Épais et suffocant, l'air est aussi plein de vapeurs que sur une île du Pacifique. Les carreaux pleurent et dégoulinent, le miroir à main se couvre de buée, les serviettes de bain s'alourdissent sous l'humidité. Dans l'âtre flambe un feu digne des vacances : montagnes de braise rougeoyante, bûches de chêne croisées en tous sens, susurrations gémissantes de la flamme... Deux chaudrons noircis sont suspendus au-dessus à l'aide de crochets qu'on a scellés dans la pierre il y a plus d'un siècle. Ils crachent une vapeur aussi dense qu'un brouillard sur la lande. Sur la table gisent des fougères dont les feuilles sombres et fournies luisent encore d'humidité. Des dards et des vairons lancent des éclairs en se ruant sur des miettes de pain derrière la vitre suintante de l'aquarium. Dans un coin, perdues au milieu des bancs de vapeur montante, les tourterelles roucoulent comme une flûte coincée dans son registre le plus grave.

C'est le deux février, date anniversaire de ses fiançailles avec Mungo. Ailie Anderson fête ce jour en se préparant un bain : par ces temps de restrictions, un tel luxe est rare. Elle rassemble ses affaires comme en glissant, elle chantonne, de temps à autre, elle attise le feu d'un grand coup de soufflet. Elle a déjà posé un morceau de savon vert – savon du Dr Philby – sur la table, à côté de son peigne et de sa brosse en écaille de tortue. Elle tient du bout des doigts un sachet de *Bain des Fleurs**. Luxe ou pas luxe, son bain, elle le prendra aujourd'hui. Elle s'allongera là, dans sa cuisine pleine de buée, et là, au milieu de sa ménagerie, parmi les bruits et les parfums de la nature, elle s'imaginera Mungo en train de se frayer un chemin dans les jungles ruisselantes du Continent noir. Son père ne lui accorde qu'un bain par mois. «Je n'en ai point de trop, de ce bois et de ce charbon», dit-il. Qu'à cela ne tienne : son bain, elle le prendra aujourd'hui, quitte à sentir mauvais jusqu'en mars. Après tout, ce n'est pas tant de frottage et d'astiquage qu'il s'agit, que d'un rituel de purification.

Ailie a vingt-deux ans – et la patience de Pénélope. Elle en avait quatorze lorsqu'elle rencontra Mungo Park pour la première fois. Plus tard, il vint vivre chez elle, en qualité d'apprenti de son père. C'était il y a huit ans. Avant de partir pour l'université, il lui demanda de l'attendre. Les feuilles des arbres commençaient à brunir. Elle en pleura de joie et d'étonnement. Après avoir passé deux ans à Édimbourg, il l'embrassa sur le front et s'embarqua comme chirurgien à bord d'un navire d'épicerie en partance pour Djakarta. Elle attendit. À son retour, il se montra morose et rétif. Ils allaient se marier. Mais un jour, comme ça, arriva de Londres une lettre du beau-frère de Mungo. Le grand voyageur accepterait-il de se faire commissionner par l'Association africaine pour aller explorer l'Afrique occidentale et reconnaître le cours du Niger ? Elle n'eut aucun mal à lire sa réponse dans ses yeux. Quinze jours plus tard, ses bagages prêts, il se tenait à la portière de la malle de Londres.

– Je m'en vais de par le monde, et reviendrai avec un nom, Ailie, lui dit-il. Tu m'attendras ?

Elle n'a pas cessé de l'attendre depuis lors.

Et, bien sûr, pas un homme ne lui arrive à la cheville dans tout le pays. Rien que des paysans et des bellâtres qui n'ont pas plus le sens de l'aventure qu'un vieux chien malade. Il n'y a qu'à voir Gleg, le dernier apprenti de son père. Comparé à Mungo, il ne vaut pas plus cher qu'un têtard. L'aventure, il ne la sentirait même pas si elle s'en venait lui mordre une de ses grandes oreilles toutes molles. Ailie soupire, dépose son flacon d'huile de bain à côté de sa brosse à cheveux et appelle son frère.

– Zander ! Tu ne voudrais pas m'aider à sortir le baquet ?

Alexander Anderson se trouve au salon. Il fixe du regard tantôt le *Jeanne d'Arc* de Southey ouvert sur ses genoux, tantôt les flocons de neige qui, langoureux et légers comme de la plume, tombent à la dérive de l'autre côté de la vitre. Il savoure la tempête et le calme de la pièce. Il est heureux de ce moment de répit, loin de ses navettes au chevet des gens. Et puis, autre sujet de contentement, il y a Gleg. Depuis qu'Alexander a quitté l'université, au printemps dernier, son père ne cesse de le traîner de visite en visite, de lui brandir des attelles et des scalpels sous le nez, de le prendre par la menace ou par les bons sentiments, de le supplier d'être enfin à la hauteur des tâches dévolues à un médecin de campagne. « Mais qu'est-ce que tu as, mon garçon ? lui lance-t-il d'une voix tonnante. As-tu l'intention de rester planté là jusqu'à la fin de tes jours à te lécher l'arrière-train comme un mouton dans la pâture ? Ou bien c'est-y que tu vas te décider à te trouver un bon Dieu de travail pour t'occuper les mains de la façon qu'un homme doit faire, surtout quand c'est un Anderson ? Hé ! réponds-moi, mon garçon !... Plus fort ! Dans la tête ça me laboure de colère et j'en ai des embarrassements que c'est à peine si je t'entends ! »

Mais Zander n'a aucune envie de s'établir à la campagne. Il déteste l'odeur des chambres de malades, il ne supporte pas leurs lèvres noirâtres et leur haleine fétide.

Cet homme coincé sous sa charrette, côtes cassées lui rentrant dans la poitrine comme des pieux rougis ? Cette enfant qui tousse la nuit, le menton couvert de sang ? Ces os qui se brisent, ces vaisseaux qui se rompent, ces cœurs qui se figent ? Il ne veut pas en entendre parler. Que le fait d'être mortel soit un cancer et une plaie suppurante, soit. Mais faut-il donc pour autant qu'il y soit confronté jusqu'à des dix fois par jour ? Les hommes saouls, les femmes enceintes et les enfants crasseux, tous autant qu'ils sont, oui, avec leurs hernies, leurs furoncles, leurs véroles et leurs plaies, le frappent de terreur et non de compassion. Il se refuse à sonder leurs blessures, à leur faire des saignées, à panser de cataplasmes leurs tumeurs et leurs lésions. Cela lui donne envie de vomir et de partir en courant.

Mais, Dieu merci, Gleg est là. Il est peut-être maladroit et hypocrite, il est peut-être grand, maigre et sans grâce, il est peut-être bien encombrant et déplacé dans cette maison, mais au moins il respire, vit, marche sur ses deux pieds et sait offrir une cible claire et immanquable à l'enthousiasme du vieux maître des lieux. Depuis son arrivée, la pression est tombée. Y a-t-il des chevaux à atteler, des os à remettre, des simples à ramasser pour la préparation des poudres, c'est lui qu'on appelle. S'agit-il d'écouter les grands discours de morale du vieux père, ou ses plaintes incessantes sur les prix qui grimpent, le temps qu'il fait, sur les « poudrés de la tête », sur le « krand Roi H'allemand », bref, sur tout et sur rien, Gleg est encore là qui prête l'oreille d'une façon parfaitement attentive. Ce qui ne signifie pas que le bon docteur en oublie son fils unique, loin de là. Il n'arrête pas de le houspiller, de le sermonner et de lui adresser mille reproches sur sa rêvasserie, sur son peu d'ambition, sur sa manière de s'habiller et de penser. Et toujours et encore il le traîne dehors dans le vent glacé pour aller rendre visite à l'un ou l'autre de ses malades. Non, rien ne changera jamais, du moins tant que Zander sera sous le toit paternel. Mais pour l'instant Gleg a au moins réussi à détourner l'attention du vieillard. Zander peut enfin respirer. Se carrer dans son fauteuil et siroter du xérès au coin du feu. Faire des patiences, ouvrir un livre de poésie. Ou s'enrouler un foulard autour du cou et aller courir les sinistres collines des alentours en se demandant ce que diable il va bien pouvoir faire de sa vie.

– Zander !

Une serviette de bain à la main, Ailie s'est encadrée dans la porte.

– Tu m'aides à installer le baquet ?

Zander lève les yeux de son livre. Dehors, la neige a commencé à se pendre en verglas.

– Quoi ? un bain ? s'étonne-t-il. Par ce temps-là ?

~

Le baquet fait partie des meubles de famille. Sombre et massif, il sent la mer, le savon rance, le cheveu mouillé, le moisi et l'âge. Euan Anderson, le grand-père d'Ailie, s'y baigna après la bataille de Culloden. Sa grand-mère maternelle, Emma Oronsay, y faisait fort joliment mousser le savon avec ses pieds à l'époque où Haendel descendait la Tamise en péniche. Godfrey Anderson, son grand-oncle paternel, y fut trouvé mort. Il s'y était tranché les poignets jusqu'à l'os et l'eau en était devenue toute rouge. Fantômes et lointains échos du passé. L'odeur du baquet, la sensation qu'il rend au toucher évoquent toujours à la jeune fille le dernier souvenir qu'elle ait gardé de sa mère. Une chaude lumière monte des bougies, les bouilloires sifflent, elle éclabousse tout partout avec son frère et là, à côté d'eux, il y a cette femme au regard triste, plein de souffrance, aux cheveux comme des champs en fleurs. Et cette femme, sa mère, tend ses mains douces en avant pour leur frotter le dos, les oreilles et le dedans des cuisses. Un jour elle disparut. Elle était allée passer la fin de la semaine à Glasgow, pour n'en plus jamais revenir.

Euphemia Anderson, née Saint-Onge, était une passionnée d'astrologie. Elle dressait des cartes du ciel et parlait d'étoiles à l'ascendant et de planètes en conjonction. « Achète du grain, James, disait-elle à son mari, l'heure est propice. » Ou bien encore : « La jument mettra bas cette nuit. Ce sera un étalon bai et il aura une patte de derrière en mauvais état. » Elle était du signe des Gémeaux. « Mon double est une princesse arabe, disait-elle encore. Elle vit là-bas, dans le vaste monde. Je ne la verrai jamais. »

Sa fille naquit en juin, neuf minutes et demie avant son fils. Alice et Alexandre. Des jumeaux. Elle les habilla de la même façon, tantôt en culottes courtes, tantôt en jupes. Dans la rue, elle arrêtait les gens pour leur présenter un jour ses petites filles chéries, un autre ses petits diables de garçons. Obsédée par la gémellité (corps, esprits, doigts, orteils, oreilles et yeux, tout devait être identique), elle ne supportait pas la forte et déchirante disparité qu'indiquait le rien d'une fente ou d'un bout de chair ridée pas plus gros que l'ongle de son pouce. Cela offensait son sens de l'harmonie. Après son départ pour Glasgow, ce fut le Dr Anderson qui prit soin des deux enfants. Zander fut envoyé en pension et Ailie tomba entre les mains d'une gouvernante.

L'enfant avait six ans lorsque Mrs Alloway arriva dans la maison. Mrs Alloway lui expliqua que les dames étaient faites pour le vertugadin et les beaux vêtements, qu'elles se devaient de briller en poésie, en musique et autres arts analgésiques, mais que, par-dessus tout, les dames étaient des dames, savoir le ramage et le plumage mêmes du beau monde. Ailie se coupa les cheveux au ras des épaules en signe de protestation. Elle n'a pas changé de coiffure depuis lors.

Aujourd'hui pourtant, sa mère n'est plus qu'un souvenir usé, indistinct. Vieille à la chair flasque flottant autour des os, pensionnaire de la mort dans une chaumière qui faisait eau de toutes parts, Mrs Alloway, elle, a sombré dans l'insignifiant. Certes, il y a toujours lieu de rendre hommage à l'antique baquet, aux souvenirs que ravivent ici une odeur, là les rugosités du bois, mais aujourd'hui, c'est la vie qu'y fête Ailie. Elle presse ses paupières et convoque Mungo, Mungo au visage qui glisse en mille apparences, Mungo qui sourit, Mungo qui lui décoche un clin d'œil, Mungo qui fait la lippe avant de commencer une histoire drôle, Mungo qui a l'air tout perdu en s'asseyant dans son baquet ou en dégringolant de cheval. L'eau est très chaude, réconfortante, sensuelle. Elle fouette la peau d'Ailie qui est en Islande, en Norvège... Une source brûlante, des flocons de neige qui fondent sur l'eau, une silhouette qui sort du brouillard, nue et athlétique, son nom sur les lèvres... sacredieu, elle a oublié le gant de toilette ! Il est sur la table, roulé en tapon, tout juste assez loin pour qu'elle ne puisse pas l'attraper.

L'eau est aspirée vers le bas au fur et à mesure qu'elle se lève. Ses petits seins sont durs, comme ceux d'un garçon, son ventre luisant, sa touffe sombre comme un trou qu'on lui aurait fait dans le corps. C'est alors que la porte s'ouvre et que son père entre en trombe dans la pièce – suivi de près par son apprenti, Georgie Gleg. Elle reste pétrifiée un instant, puis elle se laisse tomber dans l'eau comme une pierre. Des vaguelettes se brisent sur le pourtour du baquet, s'en vont inonder le plancher.

– Les loupiots ! tempête son père pour cacher son embarras.

Les loupiots, les loupiots, les loupiots ! V'là qu'y s'mettent à sortir du ventre de leurs mères en plein blizzard !

Il est déjà à la penderie, il enfile ses bottes et son mackintosh en haussant les épaules.

– Au troisième appel qu'on en est ! Au troisième ! Ça fait deux mois que j'ai pas fait un accouchement et maintenant que Belzébuth s'est chargé d'arranger le temps à son goût, ça pond par tout le comté !

Ailie s'enfonce dans l'eau brûlante jusqu'au cou. Elle a les oreilles rouges. Maigre, onctueux et de deux ans son cadet, Gleg a de grandes dents de cheval. Il examine quelque chose au-dessus du baquet, de l'air de quelqu'un qui aurait aperçu un buisson ardent ou vu une échelle tomber du ciel. Il a la bouche grande ouverte et les narines qui tremblent.

– Gleg ! hurle le docteur, arrête de béer comme une hyène et saute dans ton veston, mon garçon ! On a une visite à faire.

Gleg se rue sur la penderie comme s'il se jetait du haut d'une falaise, enfile son manteau et commence à se battre avec le loquet de la porte. Impatient, le docteur ouvre celle-ci d'un geste large et pousse son apprenti dehors. La porte se referme en claquant. Des bruits de bousculade sur le perron de derrière, le sifflement asthmatique du portail : ils sont partis.

Les poissons s'agitent dans l'aquarium. Les tourterelles se lissent les ailes. Remontée par la chaleur pénétrante du bain, Ailie commence à s'étriller les jambes avec son gant de toilette. La tête vide, elle se frotte et s'astique : le grand cérémonial de la purification a commencé.

NI TWIST,
NI COPPERFIELD, NI FAGIN LUI-MÊME

Ni Twist, ni Copperfield, ni Fagin[1] lui-même jamais ne connut une enfance comparable à celle de Ned Rise. Jamais lavé, jamais aimé, jamais instruit, mais copieusement battu, injurié, tourmenté, privé de tout, affamé, mutilé et puis réduit à l'état d'orphelin, il fut victime de la pauvreté, de l'ignorance, de la malchance, des préjugés de caste, du peu d'occasions à saisir, du sort qui s'acharne et du gin. Une enfance à donner le frisson à un Zola.

Il naquit derrière une maison de passe à deux sous, dans ce que les beaux esprits d'alors appelaient la « Terre sainte », entendez des crèches garnies de paille qu'on louait pour un penny la nuit. Cela se passait en l'an de grâce 1771, au mois de février. N'ayant pas de quoi se payer un lit, sa mère s'était traînée jusqu'à ce bouge en serrant fort une bouteille de tord-boyaux dans son poing. Les douleurs de l'enfantement lui montaient comme des coups de pied au bas-ventre. La paille était sale. Des pigeons y laissaient tomber leur fiente du haut des poutres. Il faisait si froid que les poux même manquaient de vigueur. Elle choisit un bat-flanc au fond de la salle pour être plus près des chevaux et du peu de chaleur qu'ils dégageaient. Elle s'étendit, sa bouteille toujours à la main.

C'était une sacrée pocharde, la mère de Ned. Professe de la grande obédience de la Misère du gin, elle était. À cette époque-là de l'histoire anglaise, ladite congrégation,

1. Autre personnage de Dickens, dans *Oliver Twist*.

dans sa sororale solidarité, était des plus florissantes. Dès son introduction en Angleterre, à la fin du XVIIe siècle, le gin avait fait sensation dans le bas peuple (pour certains, ce serait Guillaume III qui l'aurait rapporté de Hollande, mais d'autres assurent que le diable en personne l'aurait inventé en distillant os et moelle en son chaudron). Aussi bon marché que la pisse, mais efficace comme un coup de pied à la gueule : on s'en éprit à la folie. Après tout, pourquoi passer toute une nuit à s'entonner de la bière alors qu'on pouvait se rendre dingue en une demi-heure – et pour un penny seulement ? Dès 1710, les rues étaient jonchées de poivrots, les uns nus comme des vers, les autres raides comme les dalles du cimetière. Lorsque le Grand Maître des Rôles, Sir Joseph Jekyll, présenta un projet de loi tendant à limiter les désastres provoqués par ce breuvage en en soumettant la vente au paiement d'un impôt et à l'obtention d'une licence, une foule menaçante se rassembla devant chez lui pour lapider sa maison et lui déglinguer les roues de son carrosse. Il n'y eut rien à faire pour enrayer le fléau. Le gin palliait la dureté des temps, le gin était sommeil et poésie, le gin était la vie même. *Aqua vitae.* La mère de Ned fut une éponge à gin de la deuxième génération. Son père, qui était tanneur, en avalait deux pintes par jour pour se donner la force de racler convenablement ses peaux. Il plaça sa fille à neuf ans. À treize, elle faisait le trottoir – et à quatorze était mère. Elle n'avait pas encore vingt ans lorsqu'elle mourut de cirrhose, de fièvre chaude, de consomption et de chlorose mêlées.

En cette morne nuit d'hiver, la Terre sainte abritait trois autres pensionnaires. Patriarche sans tribu, le premier toussait comme des dés dans un cornet et mourut avant l'aube. Le propriétaire le découvrit le lendemain matin. Des caillots de sang lui avaient gelé sur les lèvres, sur le cou et au plus profond du nid blanc et desséché de sa barbe. Il y avait encore un tailleur de pierres (monuments en granit et plaques commémoratives) dans la dernière ligne droite d'une cuite de trois jours. Il avait dégobillé dans la paille et s'était vautré dans son vomi pour dormir. Enfin se trouvait là une vieille nippée de jupes en haillons, laquelle on eût prise pour un mannequin de couturière. Arrivée en traînant les pieds, un peu après minuit, elle avait plongé tête la première sur sa couchette, juste à côté de celle où la fille enceinte s'était allongée. Et là elle était restée, respirant à grand bruit de rouages rouillés et grippés, à écouter les gémissements de la mère de Ned. Des gémissements ! Cela n'avait rien de nouveau. Elle avait fermé les yeux. Mais soudain avait fusé un cri, et puis un autre. La vieille s'était redressée. Sur le châlit voisin était étendue une fille de quatorze ou quinze ans, le front ruisselant de sueur. Le goulot d'une bouteille dépassait de sa veste. Le travail avait commencé.

La mégère s'approcha d'elle en rampant, lui arracha sa bouteille et la lui colla entre les lèvres.

– Là, fit-elle en hoquetant, c'est quoi qu'y gna, mon trognon ? C'est du loupiot qui pousse ou je m'y connais pas !

La fille la regarda, la gorge nouée.

– Vou-iiii-iiii ! grinça la vieille.

Les pigeons s'envolèrent dans les poutres.

– Ça m'est arrivé à moi aussi, ah ! ça oui ! Même qu'y fut un temps où, tiens, que les bébés y me tombaient de ces lombes comme les reinettes du pommier !

Elle avait la peau du visage en mue de serpent, sans âge. Qui aurait pu dire combien de chairs elle avait façonnées dans son ventre ? Ou compter les années qu'elle avait passées à dépérir dans un sérail turc ou une hutte berbère ? Qui aurait pu deviner les sentiers tortueux et les sombres ruelles qu'elle avait descendus ; ou ce qu'elle pensait lorsqu'un jour, on lui avait percé la lèvre pour y mettre l'anneau d'or martelé qu'elle y portait toujours ?

– Aide-moi, souffla la fille.

~

Ce fut un siège. D'abord les jambes et les fesses ridées, puis les épaules et le menton, enfin le dôme doux et lisse de la tête. L'heure du loup s'en vint, s'en fut, et la vieille arracha Ned du ventre de sa mère. Elle avait les doigts secs et rugueux. Elle coupa le cordon et gifla le bébé. Il vagit. Elle essuya du bas de sa jupe le sang et les mucosités qu'il avait sur le corps et l'enfouit dans les plis de son manteau. L'air madré, elle observa les alentours en catimini et prit la direction de la porte. Rapt d'enfant !

La mère de Ned, appuyée sur son coude, cherchait en tâtonnant autour d'elle... un : l'enfant, deux : la bouteille. Ils avaient disparu l'un et l'autre. Elle aperçut les épaules maigres de la vieille, les vit s'amenuiser dans les ténèbres du hangar et commença à hurler comme la tempête de sable sur le désert, comme l'univers à l'agonie. La mégère accéléra l'allure sous les hurlements de la fille et les hennissements des chevaux qui s'étaient mis à ruer dans leurs stalles. Le patriarche barbu ne se réveilla même pas. Le tailleur de pierres, si. Celui-là pouvait avoir dans les vingt-cinq ans. Il maniait les dalles de granit comme s'il se fût agi de feuilles de papier journal, du matin au soir et du soir au matin.

– Arrête-la ! lui cria la fille. Elle m'a pris mon bébé !

Il sauta par-dessus la rambarde. On le vit parcourir toute la longueur du bâtiment au petit trot : juste le temps de rejoindre la vieille à l'instant où elle essayait de se faufiler dehors. Elle fit volte-face, une paire de ciseaux rouillés à la main.

– Casse-toi d'là ! siffla-t-elle.

Soudain et brutal, le coup qu'il lui assena la foudroya comme une attaque. Il la rattrapa par l'épaule, et elle s'effondra à la façon d'un tas de brindilles. Sous elle, il y eut comme un bruit de verre qui se brise. Et des pleurs d'enfant.

~

Le tailleur de pierres avait nom Edward Pin. On l'appelait Ned, pour faire plus court. Il emmena la fille et son enfant chez lui, à Wapping. Sa cuite lui faisait encore furieusement mal derrière les yeux. La mère du petit Ned baignant le bambin de ses larmes, il se sentait devenir un héros, nonobstant la violence de son mal au crâne. Il semblait que le bébé se fût quelque peu entaillé la poitrine lorsque la bouteille s'était cassée. Pin alluma un petit feu de bois et de charbon pour réchauffer l'atmosphère. Les cheveux de la fille se défirent lorsqu'elle se pencha au-dessus de son fils pour le panser. Elle s'appelait Sarah Colquhoun et elle était fin saoule.

– J'vas l'appeler Ned, marmonna-t-elle d'une voix pâteuse. Comme son sauveur !

Pin eut un sourire rayonnant. Mais, changeant soudain de visage, il attrapa la fille par les cheveux.

– T'avise pas d'l'appeler Pin, espèce de salope ! Il est pas à moi, ce gniard !

– C'est Rise[1] que j'vas l'baptiser ! lui renvoya-t-elle. Ned Rise, t'entends, fils de pute !

1. *To rise* : « s'élever » (*N.d.T.*).

Ce choix en disait long sur les espoirs qu'elle nourrissait. Elle insista :

– Et tu sais pourquoi ? Parce qu'il va s'élever au-dessus de toute la merde que sa mère elle a dû s'avaler depuis que j'savais à peine dire mon nom.

– Ha oui ! tiens donc !... Un bébé baptisé par le sang ! Et le gin ! Et par une mère qu'est rien qu'une putasse de téteuse de gin ? Ben moi, j'en doute, bordel, j'en doute !

~

Les souvenirs que Ned a gardés de sa mère sont plutôt maigres. Un visage aux traits tirés, tout en pommettes et en front et tendu d'une peau aussi fatiguée qu'un morceau de cuir sur une forme de cordonnier. Une toux sèche qui ne cesse de toute la nuit. Une pâleur de phtisique. Trop de vert autour des ouïes... Elle mourut avant qu'il n'eût six ans.

Inutile de dire que Pin était un soiffard violent. Coléreux comme un chat dont on a allumé la queue. Il rentrait du travail blanc de poussière et les yeux injectés d'alcool. Il se mettait alors à son aise, et s'occupait à torturer le gamin : par plaisir, comme un gosse de dix ans qui s'amuse avec une grenouille ou un rat. Il lui attachait les pieds et l'accrochait à la fenêtre du quatrième étage comme une paire de chausses mouillées. Il lui enfonçait le pot de chambre sur la tête jusqu'aux oreilles, affûtait son rasoir sur la peau de son dos, lui plongeait la tête dans un baquet d'eau jusqu'à des soixante secondes d'affilée.

– Tu vas voir comment que j'vais t'noyer : comme un rat ! grondait-il.

Lorsque le garçon eut sept ans, le tailleur de pierres décida qu'il était temps pour lui de gagner sa pitance. Un soir, il s'encadra dans la porte, une bonne corde d'emballage à la main, attrapa l'enfant par le cou, le coinça par terre, et lui raccourcit proprement la jambe au niveau du genou en la pliant et la ficelant de son mieux. Après quoi il lui entailla la culotte sur toute la longueur du mollet, transforma un manche à balai en pilon et envoya le gamin mendier dans la rue. Il soufflait un vent froid, les cordes lui mordaient les chairs. Qu'importe. À sept ans, le ventre creux et le visage crasseux, vacillant comme une cigogne saoule, il alla rôder dans Russell Square, Drury Lane, à Covent Garden... La mendicité étant une profession alors fort en vogue, il fallait en plus affronter la concurrence. Épaule contre épaule, c'était toute une armée d'amputés, de lépreux, de crétins, de paralytiques, d'aphasiques bougonnants, de bavouilleux de la gueule et de gémissants qui campait sur les trottoirs. Il y avait là un cul-de-jatte, planté dans un pot de chambre, qui sautillait comme un singe en s'appuyant sur ses phalanges, une femme-tronc qui vous cirait les chaussures avec sa langue, un homme-chien à la queue rachitique et aux crochets jaunis qui lui pendaient sur la lèvre. Ned n'avait aucune chance de réussir.

Il y avait alors vingt shillings dans une livre, douze sous dans un shilling et quatre farthings dans un sou. Ned termina sa première journée de travail avec quatre farthings en poche. Pin le rossa dès qu'il rentra. Le lendemain, au bout de seize heures de prières, de supplications et d'implorations diverses, Ned n'avait encore récolté qu'un morceau de ficelle, trois marrons et un bouton en cuivre. Pin lui flanqua une deuxième volée, mais en s'attachant à bien lui dégeler le nez, la bouche et les pommettes. Résultat, la figure de Ned prit les couleurs et la consistance d'une prune blette. Ce traitement améliora certes un peu la recette, mais quoi ? Allait-il donc falloir cabosser la tête du gamin tous les jours ? Au bout d'un mois d'efforts, Pin finit par se démettre quelque chose au bras à force de cogner. Il doit y avoir plus simple et plus efficace, se dit-il. Et il trouva la solution.

– Ned, s'écria-t-il, viens ici !

Il était attablé devant un gobelet de gin, les pieds enfoncés jusqu'à la cheville dans l'épais tapis de déchets qui recouvrait le sol : chiffons, papiers, os de poulets, manches de côtelettes, chutes de bois, plumes, tessons de verre, vaisselle en morceaux. Terré dans un coin de la pièce, Ned faisait semblant d'être invisible. Le tailleur de pierres tourna la tête d'un coup sec.

– Arrive, je te dis !

Ned arriva. Un couperet traînait sur la table, lame froide et sans éclat. Dès qu'il vit l'instrument, Ned se mit à bafouiller.

– Ferme ta gueule ! rugit Pin en plaquant de force la main du gamin sur la table.

Son gros poing noirci étouffa la menotte ainsi qu'eût fait un capuchon. Tremblants, vulnérables, pâles comme des moutons conduits au sacrifice, les doigts de l'enfant restèrent immobiles sur le bois. Le dessous des ongles était noir de crasse. Le couperet s'abaissa.

Dès qu'il eut le bras en écharpe, dispositif qui montrait sous son meilleur jour la main mutilée (Pin s'était contenté de sectionner les premières phalanges, celle du pouce comprise), Ned commença à gagner nettement mieux. Au bout d'un mois ou deux, il se faisait ses sept à huit shillings par jour : une petite fortune. Pin ne tarda pas à délaisser ses activités lapidaires : il allait passer de longues après-midi dans les tavernes et les cafés, à s'empiffrer de canard à l'orange, avalant le vin à plein gosier, ses grandes mains calleuses volontiers occupées à palper les tétons et les fessiers des dames de petite vertu. Pendant ce temps-là, Ned se gelait le cul sur le trottoir, s'étouffait en ingurgitant des croûtons de pain et de la soupe au chou, désespérant de retrouver jamais le bout de ses doigts, condamné à un cauchemar sans fin. Il eut envie de fuir au bout du monde, il eut envie de mourir. Mais Pin arrivait toujours à le faire plier à force de coups derrière la tête et de menaces d'aller plus loin dans la mutilation.

– T'as donc tellement envie que ça de les perdre, tes p'tits moignons ? lui hurlait-il. Ou ben alors, ça s'rait-y la main entière que tu voudrais paumer ? Et qu'est-ce tu dirais de tout l'bras, hein ?

Et il riait.

Un après-midi sinistre, alors qu'au sortir de *L'Auberge de la Pie et du Pilon*, il traversait la rue en titubant, l'ex-tailleur de pierres fut expédié sur le trottoir par une calèche attelée de quatre chevaux bais. Happé par le ressort du mécanisme arrière, il fut traîné sur une bonne centaine de pas. Une femme hurla. Il était mort.

~

Pendant les quelques années qui suivirent, Ned continua à mendier dans les rues, à filouter et à se nourrir d'ordures. De temps à autre, il trouvait refuge chez un fou, un pédéraste ou un assassin à la hache. Rude existence... Pas une main pour le réconforter, pas une voix pour le louer. Il grandit comme un sauvage.

La chance tourna enfin quand il eut douze ans. Un matin qu'il était allé faire les poches des gens dans les jardins de Vauxhall, tout en arrachant quelques écorces d'arbre pour pourvoir à son ordinaire, il s'arrêta net en entendant un bruit monter doucement dans l'air immobile et chaud : on eût dit le rêve modulé de quelque flûte céleste. Cela semblait venir de derrière la fontaine, près des parterres de fleurs. Il s'approcha et tomba sur un groupe d'habitués des parcs de la ville – noceurs et coureurs, vraies dames et demi-vierges, gouvernantes promenant des bambins, roués, malandrins, camelots sans feu ni lieu. Tout ce monde faisait cercle autour d'un individu en train de souffler dans un engin en bois : un chauve aux joues gonflées, le visage et le crâne rouges comme un jambon. Un bourrelet de chairs molles débordait de son col, que l'on voyait palpiter à l'unisson du vibrato plaintif de l'instrument. Le musicien portait des habits de gentleman.

Ned regardait les doigts propres et athlétiques lécher les clés, atterrir ici, s'arrêter là, se soulever, partir comme des flèches, cogner aussi fort que de jeunes animaux en train de batifoler. Les pensées et les jonquilles avaient fleuri. Des myosotis, des pivoines. Il s'assit dans l'herbe et écouta. La musique, suave et ténue, évoquait des oiseaux en train de se gargariser de miel. L'homme tapait du pied en jouant. Quelques badauds commencèrent à l'imiter, qui de son soulier à boucle, qui de son chausson, qui de son sabot de bois ; tout cela se soulevait et retombait en cadence. On eût dit une assemblée de pantins à ficelles. Une femme se mit à dodeliner doucement de la tête ; le soleil lui dessinait une auréole de feu autour du visage. Ned tapa du pied à son tour. Il n'avait pas souvenir d'avoir jamais connu pareil moment de bonheur.

Le musicien ayant pris un instant de repos, la foule se dispersa. Ned s'attarda pour l'observer. L'homme, d'un bref mouvement de rotation, démonta le bec de son instrument et en dégagea l'anche, qu'il installa délicatement sur sa langue comme une hostie. D'un sac en cuir il sortit ensuite une brosse dont il nettoya la tête puis le corps de l'engin. Les clés, au soleil, lancèrent des éclairs.

– Assez stimulant tout ça, pas vrai ? fit-il en s'adressant au gamin.

Ned resta assis à mâchonner un brin d'herbe. Il ressemblait à un champ à l'abandon. Il avait passé sa vie dans la fange des rues, il avait pissé dans la Tamise, il s'était nippé en faisant les poubelles, en détroussant des poivrots à demi inconscients, en arrachant leurs hardes aux corps raides qui, la nuit, s'empilaient sous les ponts comme des bûches. Eût-il été élevé par les loups mêmes qu'il n'aurait pu être plus sauvage et plus sale.

– Et alors ? cracha-t-il à l'adresse de l'inconnu.

L'homme sortit l'anche de sa bouche, l'examina, puis la glissa de nouveau entre ses lèvres. Des petits merdeux dans le genre de celui-là, plus ou moins orphelins, il y en avait des milliers dans les rues. Où qu'il allât, ils le serraient de près, s'insinuaient, offraient leurs bouches et leurs corps au premier venu, geignaient jusqu'à ce qu'on leur donnât la pièce, du pain ou de la bière. Mais celui-ci avait quelque chose d'attirant : quoi ? il n'aurait su le dire. Il fit un effort.

– J'ai comme qui dirait l'impression que mon petit numéro t'a bien plu... Enfin les airs que j'ai joués...

Ned se radoucit.

– C'est vrai, reconnut-il.

L'homme leva son instrument en l'air.

– Tu sais ce que c'est ?

– Un fifre ?

– Non, c'est une clarinette.

Ned voulut savoir comment on s'y prenait pour en faire sortir des sons. L'homme le lui montra. Est-ce qu'il ne pourrait pas apprendre à en jouer lui aussi ? L'homme baissa les yeux, regarda les doigts de l'enfant, et lui demanda s'il n'avait pas faim.

~

Prentiss Barrenboyne était propriétaire d'un pâté de maisons dans le quartier de Mayfair. Il avait dans les cinquante-cinq ans. Il ne s'était jamais marié. Sa mère, une empiriste à tous crins, intraitable, avec laquelle il avait passé toute sa vie, était morte un mois auparavant. Ce soir-là, il ramena le gamin chez lui et l'autorisa à dormir dans la cave à charbon. Le lendemain matin, il chargea sa femme de ménage de le laver et de le nourrir. Ned Rise avait un pied dans la place. À la fin de la semaine, il faisait partie des meubles. Officiellement, Barrenboyne l'avait engagé comme domestique mais, séduit par l'enthousiasme ingénu et dévorant du jeune homme pour son instrument, il en vint vite à le traiter comme un parent proche. Il lui acheta des vêtements, le gava de lait, de côtelettes et de lard, il lui apprit à lire et à tenir une tasse à thé en équilibre sur son genou. Il l'emmena au concert, au théâtre, au zoo et lui fit visiter les chantiers navals. Il le mit enfin entre les mains d'un précepteur. Le gamin se familiarisa avec les rudiments de l'orthographe, de la géographie et de la pêche à la ligne, apprit une ou deux expressions françaises et prit les classiques en profonde aversion. Ned Rise n'avait rien d'une Elsa Doolittle[1]. Ses progrès, si tant est que l'absorption bimensuelle d'une date d'histoire ou d'une formule de calcul méritât ce titre, étaient aussi lents que la dérive des continents. Son précepteur s'en arrachait les cheveux. Il lui suffisait de dévisager son élève pour lire sur ses traits la suffisance du benêt. Il l'accusa de boire de l'encre en cachette et lui fouetta le derrière afin de lui raviver la mémoire. Ned supporta la chose avec patience et humilité. Ni scènes, ni colères, ni trouilles bleues. Il faisait ce qu'on

1. Héroïne du *Pygmalion* de Bernard Shaw.

lui demandait, chantait des hosannas à la gloire de son sauveur et préparait l'avenir. Les bonnes occasions, il avait appris à les reconnaître.

Sept ans passèrent. En France, on s'invitait à des séances de guillotine, outre-Atlantique la hache exterminait des forêts entières et le gourdin l'Indien, dans l'East End on avait fini par pincer celui que chacun appelait le « Monstre » – un misogyne qui deux années durant, en pleine rue, avait assassiné des femmes en leur ouvrant le cul au couteau. À Mayfair, Ned Rise avait droit à trois repas par jour, dormait dans un lit, prenait un bain au moins une fois tous les quinze jours et enfilait des sous-vêtements propres tous les matins. Sept ans. Ce qu'il avait vécu autrefois dans les rues commença à pâlir dans sa mémoire. Non, jamais il ne s'était nourri de détritus, jamais il n'avait vu la perversion s'étaler au grand jour, jamais non plus il n'avait été le témoin de vols, d'incendies criminels – jamais surtout il ne s'était blotti dans des fosses à ordures encore chaudes de cendres, de la glace dans les sourcils, le poing serré sur la poitrine. Ça, c'était le Ned Rise d'*avant*, non point celui dont les Barrenboyne étaient aujourd'hui si fiers.

Une année suivant l'autre, Ned et son bienfaiteur étaient devenus comme anche et bouche. C'était maintenant un même amour de la musique qui les unissait. Une semaine après que le vieil homme l'eut pris chez lui, les leçons avaient commencé. Un soir, le visage et le crâne empourprés, ses favoris chenus en bataille, Barrenboyne était monté dans la chambre du gamin, le sourire aux lèvres, un coffret de bois à la main. À l'intérieur se trouvait une vieille clarinette en *do*, dont il avait joué en sa jeunesse. Il la tendit à son protégé. L'année ne s'était pas encore écoulée que Ned s'en débrouillait déjà passablement malgré son handicap. L'été suivant, il était capable de déchiffrer à peu près n'importe quel morceau et, cinq ans plus tard, il connaissait suffisamment son affaire pour accompagner son mentor et donner son premier concert public dans les parcs de la capitale. Assis sur le banc même où Ned avait découvert jadis le vieil homme, l'élève avec sa clarinette en *do* et le maître avec la sienne, en *si* bémol, jouèrent des airs tirés du recueil de mélodies d'Estienne Rogers. Les gens rassemblés autour d'eux tapaient du pied et se balançaient en cadence, tandis qu'à Vienne, Mozart agonisant composait son fameux *Requiem.* Ned sut se montrer à la hauteur de l'événement.

~

Un matin, juste avant l'aube, Barrenboyne entra dans sa chambre et le secoua par l'épaule.

– Debout, Ned, chuchota-t-il. J'ai besoin de toi.

Il avait la voix tremblante. Son visage et ses joues étaient encore plus rouges qu'à l'ordinaire. Elles étaient rouges comme des tomates, rouges comme des drapeaux, rouges comme les tuniques des hussards du Roi. Ned avait dix-neuf ans.

– Qu'est-ce qu'il y a ? s'étonna-t-il.

Pas de réponse. Des oiseaux se mirent à pépier de l'autre côté des vitres. Le vieil homme soufflait comme une machine à vapeur.

– Tu t'habilles et tu me retrouves devant la maison, dit-il simplement.

Barrenboyne l'attendait au portail. Il avait revêtu le costume qu'il avait acheté pour l'enterrement de sa mère, recouvert pour la circonstance d'un surtout de soie, et s'était coiffé d'un chapeau en poil de castor. Sous son bras était glissé un étui en cuir, peau écailleuse de quelque reptile exotique. Une clarinette neuve ? se demanda Ned.

C'était la première fois qu'il voyait cet étui. Tous deux partirent à vive allure, prirent par Grosvenor Square, descendirent Brook Street, traversèrent Park Lane et furent bientôt accueillis par la tendre verdure du parc. L'endroit était désert. Brouillard bas sur l'herbe mouillée, comme si l'on avait vaporisé du lait. Un corbeau croassa sur une branche.

– Tu sais ce qu'est un témoin ?

Ned eut l'impression de recevoir une gifle.

– Un témoin ? Tu ne vas pas ?...

Le vieil homme le prit par la manche.

– Surtout, ne t'énerve pas, fit-il. Tu es grand, Ned Rise. Prouve-le.

Silhouettes émergeant des ténèbres, deux hommes les attendaient au bord de la Serpentine. L'un d'eux était un moricaud. Petit, gras comme une truie. Il portait une plume au chapeau, des culottes en peau de daim, des bas en fil d'Écosse et un gilet iridescent. Un vrai dandy. Barrenboyne rejoignit à grands pas les deux inconnus, leur fit la révérence et leur tendit le coffret de cuir. Il faisait bien vingt degrés mais le nègre frissonnait. Son témoin, qui n'arrêtait pas d'aspirer des prises dans une tabatière émaillée et d'éternuer ensuite dans son mouchoir, s'empara de la boîte et l'ouvrit entre deux éternuements. Le nègre choisit un pistolet. Il sentait l'alcool à plein nez. L'éternueur présenta alors le coffret à Barrenboyne. Le vieil homme y prit à son tour un pistolet, du même geste précautionneux qu'il avait pour tirer sa clarinette de l'étui à l'heure de leurs récitals en plein vent. Il se mit à bruiner.

Emporté par un fol élan d'énergie, l'éternueur s'était mis à priser avec la plus grande nervosité. Il ne cessait de rouvrir sa tabatière et de s'emplir les narines de poudre, étouffant et bavant dans son mouchoir, les membres secoués de spasmes, tremblant comme un épileptique. Le nègre laissa tomber son pistolet. La bruine se transformait en pluie. Les bajoues de Barrenboyne se prirent à vibrer, comme lorsqu'il explorait les aigus de sa clarinette. Ned ne put s'empêcher de frémir de compassion. Pour finir, l'enrhumé réussit à s'éloigner de vingt pas, après avoir placé les adversaires à leurs marques.

– Prêts ? beugla-t-il.

Deux cliquetis métalliques se répondirent en écho, le second parfaitement semblable au premier.

– Visez !

Barrenboyne et le nègre levèrent lentement le bras : on eût dit qu'ils se saluaient ou exécutaient la première figure de quelque ballet révolutionnaire. Ned les imagina en train de gambader sur le gazon à grands jetés avant de passer sous le bras l'un de l'autre...

– Fff...

L'ordre s'étouffa sitôt lancé ; l'homme le fit suivre d'un éternuement à s'arracher la cloison nasale. Il y eut un éclair, une détonation. Des oiseaux piaillèrent à l'autre bout du terrain. Les yeux encore enfouis au creux du coude, le nègre tenait son pistolet fumant à la main. Barrenboyne était étendu par terre. Aussi mort qu'un pharaon.

CARTES SUR TABLE

L'aube. Le soleil se répand sur le Sahel comme un œuf cassé et reprend son travail là où il l'avait laissé la veille. Il ébouillante, il incinère, il dessèche tout ce qui vit à sa portée. Les renifleurs de charognes et les reptiles qui rôdent la nuit regagnent leurs aires en rampant ; épuisés, de gros vautours de Nubie tournoient au-dessus de la plaine pour voir ce qu'on leur a laissé. Les rochers commencent à se dilater, les buissons rabougris s'enterrent encore plus profondément, les mimosas replient leurs feuilles comme des parasols. À 8 heures du matin, l'horizon est complètement frit.

Mungo Park reste étendu sur le dos sans bouger. Il regarde un mille-pattes en train de décrire opiniâtrement cercle après cercle sur le toit de sa tente. Depuis sa prétendue tentative de fuite nocturne, on lui mène la vie dure. Ce sont maintenant six hommes qui, toutes les nuits, dorment devant sa porte. On lui a réduit de moitié sa ration d'eau et de nourriture. Il commence à se dire qu'il pourrait bien ne jamais sortir de là mais que, explorateur intrépide, voué pour tout horizon aux parois de cette tente maure, il resterait là jusqu'à la fin à dépérir. Il rejoindrait alors la cohorte ignominieuse de tous ceux qui ont échoué, les Ledyard, les Lucas, les Houghton. Jamais plus il ne poserait les yeux sur Ailie, sur sa mère, sur les rives anguleuses de la Yarrow. Ses os sécheraient, se fendraient, tomberaient en poussière sous un soleil étranger, sous les tournoiements d'un infini plein de constellations inconnues placées au petit bonheur. Il commence à se sentir découragé.

Soudain les abattants de la tente s'écartent et Johnson entre en baissant la tête. À la main, il tient une outre en peau de chèvre, une *guerba*, comme on dit par ici. L'explorateur ne bouge pas. Rongé par la fièvre, infesté de vers, l'estomac rétréci, les sphincters béants, il n'a même plus la force de lever les yeux. Il est faible et émacié, il pue, il est au bord du désespoir. Johnson s'agenouille à côté de lui et lui enfonce dans la bouche le téton en cuir de l'outre. Lèvres qui cherchent, pouls qui s'accélère. C'est de l'eau, froide et claire, de l'eau qu'on a tirée des profondeurs poreuses et mouvantes de la terre. Elle lui chatouille la racine des cheveux, lui raffermit les orteils, entonne un chant à l'adresse de ses os friables.

– Je suis sauvé ! lance-t-il en s'étouffant, et puis il vomit.

– Tout va bien, monsieur Park. Allez-y doucement : tout ça c'est pour vous.

– Quoi ?

L'explorateur a les joues creuses, les yeux jaunes et pleins de croûtes, sa barbe n'est plus qu'un terrain de jeux pour les tiques, les puces, les poux et la vermine.

– Vous avez bien entendu. Le Grand Chacal, il me dit de venir vous donner la *guerba* et après, une bassine de lait et du couscous.

– Du lait ? Du couscous ?

Johnson aurait tout aussi bien pu lui annoncer du haggis[1], du haddock fumé ou de la soupe à la tête de mouton. Mungo en sombre dans un coma péristaltique, puis se redresse d'un bond et, en s'agrippant à l'outre, fouille la tente du regard.

– Où ça ? demande-t-il, haletant, tout en se mettant debout. Où ça ? Tu vas me le dire, nom de Dieu, tu vas me le dire !

À ce moment-là, un garçon entre dans la tente, porteur d'un grand bol en bois. Du lait et du couscous ! Le gamin va pour déposer son plat aux pieds de l'explorateur lorsque celui-ci le lui arrache des mains et s'enfouit le visage dans la pâte épaisse et visqueuse avec toute la frénésie de quelqu'un qui aurait été tiré au sec, mais dans le désert et pendant quarante jours et quarante nuits. Ce qui est très exactement son cas.

1. Plat national écossais que l'on confectionne en remplissant une panse de mouton d'une farce à base d'abats et de farine d'avoine, le tout généreusement épicé.

Son repas terminé, Mungo se flatte l'abdomen.

– Ô Johnson ! s'écrie-t-il. Oh-ho, Johnson, Johnson, j'en avais rudement besoin !...

Mais une seconde ! Que vient-il de faire ? Son bol est vide et... et son guide et interprète fidèle ne serait-il point à s'étioler sous ses yeux ?

– Jo... Johnson, bégaye-t-il en baissant la tête, comment pourras-tu... jamais me pardonner ? J'ai bien peur de m'être un peu rué... et de t'avoir complètement oublié...

Johnson lève la main, paume en l'air.

– Écoutez, ils n'arrêtent pas de me gaver. Vous faites pas de bile pour moi... Bien obligés d'ailleurs. Comment que je pourrais me casser le cul pour eux s'y me donnaient pas à bouffer ? Va m'chercher ci, répare-moi ça, gratte-moi ce pot, va traire les chèvres, huile les sandales d'Akbar, passe-moi de la crème pour les chevaux, merde alors ! C'est comme si j'étais revenu à la plantation ! Y a des fois où j'ai envie qu'y me laissent crever par terre avec vous.

Mungo frotte sa barbe maculée de pâte, se lèche tous les doigts les uns après les autres afin d'en ôter les derniers grains de couscous et avale une grande gorgée d'eau à son outre. Des filets de couleurs lui reviennent aux joues.

– Bon alors, où en est-on ? demande-t-il. Qu'est-ce qu'ils ont, ces satanés tire-chameaux, à se montrer si gentils tout d'un coup ?

– Fatima.

Fatima. Syllabes aussi fluides qu'un souffle de vent sur l'eau. Elle a commencé par lui sauver les yeux et voilà qu'elle veut continuer, assurer sa sauvegarde entière. Allons, l'espoir luit.

– Elle désire me voir ?

Johnson acquiesce d'un hochement de tête.

– Ali dit qu'il faut vous donner à manger et vous laver pour que vous soyez présentable. Pas question qu'il autorise son épouse à examiner un chrétien qu'est pas lavé... Et... y m'a confié ça, ajoute-t-il en tendant un vêtement plié à l'explorateur.

– Qu'est-ce que c'est ?

– Une *djoubba.* Ali tient à ce que vous ayez les jambes couvertes. Nankin de la meilleure qualité ou pas, il trouve à redire à votre culotte.

Johnson éclate de rire.

– Ah ! Ils peuvent aller se cacher, tous les dandys de la capitale, si jamais vous rentrez à Londres ! Vous allez nous y lancer une de ces petites modes ! Allez donc ! Des jupes pour tous les beaux messieurs !

Ivre d'eau et de nourriture, Mungo rit avec lui. Ils se mettent à pouffer et à siffler de la poitrine, ils s'essuient les larmes qui leur coulent des yeux. Reprenant soudain son sérieux, Johnson lève la tête et dit ceci :

– Elle sera ici ce soir même. Faudrait voir à pas tout gâcher !

LE CHANT DE LA PLANTATION

En cette soirée subsaharienne noyée de lumières pâles et d'ombres qui s'amenuisent, Mungo Park se retrouve à l'air libre, pour la première fois depuis presque trois mois ; on l'a fait sortir de la tente, et il peut de nouveau chevaucher sa monture. Plus cachectique que jamais, celle-ci ressemble à ces carcasses de bourrins étripés que les druides d'antan empalaient et exposaient pour faire joli. Mungo s'est nettoyé, pommadé la barbe, les boucles et la peau du dos, et il a échangé ses haillons contre une superbe *djoubba* blanche. Sur la tête il arbore un haut-de-forme cabossé ; sur les épaules, la veste en velours bleu qu'il avait revêtue pour prononcer son discours devant l'Association Africaine, à *La Taverne de Saint-Alban*, dans Pall Mall. Ali et Dassoud l'encadrent sur leurs destriers. La monture d'Ali est blanche, celle de Dassoud si parfaitement noire qu'elle semble faire un trou dans l'horizon, illusion renforcée par la volonté de Dassoud, qui a pris soin de noircir les sabots, l'anus et les dents de son cheval. Monté sur un âne d'Abyssinie, Johnson ferme la marche.

Ils se rendent à l'autre bout du campement, où se dresse la tente de Fatima. Six à sept cents mètres les en séparent encore. Ali et Dassoud gardent le silence tandis que, *sotto voce,* Mungo se répète quelques phrases de sa grammaire arabe : « Je suis honoré de pouvoir baigner dans ta présence... » « Permets que je fasse allégeance à la plante de tes pieds... » « Fait chaud, n'est-ce pas ? » Ils sont arrivés au cœur du campement lorsque des chiens sortent des tentes pour aboyer aux étriers du chrétien. Des enfants se rassemblent et bombardent l'explorateur de boulettes de crottin de chameau, des adultes le regardent en clignant de l'œil et se mettent à insulter sa race, ses croyances et sa couleur.

– Ta mère, je lui pisse dans le trou ! hurle quelqu'un.

Ali lève la main, tous se taisent. Les enfants vont retrouver leurs mères en courant, les chiens disparaissent.

– Merci, dit Mungo.

Ali reste impassible. Son geste ? Rien à voir avec la pitié ou quelque autre sentiment de ce genre. Il ne veut tout simplement pas que son épouse examine un chrétien qui, tout lavé qu'il serait, aurait sa *djoubba* maculée de merde. Inutile de chercher plus loin.

~

La tente de Fatima est deux ou trois fois plus grande que les autres et se remarque à de larges bandes de couleur : grises, beiges, indigo. Mungo reconnaît l'énorme Nubien posté à l'entrée. Il monte la garde en faisant rouler les grosses bosses noires qu'il arbore entre le coude et l'épaule. À droite, une femme accroupie dans la poussière. Elle s'affaire à traire quatre ou cinq chèvres. L'explorateur observe la pâleur de ses talons, contemple les obus jaunes qu'évoquent les pis de ses bêtes. Une mouche atterrit sur le nez de l'explorateur. Le soleil effleure l'horizon.

– Pied à terre ! crie Ali.

Dassoud et lui sautent à bas de leurs destriers comme des acrobates russes.

Toujours sur son âne qui va l'amble, Johnson transmet l'ordre à son employeur pendant que le Nubien s'avance pour emmener les chevaux.

Il faut dire que notre héros à cette heure, quand il se met à réfléchir, est dans un état qui n'a rien à envier à celui de Sisyphe au plus bas de sa forme. Il est tendu, mal à l'aise. Il tremble, tant l'appréhension et le doute le rongent. Le succès de sa mission, que dis-je, sa vie pourrait bien dépendre de l'impression que laissera sa rencontre avec la reine. Il a l'estomac qui sombre ; lui reviennent ces sensations de nausée et de volées de coups qui lui brisent les reins, comme autrefois à la veille des compositions de fin d'année. Les chocottes, on appelait ça. Le trac. Les jetons. La Trouille.

C'est donc un homme en nage, un coureur de marathon pour ainsi dire, qui s'enlève de sa selle, qui se prend le pied gauche dans l'étrier et qui s'écrase à terre au milieu d'un nuage de poussière et de poils de chèvre. Il reste étendu sur le sol un instant, il se dit : « Bon sang de bon Dieu qui êtes au ciel ! Mais qu'est-ce que je fous ? » – pendant que Dassoud et Ali se regardent et que Johnson vole à sa rescousse : il calme son cheval, commence par desserrer l'étrier, et s'aperçoit en fin de compte que pour le libérer, il n'a plus qu'à lui ôter sa botte. On n'en est pas plus avancé pour autant. Il semblerait en effet qu'en cet endroit même, le sol soit une Mecque pour tous les constipés du Sahel, ou ce qu'on fait de mieux comme lieu d'aisances pour tout ce que Mère Nature a pu enfanter qui porte fourrure, plumes ou écailles. Ici la crotte de bique voisine avec les laissées de l'hyène. Le crottin de chameau en barres, la merde de chien, la bouse de vache et la fiente de mouton s'enroulent autour de l'excrément visqueux de la vipère et du scinque. On y trouve même une ou deux fumées de bouquetin à la dérive. Mungo s'extrait du bourbier, brosse sa robe, essuie son chapeau.

– Je suis vraiment désolé, dit-il.

Ali hausse les épaules. Après quoi, il lui fait signe de le suivre, disparaît entre les auvents de la tente toute proche, doux prometteurs de mystères où il s'enfonce. Puant comme tout un zoo, en guise de dos un collage abstrait de taches mauves, terre de Sienne et poil-de-loup, le représentant de Sa Majesté George III emboîte le pas à l'émir de Ludamar et pénètre dans le sanctuaire de la reine.

~

Il y fait sombre, deux lampes à huile en tout et pour tout vacillent dans l'ombre, éclairant capricieusement des tapisseries, des nattes, des vases, un perchoir sur lequel deux oiseaux de proie, des sacres, sont en train d'évider calmement une gerboise. L'explorateur lève les yeux au moment même où, ayant enfin déniché un long ruban d'intestin, l'un d'eux se met à tirer dessus comme un rouge-gorge sur un ver.

– *Salaam aleikoum*, lance Ali.

Elle est là, assise sur un coussin de la taille d'un lit à deux places.

L'explorateur en reste hébété. Il s'attendait certes à voir quelqu'un de gros, mais là… non, c'est impossible ! Gargantuesque, la dame ! Éléphantesque ! Son grand turban et sa *djoubba* luisante font songer à deux chapiteaux de cirque, son ombre bondit et croît dans la lumière incertaine jusqu'à engloutir toute la pièce. Ses domestiques – deux jeunes filles en pantalons bouffants et une vieille femme à la tête chenue – sont assises à ses pieds ainsi que des olives flanquant un melon dans une nature morte hyperstylisée.

Mungo n'arrive pas à distinguer son visage, car elle le cache derrière un *yashmak*, ce double voile en poil de cheval que les femmes musulmanes portent en public ; mais il est vite frappé par le spectacle de ses extrémités. Petites et délicates, elles semblent flotter au bout de ses membres gonflés, comme des canards sur un étang. Il en est fasciné. Pas une phalange qui ne s'orne d'une bague. Pour une raison qu'il ignore, est-ce pour attirer l'attention sur leurs charmes ? Elle s'est en plus passé les pieds et les mains à la poudre de safran. L'effet est surprenant. Elle tourne enfin la tête vers lui, manque s'étouffer et pousse un léger gloussement. Ali se précipite vers elle et lui débite des choses en arabe. Elle lui répond, et sa voix est aussi douce et sensuelle qu'une averse de soleil.

Mungo donne un coup de coude à son interprète.

– Elle dit qu'elle a peur, murmure Johnson.

– Peur ? C'est quand même mes abattis à moi qui sont en jeu, non ?

– Vous êtes chrétien. Pour elle, ça ou cannibale, ou loup-garou, ou... enfin quoi, vous voyez...

– Et toi ?

– Cessez de me regarder, mon frère... Moi, je suis animiste. Chuuut... et maintenant elle parle de votre odeur... elle en fait tout un plat... « Ils sentent tous comme ça ?... »

Soudain Ali aboie un ordre.

– Il veut qu'on se mette à genoux, dit Johnson en se laissant glisser vers le sol et en s'enfouissant la tête dans le sable.

L'explorateur en fait autant. Ils sont dans cette posture depuis un bon moment (« Je commence à me prendre pour une autruche », note Johnson d'un ton badin) lorsqu'une voix nasillarde et haut perchée se met à jodler les prières du soir. C'est le muezzin. Il s'est installé quelque part au-dehors. Ali et Dassoud se prosternent à leur tour, et Fatima descend de son trône tel un nuage d'orage dévalant le flanc d'une montagne. Au moment où elle va toucher le sol de son front, l'explorateur s'aperçoit que ses yeux d'un noir profond se sont fixés sur lui.

La prière une fois terminée, la reine regagne lourdement son coussin, y prend place, bien droite, et doucement, tout doucement, congédie Dassoud et son mari. Elle se tourne ensuite vers Mungo et son interprète et leur demande de s'asseoir. Derrière eux, le Nubien fait un pas en avant, cimeterre à la main. Pendant un long moment il n'y a pas un bruit dans la tente, Fatima et ses domestiques se contentant de se régaler du spectacle de cette blonde apparition en veste de velours bleu. Pour finir, la reine lui adresse la parole. Une seule phrase.

Prononcée d'une voix à l'intonation ascendante, comme si elle chevauchait le sommet d'une question.

Mungo regarde Johnson.

– Elle veut que vous vous leviez et que vous ôtiez votre veste.

Mungo obéit. Une des jeunes filles s'approche de lui, prend son vêtement et l'apporte à la reine. Fatima contemple la veste en silence, en tâte le tissu à contre-fil, et finalement porte à sa bouche un des boutons en cuivre, qu'elle mord. L'explorateur se tient debout dans sa *djoubba*, comme un grand enfant en chemise de nuit.

– Offrez-la-lui, souffle Johnson.

L'explorateur s'éclaircit la gorge et, dans son meilleur arabe, déclare à la dame qu'il lui fait présent de sa veste. Elle le regarde, refuse poliment mais s'approprie deux boutons en cuivre.

– Pour me faire des boucles d'oreilles, lui explique-t-elle en s'en mettant un de chaque côté de son *yashmak*.

Dans l'ombre, un des faucons se met à crier :

– Ca-ha ! ca-ha !

Fatima s'humecte les lèvres.

– A-t-il envie de manger un peu de cochon ? demande-t-elle.

– Répondez-lui que non, dit Johnson.

C'est le moment que choisit le Borgne pour entrer dans la tente, tirant après lui un cochon de brousse au bout d'une longe. L'animal a la hure allongée, fort enlaidie par diverses bosses et entailles ; plusieurs de ses défenses sont jaunies et son regard n'inspire pas confiance. L'œil narquois, le Borgne l'offre à Mungo.

– Gregneu gregneu, fait le cochon.

– Prenez l'air dégoûté, conseille Johnson.

L'explorateur, qui sait fort bien combien les Maures détestent le porc, fait de son mieux pour exprimer son horreur et sa répugnance. Il recule, ses doigts tremblent, il se frappe le front et se mordille la lèvre, tandis que le cochon de brousse se met à couiner comme un accordéon, à trépigner et à s'étrangler en tirant sur sa longe. Voyant que sa petite mise en scène semble rassurer Fatima, l'explorateur tourne et vire plus follement encore. Il en rajoute même un peu et, dans son zèle, renverse le perchoir aux faucons. C'est la bourde, comme il s'en rend compte sur-le-champ. À peine a-t-il effleuré du coude un seul des deux volatiles que le couple, bondissant en arrière, semble agonir de menaces le maladroit. Serres et ergots sont acérés comme des rasoirs. Les ailes battent déjà aux oreilles de Mungo qui reçoit, terrifié, le plus gros des deux rapaces sur l'épaule et se hâte si bien de le chasser qu'il fait un saut de côté, juste devant le cochon de brousse. L'animal n'attendait que cela pour fondre en un éclair droit devant lui sur un Mungo que dans la foulée il mord cruellement six ou sept fois de suite. Dans la panique qui s'ensuit, l'explorateur réussit, Dieu sait comment, à renverser la moitié de la tente avant d'atterrir, les bras en croix, sur l'ample giron de la reine. Intervention de l'eunuque de Nubie qui, majestueux, décapite d'un seul coup de son cimeterre le cochon, tandis que le Borgne aidé des jeunes filles en pantalons bouffants, tente de débarrasser l'auguste personne royale du sanglant embrené...

C'est alors que Mungo entend monter la voix de Johnson. Il s'est mis à chanter, oui, on dirait un hymne funèbre, tant les accents qui y dominent sont plaintifs et désespérés : c'est cela, l'une de ces vieilles mélodies de la plantation, qu'il aime à qualifier de blues.

« Pour gâcher tout, t'as tout gâché, chante-t-il. Ouais, tout gâché, ô Dieu Tout-Puissant, t'as tout gâché !... »

Février 1796. Wordsworth visite avec une égale ardeur la France et Annette Vallon, Bonaparte a mis les poucettes à Babeuf et cogne vigoureusement à la porte de Joséphine, Goethe vit dans le péché avec Christiane Vulpius, et Burns est à l'agonie. À Édimbourg, Walter Scott est en train de perdre la bataille qu'il a entamée pour obtenir la main de Williamina Belches, pendant qu'à Manchester ce n'est encore qu'un De Quincey morveux qui erre par les rues en se demandant ce qu'est une putain. À Moscou, il neige. À Paris, on utilise les assignats pour boucher les trous en attendant de leur trouver meilleur emploi. À Soho enfin, à la taverne de *La Tête de Campagnol*, on suce et on baise. Sur scène.

Ned nage dans le bonheur. Jutta Jim a un rendement d'enfer : voilà plus d'une heure qu'il y est, déduction faite de deux petites pauses, l'une pour chanter quelques lais de sa peuplade, l'autre pour lamper une pinte de sang de poulet, histoire de garder la forme. Comme Nan et Sally improvisent le mieux du monde des variations sur le thème, le public est par trop occupé pour foutre la merde ou pisser sur les tapis. Cela fait aussi plus d'une heure que personne n'a menacé de s'en prendre au cou de l'imprésario, à ses bras, à ses jambes, à son foie, à ses yeux... Smirke, qui se balade avec une belle érection depuis la veille au soir, vend ses boissons tel le propriétaire d'une oasis en Arabie. Mendoza n'a toujours pas lancé un seul hou ! depuis que Jim est monté sur scène. Les revenus bruts de Ned dépassent, et de loin, ses prévisions les plus optimistes – près de trente-six livres pour un investissement de vingt-trois livres et deux shillings – encore cette somme inclut-elle l'achat d'un habit neuf pour sa propre personne, outre les pourboires et boissons pour la troupe. Les fonds, intégralement versés à La Paire et Cie, reposent douillettement en lieu sûr.

Alors pourquoi cette angoisse ? Après avoir vidé un flacon et demi de gin, fumé trois pipes, parcouru vingt-deux fois la pièce dans les deux sens, il se sent toujours aussi nerveux que si une morsure de rat lui avait flanqué la fièvre. Il n'y comprend rien. Il commence même à éprouver des démangeaisons dans le bout de petit doigt qui lui manque. Naturellement, tout au fond de lui-même, la réponse, il la connaît : les choses vont trop bien. Et cela signifie qu'il ferait mieux de se mettre à ruser, à faire le dos rond, à biaiser : c'est toujours quand les choses se mettent à trop bien marcher que les Puissances Supérieures vous tombent dessus comme douze ouragans et vous enterrent sous des tonnes de choses de flot et de mer.

Cela lui rappelle la fois où, à la foire de Bartholomew, Billy Boyles et lui n'arrivaient tout simplement pas à perdre aux tables de jeu. Ils s'étaient payé des cocottes pour pratiquement rien, puis étaient tombés sur un coq de combat, un champion, qui valait ses cinquante billets comme un rien. Et alors, au moment même où ils s'éclipsent de la foire avec leur butin, ne voilà-t-il pas qu'ils aperçoivent la cape constellée de Zeppo d'Éleusis, là, à pendre comme un don des dieux sur une corde à linge. Sur le chemin du retour, Boyles l'avait entraîné dans une allée sans lumière et, c'était couru, deux sicaires leur avaient sauté dessus.

– La bourse ou la vie ! avait grondé une voix.

Ned avait senti le canon d'un pistolet collé sur son oreille.

– J'm'en vais te débarrasser de ta p'tite monnaie, avait repris la voix en grinçant. Pendant ce temps-là, mon pote, il va te saigner ton copain comme y faut.

Le complice était un nain, trois pieds de haut, pas plus, avec une tignasse rousse qui lui flamboyait comme un feu de brousse autour des joues et du crâne. Ned lui avait tendu sa bourse : juste le temps de le voir bondir dans les ténèbres, ordonner à Boyles de s'asseoir sur la chaussée et commencer à lui fouiller ses haillons de la pointe d'une dague.

– Là ! s'était écrié le nain. Et c'est quoi, ça ?

C'était le coq de combat. Niché dans la veste de Boyles, il avait les pattes et le bec ficelés avec des bouts de ruban bleu. Le nain avait sorti le volatile de sa cachette, lui avait tordu le cou de ses mains noueuses et l'avait montré au tueur au pistolet.

– C'est ça qui va être bon dans la soupe, pas vrai, Will ?

– Bien joué, Ginger, avait grogné le tueur au pistolet. Et maintenant, qu'on le voie un peu à cru, le gueux, quelquefois qu'il aurait près du cuir des pièces qui ont cours par chez nous.

Des braies qui choient, une chemise qui s'envole, en moins de dix secondes, Boyles s'était retrouvé nu comme un ver.

– Et maintenant, à ton tour, mon beau ! avait lancé le tueur au pistolet.

Ned en avait appelé à la pitié dudit tueur, flattant son côté chevaleresque.

– Mais je t'ai déjà donné ma bourse, avait-il dit en reniflant... Allons, un peu de cœur !...

– Ha ! ha ! avait ricané l'autre. Monsieur se figure peut-être que je reconnais pas à l'œil nu le gibier de potence ? Tu me prends pour qui ? Pour un babouin dyspeptique ou quoi ? Allez, foutu bougre, pose culotte, et vite !

Fini de jouer. Ned s'était déculotté, et patatras ! Ça vous luisait sous la lune comme un lange phosphorescent...

« ça », autrement dit la bande de mousseline où il avait dissimulé les gains de la journée. Le nain la lui avait arrachée du ventre, et les pièces s'étaient répandues en pluie sur le sol.

– Ho ! ho ! avait-il chantonné. Comme qui dirait qu'on a décroché le gros lot juste à temps, pas vrai, Will !

Le nain ramassait encore les dernières pièces par terre, qu'un coche à quatre chevaux tournait le coin de la rue dans un roulement de tonnerre, chassant les deux malandrins. Boyles, *in puris naturalibus*, s'était accroupi contre un mur cependant que Ned, les jambes enroulées dans la cape du magicien, faisait signe au cocher de s'arrêter.

– Huo ! beugla ce dernier.

La voiture s'immobilisa dans un grincement de ferraille.

– On vient de se faire détrousser ! cria Ned.

La portière s'ouvrit d'un coup. À l'intérieur se trouvait Sir Euston Filigree, magistrat et grand amateur de combats de coqs. À côté de lui, un officier de police, avec un pistolet armé.

– Quelle coïncidence ! lança Sir Euston. Moi aussi !

– Allez ! en voiture ! ordonna l'officier.

– Trois mois de travaux forcés ! lança le juge...

Ça ne rate jamais. Dès que les choses commencent à s'arranger, dès que les rêves les plus fous prennent un semblant de consistance, la Main du Destin s'en mêle et, d'une belle claque dans la figure, vous ramène au bon sens. Terrifiant. De quoi vous rendre paranoïaque. Ned tète une goulée à son flacon et regarde autour de lui, tel un agneau égaré dans un congrès de loups. Sur scène, Jim, Sally et Nan ne sont plus loin du bouquet final. Les membres prolifèrent, les tendons s'étirent, on ne sait plus si on est dans le tour de force acrobatique ou dans l'exploit sexuel mené *allegro di molto*. Tandis que sur la scène les têtes, les langues et les hanches ondulent sur un tempo de plus en plus rapide, les spectateurs dégringolent de leurs chaises, renversent les tables et halètent comme des chiens à une exposition canine en plein mois de juillet. Le temps se fige ; au bord même du dénouement, l'instant se prolonge, sublime, et se met au diapason des fonctions du corps et des oscillations de la planète... lorsque soudain la porte s'ouvre. La voix du Pouvoir résonne d'un bout à l'autre de la salle :

– AU NOM DE DIEU TOUT-PUISSANT ET DE TOUT CE QUE TENEZ POUR DÉCENT, CESSEZ ET RENONCEZ !

La jeunesse dorée est la première à réagir.

– Sainte merde de Dieu ! La maréchaussée !

– C'est un raid ! crie quelqu'un.

Dès lors la pièce n'est plus qu'un seul et même pandémonium. Les officiers trébuchent sur leurs épées, baronnets et boutiquiers se télescopent, les prêtres mordent la poussière pendant que les coquins, les noceurs, les nouilles, les vieux beaux, les dandys et les petits-maîtres se ruent vers la sortie de derrière, où Ned Rise les coiffe d'une longueur. Sur scène, Jim résigne son office en Sally, qui se démoule de Nan, qui élargit Jim à son tour et attrape son gin étendu d'eau.

– QU'ON S'EMPARE DU PROPRIÉTAIRE ! beugle un officier.

Ned est déjà à la porte lorsqu'il regarde derrière lui – juste à temps pour voir le pauvre Smirke tomber entre les mains de deux cognes d'un beau gabarit.

– C'est lui ! rugit Smirke en montrant l'imprésario d'un doigt épais.

Mais voilà Ned qui s'éclipse sans demander son reste.

– Lui, là-bas, répète Smirke. Le clown avec la cape !

– SUS À LUI, LES GARS ! lance le chef de l'opération d'une voix forte.

Ned est déjà dans la ruelle. Il a filé comme le renard au premier aboiement de la meute. Il dépasse les dandys et les petits-maîtres comme s'ils étaient immobiles. Le gin lui remonte par tout le corps, il a les pieds qui volent, la cape qui lui bat dans le dos comme les ailes des Furies. Incapables de fuir avec leurs souliers à hauts talons, dandys et petits-maîtres sont une proie facile pour leurs poursuivants, les terrifiants Coureurs de Bow Street[1]. Le dos de Ned Rise s'amenuise, on lui lance toujours des injures.

– Espèce de charançon visqueux !... Tu nous paieras ça, Ned Rise !

– Gibier de potence !

– Trafiquant de clystères !

Ned n'y prête aucune attention : il est bien trop pris par la pure extase de la fuite, par l'extraordinaire coordination du cœur avec les poumons, les jointures et les pieds, par la terrifiante fièvre de la vitesse que l'alcool et la panique attisent en lui. Descendre la rue à gauche – elle n'est déjà plus qu'un brouillard –, voler sur les pavés et se jeter dans les ténèbres du passage, de l'autre côté. Les cris et les jurons commencent à faiblir, il est presque en lieu sûr. Mais que se passe-t-il ? Que signifient ces bruits de pas dans son dos, aussi réguliers qu'un battement de tambour ? Il tourne la tête pour jeter un œil par-dessus son épaule, et il lui semble qu'une dague glacée lui transperce les côtes : sinistres et athlétiques, deux Coureurs de Bow Street descendent la ruelle au petit trot. À peine s'ils sont essoufflés. Sûrs d'eux, ils s'apprêtent à prendre la longue foulée du marathonien. Dieu de Dieu ! il n'a aucune chance de leur échapper. C'est qu'ils sont implacables, et infatigables, ces individus ! On raconte même qu'ils auraient épuisé des cavaliers.

1. Coureurs professionnels au service de la police de Londres, expressément chargés de capturer les malandrins pris sur le fait.

Il fait donner tout ce qu'il a en réserve et se rue dans la direction du fleuve. Sa poitrine se soulève follement, il a les poumons en feu, ses pièces lui cognent douloureusement l'entrecuisse.

– ARRÊTEZ-VOUS ! AU NOM DE LA LOI !

Jamais ! La justice est une plaisanterie où seuls les perdants se font pincer. Ses pieds battent le trottoir. Le voilà qui tourne le coin de Villiers Street… enfin le fleuve ! Qu'il arrive seulement à gagner le couvert des docks ou à sauter sur un bateau… Mais ils le rattrapent, les sales brutes, et *clink clink,* voilà les deux premières pièces qui dégringolent. Il serre les dents. Il baratte encore plus dur des mollets. Et puis, tout soudain, ce sont les planches de la jetée de Charing Cross qui résonnent sous ses pieds, il est coincé, les brutes le talonnent… une main qui l'attrape par le col… Mais il se libère… et tombe dans l'air humide et froid de la nuit. Le fleuve est couvert d'une couche de glace craquante, ses pièces y font office d'ancre de navire, l'eau gelée le bastonne. CHLURRRP ! Il a disparu.

Debout au bord de la jetée, les deux Coureurs restent un instant à scruter les ténèbres. La glace a la couleur de l'ardoise, le flot est noir. Rien ne bouge.

– Ben, qu'est-ce tu veux, Nick… faut croire que c'est fini, lâche le plus sinistre des deux.

– T'as p't-être pas tort, Dick, répond l'autre. Affaire classée.

CONTINENTS NEUFS, FLEUVES ANTIQUES

Eh bien non, il n'avait rien gâché du tout, tant s'en fallait. En fait, et l'avenir le prouva, la reine ne semblait pas le moins du monde incommodée par la présence de cet infidèle albinos et porcivore sur ses genoux. Peut-être même en était-elle, assez bizarrement, plutôt satisfaite.

L'explorateur commença presque sur l'instant à en concevoir le soupçon. Étendu là, tout étourdi et sanguinolent en travers de son giron, il se laissait bercer par les flux aqueux et tremblants de ses genoux – on eût dit un navire au mouillage –, quand il crut sentir comme un frémissement monter des profondeurs de la dame, une vaguelette, un gonflement, une ondulation aussi douce et aussi nécessaire que les cercles qui vont s'élargissant sur l'étang après qu'une pierre en a brisé la surface. Était-ce le rire qui la secouait, un gloussement issu de l'ombilic de sa splendide usine à chairs ? Avait-il fait sensation malgré tout ?

Il n'eut malheureusement pas l'occasion de le vérifier : l'œil assassin, Dassoud s'était déjà mis à taillader la paroi de la tente. Mungo sauta du ventre de Fatima, se planta le front dans la terre et, suivant en cela l'exemple de Johnson, entonna des «*La illah al-Allah, Mohammad rassoul Allahi*» en guise de pénitence.

Le poil de chèvre se fendit en crissant, *zit ! zat ! zout !* et, tout enflammé à l'idée que la reine pût être en danger, Dassoud bondit sous la tente, prêt à châtier le coupable avec autant de promptitude que de sauvagerie. Mais le *Aaarrrh !* qu'il gronda en faisant tournoyer sa terrible épée s'arrêta net.

Qu'arrivait-il ? Les femmes de chambre étaient complètement hystériques, les poteaux fracassés, il y avait du sang et des plumes d'un bout à l'autre de la tente... et pourtant Fatima n'avait pas bougé d'un centimètre depuis qu'il l'avait quittée. Quant au *Nazarini*, il se traînait par terre avec son esclave et tous deux y gémissaient d'abondance pendant que le Borgne et le Nubien les menaçaient de leur haut, prêts à les exécuter.

– Mais, au nom d'Allah ! s'écria-t-il, j'aimerais bien savoir ce qui se passe !

Le Nubien qui n'avait de sa vie émis une seule parole continua de ne rien dire. Le cochon gisait dans un coin. Il tremblait encore de la carcasse, des gouttes de sang dégoulinant de sa gorge tranchée, et la hure gisant à terre, aux pieds du Nubien.

– Seigneur, aie pitié de nous ! gémit Johnson, le nez dans l'arène.

Pour finir, les lamentations des suivantes baissèrent jusqu'à devenir d'aimables miaulements entrecoupés de sanglots. Tambour battant, le Borgne raconta ce qui avait transpiré de l'affaire, en prenant soin d'y rabaisser son propre rôle et d'exagérer l'irresponsabilité maladive du *Nazarini* et de son esclave. Dassoud l'écouta impatiemment, oscillant d'avant en arrière et tripatouillant le manche de son sabre. Ayant demandé au Borgne d'abréger son récit, il donna l'ordre d'emmener les coupables dans les dunes afin de les y étriper comme il fallait. C'est alors que Fatima s'éclaircit la gorge. Dassoud se tut. Elle parla d'une voix ferme et fut sobre dans ses propos, dont la teneur passa très au-dessus de la tête de l'explorateur. Il en résulta cependant que Johnson et lui furent ramenés chez eux, et qu'on adjoignit un septième ronfleur aux six assoupis patentés qui montaient déjà la garde à l'entrée de leur tente.

Une heure plus tard, une odeur inhabituelle embaumait l'air. Persistantes et fortes, les fragrances apportaient avec elles ce mélange de feu qui flambe, de viandes qui rôtissent et d'aromates qui les parfument. De la viande ! L'explorateur avala deux fois sa salive.

– Johnson, fit-il, tu sens ce que je sens ?

– Côte de bœuf, lui fut-il répondu. Je reconnaîtrais ça n'importe où !

Les battants de la tente s'étant entrouverts, les riches effluves emplirent tout l'espace. C'était l'une des jeunes filles en pantalons bouffants. À la main, elle tenait un cuissot d'addax[1] dont la chair semblait encore rissoler autour de la broche. Elle le tendit à l'explorateur.

– Pour toi, dit-elle. De la part de Fatima.

Après lui avoir décoché un clin d'œil, elle disparut dans la nuit.

Mungo mordit dans la pièce de viande avant de la passer à son interprète.

– On dirait qu'on a enfin gagné, l'ami ! lança-t-il en riant. Sans doute n'ai-je pas fait que des gaffes...

– Peut-être qu'elle aime les saltimbanques, lui renvoya Johnson.

– Qui sait ? Ce qu'il y a de certain dans tout ça, c'est que c'est un ange, cette femme. D'abord la *guerba*, après, le lait et le couscous... et maintenant ça !

– Ouais, ouais, admit Johnson en mâchonnant. Côté largesses, elle fait large...

~

Le lendemain matin, Fatima lui fit porter un plat de yaourt aux baies de *houna* douces-amères ; le soir, ce furent des cervelles revenues avec du riz. L'explorateur en était stupéfait. Voilà qu'après deux mois de bouillie et d'eau, il pouvait enfin planter les dents dans du solide. Et ce n'était qu'un début. Dans les jours qui suivirent, les servantes de Fatima lui présentèrent du foie de mouton, de la bosse de chameau (braisée), des ris de veau aux pois chiches, une sorte de pudding au babeurre,

1. Genre d'antilope.

trois douzaines de gésiers d'outardes et un chevreau rôti entier.

– De la bouffe « soul[1] », disait Johnson. C'est le bonhomme du dedans qui aura emballé la fille... allez, allez ! Vous avez pus besoin de vous occuper du bonhomme du dehors avec sa mauvaise réputation et tout ce bran sur lui !

Le bonhomme du dedans, le bonhomme du dehors... ça changeait quoi ? La viande rouge les nourrissait aussi bien l'un que l'autre. Et puis quoi ? Il avait dû perdre cinquante livres depuis son départ de Portsmouth. Il contempla ses orteils jaunis, ses chevilles maigrichonnes et les baguettes qui lui tenaient lieu d'avant-bras : devait pas peser plus de cent vingt livres à l'heure qu'il était. Mais dans l'instant il grimaça un sourire et marmonna une petite prière. S'il continuait à ce rythme, tous ses kilos perdus, il les aurait repris en un rien de temps. Et alors... qui sait s'il ne serait pas assez costaud pour tenter de s'enfuir ?

Des changements, il y en eut d'autres. Il eut bientôt la permission de flâner à sa guise à travers le campement (en se faisant, bien évidemment, filer par ses sept gardiens), de passer autant de temps qu'il le désirait avec Johnson, et même d'assister à certaines cérémonies. Plus que toutes les autres, cette dernière autorisation lui redonna du courage. Après tout, explorateur il était... et voilà qu'il explorait ! Il fut de deux circoncisions, d'un enterrement et de l'exécution d'un chien qui avait levé la patte sur la tente de l'émir. Il regarda les esclaves piler le millet, tanner des peaux et baratter dans une *guerba*

1. Jargon du Sud des États-Unis, cher à Johnson : le mot, littéralement, traduit « âme », mais signifie aussi « du Sud ». Ici : nourriture destinée au réconfort de l'âme non moins qu'à celui du corps.

suspendue entre deux piquets ; il les regarda encore réciter leurs prières, déféquer, jeter des pots, mâcher des racines, tatouer des nourrissons et des chiens. Tout cela était très éclairant. Mais éphémère. Il était incapable de se souvenir de quoi que ce fût d'un jour sur l'autre.

Un matin qu'assis par terre il regardait un esclave attacher les pis d'une chamelle pour empêcher son petit de la téter en pleine chaleur, une idée le frappa aussi vivement qu'un coup de bâton derrière la tête : il allait écrire un livre ! Oui, un livre : il serait alors aussi célèbre que Marco Polo, Gulliver ou Richard Jobson. Pourquoi pas ? N'était-il pas, là, à voir, à sentir et à goûter des choses dont aucun homme blanc n'avait même jamais rêvé ? Non, il eût été criminel de rater pareille occasion ! Il regagna sa tente au pas cadencé, arracha les pages de sa bible de poche et se mit à écrire. Page après page, il nota ses impressions sur le climat, la flore, la faune, les formations géologiques, les habitudes et la physionomie des Maures, des Mandingues, des Sahraouis et des Peuhls. Il décrivit la barbe d'Ali, l'air renfrogné de Dassoud, la chaleur de midi, la solitude du baobab. Il dit la générosité de Fatima, la saveur acidulée des baies de *houna*, la senteur du bois brûlant dans la nuit. Il remplit ainsi trente pages le premier jour et les dissimula au fond de son chapeau.

Un soir, il prit part à un mariage. Vieilles femmes qui chantaient des mélopées, chiens qui hurlaient et procession solennelle, la chose ressemblait d'une manière frappante à l'enterrement auquel il avait assisté. Voilée de la tête aux pieds – on ne lui voyait même pas les yeux –, la mariée n'était qu'un linceul ambulant. Il se demanda même comment elle faisait pour ne pas tomber. Les pleureuses la suivaient, leurs pas réglés par le battement d'une *tabala*. Le marié avait enfilé des babouches à bout recourbé.

Derrière lui venait un cortège de musulmans en burnous brodés, eux-mêmes suivis par une file d'esclaves qui tiraient des chèvres et des bouvillons et portaient une tente. On planta celle-ci en un endroit convenu, puis on abattit les bêtes et on alluma un feu dans un trou. Et l'on festoya. Il y eut du bœuf et du mouton, des oiseaux, des larves rôties et toutes sortes de mets délicats. On dansa, on chanta, on dit des contes. Enfin le plat de résistance arriva : un chameau entier cuit au four.

CHAMEAU AU FOUR (FARCI)
– pour 400 personnes –
Se procurer :
500 dattes,
200 œufs de pluvier,
20 carpes de deux livres,
4 outardes, plumées et vidées,
2 moutons,
1 gros chameau,
condiments divers.

Creuser une tranchée. Faire un feu d'enfer pour obtenir de la braise, sur un mètre de profondeur. Faire durcir les œufs à part. Écailler les carpes et les farcir avec les dattes et les œufs durs épluchés. Assaisonner les outardes et les farcir avec les carpes farcies. Farcir les moutons avec les outardes farcies, puis farcir le chameau avec les moutons farcis. Flamber le chameau. L'envelopper de feuilles de palmiers doums et l'enterrer dans la fosse. Laisser cuire pendant deux jours. Servir avec du riz.

Caractéristique régulière de cette période d'expansion que traversait Mungo, les rencontres quotidiennes qu'il avait avec la reine. Tous les après-midi – juste après le *dhuhur* ou prière de midi –, il était mandé dans la tente de la dame pour une séance de questions et réponses : elle posait les questions, lui répondait. D'une curiosité insatiable, la reine ne se lassait pas d'essayer de le coller. Elle se montrait tour à tour anthropologue, sociologue, spécialiste d'anatomie comparée. Elle voulait disséquer et comprendre ses habitudes, ses pensées, ses croyances ; elle voulait goûter sa nourriture, porter ses vêtements, s'asseoir dans sa loge au théâtre. L'Angleterre, l'Europe, les océans vastes et incertains, elle les voulait faits de mots, de mots aussi souples qu'évocateurs, de mots capables de cristalliser dans son imagination. Elle voulait des visions. Elle voulait les souvenirs qu'il avait derrière le regard. Elle voulait l'absorber, le digérer. Pourquoi était-il venu à Ludamar ? Comment son père se débrouillait-il de ses troupeaux sans lui ? Pourquoi portait-il une telle coiffe d'âne (*djalab*) sur la tête ? Les chrétiens avaient-ils tous des yeux de chat ? À quoi ressemblait la mer ? L'avait-on jamais crucifié ? Avec un sourire de singe, et en faisant de son mieux pour respirer le charme et le bel esprit, l'explorateur répondait à ces questions aussi complètement et patiemment qu'il le pouvait.

Un après-midi, elle lui demanda si les *Nazarini* pratiquaient la circoncision.

– Certainement, lui répondit Mungo.

Elle voulut voir. L'explorateur jeta un coup d'œil à Johnson.

– Et qu'est-ce que je fais maintenant ? s'enquit-il dans un murmure.

– Vous lui dites que vous seriez plus qu'heureux de le lui démontrer... mais que la chose devrait se faire en privé. Après quoi, vous haussez les sourcils deux ou trois fois de suite.

Mungo fit cette réponse à la dame. Et haussa les sourcils. Pendant un instant, la tente fut aussi silencieuse que la face cachée de la lune. Les yeux de la reine jetèrent des éclairs par-dessus le bord de son *yashmak*. Puis elle se tapa sur la cuisse et gloussa.

Ce soir-là, l'explorateur eut droit à du gigot d'agneau.

~

Un beau matin, trois semaines et demie après sa première rencontre avec la reine, l'explorateur s'est installé à l'ombre d'un acacia.

« Les femmes maures, écrit-il, disposent toute leur chevelure en neuf tresses qu'elles portent ainsi que suit : une de chaque côté du visage, six (plus fines) sur le dessus du crâne et la dernière, bien solide, au bas du cou. Elles se lavent et s'huilent les cheveux une fois par mois, et les recoiffent en refaisant leurs tresses une fois par semaine. Pour des raisons d'hygiène, et parce que cela a tendance à les éclaircir un peu, elles préfèrent les rincer à l'urine de chameau – que l'on recueille à cette fin. (Voir un ou deux esclaves prendre une tasse et se mettre à poursuivre par tout le camp un chameau qui urine n'est pas rare.) L'urine est en effet un puissant astringent et sert à anéantir la vermine et autres parasites. J'ai d'ailleurs eu moi-même l'occasion de vérifier l'efficacité de ce remède lorsque j'avais le pubis, les aisselles, les favoris et les cheveux infestés de poux et de mites du désert. Je trouvai la chose rafraîchissante, quoique un tantinet méphitique... »

Les joues de l'explorateur ont retrouvé des couleurs. Son regard, une certaine clarté. Les vers, la grippe, la gale, la fièvre et la toux qui arrache les poumons, tout cela est du passé. Vilains souvenirs. Il mange de la viande, avale du sang et du bouillon ainsi qu'il sied à un Écossais, et reprend des forces tous les jours. La chaleur l'affaiblit, bien sûr, et il lui arrive encore d'avoir les idées confuses.

Dans l'ensemble pourtant, le changement de nourriture et le grand air ont beaucoup fait pour le ressusciter. La paix et la tranquillité y sont aussi pour quelque chose. Il y a seulement un mois de cela, il lui aurait été impossible de s'asseoir en cet endroit : rien qu'à l'apercevoir, le musulman moyen aurait eu un transport. En quelques secondes, l'explorateur eût été assailli par une foule de fidèles zélés et puants qui se seraient mis à lui cracher dessus. Il en va tout autrement aujourd'hui. Tout le monde sait qu'il est sous la protection de Fatima et, hormis quelques incidents isolés (c'est ainsi qu'il y a à peine vingt minutes, un ennemi invisible lui a flanqué un coup de nerf de cochon en travers de la figure), on le laisse tranquille.

« Les hommes, eux, continue-t-il, ne prennent jamais de bains. Cela étant, deux fois l'an, ils se livrent à une cérémonie, dite de *l'asila mà,* au cours de laquelle, juste avant le coucher du soleil, ils s'enterrent dans le sable chaud pendant des périodes de trois quarts d'heure à une heure. Au bout de quoi on les sort, les frotte avec de la sueur de jument en rut et les flagelle à l'aide des basses branches du buisson de *sérif.* On m'a rapporté que cette opération favorisait la longévité et redonnait de la vigueur sexuelle. »

Au moment où il lève la tête pour humecter sa plume d'oie, l'explorateur est tout surpris de découvrir qu'il n'est pas seul. Debout devant lui, suivant de ses yeux chocolat la course de sa plume, se trouve la plus dodue des filles en pantalons bouffants.

– Qu'y a-t-il ? lui demande-t-il.

– Fatima veut que tu viennes la voir.

« Aller la voir ? À 10 heures du matin ? Mais que peut-elle bien vouloir de moi à pareille heure ? »

– Bon, dit-il en se levant. Je vais chercher Johnson.

– Non, Fatima dit que sa présence ne sera pas nécessaire.

L'explorateur hausse les épaules.

– Je te suis, dit-il.

~

À peine a-t-il poussé le volet qui ferme la tente que l'obscurité l'avale. Des sphères bleutées tournoient au-devant de ses yeux, des roues jaunes dérivent dans l'espace. Il n'y voit rien. Il reconnaît les odeurs familières, encens et urine de chameau, et là-bas, dans le coin, les craquements des deux sacres en train de se mordiller les ailes. Mais pourquoi donc n'a-t-elle pas allumé une lampe ? Et où est passée cette satanée fille en pantalons ? Eh bien, soit. Aucune importance. Autant se laisser porter par le courant.

– *Salaam aleikoum*, lance-t-il aux ténèbres.

– *Aleikoum as-salaam*, lui répond-on d'une voix aussi douce qu'un battement d'aile de mite.

Il sursaute. Elle est assise tout à côté de lui... Il aurait pu lui tomber dessus... Seigneur, qu'il fait noir ! Mieux vaut ne pas bouger pour ne rien renverser.

– Braaaaaak ! crie l'un des faucons.

Et s'il lui demandait d'allumer une chandelle... Oui mais voilà : comment dit-on « chandelle » en arabe ? Il s'arrange d'un « *Kaif halkoum ?* » – soit « comment vas-tu ? »

– *Bissaha*, lui répond-elle.

Il en conclut qu'elle ne se plaint pas.

Silence.

Il remue les pieds, se récure les oreilles, fait craquer ses doigts, se demande s'il peut oser s'asseoir. Le moment est embarrassant. Au bout de vingt secondes de nettoyage d'oreilles, il se risque à converser. Il espère arriver à lui dire combien il lui est agréable de la revoir – cela alors même que c'est à peine s'il la devine dans le noir. Malheureusement, il ne lui vient que ceci :

– Ô spectacle à ravir les sens !

Fatima étouffe un petit rire.

Encouragé, il continue de s'adresser à la masse fantomatique qui se tient devant lui. Dans un corps-à-corps furieux avec les déclinaisons, la syntaxe, les temps des verbes et un vocabulaire plein de trous, il se fait aussi éloquent qu'Antoine, Démosthène et le Speaker de la Chambre des communes tout en un, pour lui dire combien il apprécie les égards qu'elle a pour lui, sans parler des pieds de veau en gelée et des haricots mungos en purée qu'elle lui a fait envoyer. À cet instant pourtant, la vieille servante entre avec une chandelle et il découvre que son interlocuteur était un métier à tisser. En fait, la reine est assise à l'autre bout de la pièce, ses formes imposantes s'élevant au-dessus de son énorme coussin ainsi qu'une alpe couronnant un paysage de piémont. L'explorateur en reste stupéfait.

– Viens ici, lui dit-elle.

La vieille sursaute en entendant la reine et s'en retourne sans tarder à ses affaires. Elle dispose la chandelle dans la paume tendue d'une figurine en ivoire, rassemble ses jupes et passe devant l'explorateur avec un sourire gourmand. Mungo fait un pas en avant, hésite. Il y a quelque chose qui ne va pas... mais quoi ? Soudain il comprend : Fatima est tête nue, ses tresses épaisses déployées sur ses épaules comme des marcottes. Jamais encore il n'a vu un seul de ses cheveux... à peine un bout de sourcil de temps à autre et voilà que...

– Viens ici, répète-t-elle.

L'explorateur s'avance vers elle, résigné, et cherche quelque chose de spirituel à lui dire. Elle tapote son coussin, et lui fait signe d'y monter. Mungo frissonne. Puis il escalade le coussin dont les abîmes l'avalent. La vieille a disparu. Évanouies aussi, les demoiselles en saroual. Mungo se rend compte tout soudain que jamais encore il ne s'est trouvé en tête à tête avec la reine. Mais voilà que le coussin s'est mis à trembler et à rouler sur toute sa longueur ainsi qu'une mer courant sous le vent. L'homme lève les yeux. La reine est en train d'ôter sa robe par le haut et pousse de petits grognements délicats en se débattant avec le tissu brillant. Sous son vêtement, ses chairs sont nues. L'explorateur commence à comprendre de quoi il retourne.

– Aide-moi, gémit-elle alors que déjà son habit lui enserre la tête et le cou.

Mungo se penche en avant et attrape le col de l'incroyable vêtement. Vêtement ?... Un drap, une bannière, un chapiteau de cirque, oui plutôt. Il tire dessus, elle grogne dessous. Les bras de la reine s'agitent sous la toile comme des bêtes enfermées dans un sac ; elle s'étouffe et, tout à coup, ses seins se libèrent. Le choc les ébranle en un doux va-et-vient ; ce sont deux colosses, deux astres sur leur orbite. Ils finissent par trouver leur assise au-dessus des multiples plis du ventre : on dirait les deux lunes de la planète Mars. L'explorateur est soudain saisi par la hâte et l'impérieuse nécessité. Il tire sur le tissu récalcitrant avec toute la ferveur d'un mangeur de viande, il halète et geint jusqu'au moment où, subitement, l'étoffe de la *djoubba* se déchire comme du vulgaire papier. Il tombe en arrière et... et voilà la reine aussi nue et inéluctable que la vaste mer insondable.

– *Yudkhul,* murmure-t-elle. *Yudkhul alaiha*[1].

1. « Entre, entre, vas-y. »

Il jette ses bottes, tripatouille ses boutons, se déshabille en tirant comme un forcené. Moite et haute comme une montagne, elle l'attend, l'œil en feu, le voile baissé, la chair aussi embrasée que le Vésuve. Il siffle comme un asthmatique tant la hâte et l'espoir le travaillent. Il croit rêver. Ce doit être que la fièvre l'a repris : jamais un simple mortel ne pourrait contempler pareille magnificence ! Il lui grimpe dessus, cherche des prises pour ses orteils. Que d'endroits il va lui falloir explorer ! À lui montagnes, vallées et crevasses, continents neufs et fleuves antiques !

ENGLÉGUÉE !

Une forteresse assiégée, voilà ce qu'elle est. Mâchicoulis hérissés d'hommes en armes, poix bouillante, pont-levis tiré à fond. Depuis qu'il l'a surprise dans son bain, elle n'a plus un instant de répit. Quand Gleg n'est pas à sa droite, Gleg est à sa gauche. Ou alors Gleg est à la fenêtre, à la porte, dans la penderie lorsqu'elle y cherche son châle, dans le jardin lorsqu'elle sort s'y promener. Rien à faire : il est là, et bien là. Le matin, il lui apporte des fleurs, de gros bouquets de velvotes et de passerages, et attend dans l'escalier qu'elle ait fini de s'habiller. Au petit déjeuner, elle trouve des poèmes d'amour glissés entre ses galettes d'avoine ou pliés dans sa serviette de table :

Ah ! comment t'aimer de tout mon cœur ?
Pourquoi, lors même que mon amour est en ces hauteurs
Où en toi seulement il trouve le bonheur,
Ce monde il me faut détester
Alors que tant devrais l'aimer

Puisqu'il abrite ta parfaite beauté
Qui l'occupe tout entier?

Elle ne peut pas casser un œuf sans entendre parler de l'« Aurore rougissante » de ses joues, ou des « Vagues écumantes » de sa poitrine. Des soupirs d'amour désespérés ponctuent la moindre gorgée de thé qu'elle avale et lorsqu'elle gratte une tartine de pain grillé, c'est, dit-il, « dans les crevasses mêmes de son cœur qu'elle enfonce son couteau ». À la fin du repas, quand Zander et son père sont pour quitter la pièce, que dis-je, quand leurs chaises n'ont pas fini de grincer, il est déjà penché vers elle et lui murmure : « Le Monde serait-il à nous, et l'Éternité,/Que, madame, la timidité serait un crime. » Et d'ajouter en lui faisant un clin d'œil : « Mais ce n'est pas le cas. Et donc, c'est d'autant mieux un crime. »

Gleg, Gleg, Gleg ! Elle est engléguée jusqu'aux oreilles. Il est partout, elle n'arrive pas à s'en débarrasser. Gleg, c'est la puce qui s'est logée sous le col de sa chemise, la mouche tombée dans ses crèmes et pommades. Le soir, il s'assied sous sa fenêtre et tantôt crachouille dans un chalumeau, tantôt piaule à la lune comme un matou en chaleur. Entre deux prétendues sérénades, il lui récite des poèmes qu'il a composés ou lui jette des cailloux dans ses carreaux. Un matin, en sortant de sa chambre, elle l'a trouvé en train de s'attendrir sur le pot de chambre qu'elle avait laissé dans le couloir. Une autre fois, elle l'a surpris occupé à se bourrer les poches de bouts de gras dans l'espoir de gagner les faveurs de Douce Davie, son scotch-terrier. La maîtresse se montrait intraitable. Le chien, lui, se laissait faire.

Aujourd'hui pourtant, elle peut enfin lever la herse et aérer les fortifications, elle n'aura pas à le supporter jusqu'au souper. Depuis le petit déjeuner, les trois hommes sont par monts et par vaux, pour assécher des pustules, procéder à des saignées et poser des sangsues sur des bosses, des goitres et des contusions jaunissantes. Elle les a regardés monter au pas le sentier, Zander chevauchant avec grâce, le corps bien en rythme, Gleg aussi gauche qu'une mante religieuse à califourchon sur un scarabée. Arrivé au haut du chemin, il a cru bon de se retourner et d'agiter son mouchoir pour lui dire adieu. Le niais ! Elle a dû se retenir de lui faire un pied de nez : il était tellement ridicule ! Mieux valait en sourire. Et l'autre qui, du coup, se sentait encouragé ! En réponse, le voilà qui se met à agiter de plus belle son mouchoir, lequel claque comme un foc sous un vent contraire. Tu serais la dame rougissante, et moi le beau sigisbée... On était encore bon pour de la romance au souper... « Mon cœur est ce rouge ulcère qui toujours suppure/Qui pourrira, oui, tant que point ne sera cautérisé/Et consolé par le doux scalpel de ton amour si pur... » Mais quoi, tout se paye, et au bout du compte, elle ne l'aura pas sur le dos de toute la sainte journée.

La première chose qu'elle fait, c'est d'ouvrir grande sa fenêtre. Dehors, l'herbe qui était jaune a verdi, des plumes scintillent dans les arbres et les riches senteurs de la terre détrempée flottent dans l'air. « Cui-cui », lancent la grive, le pinson et le tarier en se jetant l'anathème du haut des toits et des haies. Une brise légère gonfle les rideaux, le soleil dessine de drôles de figures sur le plancher. Derrière la jeune fille, les poissons s'agitent dans l'aquarium. Elle commence à se sentir nerveuse. Elle donne à manger à ses tourterelles et à ses vandoises, elle arrose ses plantes. Ouvre un livre, promène le chien, sort son carnet de croquis. Se prépare un sandwich à la langue de bœuf, met des petits pains au four. S'assied à son épinette et vous y met en pièces à la hussarde un de ces « Edom O'Gordon » ! Regarde fixement la pendule. Pour finir, elle gagne son bureau, en déverrouille le tiroir et en retire une lettre qu'elle cache dans les plis de sa robe. Après quoi elle sort de la pièce comme une voleuse, traverse le vestibule, descend l'escalier de devant, franchit le sentier embourbé et s'enfonce dans le bois qui s'étend de l'autre côté.

Des fougères, de part et d'autre du chemin, montent la garde, des taches d'ombre commencent à grandir sous les buissons. L'air vous remet d'aplomb comme une transfusion. De l'étang montent les trilles des crapauds des marais, coâ-coâ-coâ de faussets. Ce n'est pas la première fois, elle a l'habitude de leurs gros yeux, de leurs pustules, des traînées de mucus qu'ils laissent derrière eux ; elle les a déjà vus se monter dessus, baver, grouiller, copuler. Ses pieds écrasent des vers de terre accouplés, des graines en train de germer, l'ourlet de sa robe ébouriffe le géranium sauvage et la saxifrage, la linaire et la rue-des-prés, ramasse le pollen et le disperse. La lettre est de Mungo. La dernière qu'elle ait reçue de lui. Elle l'a lue douze fois de bout en bout, et la relira encore une fois de bout en bout, là-bas, sur la falaise qui surplombe la Yarrow, tandis que les escarbots, les escargots, les asticots monteront à ses pieds la femelle et que l'alouette au-dessus d'elle, sans interrompre ni son vol ni son gazouillement, côchera tant et plus ; bref, le monde ne sera plus qu'un vaste coït dans le murmure persistant des tissus assoiffés et du sang qui bat.

Pisania, Gambie, 14 juillet 1795

Ma vie,

Un rien de fièvre, quelques vers, le visage émacié et des cheveux en moins… pas de quoi se faire du souci. Pour ce qui est de l'aspect extérieur, je suis en parfait état. Mais oh ! la douleur qui habite mon cœur ! Les sangsues, les mouches, une nourriture à peine bonne pour les chiens, je supporte tout gaiement au plus léger souvenir de toi. Toi qui adoucis mes rêves en ces lieux de chaleur et de pourrissement, toi qui me donnes le courage de courir sur mon erre, une raison de survivre où aucune autre ne suffirait. Ailie : je m'en vais renifler le Niger et serai de retour au printemps. Tu m'attendras ?

Chaque fois que je suis au creux de la vague, qu'il me semble que jamais plus la pluie ne s'arrêtera, quand je me crois condamné à rester dans ce trou jusqu'à la fin des temps, je pense à toi. Alors le courage me revient et je songe à Vasco de Gama contournant le Cap, à Balboa contemplant le Pacifique, et je sais que c'est la grande vie !

Je demeure ton très aimant et très fidèle escaladeur de sommets, guéeur de rivières et sondeur d'Inconnu.

MUNGO

P.-S. J'ai engagé un certain Johnson. Le bonhomme est vigoureux, intelligent et parle bien. Il fait honneur à la race nègre. Il est d'avis que nous ne devrions pas rencontrer d'obstacle majeur tant que nous saurons éviter le Ludamar, qui est le royaume des Maures.

Le soleil lui pèse. Elle ferme les yeux. Mungo a dix-sept ans, les cheveux comme de l'orge renversé, les muscles rentrés dans les épaules ; il est devenu l'apprenti de son père. De l'autre bout de la table, elle lui sourit. Il lève les yeux de dessus sa soupe et lui sourit en retour. Ils ont un secret : à quatorze ans, sa poitrine est plate ; c'est celle d'une petite fille. Dans les champs, elle relève son corsage pour la lui montrer.

Il fait presque nuit lorsqu'elle se réveille. Un lapin s'est tapi dans une poche d'herbe, qui l'observe, les oreilles baissées. Elle se rassied, replie la lettre avec toute la religion d'une dévote rangeant le Saint Suaire de Turin, la glisse à nouveau dans sa poche. À la maison, on l'attendait pour souper. Gleg lui fait des clins d'œil par-delà sa tourte aux rognons, sa volaille, son hachis de viande et sa potée aux pois. Son père disserte sur la méthode la plus sûre pour amputer un membre atteint de gangrène. Après le repas, il la prend à part.

– Te voilà rendue à vingt-deux ans, lui dit-il. Tu ferais bien de te trouver un mari. Gleg en vaut un autre, enfin, je pense, même s'il est plutôt du genre merde-en-guise-de-cervelle.

– Tu sais très bien que j'attends Mungo.

Le vieillard fixe longuement le plancher ; les rides de son visage s'ordonnent peu à peu en une expression sévère, pieuse et sans pitié, comme chaque fois qu'il assène une mauvaise nouvelle à ses patients. J'ai bien peur que ce soit le cancer. La fièvre chaude. La couperose du foie. Ses sourcils se hérissent tant et si bien qu'il ressemblerait presque à l'oncle de Dieu.

– Ça ne m'enchante pas de te dire ça, chuchote-t-il, mais j'ai bien peur que tu ne puisses guère plus compter sur son retour.

~

Ce soir-là, elle trouve un médaillon sur son oreiller. Un médaillon en or, en forme de cœur, encadré de motifs évoquant des cupidons. Elle l'ouvre. Elle y trouve un portrait. Et se reconnaît. Elle est nue jusqu'à la ceinture. Quelqu'un lui passe un bras pudiquement protecteur en travers de la poitrine. Ce quelqu'un, c'est Gleg, naturellement.

Ils viennent le chercher au cœur de la nuit, comme des démons ou des fantômes. À trois. Dagues, poignards, cimeterres, mousquets.

– Debout, esclave !

La voix est râpeuse, impitoyable.

– Ali te demande.

Il songeait à l'Écosse, rêvait de pentes vert émeraude et de lacs glaciaires, de saumons argentés remontant, comme en dansant, les cascades où la Gala aspire la Tweed, et voilà qu'on l'arrache au sommeil comme l'enfant au sein maternel. Essentielle, aussi soudaine que profonde, la panique bat dans sa poitrine. Fatima, se dit-il. La farce est jouée. Il est aussitôt en proie à des accès de transpiration, à des spasmes d'indigestion, de vents, de culpabilité et de peur. Vont-ils le juger par le feu ? Le marquer au fer rouge ? Un A au milieu de la poitrine[1] ? Non, bien sûr que non. Ici, c'est l'âge des ténèbres. Justice et vengeance sont synonymes, rapides, brutales. Un système comme celui-là ne raffine pas : pas de temps pour consulter des sages, pas de place pour l'appel. On coupe la langue du menteur, on tranche la main du voleur... Que fait-on en cas d'adultère ?

Il sent des mains sous ses aisselles. On le met debout avec rudesse, on le pousse entre les portes de la tente, on le jette par-dessus les formes allongées de sept gardes en narcolepsie qui en barrent l'entrée.

– *Wallah !* lui crie-t-on. *Shaitan !* Fils de pute !

1. « A » comme « adultère ». Tel était le châtiment qu'on infligeait aux époux infidèles de la Nouvelle-Angleterre au XVIIIe siècle.

L'air de la nuit est sec comme une galette d'avoine, étonnamment froid. Il se surprend à trembler. Derrière lui, ses gardiens plaisantent à voix basse, leurs pieds crissent dans le sable, leurs poignards et leurs sabres s'entrechoquent et cliquettent comme une armurerie en marche. Se sauver à toutes jambes ? Ou bomber le torse et tenir tête ? À l'âge de sept ans, il avait un jour mis le feu au poulailler avec son frère, lequel avait nié. Il avait fait face, lui… et pris une volée à faire fondre le fer et la pierre. Aujourd'hui encore, le souvenir de cette raclée lui brûle les cuisses et les fesses ; il le garde gravé dans les fibres de ses nerfs et les nœuds de ses muscles. Cela va bien au-delà des mots, au-delà de toute raison. Tout à coup, une idée le frappe : oui, il va se sauver, prendre ses jambes à son cou.

Malheureusement, il aura à ses trousses les meilleurs cavaliers d'Ali, des hommes réputés pour leur courage, leur esprit de décision, la rapidité de leurs réflexes. Avant même d'avoir eu le temps de bondir hors de la tente, il se retrouve entravé par un mousquet et s'en va mordre la poussière. Des mains se remettent à lui farfouiller sous les aisselles et le redressent comme s'il n'était qu'un ivrogne ou un enfant qui apprend à marcher. On le pousse à travers le campement silencieux, il passe devant des chevaux à l'attache, des chiens endormis, des carrés de tentes fantomatiques ; on le jette presque dans le feu qui gronde devant la tente d'Ali.

L'émir est entouré de conseillers et d'hommes de cour. Dont Dassoud. Et le Borgne. Et le Nubien. Il s'est accroupi à côté du feu et, son poignard à la main, y fait cuire des petits morceaux de viande. Crue et bondissante, la lumière joue sur la courbure de son nez, s'enfonce sous ses pommettes, rétrécit encore son regard venimeux. Installé là, devant son feu, bilieux et en alerte, à dévorer goulûment du regard la proie qu'on a mise à ses pieds, il ressemble à un énorme rapace, à quelque horrible créature cuirassée tout droit sortie de l'âge des grands Sauriens. L'explorateur s'attend au pire.

Ali souffle sur un morceau de viande et avale une gorgée d'infusion de *houna*. Ayant retroussé les babines, il aspire son bout de viande. Il fait signe à l'explorateur avec la pointe de son couteau.

– Tu selles..., commence-t-il, et il s'interrompt pour grignoter un morceau de cartilage... Tu selles ton cheval.

Il avale en faisant claquer ses lèvres et en grognant, il se retourne vers le feu, un deuxième morceau de chair crue à la main.

– Nous partons pour Djarra dans une heure.

Mungo en reste confondu. Djarra ! Mais... mais c'est à cinquante ou soixante milles de là, au moins ! Voilà des semaines et des semaines qu'il supplie Fatima d'intercéder en sa faveur, cependant que la mousson approche et qu'Ali, de jour en jour, s'apprête à rejoindre le Nord. Aussi veut-il qu'elle obtienne, sinon sa libération, du moins qu'on lui permette d'explorer les alentours de Benoum. Déjà il a tremblé à l'idée de ce qui pourrait lui arriver s'il était encore prisonnier lorsque Ali rassemblerait ses troupeaux, ses tentes et ses chevaux pour la grande transhumance d'été, qui doit les conduire aux abords du Grand Désert. On l'écorchera vif, on l'étripera. On lui tranchera la gorge. On l'empalera sur les dunes, où il se ratatinera comme une figue. Ses os blanchiront au soleil comme les pitoyables dépouilles des esclaves dont Johnson lui a parlé, comme les os d'un Houghton brisé par l'âge, d'un Houghton qui n'était déjà plus ni Irlandais, ni Celte, ni Caucasien, d'un Houghton qui n'était plus qu'os, ossements humains, ossements animaux. L'espace d'un instant, il se voit enterré dans le sable. Son crâne en émerge à peine, bruni par le vent. Il aperçoit une hyène tachetée. Elle a la démarche furtive, il l'entend avancer, gueule vide et regard idiot ; il l'imagine en train de lever lentement la patte pour lui pisser dans son orbite sans œil. L'explorateur bat des paupières, secoue la tête comme s'il voulait s'éclaircir les idées… et découvre que tout le monde le regarde. Djarra ! Il se jette aux pieds de l'émir, lui attrape le bas du burnous avec l'idée de l'embrasser, mais Dassoud lui écarte la main d'une tape.

– *An' am Allah 'alaik*[1], éructe Mungo en se répandant en remerciements, courbettes et révérences.

Impassible comme un roc, Ali regarde fixement le feu, et mâche.

~

On dit que lorsqu'un Maure du Sahel vient à mourir et se retrouve au milieu des feux desséchants de l'enfer, son âme invariablement retourne sur la terre… pour y chercher une couverture. Mungo n'a aucun mal à le croire. Cela fait maintenant presque huit heures qu'ils se sont mis en route et que le soleil leur cogne tout droit sur la tête. Il doit faire dans les cinquante-cinq degrés à l'ombre, façon de parler. Les créatures qui vivent ici, saccophores dorés, araignées dame-blanche, scarabées divers, bestioles en tout genre et gent piqueuse, comme scorpions, scinques et spalax, se sont bien sûr tous enfouis dans le sable. Mungo non : il marche en plein soleil, portant chapeau de castor, culottes de nankin et redingote bleue ; et pour faire bonne mesure, dans son dos bringuebalent les sacs gonflés de pacotille qu'on a tenus à lui rendre. Il est cerné

1. « Que l'approbation de Dieu soit sur toi ! »

par le buisson bas, le cactus, l'ambroisie et l'euphorbe. Dans le paysage dominent le vert le plus léger et mille variétés de bruns, du kaki au roux en passant par l'écru. Les collines sont pâles, récurées, aussi bosselées et osseuses que ces carcasses préhistoriques qui jonchent le sol à perte de vue. Il y a des babouins dans ces collines, des babouins à cul violet, au poil taillé en brosse, au front bas et aux dents longues. « Yiiiiik-a-yiiiiik-a-yiiiiik ! grincent-ils. Tchiip-tchiip-tchiip ! »

Dans un mois, tout sera vert. Il y aura là des rivières, des mares, des flaques. Le mortel cobra fendra les herbes avec la vipère à trois anneaux et le lézard à crête qu'ici l'on appelle « dernier-jour ». Le céphalophe enfin se montrera, filera d'une tache d'ombre à une autre. On verra s'ébattre les pangolins, les guibas, les caracals et les caamas. Les tantales maigres comme des réfugiés, les serpentaires avec leurs tresses de loqueteux, leurs serres de faucons et leur penchant pour les repas arrosés de sang froid. Et encore les addax, les coudous, les ouribis et les élands du Cap. Les moutons audad, les koris, les mhorrs et les serpents mambas. Les bubales. Les ânes sauvages. Et des rats gros comme des porcelets.

En attendant, tout est plutôt lugubre. Et sec. Si sec que le cuir des selles grogne et craque, que les poils vous en tombent comme des feuilles mortes et que l'urine en jet s'évapore au beau milieu de son arc. Si vous voulez avoir notion de la quintessence d'un explorateur au travail, mettez-le là.

Pas un instant son imagination ne lui eût dépeint pareil tableau, lorsqu'à *La Taverne de Saint-Alban*, assis au bas bout de la lourde table d'acajou, il contemplait les faces ravies et florissantes sous leurs favoris des membres de l'Association Africaine. Dire que maintenant on en est à ce degré de chienlit et d'avilissement ! Et cette chaleur !

Il se voyait alors chevauchant quelque élégante monture, son habit fraîchement repassé, son linge blanc comme neige… derrière lui cheminaient des hordes de locaux, demi-crétins et roitelets aborigènes qu'il menait aux rives verdoyantes du fleuve légendaire. Je t'en fiche : il est là et bien là. Pas à la tête mais à la queue de cet impressionnant cortège qui serpente dans un paysage brûlé. Prisonnier, il l'est à tous les égards. Ses sous-vêtements lui serrent l'entrejambe, devant lui son cheval pète et siffle de la poitrine. Le monde n'aurait-il donc aucun sens de la mesure ?

Huit cents pas plus avant, deux éclaboussures, une blanche et une noire : montés sur leurs destriers, Ali et Dassoud caracolent dans la plaine. Des lions et des panthères en guise de chevaux, les deux cents cavaliers d'élite du roi se sont déployés derrière eux sur presque un demi-mille. Quelques-uns, les plus jeunes et les plus enthousiastes, piquent parfois dans le taillis pour forcer le varan et décapiter ici un buisson, là une feuille succulente et charnue. Malgré la chaleur, les autres ne cherchent que l'occasion de s'amuser en avançant. On ne cesse de s'échanger des narguilés et des *guerbas*, on se raconte des histoires lestes où il est question de chameaux, de voiles et de jeunes vierges, on attente à la sérénité des collines en explosant de rire.

L'explorateur s'est retourné pour voir ce qui se passe derrière lui. Il en est encore à se demander s'il s'est joint à une expédition militaire ou à une partie de chasse au renard lorsque, dans le lointain, un éclair de lumière attire son attention. C'est Johnson. Monté sur son dolent âne bleu (l'animal est remarquable par la lugubre longueur de son museau et de ses oreilles), il vient juste d'apparaître au bord de l'horizon. L'explorateur lève les bras en l'air et lui fait de grands signes. Et ça y est !

Voilà qu'en un mouvement qu'aspirent la distance et les ondulations moutonnantes de l'air, Johnson lui renvoie ses signaux !

ÉOLE

La ville de Djarra, qui compte, à quelques-unes près, mille cases en clayonnage, se dresse au sud du Sahel, aux confins des royaumes de Ludamar, de Kaarta et de Bambara. On y accède par un chemin qui serpente au milieu de collines s'élevant doucement au-dessus de la plaine comme des bulles dans de la pâte à frire. À cette époque-là de l'année, elles sont tachetées de chaume noirci, effet de la culture sur brûlis pratiquée par les indigènes. Il y a un mois, l'incendie faisait rage. D'énormes langues de flammes illuminaient partout les sombres contours de la terre et d'épais nuages de fumée obscurcissaient le ciel. Les rats surtout en avaient souffert. Par légions entières, comme des lemmings en pleine migration, ils avaient quitté la fournaise pour se précipiter sur les chemins du village. Les habitants de Djarra avaient empoigné leurs râteaux, leurs houes et leurs gourdins afin de casser du rat comme on casse de la vaisselle dont l'argile a mal séché. La moisson du sang.

Tels sont ces pâturages, parsemés de plantations serrées de karités, de fromagers, de nittas à deux boules, de palmiers doums et d'acacias. Plus loin, des champs cultivés enserrent les murs du village, comme les paumes retournées de géants endormis. Creusés de sillons profonds, ils attendent patiemment l'instant où ils pourront aspirer les premières gouttes éparses tombant du ciel.

Ici coule aussi une rivière, la Woubah. Ce n'est pour le moment guère plus qu'une suite de flaques grouillant d'animaux à queues et à écailles. Elle sort des bois en catimini, comme si elle avait honte, puis d'une démarche avinée traverse le village avant de disparaître dans les herbages. Le reste ? Il n'a rien de bien surprenant. On découvre des rues poussiéreuses, du bétail atteint de consomption, des femmes au regard hanté et des enfants dont la faim ballonne le ventre et blanchit les cheveux. C'est la saison la plus dure, celle où les journées n'en finissent pas, celle où l'on attend les pluies. Les pis sont secs, les réserves de grain au plus bas – même les cosses de l'insipide nitta se font rares.

Ali et sa suite débarquent au milieu de tout cela dans un nuage de poussière blanche. Le visage renfrogné et la barbe noire, ils ont l'allure fière et vaine. Pour les Maures, ce type de village est une proie facile ; il n'y vit que des Cafres, autrement dit des infidèles, et il est du devoir de tout bon musulman de répandre la parole d'Allah partout où il le peut. Sans compter que ces Cafres sont notoirement connus pour leur incapacité à se défendre. C.Q.F.D. : proie facile. Les Noirs illettrés de Djarra, des Mandingues pour la plupart, ont le bon goût de tomber dans la catégorie des Cafres même si, de fait, ils ont presque tous adopté les principes de la religion islamique. Les Maures regardent leurs tapis de prières, leurs sandales et leurs *djoubbas*, observent leurs visages noirs et plats. Ils ne s'y laissent pas prendre. À leurs yeux, les habitants de Djarra appartiennent à une sorte de sous-espèce, à une race infrahumaine qu'Allah a chargée de traire les chèvres et de beurrer les tartines du Peuple élu, entendez eux-mêmes. Voilà pourquoi ils considèrent que bétail, enfants, femmes, grain, bijoux, cases et vêtements, tout ce qui a le malheur d'être cafre leur appartient de plein droit. Aussi quand

Ali et ses drôles se ruent sur la ville dans un bruit de tonnerre, on peut être sûr que ce n'est pas seulement pour admirer le paysage !

Cette fois-ci pourtant, l'émir n'a pas pour objectif premier de se lancer dans le pillage et la rapine. Cela fait longtemps qu'il a mis en pratique un système d'extorsion autrement efficace pour contrôler Djarra et les autres villes cafres qui se trouvent à sa portée. Il leur vend sa protection moyennant tribut en denrées alimentaires et pièces de drap. Quand il l'obtient, il laisse tout le monde en paix. Dans le cas contraire, il coupe la moitié des villageois en morceaux et double l'impôt. Aujourd'hui, sa visite a trait non à la protection qu'il leur offre contre lui-même, mais à leur défense contre Kaarta. Rien d'autre que le jeu ordinaire des forces politiques. Yambo II, le chef de la ville, s'est il y a longtemps de cela rangé aux côtés de Mansong le Bambara, dans le long conflit qui l'oppose à Tiggitty Ségo, de Kaarta. À l'époque, il fallait faire vite et la décision semblait bonne : on taille à droite, on tranche à gauche, Mansong était effectivement en train de massacrer les alliés. Depuis lors cependant, la situation a changé : les Bambaras ont reculé et, fou à assassiner sa propre mère après la défection de son ami de Djarra, Tiggitty Ségo s'est mis en tête d'avancer sur la ville pour y punir tout le monde. Pour trois cents têtes de bétail et dix-neuf vierges de moins de douze ans, Yambo s'est offert les services d'Ali afin de sortir de ce mauvais pas.

~

La poussière est retombée depuis fort longtemps lorsque l'explorateur fait glorieusement son entrée dans Djarra. À pied. Il boite légèrement et traîne son cheval au bout d'une longe. Pendant le trajet, l'animal n'a pas cessé de baver, de saigner de l'anus et de vomir. Il a même piqué du naseau à deux reprises avant d'aller s'étaler par terre. Il claudique, mais de trois pattes sur quatre. Résultat ? L'explorateur a dû s'appuyer les vingt derniers milles à pied. À peine est-il entré dans la ville en clopinant que les habitants sortent de chez eux pour l'examiner dans le détail. Hauts en couleur, ces gens : visages noirs comme de la réglisse, gros anneaux aux oreilles, chapelets de perles et de cauris qui leur scintillent dans les cheveux, jupes et ceintures d'étoffe aussi vives que mille drapeaux rouges, jaunes, orange… Hauts en couleur mais calmes. Pas un remuement de pied dans la foule, pas un chuchotement, pas même un sourire. En comparaison, la salle de méditation d'un monastère de chartreux serait des plus bruyantes. Croyant que peut-être il les impressionne un peu trop, l'explorateur fait de son mieux pour avoir l'air inoffensif et modeste. À côté de lui, gras et serein comme un potentat, Johnson avance en sautillant sur son âne bleu. De temps à autre, il lève une main potelée pour saluer une belle sirène ou écraser une mouche. Fermant la marche, Dassoud. Il trottine sur un destrier aussi haut qu'une statue de jardin public. Il a l'œil grand ouvert.

Comme désirs immédiats, l'explorateur n'éprouve que des besoins de première nécessité : boire un gobelet d'eau, avaler une assiette de purée, trouver une natte où étendre sa carcasse épuisée. En temps normal, on lui fournirait tout cela, et plus, sans histoire. Les Mandingues de Djarra sont en effet fort aimables et hospitaliers. Ils se sont ainsi empressés de bichonner et d'abreuver le tonnant troupeau d'Ali ; ils ont abattu six bouvillons pour le seul repas du roi. Mais voilà : au moment même où Mungo entrait dans la ville, le vent s'est levé. De fait, il souffle déjà violemment. L'explorateur sent les pans de sa redingote lui battre la nuque, son chapeau s'envole comme un cerf-volant dans un courant ascendant, il a brusquement l'impression d'avoir deux gros coquillages sur les oreilles tant est fort le mugissement de la rafale. Derrière lui, crinière fumante autour des oreilles, son cheval hennit et pète. Soudain un mur s'effondre dans un grondement, un toit s'envole comme une bande de vautours chassés de la curée. Ça, c'est du vent !

– Hou la la ! lance-t-il en se tournant vers Johnson.

Mais, avec Dassoud et tous ceux qu'on peut encore voir, Johnson déjà se rue, tête en avant, dans la direction opposée. L'explorateur en demeure sur place, interloqué.

– Pourquoi cette hâte ? s'étonne-t-il, ce n'est jamais qu'une bourrasque de rien du tout.

Le vent siffle. Le ciel s'assombrit. Une case passe devant lui en dérapant. Et alors, il entend. Un son sibilant et suraigu... une sorte de crachement, de craquement dans l'air qui se relâche, comme si Édimbourg, Glasgow et l'Écosse tout entière s'étaient liguées pour huer le méchant dans un mélodrame. Tout d'un coup, il est terrifié. Il prend ses jambes à son cou... mais trop tard ! BOUM ! Le cheval est écrasé par le souffle. Puis c'est à lui de se faire jeter à genoux, d'être soudain piqué par tous les pores de son corps comme s'il était tombé dans une ruche. Du sable ! C'est une tempête de sable !

Il joue des pieds et des mains pour se remettre debout, son habit lui claquant autour des oreilles comme les ailes du diable et de ses légions. Il a du sable plein les yeux et les oreilles, il lui en est remonté jusque dans le nez, il lui en est descendu au fond de la gorge. Brusquement, une chèvre missile s'abat en travers de ses épaules et le voilà de nouveau par terre. Il se débat pour se redresser, il titube, une calebasse vide lui rebondit sur la tête comme un astéroïde, et alors... VLAN ! il reçoit une pintade en pleine figure et roule au tapis pour de bon. Debout encore un coup, par terre encore un coup. Cela commence à devenir sérieux.

– Au secours ! hurle-t-il.

– Ssss-sschhhhhhhhhhhhhh ! lui répond le sable en étouffant son cri.

Il n'arrive pas à respirer tant il en a les poumons remplis. Il n'y voit plus clair, il se traîne sur des ordures poussées par le vent, sur des mini-dunes, sur des bouilloires et des cuillères, sur des couvertures en lambeaux, sur des cadavres de chèvres et de vaches laitières. Où aller ? Serait-ce ainsi qu'on s'en va ? Il sent quelque chose lui appuyer sur la nuque, c'est une main, et puis un bras. Il attrape la main et la suit sur le sol, en rampant comme un rongeur, le hurlement du vent lui déchirant les oreilles. Des objets le frappent encore à la tête, sauvagement le vent lui comprime les poumons comme une paire de pincettes brûlantes...

~

– Hé là, monsieur Park, gronde la voix de Johnson, vous croyez ça malin de rester dans le sable ?

L'explorateur se débat au milieu des grands souffles desséchés et ne lui répond pas. Ses yeux ne sont qu'une croûte, et quelqu'un lui a construit des châteaux de sable dans les oreilles. Il n'a aucune idée de l'endroit où il se trouve.

– Vous voyez pas que vous auriez pu vous faire archidépiauter ? Non mais, c'est pas des plaisanteries, les tempêtes de sable !

L'explorateur est sonné. Il ne sait pas où il est, ni comment il est arrivé là et, bon sang, il n'y voit toujours rien. Ferait-il déjà nuit ? Il entend des bruits de vent, le sifflement du sable.

– Johnson, c'est toi ?

Au lieu de lui répondre, la voix de Johnson prend des accents mandingues et l'explorateur est tout surpris d'entendre de grands éclats de rire au milieu des ténèbres qui l'entourent. Mais que se passe-t-il donc ?

– Johnson !

– *Obo wibo jalla 'imsta, koutatamballa,* lance Johnson, et le rire reprend de plus belle.

Et puis :

– Ne vous faites pas d'souci, monsieur Park... on est en bonnes mains.

– Mais où ? Et comment a-t-on fait pour arriver là ?

– On est dans une cave à légumes. Moi, j'y suis arrivé à pied et vous, on vous y a traîné.

Eh bien, soit ! Il a dû perdre la tête un bon moment. Mais à qui sont ces voix, et pourquoi cette cochonnerie d'obscurité impénétrable ? Il y décèle un chuchotement, quelque part, tout près. Un ricanement le suit. Et puis encore le bruit affolant d'un liquide qu'on secoue dans un récipient.

– Johnson, lance-t-il, on pourrait pas avoir un peu de lumière ?

– Je pense qu'on pourrait arranger ça, répond Johnson, sa voix changeant brusquement de direction.

Elle se met à résonner en joyeux vibratos et patauge dans les *m*, les *k* et les *ou* du mandingue. D'autres voix, des grognements, devrait-on dire, lui répondent dans le vide. Au bout d'un moment ou deux, l'explorateur commence à percevoir un bruit sourd, à peine audible, à l'autre bout de la pièce, comme un murmure, un tremblement, ou comme le doux frissonnement de branches d'arbres remuées par le vent. Il s'interroge, au début, puis il comprend : ce sont des bouts de bois. Ces gens sont en train de frotter des bouts de bois ! Une seconde plus tard, une étincelle ayant jailli, une flamme dévorante monte d'une poignée de copeaux et illumine la pièce.

Voici ce qu'il y découvre : cinq hommes, noirs et pleins de bosses, assis contre le mur en terre et buvant à tour de rôle à une calebasse. Parmi eux, Johnson. Les quatre autres sont des Mandingues de Djarra. Ils ont les pieds épatés, les genoux mal taillés et le nez enfoncé dans la tête. Ils portent tous une toque blanche sur le crâne, ce qui les fait ressembler à des champignons ; une grande écharpe bariolée leur part de l'épaule, passe entre leurs jambes et revient à son point de départ. Leur plante des pieds est saumon fumé. Le plus proche de ces messieurs, une espèce de relique édentée à la poitrine concave, tend la calebasse à Mungo, qui la prend avec joie. Il est en train de pencher la tête en arrière lorsque le feu s'éteint. Peu importe : mener à bien l'affaire qui l'occupe l'intéresse plus que la possibilité de voir dans les coins sombres. Il avale, il lampe, il nettoie le sable qui s'est logé dans ses gencives, entre ses dents. Il se rince la bouche, il se gargarise, il boit un autre grand coup. Le noir lui fait du bien et sa soif est sans limites ; toute sa pensée, toutes ses sensations, tous ses réflexes sont tenus en respect par cette extase unique, celle que lui procure la descente de ce liquide dans la cavité buccale et de là dans l'œsophage. Mais voilà qu'une main à la peau boucanée ayant effleuré la sienne, il se voit contraint de rendre la calebasse.

– Sacrément bon ! Pas vrai, Johnson ? murmure-t-il en s'adressant aux ténèbres et en hoquetant entre ses syllabes. On dirait la meilleure stout irlandaise.

Dans son coin, la voix de Johnson marmonne :

– C'est ce qu'ils font de mieux dans le genre, les ramasseurs de patates. Non, y a pas meilleur. C'est de la bière de *soulou* que vous buvez là, m'sieur Park. De la bière de *soulou* ! Malt de sorgho torréfié à fond, pure eau de source, le tout mis à fermenter et à vieillir selon les règles les plus strictes : secret de fabrication tribale aussi ancien que bien gardé. Hé mais... c'est qu'on est au berceau de la civilisation, m'sieur Park ! Qui c'est que vous croyez qui est arrivé le premier sur cette planète, hein ?... Nous, ou ben tous vos Hiberniens à la peau délavée ? Ça, c'est de la bière, mon frère !

Le débit de Johnson a quelque chose d'inhabituel. Il semble se traîner dans ses phrases et mâcher et remâcher ses mots. Et pourquoi ce ton agressif ? Et cette voix de basse plus profonde que jamais ? Elle aurait mieux sa place sur les rives d'un étang par une nuit d'été. Se pourrait-il donc qu'il ait un peu abusé de la calebasse ?

– Tu es saoul, l'ami ?

– Saoul ? répète Johnson, sa voix de basse allant racler le fond. Ben, bon Dieu, oui ! Saoul comme un *hémir* !

C'est alors qu'une rafale particulièrement violente secoue le mélange de jonc et de terre qu'ils ont au-dessus de la tête ; une énorme bouffée de sable leur explose à la figure comme une décharge de chevrotines.

– Soufflez, vents ! à vous en faire craquer les joues ! beugle Johnson. Soufflez et ragez !

Dans la tête de l'explorateur une idée commence à se former. Quelque chose qui a vaguement rapport avec le fait de n'avoir plus de gardiens, pour la première fois depuis six mois. Mais la rafale soudaine et les cris de Johnson ont fait le vide en lui. En plus, on vient de lui repasser la calebasse.

ON NE SAURAIT COULER L'HOMME QUI EST BON

La première fois qu'ils le repérèrent, ils crurent qu'il était mort depuis plusieurs jours. Il avait les mains et le menton soudés à un bloc de glace et l'humeur de ses yeux avait viré à la soupe. Il dérivait en sautillant comme un morceau de bois flotté, les eaux noires de la Tamise lui clapotant autour des épaules et des oreilles.

– C'est quoi, Liam ?

– J'sais pas, Sem. M'a l'air d'un mort qui se serait noyé.

Sem Leggotty et Liam McClure étaient pêcheurs. Six jours par semaine, ils jetaient leurs araignées pour attraper les saumons et les esturgeons qui remontaient le fleuve avec le mascaret. Les poissons s'y égaraient, se prenaient les ouïes dans le maillage trois pouces, sautaient dans tous les sens et finissaient par trépasser. Parfois, ils se débattaient tellement qu'ils arrivaient à se sauver. On ne peut pas toujours toucher de bonnes cartes. Ce soir-là, dans le filet, il y avait quelque chose de pas catholique. Un bel esturgeon pouvait faire jusqu'à dix pieds et peser ses cinq cents livres, ce n'était donc pas une question de poids, non, c'était plutôt cette impression bizarre que leur laissait la prise à tous deux. Un vent âpre les mordait à la gorge. Ils avaient les mains à vif. Un bloc de glace à la dérive ? Une bûche ? C'est alors que Sam ayant allumé une lanterne pour voir de quoi il retournait, ils le virent. Il glissait sur le flot comme un homme mort depuis trois jours.

– Voilà, c'est un noyé, pas ? Et gelé.

– C'est vrai, ça.

– Bon alors, on n'a qu'à le détacher, le pauv' diab', comme ça on en finit. Ça nous regarde pas.

Ils tirèrent sur le filet. Le noyé atteignit la proue du bateau, sa tête cogna les planches. Bois contre bois. Un craquement se fit entendre.

Et un « hick ».

– Qu'est-ce tu dis, Liam ?

– Moi ? Mais j'ai rien dit, Sem.

Le noyé continua de sautiller dans l'eau pendant qu'ils essayaient de le dégager. Il avait la bouche grande ouverte et gelée, et la langue soudée aux dents.

– Hik, fit-il.

– Doux Jésus ! s'écria Liam, il est pas mort ! Là, aide-moi à l'hisser à bord.

En respirant, Liam fabriquait de petits nuages qui restaient suspendus en bouquets dans les airs. Liam était une montagne de tendons et de muscles tant, une année après l'autre, il avait ramené de filets et s'était battu dans les docks. Il hissa le noyé sur son dos et, bonhomme et bloc de glace, jeta le tout dans la barque. Le noyé était nu de la taille jusqu'aux pieds. Une cape détrempée lui couvrait les épaules.

– Sem, mets-lui des couvertures. Et passe-moi l'usquebac.

– L'usquebac ? Mais avec ça, il pourrait aussi ben trépasser que ressusciter à la vie !

Potion maison, l'usquebac brûlait comme le feu. Liam en versa un peu dans la gorge du noyé pendant que Sem lui dégageait le menton et les mains du bloc de glace. Le résultat fut quasi instantané. Le mort releva la tête, vomit et perdit connaissance en lâchant : « Hick-hick ».

LA FRIANDISE DE TCHITCHIKOV

La puanteur du poisson. Cela fait trois mois que ça pue le poisson, jour et nuit. Il y a la puanteur rance des anguilles qu'il faut pêcher dans ce jus vert où baignent leurs tas informes, il y a les fétidités salées de la raie et du maquereau, il y a l'odeur de vase froide du tacaud, de la perche et de la carpe. Il a tout reniflé, la tanche, la brême et le brochet, la lingue barbue, le poisson-coffre, l'alose, la merluche et l'aiglefin. Pas un auquel il n'ait arraché les entrailles et tranché la tête. Pas un dont il n'ait incendié l'air en y jetant l'étincelle de ses écailles translucides. Boulot sinistre, boulot qui pue, boulot ingrat.

Mais sûr. Si vous avez la sécurité, vous avez tout. Surtout si vous savez rester invisible. Il s'est fait beaucoup d'ennemis depuis cette nuit fatidique : Smirke, qui s'est vu condamner à une amende et à trois heures de pilori ; Mendoza, Brummell et les autres, dont les noms ont été publiés dans le journal du lendemain après-midi ; Nan et Sal, qui ont échoué à la prison de Bridewell et y sont restées enfermées jusqu'à ce que ces dames du Fonds de Pitié de la Femme Perdue aient versé la caution exigée pour leur mise en liberté ; Lord Twit enfin, auquel on a publiquement reproché d'avoir consenti à l'avilissement de son serviteur nègre. Ça en fait, du monde ! Et là-dedans, pas un seul qui pût imaginer sa résurrection. Ce n'est pas lui, Ned Rise, qui serait homme à les détromper là-dessus.

Or donc, il travaille à la poissonnerie des frères Leggotty, à Southwark. Le poisson, il en respire la puanteur à plein nez et tranche dans sa chair exsangue et froide au milieu d'un amas d'yeux vitreux qui le regardent. Il était aux trois quarts mort lorsque Sem et McClure l'ont sorti du fleuve. Ils l'ont dorloté une grande semaine et à la fin, il a pu retrouver ses esprits. Culottes, bottes et braguette à monnaie, il avait tout jeté à l'eau en tentant désespérément de flotter. Il n'avait plus un sou vaillant ? Il n'avait qu'à travailler avec eux, il aurait un coin pour dormir et une pleine chaudière de poisson avec du pain noir deux fois par jour. Liam lui prêta même une culotte.

– Ça ira comme ça, avait-il fini par leur dire.

Ce n'est pas de l'ingratitude, non, simplement il n'est pas taillé pour le métier. Les filets lui glissent des mains, les tolets n'en font qu'à leur tête, il a peur de l'eau, des barques, des rames, des docks, l'odeur du poisson lui retourne l'estomac. Il sait à peine nager. Qui plus est, il en a jusque-là de la nullité de leur conversation, de leur archinullité d'existence. « Si fait, si fait, dit souvent Liam en tirant sur sa pipe comme un vieux sage, la tempête, les poissons, ça les ramène, ou alors ça les chasse. » Ned a envie de tables de jeu, de cafés, il soupire après la taverne du *Cochon Vérolé*, il se languit de l'auberge de *La Tête de Campagnol.* Comment espérer s'élever en ce monde en s'enfermant dans une poissonnerie de Southwark ? Il tronçonne des têtes et des nageoires. Il commence à perdre courage.

Un après-midi qu'il est en train d'écailler un esturgeon à gueule plate, une idée lui vient enfin. Une idée modeste certes, mais tout de même : il pourrait se déguiser en courant d'air tout en se faisant des sous... Des yeux il cherche quelqu'un à qui annoncer la nouvelle. Sem et Liam ont gagné la ruelle de derrière, où ils se passent et se repassent un carafon en crachant dans la poussière.

– Dis, Liam, t'sais pas ce qu'y z'ont en Afrique ?

– Quoi ? Des hamadryades ?

– Non pas. Z'ont des perches de rivière qui font six cents livres.

– Allez !

– Non, c'est vrai. C'était dans l'*Evening Post*, même que Ned il me l'a lu.

– Six cents livres ?

– Dans le Nigel, c'est un fleuve. Y disent qu'y a un jeune Écossais qu'a disparu en essayant d'en ramener un.

– Allez !

Ned essuie le sang et la fange de poisson qu'il a sur les mains et s'encadre dans la porte.

– J'ai une idée, dit-il.

Liam le salue en levant la cruche.

– Eh ben mon garçon, pourquoi que tu te descendrais pas une lampée de ce truc qu'y a rien de meilleur, avant d'en causer aux vieilles barbes, hein ?

Ned avale une gorgée, se tape sur la poitrine et leur demande s'ils ont jamais entendu parler du caviar.

– C'est du latin, ça, non ? fait Liam.

– Non, moi mon affaire, c'est des œufs de poisson... d'esturgeon. Tenez ! Nous comme on est là, on jette ça à pleines poignées, pendant que tous les aristos du West End, eux, ils paient les Russes jusqu'à des trois livres pour en avoir un petit pot.

– Trois livres pour un petit pot ? Un petit pot de déchets ?

– C'est pas des déchets, Liam... les Suédois, ils en mangent.

– Tu parles de futés ! Des têtes carrées qui se régalent déjà avec des harengs au vinaigre, c'est dire !...

– Laissez-moi faire, tranche Ned. Je m'occupe de filtrer et saler. L'Impératrice, je lui réduis son prix de moitié et je fais le porte-à-porte de Tottenham Court jusqu'à Mayfair. Vous allez voir ce qu'on va ramasser en moins d'un mois !

~

Un mois plus tard, Ned Rise se retrouve en train de traverser le pont de Westminster en flânant. Faux nez, lunettes, perruque blanche, bas de soie et gilet en brocart, il a tout de l'homme riche. Sa « Friandise de Tchitchikov » (ainsi nommée en souvenir d'un ami baleinier de Japhet, frère de Sem) se vend comme de la limonade à une réunion hippique. Les clubs de gentlemen, les cafés, les tavernes, les auberges et même les résidences privées lui achètent son caviar aussi vite qu'il le met en pots.

– Le meilleur caviar de Russie, dit-il à tout le monde en roulant les *r* et en faisant siffler ses *s*. Et à moitié prix !

Ça marche à tous les coups. Cela va de la bonne au cuistot de restaurant. Jusqu'aux grands cuisiniers en toque blanche de chez Brooke ou White. Il bonimente, les autres achètent. En moins d'un mois, la moitié du beau monde étale de la « Friandise de Tchitchikov » sur ses toasts.

Et le plus beau de l'affaire, se dit Ned en allant son petit bonhomme de chemin, un panier d'œufs d'esturgeons sous le bras, c'est qu'au départ, on ne met pas un sou dans le commerce. C'est quasi comme de mettre de l'air en bouteilles pour le vendre une livre dix le litron. Il y a des débours, c'est vrai : par pure gratitude, il donne deux shillings par poisson à Liam et à Sem ; la douzaine de petits pots en terre cuite, avec les étiquettes, lui revient à un penny ; plus les six par jour qu'il octroie aux deux gamins des rues qui filtrent et salent la matière première à sa place. Mais tout cela n'est rien. Une belle pièce contenant de vingt à trente livres d'œufs, un investissement de quelques shillings lui rapporte souvent jusqu'à des trente à quarante livres sonnantes. Un rêve. Bien sûr, compter que cela durera des éternités serait idiot. Il le sait. Il y a d'abord que l'esturgeon ne fraie que deux mois par an, en avril et en mai. Ses réserves auront tôt fait de s'amenuiser. Il y a aussi que Sem et Liam finiront bien par piger et exiger une plus grosse part du gâteau… En attendant, Ned Rise est dans un courant ascendant : la Banque de la Paire et Compagnie est renflouée et, sous son lit, dans son nouveau logement du Sentier de l'Ours, sa malle en fer est peu à peu en train de se remplir de bel et bon argent.

Ce matin-là, et c'est un matin plein de soleil, d'oiseaux et de fleurs, il est parti tenter sa chance du côté des belles demeures des environs de Berkeley et de la place de Soho. Sur le pont sinistre et sombre, il se met à siffler énergiquement en faisant des moulinets avec sa canne. Le vent qui monte du fleuve dérange quelque peu sa perruque. Une mouette plane au-dessus de lui. « Ah ! que c'est beau, la vie ! » se dit-il ; et il avance à grandes enjambées, comme un jeune lord qui se rendrait à sa partie de croquet. Mais voici qu'il arrive à l'autre bout du pont et qu'un changement soudain s'opère en lui. C'est à croire que le dieu des Spasmes vient de l'effleurer de sa main crispée : ses membres se tordent, sa langue se coince de travers, son cou se déboîte. Brusquement, il se met à avancer l'épaule basse, le dos voûté. Un tic lui secoue le dessous de l'œil gauche et ses épaules commencent à s'affaisser. Serait-il victime d'une attaque ? Pris de convulsions ? De crispations douloureuses ? Ned sourit d'aise en voyant les passants s'écarter de lui d'un air inquiet. « Gueu gueu », leur lance-t-il en se mordant la langue et en brandissant comme un insigne le moignon de sa main mutilée. « Gueu gueu », leur crie-t-il tandis qu'il remonte la rue en tanguant comme un chien à l'échine brisée. Tout ceci, bien sûr, par souci de ne pas se faire remarquer : Ned aime à croire que cette mise en scène ne peut qu'améliorer « sa cape d'invisibilité ». Faux nez, lunettes, habit démodé, tics, petits sifflements et démarche tremblée... Allons donc, il ne se différencie guère des dizaines d'autres estropiés à bec-de-lièvre qui vendent des œufs de poisson dans les rues. Serait-on au Jugement dernier que Dieu Lui-même ne le reconnaîtrait pas sous son déguisement.

Il remonte la rue du Roi-George en marchant comme un crabe, traverse le parc de Saint-James et le Mall en boitant et traînant la patte comme un syphilitique au dernier stade de la maladie lorsque, tout à coup, il entend quelqu'un dans son dos, quelqu'un qui l'appelle :

– Ned ! Hé ! Ned ! crie la voix. Pas si vite ! Attends une minute !

Trogne empourprée d'alcool et de hâte, c'est cette andouille de Boyles.

– Et nous qu'on te croyait mort ! Noyé dans la Tamise ! Ça alors ! J'en ai pas cru mes propres yeux au moment où que j't'ai vu tourner l'coin d'la rue tout à l'heure !

Ned se fait tout petit dans sa veste et s'enfonce son tricorne sur le front. Sa tête et ses bras se prennent à battre comme du linge séchant au vent. Toute une gamme de tics nouveaux lui monte à la figure.

Boyles lui a déjà posé la main sur la manche.

– Mais qu'est-ce que c'est que cette pelure du temps jôdis ? Et c'est quoi, toutes ces boiteries et ces rampements d'esclave ? C'est-y que t'aurais chopé la peste, ou ben alors que tu nous ferais un peu la comédie ?

Le monde entier s'écroule. C'est tout un pan du ciel qui s'est décroché pour lui tomber sur la nuque et le clouer au sol. Il est incapable d'aligner deux idées qui se suivent. Ses mains tremblent. Twit, Smirke, Mendoza... ils vont tous le traquer comme des chiens de meute.

– Ooooohh ! mais ça y est ! J'comprends tout ! C'est que tu t'as déguisé, hein ! J'me gourre pas, hein, Ned ? Dis, j'ai pas raison ? Tu t'planques, c'est ça ?

Ned regarde autour de lui, prend Boyles par le bras et l'entraîne dans une ruelle. Un chien mort y gît dans la poussière à côté d'un parasol cassé. Là-bas, dans le Mall, les gens chics passent dans des carrosses qui vont bon train.

– Dis, Billy, comment qu't'as fait pour savoir que c'était moi ?

– Tu rigoles ! Mais j'te r'connaîtrais à deux kilomètres, moi ! C'est pas ton faux nez et ta patte qui traîne qui vont t'aider beaucoup, tu sais, Ned. Ton p'tit manège, j'y ai vu au travers en un rien d'temps.

Bravo, la « cape d'invisibilité » !

– Écoute, Billy. Il est pas question que t'ailles raconter à tout l'monde que tu m'as vu. Si jamais Mendoza, Smirke et les autres découvraient le pot aux roses...

– Ça, y t'boufferaient tout cru, mon p'tit Ned ! Tiens ! le Mendoza, il est venu te rechercher dès le lendemain matin et le Smirke, y t'a insulté pendant toute une semaine après qu'on l'a eu-z-humilié en public ! Ha ! c'est dommage que t'aies pas été là pour voir ça, Ned ! Non mais ! Smirke au pilori !!! Même que j'y ai refilé une demi-douzaine de navets qu'étaient pourris et un vieux chat tout mort pour le faire patienter ! Bougre de bougre ! La pinte de bon sang !

Ned ne l'écoute déjà plus. Préoccupé, il lui a tourné le dos et fouille au plus profond de ses poches de culottes. Une couronne, un shilling, n'importe quoi pour acheter son silence.

– Ça, c'est vrai qu'y s'est senti drôlement mal de t'avoir insulté quand il a appris que tu t'étais noyé, reprend Boyles en toussant et en crachant un peu de sang dans le bout de chiffon qui lui sert de mouchoir. On peut pas lui ôter ça ! Il a donné des spectacles rien que pour toi, Ned ! Trois de file ! Et pis Nan et Sal ! T'aurais dû voir comment qu'elles se sont démenées ! Aller piquer des bonnets noirs et des voilettes, enfin tout quoi, ouais, tout pour s'attrister la figure et aller balancer trois brassées de géraniums dans la flotte rien que pour ta mémoire !... Ah, ça, on peut pas dire que t'es allé à la tombe sans qu'on te pleure ! Tu peux en être sûr, Neddy !

Neddy pivote sur les talons et lui tend une pièce.

– Tiens, Billy, pour ta peine, dit-il. Pour que tu causes pas. Tu m'as jamais vu, pas vrai ? Je suis mort et enterré, pas ?

– Tu peux compter sur moi, Ned. J'en soufflerai pas un mot.

L'ÉVASION

Quand Mungo se réveille, il a mal à la tête. Il a bu de la bière de *soulou*, alias *boboutou das*, la bière qui mélange les jambes et embrouille les esprits. Oui, il a bu de la bière de *soulou* et n'est pas très sûr de savoir où il se trouve. Dans une cave, c'est certain. Il en reconnaît les murs en terre jaunâtre, les racines et les rhizomes, le plafond en jonc, l'échelle. Non, pas de doute. Une cave. Il se redresse péniblement sur les coudes et découvre une calebasse vide entre ses jambes, et une tête floconneuse posée en travers d'une de ses chevilles. La tête appartient à Johnson, qui s'est vautré par terre avec ses copains dans un véritable méli-mélo de bras et de jambes : on peut voir son gros ventre qui monte et descend ainsi qu'une force élémentaire de la nature. Dents qui sifflent, lèvres qui palpitent, amygdales vibrant sous la brise, ils ronflent tous les cinq en parfaite quiétude.

Il lui vient à l'esprit que ce doit être le matin : les ténèbres qui l'entouraient encore il y a un instant ont fait place à cette espèce de crépuscule laiteux que l'on s'attend à trouver dans une crypte, un chai ou n'importe quoi d'humide et d'insalubre. Il se frotte le cou, quelque chose l'a mordu pendant la nuit. Il lève les yeux et aperçoit un scarabée d'un beau noir luisant, qui traverse le plancher en se battant avec une boule de crottin de la taille d'une pomme. L'explorateur est toujours assis en appui sur les coudes, à regarder son scarabée et à attendre patiemment que les choses s'éclaircissent dans sa tête lorsque, là-haut, le premier cri se fait entendre. À dire vrai, cela tient plutôt du hoquet, de la petite goulée d'air qu'on avale dans sa surprise. Puis vient presque aussitôt un long gémissement, comme une plainte désespérée. C'est alors un échange de propos précipités. On dirait des gens qui se renvoient des monosyllabes en guise de balles de tennis. Puis un bruit de pas. On se rue sur le plancher en bambou de l'étage au-dessus. Puis le silence. Mungo tend l'oreille et, peu à peu, commence à percevoir comme un flot de bruits à l'extérieur de la maison, là-bas, dans les rues. Le bourdonnement se fait mugissement... la terre même en seraitelle secouée ? Il s'interroge. Un séisme ? Un troupeau qui fuit en débandade ? Une nouvelle tempête de sable ?

Encore plus intrigué, il se lève et, indifférent à la tête de Johnson qui retombe avec un bruit mou, il traverse la pièce pour gagner l'échelle. Il va pour poser le pied sur le premier barreau lorsqu'une trappe s'ouvre dans le plafond, et il se retrouve affrontant un postérieur osseux, ainsi qu'une paire de pieds nus qui descendent. L'explorateur bat en retraite devant cette araignée arthritique : un petit homme tout rabougri, un peu perdu, lequel parcourt avec lenteur les degrés de l'échelle. Arrivé en bas, il se retourne et, découvrant l'explorateur, est saisi d'un violent sursaut.

Il est vieux, ce petit homme... antique même, antédiluvien. Il a les cheveux blancs et ondulés, et le visage aussi ridé que le delta d'un fleuve. Il fait pile cinq pieds de haut, pèse tout juste ses quatre-vingt-quinze livres, et donne l'impression d'avoir été taillé dans une pièce d'ombre. Autour de son cou, une corde, au bout de laquelle pend un poulet étranglé – petit corps à la rigidité cadavérique. Il y a un moment de gêne lorsque l'explorateur et le gnome se retrouvent orteils contre orteils ; le petit homme roule de gros yeux lents en dévisageant Mungo, puis se détourne. Sur son visage passe une expression où la stupéfaction le dispute à l'indignation. Il lève encore une fois les yeux sur l'explorateur, encore une fois s'en détourne comme s'il voulait bannir un fantôme de ses pensées. Pour finir, il se penche vers l'un des endormis et se met à lui gazouiller des choses à l'oreille.

– *M'bolo rita Ségo!* lui susurre-t-il d'une voix flûtée. *M'bolo bolo Ségo!*

L'effet est immédiat : Johnson et ses compagnons se lèvent comme un seul homme, se battent la poitrine et, l'œil exorbité, écoutent le vieil homme qui, après avoir tapé dans ses mains, se met à leur raconter une bien sinistre histoire. Mungo n'a rien d'un linguiste mais n'a aucun mal à saisir certains des mots : « cannibale », « étripeur d'enfants », « Tiggitty Ségo »... L'instant d'après, les cinq buveurs de bière se tordent les mains d'inquiétude et, en se bousculant à qui mieux mieux, se ruent sur l'échelle.

Pressé de fuir comme il l'est, Johnson heurte l'explorateur qui l'attrape par le bras :

– Que se passe-t-il, Johnson ? C'est Ségo qui arrive ?

Les autres ont déjà le nez collé à l'échelle : de vraies fourmis suçant un bâton. Le vieil homme perd l'équilibre et choit dans la pièce, soulevant des nuages de plumes. Au-dessus du groupe gronde la rumeur d'une panique qui a gagné tout le monde.

– Vite ! hurle Johnson en se dégageant comme une bête affolée.

Sur quoi, il renverse le vieillard et commence à grimper l'échelle.

– Il va passer Djarra à la torche ! clame-t-il. Arrivé au haut de l'échelle, il hésite un instant.

– Et il fera pas de prisonniers ! ajoute-t-il dans un souffle.

~

Dehors, c'est du pur Milton ou du Dante : on pleure et l'on gémit, on se flagelle, on se jette n'importe où sous l'effet de la terreur, on perd la foi. Mères ayant égaré leurs enfants, enfants ayant perdu leurs mères, tout court. L'air est plein de fumée et de poussière, le sang bat fort dans les veines. Au milieu de la rue, un vieillard fouette son antique vache à lait qui s'est affaissée sous le poids des paniers de bât et n'arrive pas à se décoller du sol. Un autre porte sa femme sur son dos, tandis que sur le dos de sa femme a pris place un chien, et ce chien tient un morceau de chiffon dans la gueule. Partout, les gens se ruent en hurlant, tout respire la folie du désespoir. On piétine dans les débris et les décombres de la tempête, on rassemble des sacs de grain, on pousse le bétail droit devant soi. Tout le monde fuit son petit village natal, son petit village aux murs de pisé, baigné par la Woubah.

Toujours aussi lent à réagir (ce doit être génétique, décidément), l'explorateur reste planté au milieu du chaos et, au cœur même de cette désespérance, se demande ce qu'il va bien pouvoir faire. Se joindre à l'exode ? Ce ne serait pas très heureux : son cheval et ses bagages (on les lui a restitués sur les instances de Fatima) ont disparu dans la tempête. Qui plus est, jusqu'où ses jambes pourraient-elles le porter ? Sans compter que Johnson a filé, et que ce ne sont certainement pas les Maures qui… mais minute, minute… et où sont-ils donc passés, ces Maures ? Tout d'un coup, il lui vient à l'esprit qu'il n'a pas vu un seul musulman depuis au moins douze heures… et puis, plus soudainement encore, une idée insidieuse commence à poindre, là, dans les recoins encore obscurs de sa pensée. Celle-là même qui, la veille au soir, allait lui sortir des coulisses de l'esprit pour entrer en scène lorsqu'une main basanée lui a passé la calebasse : enfin la chance lui sourit.

~

Pour qui sait comment la guerre modifie le cours des choses, ce qui se passe à Djarra ne soulève pas de gros problèmes d'interprétation : la nuit précédente, Ali a eu besoin de trancher dans le vif, voilà tout. Ses intérêts ne vont pas dans le même sens que ceux de Djarra ; mais les gens de Djarra ne sont jamais que des Cafres. Il a d'abord passé la soirée à festoyer, à extorquer de l'argent à droite et à gauche et à violer quelques femmes dans la bonne humeur, puis il a ordonné à dix de ses hommes d'aller choisir trois cents bêtes parmi les plus grasses et de les conduire au bois afin de les protéger de la tempête. Ce faisant, il ménageait ses arrières : quel mal y avait-il donc à mettre ses investissements à l'abri ? En face, on n'y voyait aucun inconvénient, au contraire : par cet acompte, Ali signait à sa manière un contrat d'assistance pour le futur. Trois cents têtes de bétail, ce n'était pas rien, mais combien eût coûté sa défection ? C'est pour le coup que toutes les bêtes, y compris les chèvres, toutes les récoltes, toutes les cases et toutes les filles passaient entre les mains d'un Tiggitty Ségo aussi féroce que sans scrupules. On savait bien à qui on avait affaire, avec ce barbare assoiffé de vengeance.

Plus tard dans la nuit cependant, après la tempête de sable, un autre facteur est entré en jeu : Ali, apprenant qu'à la faveur du mauvais temps Ségo se trouve à portée de raid de la ville et lancera ses troupes à l'assaut dès l'aurore, révise ses positions : il avait déjà ses vierges et son bétail, et ma foi, cela suffit bien à un bonheur auquel un combat contre Kaarta ne va pas ajouter grand-chose ; le plus sûr est le risque de perdre tout ce qui est déjà amassé. Il ne se casse pas davantage la tête et arrête sa décision. En moins de vingt minutes, ses tentes sont repliées et ses hommes en selle. Leurs dix-neuf ex-vierges sous le bras, ils ont chevauché toute la nuit, poussant leur bétail devant eux. Ils seront de retour à Benoum dès le lendemain soir.

– Enfin libre ! se dit l'explorateur en jubilant au milieu de ce fleuve de désespoir.

Une femme passe à côté de lui en détalant, tous ses biens dans une cruche en terre posée en équilibre sur sa tête. Mungo a envie de danser avec elle, d'entonner un chant de délivrance, de rugir comme le lion qui s'est échappé de sa cage.

– Hi hi hi ! lance-t-il en riant et en jetant son chapeau en l'air.

Rapides, sombres de peau et furtifs comme des souris, des enfants rabougris le laissent sur place. Il saute de joie et se met à siffler « Oh dis ! Où c'est que t'étais, ma p'tite chérie, doudle di ? » tandis qu'une femme s'agrippe à la porte de sa hutte en sanglotant et en suppliant les deux hommes qui la tirent par les bras de la laisser tranquille. Un sourire idiot sur les lèvres, l'explorateur s'abandonne à la foule. Ici, des enfants appellent leurs mères en pleurant, là, des infirmes se traînent dans la poussière, là-bas encore, des femmes entassent frénétiquement des provisions pour la route. Il s'est mis en tête de pousser vers l'est avec le flot des réfugiés et, cheval ou pas, de gagner le royaume de Bambara. Et puis le Niger.

Sa mauvaise conscience l'ayant rattrapé au bout du village, il se retrouve en train de soulever des enfants, de charger des litières, de concasser du grain et de tâter des chèvres. Par trop harassés et hébétés pour y réfléchir à deux fois, les gens acceptent l'aide de ses mains et de ses épaules et le regardent comme s'il était transparent. Une vache par-ci, un enfant seul par-là, des couples qui se sont retrouvés, tout ce cortège commence à avancer sur la route. On franchit les portes orientales de la ville, on passe la Woubah à gué, on peine le long de la côte qui n'en finit pas ; derrière, la ville n'offre plus que le spectacle de la désolation. Les traînards rejoignent le rang mais ceux qui hurlent et gémissent manquent de souffle ; la colonne, tant bien que mal, cherche son rythme, lorsqu'une horrible rumeur se répand dans la foule : Ségo arrive ! Ségo est là ! Un instant stupéfaite, la masse se tait pendant qu'une femme forte et portant fichu remonte le flot en propageant la nouvelle : « Il a incendié Wassibou pendant la nuit ! Il a brûlé des enfants, il a bu du sang ! »

L'information fait naître toute une série de lamentations saccadées, bientôt transformées en un seul long cri aigu, un cri qui rappelle celui du cochon sous le couteau du boucher. Soudain, tout le monde démarre comme pour un marathon : les talons et les sabots s'envolent, la poussière monte à gros bouillons jusqu'à en obscurcir le soleil. « Ainsi donc, c'est ça, l'hystérie des foules », se dit Mungo qui a pris du champ. Brusquement pourtant, comme s'il s'éveillait d'un cauchemar où il roulait à l'abîme, la terreur s'empare de lui. Ses pupilles se dilatent, il ne respire plus que par à-coups. Et puis, tout d'un coup, le voilà qui court, qui détale comme une jument affolée, qui écarte l'impotent et le boiteux, qui flanque des coups de savate au bétail, qui fait des pieds et des mains pour se retrouver en tête. Enfin, il songe à regarder derrière lui et découvre que les champs sont déjà loin et qu'en remontant la colline, il a dépassé les adolescents les plus agiles, les athlètes bondissants et les porteurs de lances les plus ailés. Il court pour sauver sa peau, il court pour retrouver sa liberté, il court tout ce qu'il sait.

Mais voilà qu'à la sortie d'un virage, il stoppe des quatre fers : du haut de son étalon, colossale statue équestre, Dassoud attend l'explorateur, dont il tient la rosse par les rênes. À côté de lui, tristement perché sur son âne bleu et triste, Johnson. Johnson qui hausse les épaules.

Dassoud montre du doigt la selle vide, sort son cimeterre de sa ceinture et indique la direction du nord – celle de Benoum.

– Feriez mieux de monter à bord, lui dit Johnson.

Dépité, l'explorateur hésite. Les cris des réfugiés lui résonnent aux oreilles. Il a l'impression de ne plus pouvoir reprendre son souffle.

– Croyez-moi, monsieur Park, il plaisante pas.

Comme s'il n'avait attendu que ça, Dassoud fend l'air d'un coup de lame proprement titanesque. On dirait même qu'un sourire grimaçant lui déchire les lèvres.

Mungo monte en selle.

Une heure plus tard, à des milles et des milles de la route qui mène chez les Bambaras, les trois cavaliers sont en train de descendre lentement une pente rocailleuse jonchée de squelettes d'oryx et de céphalophes lorsque, tout soudain, Johnson fouille dans les profondeurs de sa toge, en extrait une paire de pistolets de duel plaqués argent et fusille la monture de Dassoud d'une balle dans l'œil gauche. La bête se cabre, hoche violemment la tête de droite et de gauche comme si elle voulait se déboucher les oreilles, et s'écrase sur le Grand Chacal.

– Et maintenant, on détale ! s'écrie Johnson en lacérant frénétiquement la croupe de son âne.

Dassoud est déjà en train d'émerger de dessous son cheval. L'explorateur ne se le fait pas dire deux fois et plante ses talons dans les flancs de Rossinante. Les poumons de l'animal se mettent aussitôt à siffler comme un soufflet de forge rempli d'eau et il se lance dans un petit galop sans entrain. Pendant ce temps-là, Dassoud a ôté ses sandales et sa *djoubba* pour se livrer à cinq ou six mouvements d'assouplissement, mains touchant les orteils. Enfin, cimeterre entre les dents, il se rue à leur poursuite.

Johnson trottine dans la caillasse juché sur son gros âne bleu, Mungo pique des deux sur son titubant bidet. Droit devant, une plaine piquetée de buissons jusqu'à l'infini. Derrière, Dassoud qui bondit par-dessus les obstacles ainsi qu'une panthère.

– Si on na-na-na-arrive su-ur le pla-at, il est re-e-fait ! hurle Johnson.

Mungo s'accroche à sa selle et prie le bon Dieu. Dassoud n'est déjà plus qu'à six pas de lui. Il court comme un bandit. Cinq pas, trois, deux... mais voilà que les sabots des bêtes sonnent plus clair sur la terre dure et lisse de la plaine. On gagne du terrain ! Dassoud perd une dizaine de pas, puis vingt, puis trente. Mungo exulte. Johnson, lui, a l'air soucieux.

– Pourquoi fais-tu cette tête ? lui lance l'explorateur.

– Vous voyez pas comment qu'il court, ce fumier ?

Mungo regarde par-dessus son épaule. Dassoud est presque à cent pas derrière eux. Il a le visage tendu et le soleil dans les yeux. Il est nu, aussi musclé qu'une statue ; il court pour enfoncer quels ennemis ? Son cœur et ses poumons, le soleil et la plaine ?...

– Et alors ?

– Et alors, y va nous rattraper.

Le cheval de l'explorateur rétrograde au petit trot et, fontes résonnant comme des maracas, se met à boitiller d'une patte, puis d'une autre. L'âne bleu tend le cou pour essayer de mordre Johnson au genou. Soudain Mungo a peur.

– Ne sois pas ridicule, dit-il. On est à cheval.

Ils continuent de trottiner en silence. Dassoud bat l'air de ses bras : Dassoud n'a pas ralenti, Dassoud est toujours cent pas derrière eux. Le soleil est bien sûr déjà aussi brûlant qu'un haut-fourneau qu'on vient de bourrer de charbon jusqu'à la gueule.

Johnson regarde Dassoud en clignant des paupières. Johnson a l'œil triste, la souffrance se lit sur son visage.

– Quoi ? fait-il, vous n'allez quand même pas me dire que vous n'avez jamais entendu les histoires qu'on raconte sur ce fanatique ?

– Ou-oumphh ! lâche Rossinante en repassant au petit amble sautillant.

L'âne remue les oreilles et se dandine à ses côtés. Cloppa-clop, cloppa-clop, clop.

– Non, répond Mungo en sentant comme un petit pincement à l'aine, non, jamais.

HISTOIRE DE DASSOUD

Troisième fils d'un sultan berbère, il est né à Az-Zawiya, sur la côte méditerranéenne de la Libye. À six ans, il est emporté par un troupeau en débandade. Les sabots noirs et coupants le piétinent un quart d'heure durant, il en ressort sans une égratignure. À quatorze ans, il se joint à une expédition punitive que son père a lancée contre un groupe d'Arabes de Debbab. Ceux-ci ont planté leurs tentes dans l'oasis d'Al-Aziziyah et leurs feux de camp s'étirent à travers la plaine comme une constellation tombée du ciel. Dassoud fait déjà plus de six pieds de haut. L'incendie jette des lueurs blafardes, les femmes hurlent. Un homme fond sur lui armé d'une lance. Il lui déboîte la jambe d'un coup de cimeterre, lui fracasse la clavicule et lui tranche la tête. L'autre se venge en lui éclaboussant la figure de son sang. Choqué et étourdi, Dassoud recule d'un bond. Il a le pouls qui bat fort, un goût de sang amer et salé sur les lèvres... Il part chercher d'autres têtes à couper. Deux jours plus tard, son père se fait assassiner. Seize renégats de Debbab s'enfuient à cheval dans le désert. Ils ont l'intention de gagner les sinistres hauts plateaux d'Al-Hammada al-Hamra. Dassoud se lance à leur poursuite. Cette nuit-là, ils meurent tous, l'un après l'autre.

À vingt ans, il conduit sa première caravane à travers le Grand Désert. Destination Tombouctou, sur le Niger, soit seize cents milles plus au sud. La traversée du désert est dure. Des tempêtes de sable avalent les hommes, des chameaux disparaissent, les puits sont à sec. Les rangs de la troupe se sont presque éclaircis de moitié lorsqu'on arrive à Ghat. Les puits de Tamanrasset n'ayant pas tenu leurs promesses, la contestation s'empare des hommes. Dassoud fait bien six pieds quatre pouces et pèse ses deux cent trente-cinq livres. Il compte au nombre des survivants. Les douze autres se rallient à lui.

– Nous rejoignons Taoudenni, aux confins du royaume de Ludamar, dit-il. C'est la seule chance qui nous reste.

L'oasis de Taoudenni est entourée de collines basaltiques qui trouent le sable comme les molaires d'un géant à demi enterré. Depuis l'époque du Prophète, elle constitue le seul point d'eau important entre Tamanrasset et

Djarra. Cela fait trois jours qu'ils n'ont rien bu lorsque enfin les voyageurs aperçoivent Djarra dans le lointain. Ils ont les paupières gonflées et la gorge à vif. Toujours attachés aux cadavres déjà pourrissants de leurs bêtes de somme, leurs sacs de pacotille – tapis persans, sel, mousquets, kif – sont éparpillés bien loin de là dans les dunes. Ils s'approchent des puits lorsque, ses sabots pédalant soudain dans le vide, le seul chameau qu'il leur reste trébuche pour ne plus se relever. L'un des hommes pousse un hurlement : l'animal s'est pris une patte de devant dans une cage thoracique appartenant à un être humain. Les os en sont craquants : on jurerait entendre un jeu de dés que l'on agite dans un cornet. Les arrivants se retournent. Le sable alentour fait des bosses ; il y en a des centaines et des centaines. Ici surgit une main tendue, là, un crâne qui luit. L'oasis de Taoudenni est à sec.

Dassoud exige le chameau. Deux hommes le défient. Il les tue tous les deux. Après quoi il saigne l'animal, boit à même ses artères ouvertes et vide le reste du sang dans sa *guerba*. Il lui dévore encore les intestins et la paroi humide et rouge de l'estomac. Il lève une dernière fois les yeux sur les autres : ils se sont agglutinés autour d'une fissure de la roche. De l'eau y a coulé jadis.

Il voyage la nuit et passe ses journées à déterrer des larves d'insectes, des scorpions et des bestioles diverses. Il les brise avec un bruit sec, comme on casse une noix. Du regard, il balaie les dunes où le vent a griffonné des signes, il a le vertige, sa vie ne tient plus qu'à un fil, mais ça l'amuse. Plus la situation devient désespérée, plus il se sent fort. Une nuit que, seul et perdu à jamais au milieu de l'univers, il est en train de suçoter du bout de la langue une carapace de scorpion, il comprend soudain qu'il est heureux. Le désert est impitoyable mais lui, Dassoud, l'est encore plus. Pour peu que l'envie l'en prenne, rien ne l'empêcherait de tourner les talons et de reprendre tranquillement la piste de Libye.

Quinze jours après avoir quitté Taoudenni, il tombe sur le puits de Tarra. Il y jette sa *guerba*, la remplit et boit jusqu'à en vomir. Et, alors même qu'il vomit, a l'impression qu'une ombre le recouvre. Trois cavaliers appartenant au corps d'élite d'Ali se tiennent au-dessus de lui. Dès l'instant où il est tombé à genoux dans le sable, ils ont pointé leurs mousquets sur lui. Aux yeux des Maures, dérober de l'eau à un puits est un crime aussi odieux que le vol de bestiaux ou le coït avec une bête qui n'est pas la vôtre : vous encourez la peine de mort. Dassoud entend le déclic des chiens qu'on arme. Il meurt de faim, il est déshydraté, épuisé, il n'a rien pour se défendre. Le premier cavalier ne l'atteint qu'au coude, le second l'a seulement balafré d'un coup de cimeterre, il fait un sort au troisième : simple comme bonjour. Les trois une fois achevés, il arrache une patte à l'un de leurs chevaux, la dévore et s'allonge pour dormir. Le lendemain matin, il entre dans Benoum à cheval, gagne la tente d'Ali dans un bruit de tonnerre et lui offre ses services. Et devient aussitôt son bourreau et Grand Chacal humain.

L'ÉVASION

(*suite*)

– Jésus, Marie, Joseph et tous ses saints ! s'écrie Mungo en regardant par-dessus son épaule, tu pouvais pas viser un peu plus haut ?

– C'est contre mes principes, répond Johnson.

Toge trempée de sueur, celui-ci avance lourdement à côté de son âne.

– Un jour, reprend-il en sifflant de la poitrine, j'ai tué un bonhomme... là-bas, à Londres... Brisé le cœur à un gamin... omph, omph... me le pardonnerai jamais.

– Contre tes principes ? répète Mungo en se demandant jusqu'où les principes sont à même d'adoucir un trépas trop rapide.

Derrière eux, Dassoud ne manifeste rien qui puisse faire croire qu'il renonce. Même, cela fait pratiquement une heure qu'il ne cesse de qualifier diversement l'explorateur dans son dos et de faire scintiller son cimeterre au soleil comme s'il entendait souligner lourdement la portée de ses propos.

– Incirconcis ! rugit-il. Bouffeur de cochon !

Mungo rabaisse son chapeau sur ses yeux et revoit la cuisine de Selkirk : des fleurs fraîchement coupées, du jambon froid, Ailie en train de lui sourire.

– Dis, t'as pas remarqué comme il a l'air de m'avoir dans la peau, ce type ?

– Ah ça ! s'exclame Johnson en continuant de marcher à grand bruit. Il vous hait, oui ! Il vous hait aussi fort... que la barbe déteste le rasoir... ou le ballon l'épingle. C'est bien naturel. Vous... vous déboulez comme ça... avec vos cheveux blonds comme les blés... et vos yeux de chat et lui... et lui, il se retrouve... avec un monstre devant les yeux.

Johnson pousse de profonds soupirs et cherche à reprendre son souffle.

– Et où croyez-vous... que ça l'amène, hein ?... Comme si le corniaud des rues... pouvait s'entendre avec le chien de traîneau !

– Hmm ! soupire Mungo.

~

La journée s'éternise. Johnson est morose et se tait, Rossinante a le museau taché de sang, Dassoud continue de pédaler avec la sombre obstination du loup attaché à sa proie. Rossinante, voilà le problème. L'explorateur l'épargne autant qu'il peut en posant pied à terre de temps à autre pour faire deux ou trois milles en courant, mais malgré ces beaux efforts, cela fait presque une après-midi entière que la bête vacille et semble au bord de l'effondrement. À un moment donné, Mungo s'est même vu contraint de lui allumer le bout de la queue pour l'obliger à continuer. Ce n'est d'ailleurs pas que l'âne de Johnson aille un meilleur train. Il fait semblant de boiter, il rue et il mord, il brait comme un orgue de Barbarie. Aucun doute n'est permis : tôt ou tard, l'un ou l'autre finira par s'étaler et Dassoud les rattrapera. Ce n'est plus qu'une question de minutes et alors, adieu Niger, adieu l'Afrique, salut ! ô tumulte de la vie !

Mais voilà qu'au moment même où tout semblait désespéré, Johnson se met à hurler comme un naufragé apercevant une voile à l'horizon.

– Regarde ! lance-t-il d'une voix caverneuse. Là-haut, de l'autre côté des arbres !

L'explorateur regarde. Zigzaguant comme une folle couture à travers la colline qui s'élève devant eux, la route de Bambara file dans le lointain. Mais qu'est-ce que cela ? On dirait que, son embout au plus près de l'horizon, un entonnoir de poussière s'est collé à la chaussée. L'explorateur songe d'abord à des balayeurs – à des balayeurs qui, par milliers, seraient en train de nettoyer la route, puis, comme sous l'effet d'une révélation, la vérité se fait en lui : les réfugiés ! ils ont fait demi-tour !

– Johnson ! s'écrie-t-il. Tu es un génie !

Ce changement de situation n'a pas échappé à Dassoud. Le Chef Chacal active et leur fond dessus comme un coureur se ruant sur le fil à l'arrivée. L'écart se rétrécit, n'est plus que de cinquante pas, que de quarante ; Johnson rosse son âne, Mungo fouette son cheval. L'écart n'est plus que de trente pas ! Alors Johnson a un geste étrange.

– Vieille astuce mandingue, hurle-t-il tandis qu'il s'enfourne l'oreille droite de son âne dans la bouche.

Et voilà qu'il la mord comme s'il plantait ses crocs dans une côtelette trop cuite. L'âne pousse un cri strident, se cabre par deux fois, s'envole comme un trois ans au départ d'une course de steeple-chase. Mungo lui file le train ; sur sa langue, l'oreille de son cheval est comme un morceau de feutre. Il la mord et la remord jusqu'au sang. Il fallait s'y attendre : Rossinante revient à la vie et rassemble ses dernières forces pour se lancer dans un furieux assaut de fanons et de sabots.

L'un sur son âne, l'autre sur son cheval, Mungo et Johnson se propulsent sur le sol rocailleux à la vitesse de l'éclair, traversent une plantation d'arbres, rejoignent la route ! Johnson hurle des choses en mandingue à l'amas de silhouettes fantomatiques issues des ténèbres. Son âne se rue droit devant et, cou à cou avec le cheval de l'explorateur, s'enfonce dans la foule. Les réfugiés épuisés s'écartent d'un bond devant la grêle de coups des sabots, des poules et des coqs prennent la fuite dans les airs. Il n'a fallu qu'un moment aux deux cavaliers pour fendre le flot humain et enfiler la route au galop. Johnson donne de grands coups de pied à son âne et bat des coudes comme s'il voulait prendre son vol. Les arbres ne sont plus qu'un brouillard qui file ; l'explorateur fait tout ce qu'il peut pour ne pas tomber.

– Maintenant ! crie Johnson, et les voilà qui replongent au cœur des ténèbres de talc.

Cette fois-ci, ils renversent une litière et envoient bouler un dignitaire du village et l'idole gravée qu'il serre sous son bras. Johnson continue de jeter son baragouin à la figure des marcheurs stupéfaits :

– Ralentissez-le ! Arrêtez le Maure !

Deux fois encore, ils retraversent à bride abattue la file des réfugiés. Les cailloux volent, la poussière s'effiloche derrière eux jusqu'au moment où enfin, l'explorateur le talonnant, Johnson quitte la route pour plonger dans les bois.

– Chut ! fait-il.

Et il saute de son âne pour atterrir au milieu d'un fouillis de graterons et d'épines noires et luisantes. Le cœur de l'explorateur bat à tout rompre. Quittant sa sifflante monture, il s'étale dans l'herbe.

– Tu crois qu'on l'a semé ? demande-t-il dans un soupir.

Là-bas sur la route, la lente procession fuligineuse passe dans un grondement. L'explorateur y distingue ici une jambe, là une tête, là encore le cul d'une chèvre ou d'un mouton. Le vacarme est uniforme, que brisent seulement quelques cris et quelques jurons. Dassoud n'est pas en vue. Et puis, tout d'un coup, tel le croque-mitaine qui saute sur l'enfant endormi, le voilà qui reparaît. Infatigable, en proie à la même idée fixe, il trottine le long de la route en scrutant le nuage de poussière. Il a les yeux si gonflés de rage qu'ils ressemblent à deux œufs durs. Ses tibias sont meurtris et écorchés, ses cuisses striées de grosses veines. Il continue de courir et, non, il ne tourne pas la tête !

Au plus profond du taillis, Johnson lève les mains en l'air, paumes vers le ciel.

Un sourire bêtement euphorique se dessinant sur son visage, l'explorateur le regarde droit dans les yeux, s'avance vers lui et lui tape joyeusement dans les mains.

En ce temps-là, les rues de Londres étaient aussi souillées, limoneuses et infectées que mille tas de fumier mis bout à bout. Elles étaient en outre dix fois plus dangereuses qu'un champ de bataille et aussi rarement nettoyées que les culs-de-basse-fosse des asiles de fous. On en voyait de rudes : des ivrognes gisaient en travers de la chaussée, certains d'entre eux déjà morts, tous puants et couverts de corbeaux ; des familles entières se tenaient accroupies aux croisements pour mendier du pain ; des meurtres se commettaient dans tous les coins. Il y avait des journaux jaunis collés aux réverbères, on marchait sur des tessons de cruches et de bouteilles, sur des trognons de légumes et des os de volaille, des carcasses de coqs de combat pourrissaient ici ou là. Il y avait encore la fiente des pigeons. De la boue, de la suie, des cendres, des cadavres de chats, de chiens, de rats, des bouts de tissu souillés d'excréments. Et, pis encore, les égouts étaient à ciel ouvert. « Nous vivons, messieurs, comme une colonie de Hottentots, se plaignait Lord Tyrconnel à la Chambre des communes. Nos rues sont si pleines de cochonneries qu'un sauvage même les contemplerait avec étonnement. » On finit par en tomber d'accord, et par fonder une Société pour la salubrité publique. Plus un Club pour la propreté de l'air. On se réunit régulièrement, on se référa aux *Règles de la procédure parlementaire* de Bledsoe, on exposa ses doléances, rien n'y fit.

Il y avait bien, c'est vrai, quelques ramasseurs d'ordures nocturnes et une poignée de balayeurs. Mais les ramasseurs ne faisaient qu'entasser des montagnes de crotte purulente dans leurs jardins et les balayeurs se contentaient de créer, en guise de décharges, des volcans constamment actifs. Qui plus est, cela ne changeait rien pour l'écrasante majorité des habitants de la capitale qui n'avait qu'un moyen de se débarrasser de ses ordures : les jeter dans les cours d'immeubles ou dans les rigoles déjà pleines à déborder qui vous changeaient les deux moitiés d'une rue en lèvres d'une même plaie suppurante. L'air sinistre, les boutiquiers se traînaient sur la chaussée pour y vider leurs pots de chambre. Les garçons de café passaient à la chaux les façades pour tenter d'en chasser les remugles d'urine, cependant que les concierges versaient leurs seaux hygiéniques du haut des fenêtres du premier ou du second. « Gare à l'eau ! » criait la femme de chambre. Aussitôt une sombre motte décrivait un arc au-dessus du trottoir avant de s'écraser par terre. Après quoi lentement elle dérivait, un centimètre après l'autre, jusqu'au fétide caniveau. Bien sûr, pareil état de choses n'arrangeait pas les affaires du passant, déjà boiteux et occupé à se secouer les habits, car il y a de bonnes chances qu'il ait coulé dans un soupirail de cave ou qu'il se soit cogné dans l'un des milliers de chiens qui divaguent à l'envi. Comme si cela ne suffisait pas, les rigoles étaient en général encombrées de crottin de cheval, d'oreilles de cochons et autres ordures, toute cette accumulation d'immondices ayant pour résultat de bloquer le sombre flot et d'y créer de fumants marécages. Non seulement le piéton se retrouvait alors dans l'excrément humain jusqu'à la cheville, mais devait encore éviter les roues des carrosses et leurs projections.

Marcher par les rues était chose des plus désagréables, et dès qu'on pouvait se le permettre, on préférait se déplacer en voiture – ou en chaise, moyen de locomotion particulièrement adapté aux conditions du temps... et puis, cela assurait le confort et la sécurité des privilégiés tout en offrant quelques rares emplois aux masses faméliques. Il s'agissait d'un compartiment fermé fixé à deux barres parallèles qu'on hissait sur les épaules de deux porteurs, l'un devant, l'autre derrière. Lesdits porteurs, de pauvres dégénérés à bec-de-lièvre et à tête difforme, se faisaient quatre sous, et la grande dame qui allait prendre le thé quelque part arrivait à bon port sans que son jupon fût couvert de vastes traînées de merde. Tout le monde y trouvait son compte. La chaise avait encore un autre avantage : s'y enfermer, c'était se rendre invisible. Il suffisait de tirer les rideaux et de regarder entre leurs plis pour voir sans être vu.

Un homme invisible aurait-il jamais pu rêver mieux pour se déplacer ?

LA BALLADE DE JACK HALL

Ned a le cœur qui défaille tandis qu'il regarde Boyles qui se fond dans la foule, avec ses épaules maigres et son fessier plat. Il jette un coup d'œil furtif autour de lui, et se sent aussi nu et vulnérable qu'un crabe dans sa carapace. En haut de la rue, une station de chaises à porteurs. Il gagne la première en boitillant, tend une pièce au préposé et disparaît à l'intérieur. Les rideaux sont tirés. Il fait aussi sombre que dans un ventre de femme. Ned a la tête pleine de plans, de ruses et de contre-plans. Le son de sa propre voix le surprend.

– Rue Monmouth ! lance-t-il. Au Grenier de Rose !

Le Grenier de Rose est une friperie pour femmes, que Sally Sebum lui a chaudement recommandée (« Elle a les meilleures affaires de la ville, la Rose »). S'étendant sur deux pâtés de maisons, elle est, avec une douzaine d'autres magasins de ce genre, spécialisée dans le chiffon et satisfait aussi bien les domestiques des riches (voilà pour celles qui viennent revendre) que les épouses des bourgeois économes (voilà pour les clientes) et les pauvres (celles-là, c'est juste pour le coup d'œil). En rotonde, et bien crasseuse, la devanture est bourrée d'articles à la mode empilés en strates : des paniers, des chapeaux et des corsets à baleines ; des jupons, des parasols, des coiffes, des bonnets et des tournures. Une enseigne pend de guingois au-dessus de la porte :

ON REPASSE TOUT LES VÊTEMENTS
AVENT DE LES VENDRES

La chaise s'arrête devant la boutique en raclant le sol.

– Rue Monmouth ! lance le porteur en ouvrant toute grande la portière.

Cahoté dans le dédale humain des rues bondées, Ned, lové dans le noir, n'a pas cessé de réfléchir. On ne peut pas faire confiance à Boyles. Ned se rend bien compte qu'avec un verre de trop, il crachera le morceau : « Ned est vivant ! s'écriera-t-il. J'y ai causé. J'y ai posé la main sur le bras. » Et la rumeur filera comme l'encre dans l'eau, passera de salle de bar en salle de bar, accompagnera la soupe que l'on sert, et finira par échouer, chuchotante, aux oreilles de Mendoza, de Smirke, de Twit et consorts. Quinze jours. Il ne lui en faut pas davantage. Qu'il arrive seulement à tenir deux semaines, et ce seront cinq cents livres qu'il aura amassées en vendant ses « Friandises de Tchitchikov ». Après, il pourra quitter la ville. Partir ! Qui sait même ? Tenter sa chance sur le continent. Paris, La Haye, Leghorn...

– Rue Monmouth ! répète le porteur.

Ned relève la tête, rajuste sa perruque, saute sur la chaussée et tend une demi-couronne au bonhomme.

– Attends-moi ici, lui dit-il. Et tu me surveilles ce panier d'œufs de poissons, tu veux ?

~

En poussant la porte, Ned suscite le grêle murmure d'une clochette anémique. La pièce sent le rance. Seuls l'éclairent deux ou trois filets de lumière tamisés par la montagne d'habits de femmes entassés autour des fenêtres. Il flotte une odeur de vêtement serré à l'entre-jambe et sous l'aisselle, porté dix ans de suite sans connaître le savon, refuge pour la vermine et toutes les maladies du genre humain. Des yeux, il cherche le propriétaire des lieux.

– Boutiquier ! lance-t-il.

L'endroit semble désert.

Mais non : voilà qu'à l'autre bout de la pièce un tas de loques se détache du fatras général et se met à avancer en traînant les pieds. Ce tas de loques s'avère être une vieille emmitouflée dans une cape mangée aux mites. On dirait qu'elle ne se nourrit que d'œufs de mille ans.

– Ouais, ouais, caquette-t-elle d'une voix rouillée. Voulez quoi ? C'est-y pour acheter ou en simp' curieux ?

– Une tenue de femme, dit Ned. Tout le tintouin : les jupes, les gants, les aiguillettes, une coiffe qui s'attache sous le menton et le bonnet d'un pied de haut.

– Hiii-ii-iiii ! Des fanfreluches pour la p'tit' maîtresse, hein ? grince-t-elle avec un bon coup de coude dans les côtes du bonhomme, assorti d'un gros clin d'œil.

Ned éprouve soudain une impression de déjà-vu.

– Dis ! Tu t'l'as coincée dans un grenier, pas ? Et t'y as arraché tous les vêt'ments de d'ssus la piau, dis, 'spèce d'animal ? Hiiii-iiii ! reprend-elle entre un éclat de rire et une nouvelle bourrade dans les côtes.

Ned recule d'un pas. La femme a le visage décharné, la peau tendue au ras des os. Elle est à moitié chauve. Quelque chose de luisant lui suinte à la lèvre inférieure.

– Et ça, ça irait ? halète-t-elle.

Elle s'est penchée en avant et plonge la main dans un tas de jupes à fleurs empilées par terre.

– Et ça ? continue-t-elle, hissée sur la pointe des pieds pour lui décrocher un bonnet à voilette croulant sous des fruits artificiels et des dromadaires dorés.

– B-bien ! bafouille Ned, les bras surchargés de vêtements en coton, en mousseline, en laine et en indienne.

On dirait que, saisi d'étonnement devant la vieille pute, il ne domine plus la situation et ne sait comment se débarrasser de l'impression d'avoir déjà fait tout ça plus d'une fois.

– Des jupons ? lui demande-t-elle d'un air vicieux. Des dessous ?

Ned entasse les habits sur le comptoir de fortune, une planche posée entre deux tonneaux. La propriétaire de la boutique sort un crayon de sa poche et commence à gribouiller des chiffres sur un bout de papier sale. Elle marmonne. Non, elle chantonne. Ned reconnaît l'air : *la Ballade de Jack Hall !*

« J'm'en irai au bout d'une corde, c'est comme ça que j'partirai, gémit-elle en écornant les octaves comme une scie qu'on enfonce dans une bûche mouillée. C'est comme ça que j'partirai-ai-ai... »

Elle le regarde d'un œil lubrique.

– Quatre shillings et deux pence, Lothario, lance-t-elle de sa voix caquetante. Hiiii !

– Vous avez une arrière-salle ?

– Une arrière-salle ? Tu peux pas attendre d'arriver à ton gîte de misère ? Et qui c'est que t'es, d'abord ? Un d'ces tordus qui s'excitent tant et plus sur les habits des dames, comme des chats en chaleur, hein ? Hein ? Alors, c'est ça, Peau-de-pêche ?

Ned dépose un shilling de plus sur le comptoir.

– Tu m'dis où c'est, tu veux ?

La vieille indique du doigt un recoin et baisse la tête pour compter son argent.

– Bah ! Faut d'tout pour faire un monde, grogne-t-elle. Hiiiii !

~

Dix minutes plus tard, il ressort de l'arrière-salle. Une vraie beauté rougissante ! Ses jupes sont souillées et malodorantes, c'est vrai, mais de loin, ça passe. Il s'est noué un bonnet blanc sous le menton, il a laissé flotter ses cheveux dans son dos et couronné le tout à l'aide de l'énorme coiffe d'un bon pied de haut.

Un gobelet en étain à la main et une cruche devant elle, la vieille s'est perchée sur un tabouret derrière le comptoir. Elle a déjà renversé la tête en arrière lorsqu'elle l'aperçoit ; elle éclate de son rire étrange et gargouillant.

– Tu m'avais pas dit qu'c'était Mardi gras ! lui lance-t-elle en s'étouffant – et de taper sur la planche en hurlant de rire. Ou ben c'est-y qu't'irais au bal des mignons, hein ? Hiiiii ! Hiiii-iiiii !

Ned ramasse ses jupes et passe devant elle dans un grand frou-frou. Il est trop mal à l'aise pour lui retourner ses insultes. La vieille catin a quelque chose qui le renvoie à ses premiers souvenirs, quelque chose qui le harcèle comme un cauchemar dans le ventre maternel. Il se rue hors de la boutique en frémissant. La voix éraillée de la vieille lui résonne aux oreilles :

J'm'en irai au bout d'une corde,
c'est comme ça que j'partirai
C'est comme ça que j'partirai-ai-ai !
On m'pendra jusqu'à c'que mort s'ensuive, s'ensuive,
On m'pendra jusqu'à c'que mort s'ensuive !
Jusqu'à c'que mort s'ensuive parce qu'un homme j'ai tué
Et qu'sur le sol gelé, j'l'ai laissé, laissé, laissé !...

ENTRE DÉGÉNÉRÉS

– Soho Square !

Le porteur regarde sa coiffe et ses jupes, s'impatiente. Il est grand et singulièrement laid avec ses cheveux coupés ras et sa tête d'une petitesse sans aucun rapport avec le reste de son corps. Des poils lui sortent des oreilles.

– Navré, ma'ame, mais c'te chaise, elle est retenue, dit-il.

– Espèce d'âne bâté, gronde Ned. Tu vois pas que c'est moi ?

Le bonhomme attrape Ned par le bras et l'empêche de monter dans le véhicule.

– Moi qui ça ?

– Moi, moi ! Le monsieur aux œufs de poissons sur le siège, là... tu vois bien !

Le porteur scrute le buste de Ned, s'attarde sur le ruban en dentelle qu'il s'est noué sous le menton, contemple les boucles de cheveux qui lui tombent dans le dos. Puis il jette un coup d'œil au panier d'œufs de poissons et l'observe de nouveau. Il a l'air perdu.

– Hé Bob ! lance-t-il à son collègue qui sort tout juste la tête de derrière la chaise. C'était-y un monsieur qu'on s'a coltiné tout à l'heure depuis Saint-James ou ben c'est-y que je débloque ?

Petit, face de lune, Bob a les oreilles haut perchées et une frange de cheveux orange qui le fait ressembler à un chat coupé.

– Tout juste, dit-il. Un vieux, un qui boitait un peu. Tout bien habillé avec le tricorne, la perruque et le reste, quoi... comme dans le temps, je peux pas dire mieux.

– Tu vois ? fait le rasé. C'est comme j'avais l'honneur, ma'ame, la chaise, elle est prise.

Une voiture remonte la rue en grinçant et jette des éclaboussures de crottin sur un côté de la chaise. Deux rues plus loin, un nourrisson tombe d'une fenêtre.

– Mais c'est ce que je me tue à te répéter ! s'écrie Ned. Ce monsieur, c'est moi.

La petite tête éberluée de Bob a l'air d'en douter.

– Tu vois pas que je me suis changé dans la boutique ?

Pas de réaction.

– Écoute. Et si tu voyais les choses autrement : prends un bonhomme qu'on invite à un bal costumé, ce bonhomme arrête une chaise à porteurs...

– Voilà, voilà ! s'exclame le rasé en hochant vigoureusement la tête.

– ...place Saint-James, et il se fait conduire à la rue Monmouth... « Chez Rose », soyons précis... Après, il donne une demi-couronne au porteur pour qu'il lui surveille son panier, il entre dans la boutique, il achète ses habits de femme, il les enfile et il saute dans la chaise pour se ruer au bal costumé... déguisé en grande dame !

– Mon œil ! ricane Bob.

– Ah ouais alors ! ajoute le rasé. Je m'demande qui c'est qui pourrait faire des trucs pareils !

– Ah ! c'est comme ça, eh bien, allez vous faire foutre, tous les deux ! grogne Ned en fonçant droit devant avec son parasol pour sauter dans la chaise.

– Mais, mam'selle, le supplie le rasé, faut être beau joueur. Voilà : un monsieur qui nous file une demi-couronne pour qu'on y garde la chaise et qu'on y surveille son panier d'œufs d'poissons, mettons qu'il sorte de la boutique, qu'est-ce qu'on va lui raconter, nous autres, à ce monsieur, quand y va voir, mine de rien, que vous y avez carotté et ses œufs et sa chaise ?

Ned fait signe au porteur de s'approcher, le prend par le coude et lui chuchote à l'oreille :

– Que j'te mette au parfum, commence-t-il. J'suis dans une situation très délicate. C'est que, vois-tu, la p'tite amie du monsieur dans la boutique, c'est moi, et on veut pas qu'on nous voie ensemble ; on a peur que sa femme, ça lui vienne aux oreilles. Ce qui fait qu'il a laissé ses œufs de poissons comme qui dirait pour m'en faire cadeau et il est sorti par-derrière, comme ça, on se retrouvera chez lui pour un *rendez-vous*, comme on dit en France.

Le bonhomme se gratte la tête.

– Nous autres, on appelle ça « tremper la mèche ».

Un large sourire s'épanouit sur sa figure.

– Pourquoi que tu l'as pas dit plus tôt... Hé, Bob !... v'là qu'elle dit qu'elle est sa concubine.

La voix de Bob lui répond, lointaine et faible, de l'autre côté de la chaise :

– Bon alors, c'est qu'c'est tout en règle.

– Si fait, acquiesce le rasé. C'est comme y faut. Même qu'y a rien à dire.

– Soho Square, répète Ned.

Les bois. Sombres et profonds. Accroupies devant une flamme anémique, deux silhouettes en train de faire rôtir de la viande. Des lions qui rugissent, des éclairs qui jouent au-dessus de l'horizon comme des étincelles d'idées.

– Mais dites-moi donc un peu, monsieur Park, si c'est pas trop m'immiscer, c'est quoi, au juste, ce que vous y trouvez à l'exploration, hein ? Parce que quoi… vous êtes quasi mort de faim, on vous a battu comme plâtre, vous avez attrapé les maladies et les fièvres, vous avez plus que des haillons sur le dos, vous avez perdu la moitié de vot'pacotille, et vot'cheval il est couché par terre dans les buissons, autant dire qu'il va plus jamais se relever…

– Je suis heureux que tu me poses la question, Johnson. Vois-tu… Seigneur, qu'est-ce que ça sent bon ! C'est quoi déjà ?

– Des coussinets de chacal. Le seul morceau auquel les vautours ne touchent jamais.

– Hmm. On en apprend tous les jours… Eh bien mais… je suis le huitième enfant d'une famille de treize. Tu vois ce que je veux dire ?

Johnson lève les yeux de dessus ses brochettes de viande.

– Vous seriez donc la proie d'une obsession quasi démoniaque de vous prouver qui vous êtes, c'est ça ?

– Exactement.

– Et toutes les voies normales étant bouchées… pa'ce que vous êtes qu'Écossais et que vot'père, c'est rien qu'un métayer. Donc, pas question de faire de la politique, de s'acheter une charge d'officier dans l'armée ou de frayer avec les élites dans les salons et les clubs…

– Hem, hem…

– Et alors, on fait quoi ? On ne compte que sur son courage et sa détermination et l'on s'en va sonder l'inconnu, histoire d'en revenir en héros. Je me trompe ?

– Non… mais il y a plus. Je veux aussi savoir ce qu'on ne saurait savoir, découvrir ce qui ne se laisse pas découvrir, escalader la montagne et regarder au-delà de l'étoile. Je veux compléter les cartes, en remontrer aux géographes, éclairer les académiciens. Le Niger… réfléchis un peu, Johnson. Aucun Blanc ne l'a encore embrassé du regard. J'aurai, moi, vu ce que nul jamais n'a aperçu… ni le laird de Dumfries, ni Charles Fox, ni le roi lui-même.

– Voilà qui est bel et bon, hurle Johnson en essayant de couvrir les protestations d'un lion voisin, mais il vous faudra quand même commencer par y arriver. Et après, refaire tout le chemin en sens inverse et ce n'est pas rien… avec toutes vos notes et toutes vos facultés en bon état… sans parler de vot'tête et de vos pattes…

Mais un instant : pourquoi tout ce bruit dans les buissons ? Ils sont tellement pris par leur conversation qu'ils n'y ont pas prêté la moindre attention. Et pourtant, maintenant que j'y pense, cela fait déjà plusieurs minutes que, oui, les buissons s'agitent autour d'eux et que leurs feuilles bruissent sans discontinuer. Ils en ont comme une attaque lorsqu'ils s'en rendent compte : les mots s'étouffent dans leurs gorges, leurs membres s'alourdissent, leurs oreilles se tendent. Une brindille qui craque, des feuilles qui ondulent vivement, et voilà l'explorateur et son guide qui se lèvent d'un bond, le premier en serrant un gourdin plein d'épines dans sa main, le second en brandissant un pistolet de duel damasquiné. S'ensuit un instant de silence, et puis le remuement repart de plus belle. Aucun doute n'est permis : quelque chose est en train de marcher sur eux. Un léopard, un lion, un loup ? se disent-ils. Ou pire : Dassoud !

– Homme ou hyène, sors de là et montre-toi ! crie Mungo.

Des éclairs zèbrent le ciel, le tonnerre roule sur les collines. Johnson avale sa salive et tente d'arrêter les tremblements de son arme. Alors, dans un déchirement de feuilles aussi soudain que théâtral, les buissons s'écartent... et ils découvrent le vieux devin tout tordu et parcheminé de Djarra. La pintade morte lui pend toujours au cou, à moitié plumée, flasque, puante.

– *Wamba ribo djekenek*, dit-il en essayant de sourire de toutes les rides et valises qu'il a sous les yeux. *Bobo kimbou.*

Un instant plus tard, le vieil homme est accroupi entre l'explorateur et son guide. Il a les genoux osseux et la peau des pieds fendillée, il renifle l'odeur des brochettes et baragouine une sorte de simien appris dans les branchages.

– Quelle nuit ! Les lions en veulent à la lune. Z'entendez celui-là ? Pas loin, hein ? Hi hi ! Hmm, voilà une viande qui sent bon. C'est que je sais la faire cuire, moi, la viande ! Enfin je veux dire... autrefois. Parce que maintenant je suis tout seul et sans amis. Terrible calamité. Vous saviez pas ? Vous iriez pas de mon côté, par hasard ?

– Quelle calamité ? demande Johnson.

Le vieillard qui n'attendait que ça se lance dans un récit verbeux, mais qu'embellit la gesticulation de la sénilité et que ponctuent les grincements de ses jointures rouillées. Il s'appellerait Abah Éboé... ou Ebah Aboe, l'explorateur est incapable d'en décider. Une escarmouche avec l'armée de Mansong l'a séparé du reste de la colonne de réfugiés. En apprenant que les fugitifs étaient passés en territoire Bambara pour y chercher refuge, Mansong aurait apparemment décidé que l'heure était venue de se faire payer un petit tribut – le loyer de l'occupant. Il serait brusquement apparu à un virage. Énorme. Monté sur un bébé éléphant et entouré par quatre-vingts ou cent guerriers ventripotents avec peaux de léopards et plumes d'autruches dans les cheveux. Un *djilli ki*, ou crieur chantant, le précède en vociférant ses exigences. La longue file des réfugiés s'immobilise. Le chef des gens de Djarra, Yambo, la remonte et proteste : son peuple s'est montré loyal pendant la guerre avec Tiggitty Ségo. Comme si d'avoir perdu leur village et toutes leurs provisions ne suffisait déjà pas amplement ! Voilà pourquoi ils s'en sont remis à la merci du très sage et du très charitable potentat du royaume de Bambara.

Mansong tient à la main un sceptre surmonté d'un crâne humain. Il remet de l'ordre dans les plis de son gros ventre – dont il est fier –, et réitère ses exigences. C'est à ce moment-là que le devin s'interpose. (En proie à de violentes émotions, le vieillard agite les brindilles qui lui servent de bras et se bat la poitrine.) Fort en colère, il se fraie un chemin à travers la colonne et rejoint Yambo en boitillant. Il tend ses deux poings en l'air et commence à invectiver le roi de Bambara. Si Ségo est un tyran, lance-t-il d'une voix rauque, Mansong est, lui, un ogre et ce sont des tantes et des chacals qui l'ont engendré. Oui, Mansong n'est qu'un voleur et qu'une femme... et d'ailleurs, il n'est que de regarder ses tétons pendouillants pour s'en convaincre. L'espace d'un instant, on reste sans voix tant on est stupéfait, d'un côté comme de l'autre. Puis, dans un seul et même hurlement, l'armée de Mansong fond sur les malheureux habitants de Djarra. Deux cents personnes sont tuées, des femmes et des enfants surtout. Le reste est enchaîné et emmené en captivité.

– Et comment as-tu réussi à te sauver? lui demande l'explorateur dans son hésitant sabir.

Le visage perdu dans un sourire, le vieillard lève les yeux sur lui. Un petit rire sans joie lui secoue les côtes.

– *Mojo*, dit-il.

– C'est son *mojo* qui l'a sauvé, traduit Johnson en empalant de la viande sur ses brochettes. Vous savez bien… la magie noire, le vaudou… On rigole pas avec les sorciers…

– Les sorciers?

– Ben oui, les sorciers!… Pourquoi croyez-vous qu'y se balade partout avec un poulet sous le menton, hein?

L'explorateur se lève d'un bond.

– Tu penses que… qu'il est capable de prédire l'avenir?

Johnson a les paupières aussi épaisses que celles d'un crocodile. Il regarde l'explorateur et pousse un soupir.

– Ben, c'est-à-dire que… c'est pas un romanichel… Mais écoutez. Vous voulez vraiment qu'il vous fasse les signes et ce que ça veut dire, monsieur Park? Ici et maintenant? Non, ce que je veux dire c'est que… c'est qu'il y a une grosse différence entre se faire lire les feuilles de thé par une petite vieille bien blanche dans une boutique d'Édimbourg, de Londres ou d'ailleurs et ce… Allons donc, camarade! C'est l'Afrique, ici! Le chas de l'aiguille, la mère du mystère, le cœur des ténèbres! Et ce vieux type tout noir et tout nu avec ses pieds crottés de boue et son pénis qui lui pend jusqu'à par terre, ben… il plaisante pas.

– Ne sois pas idiot, Johnson. Ne pas oublier que j'ai la chance des Écossais, moi. Il y a de la gloire dans mon avenir et je le sais. Oui, des lauriers et un livre! Et Ailie avec… tu rigoles! C'est devant l'âtre que je mourrai, un chat sur les genoux.

– Bon, bon, d'accord. Vous pourrez pas dire que je vous ai pas prévenu.

Au-dessus d'eux, les éclairs veinent le ciel jusqu'à l'en faire briller comme la carte lumineuse de quelque fleuve céleste avec tous ses affluents. Au loin se font entendre les rudes grognements d'un tonnerre dyspeptique. Johnson se tourne vers le vieillard et lui marmonne quelque chose en mandingue. Le résultat est immédiat. Éboé (ou Aboe) cesse de sourire, des pattes de canard lui viennent à la commissure des yeux et des lèvres, les sillons de son visage retombent, des rides lui parcourent les joues et le menton jusqu'à ce qu'enfin entièrement transformé, méconnaissable, il se mette à ressembler à un grand chien de Saint-Hubert tout abattu, à une boule de cire, à un vieux pot qu'on n'a pas encore jeté. Il se lève en tremblant, prend la main de l'explorateur et l'examine comme s'il s'agissait d'un texte ou d'un tableau. Ses vieux doigts tout parcheminés se promènent sur les phalanges et les jointures, un éclair déchire sauvagement le ciel, le tonnerre cogne comme un géant descendant vers la terre. Le devin crache dans la paume de Mungo, lui pique le doigt avec une griffe de vautour et mélange son sang et sa bave à de l'argile. En frottant sans arrêt, il fait disparaître le tout dans les lignes de sa main et encore et encore répète une formule antédiluvienne, *mojo-mojo-mojo.* Il a les yeux fermés, le tonnerre gronde sur des rythmes tribaux. Pour finir, il contemple l'énorme main blanche qu'il a devant lui et ses yeux s'agrandissent. Il est surpris, abattu. Il pousse un cri de bête blessée et se tient la poitrine.

Une hyène ricane dans la nuit. Le vent a un goût de sable. Mungo a peur.

– Alors ? demande-t-il d'une voix étranglée. Qu'est-ce que tu vois ?

Mais le vieil homme ne répond pas. Il s'écarte de l'explorateur, ses mains lui masquent le visage, sa noire silhouette se voûte comme une ombre parmi les ombres. Crac ! Un éclair blanchit la clairière et le vieillard se fait fantôme. Crac ! Johnson lui-même est aussi pâle que le lait.

– *Obi-lo-bojôto*, entonne le devin. *Oli-lo-bojôto.*

– Johnson ! Qu'est-ce qu'il dit ?

Johnson regarde les flammes fixement.

– Johnson !

Le guide tourne la tête comme si elle était montée sur des cliquets, la tourne aussi lentement qu'une plante s'alignant sur le soleil. Toutes les bêtes de la plaine hurlent à l'unisson, le ciel brille aussi fort qu'une salle de bal.

– Il dit que vous avez de belles mains.

– De belles mains ? Mais bon sang de...

Question ou exclamation, sa phrase reste à jamais inachevée. Parce qu'à cet instant précis les cieux s'entrouvrent et que oui, aussi lourdes que des cailloux, les premières gouttes de pluie se mettent à crépiter sur la terre desséchée et dans les arbres rabougris.

Les pluies ont commencé.

EURÊKA !

Quatre jours plus tard, parmi les dégoulinements et les rideaux de brume tissés par une pluie intermittente, l'explorateur, le guide et le devin – talonnés par leur rosse et leur âne – se retrouvent en train de peiner sur la route de Ségou, capitale du royaume de Bambara. En fait, c'est vers Ségou Korro qu'ils se dirigent (la plus occidentale des quatre cités qui forment la ville – les trois autres étant Ségou Bou, Sou Korro et Ségou Sé Korro). Aux dires du vieil Éboé qui, dans sa jeunesse, l'a visitée à deux reprises, Ségou est une ville ouverte où ruissellent le vin de palme, l'hydromel et la bière de *soulou.* Les rues résonnent d'éclats de rire lubriques, de bribes de chansons et des cris des coqs de combat, les ruelles regorgeant de putains au cou cerclé d'anneaux en cuivre et à la peau noire comme le fond d'un puits. Il y a là des jongleurs, des nains et des acrobates, des hommes qui étêtent des poulets à coups de dents – merveilles inouïes ! À Ségou, les ruisseaux remontent vers leurs sources. À Ségou, les gens parlent à l'envers. La lascivité s'étale dans les rues, les ruelles et dans les divers repaires de l'injustice. Les pierres précieuses sont aussi communes que le gravier. À Ségou, les rues sont pavées de marbre, à Ségou, les marchands mangent dans de la vaisselle d'or, à Ségou, volaille, poissons, œufs pochés, mouton, riz, il suffit de demander pour avoir à manger. Et le bazar… le bazar est sans limites, le bazar est infini, le bazar dit tous les besoins et tous les rêves des hommes, tous leurs désirs inhumains.

– On y trouve tout ce qu'on veut, grince le vieillard en se léchant les babines. Des épées, des esclaves, des singes qui parlent, du haschisch.

L'explorateur en a la paume des mains moite. Après tous ces mois de morne tristesse passés dans le désert, l'idée d'arriver dans une ville – dans une ville nègre – l'excite au plus haut point. Mais il y a plus. Des capitales, il en a déjà vu. Ce qui lui fait ainsi courir le sang dans les veines et palpiter les organes ? Le fait que celle-ci – et il n'en est aucune autre qui lui ressemble dans tout ce que l'histoire occidentale a rapporté – se dresse sur la rive ouest d'un fleuve de légende qui s'appelle le Niger.

Le Niger ! Rien que d'y songer, il en reste tout ahuri. César, Alexandre, Houghton, Ledyard – aucun d'eux ne s'en est même seulement approché. Le Niger ! C'est pour lui qu'il a souffert, pour lui qu'il s'est privé de tout, pour lui qu'il s'est démoli l'estomac, pour lui qu'il a abandonné la femme qu'il aime. Le Niger. Il hante ses rêves, il aigrit sa première tasse de thé le matin, sans cesse il dessine son cours dans sa tête. Et voilà qu'enfin, enfin ! il est là, à portée de main.

Ou presque. Car pour l'instant, la situation est plutôt sinistre. Les trois hommes crèvent de faim, ils sont épuisés, frigorifiés, ils se traînent aussi lamentablement qu'un orphelinat en sortie. Le devin a les pieds ouverts et les genoux rongés par l'arthrite ; dans ses bottes pourries, ceux de l'explorateur sont couverts de cors et d'ampoules ; Johnson, lui, a de grosses sangsues marron entre les orteils et sous sa toge. La rosse et l'âne tirent également la patte, inutiles ou peu s'en faut. Derrière eux, le paysage monte et descend, rude et accidenté, aussi grêlé qu'une joue ravagée par l'acné. Devant eux, c'est du pareil au même, à l'infini. On aperçoit des déclivités soudaines, des collines et des vallées, des corniches, des ravins. Des forêts de *ciboas* assombrissent les vallées ; avec leurs troncs gros comme Big Ben, d'énormes *tabbas* se dressent au sommet des collines. Le sol disparaît sous l'herbe de Guinée rabougrie et les buissons foisonnants de bogues et envahis de bruyère. Des serpents, des scorpions et des araignées grosses comme des omelettes attendent patiemment leurs proies. Des chiens sauvages hurlent derrière des monceaux de feuilles succulentes ; là-haut, dans les arbres, noirs et sans une plume sur la tête, des vautours au dos voûté s'entassent comme des pilleurs de tombes à un concert. La route, si tant est qu'on puisse lui donner ce nom, n'est guère plus qu'un sentier à vaches.

La pluie, qui tombe de plus en plus fort, transperce les hommes. Au début, c'était l'extase. Ils faisaient des tonneaux et des cabrioles. Ils se roulaient dans la boue, ils ouvraient la bouche pour boire les gouttes, ils ôtaient leur chemise pour être encore plus trempés, ils applaudissaient, poussaient des hou-hou et dansaient comme des criminels amnistiés. Ils dormaient dans des flaques et se réveillaient en riant ; la pluie embaumait les arbres et leur battait le visage. Dérapaient-ils, tombaient-ils même sur la route glissante qu'aussitôt ils éclataient de rire. Soudain, c'était l'univers entier qui leur souriait. Ils en étaient amoureux.

Mais c'était il y a cinq jours. Maintenant, ça suffit. Par endroits, l'eau leur monte jusqu'aux genoux. La boue les aspire par les pieds. Ils ont la poitrine congestionnée, le nez qui coule, les oreilles bouchées. Le matin s'efface dans les brumes et les brouillards, le monde est sans contours, aussi indistinct qu'un rêve, l'air une seule et même fétidité humide et glacée. De grands fantômes gris surgissent devant eux et dans un vaste bruissement de métal s'enfoncent de nouveau dans le néant. Tout piaule, tout gémit, tout siffle et mugit. L'épuisement déjà les marque. À un moment donné – l'après-midi s'achève –, l'explorateur n'a même plus la force d'avancer. Une heure durant, il s'est battu avec sa rosse pour lui faire franchir un ravin rempli d'une eau jaunâtre et écumante, il se jette par terre au bord de la route. Il n'en peut plus. Le vieillard s'écroule à ses côtés, Johnson l'imite en graillonnant. La rosse et l'âne s'affaissent comme des sacs de papier.

– C'est encore… loin ? demande Mungo d'une voix étouffée par les glaires.

Johnson crache encore un coup, se mouche dans les plis détrempés de sa toge.

– Pourquoi que vous me demandez ça, à moi ? Comme si j'étais déjà venu ici !

Ils se tournent vers Éboé. Front creusé de rides, corps mou et nu, il s'est assis sous un buisson, la tête penchée en avant, comme une gargouille. La pintade – une de ses ailes s'est abîmée, puis perdue – lui pend toujours au cou, plumes alourdies par la pluie et les vers.

– *Woko baba das*, marmonne-t-il.

– Dix milles, grogne Johnson. On y sera demain matin.

~

Dur et scintillant, le matin s'abat sur eux comme une claque. Johnson s'est déjà levé pour cueillir des baies et des champignons lorsque l'explorateur se réveille d'un coup : le ciel est sans nuages, deux milans y glissent en lents tournoiements. Il est d'abord étonné et désorienté, puis tout lui revient : c'est aujourd'hui le grand jour ! Il se dresse d'un bond, rassemble ses affaires, frappe son cheval à coups de bâton, appelle Johnson, secoue ce vieil échassier d'Éboé par les épaules.

– Réveille-toi, Éboé... c'est l'heure de se remettre en route !

Niché sous son buisson, le vieillard continue de dormir, immobile comme la mort. Il a la bouche grande ouverte, la fleur rose de ses gencives et de son palais offerte en hors-d'œuvre aux énormes mouches vertes qui tournicotent autour de sa pintade en putréfaction. Une colonne de fourmis lui passe sur le pied comme en suivant une autoroute, des moustiques lui tatouent les joues et les paupières. L'explorateur regarde longuement l'homme frêle et sans mouvements. Ses os se détachent si fort sur la gadoue jaunâtre qu'il en est brusquement saisi de terreur. Le vieil Éboé, le dernier des habitants de Djarra, est mort.

Mungo recule et, toujours accroupi, appelle à nouveau Johnson – d'une voix plus aiguë cette fois-ci. Sur la route, ce dernier émerge d'un buisson. Ses mâchoires se sont mises au travail, un sac rempli d'herbes, de noix, de baies et de champignons se balance à sa taille. Ce qu'il a dans les bras ? Une demi-douzaine de racines tordues.

– C'est le vieux, lui crie Mungo. Je crois qu'il a son compte.

Les racines dégringolent sur la route avec un plouf obscène.

Johnson démarre au petit trot, sa poitrine et son ventre se soulevant et s'abaissant lourdement sous sa toge. Il se met à genoux à côté du vieil homme et lui colle son oreille sur le cœur. Il relève la tête et regarde l'explorateur d'un air triste.

– J'ai bien peur que vous n'ayez raison, m'sieur Park, dit-il. Qu'est-ce que vous préférez ? L'enterrer ou l'abandonner au service de voirie de Dame Nature ?

L'explorateur est choqué.

– Mais... mais évidemment qu'on l'enterre, dit-il.

Toujours à genoux, Johnson le dévisage en clignant des paupières.

– Non, parce que la journée va être dure. Et sacrément humide. Et vot' fleuve, il est plus qu'à dix milles d'ici : vous savez, celui que rien que d'y penser, vous êtes dans tous vos états ! Sans parler de cette cité qu'est pleine de surprises et de merveilles, de femmes nubiles et de boissons alcoolisées... Alors, toujours aussi certain de vouloir l'enterrer ?

L'explorateur n'a pas le temps de lui répondre. Johnson s'est déjà penché sur le vieillard pour lui enlever le volatile qu'il a autour du cou, lorsqu'une main osseuse l'arrête dans son geste. Le devin rouvre les paupières avec une lenteur sirupeuse. Puis il s'étire, bâille, se rassied et secoue un doigt vengeur sous le nez de Johnson.

– Éboé croire nous amis, dit-il. Mais tu essaies voler sa pintade-*mojo* !

Le visage flasque, Johnson recule d'un bond.

– Mais on pensait que...

Le vieillard s'est remis sur ses pieds et, une mouche prise dans la bulle de salive qui lui pend à la lèvre, vacille légèrement. Il marche sur le guide d'un pas chancelant. Son corps tremble de rage ou de faiblesse. Ses doigts recroquevillés frôlent le cordon de cuir. Enfin il le saisit fermement et fait glisser l'oiseau au-dessus de sa tête. Déjà l'animal lui pend aux doigts, tout mou, dégoûtant et couvert d'insectes.

– Tu veux ?

Le vieil homme parle un mandingue aussi épais qu'une potion pour dormir.

– Non, le supplie Johnson, non !

Tout à coup, en un geste si rapide et délié qu'il défie le regard, Éboé fait tournoyer l'horrible chose dans les airs. Le temps d'un frissonnement de plumes et voilà que le cou de Johnson se retrouve pris dans une manière de nœud coulant. FOOMP ! L'oiseau le frappe à la poitrine, y reste accroché. Des vers se tortillent dans les replis de son ventre. Des mouches lui tournent follement autour de la tête. À côté du sien, le visage de la Pietà dirait toute la joie du monde.

L'explorateur en reste confondu, la bouche grande ouverte. Il est bel et bien en train d'assister à un rite primitif.

– Johnson, s'écrie-t-il stupéfait, mais enlève ce truc ! Jette-le dans les buissons !

Le vieil Éboé sourit jusqu'aux oreilles. Johnson penche la tête de côté.

– Mais j'y arrive pas ! souffle-t-il.

~

La boue leur fait des croûtes sous les pieds, on entend des fauves feuler dans le sous-bois, et Johnson ne cesse d'attirer les mouches : les vertes, les noires, les mouches à viande, les mouches à saloperies. La route commence à s'élargir. De temps à autre, ils aperçoivent des habitations tassées sous des arbres ou perchées sur des hauteurs d'argile rouge. Devant ces cases, on peut voir des femmes aux seins nus, des chiens apathiques et des hommes qui portent des culottes trop larges, des chemises rayées et des chapeaux coniques. Les hommes tirent sur des pipes à long tuyau, les femmes mâchonnent des racines et crachent entre leurs dents noircies. Des palmes ondulent au-dessus de leurs têtes. Des chèvres traînent la patte dans les enclos. Une forte odeur d'urine surit l'air.

Dès qu'ils arrivent en haut d'une côte, l'explorateur se précipite en avant et, incapable de se contenir, se démanche le cou à la façon d'un touriste. Il hurle et agite son chapeau à l'horizon, il gesticule comme un forcené en montrant une tache blanche perdue dans le lointain.

– On y est ? lance-t-il en dansant sur place. C'est ça ?

Au sommet de la dix-huitième colline, le vieil Éboé s'arrête pour humer la brise. Mungo retient son souffle. Aucun doute n'est permis, il y a bien quelque chose là-bas devant eux, des tours, qui sait ? L'éclair soudain d'une fenêtre où le soleil est venu se prendre ? Le devin au corps ratatiné se baisse pour ramasser une pierre ronde et blanche dans la boue. Il la frotte un court instant entre ses doigts durs comme du cuir, puis se la glisse dans la bouche. Ses séniles paupières retombent comme des rideaux, ses lèvres font la moue, il se met à sucer son caillou d'un air pensif. Des éternités s'écoulent, le monde tourne autour de son axe en grinçant, des constellations chavirent au firmament.

– Alors ? demande Mungo.

Éboé rouvre les paupières. Éboé crache son caillou. Autour de la tête de Johnson, le bourdonnement des mouches se fait roulement de tambour.

– Alors ?

Lentement, délibérément, Éboé lève le bras, tend un doigt tordu devant lui.

– Ségou Korro, grogne-t-il.

Pendant une fraction de seconde, l'explorateur reste pétrifié. Et puis il entame un marathon. La faim à en mourir, la faiblesse, les clous qui lui traversent les semelles, le soleil qui lui assèche l'humeur des yeux… Rien de tout cela ne compte plus : son but est enfin en vue. Il frappe l'argile jaune de ses pieds, il efface les traces de pas de ceux qui l'ont précédé. Là-bas, Johnson, Éboé, la rosse et l'âne reculent déjà dans le lointain. Devant lui, les splendides murs dorés de la ville se font de plus en plus nets. Cases et piétons, il dépasse tout à la vitesse de l'éclair. Femmes portant des pots en équilibre sur la tête, jeunes garçons poussant leurs chèvres à l'aide de baguettes longues et souples, ânes chargés de marchandises, détritus de légumes, oiseaux bariolés dans leurs cages en osier, tout n'est qu'ombres qui filent. Il ne s'arrête pour personne, déjà se rue sous l'énorme porte de la ville, se fraye un chemin au milieu des gens qui le regardent d'un œil étonné, descend des rues encombrées, des ruelles. Il est pris de frénésie, il veut voir le fleuve, ses pieds martèlent le sol en cadence. Stupéfaits, des Bambaras lui emboîtent le pas comme des enfants au défilé. Encore quelques rues en terre battue, encore un chien crevé, encore des camelots et des marchands, un éclair de lumière et de mouvement, et ça y est… le voilà ! Il est aussi large que la

Tamise, aussi brun qu'un égout ; il disparaît sous les radeaux et les canots, ses rives ne sont qu'une seule et même horde de gamins qui s'éclaboussent, de cochons qui cherchent des racines, de lavandières en bonnets blancs. Il ne se retourne pas au mugissement qui monte derrière lui, il ne le remarque même pas, il bondit par-dessus des caisses et des cages, il renverse des gosses et des vieilles, du bras il repousse paysans et pêcheurs : dans sa gorge brûle un cri sauvage de triomphe. Les docks en bambou oscillent sous ses pieds, un batelier s'écarte vivement de son chemin en grimaçant comme s'il esquivait un coup ; l'explorateur s'envole. Ses bras et ses jambes battent délicieusement l'air pendant un court instant, y restent suspendus : enfin la gloire ! Fou comme un lapin, il se met à hurler quelque chose en grec et disparaît dans les eaux sombres et fumantes qui l'enlacent comme une mère.

QU'HÉRODOTE AILLE SE FAIRE PENDRE !

– Quoi, monsieur ? Vous doutez d'Hérodote ?

– Qu'il aille se faire pendre ! Et Pline avec ! Comment pouvez-vous croire mordicus à ces contes ? Comment pouvez-vous demander à un être raisonnable d'accorder le moindre crédit à toutes ces histoires de tribus qui couinent comme des chauves-souris et battent les chevaux à la course ? Et je vous fais grâce de ces pygmées ou de ces lutins, comme il vous plaira de les appeler, qui se baguenaudent dans la jungle comme à Mayfair les enfants en nourrice ! Des mythes que tout cela, je vous dis. Du cirque. Tombouctou n'a pas plus de réalité que l'empire des Lestrygons.

Président de la Royal Society, trésorier et directeur de l'Association africaine pour le développement de l'exploration, Sir Joseph Banks a pris place à la grande table de sa bibliothèque, au 32 de Soho Square. Devant lui, un verre de madère. Juillet. Les fenêtres sont ouvertes, des mites volettent autour des lampes. Sur le mur du fond, la carte de l'Afrique dressée par Desceliers au XVIe siècle. Sir Joseph la contemple d'un œil sinistre et prête à peine attention au débat qui fait rage autour de lui. Du joli travail, cette carte de Desceliers. Haute en couleur. Pleine d'imagination. Cela ne dépasse guère le croquis, bien sûr, comme si l'on s'était contenté de vaguement entourer un périmètre et de le piqueter de noms divers. Les vastes territoires de l'intérieur sont habilement cachés sous un fouillis de fleuves imaginaires et sous une véritable armée d'animaux mythiques, vierges à six bras et autres cyclopes sans membres. Sir Joseph pousse un soupir, avale lugubrement une gorgée de vin. Cela fait deux siècles que Desceliers a dessiné sa carte et, tout fils du siècle des Lumières qu'ils soient, ses collègues et lui-même n'en savent pas beaucoup plus sur l'Afrique.

– Vous me semblez oublier, mon bon ami, que si Homère flattait Euterpe, Hérodote, lui, était historien. Il n'avait pas pour propos de nous divertir avec des fables mais de nous édifier avec des faits.

Bien qu'il en soit un des membres fondateurs, c'est la deuxième fois seulement que l'évêque de Llandaff assiste à une réunion de l'Association depuis sa création, il y a huit ans de cela. Ce personnage se fait surtout remarquer par la proéminence des parties cartilagineuses de son visage et la froideur de ses yeux minuscules et décalés. Sa famille, les Rathbone, est célèbre depuis le XIVe siècle pour ses beaux fronts en pente, ses nez en bec d'oiseau pleins de majesté et ses oreilles pâles et charnues. Ces becs sont même si majestueux et ces oreilles si charnues que l'on en viendrait presque à croire à la naissance d'une espèce nouvelle.

Toujours est-il que cela va faire bientôt une heure qu'il s'escrime à défendre l'autorité, à ses yeux sacrée et inébranlable, des Anciens. Fort amers d'avoir passé leur jeunesse dans de simples collèges, Sir Reginald Durfeys, William Fordyce et Lord Twit ne cessent de le contrer, Edwards et Pultney gardant le silence les trois quarts du temps.

– Et qu'est-ce donc que l'histoire, je vous prie, sinon un conte ?

Fort connu à la Chambre des lords pour ses interpellations râpeuses et zozotantes, Twit s'arrête un instant pour rendre son effet plus saisissant.

– Auriez-vous donc l'audace de soutenir que les hypothèses d'Hérodote ont valeur de fait ? reprend-il. Et comment les a-t-il obtenus, ces « faits » ? À l'aide de récits de troisième main ! De quatrième, qui sait ? Allons, Sir, j'attends votre réponse.

Llandaff en a les oreilles encore plus colorées. Il se met à tirer sur ses gants blancs en peau de veau, il réfléchit et finit par descendre un verre de cognac.

– Ainsi donc, vous osez attaquer les Anciens ? Comme si tout notre système de pensée actuel n'était pas...

Twit lève la main.

– Excusez-moi, Sir, mais je n'en avais pas terminé. Ce que je voulais dire par là, c'est que de celles des Grecs à celles de feu notre collègue, Mr Gibbon[1] toutes nos constructions historiques ne sont, au mieux, que des

1. Historien anglais (1737-1794), auteur d'une célèbre *Histoire du déclin et de la chute de l'Empire romain.*

ramassis d'on-dit, de relations de troisième main, de distorsions volontaires, bref de pures et simples inventions élaborées par des individus qui n'ont d'autre propos que celui de se grandir et de se faire admirer par leurs disciples. Vient alors notre historien qui, comme si cela ne suffisait pas, se met à déformer encore mieux tout ce salmigondis de falsifications et de contrevérités.

Avec ses lèvres peintes et ses joues fardées, Twit n'est pas spécialement mécontent de lui. Il n'adore rien tant en effet que sa réputation d'iconoclaste, d'intellectuel hors la loi, de pourfendeur de préjugés. Twit le Bel Esprit, c'est ainsi qu'on l'appelle. Après avoir marqué un temps d'arrêt pour se mettre deux prises de tabac dans le nez, il reprend en ces termes :

– Et qu'est-il donc arrivé à Culloden... vous le savez, Sir ? Et après cela, à Tanger, et à Tombouctou ? Au moins ma connaissance de l'Afrique a-t-elle l'avantage de n'être que de deuxième main !

Llandaff n'attendait que cela.

– Et comment donc, Twit ! lui lance-t-il avec un sourire en se saupoudrant lentement, très lentement, de sel la paume de la main. Nous avons tous eu la chance de lire le récit plus que rigoureux de vos expéditions dans les parties les plus obscures de l'Afrique... Or çà, justement, où en est pour l'heure le cours du nègre ?...

Pultney étouffe un petit ricanement.

– Oyez ! Oyez ! s'écrie Edwards. Avantage aux Anciens !

– Allons, messieurs, je vous en prie.

Massive et rubiconde, une forme vient de se lever à l'autre bout de la table. Pour être déjà au seuil de sa huitième décennie, Sir Reginald Durfeys, baronnet de son état, loin d'avoir entamé la longue pente qui doit le mener à la tombe, regarde y glisser, ratatinés et défigurés, bon nombre de ses amis du même âge. À soixante-huit ans, il est aussi rose et gras qu'un bébé, aussi ingénu qu'un adolescent. Il donne de l'argent aux sociétés de charité, il ne dédaigne pas le porto, il fait tous les soirs un peu d'exercice sur le boulevard après le souper. Il ne s'est jamais marié.

– Si je ne puis tomber d'accord avec notre distingué confrère qui prétend que le Niger n'existe pas, commence-t-il, le gros buisson argenté de sa tignasse masquant presque toute la carte de Desceliers, je ne puis pas non plus abonder dans le sens de notre évêque qui, lui, affirme catégoriquement que les renseignements recueillis par les Grecs sont ce que nous avons de plus solide sur ce sujet, non. Je serais, moi, plutôt enclin à faire confiance aux cartographes d'aujourd'hui... à nos majors Rennel, à nos d'Anville.

Il se penche en avant et appuie fortement les poings sur la table.

– Messieurs, je crois que le Niger coule vers l'est, vers l'intérieur du continent...

– Billevesées ! Durfeys, billevesées !... C'est vers l'ouest qu'il coule, jusqu'à la Côte du Poivre, où il se jette.

– ... Non, vers l'est, je vous le répète, vers l'est. Il alimente le grand lac appelé Tchad et là, ses eaux s'évaporent à cause des températures effrayantes qui règnent au milieu du Sahara.

– Allons, vieillard, cesse de nous taquiner ! lui lance Edwards. Si le Niger coule vers l'est, c'est que Llandaff et Hérodote ont raison... et qu'alors ses eaux ne sauraient que se joindre à celles du Nil au pied des collines de Nubie !

– Fadaises ! hurle Twit dont les yeux se sont mis à pleurer tant il s'est mis de tabac dans le nez. Tout cela n'est que songes creux, je vous le dis. Que rêves ! Cela n'a pas plus de substance que l'Atlantide ou que les territoires de la fée aux bonbons !

Toujours debout, Durfeys commence à perdre la tête et à bégayer.

– Mais enfin, messieurs, mais enfin… mais c'est de… mais c'est de Johnson que je le tiens !

– De Johnson ? Pfeuh !

Llandaff a le visage comme tranché en deux moitiés de pomme par l'arête de son nez. On dirait presque que ses oreilles vont s'envoler de sa tête.

– Encore une voix pour obscurcir le Continent noir. Gâchette facile et genoux qui enflent : le nègre cannibale en perruque à deux guinées ! Et pourquoi ne pas aller consulter nos femmes de ménage et nos jardiniers la prochaine fois qu'on aura besoin d'un cartographe ?

– Eh oui, Reginald !… Qu'y a-t-il à dire de votre inestimable Johnson ? lance Edwards. À quel résultat est-il donc arrivé jusqu'à présent ?… Nous aurait-il égaré un explorateur de plus ?

Sir Joseph Banks s'éclaircit la voix. Au bord de l'apoplexie, Durfeys se laisse retomber sur son siège. Six paires d'yeux se fixent sur le directeur.

– Le terme qui convient, monsieur Beaufoy, dit-il, est « missionnaire géographe », et oui, je suis au regret de vous apprendre qu'il va nous falloir, et dès maintenant, nous remettre à la recherche de quelqu'un qui enfin nous éclaire sur ces sombres régions du Niger. Cela va faire bientôt huit mois que nous n'avons plus aucune nouvelle du jeune Écossais.

Il baisse la tête et regarde fixement son verre en en frôlant pensivement le bord du bout des doigts.

– Et de fait, messieurs, reprend-il, tout laisse à penser qu'il y a pire. Je viens de recevoir un mot de notre consignataire sur la Gambie, le Dr Laidley.

Sir Joseph s'arrête de parler et lève lentement la tête. Il a le regard lointain et vague, comme s'il sortait d'un rêve. Sur le mur d'en face, là-bas, les dessins de Desceliers dansent à la lumière des lampes. Ils semblent grandir et diminuer tour à tour, se faire tressautements de bras multiples et d'épaules sans tête. On dirait qu'ils l'appellent, le taquinent, se moquent.

– Oui ? lance Llandaff pour le pousser à en dire plus.

Sir Joseph reprend brusquement ses esprits et porte toute son attention sur Durfeys.

– Tout est fini, j'en ai bien peur, dit-il. Park est tombé entre les mains des Maures.

COMME UN NUAGE AVALANT UN VOL D'IBIS

Mouches, rosse et âne le suivant de près, Johnson passe sous les portes de Ségou Korro en boitillant. Il tient une canne à la main, et Éboé marche à ses côtés ; il n'en revient pas de constater que les rues sont pratiquement désertes. On a fermé les volets, les étalages des marchands ne sont plus tenus par personne, des animaux de charge croulant encore sous leurs *guerbas* gonflées et leurs panières de légumes trempent calmement le museau dans les sacs d'oignons, de patates douces et de manioc. Une petite forge crachouille et ronfle sous un figuier à larges branches, des tas d'argile humide durcissent au soleil à côté de pots déjà cuits. Des outils traînent toujours à l'endroit où on les a laissés tomber, des chèvres bêlent pour qu'on les traie, un varan qu'on a attaché à un pieu pour le vendre décrit obstinément des cercles en tirant sur sa corde. Là-bas, montant de quelque part, une odeur de pain qui brûle. Johnson se sent mal à l'aise : tout cela est étrange, fantomatique. Il se croirait presque dans un conte de fées. Rose-Rouge et Blanche-Neige, la Belle au bois dormant... Il découvre deux yeux en train de l'observer derrière un rideau de bambou et se tourne vers Éboé :

– Et c'est quoi qui se passe ici, à ton avis ?

Débordant de gaieté et oublieux de tout, le vieillard trottine comme un adolescent qui s'en va au bal. Il s'arrête net.

– Ce qui se passe ? répète-t-il en lui assénant une grande claque dans le dos et en partant d'un éclat de rire sec et asthmatique. Mais c'est la fête, la fête ! Du vin, des femmes et des chansons !

Johnson se contente de le dévisager.

– Tu sens pas ? insiste l'autre.

– Ce que je sens, moi, ça ferait plutôt penser à une épidémie de choléra.

Éboé lui décoche un clin d'œil.

– Suis-moi, dit-il.

Les deux hommes prennent une rue bordée de tamariniers et de palmiers raphias. Construites en argile blanchie à la chaux, les maisons y sont presque pittoresques. On y trouve, çà et là, des carrés de légumes, des treilles, voire une fleur ou deux. Ce n'est peut-être pas le paradis sur terre mais c'est quand même agréable – très agréable même. Johnson songe tout à coup que c'est la plus grande ville qu'il ait vue depuis son départ de Londres. À côté, Pisania n'est qu'un trou et, malgré tout son charme, Dindikou rien de plus qu'un hameau perdu dans la cambrousse. Il se surprend à rêver de bière de *soulou*... et de viande de mouton.

Au coin de la rue suivante, ils trébuchent sur un ivrogne étalé de tout son long en travers de la chaussée.

– Baaaa, lâche ce dernier. Eurp...

Johnson se penche sur lui, la pintade décrivant un grand arc de cercle avant de s'immobiliser, pendouillante, juste au-dessus du menton du pochard.

– Qu'est-ce qui se passe? lui demande-t-il.

Yeux rouges et lèvres molles, le poivrot le regarde.

– Saoul, marmonne-t-il.

– Non, non, pas toi. Qu'est-ce qui se passe ici, en ville? Où a filé tout le monde?

– Bbblanc, bredouille l'autre. Bbblanc comme...

Il s'étouffe et se tape sur la poitrine pour cracher dans la poussière.

– Aussi blanc qu'un fantôme couvert de sel, dit-il. Blanc, blanc, blanc! Comme un nuage avalant un vol d'ibis...

Johnson commence à deviner de quoi il s'agit et s'enquiert:

– Où est-il?

– Blanc comme du coton, blanc comme le jour... Aussi blanc que des crocs, que des os, que la lune dans une clairière...

L'ivrogne s'est rassis et parle comme s'il récitait une comptine. Il a la voix plate et chantonnante, monotone, infiniment traînante.

Johnson se redresse en vacillant et reprend son souffle à grand bruit. L'explorateur n'est qu'un innocent: une espèce de saint complètement fou. Il finira au fond d'une marmite ou sur la croix. Il faut absolument le retrouver.

– Éboé! lance-t-il en faisant demi-tour. Il faut absolument retrouver Mr Park.

Mais Éboé est déjà cent pas plus loin, rigoureusement immobile. Les narines dilatées, il hume la brise. Tout à coup, il grimace un sourire et se met à taper du pied et à agiter les bras comme un jongleur faisant tourner neuf assiettes dans les airs.

– Par ici, crie-t-il à Johnson en lui adressant un signe de tête. Dépêche-toi !

Johnson tire sur la longe en cuir et, mécaniquement, la rosse et l'âne se remettent à le suivre en traînant la patte.

– Blanc comme des dents ! vocifère l'ivrogne. Plus blanc qu'un cadavre de tortue de rivière.

Éboé suit son nez, dérive de l'avant tel un somnambule. Deux rues à gauche, retour à droite. Il traverse la place du marché désert, descend une rue souillée d'ordures et bordée de huttes en jonc jauni qui pourraient, à la rigueur, passer pour des appentis. Il y a des rats et des escargots dans les rigoles, des serpents dans les étais.

– Éboé ! lance de nouveau Johnson en s'efforçant de le rattraper.

Le vieillard continue de foncer droit devant comme s'il ne l'avait pas entendu. Le sol est gorgé d'eau, voilà que des rideaux de bambou s'élèvent entre les cases ; dans les arbres des oiseaux volettent à toute allure. Pour finir, le vieillard s'arrête devant une case branlante montée sur pilotis. Johnson, qui ferme la marche, distingue vaguement trois femmes dans l'ombre profonde, sous la maison. Il en reste confondu. Et lui qui croyait qu'enfin convaincu de l'urgence de la situation, Éboé était en train de le conduire jusqu'à l'explorateur ! Il comprend qu'il n'en était rien.

Immobile, Éboé continue de scruter les ténèbres : il n'a toujours pas cessé de humer l'air. Les trois femmes sont imposantes. Entre deux âges, au mieux. Elles ont les seins pendants et lourds. On dirait des ballons remplis d'eau. Et c'est bien le diable si elles ont vingt dents à elles trois.

– Éboé !

Mais quoi !... Ces femmes ont tout l'air de se faire des choses fascinantes sous leurs jupes ; et voilà que leurs mains ressortent de la cachette... qu'elles lèvent ostensiblement les doigts en l'air... et se les lèchent !

Le vieux nécromant n'y tient plus. Il se fend d'un grand sourire tout ridé ; d'un geste du pouce, il signifie à Johnson que c'est vraiment de première, et disparaît dans l'ombre.

Johnson en reste abasourdi. Il est déçu. Dégoûté. Jaloux. Il a envie d'une bière, d'une assiette de viande et de riz, d'une femme, d'un lit. Mais que fait-il donc ici, lui, Johnson, cet homme si digne et si instruit, cet homme qui a déjà plus que l'âge de la retraite, cet homme chargé de femmes et d'enfants, cet homme qui jusqu'alors menait une vie de famille si heureuse ? Pourquoi faut-il qu'ainsi il erre par tout le continent, que toujours et encore il risque sa peau pour sauver un fils d'affermataire écossais aussi épais de la cervelle qu'affamé de gloire ! Il pousse un gros soupir mouillé où le désespoir le dispute à la résignation, et fait demi-tour pour monter sur l'âne bleu qui renâcle. Çà ! il va être difficile d'ignorer la grosse femme à figure plate qui danse dans la rue et le regarde en soulevant ses jupes.

~

Un quart d'heure plus tard (il a d'abord suivi son inspiration, puis s'en est remis à ses oreilles dès qu'il a commencé à sentir qu'il approchait), il réussit enfin à repérer l'explorateur. Il est à peine sorti d'un dédale d'étroites ruelles en terre pour passer sur une sorte d'esplanade en bordure du fleuve lorsque, tout à coup, il découvre un spectacle extraordinaire. Serrés comme des abeilles dans une ruche, des gens – à perte de vue. Il doit bien y avoir là trois ou quatre mille personnes. On s'est mis aux fenêtres, on a grimpé dans les arbres, on s'est perché sur des épaules, sur des chameaux, on se hisse sur la pointe des pieds pour mieux voir. Les rives du fleuve sont noires de monde. C'est par dizaines qu'on est entré dans l'eau, qu'on en a jusqu'à la cheville, jusqu'aux genoux, jusqu'au cou, par dizaines encore qu'on sautille sur l'onde dans des pirogues et des coracles. Tous, ils se sont rassemblés et, dans un silence atterré, contemplent cet être impossible et inexplicable, cet homme tombé de la lune sur la terre, ce démon blanc qui, tout droit sorti de l'enfer, chante, grince, part dans de grands éclats de rire, marmonne et chantonne, frappe les eaux du fleuve, voue les récoltes aux gémonies, fait dégringoler le ciel et Dieu sait quoi encore.

Perdu quelque part derrière la cohue, Johnson immobilise son âne bleu et essaie de se mettre en équilibre sur l'espèce de planche à laver qui tient lieu de dos à la bête. Enfin il y parvient et se redresse ; puis, campé sur ce modeste piédestal, il contemple la laineuse étendue que, sous ses yeux, forment ces quatre mille têtes rapprochées. Plus près du fleuve (oui, le Niger... Qu'est-ce que vous dites de ça !), ces dernières sont si fort serrées les unes contre les autres qu'on dirait quelque épaisse plantation de papyrus. Tout là-bas devant, à l'extrême bord d'une jetée de bambou déglinguée, Mungo Park est en train de hurler « *God Save the King* » en bavant des flots d'écume. Comme en proie à une crise de magnétisme mesmérien, les Bambaras sont pétrifiés et restent aussi silencieux et sobres de pensées que les foules qui jadis défilèrent devant la bière de feu George II.

Mais bientôt – c'est souvent le cas dans un monde où tout est action et réaction – les choses commencent à vaciller. L'explorateur, qui a oublié jusqu'à l'énorme foule rassemblée autour de lui, soudain se rue vers la jetée dans un élan d'enthousiasme. L'objet qui l'attire ? Une gourde jaune attachée à un filet de pêcheur. Son propos ? La faire flotter sur l'eau et ainsi déterminer pour le monde occidental et toutes les générations à venir la direction que suivent, et vraiment, les eaux du fleuve Niger ! Malheureusement, les Bambaras qui se trouvent le plus près de lui se méprennent sur le sens de ses intentions et reculent pêle-mêle en vociférant. En un instant, leurs cris se fondent en un unique hurlement : la panique a commencé.

Johnson est jeté à bas de son âne et piétiné. Le lépreux sème des doigts et des orteils dans tous les coins, l'aveugle s'écrase contre les murs. Il y a des appels, des vociférations, des cris de douleur et de surprise, des battements de pieds et des vagissements d'enfants perdus. La foule s'élance contre les maisons aux murs de boue comme un fleuve en crue, se déverse dans les rues et les ruelles, se retire sous la force du courant contraire. Deux minutes plus tard, la place est déserte, les berges entièrement vides et le fleuve nettoyé de ses embarcations. Il ne reste plus là que Johnson, une rosse et un âne tout chiffonnés – et l'explorateur amphibie. Au loin, du brouhaha et du tumulte, des éclats de voix et des bruits de portes que l'on claque.

Pendant ce temps-là, la gourde jaune s'est mise à dériver – inexorablement et, oui, indubitablement, vers l'est ! Un instant distrait par la clameur formidable des Bambaras battant en retraite, l'explorateur en revient à sa petite expérience et pousse un hurlement de joie.

– Hip hip hip ! lance-t-il. Hip hip hip ! Hourra !

Johnson s'extrait de la poussière en gémissant et, d'une démarche lasse, gagne le bord de l'eau.

– Monsieur Park, dit-il, sortez donc de là qu'on puisse aller présenter nos respects à Mansong le Potentat avant qu'il ne nous envoie son armée.

L'explorateur lève sa tête dégoulinante. Des paquets d'algues se sont pris dans sa barbe et ses cheveux. Le fleuve se divise de part et d'autre de sa taille, le courant en est paresseux. Mungo concentre toute son attention sur Johnson, comme s'il sortait d'un profond sommeil.

À cheval sur la jetée, poings sur les hanches, ce dernier argumente :

– Écoutez : que nous arrivions seulement à lui offrir quelques menus cadeaux, objets de pacotille et autres, et il se pourrait bien qu'il nous traite comme de grands dignitaires de passage sur ses territoires. Ce qui voudrait dire gîte et couvert, voire, qui sait, un peu de compagnie féminine. Je sais pas ce que vous en pensez, vous, mais moi, je peux vous affirmer que j'en ai par-dessus la tête de dormir par terre, de manger des chardons, et pour la bagatelle, de m'en remettre aux soins de ma droite.

L'explorateur s'avance vers lui en éclaboussant les environs. Il a le regard doux comme du beurre et les bras largement écartés. S'apprêterait-il à l'enlacer ?

– Johnson... nous avons réussi ! Le Niger, Johnson !

Il cesse de parler pour mieux battre l'air de ses bras et lui montrer la rive opposée.

– Non mais... Tu veux regarder un peu, dis ? Aussi large que la Tamise à Westminster ! Et dire qu'à travers les âges, oui : de la seconde même où le monde fut créé jusqu'à l'instant présent, il n'a pas cessé de suivre son cours, oui, dans l'ignorance générale, confiné à la mythologie ! Oui, et c'est moi qu'il aura fallu pour le découvrir, mon garçon, moi !

Johnson jette un bref coup d'œil par-dessus son épaule. Là-bas, les bâtiments blanchis à la chaux se serrent au flanc de la colline, là-bas, les quais en bambou courent le long du fleuve, là-bas, les canots sautillent au bout de leurs cordes.

– Je comprends votre joie, monsieur Park, et vous prie de bien vouloir agréer mes félicitations les plus sincères. Cela étant, si nous ne nous remuons pas le cul afin de rejoindre le palais de Mansa et de nous traîner dans la poussière aux pieds du monarque, il se pourrait bien que nous ne vivions pas assez longtemps pour rapporter ce triomphe à quiconque.

Le soleil leur assène de grands coups de poing, la terre desséchée de l'esplanade leur renvoie un vaste miroitement de chaleur à la figure, quelque part au loin un chien gémit. On dirait que tout s'est mis à fumer et à puer. Des odeurs nauséabondes stagnent dans l'air, corrosives, grosses de pourrissement. On y déchiffre de tout, de la tête de poisson à l'excrément humain en passant par la feuille blette et la gadoue. Brusquement, l'explorateur commence à se sentir mal à l'aise. Comme impuissant. Tout ralentit, tout retombe et voilà que, peu à peu, il renaît à la réalité du soleil écrasant, de l'eau putride et de la berge qui suppure. Il attrape la main de Johnson et s'extrait du fleuve.

– Tu as raison, Johnson. Il sera toujours temps de faire la fête quand nous serons de retour à Pisania. Pour le moment nous avons du pain sur la planche.

La voix de l'explorateur s'arrête net. Il bafouille, soudain pris d'un frisson. Sa cape en velours bleu est tout avachie, noircie, sans forme, des lentilles d'eau tachent sa chemise, ses bottes sont de véritables mares à poissons. Une énorme araignée d'eau qui s'est prise dans le fouillis de sa barbe agite en tous sens ses pattes disgracieuses.

Derrière lui, son chapeau en castor – bourré de notes sur les coutumes, les mœurs, les températures et les curiosités topographiques de la région – est toujours perché sur la jetée, tel un étrange champignon géant. Bien au sec. Johnson en essuie la poussière contre sa jambe.

– Le palais de Mansa ? Johnson lui tend son chapeau.

– Le palais de Mansa.

MANSONG

Le potentat de Bambara, qui vient à peine de finir un énorme petit déjeuner de bananes rouges cuites au four, de melons de quatre espèces différentes, de riz bouilli aux épinards, de poissons-lunes, de gâteaux de sorgho et de vin de palme, est tout occupé à assouvir sa concupiscence avec deux garçonnets impubères qu'on lui a choisis parmi la masse des réfugiés de Djarra lorsque lui parvient la nouvelle de l'arrivée de l'explorateur. Sa première réaction consiste en un grand rot à rallonge. Nu, ventripotent, indolent, il s'est étendu sous le figuier sycomore qui orne la cour intérieure de son palais de ville, et il ne bouge pas plus qu'un crocodile qui prend le soleil. Des odeurs de bois de santal embaument l'air, des oiseaux en cage gazouillent la paix et la solitude, la douceur fraîche de la forêt équatoriale. De petits vieillards rabougris et portant pagne, les officiers du chasse-mouches, s'affairent dans un sifflement d'émouchoirs frappant l'air comme des bruits de pas dans un rêve. Mansong tire pensivement sur son narguilé au ballon rouge de *moutokuané*[1]. Il se dit force « Ah, ah », tandis qu'autour de lui ses vingt gardes du corps

1. Sorte de tabac tiré de la feuille de *Cannabis sativa.* Les indigènes de ces contrées le fument afin d'accroître leurs performances sexuelles et de mieux rêver *(N.d.A.)*.

sinistres et dévoués lui font une petite brise en agitant des éventails à long manche. Le roi est au bord de la pâmoison. Le plus jeune des deux garçonnets se livre sur lui à une lente fellation, pendant que l'autre lui lèche le visage et lui explore les lèvres, le nez et les narines de sa langue bien dure, oui, comme s'il lapait du lait dans un bol. Le roi vit un instant si plein de bonheur et de sensualité, son orgasme habite à ce point tous ses neurones et toutes ses synapses, bref, c'est une telle jouissance qu'au début les paroles du messager ne l'effleurent même pas. Un démon tout blanchi ? Des yeux de chat ? Une grande crise d'hystérie collective ? Et puis, comme des picotements d'épingles, les mots qu'il entend commencent à lui entrer dans la tête : à ses portes... il y a une horreur blanche... qui demande la permission d'entrer ? Tout... de... sui... ite ?

Mansong se redresse d'un bond et écarte les deux gamins d'une claque.

– Quoi ! rugit-il.

Les éventails tombent par terre en sifflant : déjà les gardes du corps se sont emparés de leurs lances. Les oiseaux se taisent, les écraseurs de mouches royaux redoublent d'efforts. Mansong sort de son hamac. Il est énorme, terrible, il serre les mâchoires comme un hippopotame qui retire brusquement la tête de la boue. Déjà l'un de ses poings bulbeux se referme sur la gorge du messager cependant que l'autre est prêt à frapper.

– Qu'est-ce que c'est que ces histoires ? beugle-t-il.

– Pas histoires... vérité ! répond le messager en se prosternant. Un démon, aussi blanc que le lait d'une mère, est passé en coup de vent à travers les portes de la ville et s'en est allé se jeter dans le fleuve pour y faire des remous. Après, il a traqué les gens dans les rues ; il chantait et il baragouinait dans une langue étrangère aux accents rocailleux. Et maintenant voici qu'il veut te parler, Mansa.

Mansong enlève son pied de dessus la nuque du messager. Il a soudain l'air d'être au bord des larmes.

– Me parler ? À moi ? répète-t-il dans un souffle.

Toujours prosterné à ses pieds, le messager lève les yeux vers lui comme s'il voulait lire un billet épinglé à son front.

– C'est ce qu'il affirme.

– Chacal ! tu mens !

Le pied retombe lourdement sur la joue du porteur de message, l'écrase dans la poussière.

– Tu viens juste de me dire que ce démon baragouinait dans une langue étrangère aux accents rocailleux. Comment veux-tu donc qu'il demande à me voir ?

Le visage du messager, écrasé par le pied royal, est tout tordu. Ses lèvres font une moue qui le fait ressembler à un poisson.

– C'est qu'il parle mandingue...

Mansong vacille en arrière comme s'il avait reçu un coup de fusil. Il parle mandingue ? Ça y est, il est fait ! Là-bas, des enfers, on lui a envoyé un zombie pour lui piquer son trône. Et ce zombie va lui mettre les chevilles dans les fers, le pousser dans les sombres cavernes de la terre, dans les trous suppurants où marchent les morts qui bafouillent et gémissent, oui, l'emmener, de plus en plus bas, jusqu'au grand royaume des ombres. Il scrute le visage de ses gardes du corps. Ils sont hommes à déchiqueter le lion qui charge, mais non : dans leurs yeux, c'est la terreur qu'il découvre. Il a envie de s'enfuir en courant, de se cacher, de quitter le pays, de s'enfoncer dans le sol.

– Tu dis... qu'il est là... à l'instant ?...

– Oui, Mansa. Il est là.

Le potentat recule, les yeux pleins de larmes. Le soleil n'est plus, non plus que le figuier, ni ses gardes... Déjà il ne voit plus que les formes transparentes des légions de ses victimes... guerriers étripés, femmes brûlées, enfants qui lui tendent les moignons de leurs bras.

– Non ! jette-t-il dans un souffle.

Et de se ruer en arrière cependant que sa langue et ses lèvres se sont prises à travailler... que déjà il est sur le point de crier... qu'il hurle d'une voix suraiguë jusqu'à en avoir la gorge en feu, qu'il stridule comme ces choses cachées et sans futur qui, nuit après nuit, meurent dans les profondeurs ténébreuses de la jungle.

Mais voilà qu'un petit homme digne et calme fait son entrée dans la cour en trottinant vivement. L'air affairé – à chaque pas, c'est une minute que l'on perd –, il s'avance vers le roi, un énorme objet noir calé sous son bras. Il respire la brigue, l'intrigue, les coups fourrés de grande classe. Rien n'empêcherait de voir en lui un garde des Sceaux, un secrétaire d'État aux Affaires étrangères, un Premier ministre.

– Calme-toi, Mannie. C'est moi qui prends le relais.

Wokoko de son nom, il exerce à la cour les fonctions de nécromant. Il est revêtu d'un costume en pièces de rechange pour hyènes : ici des griffes, là des dents et de la fourrure jaune à poils ras. Le tout recouvert de plumes de marabout. Ce qu'il tient sous son bras, c'est un masque en bois sculpté si horrible dans les moindres détails que sa seule vue réduirait au silence une troupe de dix démons. D'un claquement du doigt il ordonne à la moitié des gardes d'aller se poster à la porte de devant. Après quoi il s'adresse au messager toujours prosterné dans la poussière.

– Va donc dire à ce démon, lui lance-t-il de sa voix pleine de sagesse, que le tout-puissant Mansong, étrangleur du lion et dompteur du taureau, ne peut pas le recevoir pour le moment... il a mal à la tête.

CINQUANTE MILLE CAURIS

Le palais de Mansong s'étend au hasard de bâtiments à colombage, dont le hourdis est de cette argile rouge et dure comme la roche qui sert aux termites pour ériger leurs monticules. Sa ligne générale est brisée par une série d'allées et de cours fermées que surmontent, sensibles antennes, des palmiers effilés se balançant en cercle autour de la ramure en dais d'un énorme figuier sycomore. Extérieurs et intérieurs, tous les murs ont été blanchis à l'aide d'un mélange de poudre d'os, d'amidon et d'eau. Impropre à cet usage, la mixture n'a laissé subsister qu'un rose pastel aux douces nuances. Çà et là, le rouge ressort par en dessous, en traînées aussi criardes que les griffures marquant les flancs de la vache préparée pour le sacrifice. Toutes ces constructions sont entourées d'un mur d'enceinte en argile armée de pieux aiguisés hauts de dix pieds. Des épines bleu-noir d'un pouce de haut en parsèment la section supérieure. L'unique portail consiste en un battant de bambous liés fermement ensemble, de trois pieds d'épaisseur.

Cela fait presque trois heures que l'explorateur et son guide se tiennent devant l'entrée du palais. De temps à autre, Johnson met les mains en porte-voix et relance sa supplique d'une voix de stentor : il n'est qu'un humble Mandingue de Dindikou ; avec lui se trouve un homme blanc (ou *hon-ki*) parfaitement inoffensif ; cet homme blanc vient des terres qui s'étendent au-delà de Bambouk, au-delà du désert de Djallonka et de la Grande Mer Salée ; oui, cet homme blanc n'est animé que par le souci de rendre hommage au roi Mansong, pourfendeur du lion et étrangleur du taureau, comparable au lotus qui croît, tant sa célébrité a gagné des terres sans cesse plus nombreuses, au point que le monde entier en résonne aujourd'hui.

Son discours est pour l'instant resté sans réponse.

La chaleur est, bien évidemment, oppressante. L'âne et la rosse gisent à l'ombre du mur comme deux tas d'ossements. L'explorateur ne cesse de frissonner et de suer tour à tour. Il a le nez qui coule et l'impression qu'on lui transperce les jointures des membres à coups d'épieu. Johnson boxe les mouches.

L'explorateur s'accroupit dans la poussière :

– Dis-moi un peu, Johnson, lance-t-il sur le ton de la conversation, comment se fait-il que tu te croies obligé de porter cet horrible bout de charogne autour du cou ?

La pintade a déjà perdu sa tête et la seule aile qui lui restait. Tavelées de morceaux de chair rose et de lambeaux de veines bleutées, les côtes du volatile commencent à percer sous la plume, et l'on voit déjà la vermine s'étendre en mousse à son bréchet, comme la pommade sort d'un tube que l'on presse. Parler des mouches nous conduirait à nous répéter.

– Pacte juré, répond Johnson.

– Comment ça ?

Johnson pousse un soupir.

– Trois fois rien, mais dès qu'ils ont appris que Tiggitty Ségo marchait sur eux, ceux de Djarra sont allés voir Éboé.

En tant que nécromant, il devait apaiser le dieu des tabous violés, Chakalla, en se chargeant de tous les péchés du village : ainsi la divinité repousserait les armées de

Ségo. Voilà donc notre Éboé qui prépare ses philtres et marmonne ses incantations pour transférer tous les péchés du village sur sa pintade. Après, c'est un jeu d'enfant : il la saigne, se l'accroche autour du cou et l'y garde jusqu'à ce que toute la chair de l'animal soit tombée en morceaux. Et *voilà** : le petit père Ségo est arrêté net.

L'explorateur donne l'impression d'avoir avalé une fourchette.

– Mais tu plaisantes, Johnson ! Tu ne vas quand même pas me dire que tu crois à ces momeries de gri-gri ?

– Ce n'est pas plus déraisonnable que de croire à l'Immaculée Conception et à l'Échelle de Jacob, non ?

– Quoi ? Tu mettrais la Bible en doute ?

Mungo en est ébranlé jusque dans ses tréfonds. « Doux Seigneur, se dit-il, ce sont vraiment des sauvages. Habillez-les, donnez-leur de l'instruction, faites tout ce que vous voudrez, rien à faire ! La tête, ils l'auront toujours dans la jungle ! »

Bras croisés, l'œil fixé sur la porte du palais, Johnson garde le silence.

– Bon, bon, mais... si c'est aussi efficace que ça, ce truc de la pintade, j'aimerais bien savoir ce qui s'est passé à Djarra !

– Voyez vous-même ! Elle est complètement pourrie, ou elle l'est pas, cette pintade, hein ? Éboé s'y est pris trop tard, c'est tout. C'est aussi simple que ça.

Il sourit.

– Ce n'est pas moi qui vais vous apprendre le vieux dicton : rien ne sert de courir...

Du dos de la main, Mungo lui signifie qu'il en a assez.

– Parfait, parfait. Magie noire, sorcellerie et tout le bazar, je te l'accorde... mais tu n'as toujours pas répondu à ma question : pourquoi faut-il que ce soit toi qui te balades avec ce satané truc autour du cou ?

Johnson en a le visage défait. Il a tout du chien surpris à voler une côtelette sur la table.

– Ben, je me disais… enfin, vous voyez… on crevait de faim et…

– Tu ne vas pas me dire…

Johnson hoche la tête en signe d'assentiment.

– J'avais dans l'idée de la faire cuire avec des champignons, des baies de tomberong et tout et tout. Merde, quoi ! Je croyais qu'elle était morte, moi ! Vous voulez me dire le mal qu'il y aurait eu à ça, hein ?

– Ce qui fait que maintenant… c'est toi qui les as tous sur la tête, ces péchés ?

Malgré qu'il en ait, là-bas, dans les couches superstitieuses enfouies au plus profond de son âme, l'explorateur commence à ressentir les atteintes d'une crainte sans nom. Il y a là des p'tites goulettes, des p'tits fantômes et des p'tits machins qui font poum-poum dans le noir…

– Tout ça parce que j'ai avancé la main sur lui. Bravo ! Pendant ce temps, il faisait rien d'autre que d'être allongé par terre, à attendre, et à retenir son souffle. Monsieur jouait les opossums. Salaud d'hypocrite !

Johnson tripote sa toge, soupire.

– Et maintenant, oui, c'est bien à moi de répondre pardevant Chakalla de tous les tabous jamais violés dans ce trou perdu de patelin. Je ne sais pas, moi, toutes les femmes enceintes qui ont avalé un œuf, tous les gamins qui ont sauté un pangolin, toutes les pucelles qui ont fait un pas en arrière quand la lune est au premier quartier, se sont frotté la figure avec de la sève de *houna* ou bien arraché un poil du sexe de la main droite. J'en passe et des meilleures : qu'est-ce qu'il y en a encore avec les oiseaux, avec le caca, avec la bouffe… des tabous, des tabous, des tabous ! Saviez-vous qu'on n'a pas le droit de se toucher le menton de l'index quand on est assis au nord d'un feu de camp ?

« Hé oui, reprend-il, c'est tout ça qui me tombe dessus maintenant. Chakalla s'est déjà mis en devoir de chasser les péchés de mon corps à grands coups de fouet. Si j'arrive à ne pas avoir d'ennuis jusqu'à ce que ce bestiau soit complètement desséché, je vivrai assez longtemps pour aller danser sur la tombe d'Éboé. Mais si j'y arrive pas... ben, vous n'aurez plus qu'à m'enterrer très profond.

Leur conversation est alors interrompue par un bruit de pas traînants derrière la porte. Un instant plus tard, un serviteur l'entrouvre et y passe la tête.

– Mansong ne peut pas vous recevoir pour l'instant, dit-il. Revenez l'année prochaine.

Un point c'est tout. La tête disparaît, massive, la porte commence à se refermer en grinçant.

Mungo reste immobile et muet tant sa surprise est grande. Mais toujours prompt, Johnson bondit en avant et coince son pied dans l'embrasure.

– Écoute, dit-il au messager en luttant pour ne pas perdre de terrain, il faut absolument qu'on voie Mansa tout de suite. Immédiatement. La route a été longue et fort pénible et nous estimons avoir droit à quelque hospitalité. En plus, on a des cadeaux.

Le serviteur repasse la tête à la porte.

– Des cadeaux ?

Son front se creuse de rides.

– Une minute, s'il te plaît, dit-il avant de disparaître à nouveau.

Bruit de conciliabules derrière la porte. Plusieurs minutes se passent. Deux lézards opalescents se poursuivent en haut du mur. L'explorateur fait tomber des lentilles d'eau de sa veste et regarde tristement le sac de pacotille fixé au dos concave de sa rosse.

– Des cadeaux somptueux, précise Johnson. Des trucs magiques, exotiques... dignes d'un dieu ou d'un empereur.

Dans l'instant, la porte s'ouvre toute grande et, le visage plissé de soucis, le serviteur leur fait signe d'entrer. Le guide et l'explorateur pénètrent dans une cour entourée de murs et envahie de gardes armés. Tous des géants : hauteur, six pieds au moins. Ils ont des pectoraux d'acier et sont bardés de couteaux, de lances, de flèches et autres armes de jet qui leur brillent par tous les replis ombreux du corps. Ils portent des pagnes en peau de léopard, des aigrettes et des anneaux en plumes d'autruche autour des chevilles. Un seul d'entre eux suffirait à vider en trente secondes, montre en main, la grande salle d'audience du Parlement.

Cela étant, en les frôlant au passage, l'explorateur remarque quand même qu'ils détournent les yeux, remuent les lèvres comme pour marmonner des prières et s'accrochent à leurs *saphies*.

– Waou ! nom d'un chien chaud ! chuchote Johnson en ayant recours à l'une de ses expressions coloniales qui font mystère. Vous les avez frappés de terreur !

En se tordant les mains et en se tiraillant l'oreille et la lèvre, le serviteur conduit les visiteurs à travers une série de salles, d'allées et de cours identiques. Les pièces sont toutes à plafond bas. Pas une qui ne s'orne d'un tapis persan ou d'une tapisserie, ou dont le sol ne soit recouvert d'une natte en jonc, parmi un fouillis de pots en terre. Les cours sont plantées de palmiers rabougris et présentent des abreuvoirs grouillant d'algues et d'insectes, à côté d'oiseaux en cages, de chèvres, de volailles, de lézards et de poussière. On a déjà l'impression d'avoir parcouru des milles et des milles, à force d'entrer dans des pièces et d'en ressortir, de descendre des allées étroites au point de forcer l'explorateur à serrer les épaules pour passer. Johnson et lui traversent une cour agrémentée de six palmiers, et puis une seconde qui, elle, n'en contient que deux. Quatre poulets ici, deux là. Ici une chèvre, là une vache. Pour finir, le domestique qui s'est mis à trembler comme un épileptique au bord de la crise leur fait signe d'attendre à l'entrée d'un long couloir. Ils regardent ses dessous de pieds lancer de pâles éclairs tandis que déjà il s'élance vers un endroit où l'on dirait que les murs convergent. Ils le voient tomber à genoux et se frotter le front dans la poussière. Ils l'entendent les annoncer : le démon blanc, et le sorcier noir.

L'explorateur trébuche à deux reprises avant de se retrouver dans une cour deux ou trois fois plus vaste que les autres. L'ensemble est surveillé par un énorme figuier boudeur qui étend son ombre jusque dans les coins les plus reculés. En le regardant de plus près, l'explorateur y découvre avec un frisson, pendues au milieu de crânes humains, des figurines sculptées représentant des actes contre nature : autofellation, pédérastie, coprophagie. La statuette la plus étonnante figure une femme enceinte aux traits fortement exagérés. Dotée de tétons aussi nombreux que ceux d'une chienne, elle avale (ou régurgite) un serpent lui-même en train d'avaler (ou de régurgiter) le crâne d'un nourrisson.

Au pied du figuier, une sorte de trône, presque indiscernable au creux de l'ombre, est faite d'un bois grossièrement taillé, recouvert d'une couche de peinture brillante. À côté, un chien dort au milieu d'un nuage de mouches. En se retournant pour regarder derrière lui, l'explorateur s'aperçoit que le couloir étroit est bourré de gardes armés, géants noirs identiques à ceux qui barraient l'entrée. Il commence à se sentir légèrement mal à l'aise.

Soudain, une forme masquée bondit de derrière l'arbre en poussant un hurlement sauvage.

– Wo-ya-ya-yaaaah ! rugit la silhouette, qui tape des pieds dans la poussière et brandit un sceptre surmonté d'un crâne poli.

Surpris, Mungo recule d'un pas ou deux et se retrouve debout dans une auge basse remplie d'un liquide noirâtre et fort désagréable d'aspect. Des éclaboussures retombent sur ses bottes et sur ses chausses. Mouillé, et rouge ! Rouge sang. Et voilà que le chien se dresse, et hurle et gémit et bave dans sa muselière.

– Wo-ya-ya-ya-yiiii ! tonne l'homme masqué.

Il s'approche, et c'est un vrai tourbillon d'apocalypse. Après un frou-frou confus de plumes et d'os, tout à coup, doum-bada-doum, doum-bada-doum, on bat le tambour, et les gardes reprennent en chœur ce refrain : « Ya-ya, ya-ya, yiiii ! » L'explorateur est frappé de stupeur. Les jambes et les pieds comme gainés de plomb, il reste sans mouvement, tandis que des voix intérieures lui soufflent : « Gare à toi ! » et lui recommandent de se sauver, de partir en courant, de bondir, de griffer, de mordre, de tuer.

Une main familière se pose enfin sur son coude.

– Du calme, chuchote Johnson. Vous les terrifiez.

« Je les terrifie ? Moi ? » s'étonne-t-il. Mais voilà que le tumulte commence à s'apaiser. Les gardes chantonnent dans leurs barbes, le chien se rassied doucement, le roulement de tambour se fait murmure. Ceint d'une écharpe multicolore en plumes et en poils, l'homme masqué prend place sur le trône et impose le silence en agitant son sceptre. L'explorateur profite de l'accalmie pour sortir les pieds de son auge, pendant que, prosterné en une grande révérence, Johnson s'approche du porteur de masque et étale les cadeaux devant lui. La lumière du soleil fait miroiter la poussière en suspension sous le figuier. Choisis à Londres par Sir Joseph Banks en personne, ces cadeaux qui sont censés gagner le cœur des sauvages jettent des feux aussi rouges que le trésor des dieux. Un des gardes ne peut s'empêcher de pousser un soupir d'admiration mais, bras croisés sur la poitrine, l'homme masqué reste impassible.

Johnson s'incline une deuxième fois et se lance dans son compliment :

– Ô Mansong, terreur de la montagne et de la plaine, faiseur de veuves, étreigneur d'esprits et de démiurges, vainqueur de l'orignac et de l'éléphant, permets que je t'offre ces merveilleux cadeaux de la part de mon seigneur et maître, l'homme blanc que voici, oui, ce saint, cet homme doux et inoffensif qui a parcouru, uniquement pour se jeter à tes pieds, des distances qu'on ne saurait mesurer.

Arrivé au mot « pieds », Johnson se tourne vers l'explorateur et lui montre le sol du doigt. Mungo tombe à genoux, s'étale de tout son long dans la poussière.

Il est toujours étendu, nez contre terre, lorsqu'il discerne des remuements à l'autre bout de la cour. Il se concentre sur ce bruit – on dirait des pas traînants – et, du coin de l'œil, observe la scène suivante : un paravent d'herbe tissée, des pieds tout noirs, et des orteils qui se trémoussent. Et plus loin : le serviteur. Il a l'air hagard, il baisse la tête derrière le paravent et puis il se redresse d'un coup sec comme s'il avait le crâne attaché à un fil. Il donne l'impression de discuter avec quelqu'un, avec une présence cachée, avec l'être qui tortille ces doigts de pied gonflés et recroquevillés que l'explorateur a sous les yeux. « Encore un mystère », se dit Mungo qui est toujours légèrement fiévreux, un peu effrayé et totalement perdu dans son rêve intérieur. Mais voici qu'il entend la voix de

Johnson, là, au-dessus de lui. Elle lui parle en anglais, elle ressemble à un nid de frelons.

– Okay, dit-elle aussi durement qu'une piqûre. Okay, que j'ai dit ! Debout !

L'explorateur se relève et chasse la poussière de ses habits. Il rajuste son col de chemise, se passe les doigts dans la barbe et se crache dans la main pour s'aplatir les sourcils. Mais quoi ? Personne ne lui prête la moindre attention. Tout le monde a les yeux fixés sur un autre point de mire : les cadeaux. Le serviteur s'est déjà penché sur eux et, un article après l'autre, les tend révérencieusement à l'homme masqué afin qu'il puisse les examiner. D'abord, le plateau en argent. Puis le service de table de dix pièces et la paire de manchettes en ivoire. Un parasol. Dix prises de tabac et un pot de confiture d'orange. Douze encriers, un corset et une perruque. Et enfin, la pièce de résistance : le portrait miniature du roi George.

Le monarque présumé est tellement séduit par les scintillements et la nouveauté de ces objets qu'il en baisse la garde : d'un mouvement plein de grâce et de fluidité, il repousse son masque sur ses cheveux afin de mieux les contempler. L'explorateur en reste stupéfait. Il s'attendait à découvrir un monstre, mais non : avec ses yeux au regard vif et perçant et le petit bulbe luisant qui lui sert de tête, le bonhomme n'est pas plus terrifiant qu'une fouine, qu'un voleur de poule ou qu'une bestiole en fuite se faufilant parmi les ombres et les herbes hautes. Tandis que le petit homme s'apprête à mordre le plateau en argent avec un bel enthousiasme, Mungo ne peut s'empêcher de s'étonner de la description que Johnson lui en a faite. Cet homme-là, une brute dégoulinant de doubles mentons et de ventres divers, le tout sous une tête grosse comme un melon ? Un imposteur ? se demande-t-il.

C'est alors que l'explorateur commence à prendre conscience de diverses allées et venues entre le trône et le coin le plus éloigné de la cour. Encouragé par un complice encore plus petit, encore plus ratatiné et séducteur que lui – si tant est que la chose soit possible –, le premier serviteur s'empresse de transporter les pièces du trésor entre le trône et le paravent. Brusquement, l'explorateur a l'impression de tout comprendre.

– Johnson, chuchote-t-il, le paravent, là-bas…

– Chuuuut !

Johnson a l'air nerveux.

– N'y prêtez aucune attention, lui conseille-t-il dans un souffle. Et surtout ne le regardez pas ! Pas même un coup d'œil ! Ce paravent, il existe pas. Pigé ?

Le deuxième serviteur – tout jeune, il a le visage aussi ridé et plissé que la patte d'un iguane – s'arrête pile à côté de l'explorateur. Il tient le parasol d'une main ferme et assurée. Prêt à reculer d'un bond, il le lui tend à bout de bras. Puis lui dit quelque chose en mandingue – quelque chose qui ressemble à « Plan plan rataplan plan plan ». Mungo le regarde d'un œil vide.

– Ouvrez-leur cet engin, lui souffle Johnson.

Le parasol est rose et nacré comme des dessous de dame. Un peintre y a représenté la tour de Londres en noir et rouge. L'explorateur libère l'attache et ouvre l'instrument en faisant un grand moulinet. L'erreur ! Il le comprend trop tard. Au premier frissonnement de la soie, le serviteur recule en poussant un cri de stupéfaction. Lorsque enfin le parasol se transforme en fleur, c'est le pandémonium. Les gardes laissent tomber leurs lances et se ruent vers la sortie. Pris de frénésie, le prétendu monarque empoigne son masque. Le chien blanc se jette sur l'explorateur. Pis encore, un cri de douleur monte du coin de la cour et le paravent s'abat dans un grand déplacement d'air. Derrière lui, tout le monde découvre alors la forme titanesque d'un homme assis dans la position du lotus. Son estomac a la taille d'un ballon d'exercice, son large crâne est penché en avant, et il gribouille furieusement dans la poussière. L'explorateur a beau n'en rien voir, n'empêche que ce que le bonhomme dessine, vecteurs, tangentes, triangles et arcs, ce sont les figures de base du vaudou, et plus précisément celles qui ont pour fonction d'écarter le mal. Le potentat est terrifié.

Dans la confusion qui s'ensuit, l'explorateur referme le parasol ; il cherche plus à se défendre du chien qu'à calmer le jeu. L'effet n'en est pas moins immédiat, et apaisant : les gardes s'immobilisent, se donnent de petits coups de coude, grimacent des sourires gênés ; l'imposteur rappelle son chien d'un cri aigu, pendant que les serviteurs s'empressent de redresser le paravent. De tout ce temps, Johnson n'a pas cessé de caqueter en mandingue, trop vite pour que l'explorateur le comprenne, mais d'un ton de voix qui semble rassurant, voire enjoué. Voilà même qu'il enfile six ou sept phrases de suite, comme si, arrivé au bout d'une bonne blague, il s'apprêtait à lâcher le mot de la fin. Après quoi il s'arrête, part d'un grand éclat de rire et bourre les côtes de l'explorateur de coups de poing.

– Hé, hé, hé ! s'écrie Mungo.

Son masque toujours à la main, l'imposteur baisse la tête à deux reprises, tandis que sur sa face flotte un inquiétant rictus, mi-grimace, mi-fou rire. Il montre les dents comme un boxeur cogné à la rate et qui aurait eu le temps d'assister à la chute d'une centaine de dondons glissant sur des peaux de bananes. Il remet son masque et ordonne au serviteur de lui apporter le parasol. Le domestique le lui tend comme s'il tenait dans la main un cobra endormi.

Cinq minutes plus tard, l'homme masqué est fort affairé : il trempe le doigt dans la confiture d'orange et pousse de petits gloussements de plaisir à chaque coup de langue. On entend derrière le paravent de doux froissements de soie. En une succession de petits éclairs roses, on voit surgir de temps à autre, de derrière l'écran, le malicieux parasol. En pleine méditation olfactive, le chien dort, le museau étalé sur le portrait du roi George, grand monarque lointain.

Pour finir, après avoir longuement conféré avec l'homme caché derrière le paravent, l'imposteur fait un pas en avant et se lance dans un discours de remerciements plein de digressions. Derrière le masque, la voix est claire et vive ; malgré tout, l'explorateur a beaucoup de mal à comprendre le dialecte dans lequel elle s'exprime. Il s'efforce de faire du mot à mot dans sa tête, et au bout de quelque temps, il devine que ses hommages ont été acceptés par le très gracieux et très puissant Mansong, Mansa de Wabou, de M'butta-butta, de Wonda et d'au moins deux cents autres lieux encore. Assez vite cependant, la concentration d'esprit qu'exige pareille tâche lui flanque la migraine et, après un moment, il se contente de prendre un air intéressé pour mieux se laisser aller à ses pensées. Le discours de l'imposteur est déjà vieux d'une dizaine de minutes lorsque ses errances mentales sont interrompues par une série de bruits bizarres et étouffés qui semblent provenir de la cour attenante. Mungo songe à une altercation, à des pleurs réprimés, c'est plaintif comme dans les basses-cours de Selkirk lorsqu'on vient y étrangler la volaille destinée à la marmite. Il tape sur l'épaule de Johnson.

– Qu'est-ce qui se passe dans la cour d'à côté ?

Johnson a les yeux qui se bloquent au fond des orbites.

– Vaudrait mieux que vous ne le sachiez pas, dit-il.

– … Et Mansong le magnanime… poursuit l'homme masqué d'une voix monocorde.

– Tu me le dis, et tout de suite ! C'est un ordre.

– Eh bien… tout ça les impressionne beaucoup.

Johnson lui jette un bref coup d'œil et se remet à contempler ses pieds. L'homme masqué continue à bourdonner de la voix.

– Bon, bon, reprend Johnson. Apprenez donc que Mansong est en train de faire éviscérer trente-sept esclaves en votre honneur.

– Sainte Mère de Dieu !

Rien n'aurait pu le préparer à un tel choc. Rien. Il grince des dents et s'applique à penser à l'Écosse, à des collines couvertes d'herbe rase, à des visages blancs au regard ouvert, sans horreur ni fureur. Mais il n'est déjà plus temps de penser : le serviteur accablé de soucis se tient à ses côtés et lui tend une espèce de sac et une coupe remplie d'un liquide sombre… de la bière ? du vin ?… Mais qu'est-ce qu'ils lui veulent encore ?

– Prenez, lui souffle Johnson.

Ébranlé, l'explorateur attrape le sac et la coupe.

– Cinquante mille cauris, murmure Johnson. Ça fait assez d'argent pour subvenir aux besoins d'un village de la taille de Dindikou pendant dix ans. Mais souriez donc, espèce de !… Souriez, faites le beau ! Voilà, comme ça.

Johnson se frotte les mains comme un boutiquier qui va se mettre à table.

– À nous la bonne bouffe, à nous les pieux de première dans tous les patelins le long du fleuve ! À nous les belles ! La bière ! La barbaque ! Fini de coucher dans les buissons, fini !

– Tu oublies ces satanés païens qui sont en train de ravir la vie à trente-sept personnes sous notre nez ! En notre honneur, je veux bien, mais quand même… Trente-sept êtres humains dotés de raison… Non, accepter l'argent, ce serait accepter le reste !

– Dites, monsieur Park ! C'est pas le moment de faire dans les grands sentiments. Moi, ce que je me dis, c'est qu'on n'est toujours pas les trente-huitième et trente-neuvième de liste et que donc, on se débrouille plutôt pas mal.

L'homme masqué donne l'impression d'avoir lâché de la vapeur. Ses phrases commencent à se faire longues et langoureuses. Secoué de frissons chaque fois qu'il entend une voix s'étrangler dans la cour d'à côté, l'explorateur arrive même à saisir des bribes de discours : « agréable voyage », « dommage que vous ne puissiez pas rester plus longtemps », « des richesses ineffables… en descendant le fleuve ». Le petit homme finit par jeter son masque. Il tient une coupe à la main. Il la lève comme pour saluer l'explorateur.

Mungo regarde vaguement sa main à lui. Il est presque surpris d'y découvrir une coupe identique.

– Levez-la ! lui ordonne Johnson.

Un gargouillement monte de l'autre côté du mur. Ça tient à la fois du grognement et du borborygme : comme un bruit d'air échappé de quelque éléphantesque soufflet de forge.

– Avalez !

L'explorateur lève sa coupe comme s'il voulait porter un toast en l'honneur du petit homme en peau d'hyène. Il l'approche de ses lèvres, l'odeur du liquide lui enflamme les narines. Cela a quelque chose de faisandé qui lui rappelle les bois et les landes où il allait chasser avec son père. Et ce goût… c'est chaud, légèrement salé, on dirait un mélange de rosbif, de foie et de canard. L'explorateur ne réfléchit pas, l'explorateur préfère ne pas réfléchir. Il se contente de vider sa coupe et de s'essuyer les lèvres du revers de la main.

Ailie Anderson porte la tasse à ses lèvres : la vapeur qui s'élève, l'arôme du café qui infuse, sombre comme la terre, lui donnent des picotements dans les narines. Une gorgée : « Tiens ! des glands à l'étuvée... » Puis une autre : « Plutôt une bonne stout bien noire. » Des anciens qui passent leur vie à l'église se sont mis à faire circuler des pétitions contre le café, où il est dit qu'il conduit tout droit à l'avilissement moral, qu'il menace l'équilibre du corps, qu'il combat ce que le Seigneur a voulu quand il a statué sur l'appétit de l'homme. Ailie ne s'en soucie guère. Son plaisir, c'est de boire une tasse de café lorsque le matin est vif et craquant. Elle en aime l'odeur, l'amertume et l'espèce de secousse que cela lui donne.

Plus attachés à la tradition, Gleg et son père, eux, prennent toujours du thé avec leurs bannocks et leur bouillie d'avoine. Ce matin-là, ils sont l'un et l'autre étrangement silencieux. À croire qu'ils conspirent. Le nez dans leurs soucoupes, ils mâchonnent leurs petits gâteaux comme des chevaux à l'écurie. Claquements de lèvres et tintements de petites cuillères dans les tasses, voilà tout ce qu'on entend. La place de Zander est vide. Il s'est levé avant le soleil, il se sentait nerveux, il doit être en train d'errer dans les collines, par là-bas.

Comme à son habitude, Gleg a inondé Ailie de « bonjour » et de compliments pleins de sous-entendus... sur sa robe qui lui va à ravir, sur ses joues qui ont de belles couleurs, sur sa taille qui est si fine, oh ! si fine ! Pour l'heure cependant, il a l'œil endormi et s'est attelé à la tâche, routinière mais fort grave, de s'en mettre plein la lampe. Le père, ni peigné ni rasé, n'a pas prononcé trois mots depuis qu'il a pris place à la table, sinon pour dire :

– Les bannocks sont brûlés, mademoiselle.

Il se penche sur son assiette d'une manière qu'elle trouve brusquement peu distinguée et indigne de sa position. Une bande de peau nue et rose se voit très clairement au milieu de la masse blanche de ses cheveux.

Eh oui, les bannocks sont brûlés. Elle est la première à le reconnaître. Elle avait la tête ailleurs... mais c'est de sa faute, à lui. Deux mois plus tôt – le soleil répandait alors des fleurs sauvages par toutes les collines –, il lui a rapporté un cadeau d'Édimbourg, histoire de la distraire, de lui faire oublier les abîmes de l'Afrique et la fastidieuse procession des jours, des semaines et des mois. Il s'est faufilé dans la maison par la porte du jardin, il faisait une drôle de moue, il avait la main droite profondément enfouie dans la poche de son manteau. Ailie était de nouveau son enfant, sa petite fille. C'est quoi que tu m'as rapporté, c'est quoi ?

C'était un microscope. Pied en bois, cylindre en cuivre, lentille en verre. Si c'était quelque chose qu'on met sur soi ? – non ! Si ça se mangeait ? – non plus ! Non, il ne lui avait rapporté ni un foulard, ni un pendentif, ni une boîte de pralines. Ni non plus un journal de mode, du parfum, pas même un numéro du *Lady's Magazine* ou de la *Monthly Review*. Non, il lui avait rapporté un microscope ! Elle n'avait pu lui cacher sa déception.

Le microscope était resté quinze jours dans le vestibule. Gleg lui faisait la bouche en cœur et son père semblait l'encourager. Sa meilleure amie, Katlin Gibbie, s'était mariée et avait emménagé dans une ferme lointaine. Zander s'était encore plus replié sur lui-même et ne pensait qu'à ses problèmes. Elle était toujours sans nouvelles de Mungo. Elle s'ennuyait. Un après-midi, elle avait regardé un bout de journal au microscope et avait été stupéfaite de découvrir que toutes les lettres y étaient faites d'une myriade de petits points. Sous la lentille, le morceau de fil se transformait en câble de marine, le poil de chien en hallier, la puce en monstre. Elle écuma la maison et examina tout ce qui lui tombait sous la main – la texture de ses jupes, la topographie d'un chiffon de papier, les forces impossibles et délicates qui tiennent la goutte de lait en suspension. Elle passa au jardin. Feuilles, écorce, pétales de roses, insectes. Elle s'émerveilla de l'aile de la mouche avec son fin grillage, de l'antenne de la mite avec ses villosités qui lui font comme un duvet, de la mandibule de la fourmi à la courbe si cruelle. Elle déchira les toiles d'araignées qui pendaient aux bardeaux, elle arracha des plumes à ses tourterelles. Un matin, elle sortit une vandoise de l'aquarium et l'immobilisa pour étudier l'agencement de ses écailles : on aurait dit des vagues superposées déferlant sur une plage. Elle vibra d'enthousiasme. Plus elle trouvait d'objets nouveaux à examiner, moins elle ressentait le vide que Mungo avait laissé en la quittant. Elle sentit que sa vie retrouvait des bases, et elle les regarda s'affermir.

Les murs disparaissaient, relégués sous ses fusains, ses lavis. Ici les nervures d'une feuille, là les tortillons d'une empreinte digitale. Un cil gros comme un poteau, les dentelures menaçantes d'une patte de scarabée. Elle trouva un exemplaire du *Traité de micrographie* de Hooke dans la bibliothèque de son père et le dévora comme une bluette à épisodes. En observant le liège d'un bout de bouchon, Hooke avait percé le secret de sa structure : c'étaient des unités minuscules qui s'entrelaçaient, de petits cubes que l'œil ne pouvait déceler, ni même l'imagination soupçonner. « Cellules », tel était le nom qu'il avait donné à ces unités, tant elles rappelaient celles d'un monastère. Ailie ôta le bouchon d'une bouteille de porto, en détacha une fine lamelle avec le rasoir de son père et fit le point. Elle ne vit que des trous et des fissures. Ce soir-là, elle alla se coucher fort déçue et rêva d'univers bien au-delà de tout ce que l'œil humain pouvait voir, bien au-delà même de ce que le canon à vis de son microscope lui permettait de découvrir. Dans sa tête s'agitèrent des univers encore plus petits, des univers enfermés dans d'autres univers eux-mêmes enfermés dans d'autres univers.

Un jour, elle tomba sur Van Leeuwenhoek.

Ce fut dans un des journaux de médecine de son père qu'elle lut un article faisant référence à ses travaux. Presque cent ans plus tôt, à l'aide d'une lentille extraordinairement puissante qu'il avait lui-même polie, Leeuwenhoek avait réduit à néant l'hypothèse aristotélicienne de la génération spontanée. Dans un mémoire d'histoire naturelle sur la puce et le charançon, il avait affirmé que ces deux insectes naissaient d'œufs fécondés et n'étaient pas, comme on le croyait alors, engendrés par le sable ou par le grain. Tout comme Francesco Redi avait relié la naissance de l'asticot à l'œuf de la mouche commune, Leeuwenhoek avait démontré que les créatures, les plus inférieures même, oui, celles que l'on avait du mal à discerner à l'œil nu, semblablement naissaient de créatures qui les précédaient. Pour Ailie qui avait peiné pendant des jours et des jours en essayant de représenter grossièrement les puces qu'elle attrapait sous le collier de son chien, ç'avait été une véritable révélation.

La bibliothèque familiale était bien incomplète mais, à Kelso, un vieil ami et collègue de son père, le Dr Donald Dinwoodie, possédait la collection complète du *Bulletin* de la Société royale de philosophie, à laquelle Leeuwenhoek avait envoyé ses rapports durant les cinquante dernières années de sa vie. Ailie emballa son microscope et ses carnets de croquis, sella la jument et fit les trente milles qui la séparaient de Kelso. Elle prit pension chez Dinwoodie pendant un mois entier et bûcha tous ses livres. Leeuwenhoek, y apprit-elle, avait vu que la goutte d'eau grouille d'« animalcules », que le sang humain comporte des éléments globulaires en mouvement ; il avait encore découvert des essaims de spermatozoïdes en vibration dans la semence des insectes, du bétail et des hommes. Des univers s'agitaient bien à l'intérieur d'autres univers. Tout excitée, elle avait couru à la tonne, y avait tiré un plein flacon d'eau de pluie et en avait examiné une goutte au microscope, mais n'avait rien vu, faute d'un équipement suffisant. Elle s'était tiré du doigt une goutte de sang pour l'observer mais, encore une fois, n'y avait rien vu. Côté semence, elle s'était promis d'attendre le retour de Mungo.

Une fois revenue à Selkirk, elle continua ses recherches, mais le cœur n'y était plus. À quoi bon ? Personne ne connaissait les secrets de Leeuwenhoek : il était le seul à savoir polir des lentilles capables d'obtenir un grossissement de cinquante à trois cents fois, le seul aussi à savoir disposer convenablement lumières et miroirs pour amplifier ce grossissement. Et puis… son microscope à elle n'était quand même qu'un jouet. Le dégoût l'avait prise. Un matin pourtant, Gleg se faufila dans sa cuisine. Un sourire de crapaud sur les lèvres, il cachait ses mains dans son dos.

– Ce que tu m'as manqué ! dit-il en étirant chaque syllabe comme du beurre sur du pain grillé. Oui, c'est chaque matin que mon cœur saignait de ton absence et chaque soir qu'encore il défaillait lorsque le soleil allait se coucher sans toi…

Elle était en train de pétrir de la pâte. Elle leva les yeux sur lui et fut fort surprise par l'expression de son visage. Il avait la tête agitée de mouvements convulsifs et les oreilles qui remuaient. Un impossible rictus, ah ! cet air fuyant ! lui tirait les joues vers le haut, lui écrasait le nez vers le bas et découvrait la rangée de pierres tombales qui lui servaient de dents. Soudain elle comprit : il avait une attaque. Elle se leva de son tabouret, les mains blanches de farine.

– Georgie, dit-elle, tu ne te sens pas bien ?

Il resta planté là, un sourire béat sur les lèvres, prêt à exploser tant il était plein de la nouvelle qu'il allait lui annoncer. Des bruits de papier froissé montaient de derrière son dos.

– Tiens, fit-il en lui tendant un paquet emballé dans du papier marron, c'est pour toi. Avec tout mon amour et toute mon estime.

Elle s'essuya les mains sur son tablier, ne put s'empêcher de sourire et prit le cadeau.

– Pour moi ? répéta-t-elle en déchirant l'emballage.

Elle retint son souffle. C'était un livre à couverture en cuir et lettrage doré : les *Essais sur le microscope* de George Adams Junior, dans l'édition de 1787. L'ouvrage le plus récent sur ce sujet. Elle lui tendit les bras tant elle était heureuse. Il n'arriva, lui, qu'à lui offrir la paume de sa main molle.

Toujours à ricaner, à trembler et à exploser du dedans comme une otarie avec un poisson dans la gueule, il sortit un deuxième paquet de derrière son dos. Elle en déchira le papier. Une boîte en bois. La chose était lourde. Elle alla la poser sur le comptoir, l'ouvrit avec la pointe d'un couteau de cuisine... du métal qui brille... serait-ce... ?

Eh oui, c'était un microscope W.S. Jones flambant neuf. Trois fois plus puissant que le sien.

– Mais Georgie, comment as-tu…

– Ma tante, explique-t-il. Tantine MacKinnon. Elle est morte d'hydropisie et m'a laissé un modeste héritage… Enfin, je veux dire, se reprend-il en rougissant, te l'a laissé, à toi… fais-en ce que tu veux. Tout ce que je possède est à toi.

Des tambours, voilà ce qui lui battait dans la poitrine. Elle fit tout le tour de la cuisine en dansant la gigue, prit Gleg par la manche élimée de sa veste avachie et l'embrassa.

~

Et donc, oui, les bannocks sont brûlés. Mais, de fait, c'est de leur faute, à tous les deux. Levée avec le jour, elle a collé l'œil au trou doré de son microscope, pour découvrir tout un ballet d'animalcules. Des gros comme une tête d'épingle, vous en avez des centaines. Là, sur les bords de la lentille ombrée par la distorsion chromatique, ils n'arrêtaient pas de se tortiller dans tous les sens. Elle a vu des choses cylindriques, des choses oblongues se propulsant à l'aide de cils ou de queues, des choses qui se confondaient, se scindaient, se rejoignaient. Et encore des choses amorphes, des choses qui avaient l'air d'être tombées de haut, des choses aux bords crénelés, et aussi une grosse tache sombre qui dansait par là-dessus comme un jaune d'œuf dans une poêle à frire. Comment peuvent-ils donc vouloir qu'elle s'intéresse à ses petits gâteaux et à sa bouillie d'avoine, alors que l'excitation de la découverte brille encore dans ses yeux ?

Et même maintenant qu'assise à table, elle prend son petit déjeuner en compagnie d'un Gleg qui s'essuie délicatement les lèvres avec sa serviette en lui coulant de longs regards amoureux, et d'un père qui, lui, rote dans sa tasse de thé, elle n'arrive toujours pas à refermer son Adams aux pages écornées. Elle n'a qu'une hâte : voir ces deux purgons déguerpir, qu'elle puisse enfin retrouver la paix de ses carnets de croquis et de ses outils d'investigation.

Son père s'éclaircit la gorge et repousse sa chaise.

– Gleg, marmonne-t-il d'une voix épaissie par les glaires, si tu allais harnacher les chevaux ? On a une visite à faire du côté de Fowlshiels.

Toujours aussi empoté, Gleg se cogne un genou dans la table... du moins a-t-on entendu comme un coup de marteau bien appliqué ; après quoi, il gagne la porte en traînant la patte.

Le soleil brille, bombarde les rideaux de ses rayons effilés, enflamme la tignasse du vieillard. Il s'est remis à siroter son thé, bruyamment. Maintenant, il s'éclaircit de nouveau la voix : on jurerait une rivière dont on racle le fond.

– Alors comme ça, Katlin Gibbie a convolé, hein ?

Ailie lève le nez de dessus son livre.

– Je sais, père. Il n'y a pas quinze jours de ça. Tu étais même là, fidèle à la tradition, pour lui laver les pieds et lui rompre quelques bannocks sur la tête. Sans parler de la cruche de whisky que tu as descendue... et du branle que tu as dansé sur la table de la salle à manger en hurlant « Hé ! Tuttie Taitie ! » à tue-tête... enfin, si j'ai bonne mémoire.

Le vieillard acquiesce d'un petit sourire, aimable, paternaliste et gamin tout à la fois.

– Oui, oui, il me semble me souvenir de quelque chose de ce genre.

– Alors pourquoi me demandes-tu ça ?

– Eh bien...

Il se gratte le chaume qu'il a sous le menton, croise les doigts, les étire, puis la regarde droit dans les yeux.

– Elle avait seize ans, n'est-ce pas ?

Ailie approuve d'un hochement de tête.

– C'est que tu ne rajeunis pas, tu sais, mademoiselle, finit-il par lâcher.

– Je le sais, mon père.

– Et justement, nous avons ici un jeune homme qui devient tout gâteux quand tu ouvres la bouche…

Elle détourne les yeux, ferme son livre et le pose sur le buffet. Enfin, elle se retourne vers lui et découvre qu'il la fixe toujours du regard. Il a l'air sage, lent, patient et plein de persuasion.

– Je le sais, mon père, dit-elle d'une voix étranglée.

EXTRAIT DES CARNETS DE VOYAGE DE L'EXPLORATEUR

Immédiatement après la découverte de ce fleuve magnifique sur lequel on a raconté tant d'histoires – il est, à mon idée, en tous points supérieur à la Tamise, voire au Rhin –, mon factotum et moi-même nous sommes rendus au palais du souverain de l'endroit, Mansong de Bambara. Accueillis avec une chaleur et une civilité qui nous réjouirent le cœur après tous ces jours passés à lutter contre l'inanition et les assauts impitoyables du désert des Maures. Mansong n'a pas de lions attachés avec des chaînes en or et les rues de sa capitale ne sont pas davantage pavées de ce métal précieux : cela n'empêche pas que son château et les terres attenantes offrent l'image même de l'opulence. Nous avons découvert des patios à l'ibérique, des fontaines bondissantes et des jardins exotiques aux arbres surchargés de tous les fruits et boutons de fleurs imaginables. Après nous en avoir fait traverser toute une série, notre guide nous a enfin introduits au Saint des Saints : Mansong nous y attendait en personne.

Ce potentat est un homme solidement bâti et d'aspect fort jovial. Il était assis sur un trône d'or qu'entourait sa garde d'élite composée de sauvages tous très féroces, taillés comme des chevaux de course et n'ayant pas moins de six à sept pieds de haut. Je lui ai prêté obéissance et offert les cadeaux apportés d'Angleterre. Entre tous a retenu son attention le portrait de son homologue à l'autre bout du monde : notre propre fils de la Maison de Hanovre, oui, de Sa Majesté le roi George III d'Angleterre. Sans mouvement et les traits embrasés par les lumières de la rationalité, il est resté un long moment à contempler le visage et les formes de notre auguste monarque.

Après m'avoir remercié avec profusion, Mansong m'a fait à son tour un cadeau plein de munificence et, du fond du cœur, exprimé l'espoir qu'il m'aiderait à poursuivre ma quête de la vérité. Après s'être lourdement levé de son trône, il m'a enlacé comme un fils enfin retrouvé en me tendant un sac en cuir rempli de cauris – il y en avait là plus de cinquante mille ! Imaginez quelle gratitude fut la mienne devant le geste si altruiste d'un homme qui n'est peut-être pas un modèle de raffinement, mais n'en demeure pas moins un vrai prince de la jungle : me donner ainsi une petite fortune !... une petite fortune qui va me permettre de poursuivre mon voyage, de remonter le fleuve jusqu'à Tombouctou et d'aller jusqu'aux sources mêmes du puissant Niger !

Il nous a pressés de rester, nous a offert des logements princiers et un festin de pains et de mets exquis, bref, de tout ce que la mode locale propose de meilleur, et préparé spécialement pour nous par ses esclaves ; mais, fort désireux de continuer notre voyage, nous l'avons quitté le soir même après lui avoir très fermement serré la main et avoir bu avec lui un dernier verre en grande cérémonie...

TOUS LES SOLDATS DU ROI

– Mais c'est rien que du baratin fétide ! s'écrie Johnson en rendant le bout de papier à l'explorateur. Rien que des craques et du boniment ! La seule chose qui soit à peu près exacte dans tout ça, c'est la taille des gardes. Et l'histoire des cauris.

Mungo continue de chevaucher en silence, une espèce de moue de dédain lui ourlant la lèvre. Son compagnon et lui viennent juste de dépasser la dernière case de Ségou, à demi affaissée sur la piste. Ils se dirigent vers Kabba, à six kilomètres en aval du fleuve. Ils se proposent d'y acheter de la nourriture, d'y passer la nuit et de reprendre la route de Tombouctou pour gagner Sansanding, comptoir commercial tenu par les Maures.

La forêt immense semble les couver. Elle est dense, bâtie à fortes nervures et les enferme comme un gant. Des feuilles colossales et dégoulinantes surplombent le sentier comme des manteaux jetés sur des pieux ; tout empeste un mélange de dépérissement, de gadoue, de chaleur et de lente décomposition. Les pas des bêtes dérangent des choses qu'on ne voit même pas mais qui s'enfuient vivement dans la végétation. Un hyrax grince du haut de son perchoir, des léopards feulent. Il commence à faire sombre.

L'explorateur se retourne sur sa selle et regarde Johnson.

– Exactement ! lâche-t-il soudain en repliant son bout de papier pour le glisser sous le ruban de son chapeau. Tu ne vois donc pas tout ce que mes écrits auraient d'insupportablement ennuyeux si je m'en tenais aux faits purs et durs et ne m'autorisais pas à les embellir ? Comme si les bons citoyens de Londres et d'Édimbourg avaient envie de lire des histoires de misère, de malheurs... et ces trente-sept esclaves éviscérés d'un coup ! Allons, mon cher, la vie qu'ils mènent est déjà bien assez sinistre comme ça. Non, ce qu'ils veulent, c'est du grand spectacle, un brin d'exotisme et beaucoup de merveilleux. Et... veux-tu me dire le mal qu'il y aurait à leur en donner ?

Johnson continue de se traîner sur son âne en écartant les feuilles comme le nageur fend la vague. Il hoche la tête :

– Mais c'est bien explorateur que vous êtes, non ? Le premier Blanc à être jamais venu ici, c'est bien ça ? Celui qui devrait tout dire tel quel ? Celui qui devrait briser les mythes, être iconoclaste, rapporter la vérité vraie ? Eh ben, moi je dis que si vous ne vous montrez pas rigoureux, et dans les moindres détails, oui, navré de vous dire ça comme ça, mais vous ne serez jamais qu'un faux cul.

Johnson a élevé la voix. Il est en colère et frappe sa pintade suppurante. Un morceau en tombe sur le sentier derrière lui.

– Oui, un faux cul, répète-t-il. Un imposteur qui ne vaudra pas mieux qu'Hérodote, Desceliers et tous ces héros qui, bien calés dans leurs fauteuils, ont dressé la carte de l'Afrique entre les quatre murs de leurs bibliothèques bourrées de livres.

– Écoute, Johnson, tu n'es pas juste. Comme si je ne leur en donnais pas, des « faits »... Géographie, culture, flore et faune, tout y passe. Allons, allons ! C'est quand même pour ça que je suis ici, non ? Mais en rester là et ne rien... mais mes lecteurs anglais ne le supporteraient jamais ! Ils veulent des faits ? Qu'ils lisent donc Hansard. Ou la rubrique nécrologique du *Times*. Non, quand on ouvre un livre sur l'Afrique, c'est de l'aventure qu'on veut, du merveilleux... des histoires dans le genre de celles de Bruce et de Jobson. Et moi, justement, des histoires, c'est exactement ça que j'ai l'intention de leur donner, à mes lecteurs. Des histoires !

– Bon, bon, monsieur Park. Je suis navré de vous avoir parlé de ça. Tenez, ce que vous faites de votre livre, je m'en bats l'œil. D'ailleurs, pour ce que j'en verrai, de votre livre... Non, moi, tout ce qui m'intéresse en ce moment, c'est de voir qu'on se traîne comme des escargots et qu'on jacasse sans arrêt alors que le soleil est déjà en train de s'enfoncer dans la forêt, et qu'aussi sûr qu'il existe un enfer, des endroits où dépenser nos cauris, ça doit pas pulluler dans cette jungle... comme quoi aussi, on ferait peut-être bien de s'intéresser à la route, histoire d'arriver à la ville le plus vite possible... pas ?

– Inutile de le prendre de haut, Johnson. Je m'étais simplement dit qu'il ne te déplairait peut-être pas de jeter un coup d'œil à ce que j'ai gribouillé pendant cette dernière lieue de route. C'est tout.

Après cet échange de reparties, le silence se fait, dur et pesant, quoique bien rempli par les amers reniflements des deux hommes et par l'écho des combats qu'ils livrent aux mouches avec une rare violence. Sur le chemin qu'envahissent l'herbe et les ténèbres, on fait des pieds et des mains pour avancer. Bientôt, comme si la faim, l'inconfort et l'irritation générale ne suffisaient pas, une petite pluie têtue se met à tomber. Les voyageurs poursuivent leur route au pas et observent un mutisme plein de rancœurs. Et tandis que les arbres dénient lentement au rythme de leur marche, ils s'enfoncent de plus en plus profondément dans la grande panse verte de la forêt. Tout là-haut, au-dessus de leurs têtes, un énorme ciboa drapé de lianes se profile dans la brume. L'explorateur est sur le point de suggérer d'aller s'y abriter lorsqu'il reçoit un grand coup de quelque chose au menton et se retrouve proprement catapulté au beau milieu d'un monceau de feuilles détrempées.

Il y reste un moment et, sans se préoccuper davantage des insectes prédateurs qui lui remontent déjà le long des jambes et lui dégringolent dans le col de chemise, il prend la mesure de la situation. Puis il entend le cri de Johnson. Cela commence comme un grincement à faire tourner le lait, dévale six ou huit octaves et s'achève dans un hoquet abrupt : l'explorateur n'est déjà plus très chaud pour chercher à savoir ce qui l'a frappé. Il ne s'en lève pas moins et esquisse machinalement un geste en direction du couteau qu'il porte à la ceinture. Il découvre alors le spectacle d'une couvée de géants de six à sept pieds de haut, en train de bastonner la forme inerte de Johnson à l'aide de gourdins grands comme des traverses de chemin de fer. L'un d'eux n'a pas eu besoin de s'y reprendre à deux fois pour abattre la rosse du malheureux : les os ont craqué, l'animal a henni de surprise, comme s'il se demandait ce qui lui arrivait, et s'est écrasé par terre dans un grondement de tonnerre.

C'est alors qu'un des porte-gourdins lève soudain les yeux, montre l'explorateur du doigt et s'écrie :

– *Toubabou*[1] *!*

Le cri fait violemment sursauter celui qui a expédié le cheval dans un monde meilleur et maintenant pille son chargement. Trois pas à peine le séparent de Mungo.

1. « Le Blanc ! »

L'explorateur n'a aucun mal à discerner les gouttes de sueur qui lui perlent à la lèvre supérieure, les pointes acérées de ses dents limées et le sac en cuir noir rempli de cauris qu'il serre dans son poing. En un geste qui tient presque du réflexe, Mungo s'empare de son couteau. Mais tel un gigantesque mastiff, l'autre a déjà bondi sur lui. Un coup au plexus solaire, un autre à l'aine, un troisième juste derrière l'oreille, ça craque, ça l'estourbit et voilà qu'il sent des mains l'attraper sous les aisselles, se poser sur ses bottes, tripoter ses boutons de culotte...

~

Il fait nuit, tout est calme. La pluie tombe entre les arbres en chuchotant. Le cheval est mort, l'âne a disparu, et pas le moindre signe de Johnson. L'explorateur est étendu sur le dos, à même le sol visqueux de la forêt, nu comme l'enfant qui vient de naître, avec le sentiment d'avoir les os brisés en mille endroits : oui, il se sent vraiment très las. Las de l'exploration, las de l'Afrique. Las d'être seul et sans défense dans le noir, las d'y avoir peur. Il se redresse sur les coudes et, malgré la douleur, promène le regard autour de lui. Rien. Les ténèbres sont si absolues et si impénétrables que l'on croirait que la terre a été retournée comme un gant. Mais... qu'est-ce que ce mouvement dans le taillis, ce frémissement de feuilles ?...

– Johnson ?

Pas de réponse.

Il essaie de nouveau :

– Johnson... c'est toi ?

Cette fois-ci, il reçoit une réponse, mais ce n'est pas celle qu'il espérait. Un grondement, très bas et menaçant, ponctue le silence de la nuit. Un grondement aussi sauvage, aussi irrationnel que la forêt elle-même, un grondement aussi dissonant, aussi barbare que la naissance du mal.

FANNY BRUNCH

Par un sinistre après-midi, alors qu'au 32 de Soho Square, la pluie cinglait les vitres et que, le dos encore à vif des coups de rameaux qu'il avait reçus aux bains suédois, Sir Joseph Banks montait lentement les marches du perron, la femme de chambre du dernier étage, celle qui avait les chevilles épaisses et ressemblait à un vieil oiseau, et qui depuis vingt-sept ans travaillait dans la maison, fut brusquement emportée par un accès de fièvre chaude. Elle se trouvait au salon où elle servait le thé à Lady Banks et à Miss Sarah Sophia. Le breuvage avait infusé dans une théière en argent posée sur un plateau, lui aussi en argent. Les tasses et les soucoupes étaient, elles, en porcelaine de Sèvres. Au moment où, la théière à la main, elle se penchait vers sa maîtresse, la pauvre Betty Smoot avait soudain sursauté comme si quelque chose lui mordait les fesses, avait chanté à tue-tête deux vers d'une chanson très cochonne et puis était retombée morte.

Deux jours plus tard, Lady Banks était suffisamment remise de l'incident pour discuter de la situation avec son époux.

– Jos, fit-elle, il nous faut une femme de chambre pour le dernier étage…

Sir Joseph feuilletait le journal à la recherche d'une information sur l'expédition portugaise dans le golfe du Bénin.

– … Cook a une cousine dans le Hertfordshire. À moins que ce ne soit une sœur… enfin, il a quelqu'un. Oui, ils connaissent une fille qui ne demanderait pas mieux que de trouver une place. En fait, je crois que c'est la fille de la cousine de Cook. À moins que ce ne soit la fille de sa sœur… enfin quoi, elle est jeune. Dix-sept ans. Mais je le disais à Cook, une petite jeunesse, ça ne ferait pas de mal dans cette maison.

Sir Joseph leva les yeux de dessus son journal.

– Et elle s'appelle ?

– Brunch, lui répondit Lady B., Fanny Brunch.

~

Fanny Brunch sortait tout droit de sa crémerie. Son haleine sentait le lait tiède, zéphyr où l'on entendait bruire berceaux, tétines, chaudes ténèbres d'avant la naissance. Elle avait la peau douce comme de la crème, ses seins étaient deux fromages, jusqu'à son sourire qui avait quelque chose de butyreux. Elle n'avait pas quinze ans que deux vauriens se déchiquetaient à mort pour elle. À coups de houes. L'année suivante, le seigneur du coin l'enlevait et l'attachait à sa couche. On le surprit en chemise de nuit : son lit était un océan de plumes et Fanny avait les fesses striées de marques de fouet. Ses parents, de pauvres gens qui travaillaient dur et croyaient que l'homme est bon et que Dieu règne sur la terre, décidèrent qu'il était grand temps que leur fille fût placée, quand ce ne serait que pour la protéger. La mort de Betty Smoot était providentielle.

Fanny était aussi ingénue qu'elle avait bon caractère. Du matin au soir, elle souriait comme un champ de blé sous le soleil et ses pieds célestes couraient sans bruit, volaient d'un bout à l'autre de la maison. Après vingt-sept ans de Smoot, Lady Banks ne fut pas longue à lui trouver des airs de brise de printemps. Pris comme il l'était par son Association africaine et les dernières nouvelles de ses explorateurs disparus, Sir Joseph, lui, la remarqua à peine. Ce qui valait d'ailleurs tout aussi bien, la dernière chose dont Fanny eût besoin étant de devoir repousser les avances d'un vieux satyre au cœur de sa tanière. Cook, lui, l'adorait. Le maître d'hôtel, Byron Bount, essaya de lui lécher le bras une après-midi qu'elle avait les manches relevées mais Cook l'en guérit à jamais en lui salpêtrant ses tomates à la poêle. Un incident malheureux se produisit pourtant : un jour, un invité des Banks, un jeune poète mélancolique avec des poches sous les yeux, se jeta d'une fenêtre du troisième étage par amour pour elle. Il se cassa neuf côtes et les deux jambes et y perdit une oreille. À part ça, tout suivait son petit bonhomme de chemin et, au 32 de Soho Square, Fanny Brunch était déjà en passe de devenir une institution.

Ce fut alors qu'elle rencontra Ned Rise.

LES SEPT VILLES D'OR

C'était écrit : voilà en tout cas ce qu'elle se dit en y repensant. Car comment expliquer autrement la série de circonstances qui l'avait amenée à se promener dans Soho Square l'après-midi même (c'était en juin) où Ned Rise y plaçait son caviar ? De fait, Sir Joseph attendait l'arrivée d'un de ses collègues de l'Association africaine, Sir Reginald Durfeys. Ils devaient déjeuner ensemble. Mais voilà : lors de sa dernière visite au 32 de Soho Square, ledit Sir Reginald avait été tellement séduit par la beauté de Fanny qu'il lui avait déchiré sa robe en trois endroits, avait brisé deux vases Ming et s'était offert une légère attaque d'hydropisie qui l'avait laissé sans voix pendant presque une semaine. Fort connu au Parlement pour l'excellence de ses cigares, de ses jugements et de ses pronostics, Sir Joseph avait trouvé meilleur d'écarter l'objet de la tentation :

– Fanny, avait-il dit à sa femme de chambre en lui glissant une pièce dans la main, si tu prenais ton après-midi ? Va t'amuser un peu...

Elle en avait été ravie. Sa première demi-journée de congé après plus de trois mois de travail au service de Sir Joseph et de Lady B. ! Elle avait léché les vitrines, s'était acheté une tarte, avait regardé un bateleur jongler avec une demi-douzaine de hérissons pendant que son compère, un nain habillé de court avec des cheveux roux retenus par un turban, jouait tout ensemble du contrebasson, du violoncelle et de la flûte à bec. Après avoir mangé des caramels salés, manqué de tomber dans une cave et évité de peu de se faire mordre par un chien enragé, elle avait fini par s'asseoir dans un parc et s'était demandé pourquoi sa vie était tellement dépourvue de drames et de tendres abandons. Lorsque enfin le soleil avait effleuré le sommet des arbres, elle avait pris le chemin du retour.

~

Ned, lui, ne voit dans le destin qu'une force purement négative. Il croit fermement à la « Loi de Rise », qui dit que tout ce qui monte contient nécessairement du levain, et il s'attend donc à une proche retombée. Il s'est laissé reprendre par l'étreinte apaisante de la chaise à porteurs : c'est un fait, il a confiance en son déguisement ; il peut se sentir, enfin, un peu mieux – depuis cet instant où Boyles a hurlé son nom dans la rue – mais de là à songer que son ascension n'est plus qu'une question de secondes, décidément, non ! Pas davantage il ne se doute qu'alors même qu'il essaie d'écouler sa camelote dans Soho Square, une découverte de première importance l'attend au coin de la rue. Non, Ned Rise ne nourrit pour l'instant que des pensées de mercenaire. Débits et crédits, livres et shillings. Pots de caviar vendus contre un voyage à Amsterdam, et la perspective de se faire un joli petit magot au plus vite. Oui, Amsterdam, voilà à quoi il pense. Amsterdam, ses canaux, ses tulipes et ses *fräulein* au bout du rouleau. Amsterdam et son genièvre. Hans Brinker[1]. Paris est hors de question. Avec cette guillotine qui n'arrête pas ! Les jacobins, la Terreur !... Non, la terreur, il a déjà donné, ici même, à Londres. Non, Paris est hors de question. Ses putes célèbres et ses vins qui ont de la cuisse (à moins que ce ne soit le contraire), on va laisser tout ça vieillir tranquille... jusqu'à nouvel ordre.

Au 14, la cuisinière lui en prend trois pots et l'invite à boire une tasse de thé. Elle lui fait aussi des compliments sur son bonnet. Il lui en fait d'autres sur ses casseroles. Deux maisons plus loin, une souillon lui claque la porte au nez. Au 19, un chien lui plante ses crocs dans la cuisse. Mais quoi ? Le soleil s'est assis en haut des arbres comme un gros fromage de cheddar tout rond, la brise est pleine de pétales de fleurs et, quoique mort, déprimé et en exil, quoique, oui, hanté par les ombres et habillé d'une robe de femme, Ned Rise penche soudain la tête en arrière et se met à chanter :

Un jour que j'allais à Derby
Pour y faire mon marché,

1. Personnage d'un conte populaire hollandais.

Ah ! monsieur ! la belle brebis !
Mieux nourrie jamais on ne vit
Mieux nourrie jamais on ne vit.

Et cette brebis, monsieur, l'était toute grasse derrière,
Et cette brebis, monsieur, l'était toute grasse devant...

Mais ne voilà-t-il pas qu'au beau milieu de sa chanson il reste tout pantois et se voit contraint de remettre de l'ordre dans ses facultés ? Pure, haut perchée et pleine de l'intime conviction qu'après tout, la paix et la sérénité sont de ce monde, une voix s'est soudain jointe à la sienne, qui avec lui se met à chanter :

Et mesurait bien trente pieds de tour,
Ah ! monsieur ! non, pas plus je ne crois.

Ned pivote sur les talons, ses jupes crépitant et applaudissant autour de lui comme un public caché. Là, devant lui, un panier en osier sous le bras, se tient une fille de dix-sept ou dix-huit printemps. Toquet blanc, frisettes blondes. Petit surplis couleur chocolat par-dessus le plastron blanc amidonné. Une femme de chambre, se dit Ned. Mais déjà elle entame le couplet suivant aussi facilement que si elle chantait devant l'âtre :

Et la laine sur le dos lui poussait,
Jusqu'au ciel, ah ! monsieur !
Et les aigles y faisaient leur nid,
Leurs petits j'y vis de mes yeux.

Et la laine sur le ventre lui poussait,
Jusque par terre, ah ! monsieur !

À Derby alors on la vendit
Et quarante mille livres en tira !

Il en est émerveillé. Abasourdi. On dirait une jeune fille tout droit sortie d'un tableau de la Renaissance. Marie, la Laitière. Le soleil enflamme le nuage de ses cheveux bouclés. Marie, un panier d'œufs frais et un pot de crème nichés dans le creux de son bras tel le Messie enfant. Innocence, beauté, douceur et lumière, le mélange est à couper le souffle. Sans même y réfléchir, ténor à l'unisson de son contralto au timbre tremblant, Ned entame le couplet suivant :

Et tous les garçons de Derby, ah ! monsieur !
Supplièrent qu'un leur donnât ses yeux
Ah, monsieur ! pour s'en servir comme de ballons
Et les lancer ah ! là-haut, jusques aux cieux !

Et la viande de la brebis
Nourrit tous nos soldats,
Et ce qu'il en resta, on le dit,
À notre flotte s'en alla.

Et voilà qu'elle rit, montrant des dents parfaites, rejetant la tête en arrière, faisant saillir un léger double menton.

– La belle voix que vous avez là, madame, lance-t-elle dans son rire.

Ned sourit comme un gredin :

– Et si je n'étais pas ce dont j'ai l'air… madame ?

– Le loup habillé en mouton ?

– Pas exactement, lui renvoie-t-il en ôtant brusquement son bonnet.

Elle joint les mains et pouffe de rire.

– Un monsieur-madame !

– En fait, reprend-il, je sors d'un bal costumé. Très chic. Coupes à punch de verre taillé en forme d'éléphant, petites boules de melon, caviar glacé…

– Oh ! s'écrie-t-elle, ce devait être bien !

Ned claque les talons et incline la tête.

– Ned Rise, à votre service, dit-il.

Elle, c'est Fanny Brunch. Elle est femme de chambre au 32, résidence de Sir Joseph et de Lady Dorothea Banks. Non, elle ne voit pas d'inconvénient à ce qu'il la raccompagne jusque chez elle.

La rue est déserte. Le soleil joue dans les arbres, des oiseaux volettent de branche en branche. Ned prend la jeune fille par le bras et descend lentement l'avenue ; leurs jupes se caressent avec insistance.

– Vous savez, dit-il, que je commence vraiment à me sentir comme Pizarre le jour où il découvrit les Sept Villes d'Or.

LA CHUTE

Qu'y faire ? Sa vie avait changé.

Il se réveillait en pensant à elle, cherchait à placer ses œufs de poisson sans pouvoir songer à autre chose, s'écroulait sur son lit, l'esprit en proie à une sorte de faim douloureuse. Il ressentait tout à la fois le vide et le trop-plein, mais surtout… Fanny, Fanny, Fanny ! Il ne cessait de rêver d'elle. Des femmes, il en avait eu. Des douzaines. Des putains et des filles de salle, des paysannes, des vendeuses, des marchandes de fleurs, des filles de poissonniers et d'étameurs, des infirmières, des nourrices, des ivrognesses et des salopes, bref, toutes les Nan Punt et Sally

Sebum de la création. On n'avait qu'à faire fonctionner l'engin voilà tout. Pénétration, une-deux, satisfaction. Mais là, c'était tout autre chose. Cette fois-ci, son cœur était de la partie. Et sa tête avec.

Dès le lendemain, il se mit à hanter Soho Square... déguisé en accordeur de piano. Il pleuvait. Non, en fait, il bruinait. Sa moustache postiche ne tarda pas à pendiller, ses cheveux à déteindre, et le sac où il avait rangé ses diapasons, ses marteaux en étain et ses plumeaux à se délaver. En jetant un coup d'œil par la fenêtre de sa bibliothèque, Sir Joseph le vit s'adosser à la grille en fer, solitaire et transi. Lady Banks passa devant lui en se rendant à son whist chez Mrs Coutt. Un chat perdu urina sur ses bas. Un peu plus tard, un employé de la maison J. Kirkman & Fils, Facteurs de piano-forte, sortit du 38 en fronçant les sourcils et lui ordonna de déguerpir. À aucun moment, Fanny ne sut qu'il était là.

Le lendemain, ça ne s'arrangea pas. Il avait loué une voiture dont, reléguant le cocher à l'arrière, il avait lui-même pris les rênes en main pour sillonner Soho Square au trot dans tous les sens, de l'aurore au crépuscule. Il guettait tout ce qui pouvait bouger aux fenêtres du 32 mais son entreprise ne connut que ces deux succès : vues partielles sur Byron Bount, et plein cadre sur le buste du roquet de Lady B. Les jours suivants, il se déguisa en marin, en raccommodeur de soufflets, en vendeuse de bouillie d'avoine, en laveuse de planchers, en syphilitique au dernier stade de la maladie, en garde du roi. Cela faisait maintenant une semaine entière que Fanny n'avait pas mis le nez dehors. Ned sentait l'argent lui filer entre les doigts. Son petit commerce de caviar commençait à dépérir.

Un soir enfin, alors que, toujours aussi maussade, il bayait aux corneilles, revêtu cette fois des haillons couverts de suie d'un ramoneur, il vit s'ouvrir la porte de la maison et, tirée par un roquet au bout d'une laisse d'argent, une femme descendre les marches du perron. Le cœur battant, Ned s'approcha d'elle et se demanda aussitôt comment la saluer (en sifflotant quelques mesures de « La brebis de Derby », peut-être ?) et s'excuser de son aspect à l'aide de quelques phrases bien senties.

– Fanny, lança-t-il dans un chuchotement qu'étranglait la passion.

– Hein ? Quoi qu'y a ? lui répondit-on d'une voix à récurer tous les égouts de la ville.

Le visage qu'il découvrit disparaissait sous l'eczéma. Un seul œil y luisait d'un éclat laiteux. Le roquet gronda.

– Je vous demande pardon, mam'selle, dit-il en s'inclinant, mais je vous avais prise pour Fanny Brunch.

– Pour qui ça ? Fanny quoi ? Jamais entendu causer de c'te dame-là.

C'était à la souillon, Barbara Dewfly, qu'il était en train de parler. Cinq shillings plus tard, elle se souvint de Fanny : « Ah, oui ! c'te petite garce qui lave les chaussettes à Sa Seigneurie. » Elle ajouta qu'« il lui en coûterait sacrément cher si jamais on la surprenait en train d'y passer un billet doux ou quoi ». Ned lui glissa une deuxième pièce dans la paume de la main et un petit mot gribouillé à la hâte : « Retrouve-moi à la porte de derrière à minuit. Ton Serviteur Humble et Dévoué qui brûle de mieux Te connaître. Ned Rise. » Le chien lâcha une crotte sur le trottoir, Mlle Dewfly ramassa ses jupes, remonta les marches du perron et disparut.

Il convient de remarquer ici que la vie offerte aux domestiques dans l'Angleterre des Hanovre ne leur permettait guère de frayer avec le reste de la population. Avaient-ils la chance de faire l'affaire, qu'ils étaient engagés à vie. Abandonner la famille, renoncer à toute attache, à toute affection, dire adieu au sexe, chasser l'espoir de se marier un jour, voilà ce que l'on attendait d'eux. Dès l'embauche, il ne leur fallait plus exister que pour le confort et l'agrément de leurs maîtres. Très vite, ils se transformaient en abeilles besogneuses, tournicotant sans cesse autour de bourdons paresseux et de reines aussi enflées qu'impotentes. Pour récompense, des gages s'élevant à six ou sept livres par an, un âtre bien chaud, un lit aux draps secs et, plus important encore, trois solides repas par jour. Les rues regorgeaient de voleurs et de mendiants, les prix montaient sans arrêt à cause de la guerre que l'on faisait à la France, les logements étaient inhabitables quand seulement ils existaient et c'était à pleines charretées que rachitisme et phtisie emportaient jour après jour des gens qui n'avaient rien à manger : des places de femme de chambre ou de valet de pied étaient-elles de ces choses sur lesquelles on crache ? Perdre un peu de son indépendance ne semblait pas un prix énorme à payer.

Ainsi en allait-il pour Fanny. Elle était passée d'une existence rurale où l'essentiel était la survie (elle avait trait les vaches et pelleté la merde moyennant trois assiettées de gruau par jour) à une vie d'aisance et d'abondance relatives ; elle avait simplement changé de maître, et troqué ses parents contre Lady B. Celle-ci l'avait d'ailleurs, et ce dès l'instant où elle avait franchi la porte de sa demeure, mise en garde contre les horreurs et l'avilissement de l'amour physique, qui conduit à l'esclavage de la maternité, et, après lui avoir fait cadeau d'un livre de prières, lui avait encore dit qu'elle allait devoir, et tout de suite, se consacrer à des choses nettement plus nobles. Son discours une fois terminé, Lady B. lui avait décoché un adorable sourire de grand-mère et lui avait demandé si elle avait bien compris. Fanny avait hoché solennellement la tête pour lui répondre que oui, elle avait bien compris.

Il n'empêche. Elle se trouva dans le jardin de derrière lorsque le crieur public annonça minuit.

~

Après ce premier rendez-vous furtif, qui ne fut que mains pressées et serments échangés, Ned Rise se mit à rôder très régulièrement, et toujours de nuit, dans le jardin de Sir Joseph. Parfois les amoureux restaient là, assis, à se chuchoter des choses tendres et à s'enlacer pendant des heures entières, parfois encore ils filaient dans une auberge pour y prendre un repas et y faire plus confortablement l'amour. Ils mangèrent du caviar sur des toasts. Ils burent du vin. Fanny lui raconta la ferme, le viol par le maître de l'endroit, un sieur Trelawney, et le duel à la houe. En retour, Ned lui avoua quels débuts lamentables il avait eus, quels efforts il avait dû déployer pour arriver et pour être connu sur la place. Au moins, ce dernier point était acquis, et le résultat honorable : mieux à son aise qu'un banal homme d'affaires, lui dit-il, il se trouvait déjà rentier ; n'avait-il pas le privilège de frayer avec les aristocrates et leurs parasites, du genre Lord Twit et Beau Brummell ? À l'énoncé de ces noms si célèbres, elle ne put s'empêcher d'écarquiller les yeux. Elle le pressa de lui donner des détails. Il les inventa. Puis, un soir, sous le limettier de Sir Joseph, allongé près d'elle dans le profond tapis qu'y offrait l'herbe, il lui demanda de s'enfuir avec lui. Les branches portaient la lune en pendentif. Le chant d'un oiseau s'éleva en sourdine. Elle accepta.

Il en fut tout ému. Enfin un début de quelque chose dans sa vie ! Enfin un centre ! Enfin un *la* sur lequel accorder son existence ! Il songea à sa clarinette. À des bourgeons s'ouvrant dans des coins sombres. À une petite auberge en Hollande ou en Suisse, qui sait ? À un âtre en pierre, à un chien, avec Fanny à ses côtés. Le lendemain il alla au clou retirer sa clarinette et acheta deux billets pour La Haye, *via* Gravesend. Ensuite il emmena Fanny au *Pré à l'Agneau* et, tandis que Vénus traversait lentement le ciel, il lui joua « Greensleeves » dans un arrangement pour clairon. Encore deux semaines et ils seraient partis.

Et pourtant, il était inquiet. Toutes ces extases, tous ces déchirements étaient certes délicieux, mais l'éloignaient de son travail. Ned avait encore soixante-trois pots de « Friandise de Tchitchikov » dans ses caves du Sentier de l'Ours. Il y avait longtemps que l'esturgeon l'avait laissé tomber, la saison de la ponte était terminée, il avait donné congé à ses chenapans des rues et octroyé un bonus de cinq livres à Sem et à Liam mais... mais cela faisait presque un mois qu'il n'avait pas vendu un pot de caviar. C'est vrai qu'il lui en restait un bon paquet – pas loin de trois cent cinquante livres, dans sa malle, sous le lit – mais vu ce que cela lui avait coûté de faire la cour à Fanny, ce serait dommage, que dis-je, péché !, de laisser pourrir ces soixante-trois pots. Qui plus est, ils auraient besoin de tous leurs sous, jusqu'au dernier, lorsqu'il leur faudrait s'installer aux Pays-Bas, avec à leurs trousses tous ces rapaces de Hollandais qui reniflent l'argent à dix lieues à la ronde.

Il repartit pour les rues et, en homme qui sait mener sa barque, il déploya, pour placer sa marchandise, une ferveur proprement évangélique. Le prix, il l'établissait au petit bonheur. « La Grande Catherine en raffole, raconta-t-il au chef cuisinier du restaurant White. Elle vous arrose ça avec de la vodka glacée et du kvas à pleines chopes. » Il levait le pot à hauteur des yeux du bonhomme. L'étiquette s'ornait de deux dessins : le premier représentait une vague bâtisse – « le Kremlin », précisait une légende en gros caractères – et le second un chien-loup qui ressemblait fort à un phoque atteint d'épilepsie. Le chef cuisinier en prit six pots. Lord Stavordale – saoul jusqu'aux os, il sortait du *Grand Coquin* après avoir laissé onze cents livres à une table de whist – lui en acheta un pot qu'il consomma sur place. Lady Courtenay en envoya deux à sa vieille fille de tante qui habitait Bath; Messrs Grebe et Parsley, de Bond Street, en dégustèrent un sur des tartines au petit déjeuner; la dame de compagnie de la femme du Premier ministre, Rose Elderberry, s'en servit pour raffermir la beauté de son visage. Bref, la Friandise de Tchitchikov, rareté sur le marché, faisait fureur. Ned épuisa son stock en moins d'une semaine.

Il additionna ses gains, en déduisit le montant de ses frais (déguisements, pots, étiquettes, sel, déplacements en chaise et autres) et découvrit que son trésor s'était encore accru de plus de cent livres. Il en fut ravi. Et donc, pourquoi en rester là ? Les harengs n'avaient-ils pas commencé à frayer ? Sem et Liam n'en retiraient-ils pas du fleuve de pleines charretées ? Il en salerait les œufs, les brunirait un peu avec du noir à chaussures, les mettrait en bocaux, y collerait des étiquettes et l'on n'y verrait que du feu. À supposer qu'on découvre le pot aux roses, Fanny et lui seraient bien à l'abri, en Hollande, dans une semaine. Il concocta vingt-six pots – il eut même recours à des œufs de grenouille lorsque le hareng vint à manquer –, se déguisa en virtuose de la balalaïka et vendit tout son lot en une après-midi. Cinquante-deux livres de plus ayant atterri dans son coffre en fer, il décida que Fanny serait la seule bénéficiaire de sa fortune.

Mais un soir, alors qu'ils étaient à quelques jours du départ, la belle ne parut pas au rendez-vous qu'ils s'étaient fixé. Abasourdi, Ned perdit la tête et se laissa aller au doute et à la mélancolie. Trois heures durant, l'estomac à l'envers et la tête pleine de serments, de résolutions et de grands discours, il passa et repassa sous ses fenêtres désespérément noires. Pour finir, toujours sous l'empire de sa frustration, il alla jusqu'à massacrer un parterre de pivoines. Vaincu, il s'était résigné à escalader le mur du fond pour repartir chez lui, quand, arrivé en haut, il crut entendre un bruit qui paraissait venir de la maison. Cela ressemblait à un sifflement… à un grincement… au bourdonnement d'une mouche coincée derrière une vitre. Il retint son souffle. Bzzzzz, ça recommençait.

Il se laissa retomber dans le jardin et s'approcha de la maison avec méfiance. Elle se profilait au-dessus de lui, avec ses volets fermés, noire comme la tombe, haute de ses trois étages surmontés d'un grenier. À des bouquets d'ombre, on devinait ici des buissons, là un jardin de rocailles, là encore des bancs et des bassins pour les oiseaux. Parvenu au pied du limettier, il s'aperçut qu'une des fenêtres du troisième avait les volets légèrement entrouverts.

– Fanny ? souffla-t-il.

Tendue et susurrante, la voix de la belle lui revint en écho :

– Ned, ô Ned, fit-elle, où es-tu ?

– Ici, murmura-t-il en sortant de l'ombre. Qu'est-ce qui se passe ?

Il vit enfin son visage, pâle ovale se détachant, dans le cadre de la fenêtre, sur l'obscurité de la maison.

– Chchchchut ! Lady B. connaît notre secret. En tout cas, elle se doute de quelque chose. Elle a fermé toutes les portes et a emporté la clé dans sa chambre.

– Oh non ! Mais c'est pas possible !

La nouvelle lui cause une vive douleur au bas-ventre : envolée d'un coup, cette folle espérance qui lui était soudain poussée là, au seul son de sa voix ; désormais tout languide, il n'est plus que douloureuse et insondable déception.

– La salope ! marmonne-t-il.

Et soudain il se prend à déchirer comme un fou les fines pousses de lierre qui strient le bas du mur. On va voir ce qu'on va voir ! Il montera jusqu'à elle.

– Ned ! Voyons ! chuchote Fanny. Tu vas réveiller toute la maison !

Elle ne s'est pas trompée. Il n'a pas encore décollé le pied du sol que soixante à soixante-dix racines de lierre, toutes molles, s'abattent autour de lui. Il écarte les feuilles de son visage, recule d'un pas ou deux et exige une explication : pourquoi tout a-t-il si mal marché ?

Elle le lui dit en deux mots, de sa voix la plus sourde : c'est son manque de sommeil qui l'a trahie. Lady B. la trouvait un peu nonchalante, et puis lente à sourire. Avait-elle assez à manger, se sentait-elle malade ? Quelques jours plus tard, Sir Joseph à son tour la surprenait en train de dormir dans la bibliothèque, son plumeau à la main. Il lui demanda si elle ne se couchait pas trop tard. Parce que non, passer son temps à ricaner avec les autres donzelles en lisant tous ces romans scandaleux d'Horace Walpole et d'Ann Radcliffe !... Elle nie. Mais voilà que le lendemain soir elle s'endort à moitié en servant à table et ébouillante Sa Seigneurie avec la soupe de lièvre. Lady B. la chasse de la salle à manger. Les maîtres la rappellent au salon pour lui faire subir un interrogatoire en règle. En larmes, Fanny assure qu'il n'y a pas d'homme dans sa vie. Non, non, elle ne donne de rendez-vous galants à personne. Je vous en prie, madame, que pensez-vous donc de moi pour aller chercher tout ça ? Non, tout bêtement elle a le sommeil agité : c'est le mal du pays, alors elle a pris l'habitude de demeurer jusqu'à point d'heure au jardin à écouter les grillons et le rossignol. Elle ne voit pas qu'il y a de mal à ça. Lady B. ressemble à un bourreau atteint d'indigestion. Elle déclare que Fanny se conduit de manière bien « anormale » et lui prescrit une semaine entière de cuisine avec corvée d'épluchage et de préparation des viandes. « Voilà qui devrait te fatiguer comme il faut, ma petite », lui dit-elle ; et elle ordonne à Alice de faire le tour de la maison et d'en fermer toutes les portes à clé.

Rien que d'y penser, Ned se met à jurer : Fanny à la cuisine ! Fanny prisonnière !

– Parfait, dit-il. On va lui faire son affaire. On se retrouve demain, à 2 heures du matin. J'aurai une échelle. Tu pourras rester chez moi jusqu'à samedi. Après, on prend le bateau pour la Hollande.

– Je t'aime, Ned, lui murmure-t-elle d'une voix légère comme plume.

Il était sur le point de lui faire, du fond du cœur, la réponse de tous les amoureux du monde, lorsque le roquet se mit soudain à aboyer et à japper dans la maison comme si on lui arrachait la queue. Les volets de Fanny se fermèrent avec un bruit sec. Ned prit ses jambes à son cou, mais tomba, à la porte de derrière, sur quelqu'un qui tenait une lanterne à la main… Bount ? Sir Joseph ? Et voilà, le roquet était dehors : sur la pelouse volait une simple boule de poils qui serait le jouet d'une tempête, et qui talonnait Ned de mille yip-yip suraigus. Il y eut un éclair, une détonation, Ned franchit le mur et disparut dans la nuit.

~

Il se faufila le long des ruelles sombres avec la grâce lente et pleine d'assurance d'un grand félin. Dans cette obscurité générale, il ne faisait pas bon se promener dehors à cette heure : partout rôdaient le voleur de grands chemins, le coupe-bourse, le poivrot et l'assassin. Ned se fit tout petit. Sa stratégie – s'enfoncer dans l'ombre et en ressortir, rester collé aux murs, couper à travers cours chaque fois que c'était possible, veiller scrupuleusement à éviter tout contact humain – lui permit de regagner Southwark. Ce qu'il avait pu avoir chaud dans le jardin ! Qui sait ce qui serait arrivé si Sir Joseph n'avait pas été pareil manche au pistolet ! Toujours est-il que cela ne présageait rien de bon. Et s'il leur prenait l'idée de l'attendre en bas du mur, lui et son échelle ? Il songea un instant à emprunter la vieille arquebuse rouillée de Liam.

Lorsque enfin, près d'une heure plus tard, il tourna le coin du Sentier de l'Ours, Ned Rise n'en pouvait plus. Un après-midi de démarchage plus une longue soirée de frustration dans le jardin de Sir Joseph avaient eu raison de lui. Il se promit de dormir jusqu'au lendemain soir. Après quoi il s'occuperait de trouver une voiture, une échelle et peut-être même un pistolet, et s'en irait chercher sa chère Fanny. Le cœur en joie, il monta l'escalier qui conduisait à sa chambre : demain soir, il aurait sa Fanny à côté de lui, oui, dans son lit ; seuls au monde, ils respireraient la paix et la tranquillité. Fini les allées et venues en catimini dans le noir, fini les séances d'amour à la va-vite, fini l'herbe humide et les haies pleines d'épines. Des vagues lui montaient encore du ventre lorsqu'il tourna la clé pour entrer chez lui.

Il ne prit même pas la peine d'allumer la chandelle. Il se contenta de se débarrasser de sa veste en se tortillant, arracha sa fausse barbe et se jeta sur sa couche. Mais !... Eh là ! qu'était-ce donc ? Il y avait quelqu'un dans son lit ! Il se demanda d'abord si ce n'était pas Fanny... mais une explication autrement plausible et glaçante s'imposa bientôt à son esprit...

À cet instant précis, une allumette craqua à l'autre bout de la pièce, éclairant le visage rougeaud et acromégalique de Smirke. La mèche de la lampe ayant pris, la chambre fut inondée de lumière. Ned recula d'horreur : elle était pleine de gens. Twit et Jutta Jim s'étaient adossés à la commode ; Mendoza était assis sur le lavabo, à côté du jeune fat à minois d'ange qui lui avait tendu sa veste un soir dont il eût préféré tout oublier. Et puis, il y avait Smirke. Smirke qui le dominait de toute sa hauteur, Smirke avec son petit rictus d'ours brun en chaleur. Dans son lit enfin, Boyles était étendu et ronflait comme un sonneur.

– Tiens, tiens, tiens ! entonna Twit de sa voix flûtée et nasillarde, ah ! la jolie surprise ! Ça fait drôlement plaisir de te revoir !

On entendait des coups sourds : c'était Mendoza qui tapait sur l'embase du lavabo avec une chaussette remplie de sable.

– Ah ça oui, drôlement plaisir ! Je ne comprends vraiment pas pourquoi tu ne nous as pas invités avant. L'argent qu'on se serait pas fait sur le miracle de ta résurrection ! Les papistes s'en seraient léché les babines.

Sa voix s'étant muée en un grondement de chien, il ajouta :

– Les larrons qu'on a crucifiés à côté de Jésus, on peut pas dire qu'ils ont eu ta chance…

– T'vas 'oir ta sale gueule de fumier ! tonna Smirke.

Ce fut alors que Ned découvrit son coffre-fort en fer. Serrure bousillée, couvercle tordu sur ses gonds, il était posé sur la table. Vide.

– Qu'est-ce que vous avez fait de mon fric, bande de salauds ?

Il s'était redressé d'un bond. Complètement saoul, Boyles se remit sur son séant et se frotta les yeux.

– Disons qu'on s'est payés de l'*houmiliacione* que tu nous as coûté, espèce d'ordure ! siffla Mendoza.

– Neddy ! s'écria Boyles en l'attrapant par la manche. J'te jure que j'voulais pas leur dire... mais y m'ont forcé...

Ned sentit monter sa colère. Il n'arriverait jamais à enlever sa belle et ce serait à cause d'eux ! Sans même parler de la tournée mémorable qu'il allait prendre. Sévère, qu'elle serait ! Soudain, il s'empara de sa cassette en fer, la jeta au visage du jeune fat et se rua vers la porte. Mendoza l'y attendait. Le nerf de bœuf le frappa à la pommette : deux cinglons lestement appliqués. Et puis ce fut au tour de Smirke de prendre le relais.

Il le cueillit au rebond. Le premier coup de poing l'assomma ; la violence du second le repoussa vers la fenêtre. Smirke l'y poursuivit. Ses bras battaient l'air, il recevait un coup après l'autre, il s'affaissait, repartait s'écraser contre un autre, le temps de se demander : Twit ? Il y eut des bruits de verre cassé, puis un cri s'éleva, suivi d'une espèce de hurlement où se mêlaient le désespoir, l'incrédulité et la fureur : le cochon au moment où le couteau du boucher lui crève la gorge.

Ned baignait dans un océan d'éclats de verre. Smirke et Mendoza s'étaient penchés à la fenêtre. Assis dans un coin, le jeune fat reniflait fort et gémissait en essuyant le sang qui lui avait coulé sur la joue.

– Je vais avoir une cicatrice. Je suis marqué à vie.

– Doux Jésous ! s'écria Mendoza d'une voix tremblante, il s'est transpercé !

Ned se remit debout en vacillant et alla regarder par la fenêtre. En bas, le corps horriblement tordu de Twit empalé sur les pointes de la grille en fer. On commençait à venir voir. Deux hommes se penchèrent sur le corps et l'examinèrent à la lumière d'une torche.

– L'est mort ! fit l'un d'eux.

Mendoza avait un teint de cendre. Brusquement, il attrapa Ned par le bras.

– Allez, cria-t-il. Ce sera donc un meurtre. Qu'on appelle la garde !

UN COUP DE FEU DANS LE NOIR

Pendant un instant il n'y a rien. Aucun bruit. Il n'y a que le noir de la forêt, que ces gouttes de pluie qui tombent une à une, lentement. Les ténèbres sont si absolues, si impénétrables, figurent si bien l'absence de tout qu'il est aveugle, ou c'est tout comme. C'est ça, vivre dans une grotte, se dit-il, c'est ça, vivre sans feu ni cire à chandelles, c'est ça le septième cercle de l'enfer. Et puis ça recommence : cette branche qui remue, ce bruit de pas hésitants, ce grondement bas, comme un tocsin qui n'en finit pas... Oui, j'ai peur, mais je tuerai.

Dans les feuilles et l'humus, Mungo cherche désespérément une pierre ou un bout de branche, une racine, la mâchoire d'un âne, n'importe quoi pourvu qu'il puisse s'en protéger le visage lorsque la chose qui gronde se jettera sur lui dans un déferlement de crocs et de griffes. Le terreau qu'il sent sous ses mains est riche et saturé d'humidité. On dirait des grains de café ou la boue noire qui colle au fond de la tombe. Des choses qui ressemblent à des vers lui filent entre les doigts, une araignée lui grimpe le long du bras. Ça y est : il a attrapé quelque chose, un bâton, il n'y a pas à en douter. Mais non, c'est plus épais et plus lourd, ça a la taille d'un gourdin. Il tire dessus pour le dégager mais on dirait que l'objet s'est coincé. Et voilà que tout d'un coup le grondement devient plus vif, comme si c'était provocation que de vouloir s'emparer de ce bâton. Le bruit se rapproche, se fait avertissement, menace, imprécation, souffle chaud qui siffle et qui crache. L'explorateur secoue son bâton un grand coup, il en va de sa vie ; la fièvre monte, le grondement est presque sur lui, se mue en rugissements furieux, assoiffés de sang, en... raaaaaaaaôôôôô !...

On est bien sûr à l'heure la plus sombre, juste avant l'aurore : la scène est soudain illuminée par l'éclair d'un coup de pistolet, et complètement emplie par sa détonation. La carcasse du cheval, sa patte raide que l'homme tient dans la main, la bête aux babines retroussées, au venimeux regard incandescent, qui fuit dans la nuit... tout se met en place, mais pour un instant seulement. Le grand voile noir retombe aussitôt, la détonation se perd en échos dans les arbres.

– Monsieur Park... ça va ?

Que dire ? Il est nu, il a les os rompus, il ne vaut pas mieux qu'un mendiant, il n'a plus de cheval... mais il ne serait ni déchiqueté ni dévoré ? Il est perdu, mais ne serait point seul ?

– Johnson... souffle-t-il.

La voix de Johnson lui revient de quelque part, désincarnée.

– Z'avez des os cassés ?

Il a l'impression de jouer à cache-cache dans une cave à charbon.

– Où es-tu ?

Il sursaute lorsque Johnson l'effleure de la main.

– Ici, monsieur Park. Ici.

Et maintenant, il murmure comme un amant :

– Johnson...

Et puis :

– Mais toi ?... Ça va ?

S'ensuit tout un enchaînement de bruits violents, tous liés à la respiration : on se racle la gorge, on crache, on tousse en quintes tour à tour cassantes et baveuses, et pour finir ça grogne et ça siffle de la poitrine tant et plus.

– Je suis à peu près aussi esquinté qu'on peut l'être sans être encore entre les mains du croque-mort... et je mens pas.

Une vague de dépression monte du vide, roule haut, s'abat sur l'explorateur. Il a les épaules basses, les parties gelées, les côtes qui hurlent qu'on s'occupe enfin d'elles. Et son genou gauche : on dirait qu'il est déboîté. Il se remet à parler et c'est d'une voix presque inaudible.

– Bon, et maintenant ?

– Quoi, « et maintenant » ?

– Qu'est-ce qu'on fait ?

– On se trouve un arbre.

– Un arbre ?

– Ben, pour monter y attendre le jour, pardi ! À moins que vous ne préfériez traîner sur le plancher des vaches, attendre que notre gros chat revienne y chercher sa ration de cheval ?

Mungo réfléchit une minute. Criquets, grenouilles ou autres, ça s'est remis à piailler un peu partout.

– En fait, dit-il pour finir, j'en sais trop rien. Ça aurait au moins l'avantage d'aller vite.

LA MORT, ÇA RESSEMBLE À QUOI ?

Au matin, Mungo se réveille en sursaut. Il y a un singe chauve et minuscule, aux yeux en balles de golf, qui est en train de le dévisager. L'explorateur va pour le chasser à grands cris lorsque la branche sur laquelle il se tient plonge violemment vers le bas, puis le désarçonne en repartant vers le haut comme un ressort. Moment de pure apesanteur – moment éthéré, presque capiteux dans son unicité. Tout de suite après pourtant, la terreur lui arrache les boyaux et l'image, fugace mais nette, du funambule de Bartholomew lui revient à l'esprit. La première branche le gifle au visage, la deuxième lâche sous lui ; après une chute de quelque vingt pieds, il réussit quand même à s'en coincer une troisième sous l'aisselle et retrouve l'équilibre. Il grogne, maudit sa mère, le Créateur et l'Association africaine, et parvient à rejoindre le tronc, qu'il enlace alors comme une amante retrouvée. À ce moment-là, il décèle du coin de l'œil un mouvement dans l'arbre : juste au-dessus de lui, le petit singe se balance, une main gauche accrochée à la branche. La créature ratatinée lui jette un regard interrogateur, avance prudemment un doigt, et d'une caresse aussi douce qu'un baiser, lui effleure le front.

De fourche en fourche, l'explorateur gagne le pied de l'arbre. Johnson est déjà assis là qui l'attend. Il s'est enveloppé dans sa toge mais a perdu ses sandales. Même à se dire qu'on est en pleine mousson, et que la scène se passe au cœur de la zone des pluies… pour pleuvoir, il pleut ! Mungo reste planté là un instant. Il est en chemise. Pieds, jambes et fesses nus. Sa toison pubienne a pris la couleur d'une purée de navets.

– J'allais te dire bonjour, lance-t-il, mais vu les circonstances, ce serait plutôt une obscénité.

Johnson pousse un grognement. Il a l'œil droit si gonflé qu'il n'est pas question de l'ouvrir. Et une traînée de sang s'est coagulée dans ses cheveux, juste au-dessus de l'oreille.

– T'as une sale gueule, tu sais ? fait Mungo.

– J'ai l'impression de m'être fait traîner par la malle-poste de Bristol jusqu'à Covent Garden, acquiesce Johnson. Et d'avoir reçu une volée de coups de marteau par-dessus le marché.

Le nègre lèche sa lèvre fendue et jette à terre une glaire rouge sombre.

– Tenez, dit-il en sortant le haut-de-forme écrasé de derrière son dos, ils vous l'ont laissé. Ça valait pas le coup...

– Comment ça, ça valait pas le coup ? Mais il y a toutes mes notes, là-dedans !

– C'est bien ce que je disais.

– Je vois qu'ils t'ont laissé ta toge.

– Ça valait pas le coup non plus. Mais y m'ont piqué mes sandales, ces salauds. Et mon âne.

À peine a-t-il parlé de cela que l'explorateur pivote sur les talons d'un air hébété.

– Mais... et le cheval, où il est ? Johnson hoche la tête.

– Tu vas pas me dire que ce léopard s'est envoyé un cheval entier dans la nuit, hein ?

– Constatez vous-même, monsieur Park. Tenez, d'ici, on voit très bien par où il l'a emporté.

L'explorateur regarde. Il découvre une espèce de passage taillé dans la végétation. Rejets et vrilles écrasées, branches cassées net, plantes aplaties. On dirait qu'on y a traîné une barque.

– Bon, eh bien, mon ami, il n'y a qu'à se bouger, lance Mungo, allez, on va le retrouver ! Voilà des jours et des jours, voire des semaines, que je ne me suis pas mis de rôti sous la dent !

– Impossible. Il a dû le cacher dans un arbre. C'est assez répandu chez les léopards, ce genre de pratique. Ils mangent tout ce qu'ils savent, et les restes, ils les planquent dans un endroit élevé où les chiens, les hyènes et autres peuvent pas l'attraper. Un soir, j'étais enfant, on était en train de dormir dans la hutte quand un léopard emporte ma tante Tota. Le lendemain, on est allés la chercher. Tenez, j'avais que neuf ans mais c'est moi qui l'ai trouvée. Elle était coincée en haut d'un arbre, à moitié boulottée et les yeux couverts de mouches. C'est la tête que j'ai vue en premier, comme une pastèque ou approchant, et qui pendait...

– Bon, bon, je vois le tableau. Alors qu'est-ce qu'on fait ?

– Ce qu'on fait ? On reprend le trimard, jusqu'à Kabba ; là-bas en bas, on fait la manche, et après, on avise, pour voir comment rentrer à Dindikou.

– Quoi ! Moi, rentrer sans avoir accompli ma mission ?

– Hé ! faudrait voir à regarder les choses en face. Votre mission, il s'en est pas fallu de beaucoup que vous y mettiez ici même le point final. Et avec les pluies, ça va être encore trois fois plus impossible d'aller nulle part... merde, tenez ! il est même pas exclu qu'on puisse plus jamais rentrer ! Ne pas oublier que plus on remonte le fleuve, plus y a de Maures à se taper. Sansanding, c'est une ville maure, enfin... à ce qu'en dit Éboé. Et Tombouctou, c'est pareil. Vous voulez vraiment voir comment qu'y vont vous y nazariner à mort ? C'est ça que vous voulez ?

L'explorateur raidit la mâchoire. Il entrouvre à peine les lèvres et prononce, ému :

– Le cours de ce fleuve, je le découvrirai, dussé-je pour cela aller danser tout nu au milieu de l'enfer !

– Ha ! Ha ! Excusez-moi de vous l'rappeler, monsieur Park... mais pour ce qui est d'être nu, vous l'êtes déjà. Et l'enfer, je vois pas bien comment vous pourriez en être plus près !

Johnson marque une pause et sourit jusqu'aux molaires :

– Il vous reste plus qu'à danser...

~

À Kabba, groupement d'une cinquantaine de cases passées et repassées à la chaux jusqu'à en être d'un blanc aveuglant, Johnson va voir le *douti*[1], se jette par terre et commence à se répandre de la poussière sur la tête. En dehors de son chapeau et des lambeaux de chemise en batiste qui lui recouvrent les parties comme une couche de bébé de dimensions colossales, l'explorateur est entièrement nu. Il se tient à bonne distance.

– L'aumône ! gémit Johnson d'une voix pitoyable. Nous sommes des marchands respectables mais nous nous sommes fait attaquer par des dacoïts qui nous ont volé tous nos biens et tous nos vêtements avant de nous laisser pour morts.

Le douti semble sceptique et regarde Mungo – d'abord ses jambes blanches maculées de boue, puis sa couche de bébé, sa poitrine nue, sa barbe aux poils emmêlés et ses yeux de monstre, son haut-de-forme en accordéon enfin. Johnson s'agrippe à la robe du magistrat et baisse la voix jusqu'à ne plus émettre que des grognements tremblants à vous fendre le cœur.

– Ça fait quinze jours que nous ne mangeons plus que de l'écorce et de l'herbe. Une miette, je t'en supplie, une miette !

Le douti rentre dans sa case et en ressort un instant plus tard avec un chien qu'il tient en laisse. L'animal, bien découplé, a un superbe poitrail, le crâne petit, des mâchoires massives, voire disproportionnées, et arbore une

1. Haut magistrat étendant sa juridiction sur une ville ou une province. Il est responsable du grenier communal et se reconnaît sans peine à son embonpoint, les autres villageois n'étant, au mieux, que des clous ambulants (*N.d.A.*).

crinière qui rappelle celle de l'hyène. L'explorateur commence par se dire que le chef du village a l'intention de leur donner son chien à manger : il se met à rêver de gigots bien charnus crépitant à la broche, de carcasse de chien farcie aux patates douces, le tout reposant sur un lit de riz, etc. Mais voilà que le douti a un geste fort surprenant ; il porte sa main derrière lui et brandit une fléchette, tout à fait le genre de chose qu'on imagine dans des salles de bar enfumées où l'on débite la bière à la pinte : c'est un éclat d'os long et aussi aiguisé qu'un surin, qui s'orne à un bout d'un bouquet de plumes. Avec la rapidité d'un magicien, l'homme à trois ou quatre reprises en pique le chien au flanc. L'effet est immédiat : la bête pousse un hurlement hystérique, tout son être soudain pris de convulsions – pattes qui battent furieusement l'air, canines largement découvertes déjà prêtes à mordre. Seule la laisse l'empêche de se ruer sur Johnson et de le mettre en pièces.

– Deux minutes de plus, hurle le chef en essayant de couvrir les mises en garde de son monstre, et je le lâche !

Un demi-mille plus loin, l'explorateur s'effondre sur la route.

– Je peux plus continuer, Johnson. Je suis trop malade, trop crevé, trop découragé, un point c'est tout.

À cent pas de là, couvert de joncs et de roseaux, coule le Niger. Il est aussi brun, aussi indifférent que tous les yeux de l'Afrique réunis.

Des touracos crient dans les arbres. En grognant dans la boue au bord du fleuve, un porc cerf de rivière à poils roux oblige une demoiselle de Numidie à s'envoler en soulevant un panache irisé de poudre de riz et d'or. L'explorateur observe l'oiseau qui prend son essor, ses ailes qui battent comme des baguettes de tambour et ses pattes maigres qui traînent derrière lui ; l'explorateur le regarde s'élever dans les airs jusqu'au moment où il disparaît dans les nuages. Alors Mungo baisse lentement les yeux, et à sa grande surprise tombe sur les cercles que décrit un couple de vautours aux cous de vieux cuir tanné : voilà que ça côche là-haut, avec une patience de croque-morts.

– Ben moi, lance Johnson en poussant un soupir et en s'asseyant à côté de son employeur, je vous dis qu'y a pas trente-six solutions : ou bien on reste plantés ici et on crève de faim, ou bien on fait demi-tour.

L'explorateur ne répond pas. Cette fois-ci pourtant son visage prend une expression plus douce, un air moins inflexible, un air qui semble dire qu'enfin la voix de la raison a commencé à lui chuchoter à l'oreille.

– Mettons qu'on fasse demi-tour, finit-il par sortir d'une voix à peine audible, comment est-ce qu'on va se débrouiller pour manger ? Pour dormir ? Pour s'habiller ? Il regarde ses pieds nus et couverts d'ampoules.

– Et des chaussures, où va-t-on en trouver ? Va-t-il donc falloir que je fasse ainsi un bon millier de milles sans rien aux pieds ?

– Vous voyez autre chose ? Dites, vous avez l'intention de vous y rendre comment, à Tombouctou ? Sur des ailes ? Imaginons même que vous y arriviez… et après ? Non, écoutez-moi. On a bien plus de chances de se faire offrir la charité en retournant chez les Mandingues qu'en restant avec les gens du coin. Ah non, ce douti ! Sûr que c'était pas un Cafre, lui ! Un converti, oui ! Un animiste, un vrai croyant, et je sais de quoi je parle… ça vous laisse jamais mourir de faim. Y a que les apostats pour vous refuser jusqu'à un bout de bois à mâchonner quand même vous seriez le dernier des derniers !

Tout à coup, doux et bas, un sifflement monte de la forêt. Les deux hommes bondissent. Ils sont prêts à tout, ils s'attendent au pire. Mais non, rien. Le feuillage, les ombres, un milliard de troncs d'arbres couverts de plantes grimpantes les entourent.

– Qu'est-ce que c'est? demande l'explorateur. Un oiseau?

Sans s'en rendre compte, Johnson s'est mis à se frotter la bosse jaunâtre qu'il a au-dessus de l'œil.

– Non, rien à voir avec un oiseau.

Ça recommence : long et bas, comme du vent dans une gouttière.

– Qui va là? crie Johnson, d'abord en mandingue, puis en arabe.

Une ombre se détache de l'obscurité générale et fait quelques pas hésitants dans leur direction. Puant et affamé, l'explorateur l'observe d'un œil terni par l'épuisement et la résignation. Il est presque trop éreinté pour se soucier de quoi que ce soit. Mais déjà l'ombre s'est transformée en une grande femme qui glisse entre les feuilles comme une apparition. Arrivée à moins de trois pas des deux hommes, elle s'immobilise. On dirait une biche surprise dans un jardin, prête à s'enfuir d'un bond. Elle tient une calebasse et un pain rond sans levain dans la main.

– Nous ne te ferons aucun mal, sœurette, lui dit Johnson.

Elle se penche vers eux et leur offre son pain et de la bière de *soulou*. Elle s'appelle Aïcha. Elle a les cheveux tirés en arrière et noués en chignon au-dessus de la tête. Des anneaux d'or lui pendent aux oreilles. Habillée d'une tunique rayée et chaussée de sandales, elle semble avoir une trentaine d'années. Elle les a suivis dès qu'elle a vu le douti les chasser. Celui-là, quel criminel, quel sans-cœur! Accepteraient-ils son hospitalité?

L'explorateur a la tête qui lui tourne un peu à cause de la bière; à cause aussi du pain venant après un si long jeûne. Il marche aux côtés de la fille et ne peut s'empêcher d'étudier son profil : le cou est effilé, la mâchoire proéminente et les oreilles si petites et si délicates qu'il se demande si on ne les lui a pas rétrécies. Comment ? Il l'ignore. Il en est encore à méditer sur ce phénomène aussi étrange qu'absorbant lorsqu'il remarque ses scarifications, boursouflures d'un rose très pâle longeant les contours de sa mâchoire avant de lui remonter sur les joues en une élégante spirale ; puis il voit la pâte bleue dont elle s'est tamponné les paupières, et enfin les cheveux récalcitrants qui semblent presque se déployer en auréole autour de sa tête. Sans savoir pourquoi, il songe à des gazelles et à des gérénouks[1]. Tandis que le petit groupe continue d'avancer, elle garde les yeux détournés mais raconte à ses nouveaux compagnons que son père croit depuis toujours à l'existence des Blancs : ce sont les esprits des morts. Ils ont l'âme et la peau délavées. L'un d'entre eux viendrait-il à lui apparaître qu'il lui faudrait le traiter avec courtoisie et respect : il aurait en effet parcouru un immense chemin pour retrouver son village et sa peau perdue. Interrompu par les rots qui lui montent et par les coups de pied en tir de barrage que lui décoche Johnson, Mungo lui assure que tout cela n'est que fariboles : vraiment, il n'a jamais entendu pareilles sottises, pour être vivant, il est vivant, autant qu'elle, il ne trouve rien à redire à sa couleur de peau, et il ne voit assurément aucune raison d'en changer. La fille se contente de le regarder d'un air timide et de lui sourire comme si celle-là, on la lui avait déjà sortie.

Elle les ramène vers Kabba mais s'arrête à un hameau situé à l'extérieur de la ville proprement dite. Il se compose de trois cases entourées d'une palissade de pieux pointus

1. Variété de gazelle.

à laquelle grimpent une haie d'épines et une treille en fleur. Aïcha présente les voyageurs à ses parents infirmes et stupéfaits, à toute une série de sœurs dont il serait difficile de dire l'âge tant elles sont ridées et dépourvues de dents, à un frère et à son épouse, et pour finir à deux chiens d'apparence bien piteuse. Aïcha est veuve par présomption : parent du douti, son mari est parti vers le nord il y a seize mois de cela. Il voulait traquer une bande de Maures qui avaient enlevé la plus jeune de ses sœurs. Aïcha a beau penser qu'il devait se conduire comme il l'a fait et pas autrement, c'est égal, elle se sent abandonnée. Depuis son départ on est sans nouvelles.

Pour en revenir à la scène présente, il y a là du lait et du fromage de chèvre. Et quelque chose qui bout dans une marmite, à base, semble-t-il, d'épinards et de têtes de poissons. Aïcha déroule dans la hutte de ses parents des nattes pour les hommes. Johnson gratte le fond de la marmite. L'explorateur, qui se sent quelque peu patraque, se retire de bonne heure. Toute la nuit durant, il est tenu en éveil par le vieux patriarche qui, frappé de terreur, ne cesse de lui poser des questions sur l'au-delà. Comment un esprit se débrouille-t-il pour subsister ? Noircit-il tout seul ou bien lui faut-il attendre la mort d'un autre, d'un vieillard, disons, pour pouvoir se glisser dans sa peau ? À la lumière du feu, Mungo regarde vaguement le visage défait, apeuré et plein d'espoir du père d'Aïcha. Il est tellement épuisé que c'est à peine s'il peut encore marmonner, les questions qu'on lui pose se muant en rêves, lui montant dans le crâne comme elles grimperaient aux barreaux d'une échelle : et pourquoi ?... et quand ?... et où ?... Et la mort, ça ressemble à quoi ?...

Pendant cette semaine passée dans les faubourgs de Kabba, la pintade de Johnson subit un changement radical : là où jadis tout n'était que chairs et bouts de plumes en putréfaction, l'os est aujourd'hui aussi nu, blanchi et desséché que le bréchet d'oie que l'on accroche au-dessus de la cheminée. Quoique encore un peu rose et suintant aux jointures, le volatile s'est, pour l'essentiel, transformé en un squelette croûteux et rigide. Relativement inoffensif, il n'intéresse plus guère que les mouches les moins éclairées.

– M'a l'air en bonne voie, dit Mungo.

Johnson baisse les yeux, passe les doigts sur les os cassants de l'animal et en examine les ligaments.

– Encore un peu humide aux coutures, dit-il, mais vous êtes dans le vrai : il n'est pas impossible que j'aie raison de l'animal.

Il est aussi radieux qu'un gamin tenant une sucette.

– Encore trois ou quatre jours. Pas besoin de plus.

Après des heures et des heures de discussion, ils sont tombés d'accord pour reconnaître qu'il ne leur reste plus qu'une solution : faire demi-tour, suivre le cours du Niger dans la direction du sud-ouest et bifurquer vers le nord pour rejoindre Dindoukou en traversant le désert de Jallonka. Aïcha offre à l'explorateur une toge taillée dans un tissu grossier (d'un beau jaune banane et comme éclaboussée de taches rouges et orange hélianthine), une paire de sandales et un sac de cacahuètes pour la route. Son père, qui ne l'a pas lâché depuis qu'il a franchi le seuil de sa case, lui offre une canne dont les motifs compliqués représentent les mues qui affectent tout individu après sa mort. Lorsque Mungo demande à ses hôtes comment il pourra les remercier de leur gentillesse, le vieillard le supplie de lui faire cadeau d'une boucle de cheveux : ce sera un fétiche. Aïcha se détourne en tripotant ses anneaux, puis, l'œil sombre et les lèvres tremblantes, le regarde longuement.

Cette fois-ci, Johnson n'a pas besoin de lui donner un coup de coude dans les côtes.

~

Le jour du départ, Johnson emprunte une feuille de papier à l'explorateur, y écrit à toute allure quelques vers de Herrick et de Donne et en fait cadeau à la famille d'Aïcha en guise de *saphies*. La moitié droite du crâne rasée jusqu'à la peau, Mungo contemple la scène d'un air incrédule.

– Quoi ? « Les habits de Julia » ? Tu ne vas quand même pas me dire qu'il suffit de leur griffonner deux ou trois vers qui n'ont ni queue ni tête pour se faire loger et nourrir pendant une semaine entière !... Tu t'imagines qu'ils vont s'en contenter ?

– Ne jamais sous-estimer la force du mot écrit, monsieur Park.

Pour le petit déjeuner d'adieux, Aïcha a préparé un plat d'œufs frais, de millet et de yaourt, le tout additionné de tamarins pour l'acidité et de graines de bambou pour faire du volume. Assise à côté de l'explorateur, elle lui tient la main et pendant qu'il mange lui caresse ce qu'il lui reste de cheveux. Installé presque aussi près de lui qu'elle, le vieillard le dévisage comme s'il avait devant lui les sept merveilles du monde rassemblées, plus, bien sûr, le petit-fils du Grand Démiurge en personne. D'une voix qui crépite comme des cosses de pois vieilles d'un an, il poursuit sa quête eschatologique : où se termine notre monde et où commence l'au-delà ? Pourquoi faut-il que nous mourions ? Une fois séparée du corps, l'âme est-elle toujours aussi affamée d'amour physique ? Entre deux bouchées de nourriture, l'explorateur lui répond avec autant de patience et d'imagination qu'il le peut. Puis, le repas enfin terminé, il se lève pour partir.

C'est alors qu'au moment même où les voyageurs rassemblent leurs affaires, une des sœurs d'Aïcha fait entrer une aveugle dans la case. La femme est tellement ratatinée et dévastée par l'âge qu'à côté d'elle le père d'Aïcha a l'air de sortir du ventre maternel. Originaire de Djenné, elle a nom Djanna-géo. Elle est venue consulter l'explorateur sur le *Toubabou dou*[1] et l'Au-delà ; en retour, elle lui parlera de la géographie et des coutumes des régions orientales du bassin du Niger. Il faut dire que l'explorateur a offert, à quiconque lui fournirait des renseignements sur le cours du bas Niger et sur les indigènes qui peuplent ses rives, quelques précieuses touffes de ses cheveux : et les preneurs se sont présentés en foule ! Quelqu'un lui a ainsi déclaré que le fleuve coulait jusqu'au bout du monde. Un autre lui a raconté qu'il finissait par disparaître dans un gigantesque tourbillon qui, d'une violence inouïe, jetait tout le monde entre les mâchoires d'un monstre marin dénommé Karib-dich. Un autre encore lui a affirmé qu'il encerclait entièrement les montagnes de la lune et avait des affluents jusque dans le royaume de Kong, ce dernier territoire étant inaccessible à cause des cannibales et des simiens géants qui vagabondent parmi ses collines accrochées aux nuages.

D'autres enfin et parmi eux surtout, deux frères négociants en sel, lui ont donné des informations apparemment

1. Le territoire des *hon-ki* – des hommes blancs (*N.d.A.*).

plus dignes de foi. Au-delà de Sansanding, lui ont-ils dit, se trouve une ville qui a nom Silla. Sise à douze jours de marche de Tombouctou, elle était autrefois peuplée de Mandingues mais a été conquise par les Maures qui s'y sont installés pour se lancer dans les affaires. Au nord de Silla s'étend le royaume de Massina qu'habitent des bergers Peuhls. En aval du fleuve, soit vers le nord-est, un lac marécageux, le Débo, ou « Eau Ténébreuse » : il est tellement immense qu'à le traverser on ne voit plus la terre pendant une journée entière. Plus loin encore, sur sa rive septentrionale, Tombouctou : habitée par des nobles qui vivent dans des palais et chient de l'or. Sectateur zélé de Mahomet, le roi de Tombouctou s'appelle Abou Abrahima. La première fois qu'ils se sont rendus dans cette ville, les deux frères y sont descendus dans un genre d'auberge publique. Le patron de l'endroit les a accompagnés jusqu'à leur case et leur a tendu une longue corde. « Si vous êtes musulmans, leur a-t-il dit, asseyez-vous et mettez-vous à votre aise... mais si vous êtes cafres, alors vous êtes mes esclaves et je m'en vais vous conduire au marché comme deux génisses, au bout de cette corde. » Les deux frères ont aussitôt entonné *La illah al-Allah, Mohammad rassoul Allahi.*

Dans tout cela pourtant, personne n'a été capable de lui donner des détails concrets sur le cours du Niger – ou de la « Djoliba » ainsi qu'on l'appelle ici – après Tombouctou. Sa dernière chance d'en savoir plus long ? Le seul espoir qui lui reste vacille devant lui en la personne de cette vieille femme, non seulement difforme et aveugle, mais vraisemblablement toquée. Il demeure immobile et, la plume en l'air, attend qu'elle veuille bien commencer à parler. Elle a toutes les peines du monde, avec ses jambes maigres comme des baguettes et son flanc droit atrophié par quelque maladie sans nom, à prendre place sur la natte. Aïcha lui apporte un bol de bière de *soulou*, qu'elle expédie comme un mineur de fond qui viendrait de finir ses huit heures. Elle fait claquer ses lèvres, jette un regard vide autour de la pièce et annonce qu'il va lui falloir aller se soulager.

Une fois revenue dans la case en titubant – elle s'est accrochée à la robe de la sœur d'Aïcha avec tout le désespoir d'une enfant abandonnée au bord d'un précipice –, elle exige une deuxième bière d'une voix de stentor, puis hurle qu'elle compte renifler l'homme blanc et lui tâter les cheveux avant de conclure affaire et de lui révéler ses secrets. L'explorateur s'accroupit à côté d'elle : alors les doigts froids et secs de la vieille s'affairent dans sa tignasse, tandis que ses narines laborieuses lui hument le côté du visage. Au bout de trois ou quatre minutes de reniflements et de palpations diverses, la femme se déclare enfin satisfaite.

– Toubabou ! lance-t-elle dans une sorte de petit rire étouffé.

Elle parle pendant une heure, d'une voix aussi claire et sonore que celle d'un bonimenteur. Née à Djenné, elle a été enlevée par des marchands d'esclaves qui l'ont vendue à un négociant originaire du royaume haoussa, plus loin que Tombouctou, oui, bien plus loin... au-delà de Kabara, d'Ansongo et d'une douzaine d'autres lieux dont ni Aïcha ni son père n'ont jamais entendu parler. Au bout de huit ans de sérail, elle parvient à s'évader avec un certain Ibo Mmo, Mandingue de Kaarta. Quinze jours plus tard, celui-ci se fait tuer et découper en rondelles par une bande de *maddummulo* ou mangeurs d'hommes. Elle s'est, elle, coulée dans le lit d'une rivière peu profonde, parvenant à respirer sous l'eau à l'aide d'un tuyau en jonc. Il lui faudra six ans pour retrouver Djenné, six ans pendant lesquels elle ne pourra obtenir le manger et le dormir qu'en monnayant son corps.

De temps à autre, elle interrompt le cours de son récit pour lâcher deux ou trois éructations bien tonnantes et hurler qu'on lui apporte encore de la bière. À un moment donné, elle lève son visage mort et craquelé vers l'explorateur et baisse la voix jusqu'à en siffler.

– Sur le fleuve, il y a un endroit qui s'appelle Boussa, dit-elle et, comme si elle voulait en reconstruire la configuration dans les airs, elle laisse lentement glisser son index devant son visage. Les rochers y sont déchiquetés et l'eau toute blanche. C'est là que le fleuve se sépare en mille langues de serpent. C'est un endroit très dangereux. Il faudra y prendre garde.

Sur quoi elle se redresse et exige la mèche promise.

L'explorateur, qui a réussi à suivre l'essentiel de ses propos, en tremble de joie. C'est à peine s'il arrive à tenir sa plume tant il a la tête pleine du cours du Niger et de tous ces noms de lieux si lointains : Kabara, Yaour, Boussa. Enfin, c'est la voix même de l'expérience qui a parlé. Avec le couteau en os qu'Aïcha lui a donné en guise de cadeau d'adieu, il se coupe gauchement une boucle de cheveux et la fourre dans la main de la vieille. Une dernière question lui brûle les lèvres.

– Et après... au-delà de Haoussa et de Boussa... où s'en va-t-elle, la Djoliba ?

Le vieux crâne glabre se tourne vers lui en grinçant. Il est raide, il pivote avec lenteur jusqu'à ce que le regard embrumé rencontre celui de l'explorateur. Il sent l'haleine de l'aveugle sur son visage.

– *Mo o mo inta allo*, lui répond-elle dans un souffle.

– Qu'est-ce que tu dis ?

On croirait presque que la voix de l'explorateur lui a bondi à la figure.

– Je ne comprends pas, reprend-il.

Elle le regarde en souriant, elle garde le silence, elle joue au matou qui a avalé le canari et se rote tout doucement à elle-même. L'explorateur se tourne vers Johnson.

– Qu'est-ce qu'elle a dit ?

– Elle a dit *mo o mo inta allo*... personne ne le sait.

ON S'APPELLE PAR SON PETIT NOM

Les rivières sont enceintes, elles enjambent leurs berges, elles renversent les arbres, enfantent des torrents. La pluie tombe en plaques, une vitre après l'autre éclate en mille débris et pépites en se fracassant sur le sol. Les vents de la mousson hurlent, les arbres penchent la tête. Là où il y avait une rigole, il y a maintenant un fleuve dont les eaux brunes se ruent, charriant troncs fendus, bétail noyé, toits de cases défoncés. Les champs sont inondés, on y barbote dans l'eau jusqu'à la taille, les marécages n'ont plus de fond. Les grenouilles s'imaginent que le monde leur appartient.

Après avoir passé une journée interminable à patauger dans des marais et à s'étrangler sur des cacahuètes pâteuses, l'explorateur et son interprète doivent s'arrêter à ce qui était autrefois un gué de la rivière Toulumbo, affluent mineur du Niger. Un petit groupe de cases misérables et détrempées se tasse frileusement au sommet d'une hauteur dénudée, au confluent des deux cours d'eau. C'est Bamako, autrement dit, « Crocodile-sous-l'Eau » : la Toulumbo serpentant autour de la colline et léchant les barrières grossières plantées autour des huttes, ce surnom semble adéquat. Les deux mendiants se font mettre à la porte des trois premières maisons sans autre forme de procès mais à la quatrième, un adolescent édenté qui tire sur une pipe leur apprend que la dernière du village est temporairement inoccupée. Ils en aperçoivent le propriétaire au loin : berger de son état, il est en train de se cogner mécaniquement la tête contre un rocher dans l'espoir d'apaiser la douleur qu'il ressent après avoir perdu ses chèvres dans l'inondation.

Il y a du bois de chauffage très proprement empilé dans un coin de la hutte. Johnson frotte des brindilles l'une contre l'autre et, au bout d'une demi-heure de grognements divers, réussit à faire démarrer un feu. Puis il emprunte une plume d'oie et une feuille de papier à l'explorateur, les cache dans sa toge et, baissant la tête pour franchir le seuil, ressort sous la pluie. Il est de retour dix minutes plus tard. Sourire aux lèvres, il tient une calebasse de bière dans une main et dans l'autre un poulet ratatiné qui a l'air pestiféré.

~

Plus tard, les deux hommes partagent une pipe de tabac local. Doux au goût, celui-ci monte à la tête, donne le regard fixe et fait dériver l'esprit. C'est la première fois qu'ils ont le ventre plein et portent des habits secs depuis qu'ils ont quitté Kabba.

– Tiens, dit enfin Mungo, après tout ce qu'on a subi ensemble, je ne vois vraiment pas pourquoi il faudrait que tu continues à me donner du Monsieur Park à tout instant. Qu'en penses-tu ?

Johnson hoche la tête.

– La force de l'habitude, monsieur Park.

– Je t'en prie.

L'explorateur lui tend la main.

– Appelle-moi Mungo.

Un sourire timide ourle les lèvres de Johnson. Il prend la main de l'explorateur dans la sienne et, l'air immensément content de lui, il murmure :

– Okay… Mungo.

CROCODILUS NILOTICUS

C'est de manière endémique que le crocodile du Nil (*Crocodilus niloticus*) sévit sur le continent africain : à l'est, on en trouve de Madagascar jusqu'à l'Afrique du Sud ; à l'ouest, dans tout le bassin du Niger. Rapide, féroce et inexorable, cet animal compte au nombre des crocodiliens les plus gros et les plus craints de l'espèce. Les spécimens les plus développés atteignent jusqu'à vingt pieds de long et pèsent parfois leurs deux mille cinq cents livres. Placés dans les meilleures conditions, les jeunes grandissent d'environ un pied par an. Une fois arrivées à l'âge de cinquante ans pourtant, ces bêtes croissent plus en poids et en circonférence qu'en longueur proprement dite. Voilà pourquoi la différence de poids entre plusieurs animaux de quinze à seize pieds de long peut atteindre deux cent quatre-vingts livres, soit le poids moyen d'une bête de neuf pieds de long.

En règle générale, le *Crocodilus niloticus* se nourrit de poisson mais, chasseur actif, il dévore aussi tout ce qu'il peut attraper. Cela va du babouin à la tortue en passant par la gazelle, le gibier d'eau, le crocodile d'à côté, le léopard et l'homme. Les petites proies sont avalées d'un coup. Les grosses sont maintenues sous l'eau jusqu'au moment où elles se noient. Après quoi, elles sont démembrées et dévorées à loisir. Comme d'autres reptiles, le crocodile est incapable de mastiquer.

La peur que les Égyptiens avaient de cet animal s'est, au cours des siècles, transformée en une adoration de type fétichiste – le culte du crocodile. On a retrouvé de grands spécimens momifiés dans les tombes de certains pharaons. Un des rituels en honneur dans la tribu des Igbo Ukwu voulait que l'on sacrifiât régulièrement des chèvres aux divinités du fleuve et que, deux fois par an, l'on donnât des vierges à manger à deux crocodiles au ventre flasque parqués entre quatre murs tout spécialement à cet effet. Au IVe siècle avant Jésus-Christ, les armées de Perdiccas furent décimées par des crocodiles tandis qu'elles traversaient le Nil à Memphis : près d'un millier d'hommes périrent au cours de cet incident. Un siècle plus tard, c'est du moins ce que l'on raconte, le poète grec Callimaque se fit un jour voler sa lyre par un crocodile tandis qu'il composait des vers dans une barque flottant sur le Nil. Entendant de la musique le lendemain matin, il descendit sur la berge du fleuve et là, fut tout étonné de voir unc énorme gueule verte sortir des flots... avec son instrument entre les dents ! Le poète se pencha en avant pour le lui reprendre. Bêtement.

IN MEMORIAM, K.O.J.

Le monde est une toison de verdure qui brille comme une pelouse de tennis qu'une lumière artificielle découperait sur le fond de la nuit. Sale et basse, la clarté du matin n'annonce aucun soleil à l'horizon. Des arbres voisins montent l'appel lugubre du dioch à face noire et les froissements las du galago s'en revenant à son nid après une nuit de chasse méticuleuse. L'odeur de poisson qui imprègne l'air évoque la dévastation et le carnage.

D'une roulade, Mungo descend de sa couche et, tout frissonnant, fait un pas au-dehors pour observer le paysage. Indifférente, la rivière continue de serpenter au loin en affouillant le périmètre du village. Ses eaux sont encombrées d'arbres déracinés et de carcasses gonflées. Ici et là, des racines, des sabots et des bois crèvent la surface, tanguent brutalement de droite et de gauche, tourbillonnent sur place avant de couler par le fond comme si une force invisible les y tirait à grandes secousses. D'où il se trouve, l'explorateur s'est mis à pisser contre le mur d'enceinte ; soudain un pan entier en bascule et dégringole dans la rivière dont il gifle si fort les eaux que l'homme se retrouve avec de l'écume plein la barbe, la toge trempée et les jambes mouillées jusqu'aux genoux. Après quoi tout disparaît, à la façon d'un biscuit dans une tasse de *café au lait**. À moitié réveillé et passablement ahuri, Mungo garde la position qu'il avait au moment de se secouer, tout en laissant traîner son regard sur la surface tressautante et musculeuse de la rivière Toulumbo. Mais eh ! là ! minute !... en voilà un qui rôde dans les profondeurs, du huit pieds de long ! et ça plonge et ça fait des bosses à la surface, et c'est aussi follet qu'un aiglon en train d'essayer gauchement ses ailes. Mungo le regarde s'éloigner et décrire des cercles dans le courant, cependant que les pieux grossiers de la palissade résistent encore dans le courant, tenant encore ensemble grâce à la haie d'épines et à la treille en fleur qui les relient. Puis il le voit se calmer enfin et commencer à flotter au loin... à flotter comme... comme un radeau !

Une demi-heure plus tard, ils manient de longues perches de bambou souple qu'ils ont arrachées dans une plantation voisine : l'explorateur et son guide sont en train de traverser la Toulumbo. Un coup de gaffe après l'autre, ils avancent assidûment entre un haut et un bas également hostiles : le ciel menace de les inonder, les eaux de la rivière en furie leur opposent mille obstacles. Cela tient du cauchemar. Autant essayer de vaincre l'Himalaya en patins à roulettes ou d'effectuer la traversée de la Manche à la nage attaché à un fût de canon.

À peine ont-ils lâché la rive que le courant les emporte d'un coup. Leur radeau tourbillonne follement sur lui-même, et quitte le bord même du désastre pour se ruer à celui de l'annihilation. Une branche noire toute tordue fond sur eux comme une serre de rapace, manquant expédier l'explorateur dans le flot bouillonnant. Deux troncs d'arbres hauts comme des colonnes corinthiennes s'abattent juste à l'avant de l'embarcation et déclenchent une véritable éruption volcanique au moment même où, décidant soudain de fausser compagnie au reste de leurs camarades, trois pieux de la palissade s'enfoncent de leur propre chef sous les eaux. C'est alors que mal luné, trempé de part en part et les incisives prêtes à mordre, un babouin essaie de sortir du torrent. Comme pris de frénésie, Johnson lui fonce dessus, sa perche en bambou en avant... mais découvre ainsi le flanc gauche du radeau... ce dont profite instantanément un léopard sur le dos duquel sont grimpés deux mangoustes et un lézard moniteur... Cependant qu'un pan de roche noire aussi gros que le mont Blanc se jette sur eux comme une voiture folle... que l'explorateur évite adroitement en poussant sa gaffe en avant à la dernière minute, laquelle gaffe vole en éclats dans un grand craquement alors même que le radeau est violemment rejeté en arrière et que babouin, léopard, mangoustes, lézard moniteur et... et Johnson, tout bascule dans le courant, si bien que l'on peut voir des têtes sautiller ici et là dans les flots, le babouin disparaître à jamais, Johnson se débattre pour atteindre un tronc flottant, y parvenir, mais se faire percuter par le radeau d'où Mungo se penche afin de le hisser à bord... et se faire dans l'instant assaillir par un banc de poissons minuscules qui, aussi vifs que des feuilles d'argent, déferlent sur les rondins comme une attaque d'épilepsie, acculent l'explorateur et son guide au bord de l'embarcation et mettent ainsi un point final à toutes leurs folles espérances de piloter leur esquif, les deux nautoniers n'ayant plus qu'à s'accrocher désespérément à ce qui avait nom palissade, tandis que le radeau oscille d'un demi-noyé à l'autre...

~

Nettement plus tard, en aval de la palissade, bien au-delà du confluent du Niger et de la Toulumbo, le radeau s'échoue dans les branches supérieures d'un bois de tabbas. Le moment est venu d'abandonner le navire. L'explorateur et son guide se glissent dans le courant et, nageant à la chien, passent du sommet d'un arbre à l'autre; puis, quand des troncs encombrés de détritus commencent à émerger du flot jaunâtre et à tourbillonner, les deux hommes parviennent enfin à gagner la rive opposée du fleuve. Trempés et épuisés, ils retrouvent pied et se mettent à patauger vers des fonds plus élevés. Cela fait presque une heure qu'ils n'ont dit un mot ni l'un ni l'autre. Se raccrocher à ceci ou à cela, se battre avec l'acharnement du désespoir, il ne fallait pas leur en demander davantage. Quant à se payer le luxe de faire sortir de l'air de leurs larynx pour parler !...

L'explorateur est le premier à dire ce qu'il pense de la situation.

– Je crois qu'on est tirés d'affaire, lâche-t-il en haletant.

Johnson, jusqu'au ventre dans l'eau fétide, est sur le point de lui répondre mais il se plie soudain en deux, et se met à vomir. La pintade qui, il y a quelques jours seulement, était presque entièrement desséchée, lui pend à nouveau au cou avec toute la fraîcheur d'une volaille qu'on vient à peine d'égorger. Les deux hommes continuent de patauger, tandis qu'alentour la forêt ferme la scène, que le brouillard monte au-dessus de la surface des eaux et que semi-noyées, l'œil abruti et la mine renfrognée, diverses créatures les accompagnent dans leur patrouillage : des chacals, des singes, des pottos, des phacochères. Eux avancent toujours, barbotant, évitant les grenouilles arboricoles venimeuses et les serpents d'eau à tête triangulaire. Enfin leurs hanches commencent à émerger du fleuve. Puis leurs cuisses, puis leurs genoux, leurs chevilles...

– Alléluia ! murmure Johnson.

Ils ont atteint une sorte de digue envahie de bambous si étroitement enlacés qu'il leur faut tailler dedans à grands coups pour pouvoir progresser. Lugubre et détrempée, une longue file de blaireaux à miel, de rats et d'araignées à pattes velues leur emboîte le pas. Tout à coup, Johnson cesse de couper à travers le taillis et, un instant immobile, hume l'air autour de lui.

– Ça sent le ragoût, dit-il, et le voilà qui se rue dans la ramure avec une vigueur nouvelle.

Cinq minutes plus tard, on se retrouve devant une marmite débordant de succulents morceaux d'herbivore noyé. Un petit homme aux épaules étroites et aux oreilles ornées de disques, une femme enceinte et une demi-douzaine d'enfants maigres comme des clous : c'est toute une famille qui s'est rassemblée autour du chaudron et s'affaire à entretenir le feu en grignotant, qui une côtelette, qui un bout de cartilage. D'un geste, le père de famille invite les voyageurs à s'asseoir avec lui et à se servir.

– Y en a plein, grogne-t-il en leur désignant d'un hochement de tête les carcasses gonflées de deux bubales et d'un *situtoumga*. Ils seront tellement pourris dans deux ou trois jours qu'on ne pourra plus rien en faire.

Johnson se frotte les mains, s'avance vers la marmite et songe déjà à se réchauffer en commençant par un bol de bouillon lorsque, au lieu d'une agréable vapeur de soupe, c'est tout un nuage de fumée noire qui s'élève du récipient.

– Hé mais ! s'écrie-t-il en agitant les mains pour la disperser, il faudrait rajouter de l'eau !

Assis en tailleur contre une souche d'arbre, le petit homme lui demande si ça ne le gênerait pas d'aller en chercher une calebasse. Johnson se retourne et découvre que, de ce côté-là, la colline est relativement dégagée. Quelques arbres à gros troncs, autant d'arbustes du genre plantes de serre, et c'est tout. La rivière ne coule pas à plus de quarante ou cinquante pas de là.

– Tout le plaisir sera pour moi, lui répond-il et, attrapant une calebasse, il commence à descendre la pente, la perspective d'un repas chaud lui éclaircissant radicalement les idées.

– Besoin d'un coup de main, l'ami ? lui crie l'explorateur.

– Non, non... reposez-vous, monsieur Park... enfin, je veux dire : Mungo... je reviens dans une minute.

Quoique tous les protagonistes de l'affaire l'ignorent encore, quelque chose de décisif vient de se produire : aussi vieux que colossal avec ses dix-huit pieds de long, un crocodile de rivière a suivi la crue jusqu'en ce coin reculé de la jungle dans l'espoir de s'offrir quelque joyeuse bombance sur le dos du premier amphibie venu, bref, de n'importe quelle créature à sang chaud qui aurait le malheur de se chercher un terre-plein à sec. Il s'est caché dans un véritable labyrinthe de détritus, au pied même de la colline, et là, dans un trou d'eau profond d'un pied, deux peut-être, il attend. Cela fait déjà plus de trois heures qu'il tourne et vire dans les parages, alléché par ce fumet de carcasses pourrissantes, de ragoût et de tendres petits enfants ; de son regard perçant de grand saurien, il fixe tous ces gens rassemblés autour de leur marmite. Il y a peut-être des trucs qui lui ont filé sous le nez avec force éclaboussures, des proies faciles, de l'exténué, du trempé jusqu'aux os, et aussi des machins vomissants qui, inconscients du danger, s'extrayaient du flot en rampant, mais non, il a tout ignoré. Il y a eu ce mandrill à la patte cassée, et puis ce phacochère bien dodu qui, en temps normal, eût fait un plat de résistance des plus exquis, et oui, c'est vrai qu'il fallait du courage... Tant pis, car ce qui l'excite, c'est ce plat-gigogne, pour ainsi dire, la femme enceinte. À moins que... hé, hé ! le petit bonhomme filandreux ?... Et pourquoi pas ce nouveau venu, si bizarre avec sa peau si pâle ! Parce qu'il faut bien voir les choses comme elles sont, il faudra tout de même qu'à un moment ou à un autre, il y en ait un qui se décide à venir maladroitement dévaler la berge pour remplir sa calebasse au fleuve.

Lorsque Johnson s'avance enfin dans le flot, il y a longtemps que le monstre est prêt à lui régler son compte. Pas le moindre coup de semonce – mais croyez-vous que le perroquet, le touraco, le tisserand auraient respectueusement observé le silence ? Non, une explosion, un point c'est tout. Le buisson s'ouvre sur dix-huit bons pieds de force brutale et affamée, les enfants hurlent, Mungo en reste muet d'horreur, la calebasse s'envole et, comme une olive qu'on sert au cocktail, Johnson se retrouve coincé entre les horribles mâchoires hérissées de dents pointues. Sans hésiter un instant, l'explorateur se dresse d'un bond et, héros jusqu'au tréfonds, dévale la pente, poignard au clair... mais, sa grande queue aux arêtes vives et ses griffes de dragon remuant furieusement la boue, le croco s'est déjà rué vers des eaux plus profondes, sa proie humaine fermement pincée entre ses mâchoires. La joie de se sacrifier pour son ami lui faisant battre le cœur à tout rompre, l'explorateur fonce dans l'eau comme un champion de course de haies, mais il est déjà trop tard, bien trop tard. Impuissant, il regarde Johnson lui lancer des coups d'œil désespérés et voit la sinistre bête du mésozoïque s'enfoncer dans la vase gluante.

NEWGATE

Les murs sont en pierre. En blocs de granit barbouillés de peinture, griffonnés à l'encre et recouverts de mille et une empreintes de doigts gercés et désespérés.

ROGER PEMBROKE, *1786.*

Nan Featherstone, pute, ici entera
Son cœur ségnant sous l'œil
De ces Murs sans Pitié

VENI, VIDI, VICI, TOM THUMP.

Ces murs, Ned Rise les regarde de très près dans la première lumière de l'aurore. De fait même, il a pour eux un regard familier. Car oui, il leur est enchaîné, le poids impossible de ses fers lui écrasant les chevilles et lui coupant net toute circulation de sang dans les pieds. Il a parfois l'impression qu'on les lui a plongés dans un baquet rempli de glace après lui avoir coincé les chevilles sous la pierre d'angle de quelque édifice monumental, genre abbaye de Westminster ou Grande Pyramide de Gizeh. Mais il y a pis : c'est parce qu'il n'a pas les moyens de se payer à manger ou de corrompre le moindre guichetier qu'on l'a poussé dans le cul-de-basse-fosse le plus profond, le plus noir et le plus puant de la prison de Newgate après lui avoir ôté tous ses vêtements. Point de dallage ici, ni non plus de paille ou de sciure : rien que de la boue. Un tiers de terre, deux tiers d'excréments humains. De la boue, rien que de la boue. Une puanteur à tomber à la renverse. L'endroit est bien sûr infesté de rats – et de puces, de poux, de protozoaires, de bactéries, de moisissures et autres virus. De choses qui se multiplient dans des trous secrets, de choses qui prospèrent dans la corruption, de choses qui vous sucent la vie et, un grignotement après l'autre, vous réduisent au très enviable état d'aliment digestible. Quant aux prévenus qui attendent le jugement, un sur deux jamais ne verra l'intérieur d'une salle d'audience, emportés qu'ils seront tous par le typhus, quand ce ne sera pas la vérole, la dysenterie, la pneumonie, la consomption, l'inanition ou le froid. C'est cuit, se dit Ned Rise, complètement cuit.

Soudain, voilà que se fait entendre à côté de lui un grincement de chaînes : ce qu'il avait tout d'abord pris pour une manière de banc, voire un tas de chiffons, se métamorphose en une poitrine défoncée surmontée d'une barbiche de rat et de deux yeux au regard lumineux.

– C'est pourquoi que t'es au trou ? lui demande une voix râpeuse surgie des ténèbres.

– Pour rien, renvoie Ned. Pour rien d'autre que d'avoir essayé d'être un honnête homme d'affaires. De me faire ma place, quoi, de vivre comme il faut.

– Dis donc, c'est ben toi, l'assassin qu'ils ont ramené ici hier soir, non ? T'as tué un lord, c'est pas ça ? Même que d'après ce que j'en sais, t'aurais pas fait tellement de quartiers !

– Mais bon sang, l'ami, une minute, tu veux ? Je suis innocent, moi... c'était rien qu'un accident.

– Écoute, j'ai qu'un truc à te dire : t'aurais dû foncer, gars ! Qu'est-ce que j'aimerais bien m'en assassiner un, moi, de lord ! Et même dix, tiens ! Oui, mille ! Qu'on m'les amène ici tout de suite, tous ces lords et toutes ces ladies du comté et je me les étrangle tous l'un après l'autre ! Et ouais, avec autant de plaisir que si j'm'offrais un banquet d'huîtres arrosé de vin du Portugal !

– Mais je te le répète : j'ai rien fait de tout ça. C'est simplement qu'y m'ont tous écrasé de faux témoignages... tous mes ennemis, tous...

– Oh que non, monseigneur ! Desperado et vrai héros du peuple, c'est ça que vous êtes. Y a qu'à regarder la façon que vous avez les oreilles accrochées à la tête. Ça sert à rien de nier le crime passionnel... surtout sauvage et courageux... Allez, par notre Seigneur Jésus-Christ, qu'est-ce que j'aurais aimé m'en zigouiller un ou deux moi aussi, si j'en avais eu l'occasion !... Non, non, non : y vont te pendre aussi sûr que le beau linge devient gris et que la bouteille de gin finit par être vide ! Oui, haut et court ! Tu veux un bon conseil, mon jeune monsieur ? Tu te tiens comme un homme et tu leur chies dans leurs jolies petites gueules qu'empeste la lavande juste quand y commencent à te tirer sur le cou ! Y a rien de mieux.

– La ferme, espèce de vieux cinglé! La ferme ou j'te...

– Dis-moi un peu: comment qu't'as fait? Tu y as serré le kiki? Tu y as crevé la paillasse? Ou t'y as juste flanqué un coup de poing derrière le crâne, à c'dégénéré, hein?

Ned ne répond pas. Tout ce qui a déjà transpiré de l'affaire en quelques heures lui monte lentement à la tête, lui met l'estomac sens dessus dessous, lui dessèche la gorge. Fini les doux enlèvements, fini les auberges en Hollande, fini l'amour de Fanny... et dire qu'il n'y aura même pas de session du tribunal avant six semaines! Six semaines avant de pouvoir plaider sa cause! Il y aura déjà beau temps que la puanteur aura eu raison du pauvre Ned. Avec un peu d'argent en poche, la vie en prison n'est pas si terrible que ça. Une cellule privée avec du feu et des fers aussi légers que des fétus de paille (et attention: la nuit seulement), ça se trouve sans mal. Sans même parler des repas et des bonnes bouteilles qu'on peut se faire envoyer de l'extérieur, des putes à gros nichons, des copains qu'on invite à dîner et à jouer aux cartes, des jongleurs et des musiciens qu'on s'offre, des chats de compagnie, des prises de tabac, du genièvre, des draps en soie... Mais voilà: arrivez en prison sans un sou vaillant et l'on vous y ôtera tous vos vêtements pour vous coller au donjon, là où le jour et la nuit ne font qu'un, là où les repas se réduisent à quelques croûtes de pain rance que l'on fait descendre avec un gobelet d'eau aussi jaune et puante que de la pisse de vache.

– Moi, je crois que j'l'aurais noyé dans une auge à cochons, reprend le cinglé. Ou alors tiens, peut-être que j'l'aurais attaché à un poteau et que j'l'aurais fouetté jusqu'à c'que ses os d'aristo y z'y transpercent la carcasse.

Mendoza. C'est lui. C'est lui qui a poussé Smirke et le jeune fat à déposer contre lui. Après quoi, à force de boniment et de pots-de-vin, il a mis le magistrat dans sa poche : le prisonnier serait enfermé de l'autre côté du fleuve, à Newgate – « La Prison de Southwark, c'est trop bien pour les individus dans son genre, avait dû glisser Mendoza. Et puis... pourquoi obliger les puissants amis et parents de feu sa Seigneurie à faire tout ce chemin pour voir ce gueux se faire traiter comme il mérite ? » Voilà pourquoi, Ned s'étant déjà fait nettoyer les poches et bâillonner à l'aide d'un mouchoir sale, le magistrat lui a passé une demi-tonne de chaînes autour du cou avant de l'expédier à Newgate.

– Les lords ! Bof ! Des sangsues, voilà c'que c'est ! Si y m'ont jamais fait d'bien, qu'est-ce qu'y m'ont fait comme mal, c'est moi qui te l'dis ! T'as qu'à voir le Jack... Hé ! Jack ! Jack !... ah ! ah ! ah ! ça fait trois jours qu'il est crevé et qu'y a que moi qui le sais. Maintenant, on est deux. Et tu sais pourquoi qu'il était ici, le Jack ?

Ned fait non de la tête.

– Parce qu'il avait piqué deux sous dans la poche d'un lord ! Tu sais, ceux qui se baladent dans High Street ? Deux sous ! Non mais, tu t'rends compte ! C'était un cordonnier, le Jack. Ça, je l'connaissais bien. Trois bébés qui brament au berceau toute la journée pasqu'ils ont rien dans le ventre ! Alors, il fait quoi, le Jack ? Il fout les doigts dans les poches à une de nos illustres Seigneuries à tête de linotte, pardi ! Et qu'est-ce qu'il y trouve ? Deux sous ! Et moi, je dis que piquer deux sous, c'est pas un crime qui vaut la mort. Et d'ailleurs, tu le sais aussi bien que moi. Sauf que pour en mourir, il en est quand même mort, non ?

– Si, si, répond Ned d'un ton distant.

Il a les chevilles complètement engourdies. Il essaie de changer de position mais ses fers refusent de bouger.

– Ce qui fait qu'il est mort de quoi, au juste ?

– M'enfin, espèce d'âne, tu l'sais pas ?

– Je sais pas !… Comment que je l'saurais ?

Le vieux cinglé renifle un grand coup.

– Tu l'sauras bien assez tôt, je te l'garantis. Le Jack, c'est du choléra qu'il a crevé.

HORREUR ET DAMNATION

Sir Joseph Banks laisse échapper le journal de l'après-midi en poussant un cri et, se redressant d'un bond, renverse une carafe de xérès et un pot humidificateur rempli de tabac de Virginie.

– Dorothea ! beugle-t-il, et se rue à travers la bibliothèque aux dépens d'un porte-parapluies en forme de pied d'éléphant, de son plateau à thé et d'un secrétaire laqué à demi enfoui sous un monceau de papier à lettres, d'enveloppes et de pains à cacheter.

Fanny, qui s'est mise à passer le plumeau dans le couloir, se fait presque renverser lorsque son maître, qui sort de la bibliothèque comme un ouragan en continuant de brailler son cri de guerre – « Dorothea ! Dorothea ! » –, se précipite, véritable cerf blessé, dans l'escalier. Interloquée, elle tourne la tête pour le regarder grimper les marches et disparaître au tournant. Il martèle le sol de ses pas, pousse un autre hurlement, et finit par donner deux ou trois petits coups de patte à la porte de Lady B.

Fanny, justement : le maître l'a encore une fois surprise en train de rêvasser et de regarder dans le vide en époussetant machinalement un buste de Lycurgue. Elle est comme ça depuis le matin. Pour Bount, c'est à cause de l'excitation de la nuit précédente (« avec ce vol et tout ça… »). Cook, en catimini, lui a demandé si la nouvelle lune n'allait pas lui rendre ses menstrues particulièrement difficiles à supporter. Ah ! la belle simplicité de ces gens-là ! Fanny sourit, tout entière à ses doux projets, enivrée de ce qui l'attend le soir même... ah ! s'enfuir avec Ned ! La Hollande ! C'est à peine si elle arrive à y croire. Elle s'achètera un col en dentelle des Pays-Bas, une cornette avec des ailes sur le côté, une paire de sabots en bois. Les amoureux s'installeront dans un moulin à vent... ou alors sur une péniche... ah ! Et ce sera elle, la maîtresse de maison, et elle aura une domestique qui lui apportera son thé et des fleurs fraîchement coupées... et non, plus jamais elle ne fera la révérence à Lady B., plus jamais non plus elle ne ramassera des crottes de roquet dans l'entrée !

Là-haut, la voix de sa maîtresse se fait entendre :

– Jos... mais qu'y a-t-il ?

– C'est Graeme ! Graeme Twit. Ils l'ont tué !

– Ils l'ont tué ? Mais de quoi parles-tu ?

Sir Joseph a la voix étranglée par l'émotion.

– Une horreur, je te dis. C'est une horreur... oui ! Horreur et damnation ! Nom de Dieu...

L'air absent, Fanny a déjà perdu tout intérêt pour le tumulte qui secoue le premier étage : Twit ? Mais où a-t-elle entendu ce nom-là ? Elle fait demi-tour, ouvre la porte de la bibliothèque et en découvre le chaos. Tout en marmonnant pour elle-même, elle redresse le secrétaire laqué et s'accroupit pour ramasser les morceaux de porcelaine cassée qui jonchent le tapis. Le journal et le pot humidificateur sont eux aussi par terre au pied du fauteuil de Sir Jos.

– ... Non, Dorothea, inutile d'essayer de me calmer ! tonne Sir Joseph à l'étage. Je n'ai aucune envie de me calmer !

Fanny ramasse dans le creux de sa main les brins de tabac épars et les remet dans le pot. Après quoi elle prend le journal tombé, en lisse les feuillets, le replie et s'apprête à le replacer sur le bras du fauteuil lorsque le gros titre l'arrête net :

LORD TWIT ASSASSINÉ À SOUTHWARK

Comme poussée par une force étrange, elle parcourt l'article en trébuchant sur les mots, *suspect emprisonné*, reconstitue ce que fut cette sombre nuit dans un quartier pauvre de Londres et découvre les sinistres motifs qui ont poussé le criminel à commettre *en pleine connaissance de cause... avec préméditation... un acte d'une sauvagerie que rien ne justifie.* Et enfin elle arrive à ces mots qui lui glacent le cœur : ... *Ned Rise, Ned Rise, l'assassin.*

Là-haut, d'une voix aussi vengeresse et triomphante qu'un cor remontant la gamme pour conclure un *allegro furioso* sur une explosion de puissance et de vitupérations, Sir Joseph Banks hurle :

– Je verrai à ce qu'on l'écorche vivant, ce gredin ! À ce qu'on l'enchaîne bien serré afin que le dernier des chiens puisse le couvrir de pissat ! Nom de Dieu, je le jure !

QUID PRO QUO

À ce point de l'histoire des mœurs, il était *de rigueur** que la dame confrontée à un revirement de situation aussi brutal, aussi dévastateur, tombât en pâmoison. Pas Fanny Brunch : elle était d'une étoffe plus solide. Après avoir poussé un petit cri bref mais libérateur, elle se retira, sous couleur d'indisposition, dans la chambre qu'elle occupait derrière l'office et commença à se torturer la cervelle pour trouver un moyen d'aider son amant à se sortir de ce mauvais pas. Tout lui parut bien vain. Elle ne possédait en propre guère plus d'une ou deux livres (qu'elle avait mis des mois et des mois à amasser sou par sou), ses parents n'étaient que des loqueteux, ses amis n'allaient pas chercher beaucoup plus loin que la laitière et la bonne du coin… et il était clair qu'elle ne pouvait pas faire appel à Sir Joseph. Elle songea un instant à écorner le fonds de roulement alloué à Cook, ou à filer avec l'argenterie de Lady B… Mais non, elle en était incapable. Et pourtant, que Ned fût coupable ou innocent, il lui fallait le sauver, à tout prix… Ça y est, elle avait trouvé : Adonaïs Brooks ! Mais bien sûr ! Elle se souvint de l'expression de son visage lorsqu'il lui avait pincé les fesses dans le couloir et avait menacé de se jeter par la fenêtre si elle repoussait ses avances. Ce teint jaunâtre, ce dos rond, ce regard de souffreteux… Mais allez-y donc, lui avait-elle dit, sautez ! Et il avait sauté. Adonaïs Brooks ! Et maintenant il marche avec une canne. Elle eut un petit sourire sinistre et calculateur. Adonaïs Brooks… Aussi excité qu'un gros matou en chaleur.

Fanny sortit de sa chambre sur la pointe des pieds. Pas un bruit dans la maison. Sir Joseph s'était rendu à son club dans une véritable tempête de rugissements, de menaces et d'imprécations. Lady B., elle, s'était enfermée dans ses appartements avec un joli mal de tête. Fanny jeta un coup d'œil dans le carnet d'adresses de sa maîtresse, s'enroula dans un châle et se coula dehors par la porte de devant.

~

Il avait été un temps où, sur ses dix-huit ou dix-neuf ans, Adonaïs Brooks insistait pour qu'on l'appelât

Werther : le portrait que Goethe avait brossé de ce jeune homme triste et neurasthénique l'avait en effet fortement marqué. Plus tard, il avait découvert Collins, Smart, Cowper et Gray. Les *Églogues orientales* avaient pris place sur les rayons de sa bibliothèque, à côté des poèmes d'Ossian de Macpherson et des *Reliques de la poésie anglaise d'autrefois* de Thomas Percy. Il s'était voué à la ballade et à l'état de nature, arborant des culottes rouges et des vestes en velours noir. Aux rencontres bimensuelles du Club de poésie du West End, dont il était devenu le secrétaire, il s'était fait le champion de la passion contre la rigueur, de la sensibilité contre le bel esprit. Un soir, au beau milieu de « La Tasse et la Cuillère », satire élégante de Blythe Bender qu'on était en train de réciter, il s'était levé d'un bond et avait hurlé :

– Assez de tous ces Pope, Addison et Steele ! Oui, assez de tout ce bel esprit, de ces urbanités et de ces distiques héroïques ! Où est la vie dans tout cela ? Où est le sang ? Où est la tombe ?

Un silence gêné s'était abattu tout soudain sur la salle : c'était bien la première fois qu'on interrompait ainsi une lecture, la première fois encore qu'on attentait aussi violemment au décorum et au bon goût. Adonaïs s'était proprement fait huer par ses confrères. Plus tard, on l'avait prié de quitter le club.

Aujourd'hui âgé de vingt-six ans, il errait dans les rues sinistres et embrumées avec des larmes dans les yeux ; le comblaient les orages désirés et les ciels zébrés d'électricité, il ne rêvait que lieux élevés, blessures, hauts faits, amour… mais amour avec du frisson, de la volupté et de la mort ; amour dans les cimetières au milieu des catafalques, amour dans les chaînes, les galères et les donjons ! Il avait une voiture et quatre domestiques. Il croyait aux sorcières et aux revenants et habitait Great George Street où il vivait dans des somptuosités décadentes. Il ressentait encore des douleurs sourdes dans les côtes, surtout lorsqu'il toussait ou respirait trop fort, et, quoique guéris, les os brisés de sa jambe droite ne s'étaient toujours pas convenablement ressoudés. Avoir une oreille coupée le titillait beaucoup, c'est sûr, mais il n'en montrait rien.

Lorsque Fanny arriva à sa porte, il peinait à rédiger son *Élégie sur la déconfiture de nos explorateurs en Afrique* : « Ô Ledyard, ô Lucas, ô Houghton et puis Park/Faudra-t-il donc que je vous mette avec les morts,/Quand Tombouctou dans l'inconnu subsiste encor ? » Bellows, son domestique, annonça la visiteuse d'une voix de stentor :

– Fanny Brunch, Sir.

Il en resta stupéfait. Combien de fois ne se l'était-il pas imaginée dans sa maison ? Combien de fois, seul avec elle dans sa chambre, ne l'avait-il pas..., etc. ? D'un bond il fut sur ses pieds. Se prenant à trembler comme un épagneul trempé, il se lécha la paume des mains, s'aplatit les cheveux en arrière... mais déjà elle était là, debout devant lui, comme une vision de rêve.

– Fanny ! s'écria-t-il en se précipitant pour lui offrir une chaise.

Mais que voyait-il là ? Des larmes sur ses joues ?

– Je vous demande humblement pardon, Sir, commença-t-elle le cœur palpitant, mais je suis venue vous supplier de me rendre un service.

Tandis qu'il l'écoutait, le spectacle de sa personne, ses chevilles, ses hanches, sa chevelure, repaissait son vampirique regard. Le son de sa voix lui était un puissant aphrodisiaque où la pomme le disputait à l'huître, lui chatouillait littéralement le sexe comme une plume... Il aurait voulu se jeter sur elle, disparaître dans son corps... mais il y a comme une gêne à la hauteur de ses hauts-de-chausses, tendus en avant, et il se contente de l'écouter en se tortillant. Lorsqu'elle en a fini, il lui prend la main.

– Je t'aiderai, fait-il d'une voix sifflante et qui manque de s'étrangler. Ah ! Dieu, oui, je t'aiderai ! Je ferai tout ce que tu veux, tout !... Je me mortifierai les chairs, je m'arracherai les yeux, je m'ouvrirai les veines... En veux-tu la preuve ? Tout de suite ? Je le fais, oui, dans l'instant ! Tout ce que tu veux !

Puis, aussi froid qu'une lame de couteau, il la regarde droit dans les yeux et ajoute :

– Il faut pourtant que tu comprennes... qu'il y aura nécessairement du *quid pro quo.*

– Qu'il y aura du quoi, Sir ?

– Qu'il y aura échange... un prêté pour un rendu...

Fanny baisse les yeux.

– Je l'savons bien, Sir, lui répond-elle. Comme si les filles pauvres avaient autre chose à offrir. Vous n'avez pas besoin d'être vulgaire par-dessus le marché...

~

Le lendemain matin, Fanny se rendit à la prison de Newgate. Un mouchoir parfumé sur le nez, elle suivit un guichetier le long d'un escalier tortueux qui s'enfonçait dans les profondeurs du donjon ; le bruit de ses pas lui faisait l'effet de coups de feu au fond d'un puits. Une énorme porte de fer s'ouvrit en grinçant sur ses gonds, et alors peu s'en fallut que la jeune fille ne tombât à genoux. Embrumé et fétide, l'air était plein de vapeurs qui montaient des flaques d'eau, de grognements qui se glissaient dans les ténèbres. Ses pupilles se dilatant dans le noir, Fanny se mit à avancer avec prudence. La boue aspirait ses chaussures, des pattes tordues comme des griffes cherchaient à la toucher, l'odeur puissante de l'urine lui piquait les yeux. « Hé là, mam'zelle Gros-Cul, et si que j'te la léchais à mort ? » gronda une voix. « Nichons ! Nichons ! Nichons ! » lança une autre. Une terreur bestiale s'empara d'elle – la peur d'être enterrée vivante, d'être claquemurée à jamais, la peur de se faire aspirer dans quelque fosse d'aisances, plus bas, toujours plus bas, de tomber jusque dans les intestins lisses et bouillonnants de la terre, là où les démons vous déchiquettent les chairs jusqu'à l'os, où les créatures hurlantes de l'enfer vous étranglent l'âme et vous la rechient en petites crottes dures et noires comme des pierres. Fanny recula d'horreur, mais le guichetier la prit par le coude :

– C'est rien, mam'zelle, vous occupez pas d'eux... Tenez, regardez, là-bas, v'là votre ami.

Nu et tremblant, Ned délirait. Allongé dans ses propres déjections, il ne cessait de parler confusément de têtes de poissons et de petits pots d'or. Complètement édenté, un vieillard gisait mort à ses côtés. Fanny lui ayant glissé une demi-couronne dans la main, le guichetier détacha les jambes de Ned et, après l'avoir enveloppé dans une couverture, l'emporta hors de la pièce. Un peu plus tard, dans une cellule privée, Fanny lava son amant à l'aide d'une éponge imbibée de vinaigre et lui prépara un bol fumant de bouillon ; elle le tint quelque temps à hauteur des lèvres du malheureux, qu'elle couvrait de baisers. Il vomit, la regarda droit dans les yeux et ne parut pas la reconnaître. Lorsque le chirurgien arriva enfin, il trouva Ned couvert de sueur et se tapant la tête contre le mur.

– De quoi s'agit-il, Sir ? s'enquit-elle d'un ton suppliant. Qu'est-ce qu'il a ?

Le bonhomme avait dans les soixante-dix à quatre-vingts ans, mais s'habillait comme un muguet, dont il portait la perruque et la culotte serrée. Ses narines tremblèrent lorsqu'il ouvrit une veine dans la jambe de son patient et se mit à le saigner lentement, jusqu'à le contraindre à l'immobilité.

– Fièvre carcérale, lança-t-il d'un ton prosaïque. Ou bien il s'en sortira ou bien il mourra comme un chien. Vous pouvez toujours jouer à pile ou face si vous pensez que cela peut vous faire du bien.

~

Le lendemain, Lady B. exigea des explications : pourquoi Fanny n'avait-elle pas répondu à ses appels ? Talons serrés, Byron Bount se tenait debout devant elle et regardait ses pieds sur le tapis.

– Eh bien, parle, Bount ! La demoiselle serait-elle donc toujours indisposée ? Faut-il appeler le docteur ?

Bount implora son pardon et lui répondit que Fanny n'était pas là.

– Pas là ?... C'est bien ce que tu m'as dit ?

C'était bien ce qu'il venait de lui dire. Mais alors, où était-elle passée ? Bount s'éclaircit la gorge.

– Ça, madame, je ne le sais pas plus qu'un autre.

Le visage de Lady B. durcit brusquement, passant même le stade de la pétrification, allant jusqu'au métamorphisme, jusqu'au stade igné, et même au-delà.

Le résultat de tout cela ? Lorsque, le cœur lourd et la robe maculée, Fanny s'en revint de la prison ce soir-là, elle découvrit que Byron Bount l'attendait en haut du perron. À côté de lui, deux ballots remplis d'habits, et un méchant portrait de sa mère, exécuté à l'huile. Bount s'était croisé les bras sur la poitrine et la regardait comme un vautour sa charogne.

Lui restait-il vraiment autre chose à faire ?

– Great George Street, lança-t-elle au cocher de fiacre.

Alexander Anderson était en guerre ouverte avec lui-même. Son père le pressait d'avoir avec sa sœur Ailie une conversation sur un éventuel mariage, et il ne savait pas, lui, de quel côté se ranger. « Personne au monde ne la connaît mieux que toi, pas même son vieux P'pa, répétait le vieil homme d'un ton flatteur. Fais-lui donc entrer un peu de bon sens dans le crâne. » On n'avait plus la moindre nouvelle de Mungo depuis presque deux ans et le vieux voulait que sa fille épousât Gleg.

Il fut un temps où pareille idée eût passé aux yeux du jeune homme pour relever du parjure. Aujourd'hui, il était beaucoup moins sûr de lui. Gleg avait certes toujours tout du gros âne – mais cet âne était infiniment plus supportable que le jour où il avait débarqué à Selkirk. On ne pouvait, qui plus est, douter de son adoration pour Ailie – il ne cessait de se mettre à ses pieds et de l'inonder de cadeaux, de poèmes et de ballades de mauvais goût depuis qu'il avait posé les yeux sur elle. Mais si Zander ne savait trop que faire, c'est qu'il voyait bien que soutenir Gleg l'obligeait à trahir Mungo. Pis encore, il en était lui-même venu à admettre que l'explorateur avait échoué et que, mort et trépassé, il pourrissait dans une tombe à fleur de terre ou mijotait dans les boyaux de quelque « bête au lent déhanchement[1] ». Si pénible qu'il fût de le reconnaître, y avait-il vraiment la moindre raison de continuer à douter ? Était-il donc bien sensé de nourrir encore et toujours de faux espoirs ? Et puis le jeune homme pouvait-

1. Citation d'un vers de Yeats.

il supporter plus longtemps de voir sa sœur se mourir d'amour, interminablement attendre et attendre, espérer jusqu'à ce que l'espoir lui tourne dans le cœur et prenne le goût du désespoir ? Aurait-il la force de voir son dos se courber sous l'amertume, les ans infertiles prématurément la vieillir et la pousser à l'église, marmonnante et le pas traînant, un chapelet à la main ?

Allons, Gleg n'était pas si horrible que cela... Il avait des défauts, c'est vrai... il mangeait comme un cheval de roulage, son rire évoquait l'hyène, ses dents étaient gâtées et son haleine infecte... Il était maladroit, il avait un grand nez, il était aussi laid qu'un chien... mais quoi ? Le cœur était généreux et il ne faisait aucun doute qu'un jour ou l'autre il réussirait dans la vie...

Zander se versa un whisky puis gagna lentement le salon où Ailie s'était penchée sur son microscope et son carnet de croquis. Répondant à un appel, Gleg et le vieillard étaient partis soulager de leur mieux le vieux Malcolm McMurtry qui crevait de dysenterie. Dans quinze jours, ce serait Noël. On avait déjà accroché des couronnes de houx et d'ivette aux fenêtres. Dehors, le vent soufflait furieusement dans les arbres.

Zander s'assit sur un coin de la table et étudia le profil de sa sœur – l'inclinaison du cou, le nez *retroussé**, les cheveux noirs coupés court.

– Ails, dit-il enfin, ça fait longtemps que j'y réfléchis, que j'essaie d'être rationnel là-dessus et je ne... et je ne crois pas... enfin, je veux dire... je ne crois pas qu'il faille beaucoup compter sur le retour de Mungo.

Elle ne leva même pas les yeux de son ouvrage.

– Dis... tu ne penses pas qu'il faudrait regarder les choses en face et commencer à envisager l'avenir sans lui ? continua-t-il.

Il avala une gorgée de whisky. Elle était en train de dessiner et ne cessait d'aller et venir entre son microscope et son carnet.

– Je ne te l'ai pas encore dit mais... mais je vais quitter Selkirk sous peu, tu sais, et... enfin, dès que j'aurai remis un peu d'ordre dans mes pensées. Je ne peux pas rester ici jusqu'à la fin des temps et continuer à vivre aux crochets du vieux...

Elle n'avait toujours pas réagi.

– Et toi là-dedans ? Il n'est pas éternel, tu sais, le vieux. Tu ne crois pas qu'il faudrait songer à préparer l'avenir ?

Elle se tourna vers lui et le regarda droit dans les yeux.

– *Et tu*, Zander ? fit-elle.

Il rit.

– Eh oui, *moi aussi*... Le vieux voudrait que tu épouses Georgie. Il m'a demandé de t'en parler. Et tu vois, je ne crois pas que ce soit une mauvaise idée.

– Tu n'as pas envie que je devienne une vieille fille, c'est ça ?

– En gros, oui.

– Et Mungo ?

Zander laissa son verre pour aller remuer la braise dans l'âtre. Les colombes d'Ailie entamèrent un duo en forme de thrène, puis s'arrêtèrent brusquement au beau milieu d'une note.

– Il faut regarder les choses en face, Ailie, reprit-il en lui tournant le dos. Pas un mot en deux ans. Tu vois une autre conclusion à tirer ?

Lorsqu'il se retourna, elle s'était remise à son microscope.

– Alors, dis...

Sa voix était douce, presque un murmure.

– Tu crois qu'il y a encore de l'espoir ?

– Je ne suis pas amoureuse de Georgie Gleg, lui répondit-elle.

~

Deux semaines plus tard, le jour de Noël, les toasts ayant été portés et les cadeaux échangés, on dansa. (Gleg l'avait inondée de présents : un coffret de bonbons, trois aunes de mousseline verte achetées dans un magasin d'Édimbourg, les deux volumes de la dernière étude de Pierre Ménard sur les protozoaires – *Le Monde secret* –, un filet à têtards, une demi-douzaine de carnets à dessin, des mouchoirs parfumés et un flacon d'eau de lilas. Ailie, elle, lui avait offert un couteau de poche.) Voisins et cousins – Kathy Kelpie et oncle Darroch, Nell Gwynn, Robie Campbell et les Motherwell Anderson au grand complet –, tout le monde sautait en cadence sur le parquet de la salle. Godfrey MacAlpin faisait hurler et gémir sa cornemuse, Zander s'était mis de la partie et jouait du fifre tandis que le vieux Deans raclait son crincrin comme un endiablé. Il y avait du punch au lait et du whisky aux épices, l'air embaumait l'oie et le lièvre à la broche. Katlin Gibbie arriva tard. Elle avait les joues rouges, son tout nouvel époux au bras, et une bosse fort visible sous sa cape. Gleg demanda à Ailie de lui accorder une danse.

Plus tard, chacun s'étant installé pour manger, le Dr Anderson leva son verre et hurla qu'Ailie avait une déclaration à faire. Elle se leva en tremblant, Gleg lui décocha un sourire radieux ; Zander eut l'air fort étonné.

– Comme vous le savez tous, commença-t-elle, j'ai perdu mon promis dans les déserts de l'Afrique. J'espère fermement qu'il franchira un jour le seuil de cette maison… Oui, je l'espère fermement… Mais chaque jour et chaque minute qui passe est un venin qui m'empoisonne et...

Elle s'était mise à renifler. Le vieux Deans lui tendit son mouchoir.

– ... Et un autre homme, un homme aimable et très doux, déjà monte dans mon estime...

Elle chercha son verre en tâtonnant et en avala le contenu d'un trait.

– ... Enfin... voici ce que je voulais vous dire : si Mungo ne m'écrit pas une lettre pour m'en empêcher d'ici là, dans un an jour pour jour, que Dieu me vienne en aide, j'accorde ma main à Georgie Gleg ici même.

HORRIPILATION

Les jours se firent semaines, les semaines mois. Miraculeusement guéri quoique ayant encore tendance à s'endormir au milieu de ses phrases, Ned buvait des canons de bière dans sa cellule privée et se préparait des toasts aux rognons sur la braise. Dehors, de l'autre côté des barreaux, la neige tourbillonnait en blancs flocons, durs comme du gravier dans le lit d'un ruisseau.

Une chope à la main, Billy Boyles s'était assis sur un tabouret dans un coin de la pièce. Il était venu rendre une petite visite à son ami. Il croisa ses jambes osseuses, avala une grande gorgée de bière et s'essuya la bouche.

– Commences à te sentir nerveux, Neddy ?

– Nerveux ? Et pourquoi que je me sentirais nerveux ? Je suis innocent, non ?

– Bien sûr que si, Neddy. J'y étais.

Installée à Old Bailey (ensemble de bâtiments qui avaient l'avantage de jouxter la prison), la cour d'assises siégeait huit fois par an, soit toutes les six semaines à peu près. Ned s'était fait arrêter au début du mois d'août mais son conseil, Neville Thorogood, du très puissant cabinet Jaggers & Jaggers, avait réussi à repousser le procès à trois reprises, en arguant de la mauvaise santé de son client. Retenu pour assurer sa défense au seul vu du compte en banque d'Adonaïs Brooks, Thorogood était l'un des meilleurs avocats au criminel de son temps, mais tout habile qu'il fût, ce n'était pas un thaumaturge : aussi, le lendemain matin à dix heures, Ned Rise allait-il se retrouver dans le box des accusés.

~

Fanny était si tendue qu'elle fut incapable d'avaler son dîner.

– Mais voyons, Fanny, la morigéna Brooks, il faut que tu gardes tes forces. Prends un morceau de veau cru... ou alors un oignon et du porridge, au moins.

Mais non : pas question de toucher à rien. Non, vraiment. Brooks haussa les sourcils et lui fit signe de monter dans la chambre.

– Une petite galipette ou deux, histoire de te changer les idées ?

Les mois qu'elle avait passés à Great George Street l'avaient beaucoup éprouvée. Et ce n'était pas que Brooks se montrât déplaisant ou dénué de générosité. Non, mais ses exigences sexuelles !... Elles étaient implacables. Incessantes. Aussi étranges que bestiales. C'est ainsi qu'il pouvait congédier les domestiques et, après l'avoir attachée à la rambarde de l'escalier du vestibule, la prendre par-derrière et se servir de ses fesses comme d'un cendrier.

Parfois encore, il la ficelait en croix à la table de la cuisine et lui introduisait des carottes, des concombres, des courgettes et des saucisses dans tous les orifices du corps ; lui cassait une demi-douzaine d'œufs sur le nombril et se régalait de cette omelette crue ; prenait l'empreinte de ses seins pour préparer des moules à gélatine, sous des montagnes de *coleslaw*. Une après-midi, après l'avoir enchaînée, il lui avait marqué au fer rouge, sur la fesse gauche, ses initiales : A.B. Une autre fois encore, il était revenu chez lui avec, enfermés dans la même caisse, des rats et un fox-terrier ; puis lui avait fait furieusement l'amour tandis que, grondant comme une scie de long, le chien se ruait de tous côtés pour étrangler les malheureux rongeurs. Terrifiés, ceux-ci s'étaient réfugiés sur le lit où, avec des couinements suraigus, ils avaient déchiré les draps de leurs griffes ; le craquement sec que faisait le cou des victimes du chien chassait les autres dans tous les sens, comme un fouet. Fanny en avait été toute retournée ; Adonaïs, lui, n'avait rien manqué de la scène.

Bref, c'était pénible. Mais elle n'avait pas le choix : ou bien elle se soumettait, ou bien elle regardait Ned Rise interminablement mourir dans les fanges de la prison de Newgate. Pyrame et Thisbée, Vénus et Adonis, George et Martha Washington, la longue histoire de l'amour était bourrée de semblables sacrifices. Ils y étaient arrivés, elle y arriverait, elle aussi. Lorsque enfin, les lèvres gonflées, les yeux mouillés de larmes, trop endolorie et épuisée pour bouger, elle restait allongée sans mouvement entre les bras de Ned, elle se sentait comme emportée dans les solitudes célestes du martyre, là-bas, au royaume des Ignace, des Polycarpe, des Jeanne d'Arc... du Christ lui-même. Oui, c'était ça, le martyre. C'était ça l'amour.

Ned faisait de son mieux pour alléger son fardeau. Il la calmait, soignait ses écorchures et ses bleus, essayait de gommer à l'aide de crèmes et d'onguents cette page d'écriture qu'elle avait sur le dos, tout cela sans cesser de lui jurer qu'il la vengerait un jour, qu'il ne serait pas en reste avec elle, mais l'emmènerait dans une île de la Méditerranée, où il lui élèverait un autel... Elle le laissait parler : le son de sa voix l'apaisait. Les murs de la prison étaient de granit et son portail de fonte. Ned n'avait pas un sou vaillant, Ned était sans défense, émasculé par une société qui écrasait les opprimés et récompensait les voleurs et les parjures ? Jamais elle ne le lui rappelait. Jamais elle ne lui sapait ses espoirs, jamais elle ne lestait ses envols des lourdes pierres de la réalité, jamais surtout elle ne faisait allusion au procès qui, suspendu au-dessus de leurs têtes, les menaçait aussi impitoyablement que le couperet luisant de la guillotine.

Le moment fatal était pourtant arrivé. Ned une fois acquitté, elle pourrait enfin tourner le dos à Brooks et vivre avec son amant dans l'extase et le dénuement. Ou bien alors...

Elle se raidit comme l'acier. Elle n'ignorait pas la fin de Thisbée.

LA TOQUE NOIRE

L'aube, en ce jour de procès, se leva telle une pestilence, avec son ciel bas, couleur de pus, son soleil voilé d'une taie. D'étiques pigeons battaient de l'aile au-dessus des murs de la prison, comme journaux emportés par le vent. De la rue montait ce grondement qui rend fou : le bruit de la foule massée à la porte du tribunal. Ned Rise avait envie de vomir.

C'était à vrai dire une foule tout à fait comme il faut dans l'ensemble : des boutiquiers, des prêtres, des industriels qui promettaient, des épouses de députés, bref, le cœur, les poumons et la moelle épinière même de la bourgeoisie. C'était, pour l'essentiel, grâce aux efforts de Sir Joseph Banks qu'elle se trouvait là. Tout l'automne et tout l'hiver durant, il avait en effet infatigablement mené campagne dans la presse et les salons de Soho et de Mayfair pour que l'affaire prît valeur d'exemple : il entendait que « les putrescents dessous de l'affaire restassent exposés assez longtemps au nez et aux yeux du public pour qu'exaspéré par ce spectacle et cette puanteur, on finît par se révolter et par exterminer la vermine humaine qui grouille dans nos rues et menace la liberté, que dis-je, le droit de propriété de tous nos bons citoyens ». Déjà entamé par la violence aveugle dont avait été victime son vieil ami et compagnon de l'Association africaine, il avait été rendu plus furieux encore (au point d'en frôler la rupture d'anévrisme) en apprenant que son ex-domestique avait partie liée, et de la plus odieuse des manières, avec l'horrible criminel. Un désir, et un désir seulement, l'avait poussé à gagner Old Bailey ce jour-là : voir comment Ned Rise allait être condamné à la pendaison.

À l'intérieur, la galerie était bondée. S'y trouvaient Charles Fox, Sir Reginald Durfeys, le duc d'Omnium et Lady Bledsoe. La comtesse Binbotta, sœur de Twit, avait fait le voyage de Leghorn avec son époux Rudolfo. L'Association africaine était venue *en force**. Étaient aussi présents Carlotta Meninges et l'évêque Erkenwald. Et encore un Beau Brummell qui, devenu l'ami intime du prince de Galles, était en passe d'accéder au titre de plus grand noueur de cravates de l'époque. La mort de Twit avait beaucoup secoué toute cette société, qu'elle touchait à son point le plus vulnérable. Qui donc n'avait pas un jour perdu sa bourse dans la rue ou, un pistolet sous le nez, ne s'était pas fait détrousser dans sa propre voiture ? Qui donc n'était pas rentré chez lui un soir pour trouver ses appartements sens dessus dessous et s'apercevoir que ses bijoux avaient disparu ? Qui donc... mais là n'était pas l'essentiel peut-être.

Près de deux cents crimes passibles de la peine capitale sont portés sur les registres de l'hiver 1796-1797, au nombre desquels on compte les délits suivants, tous plus odieux les uns que les autres : vol de linge dans un pré à blanchir ; coups de feu tirés sur un officier des impôts ; démolition de maisons, d'églises, etc. ; arrachage de houblon ; incendie de greniers ou de mines de charbon ; attaque à l'arme blanche d'une personne désarmée et ayant entraîné la mort dans les six mois ; envoi de lettres de menaces ; attroupement rassemblant douze personnes ou plus, avec refus de se disperser une heure après la fin de la manifestation ; bris de bassin à poissons amenant la perte desdits ; vol d'effets de lainage sur le tendoir ; pillage de navire en détresse ; attentat contre les personnes de Conseillers privés du roi et ce qui s'ensuit ; sacrilège ; destruction d'octrois et de ponts... Et dire qu'avec tout ce bel éventail de forfaits, cet imbécile de Ned Rise avait cru bon d'inventer d'assassiner un noble ! L'acte dépassait, et de loin, le simple crime : c'était un outrage pur et simple, c'était violer les règles en usage, c'était jeter un défi à l'ordre social ! Permettez aujourd'hui le meurtre d'un lord, demain vous aurez le viol d'une lady ! Impensable ! Les bourgeois aussi bien que le *haut monde**, tout un chacun était venu protester. Voir le prisonnier recevoir la peine qu'il méritait. Voir le juge se coiffer de sa toque noire.

Tous les acteurs de la troupe étaient rassemblés lorsque Ned Rise fut introduit dans le prétoire au son de ses chaînes. Les jurés, déjà dans leurs stalles, avaient prêté serment sur la vénérable bible noircie par les baisers ; les avocats remuaient des papiers en échangeant quelques bons mots ; les juges, à savoir le lord-maire, le magistrat municipal, les shérifs et le président de la Cour des requêtes ordinaires, lissaient les plis de leurs robes et toussaient derrière leurs mains, et l'on aurait pu prendre les mouvements de flux et de reflux de leurs surabondantes perruques pour l'agitation d'un troupeau de moutons. Clinc-clanc, ponctuaient les chaînes de Ned Rise. Dans les galeries, dilatant les narines à l'instar de la fouine qui prend le vent de l'oiseau blessé, chacun leva le nez de son journal, de son tricot, voire de sa topette de cognac. Les épaules basses et la mine de quelqu'un qui s'excuse, Ned entra dans le box en faisant tinter ses fers.

Le président de la Cour essuya ses lunettes et se frotta l'arête du nez tandis que Ned parcourait la salle des yeux afin d'y découvrir un visage ami. Il ne semblait pas y en avoir. Les juges, bilieux et amers, faisaient la tête de gens qu'on vient d'arracher au sommeil. Les uns en perruque, les autres nu-tête, mais tous, les traits comme taillés dans le granit, les membres du jury étaient assis raides comme des piquets sur leurs bancs. L'avocat général grinçait des dents. Ned continuait de scruter les galeries, passant de visage en visage. Son regard tomba tour à tour sur les joues et le front proprement vésuviens de Sir Joseph Banks, sur le nez en lame de rapière de la comtesse Binbotta, sur la tignasse argentée de Reginald Durfeys, et enfin sur le sourire triste et désenchanté de Fanny. Il poussa un soupir de soulagement : Dieu merci, au moins elle était là ! Mais qui était ce monsieur en veste rouge et aux lèvres comme gonflées par des piqûres d'abeilles ? C'était donc ça, Adonaïs Brooks ! Et, pis encore, qui était cette mégère en haillons assise au premier rang... celle dont la lèvre était percée d'un anneau ? Il y avait dans sa mise quelque chose qui lui glaçait les sangs, quelque chose qui, aussi étrange que terrifiant, le rejetait à ses premiers souvenirs et lui chuchotait : « Perdu, perdu, tout est perdu ! »

– Greffier ! tonna le président. Lisez l'acte d'accusation.

Le greffier avait une voix de basson, profonde et melliflue.

– « Le prévenu Ned Rise est ici accusé d'avoir volontairement et avec préméditation ôté la vie à Lord Graeme Eustace Twit par voies de fait en la nuit du 11 août 1796, après avoir trompeusement attiré feu Sa Seigneurie dans ses logements infâmes et de mauvaise réputation sis à Southwark, dont ledit prévenu aurait défenestré la victime à son grand préjudice corporel et au prix de son trépas subséquent. »

– La lecture de l'acte d'accusation est terminée, énonça le président de sa voix sonore. Comment l'accusé choisit-il de plaider ?

Ned sentit sa gorge se nouer.

– Non... commença-t-il, mais il s'étouffa, pris par une soudaine quinte de toux qui le fit baver et le contraignit à chercher désespérément son souffle.

Le garde lui flanqua des claques dans le dos. Les spectateurs s'étaient mis à renifler des fioles de vinaigre et des brins de rue écrasés afin d'éviter tout risque de contagion. Les yeux pleins de larmes, Ned réussit enfin à formuler sa réponse, en un filet de voix.

– Non coupable, Votre... Grandeur.

Des sifflets s'élevèrent dans les rangs du public. Le président donna quelques coups de marteau sur sa table.

– Faites appeler le premier témoin ! rugit-il.

Le premier témoin n'était autre que Mendoza. La cravate immaculée, resplendissant dans sa veste anthracite et sa culotte de velours noir, le maître cogneur traversa fièrement la salle sous des murmures admiratifs. Il avait ramené ses cheveux légèrement poudrés en arrière et se les était noués sur la nuque à l'aide d'un ruban assorti le plus délicatement et le plus heureusement du monde à sa culotte. Sans détours, il raconta son histoire d'une voix claire et ne s'étrangla que lorsque l'avocat général l'obligea à s'appesantir sur des détails quelque peu embarrassants. Tout le monde fut d'avis qu'il s'était fort bien acquitté de sa tâche.

Ned se sentit grandement soulagé lorsque son avocat, Neville Thorogood, se leva pour interroger à son tour le témoin. C'était un homme corpulent et fort ordinaire d'aspect, qui devait sa célébrité autant à ses exploits au barreau qu'à son coup de fourchette : n'avait-il pas un jour avalé treize poulardes rôties à la file ? Il fit un ou deux pas en avant, l'air impressionnant : sur ses traits bouffis était venu se fixer le masque métallique de la sévérité qui force le respect ; et sa silhouette était si imposante, sous sa grande robe noire, qu'elle masquait une bonne moitié de la salle aux yeux de son client. Malheureusement, il avait la voix aussi haut perchée que celle d'un enfant de chœur. De petits rires étouffés secouèrent les galeries dès qu'il commença à questionner le maître cogneur.

– Monsieur Mendoza, fit-il de sa voix flûtée, pourriez-vous dire à messieurs les jurés ici présents ce que vous faisiez dans les appartements du prévenu à 4 heures du matin, le 11 août de cette année ?

Mendoza ne sourcilla même pas.

– Le prisonnier nous avait dit comme ça qu'il avait de la camelote à fourguer, genre argenterie, bibelots, tableaux anciens, Votre Honneur, et comme nous, on savait que

Lady Tuppenham, elle s'était fait soulager des mêmes babioles y a pas longtemps, on avait été d'accord pour un rencard avec l'accusé, juste histoire de remettre la main sur le butin, de coincer le coupable, et d'appeler la maréchaussée.

Une risée d'applaudissements parcourut les galeries.

Le lord-maire félicita le témoin d'avoir fait preuve d'autant de sens civique. Ned en resta interdit.

– Mais il ment ! s'écria-t-il enfin. Il ment comme c'est pas possible !

Le président donna du marteau sur sa table et ordonna au gardien de contenir le prévenu. Ned reçut un coup de poing dans les reins, se plia en deux et recommença à tousser. Ayant retrouvé ses esprits, il redressa la tête et regarda longuement Mendoza.

– T'étais venu me détrousser, oui ! dit-il.

L'avocat général se leva.

– Votre Honneur, commença-t-il, je vous prierai respectueusement de remarquer qu'au moment où la justice se saisissait du prévenu, elle reprenait un homme en fuite : elle le considérait en effet comme l'un des protagonistes essentiels dans la très sordide affaire de la taverne de *La Tête de Campagnol*, scandale qui remonte à quelques mois. Qui plus est, ne pensez-vous pas qu'il serait absurde d'accuser un homme qui laisse derrière lui des biens évalués à quelque soixante mille livres... de vouloir *détrousser* un pauvre diable de Southwark ?

L'avocat général marqua une pause lourde de sens.

– Sans compter, reprit-il, qu'outre son caractère fondamentalement absurde, cette fable aussi folle que désespérée porte honteusement atteinte à la mémoire d'un très grand et très noble sujet anglais qui, n'était le crime de la canaille ici présente, serait aujourd'hui parmi nous pour se défendre, et vigoureusement encore, de la morsure d'une telle calomnie !

– Bravo ! s'écria Rudolpho Binbotta.

Ignorant cet éclat, le président de la Cour baissa les yeux sur le prisonnier comme s'il lui fallait examiner un étron.

– J'en suis tout à fait convaincu, monsieur l'Avocat général.

Le marteau s'abattit sur la table.

– Témoin suivant !

Le témoin suivant était Smirke. Ne sachant que faire de ses pieds et de ses mains, il se traîna jusqu'à la barre et y raconta son histoire. Ned Rise n'était qu'un voleur et un menteur. Qu'un sacripant qui, à force de tromperies, l'avait amené à profaner la réputation de *La Tête de Campagnol* avant de disparaître « pour ne pas payer les pots cassés ». Le soir du 11 août, affirma-t-il, il s'était rendu à Southwark en la compagnie « du majestueux pugiliste, de feu Sa Seigneurie et de l'esclave nègre pour tâcher moyen de reprendre les biens que le prisonnier il avait fauchés à une lady de la haute, et pour voir à ce que la raclure, elle ait ce qu'elle méritait. Et c'est là que j'l'ai vu reculer comme un rat qu'est coincé au mur, et fort vicieusement balancer feu Sa Seigneurie par la fenêtre, si bien qu'elle en a trépassé avant son heure. »

Ned s'étant mis à protester, le garde lui fourra un bâillon dans la bouche.

Jutta Jim, autre témoin à charge, fut alors appelé à la barre. Dans un anglais qui évoluait entre l'inexistant et le prérudimentaire, il évoqua la soirée avec force gestes et mimiques. C'est ainsi que pour décrire ses prouesses sur scène, il forma un cercle à l'aide de son pouce et de son index réunis, à travers lequel, en un va-et-vient insistant, il fit passer son index droit bien raidi. « *Mojo-jojo*, ajouta-t-il en souriant, baiser-baiser. » Lorsqu'il lui fallut relater les événements qui s'étaient déroulés pendant la nuit du crime, il se mit à ramper autour de la salle d'audience en découvrant les dents, mimique qui signifiait la cruauté hypocrite du prisonnier, avant de faire un soleil et de retomber sur le dos pour imiter son employeur décédé. Il acheva sa déposition dans un flot de larmes.

L'accusation en avait terminé. Neville Thorogood se leva alors pour appeler à la barre son premier et dernier témoin, Billy Boyles.

La nuque aussi plate qu'un livre, Boyles se rua dans la salle comme propulsé hors du couloir voisin. Ses vêtements déchirés pochaient de partout, il avait le visage et la barbe enduits de crasse, et empestait le gin à un demi-penny le litre. Pendant un long moment, l'air ahuri et incertain, il resta immobile au milieu de la pièce. Tous les regards s'étaient fixés sur lui. Par deux fois il hocha la tête, comme s'il voulait s'éclaircir les idées, fit un pas en avant et s'affala sur le greffier.

– Garde ! tonna le juge, aidez cet homme à gagner la barre.

Thorogood opposa une exception :

– Mais, Votre Honneur, s'écria-t-il, le témoin est en état d'ébriété !

– Bêtises !

Déjà l'on avait aidé Boyles à se redresser. En s'agrippant à la cloison du box, il se hissa jusqu'à la barre.

– Sir, lui demanda le président, êtes-vous oui ou non en état d'ébriété ?

Boyles trouva enfin à s'asseoir et leva les yeux sur le magistrat.

– De quoi t'est-ce ? fit-il.

– Êtes-vous en état d'ébriété ? répéta le président.

Pas de réaction.

Le lord-maire chuchota quelque chose à l'oreille du président. Le président formula autrement sa question.

– Saoul… fit-il. Sir, oui ou non, êtes-vous saoul ?

Cette fois-ci, l'autre eut l'air d'enregistrer et pâlit.

– Qui ça, moi ? Mais que dalle, oui ! J'dis pas que j'boive pas un bon coup de temps en temps, mais là, non… pour un événement aussi sacré que çuilà… (sur quoi il s'arrêta de parler pour réprimer un rot et se taper sur la poitrine) ah non ! ça m'viendrait même pas à l'idée !

Le président se radossa à son fauteuil.

– Le témoin est à la défense, dit-il.

Thorogood poussa un long soupir d'exaspération, se tourna vers le témoin et lui demanda si, à son avis, Ned Rise était un homme honnête.

– Honnête ? aboya Boyles. Par ma foi, il est aussi honnête que n'importe quelle crapule qu'est obligée de vivre d'expédients !

Dans les galeries, quelqu'un éclata de rire. Boyles fit un clin d'œil à Ned.

L'avocat de la défense lui demanda alors de lui raconter par le menu les événements marquants de la nuit du 11 août.

Boyles eut l'air perplexe.

– Du 11 août ? fit-il. Ben ça ! déjà qu'j'ai toutes les peines du monde à remonter à il y a une semaine !… Comment voulez-vous que j'me souvienne de ce qui s'est passé y a cinq ou six mois, hein ?

– La nuit où Lord Twit a trouvé la mort, précisa Thorogood de sa voix flûtée.

– Aaahhh ! lança Boyles comme si cette dernière remarque éclairait la question d'un nouveau jour. C'était donc c'te nuit-là, c'est ça, la nuit du 11 août ? Mais dites… vous en êtes sûr ?

Il se gratta le nez d'un air pensif et entama son récit.

– Bon alors, j'vas vous dire. J'étais là tout le temps et moi, je pouvons vous dire que Neddy Rise, il est innocent comme le bébé qui vient de naître.

Sa déclaration ayant déclenché des protestations dans les galeries, Boyles y alla d'un bras d'honneur.

– Voyez, reprit-il, y z'ont commencé par m'saouler et après, y m'ont forcé à leur trouver la piaule à Neddy alors que l'Neddy, il était mort et noyé depuis cinq mois ! Et alors, on monte à sa chambre pour l'attendre, moi, le Twit et tous les autres... les autres...

– Oui ! hurla Thorogood d'une voix suraiguë, continuez ! continuez !

Mais Boyles en fut incapable. Sa tête ayant heurté la barre, il se mit à respirer avec des bruits sourds de roue à rochet qui se coince. Le président ordonna au garde d'aller le secouer un peu mais cela ne servit à rien : Billy Boyles était tombé dans les pommes.

– Emmenez le témoin ! tonna le juge.

Et puis :

– Avez-vous d'autres témoins à faire comparaître, monsieur Thorogood ?

– Non, Votre Honneur, gémit l'avocat. Mais...

– La parole est au procureur...

Dans son réquisitoire, celui-ci invoqua les classiques, Shakespeare et la Bible. Il cita des vers, avança preuve sur preuve, parla péché et corruption, s'étendit sur le triste état dans lequel se trouvait la capitale et mit en parallèle consanguinité et penchant au crime. Il dit aussi monts et merveilles de la torture et du gibet, et parla de l'effet dissuasif des exécutions capitales en public. Ned Rise, déclara-t-il encore, n'était qu'un bandit de libertin. Qu'un Jack l'Éventreur, qu'un Ethan Allen[1], qu'un Robespierre. Ned Rise, c'était la saleté, la vermine et la maladie

1. 1738-1789. Combattant américain de la guerre d'Indépendance, chef des « Jeunes montagnards » de l'État du Vermont.

incarnées. L'anéantir tenait du devoir patriotique, voire de l'obligation chrétienne : se mettre dans les pas de Jésus de Nazareth, et montrer le mépris qu'ils avaient de Satan et de ses vils mignons d'ici-bas, jamais les Anglais ne pourraient mieux y parvenir qu'en sacrifiant à cette triste nécessité !

– Je vous en supplie, conclut-il, ou plutôt je vous le demande impérativement, au nom du roi George et de Notre-Seigneur, éliminez cette grosseur cancéreuse, ce bubon, ce Ned Rise, avant que sa prolifération ne nous anéantisse tous !

Le procureur était en nage. Sa péroraison avait sonné aussi fort que les trompettes des archanges se préparant fébrilement au Jugement dernier ; les galeries ne furent plus qu'une seule et même ovation spontanée.

Ce fut au tour de l'accusé de parler. Son bâillon lui ayant été ôté de la bouche, il se mit en devoir de formuler sa dernière supplique auprès des membres du jury. (À cette époque-là, la jurisprudence anglaise interdisait à l'avocat de la défense de s'adresser directement à eux, ce privilège étant réservé au seul prévenu. Deux fois sur trois, celui-ci était à moitié mort de faim, complètement ignorant et, fortement intimidé par la procédure à laquelle il se voyait soumis, tout à fait incapable de peser le pour et le contre et de raisonner clairement. À lui de s'en débrouiller !)

Ned respira un bon coup, se tourna vers les jurés et se lança dans son discours du mieux qu'il le pouvait.

– Honorables membres du jury, commença-t-il, toute histoire étant à deux faces, je vous prie de prêter attention à la mienne. Et d'abord, tout ce que vous avez entendu aujourd'hui, c'est des menteries.

On hua et siffla dans les galeries. Le juge tapa de son marteau pour ramener le calme.

– Moi, tout ce que je voulais, c'était de vivre décemment. Ce qui fait que j'ai mis quelques livres de côté pour me marier et ouvrir un commerce, une taverne, enfin quoi… une affaire respectable. J'ai travaillé dur et cet argent, c'étaient mes sous à moi. Mais ces gens-là, ils sont venus au beau milieu de la nuit pour me battre et pour me voler… Smirke, Mendoza et, oui aussi, Lord Twit, que Dieu ait son âme.

– Infamie ! Infamie ! s'écria Sir Joseph Banks.

– Tu mens ! hurla la comtesse Binbotta.

Ned leva ses bras enchaînés pour demander le silence.

– Vous vous demandez comment des types de mon acabit, ça peut avoir jusqu'à des cinq cents livres chez soi, bref la somme qu'on m'a soulagé cette nuit-là ? C'est bien simple : c'est moi, à la sueur de mon front, qu'a mis en bocaux, je veux dire… qu'a importé le célèbre caviar qui s'appelle la « Friandise de Tchitchikov ».

À peine eut-il mentionné ce nom qu'un grondement de colère parcourut l'assemblée. Ned commença à se dire qu'il avait peut-être commis une erreur mais n'en continua pas moins sur sa lancée.

– Oui, la « Friandise de Tchitchikov », reprit-il, que je vendais à perte pour que le bon peuple de Londres, il puisse goûter au meilleur…

– Avec des œufs de grenouille passés au noir à chaussures, oui ! s'écria un juré irrité.

– Du poison, tout ça ! lança un autre.

– Qu'on le pende !

Le garde se vit contraint de contenir un juré qui, le visage en feu, essayait d'enjamber la rambarde du box pour se jeter sur le prisonnier. Dans les galeries, c'était l'émeute. Ned dut se baisser pour éviter les chaussures et les trognons de fruits pourris qu'on lui jetait. Le président du tribunal et le lord-maire ne cessaient de taper sur la table à grands coups de marteau.

– Qu'on rétablisse l'ordre ! s'écria le greffier.

Le tumulte s'étant apaisé, le président dévisagea Ned d'un air furieux.

– Garde ! rugit-il, le prisonnier incite les foules à l'émeute ! Faites-le taire !

On remit le bâillon dans la bouche de Ned. Le président enjoignit aux jurés de délibérer et de lui donner leur verdict.

Le premier juré se leva. Tout en longueur et l'air dyspeptique, il avait le visage creusé de rides méprisantes.

– Inutile de délibérer plus longtemps, Votre Honneur, dit-il. Notre verdict est unanime. Nous trouvons l'accusé coupable de tous les crimes retenus contre lui.

Il allait se rasseoir lorsqu'il se ravisa.

– Et avec votre permission, Votre Honneur, je dirai que la pendaison, c'est encore trop bon pour lui.

Le président regarda ses collègues – les shérifs, l'alderman, le lord-maire. L'assistance retint son souffle. L'œil terrible et sinistre, le président passa la main sous la table, sortit sa toque noire et la déposa au sommet de sa perruque.

– Ned Rise ! lança-t-il d'une voix propre à réveiller les morts. Regardez la Cour et oyez notre sentence.

Il s'arrêta pour se moucher puissamment.

– Après examen des preuves qui nous ont été fournies, nous vous déclarons coupable de tous les crimes qui vous sont reprochés, et vous condamnons à être pendu jusqu'à ce que mort s'ensuive, s'ensuive, s'ensuive !

Le président ayant énoncé sa sentence, le garde passa un bout de ficelle autour du pouce du prisonnier et tira dessus pour lui faire comprendre ce que cela voulait dire. Ned en resta abasourdi. Il regarda autour de lui et vit que la salle entière, debout, applaudissait à tout rompre. Dans le vacarme, il entendit des sifflets, des quolibets... Mais où était Fanny ? Le garde le prit par le bras et le conduisit à l'autre bout du prétoire, jusqu'à la porte qui donnait directement sur la prison. Malgré le tumulte qui montait de la foule, Ned perçut alors nettement ce cri... qui résonna dans ses oreilles, qui lui emplit tout le corps, lui donna la chair de poule, comme si tous les cadavres du monde étaient sortis de leurs tombeaux pour gratter de l'ongle sur un énorme tableau noir.

– Hiiiiiiii ! Hiiiiiiiiii-iiiiiiiiiiii !

L'HÉGIRE

La perte de Johnson frappa l'explorateur comme d'un coup de masse. De lugubre qu'elle était, la situation devenait désespérée : non seulement il se retrouvait à demi nu, affamé, fébrile, atteint de nausées, sans le sou et complètement perdu, mais, privé de guide, de compagnon et de camarade avec qui partager ses souffrances, il devait encore faire face, seul, à un environnement qui lui était aussi étranger qu'hostile. Par comparaison, l'épisode avec les Maures avait été un jeu d'enfant.

En voyant le front de Johnson s'enfoncer dans la boue, Mungo fut incapable de se dominer et, dans l'instant, se conduisit comme une mère de famille grecque à l'enterrement de son fils aîné, ou comme un fédéraliste[1] que le tirage au sort oblige à signer en dernier un document d'une portée révolutionnaire historique. En somme, il céda

1. Signataire de la Constitution américaine.

au désespoir, s'assit dans l'eau et commença à s'arracher les cheveux, à vagir, à sangloter et à gémir, à grincer des dents, à se déchirer la peau, à jurer et à battre vainement le flot de son couteau inutile, à blasphémer et à vitupérer à grands cris ce mécanisme absurde qu'on appelle le monde, et contre les noirs desseins qui l'administrent dans le plus pur arbitraire. Cela lui dura une dizaine de minutes, jusqu'au moment où il sentit une main se poser sur son bras. C'était le réfugié. Derrière le petit homme, Mungo put voir le visage rongé d'angoisse de sa femme et de ses chétifs enfants, tous dans l'eau jusqu'aux genoux.

– Allons, dit le père, rester ici ne servirait à rien... sauf peut-être à attirer un autre crocodile dans les parages.

Il s'appelait Jémafou Momadou. Comme beaucoup de Mandingues de la région, il s'était converti à la religion musulmane sous la pression des Maures. S'il se tournait vers La Mecque deux fois par jour, s'abstenait de manger du porc et avait prénommé son fils aîné Ismaël, il n'avait rien d'un fanatique. Jusqu'à l'arrivée de ce déluge, il avait exercé les fonctions de métayer dans le village de Souha, et de l'aurore au crépuscule avait passé l'essentiel de son existence à gratter une terre qui n'était que poussière, à tirer comme un forcené sur les pis jaunes et desséchés de ses chèvres et à faire bouillir la chair accrochée aux os des serpents, des crapauds et des rats qu'il attrapait. Mais, au bout d'une semaine de pluies diluviennes, tous les champs des alentours de Souha avaient disparu sous trois pieds et demi d'eau. Il dormait dans sa case avec sa femme et ses petits bouts d'enfants lorsque, dans de grands bouillonnements, le Niger avait dévalé sur eux avec un bruit de tonnerre. La crue avait emporté ses chèvres, deux de ses fils, sa case, ses outils et ses maigres réserves de riz et de légumes secs. Et ne lui avait, en retour, fait présent que des carcasses gonflées de deux bubales et d'un sitatunga.

L'ayant aidé à remonter sur la digue, il ramena l'explorateur jusqu'à la marmite qui continuait à mijoter sur le feu. La clairière était verte à en faire mal aux yeux!

– Voulez-vous un bol de bouillon? s'enquit-il.

~

Mungo suivit les Momadou jusqu'au village de Song, dont le beau-père de Jémafou était le douti. Cette course prit deux jours. Jémafou n'avait qu'une idée en tête: participer au pillage du garde-manger de son beau-père. En proie à un nouvel accès de fièvre, et vacillant encore sous le coup que lui avait porté la fin soudaine de Johnson, l'explorateur se réjouit de l'occasion qui lui était ainsi offerte d'aller quelque part, n'importe où pourvu que ce fût dans la bonne direction. (À sa consternation, il avait en effet découvert que sa malheureuse tentative de traversée de la Toulumbo n'avait eu pour résultat que de le jeter sur l'autre rive du grand fleuve et ce, *vingt milles en aval de son point de départ!* En fait, cette «découverte» ne l'avait guère surpris: à ses yeux, il ne s'agissait jamais que d'un maillon de plus dans la chaîne de revers majeurs et d'amères déceptions qu'il n'avait cessé de rencontrer depuis qu'il avait perdu sa malle, dix minutes seulement après avoir débarqué à Gorée.)

*En famille**, les Momadou, suivis de l'explorateur qui fermait la marche, firent leur entrée dans Song juste après l'aurore. Des feux de braises rougeoyaient doucement sous la bruine légère, des chiens jappaient, des pintades picoraient dans la poussière. Pas un être vivant à la ronde. Mrs Momadou, qui était enceinte de huit mois et demi, s'en montra fort étonnée: c'était une enfant du village.

Elle inspecta une case après l'autre, appela à deux ou trois reprises et, s'étant retournée vers son mari, finit par hausser les épaules. Mais tout soudain elle retint son souffle et, s'immobilisant complètement, écouta. Son large visage s'épanouit en un sourire.

– *Mola lave akombo*, fit-elle. Ils chantent. Écoute.

Le bruit était faible et lointain. Sorte de crachotement d'électricité statique faisant vibrer l'air, le murmure en question eût pu annoncer aussi bien l'arrivée d'une nuée d'insectes que le rassemblement d'armées étrangères sur les frontières. L'explorateur tendit l'oreille : les chants paraissaient monter du fleuve. Automatiquement, sans réfléchir, comme brusquement envoûté ou quasi, il fila dans cette direction. Des voix humaines, et qui chantaient ! Depuis combien de temps ?... Basses, contraltos, sopranos aériens se répondant en contrepoint, ces envolées de musique le ramenèrent aux cathédrales profondes d'Édimbourg, aux poutres en chêne qui ornaient la chapelle toute simple du village de Fowlshiels où il avait passé son enfance. Il se surprit à renvoyer son sourire à Mrs Momadou.

Le sentier boueux serpentait au milieu de carrés de légumes déjà couverts de gourdes jaunes, de jeunes pastèques, de patates douces, de cassaves, de maïs et d'arachides. Plus loin il se transformait en un court raidillon avant de suivre une digue en terre coupant à travers un paysage qui évoquait une rizière inondée. Maigres comme des oiseaux déplumés, les enfants sautillaient devant. Son gros ventre se balançant au rythme de ses coudes, Mrs Momadou les poursuivait de son mieux. Mungo, lui, avançait précautionneusement en compagnie de Jémafou, qu'il mitraillait de questions sur la structure des pouvoirs locaux, les techniques agricoles et les rites initiatiques en usage dans la région. Dans ses oreilles, la musique s'amplifiait.

On traversa un sombre fouillis de végétation qui vous enserrait de toutes parts ; à peine la petite troupe eut-elle dépassé l'endroit que chacun, au spectacle qui s'offrit à perte de vue, dut retenir son souffle : là devant, océanique et embrumé, le Niger ! Des arbres se dressaient dans son flot comme des femmes relevant leurs jupes, ses rives grouillaient de monde. Des masses d'oiseaux hurlants et querelleurs observaient la scène d'un air lugubre. Le visage de Jémafou s'éclaira d'un grand sourire.

– Les *akina* sont arrivés ! hurla-t-il en se ruant en avant comme un chien de meute sur une piste fraîche.

On ne leva même pas la tête lorsque l'explorateur se joignit à la foule massée sur la berge. Tous étaient trop occupés à tirer sur des cordages afin de ramener à la rive une énorme nasse installée en travers de la baie qui s'étendait devant eux – cela sans cesser de chanter à tue-tête. « *Wo-habba-wo !* » rythmaient les hommes d'une voix de basse qui faisait trembler la terre : sur « *habba* », on partait en avant et aussitôt, sur le temps faible, les dos s'arcboutaient et les cordes se tendaient. « *Wiima-woppa, wiima-woppa* », chantaient les femmes et les enfants, tandis qu'un vieillard maigre mais musclé déroulait une mélodie serpentine au-dessus du tumulte avec tout le registre – du feu à la glace – d'un ténor de l'Opéra royal.

Mungo regarda autour de lui. Mrs Momadou s'était rangée derrière son fils aîné et tirait avec les autres. Jémafou, lui, s'était posté à côté d'un monceau de poissons argentés pas plus grands que des sardines et là, un bâton à la main, chassait les sternes et les pélicans qui piquaient sur le fouillis grouillant avant de remonter en flèche dans les airs. Des vieilles femmes qui alimentaient les feux jusqu'aux gamins qui faisaient fuir les chiens et les chacals sous un déluge de pierres, tous avaient une tâche précise à accomplir. Et pourtant, il n'était pas un seul villageois qui ne fût comme intimement lié à la foule par le rythme insistant de la mélopée. Ordre et harmonie, chantaient les voix, coopération et prospérité et hue ! et ho ! Fasciné par la lutte qui se livrait autour du filet, l'explorateur restait figé sur place ainsi qu'un mannequin, jusqu'au moment où il commença à remarquer un changement d'intensité dans la musique : il crut un instant que le chœur allait se briser en éclats promis à la dispersion, comme une troupe qui se débande, lorsque, brûlante et triomphante, une voix de femme remonta toute la gamme dans une envolée d'énergie proprement dionysiaque. Le rythme s'accéléra, tonnant, monta jusqu'au point de rupture... et, brusquement, Mungo se retrouva en train de tirer sur la corde de toutes ses forces comme si, oublieux de sa fièvre, de la faim et des peines qui l'accablaient, il ne voulait plus que se laisser aller à la violence des émotions qui portaient cette foule.

Le filet se resserra comme s'étrangle une gorge, se fit U, puis V, et, tout à coup, l'eau grouilla de poissons qui se débattaient. Des milliers d'entre eux sautèrent pardessus les bords de la nasse, mais des centaines de milliers d'autres plongeaient vers le fond, où ils se prenaient dans les mailles et battaient les flots jusqu'à les faire mousser d'écume. Pataugeant dans les vagues jusqu'à la ceinture, des hommes se mirent à taper à coups de gourdin sur les poissons qui filaient ; des enfants ramassaient les fuyards assommés qui flottaient à la surface ; la foule tira encore sur la corde et tout fut fini. Colossal, le filet s'échoua sur la grève, deuxième fleuve, mais de chair.

Déjà, serpents et anguilles cherchaient à retrouver l'eau, déjà, en faisant des soleils, des poissons parcouraient la berge en acrobates. Mais tout évadé en puissance trouvait bientôt son petit Mandingue armé d'un bâton. « Pan pan », cognaient sourdement les gourdins ; et sur un rythme moins entêtant, plus lent, plus méthodique, un chant nouveau s'éleva bientôt dans les airs : un chant de mise à mort. Aucun animal n'en réchappa. On entendait rugir les feux qui dessécheraient leur chair, tandis que les femmes enfilaient les petits poissons argentés sur des fils avant de les mettre à griller. Il y avait une perche qui devait peser plus de cent livres, et une bête qui, ressemblant à un poisson-chat, n'aurait eu aucun mal à l'avaler d'un coup. Deux hommes brandirent un terrapène grand comme une roue de charrette tandis qu'un troisième traînait un python de douze pieds sur la berge pour l'emporter au village. En moins de temps qu'il n'en faut pour le dire, le terrapène se retrouva sans carapace, coupé en morceaux et jeté dans une marmite bouillonnante. La perche et le poisson-chat furent vidés, enveloppés de feuilles et expédiés dans une fosse remplie de braises, une paire de marabouts s'en disputant les restes. Jémafou tapa sur l'épaule de l'explorateur.

– Tenez, dit-il en lui offrant l'un des poissons de trois pouces de long qui frétillaient dans sa main en lançant des éclairs : *akina !*

Et son sourire se voulait d'encouragement, car il savait d'expérience qu'il n'est de véritable détresse qu'engendrée par la faim.

– Regardez... comme ça, reprit-il en appliquant ses lèvres à l'anus du poisson et en aplatissant l'animal sur toute sa longueur afin d'en aspirer les œufs. Allez-y, essayez.

Des oiseaux piaillaient, une fumée épaisse et graisseuse stagnait dans les airs. Là-bas, les chants s'amplifiaient, puis s'apaisaient. Mungo porta le poisson à ses lèvres mais, au moment où il allait l'aplatir à son tour, s'aperçut qu'il n'en avait plus la force. Le sang lui battait dans les tempes, il avait les jambes en caoutchouc. Il s'assit et rêva de ténèbres.

~

La fièvre le reprit avec une violence vengeresse. Elle le fit délirer, le mit à bout de nerfs et s'accompagna d'une diarrhée qui ne se contentait pas de le brûler, mais le débilitait tellement qu'il n'en avait même plus le courage de se torcher. Quinze jours durant, il resta allongé sur une natte dans la hutte du beau-père et là, suant et empestant l'atmosphère, ne lâcha le chaos de ses cauchemars que pour retrouver la triste réalité des quatre murs qui l'emprisonnaient dans un univers étranger. De temps à autre une forme se penchait au-dessus de lui pour lui passer un linge humide sur le front ou lui glisser une cuillère en bois entre les dents. La vieille femme qui l'aidait à boire une potion à base d'écorces broyées avait le visage de Dassoud. Il entendait hurler des démons, et d'étranges mélopées lui monter aux oreilles. Il vit le grand filet qui retient les étoiles dans le ciel, se creusa un passage jusqu'au centre de la terre, vacilla dans les abîmes noirs et glacés de l'océan. Sur le toit de chaume de sa case, les pluies s'abattirent en sifflant, des scolopendres et des araignées écarlates lui rampant par tout le corps, lui suçant les parties, allant se nicher jusque dans ses yeux. Il hurla à en perdre la voix. Et puis, tout aussi soudainement qu'elle lui était venue, la fièvre le quitta. Il voyait et entendait. Il savait qui il était.

La case était bondée : des enfants et des adultes, des chiens, de la volaille, un vieux lépreux. La pluie tombait à verse, assombrissait l'entrée. Tout sentait l'égout et la sentine. Jémafou se disputait avec son beau-père.

– Tu me mets tous tes fardeaux sur les épaules !

– Comme si j'avais le choix ! Tu veux donc que j'affame ta fille et tes petits-enfants ?

– Et lui ?

– Quoi ? Tourner le dos à un invité ?

– Mais je ne l'ai jamais invité ici, moi ! Ni toi non plus, que je sache.

L'explorateur s'agita, se redressa et s'appuya sur les coudes.

– Je me sens mieux, dit-il d'une voix cassée. Vraiment.

Il se mit debout en tremblant. Il ne lui restait plus que les yeux.

– Si vous pouviez me donner... juste un petit quelque chose pour la route...

C'est alors qu'un cri s'éleva à l'autre bout de la pièce. Cela tenait du grincement surnaturel, de la protestation venue d'un autre monde. Mrs Momadou était entourée de femmes. L'une d'elles brandit un nouveau-né rouge et gluant. C'était un garçon. Il poussa un deuxième hurlement, un hurlement étrange et archaïque, où la terreur le disputait à la rage et au désarroi. On y décelait aussi autre chose : une exigence.

– Je n'ai rien à vous donner, lui répondit le beau-père.

L'explorateur ramassa ses affaires, son haut-de-forme bourré de notes, sa canne, une calebasse d'eau et une boussole toute cabossée, et se mit en devoir de gagner la porte. Jémafou l'arrêta et lui tendit un sac rempli de poisson séché, de grain et de tabac.

– Yaaaaaaaaaaaaaaaaaa ! hurla le nourrisson comme si on lui arrachait les dents.

L'explorateur s'en fut sous la pluie.

Au bout d'un demi-mille, la tête commençant à lui tourner, il s'abrita sous des feuilles grandes comme des manteaux et qui faisaient appentis au-dessus de sa tête. Il s'endormit. Lorsqu'il se réveilla, le soleil brillait. On lui avait dit que la première ville qu'il trouverait sur son chemin avait nom Froukabou et que, moyennant vingt cauris, on pouvait s'y offrir les services d'un indigène pour traverser le fleuve en pirogue. Il avait donc le choix : il pouvait rester allongé sur son tas de feuilles pourrissantes, ou bien se forcer à avaler un peu de poisson séché et se traîner jusqu'au village. Indomptable, il décida de se traîner.

Arrivé à Froukabou, il alla voir le douti, et, après lui avoir demandé un toit et de quoi manger, le supplia de l'aider à traverser le fleuve : scribe de son état, il pourrait le rembourser en lui gravant des *saphies* d'une efficacité redoutable. Sur ce il s'endormit. Le douti le secoua et voulut savoir s'il était maure. Paupières en berne, Mungo réfléchit un instant à la question qu'on lui posait. Il avait une barbe qui lui pendait jusque sous le bréchet, il était en sandales et couvert de haillons, la jaunisse et le soleil lui avaient brûlé la peau. Il regarda le douti en clignant de l'œil.

– *La illah al-Allah,* dit-il, *Mohammad rassoul Allahi !*

Invité du douti, l'explorateur passa trois jours à Froukabou. Il s'y rassasia, dormit dans une case sèche et se tourna vers La Mecque lorsqu'il le fallait. La fièvre descendit d'un cran ou deux, il commença à recouvrer ses forces. Chose qui ne lui était pas arrivée depuis des semaines et des semaines, il eut même le courage de prendre des notes.

« Je remboursai le douti en lui griffonnant le Notre Père sur un bout d'ardoise. Mahométan des plus stricts, il crut que je lui avais écrit quelque chose en arabe. Je trouvai avantageux de ne pas le détromper. Lorsque j'en eus fini, il effaça son ardoise avec un bout de chiffon humide, tordit ce dernier au-dessus d'une tasse et en but le contenu pour ne rien perdre des effets bénéfiques de mon gribouillis. Après quoi, il m'offrit une pipe de moutokuané et me donna l'autorisation d'aller jeter un coup d'œil sous les voiles de son épouse. »

L'après-midi du troisième jour, Mungo remercia son hôte, lui écrivit une dernière bénédiction à la hâte et gagna en boitillant les berges du fleuve, où se tenaient un certain nombre de passeurs, perchés à l'avant de leurs pirogues comme des araignées d'eau. Il conclut affaire avec un Bobo qui avait les yeux couleur de prune sauvage et la peau aussi bleutée qu'une grappe de raisin de Concord[1] : il lui en coûterait six lignes de calligraphie inspirée pour rejoindre la ville de Sibidoulou qui s'étendait de l'autre côté du fleuve. L'explorateur se dit qu'une citation de Virgile serait on ne peut plus appropriée – il la dédierait au Charon du Niger. Mais, se découvrant soudain incapable de se souvenir d'un seul mot de latin, il finit par lui offrir une version abrégée de « la Chouette et le Chaton ».

En plus de ses sept passagers et d'une douzaine de récipients en terre remplis de légumes, la pirogue transportait quatre chèvres, un perroquet et une cage bourrée de singes. Mungo lui ayant demandé à quoi étaient destinés ces derniers, le passeur lui sourit de toutes ses dents étincelantes et répondit :

– Faire cuire ! Faire du pâté.

~

Sibidoulou se trouvait juste en face de Froukabou. Haut lieu du commerce, cette petite bourgade était, aux dires

1. Petite ville du Massachusetts.

du passeur, peuplée de mille habitants. De là, ajouta-t-il, il suffirait au voyageur de parcourir quelque soixante-quinze milles pour tomber sur le marché aux esclaves de Kamalia, aux confins du désert de Jallonka. Si jamais il y arrivait, il aurait peut-être alors la chance d'accompagner un convoi de captifs en partance pour la côte. Rien n'était perdu. Mungo aurait certes préféré regagner Pisania dans une voiture tirée par quatre chevaux, mais quoi ? Il y avait, et il le savait enfin, un moyen de rentrer au pays. L'explorateur était en proie à une folle gaieté lorsqu'il débarqua à Sibidoulou. Ses projets ? Y passer la nuit et repartir pour Kamalia dès le lendemain matin. À condition que la fièvre ne le reprît pas et que la piste ne fût pas trop boueuse, il ne lui faudrait que trois ou quatre jours de marche pour y parvenir.

Mais d'abord, régler les questions urgentes : trouver un abri pour la nuit. Le ciel avait commencé à s'assombrir et, bas et comme chargés de fumées, de gros nuages couraient au ras des toits et des murs blanchis à la chaux. Le tonnerre grondait au loin, l'air s'était brusquement rafraîchi. Il devait déjà pleuvoir sur Froukabou. L'explorateur remonta à la hâte une ruelle bordée de cases en clayonnage bien entretenues et, passant de temps à autre la tête à l'entrée, s'enquit d'un asile. Après avoir essuyé deux ou trois refus, il finit par s'arrêter devant une petite maison où une femme, portant des anneaux aux oreilles et le crâne recouvert d'un fichu, était en train d'allaiter un nourrisson tout en préparant du couscous aux akina. Il la salua, sortit un bout de papier de son chapeau, y gribouilla quelques vers extraits de *L'Art divin de la conversation* d'Abercrombie et le lui tendit. Elle le regarda d'un air soupçonneux.

– Tu es marabout ? lui demanda-t-elle.

Il ne sut quoi lui répondre. Les marabouts étant des saints de l'islam qui voyageaient de ville en ville en y dispensant leur savoir, il se dit qu'admettre la chose ne serait peut-être pas une mauvaise idée. Mais pourquoi le regardait-elle de cet air étrange ? Il choisit de la tromper.

– En effet, dit-il.

Elle posa son enfant par terre et appela quelqu'un dans la case.

– Flankari, viens ici !

Encadré par deux Maures, un grand Mandingue en short ample sortit de la case. Mungo sentit le cœur lui manquer. Les deux Maures portaient des *djoubbas* et des *tagoulmoust*[1] d'un blanc douteux. Dieu sait pourquoi, l'explorateur eut l'impression de reconnaître l'un d'eux.

– Cet homme prétend être marabout, dit la femme. Regarde ce qu'il a écrit sur ce bout de papier.

Flankari et les deux Maures étudièrent la citation d'Abercrombie en fronçant les sourcils. Puis l'un des Maures fixa l'explorateur droit dans les yeux et proféra quelques paroles en arabe. Mungo fut incapable de lui répondre. Le Maure répéta. Mungo crut entendre : « Ta mère bouffe du cochon. »

– C'est pas un marabout, dit Flankari en mandingue.

Le deuxième Maure fit un pas en avant. Il avait la peau tannée comme du cuir, le nez en faucille… mais, comble d'horreur – que l'explorateur découvrit avec un grand frisson , il n'avait rien dans l'orbite de l'œil gauche !

– Pas mussulman, siffla le Maure dans un mandingue approximatif. *Nazarini !*

– Imposteur ! gronda la femme.

1. Voile dont les guerriers du désert s'enveloppent la tête et le cou.

Flankari attrapa l'explorateur par le bras.

– C'est un voleur, renchérit le premier Maure. C'est lui qui a détroussé Ali et après, il s'est sauvé dans le noir comme un chien ! Dassoud a offert quatre esclaves de première qualité pour sa capture. De quoi enrichir n'importe qui.

– *Nazarini !* hurla le Borgne.

Flankari regarda l'étranger comme il eût contemplé un serpent venant de le mordre à la cheville.

– Qu'on l'enchaîne, dit-il.

~

Cette nuit-là, la pluie explosa comme une bombe dans une verrerie. Elle arracha les feuilles des arbres, elle arracha les arbres de la terre. Des éclairs brisèrent le ciel, le tonnerre rossa les collines comme à main nue. Mais la tempête ne trouva pas l'explorateur sans abri – enfin, peut-être pas tout à fait celui qu'il appelait de ses vœux !...

Posée au centre d'une espèce de petite place, la cage dans laquelle on l'avait enfermé était, de tous les côtés, exposée à la violence des intempéries. Au milieu de la nuit, comme si l'on déchargeait soudain mille mousquets ensemble, un claquement à geler le cœur se fit entendre, et une branche de palmier raphia aux feuilles grandes comme des pirogues s'abattit à côté de la caisse à claire-voie dans laquelle il était emprisonné, si bien que celle-ci se retrouva projetée à trois pieds dans les airs. L'explorateur sortit enfin de cet état d'inertie où l'avait plongé l'excès du désespoir. Retomber entre les mains des Maures après tant de combats victorieux, d'évasions réussies de justesse, d'espoirs toujours renaissants, non, décidément, c'était trop ! Il ne fallait pas chercher ailleurs les raisons de son abattement.

Il se remit sur son séant et regarda autour de lui. Barreaux en bois, insectes, ciel en pleine démence, enfilade de cases aussi sombres que silencieuses, ce qu'il découvrit alors n'avait rien de joyeux. La cage dans laquelle il se trouvait avait été construite en bambou et en bois dur ; on l'avait conçue pour résister aux assauts d'un chenapan de lion qui, après avoir sauté dans une case par le toit, en avait tué et dévoré tous les occupants. Après quoi, le ventre apparemment un peu trop tendu, l'animal avait renoncé à fuir. Le lendemain matin, les habitants du village l'avaient trouvé endormi sur un monceau de cadavres sérieusement entamés. La lance prête à frapper, deux risque-tout avaient alors décidé de monter la garde à la porte tandis que leurs camarades s'empressaient de fabriquer une cage qu'ils avaient collée, ouverture contre ouverture, à l'entrée de la case. Le lion s'était réveillé et, après une petite collation, avait franchi le seuil de son pas pesant... et s'était retrouvé bouclé avant d'avoir pu comprendre ce qui lui arrivait. Pendant un bon mois, le mangeur d'hommes avait fait la joie de Sibidoulou. On n'en avait pas moins fini par l'offrir un jour à Moussi, roi de Gotto, pour rentrer dans ses bonnes grâces. S'apercevant que tous les fers dont ils disposaient avaient été mis aux chevilles des esclaves qu'ils s'apprêtaient à emmener au marché de Kamalia, Flankari et le Borgne avaient brusquement songé à la cage : y avait-il meilleur endroit où enfermer l'explorateur ? Voilà comment, assis dans la merde de lion, Mungo avait passé là toute une soirée et toute une nuit à ruminer les pensées les plus noires.

L'effondrement de l'arbre tenait de la bénédiction. Enfin sorti de sa torpeur, il commença à explorer son habitacle à la recherche d'un moyen de s'évader. Il rampait à quatre pattes dans les ténèbres et, en tâtonnant, il faisait déguerpir de vagues présences plus sèches que le reste et qui lui filaient entre les doigts. La pluie qui cinglait de plus belle entre les barreaux ravivait l'âcre odeur de pisse de lion dans laquelle il baignait : des sels ne lui eussent pas mieux éclairci les idées. Les yeux remplis de larmes, il suffoquait, comme bâillonné, tandis que ses mains griffaient frénétiquement les moindres interstices et jointures de sa cellule. Sa première inspection ne donna aucun résultat : les menuisiers locaux avaient bien travaillé. Mais en examinant les choses de plus près, il tomba sur une aspérité à l'angle supérieur droit, là où les planches du plafond rejoignaient l'écoinçon. Le lion ayant rongé le bois avec obstination pendant des semaines entières, la fibre en était tout érodée. La tension artérielle du prisonnier monta d'un seul coup : la chance lui souriait enfin ! Mais comment en profiter ? Instinctivement, il mordit le bois à son tour mais ne réussit qu'à se remplir la bouche de petites échardes. Il essaya ensuite de le cisailler avec ses ongles, jusqu'à en saigner. Toujours rien. Il passa la main à travers les barreaux et, à force de tâter par terre, finit par tomber sur un éclat de pierre qui, appliqué à l'endroit où le montant semblait le plus fragile, mordit dans le bois comme une scie.

Trois heures plus tard, comme en protestant, le premier barreau se brisait avec un bruit sec. L'explorateur retint son souffle et regarda autour de lui : la pluie s'entêtait et dans sa chute verticale et dans son rugissement mécanique et régulier ; pas une lumière aux alentours. Il se pencha de nouveau sur les traverses en bois et, tel un énorme rongeur affairé, il se remit au travail. Il lui en coûta encore deux heures d'efforts pour se libérer. Le dernier barreau ayant enfin cassé, il se glissa dehors et, le déluge ne cessant pas, s'enfonça son chapeau sur la tête jusqu'aux yeux. Rien ne bougeait dans le village de Sibidoulou – pas même un chien – lorsque, penché en avant sous la tempête, il reprit la route de Kamalia.

~

Il lui fallut six jours pour y arriver. Il voyagea de nuit et passa ses journées terré dans la forêt, à boire à même les flaques d'eau, à mâchonner des racines et à s'arracher les sangsues de la peau. L'après-midi du troisième jour, un bruit de sabots de chevaux l'ayant réveillé en sursaut, il risqua un œil hors de son abri et vit le Borgne et ses compagnons filer en trombe sur la route. À l'aube du quatrième, il tomba sur quelques cases pelotonnées au détour du chemin. Cela faisait des jours et des jours qu'il n'avait rien mangé et le peu de forces qu'il lui restait fondait à vue d'œil. Désespéré, il réveilla le douti et s'offrit à lui écrire des formules magiques en échange de quelque nourriture. Le douti lui répondit que la ville n'avait rien à donner à manger à de vulgaires bandits de son espèce.

– Parfait, lui renvoya l'explorateur en s'asseyant devant sa case, eh bien, moi, je ne bouge plus d'ici jusqu'à ce que la faim m'emporte. Et je te promets de te maudire, avec toutes tes récoltes et celles de tes descendants jusqu'à la fin des temps... au nom du grand George III, roi d'Angleterre !

Vingt minutes plus tard, l'épouse du douti s'encadrait dans la porte et lui tendait un bol de couscous.

À Kamalia, il échangea un début de lettre à Ailie contre une tasse de lait et une assiette de *bou*, mets à base de barbes de blé et au goût de sable. Mungo lui ayant demandé s'il ne pourrait pas se joindre à un convoi d'esclaves en partance pour la côte, son hôte lui conseilla de gagner la maison de Karfa Taoura, à l'autre bout de la ville. On était en septembre : une brume épaisse montait des rues et, les négriers rassemblant leurs biens à la fin de la saison des pluies en prévision de la grande marche forcée vers la mer, on entendait partout le tintement insidieux des chaînes de leurs victimes. L'explorateur prit soin de garder la tête baissée.

Construite en pierre et en argile au sommet d'une colline qui dominait la ville, la maison de Taoura comportait cinq ou six pièces. Devant, un puits, un ou deux arbres pour faire de l'ombre et un terre-plein de boue rouge marqué par le sabot des chèvres. Derrière, un certain nombre de cases construites en cannes et un enclos entouré d'une haie de buissons épineux. L'explorateur se présenta à la porte de devant. Épuisé de fatigue, à moitié mort de faim, l'esprit profondément perturbé, émacié, rongé par la pourriture, couvert d'ampoules, il souffrait outre cela d'hémorroïdes, d'hépatite, de diarrhée et de diverses maladies locales qui, toutes ensemble, lui donnaient largement quarante de fièvre. Délabrée, sa toge n'était plus qu'une toile d'araignée de haillons rafistolée de nœuds, son chapeau faisait songer à quelque méchante peau de chat écorché et, bien sûr, il allait pieds nus. Malgré ses vingt-cinq ans, on lui eût facilement donné la soixantaine.

– Va dire à ton maître, grogna-t-il à l'adresse du serviteur noir qui, la tête à la porte, le dévisageait d'un air incrédule, qu'il y a un Blanc qui l'attend dehors et que ce Blanc serait fort désireux de gagner la Gambie avec l'un de ses convois d'esclaves. Dis-lui aussi, ajouta-t-il en perdant soudain le fil de ses idées, que... dis-lui que... que j'ai raté mon examen de grec mais qu'il n'y a pas si longtemps, j'étais capable d'expédier un ballon de rugby d'un bout à l'autre du terrain...

Un instant plus tard, on le menait au cœur de la maison, dans une grande pièce aérée – le *baloun* – réservée aux invités. Il y trouva Karfa Taoura, qui fumait une pipe de tabac en compagnie de quelques *slatis* venus se joindre au convoi d'esclaves. Le maître de céans portait un tarbouch et sa robe était d'un beau bleu satiné. Perché sur son épaule, un perroquet gris décortiquait une baie.

– Ainsi donc, dit-il, vous prétendez être Blanc et venir de l'ouest. Des Blancs, je n'en ai jamais vu. Sauf deux Portugais de Médina quand j'étais enfant.

Converti à l'islam, Taoura était Mandingue de naissance. Il était aussi riche à faire vomir.

– C'est drôle, reprit-il après avoir marqué un temps d'arrêt. Je ne vous trouve pas bien blanc, moi. Je m'attendais à quelque chose de plus... enfin, je veux dire... quelque chose de plus brillant. Comme le ventre d'une grenouille.

L'un des *slatis* prit alors la parole. Il avait le regard corrosif et la mine d'un assassin.

– C'est pas un Blanc, déclara-t-il.

– Non, jamais de la vie, cracha un autre... Des Blancs, j'en ai vu à Pisania et à Gorée et je peux vous dire que ça a la peau aussi blanche que les pages de ce livre, ajouta-t-il en brandissant un Coran.

L'explorateur se sentait pris de vertige. Il avait du mal à rester debout.

– Donnez-moi un ballon de rugby, hurla-t-il en passant à l'anglais, et je vais vous montrer qui est Blanc ici!

Cet éclat parut beaucoup intriguer ses questionneurs. On l'examina avec un renouveau d'intérêt.

– Qu'est-ce qu'il a dit? lança quelqu'un.

Mais le premier *slati* s'était remis à grommeler:

– Baaaah, fit-il à la fin, c'est rien qu'un paria de Maure qu'a pas eu de chance et qui vient ici en se faisant passer pour un autre dans l'espoir de glaner quelque chose.

– Et moi, renchérit son compère, je dis qu'il est fou. Fou comme une hyène. Non mais... regardez-moi ces haillons !... Et ce chapeau qu'il a sur la tête !

Karfa Taoura leva la main en l'air.

– Soulaymane, dit-il en s'adressant à l'homme au livre, et si tu donnais ton Coran au nouveau venu ?

Soulaymane tendit le volume à l'explorateur.

– Êtes-vous capable de lire le Coran ? demanda Taoura en se tournant vers Mungo.

L'explorateur s'y essaya en faisant de son mieux pour se souvenir de la *Grammaire arabe* d'Ouzel : comment, déjà, tous ces diables de points et de traits s'arrangeaient-ils pour former des lettres et des mots ? Après avoir fixé le livre d'un regard vide pendant un moment, il releva la tête et murmura :

– Non, j'en suis incapable.

– Illettré ! hurla le premier *slati*.

– Cafre ! bougonna un autre.

Taoura souffla quelques mots à l'oreille de son domestique, qui quitta la pièce ; un instant plus tard, il rapportait un autre livre. Calme, patiente et comme ronronnante dans le silence acidulé, la voix de Taoura s'éleva au moment même où son serviteur tendait le volume à l'explorateur :

– Et celui-là, vous sauriez le lire ?

Relié en cuir, l'ouvrage était poussiéreux, couvert de taches de moisissure et de marques de doigts. L'explorateur l'ouvrit et tenta de se concentrer sur les caractères noirs qui lui dansaient devant les yeux telles des paillettes de lumière – comme si son regard eût été incapable de faire le point. Les *slatis* ne cessaient de l'abreuver d'insultes.

– Vous n'y arrivez pas ? lui demanda Taoura.

Tout à coup pourtant, les petites lettres se firent plus nettes et Mungo se retrouva en train de lire, oui, comme un gentleman qui au petit déjeuner a étalé devant lui un numéro de la *Monthly Review* :

– « Bonnes gens, unis dans le Christ, ici, je vous offre ces prières de l'Église catholique, celles que la sainte communauté de tous les croyants… »

C'était le *Livre des prières ordinaires.*

– Niyazi, lança Taoura à l'adresse de son domestique, balaie-moi la case de derrière pour l'homme blanc.

~

Novembre était déjà là lorsque l'explorateur fut enfin capable de reconnaître ce qui l'entourait. Desséché et violent, l'harmattan s'était remis à souffler du désert. Deux mois durant, Mungo n'avait cessé de tourner et virer sur sa paillasse et, couvert de sueur, avait été la proie de constantes hallucinations. Karfa Taoura l'avait aidé à surmonter les heures les plus difficiles en lui frottant le corps à l'aide d'herbes médicinales et en lui faisant avaler à la cuillère bouillon de poule et lait chaud à l'ail. Pendant l'un de ses rares instants de lucidité, Mungo lui avait promis de le récompenser de ses efforts en lui offrant le prix d'un esclave de première qualité dès qu'il arriverait chez le Dr Laidley, à Pisania. Taoura s'était dit qu'il faisait une bonne affaire mais, fasciné comme il l'était par cet être bizarre et mythique dont les cheveux ne cessaient de blondir et la peau de blanchir de jour en jour, il l'aurait soigné de toute façon.

Un soir qu'assis parmi les invités, il partageait un bol de couscous et de purée de pois chiches avec son hôte, Mungo aborda enfin la question du convoi d'esclaves : quand allait-il partir pour la Gambie ? Dehors, les criquets cessèrent brusquement de striduler. Une armée de visages commença par se tourner vers l'explorateur, avant de scruter Taoura qui occupait la place d'honneur, devant la natte qui servait de table. Il y avait là bon nombre de *slatis,* car les trois quarts d'entre eux dépendaient du maître de céans pour régler leurs dépenses ordinaires, et ne le rembourseraient qu'après avoir vendu leurs esclaves au marché de Médina. Taoura adressa à l'explorateur le même sourire qu'à un gamin de six ans qui lui aurait demandé comment il se fait que les étoiles ne tombent jamais du ciel.

– Que je te dise une bonne chose, mon ami, commença-t-il. Dindoukou se trouve de l'autre côté du désert de Jallonka et six rivières en crue nous en séparent. Pour y arriver, il nous faudra franchir des océans d'herbes qui montent plus haut que nos têtes. Attendons encore un mois, et à la fin de décembre ou au début de janvier, les eaux auront baissé. En plus, les villageois auront déjà brûlé la plus grande partie de l'herbe. Je sais que tu es pressé de rentrer à *Toubabou dou*[1], mais il n'est pas possible de partir tout de suite.

Le dix-neuf décembre, à l'approche du départ pour la Gambie, Taoura, après s'être fait rembourser par ses débiteurs, remonta le Niger jusqu'à Kancaba afin d'y acheter des esclaves. Il en revint un mois plus tard, flanqué d'une nouvelle épouse (sa quatrième) et de treize esclaves tous plus ou moins vendables, dans la mesure où ils comptaient chacun autant d'yeux et d'abattis qu'il était requis. En voyant son bienfaiteur franchir le seuil de la maison, l'explorateur ne se tint plus de joie. Dévoré d'impatience, il n'avait cessé tout ce temps de compter les jours et de

1. Littéralement : « le Pays Blanc ».

consacrer ses pensées à Ailie et à l'Association africaine: et là, tiré à quatre épingles avec sa cravate en mousseline qui jette tous ses feux, sanglé dans sa veste en soie sauvage toute neuve, il donne devant Sir Joseph Banks, Durfeys et tous les autres une conférence qui fait de lui un mythe vivant. Souffrances et privations? Tout cela était du passé. Dans moins de deux mois, il sera l'enfant chéri de la capitale... Karfa Taoura lui passa le bras autour du cou:

– Les rivières ont baissé, l'herbe est brûlée, les *slatis* ont rassemblé leurs affaires, dit-il. Nous partons le 1er février.

Le 1er février arriva, puis s'en fut. Soulaymane avait gagné Sibidoulou pour s'y faire rembourser des dettes négligeables, Hamid et Madi Konko n'avaient toujours pas assez de vivres secs, la lune s'était mis en tête d'aller briller dans un coin du ciel qui ne plaisait à personne. Rien que des excuses. Comme elles, le mois s'effilocha lentement. Et voilà que, mars arrivant, les *slatis* soutenaient maintenant qu'on ne pouvait pas partir avant la fin du Ramadan. Un soir pourtant, vers le milieu du mois, tous les habitants de Kamalia se rendirent à la mosquée en plein air pour voir la nouvelle lune monter au firmament: son apparition devait marquer la fin du jeûne et placer le voyage sous de favorables auspices. Debout au milieu des Mandingues qui chantaient, l'explorateur contempla avec dégoût la voûte céleste envahie de nuages. Les heures passaient. Un certain nombre de villageois renoncèrent à attendre plus longtemps et rentrèrent chez eux: ils jeûneraient un jour de plus. À minuit pourtant, les nuées ayant commencé à reculer et à s'effilocher, la nouvelle lune risqua une corne dans le ciel sous un concert de hurlements, de vivats et de coups de pistolet tirés en l'air: le Ramadan avait pris fin.

Comme tout le monde, Karfa Taoura céda à la fièvre. Jetant sa dignité aux quatre vents, il se mit à courir et à sauter sur place comme un vulgaire chef de claque. Des feux illuminèrent le ciel, le délire, telle une vague, s'abattit tout soudain sur la foule. Ayant pris l'explorateur par le bras, Karfa lui hurla à l'oreille :

– Départ demain matin à l'aube !

~

Par petits bonds imperceptibles, l'aurore se faufilait dans le ciel nocturne, lorsque le convoi commença à se former devant la maison de Taoura. Soixante-treize personnes et six ânes s'étaient déjà rassemblés, traînant les pieds dans la poussière à attendre que le soleil consentît enfin à poindre au-dessus des collines. Parmi les voyageurs se trouvaient trente-cinq esclaves, tous destinés à être vendus sur la côte. Le reste de la troupe se composait de marchands itinérants, de *slatis* avec leurs épouses et leurs domestiques. On pouvait voir enfin, faisant office de serre-file, Mungo et six *jilli ki* ou « hommes chantants » – dont les vocalises feraient diversion aux difficultés du voyage et aideraient à ce que le convoi fût bien reçu dans les villages qu'on allait traverser. Les premiers rayons du soleil ayant enfin illuminé le sommet des arbres, aussi soudainement qu'une averse passagère, on sangla, dessangla et ressangla les bêtes, on toussa fébrilement dans ses mains et l'on vérifia les derniers détails en se tirant vaguement sur l'oreille pour se donner l'air de réfléchir. Puis ce fut le départ : précédée par Karfa Taoura, par Soulaymane et par les hommes chantants, la colonne quitta Kamalia en bon ordre de marche. Au bout de deux milles, comme on se trouvait au sommet d'une colline, tous les voyageurs reçurent l'ordre de s'asseoir, une moitié de la troupe tournée vers l'ouest, les autres vers Kamalia. De sa voix nasillarde, Soulaymane récita alors une prière interminable et solennelle. Après quoi deux autres *slatis* firent trois fois le tour du convoi et tracèrent des signes dans la terre à l'aide du bout rond de leurs lances, tout en marmonnant des paroles inintelligibles en guise de sortilèges pour le voyage.

Tout le monde s'étant remis en route, l'explorateur remarqua que plusieurs esclaves avaient du mal à marcher et vacillaient sous leur charge ; les jambes arquées et sans force, ils titubaient comme des poivrots épuisés. Karfa Taoura hocha la tête. C'était dommage à constater, dit-il, mais certains d'entre eux étaient enchaînés depuis tant d'années que l'effort extraordinaire qu'il leur fallait maintenant déployer pour avancer semait la dévastation dans leurs muscles, leurs tendons et leurs jointures habitués à l'inaction. Oui, c'était bien dommage, répéta-t-il, mais c'étaient les risques du métier. Les esclaves avaient tendance à s'évader, et les enchaîner deux par deux en leur passant des fers aux chevilles était la seule manière connue de les empêcher de se déplacer librement. Pour se traîner de la sorte, aussi lamentablement qu'un perdant dans une course d'animaux à trois pattes, tout esclave devait donc commencer par relever le fer qui lui emprisonnait la cheville en tirant dessus avec sa chaîne. Cette manœuvre une fois effectuée, le duo pouvait alors avancer comme en dansant, à condition que l'un et l'autre fissent attention à marcher d'un même pas. Lorsqu'ils se rendaient à la foire, les esclaves étaient libérés de leurs fers mais attachés quatre par quatre à l'aide d'une corde qui leur passait autour du cou. Chaque groupe de quatre était maintenu à bonne distance du suivant par un garde armé d'une lance, qui décourageait quiconque de songer à s'en aller vagabonder dans la nature. Lorsque le convoi s'arrêtait pour la nuit, les fers étaient remis aux chevilles des prisonniers et reliés à une chaîne à gros maillons qui remplaçait la corde de la journée.

– Mais ce sont des êtres humains ! s'exclama l'explorateur.

Karfa Taoura rajusta son tarbouch.

– C'est vrai ? fit-il d'un ton aussi neutre que s'il avait exposé par le détail les termes d'un problème ou estimé la valeur d'un troupeau de mouton. Mais c'est aussi de la marchandise.

Même avec les esclaves qui traînaient et murmuraient, et qu'il fallait périodiquement faire taire à grands coups de fouet, le convoi arriva en vue des murs de Marrabou au milieu de l'après-midi. Après un bref repos, on repartit vers Bala, où l'on passa la nuit. Le trajet du lendemain amena la colonne à Ouoroumbang, aux confins des territoires de Manding et de Jallonkadou. Le village était situé aux avant-postes de la civilisation, le désert de Jallonka s'étendant à des centaines de milles à la ronde.

Le désert de Jallonka tenait de la malédiction ancestrale, avec ses dizaines de milliers de milles carrés de brousse, de collines et d'herbes hautes : un espace aussi vierge que le monde avant l'homme. Il ne s'y trouvait pas moins de six rivières à traverser à gué, dont trois affluents du fleuve Sénégal. Pas question d'acheter la moindre nourriture ni de se réfugier où que ce fût pendant tout le voyage. Les bêtes de proie y écumaient les halliers et la forêt depuis des éternités, des bandits attendant les rescapés à la frontière de cet enfer. Dangereux et inhospitalier, le désert était un lieu de ténèbres et de légendes, de malchance et de mort subite. Fort désireux de le traverser le plus rapidement possible, et sans encombre, Karfa Taoura croisa les doigts pour conjurer le mauvais sort.

Le convoi quitta donc Ouoroumbang à l'aube et marcha sans arrêt jusqu'à la tombée de la nuit. Les esclaves portaient toujours leurs ballots de marchandises sur la tête, le soleil cognait aussi dur que le fouet et le fouet était un véritable cauchemar. L'une des femmes entravées, une personne entre deux âges, dont les scarifications prouvaient éloquemment qu'elle avait autrefois aspiré à une autre condition, ne cessait pas de sortir du rang. À un moment donné, elle s'allongea par terre et refusa de faire un pas de plus. Soulaymane lui fouetta la plante des pieds. Elle se releva en vacillant et reprit la route comme si elle était en transe. L'explorateur était atterré, mais il comprit vite qu'il n'y pouvait rien. Faisant déjà lui-même partie du surcroît de bagages, il se trouvait en outre dans un tel état de faiblesse que toute son énergie était employée à ne pas se laisser distancer par le plus faible des esclaves.

Le convoi s'étant arrêté pour la nuit au bord d'un cours d'eau qui avait nom Co-meissang, Mungo se traîna jusqu'à l'endroit où l'on avait parqué les esclaves et chercha la malheureuse, scrutant toute cette misère visage après visage. Il la trouva au bout de la file, étendue sur le dos de tout son long. Les yeux grands ouverts, elle regardait dans le vide et respirait aussi violemment que si elle eut à l'instant rompu le ruban à la fin d'une épreuve de course à pied. L'explorateur se pencha sur elle et lui offrit de l'eau. Elle garda le silence et se contenta de demeurer immobile et de contempler le ciel, soufflant toujours aussi fort. Il baissa la voix et, d'un ton plein de compassion, lui demanda comment elle s'appelait. Sans trop savoir pourquoi, il éprouvait le besoin de la réconforter et de lui dire que tout allait s'arranger, alors qu'il savait très bien que non.

– Elle s'appelle Nili, lui chuchota son voisin.

Il avait la cheville attachée à celle de la femme à l'aide d'un grossier anneau en fer.

– Elle a attrapé une maladie et son sang n'arrive plus à lui réchauffer les pieds, ajouta-t-il.

Nili. L'explorateur baissa les yeux sur elle. Il avait déjà entendu ce nom quelque part.

– Tu vas la manger ? fit l'esclave d'une voix râpeuse.

– Comment ça, « la manger » ?

Le prisonnier avait les lèvres fendues. La brûlure de la corde lui avait laissé une marque en travers de la pomme d'Adam.

– *Maddummulo*, dit-il. L'homme noir met son esclave au travail, mais l'homme blanc le mange.

Mungo fut très surpris par cette contrevérité, mais plus offensé encore par l'accusation.

– Fadaises ! s'indigna-t-il.

– On n'en revient jamais !...

– Mais c'est tout simplement parce qu'ils vous mettent à bord d'un bateau qui vous emmène dans un autre pays... un pays comme celui-ci, un pays où vous travaillez dans les champs, où vous...

– *Toubabou fonnio*, mensonge d'homme blanc... lui répondit l'esclave d'une voix plate et sans émotion. Un « autre pays » ? Il n'y en a pas. Ils te conduisent jusqu'à l'eau qui n'en finit pas et te mettent en pièces. Ils ont des feux qui brillent toute la nuit et des marmites bouillantes. Ils te nettoient la peau des os.

~

Le lendemain matin, Nili refusa de se nourrir. Il faisait froid et gris, le soleil ne se lèverait pas avant une demi-heure. Des choses velues filaient vivement dans le sous-bois, des oiseaux criaillaient, l'air stagnait comme une haleine fétide. Karfa Taoura entonna une bénédiction générale, après laquelle toute la colonne eut droit à un bol de gruau bien aqueux. Nili se redressa avec peine, prit le bol que lui tendait le domestique de Soulaymane et le lui jeta à la figure. Madi Konko se rua sur elle avec son fouet. Elle roula sur le sol et se mit à vomir. Quelqu'un poussa un juron. Elle avait avalé de l'argile.

– De l'argile ? répéta l'explorateur.

– Elle a envie de mourir, lui répondit son compagnon de chaîne.

Après les prières du matin, le convoi se reforma. Comme Nili ne voulait pas se lever, Soulaymane se vit contraint de dérouler son grand fouet à lanières tressées. Mais elle resta immobile et, le visage dans la poussière, supporta les trois premiers coups sans broncher. Au quatrième, elle se redressa en tremblant et se remit en route. Quelque chose n'allait pas, ce fut vite évident : elle ne cessait de plonger en avant et de repartir brusquement en arrière comme si deux forces invisibles se fussent disputé son corps. Soulaymane ordonna à un garde de la détacher et de porter son fardeau à sa place. Le *slati* se mit à la suivre et à lui asticoter les reins du talon de sa lance.

Juste avant midi, un petit désastre se produisit : l'un des « hommes chantants » se cogna dans un essaim d'abeilles : de ces bestioles féroces et irascibles qu'on appelle « abeilles tueuses » dans cette partie de l'Afrique. Au cours des millénaires, ces insectes ont en effet perfectionné une méthode rapide et inexorablement efficace qui leur permet de venir à bout de tous les blaireaux mellivores et hominiens portés sur le sucré qui auraient l'idée de s'attaquer à leurs nids : à la moindre provocation, elles se rassemblent *en masse** et piquent à mort l'assaillant. Pas une de ces abeilles qui ne soit programmée pour se lancer à tout propos dans une frénésie de piqûre, en y sacrifiant sa vie au besoin, dès que lui parvient l'effluve de certaine substance chimique qui assure la double fonction de signal et de guide pour la mener droit sur sa cible. Se faire piquer à moins de cent pas d'un nid, c'est s'exposer à disparaître dans un nuage écumant dans la demi-minute qui suit. Inutile de préciser que pareille rencontre est fatale dans neuf cas sur dix.

Pour ce qui est de Djéo, l'« homme chantant », l'affaire ne se termina pourtant pas aussi mal qu'elle l'aurait pu. Dès la première piqûre, il laissa tomber sa flûte, se jeta tête la première dans une fondrière au bord de la route et s'y enfouit dans la boue tel un animal amphibie. Ayant vite compris de quoi il retournait, deux ou trois de ses compagnons lui emboîtèrent aussitôt le pas tandis qu'hommes libres, esclaves et *slatis* mélangés, tout le monde prenait ses jambes à son cou. Déconcertées par la perte de leur cible principale, les abeilles divisèrent leurs forces pour se lancer aux trousses de soixante-douze cibles secondaires. Stratégiquement parlant, c'était une erreur. En fin de compte, personne ne se fit piquer plus de quinze à vingt fois ; certains même, dont l'explorateur, s'en tirèrent sans le moindre dommage. La colonne s'étant reformée, on découvrit malheureusement que Nili manquait à l'appel. Ayant immédiatement ressorti les fers, les *slatis* réenchaînèrent tout le monde pendant que des gardes armés partaient à sa recherche. Après avoir mis le feu aux broussailles pour chasser les abeilles, ils la retrouvèrent au bord d'un ruisseau peu profond : piqué en plus de cent endroits, son corps était affreusement gonflé. Elle avait dû essayer d'échapper aux insectes en s'aspergeant d'eau. En vain.

Cette fois-ci, les coups de fouet restèrent sans effet : Nili fut incapable de se relever. Karfa Taoura hocha la tête.

– Qu'on la ficelle sur un âne, cria Soulaymane.

L'une des bêtes ayant été débâtée, Nili fut jetée en travers de son échine, mains et pieds liés par une sangle passant sous le ventre de l'animal. Dans l'instant, celui-ci se montra intraitable. Il rua et se cabra si fort que, la sangle ayant fini par se rompre, l'esclave fut projetée dans un buisson, où elle resta aussi inerte qu'une poupée de chiffon.

On avait perdu plus de deux heures. Épouvantés par la sauvagerie de l'endroit et par les légendes qui s'y attachaient – à faire dresser les cheveux sur la tête –, les voyageurs n'avaient qu'une hâte, reprendre la route. Un seul cri parcourut la colonne : *Kang-tegi, kang-tegi !* Qu'on lui tranche la gorge, qu'on lui tranche la gorge ! Le soleil se traînait au plus bas du ciel. Un homme sortit du rang, un couteau à la main. Soulaymane acquiesça d'un signe de la tête, puis donna l'ordre de repartir. Une demi-heure plus tard, l'homme rejoignait le convoi, la robe de Nili autour de la taille.

~

Le reste du voyage se déroula sans incident. Le convoi arriva à destination à coups de marches forcées. On partait à l'aurore, on ne s'arrêtait qu'au crépuscule. Vingt milles par jour, à travers des amas de roches fendues, des collines hantées par les ténèbres, des futaies encombrées d'arbres effondrés et barrées de lianes étrangleuses, à travers des marécages qui vous aspiraient les chaussures, des rivières envahies par une vase grouillante de poissons et de reptiles et disparaissant sous de véritables nuages d'insectes. Encore affaibli par ses accès de fièvre et par la faim qui l'avait si longtemps tenaillé, Mungo avait le plus grand mal à ne pas se laisser planter là. Il se débarrassa de sa lance, de sa gourde et du couteau en os qu'Aïcha lui avait donné. Les lanières de ses sandales lui entaillaient les pieds comme du fil de fer, et le soleil l'écrasait si fort que sa pauvre tête finissait par résonner de *dzim! dzim! dzim!* aussi forcenés que des explosions de cymbales aux dernières mesures d'un opéra. Cela étant, il arriva quand même à bon port. D'abord à Dindikou, où il annonça la triste nouvelle aux trois épouses de Johnson et à ses onze enfants, puis à Pisania où, dérivant comme un fantôme, il grimpa enfin les marches qui conduisaient à la véranda en rondins de la maison du Dr Laidley.

Lequel était gras et rubicond. Malgré les quarante-sept degrés à l'ombre et les quatre-vingt-dix-neuf pour cent d'humidité ambiante, il portait une chemise habillée. Avec sa tonsure et ses lunettes à monture en fer, il ressemblait à une caricature de Benjamin Franklin.

– Park ! hurla-t-il.

Soulevant après lui un vrai roulement de tonnerre, il traversa lourdement la véranda et tendit sa main boudinée à l'explorateur, dans un geste de salut qui trahissait quelque incrédulité.

– Mungo Park ! répéta-t-il.

~

Mungo avait de la chance. Arrivé à Pisania le 12 juin 1797, il n'avait plus qu'une idée en tête : repartir pour l'Angleterre par le premier bateau où l'on voudrait bien de lui. Malheureusement, la saison des pluies avait déjà commencé, pestilentielle et chargée de pourriture. L'explorateur eut peur de devoir patienter indéfiniment : et s'il allait se passer des mois et des mois avant qu'un navire ne jetât l'ancre dans la Gambie ! Il tira une traite sur l'Association africaine par l'intermédiaire du Dr Laidley, remboursa royalement Karfa Taoura et, malgré qu'il en eût, se prépara à une longue attente. Il surveillait le fleuve depuis trois jours lorsque, par le plus pur effet du hasard, un négrier américain s'avisa d'en remonter le cours : le patron du navire voulait échanger sa cargaison de tabac et de rhum contre des hommes, des femmes et des enfants. *Le Charlestown* ferait voile vers la Caroline du Sud le 17. Sans hésiter, l'explorateur s'acheta un billet : mieux valait rejoindre l'Angleterre tout de suite, même par des voies détournées, plutôt que de perdre son temps à attendre sous un toit qui fuyait la fin des pluies dans une arrière-salle de Pisania. Après avoir passé deux ans sur le Continent noir, Mungo mourait d'envie de retrouver la lumière.

Le matin du 17, l'explorateur se rasa, enfila les habits que le Dr Laidley lui avait donnés et se rendit à bord du *Charlestown*. Les planches du pont craquèrent sous ses pieds lorsque, ayant déposé ses bagages, il se mit en devoir de chercher sa cabine. Il n'y voyait rien. Se déchirant à la mâture et noyant complètement le gaillard d'arrière, une brume épaisse flottait au-dessus des eaux : on eût dit les derniers lambeaux d'un rêve. Des formes vagues et fantomatiques glissaient ici et là, des nuées de moustiques bourdonnaient aux oreilles. Il faisait aussi chaud que dans une fonderie. Déconcerté, l'explorateur resta vissé à son bout de pont et observa deux silhouettes qui, de l'autre côté d'un rideau de vapeurs, gesticulaient aussi fort que Punch et Judy[1].

– Mais, capitaine, faut attendre que le potage s'éclaircisse un peu ! protestait le plus petit des deux bonshommes.

– Levez l'ancre, monsieur Frip. On appareille tout de suite.

1. Figures classiques du théâtre de marionnettes anglais.

– Mais... (bruit de moustique qu'on écrase d'une claque, puis juron aussi sincère que guttural).

– Y a pas de mais qui tienne, môssieur ! On reste dix minutes de plus dans ce trou à merde et y a la moitié de l'équipage qui se colle les fièvres et se met à dégueuler tout noir. Levez l'ancre, je vous dis !

La petite silhouette s'enfonça dans le brouillard ; on l'entendait rouspéter, entre deux grandes claques :

– Y a même pas moyen de la trouver, cette saloperie d'ancre, dans c'te merdasse !... Aïe ! Ah, le salaud ! Ah ! putains de moustiques !

Les brouillards épais, les écueils et les vents contraires aidant, redescendre le fleuve et faire voile jusqu'au fort de Gorée demanda quinze jours. Quatre matelots, le chirurgien et trois esclaves furent enlevés par les fièvres. À Gorée, le capitaine informa Mungo qu'il allait devoir repousser le grand départ : il n'y avait pas moyen de trouver assez de vivres pour la traversée.

– Repousser le départ ! s'écria l'explorateur, qui sentit le cœur lui manquer.

Cela faisait deux mois qu'à Kamalia d'abord, dans le désert de Jallonka ensuite, il ne tenait plus qu'à coups de rêves où lui apparaissaient les visages attentifs de tous ceux qui, assis autour de la salle de conférences de Soho Square, l'écoutaient avec passion... où Ailie se montrait soudain à lui vêtue de ses seuls dessous... où le livre qu'il publiait commençait à le rendre célèbre. Après avoir triomphé de la maladie, des humiliations, de l'épuisement et du désespoir, il entendait bien récolter ses lauriers le plus vite possible.

– Jusqu'à quand ? demanda-t-il.

Le capitaine enfila ses gants en peau de chien et lui offrit un cigare de Raleigh.

– Un bateau de secours doit arriver ici à la mi-septembre, répondit-il. Il n'y aura plus qu'à charger et à mettre à la voile.

À la mi-septembre ! Il n'en crut pas ses oreilles. Encore trois mois à passer dans ce trou de pestiférés ! Trois mois à se traîner sur un châlit tout pourri dans cette ville de garnison pour réprouvés de la dernière chance ! Trois mois dans cet enfer envahi par tous les déchets de l'humanité londonienne ! Il aurait mieux fait de rester chez le Dr Laidley, à Pisania. Au moins aurait-il pu y boire un verre de bon vin de temps à autre, parler à quelqu'un d'intelligent et avoir une chambre pour lui tout seul. Ici, il n'avait que des forçats pour compagnons et pour tout horizon des visages d'esclaves moribonds ; ici, il lui faudrait se battre avec des cafards plus gros que le doigt et lutter sans arrêt contre l'envahissement d'une pourriture qui faisait de Gorée l'un des endroits les plus infects du monde. Être si près du but et s'en trouver soudain si éloigné ! Il sombra dans l'abattement et, allongé sur sa couchette, regarda le navire commencer à pourrir autour de lui.

Le Charlestown mit enfin à la voile le 1er octobre, avec Mungo comme chirurgien de bord pour remplacer le défunt – un Mungo qui à vrai dire n'avait pas le choix. Lui qui n'avait jamais fait grand usage de son savoir médical rassembla tout ce que le Dr Anderson lui avait appris afin d'essayer d'améliorer les conditions déplorables qui régnaient par tout le navire. Du fait qu'ils utilisaient des équipages plus réduits, les négriers américains se montraient plus inhumains encore que leurs confrères anglais. Craignant la mutinerie, ils maintenaient les esclaves dans les fers pendant toute la traversée. Souffrant du froid et de l'humidité, les malheureux ne voyaient jamais la lumière et pataugeaient dans leur fange, proies faciles pour la consomption, le typhus, l'hépatite et la malaria. Les fers leur ouvraient les poignets et les chevilles et les vers proliféraient dans leurs plaies. Mungo fit de son mieux pour les soulager. Il les saigna, leur mit des sangsues, leur entonna du vinaigre dans la gorge. Huit moururent à Gorée, et onze autres en mer. On ôta les fers des cadavres raidis qu'on jeta dans les flots écumants, où les requins du large se battirent pour les avaler.

L'équipage ne s'en sortit pas beaucoup mieux. Trois matelots périrent à Gorée, et deux autres en mer. Mais il y avait plus pressant : des voies d'eau avaient été signalées dans la coque tandis que le navire mouillait encore dans le port de Gorée et, maintenant que le bâtiment avait gagné la haute mer, elles commençaient à se faire menaçantes. Si menaçantes même que les esclaves les plus solides furent désentravés afin de pouvoir actionner les pompes. Quatorze heures d'affilée, le fouet ne cessant de leur claquer au-dessus de la tête. Ils pompaient, s'évanouissaient d'épuisement, pour être ensuite fouettés jusqu'au moment où ils reprenaient connaissance… et se remettaient à pomper. Il n'empêche : le bateau faisait si bien eau qu'il devint évident que jamais il n'arriverait en Caroline du Sud. Évident à certains, s'entend.

– Capitaine, faudrait mettre le cap sur les Antilles, sans quoi on n'aura même pas le temps de dire ouf qu'on sera déjà en train de marcher sur les flots avec nos petits copains les requins.

– Vous êtes un homme instruit, monsieur Frip, non ? Et si vous jetiez un coup d'œil au plat-bord pour me dire ce qui est écrit à l'avant du bateau ? J'ai comme l'impression que vous y trouveriez les deux mots suivants : *Le Charlestown.* Pas vrai ? Eh bien, apprenez, monsieur, que c'est pour aller à Charleston qu'on me paie et que c'est à Charleston que nous débarquerons.

– Je m'excuse, m'sieur l'capitaine, mais l'équipage et moi, on a pas mal discuté, m'sieur l'capitaine, et alors on a unanimement décidé de sortir nos poignards de marins et de vous tanner la peau jusqu'à ce qu'elle soit aussi claire que l'eau des fontaines de Richmond si vous voulez pas mettre le cap sur Antigua d'ici à trente secondes, à ma montre de gousset, m'sieur l'capitaine, sauf vot' respect.

~

À Antigua, l'explorateur réussit à s'embarquer sur le *Chesterfield* qui, de retour des Îles sous le Vent, avait fait escale à Saint-John's afin de charger le courrier. Le navire mit à la voile le 24 novembre et arriva en vue de Falmouth le 22 du mois suivant au matin. Des oiseaux de mer tournaient et viraient dans le ciel, le vent jetait des paquets d'écume sur le pont. Il y avait de la glace sur le bastingage et une petite neige mouillée donnait du mordant à la bourrasque. L'équipage avait disparu, le capitaine était au lit, le terrier du cuisinier se pelotonnait sous le poêle. Après deux ans et sept mois d'exil, Mungo Park, lui, se tenait debout à côté de l'homme de barre, et son sourire s'élargissait au fur et à mesure que la grande île rocailleuse se profilait au-dessus des vagues.

PÉTOCHE

Un an n'est rien : une plume dans le vent, un souffle. Tournez la tête et c'est fini. Glace, puis bourgeons, puis feuilles, puis brindilles. Les oies sur l'étang, le chaume dans les champs. Trois cent soixante-cinq matins, trois cent soixante-cinq soirs. On s'égratigne, on se foule la cheville, on a le nez qui coule, un parent éloigné disparaît. Il y a un écureuil dans le grenier, la tempête abat un arbre. Dans l'entrée, les aiguilles de la pendule font sept cent trente fois le tour du cadran en grinçant. On ouvre des fenêtres, on tire des jalousies, on salit des assiettes, des tasses et des cuillères, on les lave, on les salit, on les relave. Le tonnerre donne de grands coups de maillet sur les collines, la neige grimpe sur les barrières, la lumière du soleil cuivre les vitres des fenêtres. Un an. Sur combien : cinquante ? soixante ? Les jours grignotent le temps, insidieusement.

~

La tête dans les mains, Ailie s'est recroquevillée au bord de son lit. À la fenêtre l'aurore est grise. La pluie froide qui s'est mise à tomber au crépuscule continue de cingler les vitres. Katlin Gibbie repose allongée à côté d'elle. Elle respire doucement, son petit garçon de neuf mois pelotonné sur son sein. Betty Deatcher, une cousine qui habite Kelso, ronfle sur un matelas dans un coin de la chambre. Dans l'âtre, la braise s'est transformée en cendres.

C'est le matin de Noël mais Ailie n'en ressent aucune joie et n'a aucune envie de faire la paix avec les hommes de bonne volonté. Un an s'étant écoulé, c'est aujourd'hui qu'il lui faut honorer sa promesse : à la nuit tombée elle sera devenue Mrs Ailie Gleg. Elle se raidit rien que d'y songer. Jamais elle n'aurait cru que le jour viendrait où il lui faudrait s'en tenir à ses vœux. Il était clair que tel le preux caracolant des romans de chevalerie, Mungo surgirait enfin pour l'arracher aux griffes du dragon. Dans un an ! Comme cela lui avait paru lointain ! Cela lui laissait tout le temps de revenir… au Nouvel An ou à Pâques.

Comment aurait-elle pu deviner qu'il n'en serait rien ? Elle s'était mise à attendre. À attendre avec ce vide au creux de l'estomac, à attendre les semailles de printemps, puis la Pentecôte, puis la Saint-Jean, puis la Saint-Michel, puis la fête des récoltes, puis la Saint-Martin, et enfin la veille même de Noël. C'est alors seulement qu'elle avait renoncé, autorisant ses demoiselles d'honneur à lui teindre les pieds au henné et à tendre sur elle et son promis la traditionnelle peau de vache. Et pourtant, même maintenant, à la onzième heure de la journée, elle ne se résigne pas à son sort. Elle n'a toujours pas perdu espoir. Après tout, elle a encore jusqu'à 3 heures de l'après-midi ! Et s'il finissait par s'engouffrer dans l'église au moment même où elle se tiendrait devant l'autel ? Grand, la mine impérieuse, le visage brûlé de soleil, le regard sauvage, il...

Mais il suffit. Y songer, elle n'en a même pas le droit. Elle a donné sa parole, son père a tué un veau et un cochon et envoyé les invitations en même temps que les gants blancs en chevreau ; ses amis et ses parents ont parcouru des milles et des milles dans le vent glacé, la neige et le verglas... Comment oserait-elle les priver de leur plaisir ? Il y a pire : se sauver après avoir conquis le cœur de Georgie ? Non : se préparer, se réveiller, accepter le monde tel qu'il est, voilà où est son devoir. On lui a pris un homme mais un autre s'est offert à le remplacer. La belle affaire s'il n'est pas parfait ! La belle affaire s'il a les oreilles qui pendent, s'il est balourd, s'il est aussi peu attirant qu'un vieux coq déplumé ! Il l'aime, c'est la seule chose qui compte. Et puis, il a bon cœur...

Sa rêverie est soudain interrompue par des sifflements : aigu et plein d'entrain, le bruit se répercute étrangement à travers la maison silencieuse. La mélodie se rapproche, puis lui échappe, elle n'arrive pas à en être sûre, mais... mais si, c'est une chanson que Mungo lui chantait il y a des années et des années de cela et déjà les paroles lui évoquent son souvenir, les intonations de sa voix...

Ô toi qui vis en Angleterre
Ou y naquis,
En Écosse jamais ne t'en va chercher fille
Ou tu n'en auras que mépris !

Un Écossais t'attrape, un Écossais te berne,
Puis te glisse la bague au doigt...
On t'a fait passer des vessies pour des lanternes,
On t'a pris pour un sot, crois-moi.

Serait-ce possible? Sainte Mère de Dieu, se pourrait-il?... Toujours en chemise de nuit, elle saute du lit. Ses pieds ont la couleur des oranges de Valence, elle a le cœur qui bat: la chanson se fait plus forte, elle se rapproche, quelqu'un la chante de l'autre côté du mur, elle murmure «Ô Mungo! Mungo! Mungo... », elle pousse violemment la porte et l'espoir la reprend. Et ça y est, il est là, devant elle... et s'appelle Georgie Gleg... Il porte du linge frais, un haut-de-forme et une veste en soie. Il a les yeux doux comme du miel.

– Bonjour, mon amour, lui dit-il en lui tendant une couronne de houx en forme de cœur. Enfin le grand jour!

La déception se marque sur son visage.

– Mer... mer... mer... merci, répond-elle en bégayant.

Complètement éberluée, elle se sent gênée et maladroite dans son rôle d'agneau qu'on va sacrifier. En avançant la main pour prendre la couronne, elle se pique le doigt: une goutte de sang y perle aussitôt.

– Là, dit Gleg en lui prenant vivement la main, laisse-moi faire, c'est moi qui vais sucer.

Et elle, elle reste plantée là, tout idiote, avec ses pieds orange et sa chemise de nuit froissée, à écouter les gar-

gouillis de la pluie dans les gouttières, et à regarder son futur mari se pencher vers elle et lui téter le pouce comme un nourrisson le sein de sa mère.

~

Dix minutes plus tard, elle ferme la porte de sa chambre au loquet et fait le tour de la pièce sur la pointe des pieds : elle a commencé à entasser ses affaires dans une sacoche en cuir noir. Elle a le menton décidé et, quoique furtive, se meut avec souplesse. Katlin s'étant brusquement retournée dans son lit, elle reste le pied en l'air et, sans faire un bruit, attend que reprenne le doux murmure qui accompagne le sommeil de son amie. Une fois dans le couloir, elle sort ses gants, son chapeau et son écharpe. Dans la pièce du fond, son père et son oncle ronflent encore comme des soufflets de forge tandis qu'elle traverse la cuisine et se glisse enfin dehors.

Régulière, la pluie continue de tomber à grand bruit. Il y a comme un parfum de pureté et de renouveau dans l'air. L'on dirait presque que la terre a été lavée de ses souillures. Là-bas, devant elle, élégants et nus, les troncs d'arbres mouillés luisent dans la lumière. Derrière, la maison recule déjà dans les brumes. Courbée en avant, Ailie disparaît entre les arbres comme une voleuse.

SALUT, Ô HÉROS CONQUÉRANT !

Se jeter à genoux et embrasser le sol ? Non. Trop théâtral. Mais cette ivresse à l'idée de fouler à nouveau la bonne vieille glèbe d'autrefois ! Comme il frissonne de joie en entendant parler anglais, en voyant ces visages anglais sous leurs coiffes anglaises, ces clochers, ces cottages à bardeaux, tellement anglais eux aussi ! Renversant ! Plus moyen de résister, il lui faut absolument... tomber à genoux... dans l'instant.

Occupé comme il l'est à embrasser la terre natale, soit en l'occurrence les planches glissantes et couvertes d'algues des docks de Falmouth, l'explorateur rapatrié se laisse tellement emporter par l'émotion qu'il en oublie qu'il n'est pas seul sur le quai. Pressés de débarquer et de se mettre en route, les autres passagers se bousculent derrière lui ; l'un d'eux, un certain colonel Messing, va jusqu'à heurter le dos du voyageur et se retrouve piteusement un genou à terre. Mais, de retour d'une tournée d'inspection dans ses domaines des Indes occidentales, le colonel est un homme d'une dignité inébranlable : il se redresse, ôte la boue de ses bas et donne vivement de la canne sur le fessier proéminent de l'explorateur.

– Hors de mon chemin, impudent petit cabot !

~

L'accueil qu'on lui réserve n'est pas des plus chaleureux, c'est le moins qu'on puisse dire – mais quoi ? l'Angleterre entière n'est-elle pas convaincue qu'il a suivi le chemin de Houghton, de Ledyard et de tous les autres ? Personne ne le reconnaît, personne n'attend son retour. À *La Taverne du Chien et du Canard*, il lève les yeux de dessus ses œufs frits à la graisse, et étudie les visages rubiconds des buveurs à long nez de Falmouth, installés au comptoir ; il est gros d'un secret, et savoure en silence la lente gestation de sa célébrité à venir. Ah ! si seulement ils savaient ! Il réprime une envie soudaine de tout leur crier, de danser sur les tables, de mettre tout cela en musique et de le leur chanter, de coucher ses exploits sur des banderoles aussi vastes que des voiles de navire gonflées par le vent :

J'AI RÉUSSI, TOUT SEUL, JE SUIS ALLÉ LÀ OÙ PERSONNE JAMAIS NE S'EST RENDU, J'AI VU DES CHOSES SUR LESQUELLES PERSONNE JAMAIS N'A POSÉ LES YEUX ET, OUI, JE SUIS ICI POUR TOUT VOUS RACONTER !

Mais non : qu'ils le lisent donc demain dans les journaux de Londres ! Et qu'aussitôt ils s'entassent autour de ce même comptoir et qu'émerveillés, que le souffle court, ils s'écrient alors : « Bon sang de bonsoir !... Alors comme ça, l'était ici même. Dans cette salle ! Des occasions comme celle-là, on n'en a pas deux dans sa vie à profiter, et dire que j'ai même pas levé la tête pour le regarder ! Mais qui c'est qu'aurait pu le deviner, hein ? »

Oui, qui ? Cela étant, il y a quelqu'un qui devrait le savoir, et pas plus tard que tout de suite. L'explorateur demande qu'on lui apporte une plume et du papier et, aussi excité que le jour où il a gagné son premier match de rugby, griffonne la bonne nouvelle.

Falmouth, ce 22 décembre 1797
Taverne du Chien et du Canard,

Mon amour,

Je suis vivant, je me porte bien et ma mission est une réussite totale. Apprends donc que le très grand et très glorieux Niger coule vers l'est, que je rentre sans tarder, et que déjà je me rue vers toi.

M

Le lendemain matin, il prend place à bord d'un paquebot en partance pour Southampton et, une fois débarqué, se tasse à l'intérieur d'une malle-poste tirée par quatre chevaux. Destination : Londres. Ses compagnons de voyage sont une certaine Mrs Higgenbotham, de retour d'une visite à sa nièce de Portsmouth, deux placiers à l'air louche spécialisés dans la vente du « dernier cri en matière de poêles à frire qui n'attachent pas et de bas indémaillables pour ces messieurs » et, homme de belle canne et de fort mauvais caractère, le colonel Messing en personne. Trois autres voyageurs se sont perchés sur le toit bombé de la voiture : deux jeunes filles et un pasteur en grande tenue. Heureusement pour l'explorateur, le colonel Messing ne semble pas l'avoir reconnu. Au bout d'une petite demi-heure de cahots et de silence, il se penche vers Mungo et, sur le ton de la confidence, lui demande de ne pas prêter attention à l'accroc qui défigure ses chausses.

– C'est que je rentre à peine d'Antigua, lui explique-t-il, et voyez-vous, j'ai mis toutes mes affaires au fourgon qui nous précède. Et bon sang de bonsoir, figurez-vous que j'ai eu un petit accident, oui, juste à l'instant de poser le pied sur la terre ferme. Vous me croirez si vous voulez mais il y avait là un jeune benêt, un histrion, je vous dis, un histrion, qui s'était mis en tête de se casser en deux pour embrasser le quai... comme si, au lieu d'un petit mois, il avait passé trois ans en mer ! Bref, cela m'a valu une belle culbute !

Mungo l'ayant gratifié d'un raclement de gorge plein de compassion, le colonel se raidit tout à coup et l'examine d'un regard pénétrant.

– Mais dites-moi, jeune homme, vous avez la peau d'une couleur bien intéressante ! N'était la blondeur de sable de vos cheveux pour me dire que vous êtes Anglais, je jurerais que j'ai affaire à un Chinois. Et d'où venez-vous donc, je vous prie ?

La première nuit ? Passée dans une auberge en bordure de la route. La seconde – la nuit de Noël – à filer, un brimbalement après l'autre, dans une campagne toute noire. La malle traverse Newington, St George's Fields, Southwark, franchit la Tamise par Blackfriars Bridge, et, arrivée dans Farringdon Street, s'arrête devant le porche du *Cygne Blanc*. Noël, 6 heures du matin : une bruine froide comme un torchon à vaisselle reste en suspens dans le ciel. Le colonel continue de ronfler, le nez sur son flacon de cognac. L'explorateur descend de voiture. Il a les jambes tout engourdies. Il jette sa sacoche sur son épaule et s'engage dans la rue. Mais s'arrête net, comme si une corde le tirait brusquement en arrière. Où aller ? Chez sa sœur Effie ? Non : elle est sûrement en train de dormir. À cette heure ! S'il était seulement 10 ou 11 heures, il pourrait de ce pas sauter dans un fiacre, se faire conduire à Soho Square et surprendre Sir Joseph. Le pas aussi léger que s'il venait de faire le tour du pâté de maisons, il ferait son entrée, et lui redessinerait toute la carte du continent africain.

– Ah çà, monsieur, me voici de retour. De retour du Niger, s'entend. Car oui, je l'ai vu, j'en ai goûté les eaux, je m'y suis baigné ! Et croyez-moi, tout cela n'a rien d'un mythe. Splendide, vraiment splendide. Écrasés, le Nil, la Tamise et le Mississippi !... Richesses inouïes... civilisations florissantes tout au long des rives. Ah, j'allais oublier... aucun doute à avoir là-dessus, c'est vers l'est qu'il coule...

Mais quoi ? À 6 heures du matin un jour de fête ?

Tout à coup cependant, une idée lui vient : Charles Dickson, le mari d'Effie. Il est sûrement déjà arrivé au British Museum : avec toutes les plantes dont il lui faut s'occuper ! C'est d'ailleurs lui qui a été le premier à lancer l'affaire. Ami botaniste de Sir Joseph, il ne l'est pas pour rien. Mais bien sûr, bien sûr ! C'est donc lui qui devrait être le premier à savoir – cela sans même s'étendre sur le fait qu'il est probablement le seul à s'agiter à pareille heure. L'explorateur tourne les talons et part dans la direction du musée. Mais s'arrête net une deuxième fois. Au British Museum le jour de Noël ? Mungo s'imagine son beau-frère penché sur des montagnes de plantes desséchées. Revêtu d'un sarrau blanc, il les arrose, les nourrit et les émonde, debout dans sa serre. C'est qu'il se le calorifuge, son arboretum ! Ici, il extirpe une étamine, là une anthère. Comme s'il ne respirait pas l'horticulture au point d'en avoir des explosions de forêts tropicales aussi épaisses que celle de la Gambie dans tous ses rêves ! Oui, oui : au British Museum... il y sera sûrement !

Il n'y a pas de fiacre à cette heure, mais le trajet n'est pas long. Il n'est besoin que de remonter la rue jusqu'à High Holborn, de passer dans Grand Russell Street et de longer les murs de l'Hôtel des Montague – où le musée a été transféré six mois avant le départ de Mungo pour l'Afrique. De longs doigts de lumière commencent à prendre possession du ciel oriental. Couronnes de houx, pommes de pin et rubans rouges ornent les portes des maisons. L'explorateur est aussi joyeux que s'il venait de recevoir un million de livres sterling. Il lance sa sacoche en l'air, frappe deux fois dans ses mains et la rattrape sans changer d'allure. Après quoi il se met à siffler de toutes ses forces. Un chant de Noël. Les pavés mouillés le lui renvoient en écho. La mélodie en est forte, elle s'élève tout droit dans les airs, se fait héroïque, change de registre et doucement se transforme en « Ô toi qui dedans l'Angleterre... » Mungo s'est mis à penser à Ailie...

À peine a-t-il tourné le coin de Grand Russell Street que, véritable monument érigé à la gloire de la pierre de taille, le bâtiment sombre et imposant du musée lui obscurcit la vue. La bruine commence à blanchir, se transforme en neige. Mungo a bientôt de petits cristaux qui lui volent dans la figure, qui fondent dans les plis de sa veste. Il fait sonner le trottoir sous le talon de ses bottes. Des pigeons s'ébrouent. Tout est silence, rues désertes. On dirait que le monde entier retient son souffle.

Le portail de l'arboretum est entrouvert. Mungo s'y glisse comme un chat, jouant l'effet de surprise. Il prend un virage, traverse un verger d'arbres fruitiers nains, il... mais qu'est-ce ?... Droit devant, penchée sur un mûrier couvert de bandes de toiles à sac destinées à le protéger du froid, une forme. Elle est revêtue d'un manteau en drap, elle est gantée et surmontée d'un bonnet de fourrure... Bref, c'est du Dickson tout pur.

– Dicks ! jette l'explorateur.

Il n'a pas besoin d'en dire plus. Charles Dickson se retourne... et découvre un revenant. Son souffle reste suspendu dans les airs, de la neige lui blanchit les épaules. Devant lui se dresse une silhouette, étrange et bien incongrue en ce lieu, en ce jour, à cette heure. Et cette silhouette semble surgir du passé. Elle est épuisée, elle a le teint olivâtre, les yeux injectés de sang, on dirait un cadavre enterré depuis des éternités, on dirait quelqu'un dont on a si fort espéré le retour que l'espoir même de ce retour a fondu en habitude. Le botaniste laisse tomber sa toile à sac, essuie ses lunettes sur sa manche et enfin, laisse éclater un grand sourire tout mouillé.

– C'est toi ? vraiment ? bafouille-t-il, ou alors quelque fantôme revenu ici-bas pour nous hanter ?...

PAIX SUR LA TERRE AUX HOMMES DE BONNE VOLONTÉ

Avant 1784, les exécutions publiques se déroulaient au lieu-dit « l'Arbre de Tyburn », en face de Marble Arch. La cérémonie s'accompagnait d'un rituel compliqué, et de pas mal de flonflons, il faut le dire. Les condamnés, coudes ligotés, devaient parcourir les rues de Londres dans une charrette où l'on avait disposé, bien en évidence, les bières en pin ordinaire qui leur étaient destinées. Les curieux se pressaient par milliers le long du trajet ; on avait installé des gradins autour des gibets et les baraques de fortune dressées un peu partout débitaient de tout, de la petite bière au gin, en passant par les maquereaux, les petits pains, le pain d'épice et les sandwichs à la langue de bœuf. Les camelots s'en mettaient plein les poches en divulguant les confessions des condamnés avec force détails tragiques, ou en lisant de prétendues lettres d'adieux à la bien-aimée, toutes à fendre le cœur, et datées bien évidemment de la dernière heure. Neuf fois sur dix, faussaires sans envergure, femmes affamées accusées de vol à la tire et autres pickpockets de quinze ans, ces condamnés n'étaient que du menu fretin et chaque fois qu'il en allait ainsi, la foule se montrait sans pitié, n'hésitant pas à les inonder de quolibets, à leur cracher dessus, voire à les bombarder de cailloux et d'excréments. Lorsque, au contraire, c'était un bandit de grands chemins qu'on allait exécuter, l'extase commune n'avait plus de limites – surtout si le condamné était noble et célèbre. Son allure ne variait guère : il était tout couvert de soies, il avait des cheveux bouclés qui bouffaient dans le vent et les boucles dorées de ses souliers lançaient de grands éclairs de défi vers le ciel. Il se penchait vers les femmes, serrait la main des gamins qui couraient le long de la charrette et parfois même distribuait des autographes. C'était en héros et martyr qu'il gagnait le gibet et lorsque, après le brusque retrait de la charrette, il commençait à se balancer dans le vide, ses amis se ruaient sur lui et s'accrochaient à ses jambes afin d'abréger l'inévitable et de lui épargner les souffrances et la longue ignominie de la mort par pendaison.

En 1784 pourtant, la « marche à l'Arbre de Tyburn » avait été abolie, malgré les protestations de milliers de gens, dont le Dr Johnson en personne, et l'on ne pendit plus les condamnés que sous les murs mêmes de leurs prisons. On espérait qu'une fois éliminée l'ambiance de carnaval qui régnait autour de ces exécutions, la peine capitale s'en trouverait plus dissuasive. Mais la foule conviée à assister à la première pendaison sous les murs de la prison de Newgate fut atterrée par le spectacle pitoyable qu'on lui offrait : on sortit les condamnés de leurs cellules, un prêtre récita une courte prière, les criminels furent exécutés... et tout fut dit. Pas de défilé, pas de *fanfares* *, pas de panache, aucune dignité dans tout cela, rien. Rien que de la bidoche qui se tortillait lentement au bout d'une corde dans la lumière froide du petit matin.

Ned Rise n'a cure de ces détails. Fanfare ou pas, il n'a pas envie de mourir. Il a malheureusement bien l'impression qu'au bout d'un an de retards et de sursis durement gagnés, c'est très exactement ce qui va lui arriver : il va mourir, crever, partir les pieds devant, casser sa pipe, passer l'arme à gauche. Il n'y a guère que le roi qui pourrait y changer quelque chose mais le roi, et tout le monde le sait, le roi est fou comme un braque. Grâce à la fortune de Brooks, Thorogood a fait des miracles : tel un prestidigitateur, il a réussi à transformer les jours en semaines, les semaines en mois et les mois en une année entière. Il y a quelques jours à peine, il se battait encore avec ténacité pour obtenir un dernier délai mais voilà : Sir Joseph Banks a fait preuve de la même ténacité et obtenu, lui, que l'affaire soit enfin réglée.

– Quoi, my lord, le jour de Noël ? s'est alors écrié Thorogood à l'adresse du lord-maire.

– Cette année, Noël tombe un lundi, monsieur l'avocat… et lundi, c'est jour de pendaison ordinaire.

– Et « Paix sur la Terre » et tout le bazar, qu'est-ce que vous en faites, hein ?

Dans les coulisses, c'est Banks qui tire les ficelles. Il est allé voir Pitt, le prince et le Grand Chambellan de la Maison du roi et leur a représenté que consentir à un report de sentence pour un crime aussi abominable serait indigne et tout à fait répréhensible… Bref, la Cour manquerait à son devoir. Majestueux, insondables et proprement planétaires, ces grands phares de la civilisation ont alors consenti à en tomber d'accord. L'ordre venant de haut, le lord-maire fait à présent la sourde oreille : assez de requêtes de ce genre. Après avoir adressé un clin d'œil à Thorogood, il lui assène ceci :

– Écoutez, monsieur l'avocat, nous avons deux voleurs et un assassin à pendre… et moi, je dis que pour ce qui est de la « paix » dont vous parlez, leur extermination devrait satisfaire nombre d'honnêtes citoyens de cette nation qui est la nôtre.

Ned est seul et, seul, il vit ses derniers instants en arpentant sa cellule de long en large. C'est le matin de Noël, il fait gris, la bruine commence à se changer en neige. La veille au soir, Boyles est venu lui présenter ses respects, saoul comme une vache. Il lui a chanté, d'une voix de baryton plutôt hésitante, quelques chansons irlandaises particulièrement larmoyantes, lui a pris la main, lui a dit qu'il espérait bien le revoir dans un monde meilleur et s'en est allé s'affaler dans un coin. Fanny enfin est venue lui faire ses adieux. Elle avait les cuisses marquées de bleus gros comme des prunes en train de fermenter ; des écorchures lui brûlaient les poignets. On lui voyait un nouveau tatouage derrière l'oreille (une tête de mort, dessinée en vert), une zébrure toute fraîche en travers de la joue, et des marques de dents humaines sur les fesses. Elle avait l'air épuisée. Mais Ned s'en foutait. Il s'est rué en elle avec la désespérance du condamné, tout son corps réclamant de vivre encore, chacune de ses cellules exigeant le mariage du sperme et de l'œuf, la lente et douce incubation posthume de la vie. Elle l'a quitté à l'aube, le visage bouffi de désespoir.

6 h 45. Il ne lui reste plus qu'un quart d'heure à vivre. Il est en train de fumer sa trentième pipe d'affilée, la terreur lui cogne dans la poitrine, ses mains tremblent, il avale une énième gorgée de gin au goulot de la bouteille que Boyles lui a laissée, se penche en avant pour ôter un grain de poussière sur ses souliers. Dehors, petites formes tassées contre les murs ou regroupées aux quatre coins de la cour comme des conspirateurs, les détenus sont à la promenade. Salauds de veinards, se dit-il en cédant à l'auto-apitoiement. Les paroles d'un chant de Noël, comble d'absurdité, ne cessent de lui passer et repasser par la tête : « Tout est calme, l'avenir brille... » Il n'est pas loin d'avoir liquidé toute sa bouteille mais se sent aussi lucide que... qu'un juge. Cette idée l'amusant beaucoup, il éclate d'un gros rire de ventre qui, Dieu sait comment, finit par lui échapper entièrement et s'étrangler en un hurlement suraigu, fou, à vous glacer les sangs. On dirait le long gémissement d'une bête piégée. « AAA-aaaa-aaaaah ! lance-t-il, AAA-aaaa-aaaaaaaah ! » Mais tiens : que se passe-t-il ? Des bruits de pas ?

Ils viennent le chercher.

Dans l'instant il devient tout mou, ses membres s'alourdissent comme du mortier humide, sa colonne vertébrale s'affaisse, ses paupières pendent ; ses pieds, brusquement plats, se tournent en dehors. Un calme apaisant s'insinue en lui, l'enveloppe comme de tièdes mitaines. Maintenant que l'instant suprême est vraiment arrivé, il se sent aussi serein que n'importe qui, boucher ou cireur de chaussures, s'éveillant aux bonnes odeurs qui font Noël : l'oie, le pudding aux figues... Faudrait voir à bien mourir, Mr Ned Rise, se dit-il.

Flanqué de deux hommes armés de mousquets, le guichetier se présente à la porte de la cellule. Ned rejette les épaules en arrière et s'avance avec toute la dignité d'un prince se rendant à son couronnement. Hormis la pâleur naissante qui lui monte aux joues, il a l'air frais et dispos et semblerait pour un peu déborder de santé : Fanny n'a pas ménagé ses efforts pour qu'il ne manque de rien. Cheveux noués en arrière à l'aide d'un galon d'argent, veste de velours bleu, bas de soie blancs et souliers à boucles, il a fière allure. Du calme, se dit-il – surtout ne pas s'effondrer. Mais tout aussitôt, voilà qu'une autre voix se met à lui parler dans la tête. « Mais je vais mourir, moi, mourir ! » lui répète-t-elle comme une litanie. « Mourir, mourir, mourir ! » lui lance en écho le sang qui lui bat dans les tempes.

Sous les murs de la prison, une foule clairsemée s'est rassemblée pour assister à l'exécution. Des vautours et des dégénérés, pour la plupart, plus quelques ramasseurs de macchabées travaillant pour les dissecteurs de la place. La fine fleur de l'Angleterre est représentée par un petit contingent de spectateurs, en tête desquels on trouve Sir Joseph Banks et la comtesse Binbotta. Ils contemplent la scène assis dans des voitures rangées tout au long de la rue, ou bien se tiennent discrètement au dernier rang des badauds. Ce qui les a convaincus d'abandonner un instant leurs grandes cheminées et leurs coupes à porter des toasts, c'est la noire logique de la loi du talion. À supposer même que l'un d'entre eux trouve quelque peu incongru d'assister à une exécution capitale le jour de Noël, rien ne permettrait de le découvrir : ils ont tous le visage sévère et fermé.

La neige s'est mise à tomber fort : deux pouces d'une fine poudre blanche gomment les aspérités du sol boueux, et adoucissent le contour anguleux des potences. Les nœuds coulants sont vides et couverts de glace. On dirait du sucre sur un gâteau. Des valets de pied en livrée se dépêchent de jeter des couvertures sur les chevaux de leurs maîtres, les spectatrices tirent sur leurs manchons et resserrent leurs châles sur leurs poitrines avant de s'approcher pour mieux voir. Épais comme de la glu, les gros flocons humides continuent de tomber du ciel en tournoyant.

Debout dans la salle d'entrée, les coudes ligotés, les genoux flageolants, Ned attend que la cérémonie commence. À ses côtés, en haillons, se tiennent les deux voleurs condamnés à être pendus en sa compagnie. Avec ses cheveux coupés court et son nez cassé, le premier a l'air d'une brute. Des larmes lui coulent sur les joues et l'on dirait qu'il marmonne des suppliques. Il serre un livre de prières d'une main moite et semble s'y raccrocher comme à une bouée de sauvetage. L'autre malheureux – Ned s'en rend compte avec ce que l'on peut encore éprouver de surprise lorsqu'on va se faire pendre dans un instant – est un nain. Il a trois pieds de haut, une tignasse rousse qui lui embrase les joues et le sommet du crâne comme un feu de broussailles. Sans crier gare, il pivote brusquement sur les talons et flanque un grand coup de pied dans les mollets de son compagnon.

– Arrête de pleurnicher tes Ave Maria, 'spèce de trouduc ! s'écrie-t-il. Meurs comme un homme !

– Fous-moi la paix, l'rouquin, lui renvoie le costaud d'un ton suppliant. C'est toi qui m'as poussé au crime. Tu crois que t'as pas assez fait de dégâts comme ça ?

Le nain tourne la tête d'un air dégoûté et crache sur le pavé glacial.

– Alors comme ça, c'est mézigue qui t'aurait poussé au crime ? Ça alors ! Et qui c'est qu'a voulu la faire à Lord Lovat quand il est sorti d'la maison d'jeu, hein ? Et pis dis : qui c'est qu'a eu l'idée idiote d'aller arracher le papier à tapisser en feuilles d'or dans la voiture au duc de Bedford, hein ?...

« Ben quoi, tête de lard ? T'as perdu ta langue ? gronde encore le nain avant de lui décocher un deuxième coup de pied dans les jambes.

– 'Spèce d'avorton ! P'tit tordu ! explose la brute en laissant tomber son livre de prières pour tirer à deux mains les cheveux du nabot. J'm'en vas te l'montrer, moi, qui c'est qu'a corrompu l'aut' !

Quoique ses liens l'empêchent de beaucoup bouger les bras, il réussit à lui arracher deux touffes de poils d'un bel orange vif, une de chaque côté du crâne.

– Fumier ! rugit-il en secouant le petit homme comme un sac de plumes tandis que le nain essaie de l'agripper à l'entrejambe.

Mais voilà que les portes s'ouvrent dans un grincement d'apocalypse. De nouveau sans force, les deux combattants retrouvent toute leur gaucherie lorsque, sorti d'un escalier de derrière, l'aumônier prend la tête de la procession solennelle et la conduit dans la lumière froide et bleutée de la rue. Chassée par le vent, la neige dure et piquante frappe Ned au visage. Il ne tente même pas de tourner la tête ou de plisser les paupières pour s'en protéger ; tous ces petits aiguillons qui forcent son corps à se raidir sont par trop merveilleux, il veut tous les sentir. Dans quelques minutes, plaisir et douleur, goûts et odeurs, douceur des lèvres de Fanny sur les siennes, faim, amertume, froid, toutes ces sensations connaîtront une fin absolue. Derrière, les deux voleurs se sont tus. Terrifiés par l'approche ténébreuse de la mort, ils pensent leurs pensées. Dès qu'ils ont ouvert la bouche, tout à l'heure, Ned a compris que c'étaient eux qui les avaient détroussés, Boyles et lui, à la Foire de Bartholomew. Mais le fait qu'ils vont maintenant subir la peine qu'ils méritent depuis toujours lui semble une piètre consolation.

L'apparition des trois gibets dans la bourrasque le glace d'horreur : « Sauvez-moi ! murmure-t-il comme en une prière, sauvez-moi ! Je n'ai pas encore vécu. Redonnez-moi une chance, rien qu'une. » Mais déjà ses yeux découvrent l'immense forme encapuchonnée et silencieuse qui se tient au pied des potences ; il comprend qu'il ne sert à rien de prier. Le bourreau l'empoigne avec la force d'un étau et l'aide à grimper sur la caisse, au milieu de l'estrade. Un escabeau supplémentaire a été dressé pour le nain – lequel se met à jurer lorsque, l'ayant pris sous les aisselles, le bourreau l'y dépose comme un pantin. Le gros costaud gémit tel un chiot. À peine a-t-il ainsi montré sa faiblesse que la racaille s'excite et le couvre de sarcasmes et d'insultes. Il faut le pousser en avant pour qu'enfin il consente à monter sur sa caisse. Lorsque le bourreau lui passe la corde autour du cou, il se met à hurler comme si on l'ébouillantait. Les spectateurs semblent beaucoup s'en divertir. Une sorte de ricanement nerveux parcourt bientôt leurs rangs.

– Ô vous, pauvres pécheurs, lance l'aumônier, baissez la tête et demandez pardon à Notre Seigneur Jésus-Christ. Bientôt vous allez affronter le tribunal du Jugement dernier et par-devant le Créateur devrez rendre compte de tous vos actes ici-bas, et encore endurer le châtiment éternel pour tous les crimes que vous avez commis contre Lui, à moins que par votre repentir sincère et sans détours vous n'obteniez Sa grâce et qu'alors...

Ned n'y comprend rien. Les paroles du prêtre ne sont pour lui que bruits insignifiants jetés au hasard, qui lui rallongent sa vie de quelques précieuses secondes ; il ne les entend même plus. Ni non plus ne distingue clairement la foule qui s'est massée devant lui. Ses yeux n'y remarquent ni Banks, ni Mendoza, ni Smirke, ni Billy Boyles, ni le valet de pied de Brooks, ni même cette vieille mégère qui n'a cessé de le poursuivre et de le hanter depuis que, nu sur la paille froide, il a respiré pour la première fois l'air de cette terre. Par-dessus son épaule, il regarde ses traces de pas, dernières marques visibles de l'existence qu'il a bien voulu mener, et que déjà la neige fraîche commence à recouvrir.

– ... Par les vertus, la mort et la passion de Jésus-Christ...

Ned ferme les yeux, essaie de se maîtriser. Il pense à Fanny, à Barrenboyne, à sa clarinette. Musique, couleurs, mouvements. Il court, il a rompu ses liens, il bondit sur un cheval, il dévale la rue ; dans ses cheveux, le vent...

– ... Que la miséricorde du Seigneur soit sur vous, que la miséricorde du Seigneur soit sur vous tous...

... Mais où est-il ? Ils ont abattu son cheval, leurs mains se resserrent autour de son cou, mais voilà que Boyles... que Boyles, oui, Boyles... tire dans la foule et que Ned se redresse, que ses jambes se débattent, qu'elles l'emportent loin des murs lugubres de la prison de Newgate, loin des ombres sinistres que dessinent les trois potences...

Mais non : Ned n'est pas du tout en train de courir. Il se balance au bout d'une corde. Il s'étouffe dans le vomi qui lui monte à la gorge, qui s'y étrangle et retombe pour mieux lui comprimer la poitrine. Au-dessous de lui, d'un air navré, Boyles s'accroche futilement à ses jambes et pleure comme un bébé. Là-bas, à sa gauche, quelque part, le nain s'est mis à hurler :

– Au cul la Vierge Marie ! Au cul !

Et puis tout est calme, tout est ténèbres.

WATER MUSIC

Noël 1797.

L'année s'éloigne avec ses victoires et ses défaites, ses offensives audacieuses et ses retraites opportunes : Napoléon a rossé les Autrichiens et annexé la plus grande partie de l'Italie ; de son côté Walter Scott jetait l'éponge devant Williamina Belches, déclarait forfait... et convolait par ricochet avec Margaret Charpentier. Dans le Hampshire, déçue par le refus qu'on lui a opposé pour la publication de ses *Premières Impressions* (titre à changer ?), Jane Austen a concocté un conte gothique intitulé *L'Abbaye de Northanger* et entamé un petit roman didactique, *Éléonore et Marianne*. Horatio Nelson a été fait chevalier et promu au rang d'amiral pour la part qu'il a prise à l'anéantissement de la flotte espagnole lors de la bataille navale du cap Saint-Vincent et, déjà en train de fléchir sous le fardeau, le sémillant John Wilkes sera mort dans moins de vingt-quatre heures. Les Hollandais ont échoué à faire débarquer une armée française en Irlande, mais cela n'a pas empêché les Irlandais de se lancer dans l'insurrection. Pitt déploie des efforts désespérés pour consolider les liens qui unissent l'Angleterre et l'Irlande mais n'arrive jamais qu'à exciter la colère de son monarque dès qu'il est question d'émanciper les catholiques. Au milieu de tout cela, Coleridge et Wordsworth sont très calmement en train de préparer un livre qui va casser les reins du néo-classicisme tout aussi proprement et irrémédiablement que le gourmand brise en deux son gressin.

Ce soir-là pourtant, en dépit de tous les remous de l'époque, le *beau monde** s'est rassemblé à Covent Garden afin d'assister à un concert où l'on jouera des extraits du *Messie* de Haendel. Dehors, les pavés, les caniveaux et les branches des arbres disparaissent sous une épaisse couche de neige. À l'intérieur, tous les aristos de Londres se dorent à la lumière qu'irradient leurs propres visages. Le roi George est bien sûr de la partie. Ses filles et son épouse, la reine Charlotte, l'accompagnent. Cela fait déjà quelque temps que le monarque n'a pas bonne mine et ses ministres ont peur qu'il ne retombe dans la crise de folie qui l'a mis hors d'état de régner en 1788 : elle avait été si violente que, la question de la succession venant sur le tapis, le souverain avait bien failli étrangler le prince de Galles. Dans une autre loge, ce même prince de Galles s'entretient avec Charles Fox, l'un des plus grands adversaires de son père, et avec le jeune arbitre des élégances d'alors, Beau Brummell en personne. Derrière eux, la salle est comble. Il y a là Fanny Burney, le duc d'York, Peg Woffington et Lord Hobart. L'abolitionniste Wilbeforce a pris place au dernier rang, à côté de l'évêque de Llandaff, membre *in absentia* de l'Association africaine. Aussi onctueuse et suffisante qu'un requin repu, la comtesse Binbotta, posant pour la galerie, remercie William Pitt et le lord-maire du fond du cœur, vraiment. Par toute la salle, ce ne sont que froissements de soie, cliquetis d'épées d'apparat, bavardages étouffés, reniflements et toussotements retenus. L'air est embaumé d'effluves d'eau de Cologne et de lilas.

Assis à droite de Sir Joseph Banks, Mungo se sent un peu étourdi. Dès l'instant où il a pris son beau-frère par la main dans le calme pré-auroral des jardins du British Museum, il a été comme aspiré dans un maelström d'activités de toute sorte – réjouissances plus endiablées les unes que les autres, félicitations, visages rougeauds et verres levés. Oie rôtie chez Dickson et Effie, punch, pudding à la Yorkshire et gâteau au rhum chez Sir Reginald Durfeys, arbre de Noël plein de bougies, bribes de chansons oubliées, trois tranches de pâté arrosées de cognac chez Sir Joseph, débauche d'invitations, de carrosses, de rues enneigées, de grandes claques dans le dos et de mains tendues, et, pour finir, ça. Il est ravi et bouleversé, il se sent pris en charge et il a mal à l'estomac, il n'a plus de forces et il est sur les nerfs. Dès que la nouvelle de son arrivée s'est répandue dans la capitale, les membres de l'Association africaine se sont empressés d'accourir vers lui et, aussi enthousiastes que des gamins à un match de rugby, l'ont accablé de regards curieux et lui ont posé mille et une questions. Les nègres se taillent-ils leurs biftecks à même la bête sur pied ? Leurs villes sont-elles en or ou en excréments ? Quelle est la largeur du Niger ? Le fleuve est-il, commercialement parlant, navigable ? Les hippogriffes posent-ils un gros problème ?

C'est cela même qu'il voulait, c'est de cela qu'il ne cessait de rêver. Il fait les conversations de la capitale, il est la coqueluche de Londres, son point de mire dans une galaxie qui ne compterait que des étoiles polaires. Cela ne l'empêche pas d'être fatigué, rompu de part en part. Banks l'ayant pris par le coude pour lui présenter une énième célébrité, c'est à peine s'il arrive à tenir la tête droite.

– Ah, Mungo ! Connaissez-vous le duc de Portland ? (ton de voix languissamment aristocratique et mielleux). Monsieur le duc... voici donc le jeune homme dont je vous parlais... est allé jusqu'au Niger... en revient ce matin même... vers l'est, monsieur le duc ! Coule vers l'est !

Dieu merci, les lumières s'éteignent enfin. Le chef d'orchestre monte au pupitre et la salle commence à résonner des premiers accords de la « Sinfonia ». L'effet qu'ils produisent sur l'explorateur est immédiat. Le chant des violons et les accents de l'orgue et de la trompette le calment dans l'instant, le replongent au cœur même d'une civilisation aussi douce qu'éclairée ; la musique lui parle rigueur et maîtrise, Lumières – Saint-Paul et Pall Mall –, évoque la très rassurante loi des causes et des effets, enchaîne thèmes et développements. Enfin, enfin ! Il est de retour. Ici, les formes sont observées, ici, l'amour que l'on voue à la culture est un véritable art de vivre, ici, c'est la société tout entière qui produit des Shakespeare, des Wren, des Milton et des Cook. Salut à toi, ô Britannia, oui, de tout cœur !

Il relève la tête. Là-bas, la basse fulmine contre « Ceux qui marchaient dans les ténèbres ». Il songe à Ali, à Éboé, à Mansong, à l'Afrique, ce monde chaotique et barbare. Mais voici que telle la foudre, le chœur intervient et repousse les ténèbres d'une même voix profonde et joyeuse : « Car il nous est né un petit enfant ! » L'explorateur se dit qu'il n'a jamais rien entendu d'aussi beau. Puis c'est au tour de la soprano de s'élancer. Sa voix angélique s'élève dans les airs et, le tableau se découvrant entièrement, Mungo se laisse raconter la vénérable histoire des bergers qui apprirent un jour la bonne nouvelle dans leurs champs ; l'humanité serait sauvée. Lorsque la contralto s'avance pour entamer son récitatif, « Alors, les yeux des aveugles s'ouvriront », Mungo ne peut s'empêcher de songer à Ailie.

Ses cheveux noirs ramenés en chignon, la frêle soliste a un physique de petit garçon. Mungo ferme les yeux et devant lui apparaissent des enfants, une maison en pierre, Ailie sur le pas de la porte... et une horrible cacophonie le ramène soudain à la réalité. Au premier rang, quelqu'un fait du tapage, quelqu'un... quelqu'un hurle à la contralto de se taire !

C'est le roi ! Il s'est mis debout et, comme un poivrot dans une taverne, demande qu'on lui joue autre chose. Le public est stupéfait ; courageuse, la petite soliste un instant troublée poursuit son air en essayant de couvrir les cris aigus et insistants du roi. Mais que réclame donc sa Royale Majesté ? Ah, oui !... cet air ancien qui faisait les délices de son arrière-grand-père... Mais la reine s'est mise debout à son tour et tire son époux par la manche, tandis que Pitt se rue dans les travées et que, devant un orchestre effaré, une face rougeaude surmontée d'une perruque argentée ne cesse de glapir :

– *Water Music ! Water Music ! Water Music !*

DEUXIÈME PARTIE

LA YARROW

La Yarrow n'est rien qu'une rivière :
Au pied des sombres monts, elle se laisse glisser.
Comme elle, il en est des milliers
Dont mêmement l'on peut s'émerveiller.

WILLIAM WORDSWORTH
La Yarrow inconnue

LAZARE

Sombrement il marmonne en se traînant au milieu des congères qui se sont amassées sur les marches de l'hôpital Saint-Bartholomew : non, le Dr D.W. Delp n'est pas d'humeur à faire face à un miracle. De fait, en verrait-il un s'asseoir en face de lui et là, devant la bière et les petits pains qu'il est en train de déguster, lui asséner une gifle en pleine figure qu'il le ferait disparaître sous ses hurlements. Après quoi, il le renverrait dans ses foyers et, à condition de se sentir suffisamment insulté, se mettrait fort probablement à disserter en latin pour lui prouver que c'est son existence même qui est cliniquement impossible. Aussi bien le docteur est-il, ce matin, en proie à un cafard monstrueux, atteint au plus profond par ce qu'il tient pour un échec du gouvernement. Ou plutôt non : l'échec d'une justice supposée lui fournir son fondement, mais dont l'incohérence, l'imprévisibilité défient le bon sens. Non mais ! pendre un condamné le jour de Noël ! Quel scandale ! Quelle barbarie ! Pis : quel manque d'égards ! La colère le prenant, il donne un grand coup dans la rambarde en fer, la manque, met le pied gauche sur une plaque de verglas qui vire au gris sale et s'étale sur les marches en jurant.

– Et où est-il passé, ce bon sang de bon Dieu de portier ? s'écrie-t-il en se précipitant sur la porte d'entrée.

Les infirmières en perdent pratiquement leurs coiffes d'indignation.

– Alors, on le paie cinq shillings la semaine pour dégager la neige ou pour quoi faire ? tonne-t-il. Et où est-ce qu'il est fourré ? En train de se chauffer ses fesses de tire-au-flanc à un bon feu, je parie ! Ou en train de se siroter une petite bière !

Penaud, le portier risque un œil par la porte du placard à balais ; un instant interdits par l'éclat du docteur, les malades se font tout petits sous leurs bonnets de nuit, leurs attelles et leurs bandages jaunissants. Delp, toujours serré dans son manteau, le cou dans son écharpe et sa toque de castor sur la tête, continue un moment à faire sous sa moustache le cheval qui s'ébroue, jusqu'à ce qu'un vieillard, à la jambe ratatinée et rendu presque aveugle par une double cataracte, l'appelle enfin d'une voix faible :

– C'est mes poumons, docteur... ils sont tellement bouchés que je sais plus si j'suis vivant ou mort.

Il n'en faut pas plus : le charme est rompu, le grand voile noir se soulève. Tels des suppliants devant l'oracle, les malades se pressent autour de lui et lui tendent leurs mains pleines d'arthrite et leurs jambes rongées par la goutte en bêlant *Docteur, docteur, docteur !...*

Mais Delp n'a ni l'envie ni le temps de s'occuper d'eux. À coups d'épaule, il se fraie un passage au milieu de cette foule qui l'enserre et, ses longues jambes ruant d'impatience, enfile le couloir qui conduit à son laboratoire. Car non, ce ne sont ni les entorses, ni les rhumatismes, ni les goitres qui l'ont sorti du lit ce matin-là. Des plaies qui suppurent, des fractures multiples, il en voit tous les jours : rien d'assez intéressant là-dedans pour le faire renoncer à son excursion à Bath. D'autant qu'elle a été prévue de longue date pour le lendemain de Noël, de façon à coïncider avec les vacances de son fils, étudiant à Oxford, et avec la venue de sa fille, débarquée tout droit du pensionnat de Miss Creamer, au milieu d'une montagne de malles et de cartons. Non, une seule raison pouvait ramener Delp à l'hôpital un jour comme aujourd'hui : la curiosité scientifique, le désir dévorant d'apprendre, l'occasion de faire reculer les frontières de notre ignorance devant les mystères du corps, l'occasion de procéder à une leçon d'anatomie sur deux cadavres fournis la veille par le bourreau.

Le docteur marque une pause devant le buste de Vésale et pousse un long soupir de résignation. Les colonnes et les corniches de Bath, les visages déçus de ses enfants, tout recule déjà dans le fin fond de sa conscience, chassé par son obsession du moment, qui grandit comme un coche au sortir du brouillard. Il faut faire avec ce qu'il y a quand il y en a et il le sait. Noël, anniversaire de mariage ou première journée ensoleillée de printemps, tout redevient jour ouvrable dès lors que Quiddle vous tombe dessus pour vous dire qu'il a un macchabée au frais. Il n'y a pas trente-six solutions. Cela fait trois ans qu'il y a une grosse pénurie de cadavres, et sitôt qu'un ou deux exemplaires à peu près propres, à peu près entiers, font leur apparition sur le marché, on se les arrache. Il faut dire que tout le monde est sur les rangs : le Collège royal de médecine, l'Université d'Oxford, les hôpitaux Saint-Thomas, Saint-George, ceux de Guy, de Westminster, du Middlesex. À peine la terre s'est-elle tassée un peu, et encore ! que, dans la moitié des cimetières de Londres, quelqu'un se met à exhumer le cher disparu pour en revendre les restes tout chauds au plus offrant. Mais que faire d'autre lorsqu'on est homme de science ? Il n'y a qu'à voir Philpott au Collège royal ! Il s'est retrouvé tellement à court de marchandise qu'il en est arrivé à disséquer celui de son propre fils ! Son propre fils de trois ans qui venait de mourir de la coqueluche ! Oui, devant un parterre d'étudiants qui ne se doutaient de rien !

– Decius !

Quiddle attend à la porte de l'amphithéâtre.

– Alors, comment ça va ce matin ? Passé de bonnes vacances ?

Delp regarde son assistant d'un œil de poisson mort.

– De quoi ont-ils l'air ?

– Le premier, c'est une beauté, tout étendu comme un ange mort... mais l'autre...

– Quoi, l'autre ?

– L'autre, c'est un nain.

– Un nain ? Enfer et damnation ! J'espère qu'il n'a pas coûté trop cher.

– Trente-cinq livres pour le bon et vingt pour le nain. Il y en avait un troisième, mais un rabatteur de l'hôpital de Middlesex m'a eu au poteau. C'est bien dommage : un vrai champion, celui-là, un géant ! Du genre six pieds deux pouces au bas mot.

Fort affairé à déboutonner son manteau et à ôter son cache-col, Delp lui jette un coup d'œil par en dessous.

– Quoi ? C'est ce fils de pute de Crump qui les vend à l'hôpital du Middlesex maintenant ?... Après tout ce qu'on l'a engraissé !

– C'est au plus offrant, non ? C'est bien ce qu'il m'a dit.

Irrité, le docteur se dégage brusquement de son manteau, arrache son cache-col, cherche une allumette et, de dégoût, finit par jeter toute la boîte par terre. Le couloir est envahi d'ombres, c'est le petit matin, il n'y a pas assez de lumière, un vent glacé fredonne le long des murs.

– Bah ! Allons voir à quoi ils ressemblent.

~

Dans son galetas de Paternoster Row, Dirk Crump se réchauffe les mains au-dessus de la braise et se met à compter les pièces empilées sur la table devant lui : presque cent livres ! Pas mal pour une seule journée de boulot. Joli coup, de pousser la vieille taupe à réclamer le cadavre de l'assassin. Z'en connaissez beaucoup, vous, des bourreaux qui feraient la sourde oreille devant la vieille maman de l'infortuné pendu ? Le nain, évidemment, ç'a été la foire d'empoigne : où aller se dégoter un vieux nain tout chenu pour jouer le rôle du père éploré, hein ? Mais le gros, alors là, du gâteau ! Y a juste eu à refiler cinq shillings au Grand Bob, l'assistant de l'apothicaire, et à l'obliger à répéter son baratin une bonne vingtaine de fois : « Je suis le frère à Will. J'arrive de Southwark où c'est qu'y m'ont demandé de l'ramener à la maison dans la charrette. »

Bob a eu le trou, mais comme personne n'y prêtait attention... Quant à la vieille, elle a été parfaite. Complètement folle de chagrin. Peut-être même qu'elle accepterait un plein-temps, faudra voir. Il y avait bien là deux ou trois amis, parents ou autres, pour supplier le bourreau de leur donner le corps, mais elle les a tous écartés à grands coups de coude et s'est mise à gémir et à larmoyer comme la Sainte Mère du Christ venue descendre son fils de la croix. Le seul problème, c'est quand elle l'a mis dans sa charrette et qu'elle a refusé de le rendre au coin de la rue. Il en tremble encore : l'œil qu'elle avait, perchée sur la carriole, toute en haillons noirs ! Une vraie goule ! Un vrai zombie ! « Hiiiiiiii-iiiii-iiiii ! qu'elle hurlait, je crois ben qu'il dort pour de bon ce coup-ci ! Cinq livres et il est à toi ! »

Elle le tenait, et bien : elle savait qu'il pourrait en tirer trente livres comme un rien. Il lui avait compté ses pièces, les avait déposées dans sa main tordue, avait jeté le cadavre dans sa charrette avec les deux autres et avait enfilé Paternoster Row en trombe. Après quoi il s'était assis dans un fauteuil au coin du feu et avait attendu l'arrivée de Quiddle, de Babbo et des autres : il ferait monter les prix. « Et combien que tu m'en donnes ? avait-il demandé à Quiddle en ricanant. Hein, dis, combien ? »

~

L'amphithéâtre de dissection est petit. Il y fait chaud. Les deux étudiants de Leyde sont là, penchés sur leurs carnets de croquis et leurs notes. Derrière eux, Delp reconnaît Freischütz, le jeune Allemand sérieux au long nez et à la tignasse fatiguée. Le Dr Abernathy est présent lui aussi, bien sûr. Toujours aussi curieux des mystères de l'organisme, il a pris place au premier rang. Au fond de la salle : quatre inconnus, dont une dame. C'est Quiddle qui a arrangé l'affaire. Des gens de la haute qui s'intéressent aux sciences et ont les poches bourrées de guinées ; venus pour *le frisson* *.

Delp fait une courte révérence à son public avant d'enfiler les gants en peau de veau qu'il a pour habitude de passer chaque fois qu'il lui faut farfouiller dans les chairs. Puis il s'éclaircit la voix et regarde fixement les bas du Dr Abernathy.

– Aujourd'hui, dit-il, nous commencerons par examiner les principaux vaisseaux sanguins de la jambe... Quiddle !

En blouse et cravate blanches, celui-ci s'avance vivement jusqu'au milieu de la salle où les deux cadavres, un grand et un petit, reposent côte à côte sur une énorme table recouverte d'ardoise. Avec un bref moulinet de la main, il découvre le plus petit. Un murmure s'élève au dernier rang, que suit aussitôt un hoquet de dame. Le docteur se tourne vers le cadavre et, lancette à la main, fronce le sourcil. Raide comme une serre, l'une des mains du nain est gelée au poignet. Son corps n'est pas plus grand que celui d'un enfant. La douleur et la colère lui ont tordu le visage jusqu'à n'en plus faire qu'un seul et même cri d'accusation. Il a les yeux qui louchent et les lèvres tirées en arrière sur des dents qui semblent ricaner de désespoir. Absurde et monstrueux.

– Non, non, murmure Delp, commençons par l'autre.

En factotum efficace et obéissant qu'il est, Quiddle recouvre le nain jusqu'aux oreilles, tandis que le public laisse entendre un soupir de soulagement. Lorsqu'il se penche en avant pour découvrir le deuxième cadavre, l'appréhension est presque palpable : la dame en a les doigts qui s'envolent vers la bouche, prêts à réprimer un cri ; les étudiants de Leyde, eux, sont brusquement frappés par la beauté du plafond, et le jeune Freischütz suce sa plume jusqu'à en avoir les lèvres noires. Mais non, il s'avère qu'il n'y avait aucune raison de s'alarmer : bras le long du corps, visage clair et sans émotion, serviette blanche autour des reins, le cadavre est parfaitement calme. N'étaient les brûlures de la corde et les vaisseaux sanguins qui, en se rompant autour de son cou, lui ont marqué le haut de la gorge, jamais l'on ne devinerait que le bonhomme a souffert le martyre avant de mourir prématurément. On pourrait croire qu'il dort, qu'il joue la comédie ou qu'il pose pour un diorama sur le thème d'Adonis encorné par son sanglier. Un grand silence s'abat sur la salle ; tous les yeux se fixent sur la forme molle et pâle étendue sur la table.

La voix sèche et coupante du Dr Delp est presque une intrusion.

– Comme je vous le disais donc, aujourd'hui, nous allons commencer par étudier les vaisseaux sanguins de la jambe… Quiddle, s'il vous plaît !

L'assistant ouvre le bas de la jambe du cadavre d'un coup de scalpel fort adroit. Il est sur le point d'y dénuder l'artère tibiale antérieure lorsque, chose étrange et qui ne laisse pas de surprendre, on peut voir, avec la force d'un geyser, jaillir du sang de l'incision qu'il vient de pratiquer et dans l'instant lui éclabousser la poitrine, la figure et les mains, faisant de sa blouse une palette rougie.

– L'artère tibiale antérieure, entonne Delp, le dos tourné à la table, se sépare de la postérieure au niveau du genou, cette même tibiale antérieure rejoignant alors la péronière...

Sentant que quelque chose ne va pas, il s'arrête au milieu de sa phrase. Abernathy s'est levé et semble sans voix, les étudiants de Leyde ont laissé bruyamment tomber leurs carnets, au fond de la salle, les gens de la haute sont pâles comme la mort... et voilà que, tout soudain, aussi glaçant qu'un appel d'outre-tombe, un gémissement à peine humain, un gémissement qui terrorise Delp et le cloue sur place, s'élève dans son dos.

– Doc... doc... docteur... bafouille Quiddle.

Delp se retourne et découvre une mare de sang. Son assistant est blanc comme un linge et, pis encore, là-bas, sur la table, le cadavre s'est mis à cligner des paupières et à serrer convulsivement les poings. Le docteur, bouche bée, en laisse tomber sa lancette et, sans plus raisonner qu'un animal traqué, il cède à son instinct : il commence par reculer en vacillant, puis fait brusquement volte-face et se rue vers la porte.

– Arrêtez ! arrêtez ! arrêtez ! s'écrie Abernathy en sautant par-dessus la barrière et en atterrissant sur l'estrade ainsi qu'un vieux zanni. Il n'est pas mort ! Il est vivant, ce type ! Faut arrêter l'hémorragie, mon vieux !

Quiddle est le premier à retrouver son calme. Allons ! Comme si les cadavres, ça revenait à la vie d'un seul coup ! se dit-il. Les vampires, les zombies, les goules, oui, peut-être... mais quoi ? Ce qu'il a sous les yeux n'est jamais qu'un blessé qui pisse le sang et risque d'en mourir. Réfléchir, s'étonner, succomber à la terreur? – il n'est plus temps. Déjà ses doigts s'affairent autour de la plaie pour en pincer les vaisseaux sectionnés. Abernathy et Delp l'ont maintenant rejoint et, tremblants sous l'urgence, hurlent qu'on leur apporte de quoi ligaturer et cautériser les artères du moribond.

Dans la salle, on a plus de mal à maîtriser son effroi. Freischütz s'est évanoui pour de bon, les étudiants de Leyde se sont réfugiés sous les gradins et, aussi affolés et hésitants que des chevaux pris dans l'incendie d'une grange, ces messieurs de la haute gesticulent dans tous les sens. À côté d'eux, l'œil vitreux de surprise et d'incompréhension, la belle dame reste vissée à son siège. Mais voici que sur son visage vient progressivement s'inscrire une autre expression, faite de joie et de certitude tout ensemble. Sans un mot, elle tombe lentement à genoux et, le regard empreint de vénération, joint les mains pour prier.

– Béni soit le Seigneur, murmure-t-elle, c'est un miracle.

En bas des gradins, dans l'agitation qui entoure la table au plateau d'ardoise, on peut voir voleter des mains qui manipulent des instruments, on entend tomber dans un souffle des ordres secs et précis. Ned Rise relève la tête et, en ce jour qui consacre sa résurrection, rouvre les yeux sur les lueurs et les couleurs de la vie.

LES LOTOPHAGES

– On te croyait mort...

– Mais oui, mon vieux, navré de te dire ça, mais on le croyait vraiment.

– Parce qu'enfin quoi ? Pas le moindre signe de vie pendant deux ans… et puis, tout d'un coup, Laidley qui nous dit que tu es prisonnier des Maures… Mais dis-moi, ceci entre nous… c'est vrai qu'ils prennent leurs bonnes femmes par-derrière ?

Encore une réception, encore une tournée, encore des visages inconnus. Pour autant qu'il le sache, c'est la vingtième petite fête qu'on donne en son honneur depuis qu'il est rentré, il y a un mois de cela… à moins que ce ne soit la vingt et unième ? Tuant, ce rythme. Mais excitant aussi. Il ne cesse d'aller de causerie en causerie, de passer d'un salon à un autre. Un soir, il fait la connaissance d'une duchesse, et dès le lendemain celle d'un comte. Mungo Park, le fils de métayer, s'accointer avec les puissants de ce monde – alors qu'il n'a même pas vingt-sept ans ! À vous monter à la tête, oui.

12, SAINT JAMES PLACE
La baronne von Kalibzo
vous prie d'honorer de votre présence
la réception qu'elle donnera,
le 28 janvier 1798, à partir de vingt et une heures,
pour célébrer le retour de Mr Mungo Park,
phare de la Géographie et découvreur du Niger.

Sir Joseph, qui n'aime guère ce genre de mondanités, l'a mis en garde contre la baronne. Qu'elle soit la cousine germaine du roi et appartienne à la plus haute noblesse de son pays n'empêche pas que Londres lui prête une assez mauvaise réputation. S'il a certes refusé de lui reprocher plus que de « coupables excès », il n'en a pas moins conseillé à l'explorateur de décliner son invitation. Cela étant, lorsqu'il s'est avéré que Mungo y serait l'hôte d'honneur, Sir Joseph a reconnu que son jeune ami ferait mieux d'assister à la réception – quand ce ne serait qu'une heure ou deux.

Or donc il est là, et se vautre dans l'admiration de ses supérieurs en sirotant son quatrième verre de vin et en grignotant des crackers barbouillés de caviar russe. Son opinion est faite : il n'y a rien à redire à la vie. Il voit des serviteurs maures en perruque et dentelle de Cluny s'affairer dans tous les sens, il voit des murs couverts de Titien, de Bonifacio, de Fra Bartolomeo, et au milieu de statues de femmes aux seins nus, un petit orchestre de neuf musiciens s'appliquer à détendre l'atmosphère. Qui plus est, chaque fois qu'il ouvre la bouche, des gens en habits de soirée se pressent en foule autour de lui. C'est pas le paradis, ça ?

Mais voici que Sir Ralph Sotheby-Harp et deux mécènes de l'Association africaine l'acculent dans un coin de la pièce, derrière une grande fougère en pot. L'air surexcité et l'œil pétillant de curiosité scientifique aussi pure que désintéressée, ils le bombardent de questions sur les préférences sexuelles de diverses tribus. D'habitude fort réservé dans ce genre de situations, l'explorateur jabote sans plus pouvoir se dominer tant le vin lui a tourné la tête.

– Les Peuhls, c'est du moins ce qu'on m'en a dit, font souvent l'amour juchés sur leurs chameaux. Quant aux Sahraouis (il baisse la voix en attendant que le domestique maure ait fini de lui remplir son verre et, ses auditeurs s'étant penchés vers lui, reprend) quant aux Sahraouis donc, ils préfèrent souvent des brebis non encore pubères à leurs femmes...

– D'un ennui inticible !

C'est la baronne. Son énorme masse de cheveux bouclés et son corsage échancré jusqu'au point de non-retour viennent de surgir derrière lui.

– Ah non ! Rétuire un acte aussi fital et transcentant à la plus fulgaire lupricité, fous ne troufez pas, monsieur Park ?...

– C'est-à-dire que... que je... je...

– Allons, fenez ! lui répond-elle en lui donnant le bras. J'ai t'autres infités que fous aimeriez peut-être rencontrer. Fous nous excusez, messieurs... s'il fous plaît ?

~

Quelques heures plus tard, l'explorateur est déjà saoul comme une bourrique lorsqu'il entraîne la baronne dans une gigue si vigoureuse que cela confine au convulsif. Les autres danseurs ont dégagé la piste, et le violoniste s'épuise à jouer en bout de corde. Au-dessus du couple, les lustres tournoient et lancent des éclairs, les plantes, les statues, les tableaux et les visages étonnés des spectateurs se fondent en un seul et même tourbillon vertigineux, où la baronne apparaît et disparaît ainsi qu'une vision dans un rêve. Ses talons s'envolent, elle tourne comme un derviche. Ses cheveux se dénouent en vagues dans son dos, ses seins tremblent, ses jupons frissonnent. Pris d'une inspiration soudaine, l'explorateur tente une manière de *grand jeté* *, s'élance à travers la pièce comme une antilope et, après avoir sauté pardessus un secrétaire, se rapproche de sa partenaire en décrivant des spirales de plus en plus larges. Il est si bien dans sa peau qu'il pourrait en crier de joie, rugir comme un lion, se battre la poitrine et hurler ainsi qu'un ouragan. Malheureusement, il perd l'équilibre au dernier moment, fonce tête la première dans la baronne et la projette contre une petite table Pembroke qui se brise en mille morceaux. Écrasée sous lui, la dame reste un instant sans mouvement, étendue par terre de tout son long. Elle a quarante ans et se sent aussi jeune que si elle en avait vingt.

– Quel tanseur fous faites, monsieur Park ! souffle-t-elle enfin en pressant ses longues mains dans son dos.

Quelques secondes plus tard, les deux émules de Terpsichore se relèvent en souriant sous les regards inquiets des invités qui se sont regroupés autour d'eux pour évaluer les dégâts.

– Champagne ! lance la baronne. Et qu'on fasse donner l'orchestre !

Obéissants, les musiciens attaquent un autre air, et quelques couples en profitent pour rejoindre timidement la piste. Dans un coin, quelqu'un se met à raconter une bonne histoire, déjà s'enfle la rumeur des bavardages qui ont repris, bref, l'incident est oublié. La baronne remet de l'ordre dans son corsage, gonfle la poitrine et rajuste les plis de sa jupe tandis que l'explorateur, qui ne sait trop que dire, brosse furieusement sa redingote.

– *Mein Gott*, on s'est pien amusés, conclut-elle.

Et au bout d'un moment :

– Puis-che fous offrir une autre coupe de champagne, monsieur Park ?

– Oui... oui, bien sûr. Et je vous en prie, appelez-moi Mungo.

Pendant que les domestiques remplissent leurs verres, la baronne prend un air sournois et le regarde de ses grands yeux.

– Et... foyez-fous autre chose que fous pourriez fouloir de moi... Mungo ? lui demande-t-elle.

L'explorateur reste planté en l'endroit, et se laisse aller à un balancement de tout le corps, tandis qu'avec un sourire d'innocent il se perd dans la contemplation admirative du corsage.

– Cela fous intéresserait-il de foir le reste de ma maisson… le salon, la pipliothèque… ma champre ?

Il la regarde siroter son vin. Elle a le bout de la langue aussi doux qu'un bouton de rose humide et voluptueux.

– Mais euh, bafouille-t-il en faisant son possible pour paraître à l'aise, mais… euh, le baron… je ne crois pas avoir eu le plaisir de faire sa…

– Ach ! s'écrie-t-elle en le prenant par le bras. Je fous ai pas dit ? Le pauvre homme est mort il y a troissans !

DES HAUTS ET DES BAS

Un mois de bouleversements s'il en fut, un mois entier d'épreuves et de triomphes, de doutes qui se muent en certitudes, de crises qui se résolvent, et puis voilà que tout s'effondre… et que la joie qu'elle a sentie monter en elle en voyant ses espoirs se confirmer cède à nouveau la place à l'incompréhension et à une douleur sourde qui semble ne pas vouloir finir… Imaginez qu'on vous arrache une dent, mais toujours la même, vingt-quatre heures sur vingt-quatre, trente jours d'affilée…

La lettre de Mungo est arrivée à Selkirk le 29 décembre, quand Ailie n'était plus là pour la recevoir, mais se trouvait à Kelso, dans une maison en briques située aux abords de la ville. Assise au coin du feu, elle analysait ses émotions avec la précision qu'elle met à observer une hydre ou une paramécie à travers la lentille si finement taillée et polie de son microscope. La maison en briques appartient au Dr Dinwoodie. C'est la seule personne à qui elle puisse demander de l'aide. Son père, ses amis, Katlin… Zander même, dans cette affaire tout le monde est contre elle.

Âgé de soixante-trois ans, Dinwoodie est chauve et à moitié paralysé. Il a une passion, empailler des animaux. « Ça me dépasse, lui a-t-il dit en lui ouvrant la porte. Tu es complètement folle et en plus, tu es très vilaine mais, bien sûr, tu peux rester si tu veux. Bien sûr, bien sûr... Ça me fera plaisir d'avoir de la compagnie. »

Le soir de Noël, elle a fait parvenir un mot à son père par Dugald Struthers qui s'en allait passer les fêtes à Selkirk avec sa mère. « Mon cher père, lui a-t-elle écrit, ne t'inquiète pas pour moi. Je suis chez le Dr Dinwoodie et j'essaie d'y voir clair dans ma tête. Je n'ai pas eu la force d'aller jusqu'au bout, c'est tout. Je voudrais tant que tu me comprennes ! »

Le lendemain matin, à 6 heures, son père cognait à la porte. À grands coups de chaussure. Il tombait une pluie glacée, aussi grise que les eaux d'un étang mort. Des étourneaux s'agitaient dans les buissons. Le monde semblait avoir disparu sous une couche de verre.

– Dinwoodie ! avait tonné le vieillard. Tu m'ouvres ta porte, et tout de suite, nom de Dieu, sinon je te jure que je te la démolis d'un coup d'épaule !

Ailie se trouvait au premier étage, dans la chambre d'amis. Rongée par la culpabilité et l'incertitude, elle avait passé une nuit blanche à regarder fixement les poutres du plafond, à écouter la glace tambouriner sur le toit lorsque la neige s'était transformée en verglas. La mort dans l'âme, elle souffrait de l'absence de Mungo et de cette chose impardonnable qu'elle avait infligée à Georgie Gleg et à sa famille. Elle se disait qu'elle allait rentrer chez elle en courant et épouser Gleg dans l'instant – oui, même si elle ne l'aimait pas ; une seconde plus tard pourtant, elle comprenait plus clairement encore que c'était impossible. À l'aube, juste avant de sombrer dans le sommeil, elle avait été envahie d'une intuition et, dans un éclair, s'était aperçue qu'attendre Mungo plus longtemps n'était pas moins impossible. Mungo avait disparu. Elle ne le reverrait jamais.

Les cris de son père l'avaient réveillée en sursaut. Elle s'était assise dans son lit et l'avait écouté tempêter en bas.

– Où est-elle passée, cette Jézabel ? avait-il hurlé. Nom de Dieu, je m'en vas te la ramener à la maison par la peau du cou, et lui fesser son derrière qui respecte rien, oui, jusqu'à ce qu'il en saigne et, tiens... lui coller la cravache s'il le faut !

Puis, ç'avait été au tour de Dinwoodie de parler. Il l'avait fait d'une voix calme et apaisante. Il avait offert au visiteur une tasse de thé arrosé de cognac, avait longuement parlé psychologie : la disparition de Mungo n'avait pas été sans effet sur Ailie ; elle avait besoin de temps pour panser ses blessures...

– Allons, Jamie, je suis sûr que t'es pas homme à marier ta fille contre son gré !

– Contre son gré ? Mais c'est elle qui a donné sa parole ! Oui, Donald, elle a donné sa parole. Une Anderson ! Ça me fait mal au ventre rien que d'y penser. Et bien sûr, maintenant, elle a rompu ses vœux solennels. Ah ! tu devrais entendre comment ça jabote, là-bas...

Dinwoodie s'était lancé en grommelant dans des considérations sur la jeunesse d'aujourd'hui.

– La jeunesse d'aujourd'hui, mon cul ! lui avait renvoyé Anderson comme s'il rattrapait une balle de volée. Vingt-trois ans, qu'elle a, ma fille ! C'est une grande. Ça, je te prie de croire qu'elle ferait mieux de se marier ! Descends-la-moi de là-haut, la drôlesse !... Et tu me le fais avant que je puisse plus me dominer ou j'te jure que je te la rosse sous les yeux de mon plus vieil ami !

– Allons, Jamie, ressaisis-toi !

– Au diable tes « ressaisis-toi » ! L'heure est à présent venue d'agir !

Il y avait eu des bruits de lutte et de vaisselle qui se brise ; la voix de Dinwoodie se fit soudain plus forte, plus coléreuse aussi, quoique mitigée de résignation.

– Bon, bon, t'emballe pas comme un fou... Je m'en vais te la chercher.

Elle avait entendu les marches de l'escalier grincer sous les pas du vieux docteur.

Dix minutes plus tard, elle se tenait debout devant le feu qui brûlait dans l'âtre du salon. En soufflant avec force grimaces sur le thé bouillant que Dinwoodie lui avait préparé, elle avait supporté les tirades de son père sans broncher. Sur la cheminée trônait l'une des plus belles compositions du vieil empailleur : un blaireau et deux hermines dressés sur leurs pattes de derrière. Revêtus d'un kilt et coiffés d'un *Tam o' Shanter*[1], ils jouaient du fifre et de la viole. Ailie avait cessé de regarder son père qui fulminait et crachait par toute la pièce pour contempler le sourire pincé du blaireau. Le vieillard avait certes de beaux poumons, mais il lui avait quand même fallu s'arrêter de hurler un instant afin de reprendre son souffle.

– Tu as fini ? lui avait-elle alors demandé et, avant qu'il n'eût eu le temps de recommencer, elle lui avait coupé la parole :

– Non, parce que, fini ou pas, c'est à mon tour de te dire ce que j'en pense. Georgie Gleg, je ne peux pas le sentir. Je n'ai jamais pu. Qu'il ait bon cœur n'empêche pas qu'il soit bête comme ses pieds. Un simple d'esprit,

1. Sorte de béret porté par le héros écossais du même nom, chanté par Robert Burns.

oui ! Il n'y a rien qui passe entre nous, et non ! je ne l'épouserai pas – ni aujourd'hui ni jamais.

Son père en était resté bouche bée.

– Tu ne l'épouseras pas ? Mais tu as donné ta parole, ma fille !

– Faudra me sortir du couvent avant !

– Ah, c'est comme ça ? Eh bien, parfait ! avait hurlé le vieillard en assenant un coup de poing sur la table. Parfait, parfait... tu l'auras voulu ! Je m'en vas chercher la charrette, et l'abbaye, c'est moi qui vas t'y conduire, ma petite !

Il avait farfouillé dans la poche de son manteau et, claquant rageusement la porte derrière lui, avait murmuré : « Ma fille à moi, ça ?... ma fille à moi ?... » comme s'il répétait une réplique de théâtre.

Ces événements s'étaient déroulés le 26. Trois jours plus tard, le vieux était de retour. Il avait obligé sa jument essoufflée à sauter par-dessus la barrière du jardin, massacrant au passage quelques buissons et, après avoir copieusement labouré les futurs parterres de fleurs, avait galopé jusqu'à la porte d'entrée sans cesser de crachouiller dans un clairon comme un perdu. Ailie avait entendu ses appels de fort loin ; intriguée, elle avait gagné la fenêtre. Dinwoodie était en train d'empailler deux hérissons qu'il avait habillés comme le recteur et son épouse, lorsqu'il fut frappé à son tour par le vacarme, au point de croire un instant, dans l'affolement, qu'on attaquait la maison. Très vite, il sut qu'il n'en était rien, car à la seconde, sans se donner le temps de frapper, le père d'Ailie déboulait dans la pièce en hurlant à tue-tête.

– Il est vivant, ma fille ! Il est vivant ! criait-il encore en arrivant au pied de l'escalier.

Elle n'avait pas compris tout de suite : quoi ? Était-ce possible ? Du même bond qui l'avait tirée de sa chambre, elle se ruait dans l'escalier au-devant de son père. Il l'avait soulevée de terre et serrée contre lui au point qu'elle sentait ses joues en feu sous ses favoris : la nouvelle le mettait au comble de l'excitation, il ne cessait d'agiter une lettre...

– Il a réussi, fifille. Il est de retour. Ça y est ! Ton gars est revenu !

Ensuite, tout fut facile. Les années qu'elle avait passées à attendre, les histoires à propos du mariage manqué, le serment qu'elle avait rompu, on lui pardonna tout. Les mots de « prémonition », de « seconde vue », furent avancés : par quel signe mystérieux avait-elle bien pu être avertie au dernier moment ? Comment avait-elle fait pour deviner ? De plusieurs lieues à la ronde, on vint la féliciter, la regarder, la toucher, entendre le son de sa voix. C'est un miracle, un vrai miracle ! s'était-on écrié. Des amours sous le signe de la Providence ! Ailie triomphait. Oui, il était pour elle, le gros lot : elle avait remis Bonnie Prince Charlie sur son trône, et gagné sa place à la droite de Dieu.

Mais voilà qu'à peine revenue à Selkirk, elle voit tout s'effondrer de nouveau. Un mois entier se passe sans que Mungo lui donne de nouvelles. Dieu merci, il est vivant et c'est déjà ça, mais... mais où est-il donc ? La malle met quatre jours pour venir de Londres, lui rappelle son père, cinq quand il fait mauvais. Alors quoi, où est-il passé ? Que fabrique-t-il donc, ce jeune monsieur qui, soi-disant, mourait d'envie de revoir sa fiancée, hein ? Oui, où est-il ? Les commérages reprennent. D'accord, il est de retour mais il l'a quand même laissée tomber, tout comme elle a laissé tomber Georgie Gleg. Ça lui apprendra. Et cela continue, et cela empire de jour en jour, jusqu'au moment où enfin, le lendemain de l'anniversaire de leurs fiançailles, elle reçoit une deuxième lettre.

Taverne du Roi George et du Sanglier Bleu,
Holborn, ce 29 janvier 1798

Ma très chère Ailie,

Mon départ de Londres se trouve irrémédiablement retardé par la rédaction d'un petit essai qu'on m'a demandé d'écrire sur mon voyage, lequel essai devrait être bientôt distribué à tous les fondateurs et adhérents de l'Association africaine. Mr Bryan Edwards, secrétaire de l'Association, ayant décidé de me prêter main-forte, je pense arriver au bout de cette tâche dans quelques mois – après quoi je vole vers toi. Penses-y, très chère amie et future épouse : une fois levé cet obstacle bien mineur, nous serons à jamais ensemble ! Tant que je serai à Fowlshiels au moins : c'est là que je m'en vais composer mon livre. Titre prévu : « Pérégrinations dans les contrées intérieures de l'Afrique, 1795-1797 ». Grandiose, non ? Trop peut-être ? Oui, je me lance dans la littérature !

En attendant, bien sûr, je me languis de toi.

À toi pour toujours,

MUNGO

Dans quelques mois ? Alors que cela fait déjà des éternités qu'elle l'attend ! que tarabustée, assaillie de tous côtés, elle se bat contre le monde entier parce qu'elle a foi en lui ! Et voilà que monsieur est soudain trop occupé pour venir la voir ? Trop pris par son livre pour monter à Selkirk, y passer une semaine et lui dire combien il a pensé à elle ! Alors que cela fait des mois et des mois qu'il lui manque à en mourir ? Dégoûtée, elle froisse sa lettre et se sent soudain bourrelée de remords pour ce qu'elle a fait subir à Georgie Gleg. Elle en a comme une révélation : « Pauvre Georgie ! perdu et blessé, il l'est au moins autant que moi en ce moment... »

Mais ceci est une autre histoire.

HISTOIRE DE GLEG
OU NÉ SOUS LA MAUVAISE ÉTOILE

Deuxième fils du châtelain de l'endroit, Georgie Gleg est né à Galashiels. La parturition est proche lorsque, sorti de la nuée en planant, un aigle royal atterrit gracieusement sur la girouette de la maison après avoir donné deux ou trois coups d'ailes dans les airs. Les indigènes n'en reviennent pas. Des boutiques et des champs alentour, on se précipite jusqu'à la cour du château, où l'on bée devant le volatile.

– C'est un signe, lance quelqu'un.

– Si fait, lâche un autre, mais bon ou mauvais ?

La discussion démarre sous les fenêtres mêmes des appartements où la mère de Georgie hurle de douleur, tandis que l'aigle se lisse les plumes aussi calmement que s'il se trouvait tout là-haut dans son aire.

– C'est signé du diable, ça, moi, je vous le dis, déclare un troisième avec un chapeau trop grand sur la tête.

– Espèce de vieux fou ! le contredit un quatrième. C'est une bénédiction tout droit tombée du ciel !

Dans l'instant ou presque, on en vient aux coups de poing. Des femmes commencent à crier, des chevaux à hennir. Quelqu'un casse une bouteille de whisky. Les camps sont déjà en train de se former et tout porte à croire que la controverse va dégénérer en bataille rangée lorsque Davie Linlithgow y met brusquement fin : d'un coup de mousquet, il a emporté la tête de l'oiseau dans un nuage de fumée. Secoué de tremblements convulsifs, le torse à grosses plumes de la bête pique en avant et s'écrase sur les dalles de la cour, qu'il couvre de grandes traînées de sang.

La foule se tait, les poings des combattants s'arrêtent en pleine course. Là-haut, aussi maigre et aiguë que la chanson d'un sifflet de quatre sous, la voix de Georgie Gleg se fait entendre pour la première fois sur cette terre.

~

Y aurait-il eu le moindre doute sur le sens des événements qui avaient précédé et suivi sa naissance, qu'il eût été entièrement dissipé lorsque le bambin se transforma en petit garçon. On eut alors la preuve que le rapace avait porté la poisse et qu'il avait été désastreux de le tirer : le malheur s'abattit sur les épaules du gamin comme un grand fantôme ailé. Il avait six ans lorsque son père trouva la mort dans un accident de chasse et que sa sœur Effie, l'idole de la famille, fut enlevée par des gitans qui la clouèrent à un arbre, dans le bois, au nord de la propriété. Cette année-là encore, le charbon décima les troupeaux du domaine et trois vaches sur cinq n'eurent plus de lait ; de façon inexplicable, les poules se mirent à pondre des œufs sans jaune ; un incendie se déclara dans la grange ; des grêlons gros comme des goitres saccagèrent la récolte de blé, et le frère aîné de Georgie fut foudroyé. Pauvre Simon ! Lorsqu'on le retrouva dans la lande, il avait le corps aussi mou que ces pâles invertébrés que la mer rejette sur le rivage.

Deux ans plus tard, la mère de Georgie se remariait. Le nouveau maître de maison, Tyrone Quaggus, avait la folie du jeu. Tirer au ball-trap, boire du thé, se promener dans le jardin, il n'était pas une activité humaine qui ne lui fournît l'occasion d'engager de l'argent.

– Je vous parie que vous n'arrivez pas à descendre vingt tasses de thé en une demi-heure, monsieur le Curé.

Ou encore :

– Vingt livres que je vous fais le tour du jardin en deux minutes pile !... Vous voyez ce geai, là-bas, sur la haie ? Cinq contre un qu'il se cogne à la vitre avant midi.

Gleg n'avait pas treize ans que Quaggus avait déjà dilapidé tout le patrimoine du gamin et vendu les trois quarts du domaine. La famille connut de graves difficultés matérielles.

Comme si cela ne suffisait pas, la malchance s'acharna sur Gleg d'une manière bien plus subtile et insidieuse : elle fit de lui un paria. Les gens se mirent à le fuir comme un pestiféré, les chiens à lui gronder aux basques, ses camarades à le tenir à bonne distance à coups de pierres et de bâtons. Gleg était un crapaud, un ver infâme, un revenant, quelqu'un qui ne méritait pas d'avoir la moindre compagnie humaine. Qui pis est, il avait fini par prendre la tête de l'emploi. Il avait tellement maigri qu'on lui voyait les côtes, ses épaules s'étaient voûtées et sa poitrine ressemblait à celle d'un poulet déplumé. Ses pieds étaient énormes, ses mains pleines de gerçures. La rumeur laissait entendre que la forte courbure de son nez était la marque que le grand oiseau avait laissée sur lui. Et ses yeux aussi : minuscules, rapprochés, pailletés de jaune et de rouge, plantés haut sur le front, cerclés d'anneaux de chair couleur de foie – de vrais yeux d'oiseau.

À l'école, il devint la risée de tous ; quolibets, plaisanteries de mauvais goût, tours proprement inhumains, moqueries ouvertes et dédain patent, on ne lui épargna rien. À dix ans, il était laid comme une truie, mais le meilleur élève de latin de la ville. Pour ses camarades, cela avait valeur d'arrêt de mort. S'ils étaient prêts à excuser son étrangeté, ses oreilles décollées, le défaut de coordination de ses gestes, ils ne pouvaient lui pardonner l'aisance avec laquelle il récitait ses déclinaisons alors qu'il leur fallait passer des heures entières à s'escrimer sur les gribouillis de chats dont ils couvraient leurs cahiers en loques. C'étaient surtout les grands qui lui en voulaient. Quoi ? Ils avaient donc mis quatre ans à travailler nuit et jour pour s'en laisser remontrer par un petit morveux de béjaune ? Ils décidèrent de se venger.

Un soir, après la sortie, quatre des plus vieux – les frères Park, Finn Macpherson et Colin Raeburn – firent un détour avant de rentrer chez eux. On se retrouverait dans le Ravin de Ballindalloch. L'air était sec et craquant, la neige crépitait sous leurs pas. Adam et Mungo avaient fait démarrer un feu en attendant les autres. Une à une, leurs ombres chancelantes se mirent à danser sur l'écran noir de la forêt. L'air lugubre, on se salua sans mot dire. Finn sortit son cruchon de whisky de sa poche comme s'il s'agissait d'un poignard. Personne ne parla de Meg Munro ; il ne fut question ni de rugby ni de hockey. On n'échangea aucune plaisanterie. L'affaire était grave. C'était en conseil de guerre qu'on s'était réuni.

Gleg venait de commettre un acte impensable – il avait remporté le prix Hogmanay, qui couronnait le meilleur élève dans la langue scolaire par excellence, le latin. Et comment ? En osant battre tous ses camarades lors d'un exercice de traduction improvisée d'un passage des *Bucoliques.* La récompense consistait en un don d'une demi-couronne que Mrs Monboddo, une veuve pourvue d'une énorme poitrine et d'un penchant certain pour la culture, décernait une fois l'an à l'heureux gagnant. C'était la première fois qu'un élève de première année remportait le prix.

– La goutte d'eau qui fait déborder le vase, jeta Adam. Va falloir lui donner une leçon à ce petit salaud.

Finn passa la flasque de whisky à Mungo, s'essuya les lèvres du revers de la main, acquiesça d'un signe de tête et ajouta :

– Moi, j'y taillerais bien les oreilles en pointe.

– Non, non. Vaudrait mieux se montrer un peu plus subtils... Et si on le faisait dégringoler dans l'estime du vieux ?

À quatorze ans, Adam était le chef de la bande, quoique plus jeune d'un an que Mungo et Colin, qui devaient passer leur examen de sortie à la fin du trimestre. De fait, Mungo ne trouvait pas cette histoire passionnante et n'était venu à la réunion que pour ne pas se désolidariser du groupe. Ce n'était d'ailleurs pas tellement qu'il aimât ou n'aimât pas Gleg – bien sûr qu'il le détestait. Non, c'était tout simplement qu'il n'avait aucune envie de se faire embarquer dans des règlements de comptes aussi mesquins. À quinze ans, Mungo Park avait déjà le profil du beau gosse : moyen dans les disciplines intellectuelles, il était, quoique un peu maladroit, le meilleur gymnaste de l'école. En plus d'une taille de six pieds, il avait la musculature d'un adulte.

– Je suis d'accord avec Finn, dit-il.

Adam but un coup de whisky au goulot.

– Écoutez-moi, fit-il en se penchant en avant pour mieux détailler son plan.

D'une simplicité diabolique, celui-ci avait l'avantage supplémentaire de pousser Gleg à transgresser un des interdits majeurs de l'école.

La *raison d'être** du collège du coin se ramenant à inculquer du latin à ses élèves, personne en classe ou pendant les récréations n'avait le droit de parler écossais une fois que les cours avaient commencé. Des mouchards, ou

« dénicheurs clandestins », se chargeaient de faire respecter cette règle en rapportant au principal les moindres infractions. Un avertissement en public et une amende de deux shillings punissaient le mécréant qui s'en était rendu coupable pour la première fois, la récidive étant passible d'une séance de fouet devant tout le monde. Connaissant, bien évidemment, tous les espions du directeur, les grands se débrouillaient toujours pour acheter leur silence. Parmi les cinq ou six cafards que comptaient les « première année » (trente-sept élèves au total), Robbie Monboddo était de loin le plus sûr. Il suffisait de le convaincre, et il ferait à Mr Tullochgorm un rapport bien calomnieux sur son élève modèle : « M'sieur, m'sieur, j'ai trouvé quelqu'un !... le jeune Gleg... Y profanait le Seigneur... en écossais, m'sieur ! »

~

Deux jours plus tard, Gleg se faisait appeler au bureau. De la tourbe brûlait dans l'âtre de la cheminée en pierre, des gouttes de neige fondue tombaient lentement et régulièrement du plafond, formant des flaques sur le sol en terre battue. La salle, qui avait autrefois servi d'étable à vaches, sentait l'urine âcre et le lait caillé. À l'intérieur, du givre recouvrait les murs de plaques argentées, les chandelles des élèves jetaient de vacillants éclairs dans les ténèbres, des rongeurs faisaient frissonner le chaume du toit.

– Venez ici, George Peter Gleg, entonna Tullochgorm.

Assis à leurs pupitres de fortune, les trente-sept élèves restèrent glacés d'effroi. Tous les regards se portèrent sur le directeur lorsque, plein d'appréhension, Gleg se leva de son siège pour remonter l'allée centrale. Le visage de Tullochgorm ne changeant jamais d'expression, il eût été difficile de deviner l'état d'esprit dans lequel il se trouvait – était-il en colère ou bien était-ce la dyspepsie ?... Et Gleg ? Allait-il se faire réprimander ou encenser ? Personne n'aurait pu le dire – même si Adam, Mungo et quelques autres avaient une idée assez claire du tour qu'allaient prendre les événements.

Le totem de Tullochgorm était un martinet qui avait laissé une trace très inquiétante dans le mur derrière lui. Tullochgorm n'aimait rien ni personne. « Émerveillement », « beauté », « vie », il avait rayé ces mots de son vocabulaire. Pauvre et amer, il n'était rien de plus qu'un petit bûcheur qui ne pouvait compter que sur la charité de ses élèves pour améliorer le salaire de misère que lui versait la ville.

– *Venit summa dies et ineluctabile tempus* [1], gronda-t-il en détachant chacune de ses syllabes comme s'il s'apprêtait à les rouer de coups.

Arrivé devant l'énorme table en chêne du principal, Gleg baissa la tête.

– Je... je ne comprends pas, monsieur, répondit-il en latin.

– Quoi ? *Nil conscire sibi, nulla pallescere culpa* [2], petit voyou ?

– Mais...

– Taisez-vous !

Déjà debout, Tullochgorm se lança dans son discours habituel sur la désobéissance, sur le manque de discipline et sur ces rares individus qui, tournant les lois de la société, s'attaquaient sournoisement aux fondations mêmes de l'Empire. En ayant fini, il attrapa Gleg par la peau du cou et le secoua jusqu'à lui faire couler la morve du nez.

1. « Voici venir le jour redoutable, le moment inéluctable. »
2. « Rien à se reprocher, aucune faute qui fasse rougir ? »

– Deux shillings ! hurla-t-il. Deux shillings ! *Quamprimum*[1] *!*

Huit jours plus tard, Gleg se voyait à nouveau convoqué devant toute l'école assemblée. Adam décocha un sourire grimaçant à Finn et à Colin lorsque, le silence s'étant abattu sur la salle, le vent se mit à gémir dans le chaume du toit. Les petits pâlirent et s'agrippèrent au rebord de leurs pupitres jusqu'à en avoir les phalanges toutes blanches. Apeuré, Gleg s'avança jusqu'à la table sans comprendre. Tullochgorm était livide. Mungo se contenta de relever la tête et, après s'être passé la main dans les cheveux d'un air absent, replongea le nez dans les pages écornées de l'exemplaire des *Aventures africaines* de Jobson qu'il avait caché sous sa grammaire latine.

– *Bonis nocet quisquis pepercerit malis*[2] *!* rugit Tullochgorm.

Et puis :

– Penche-toi sur la table, réprouvé !

~

Adam Park et ses complices étaient parvenus à leurs fins : Gleg n'était plus rien. Il ne leur avait fallu qu'une petite semaine pour le faire passer de premier de l'école à trente-septième sur trente-sept. Ils n'en restèrent pas là. Comment l'auraient-ils pu alors que Gleg était si clairement marqué par le destin, si manifestement lamentable, si évidemment vulnérable qu'il eût mieux fait de se peindre tout de suite une cible entre les deux yeux ? La parfaite tête de Turc, voilà ce qu'ils avaient trouvé en lui.

1. « Immédiatement ! »
2. « C'est nuire aux bons que d'épargner les méchants. »

Plus il souffrait, plus ils le méprisaient, avaient envie de l'annihiler, de le saccager, de l'écrabouiller comme une araignée ou une limace. Un jour, Adam prit son frère en aparté et lui souffla :

– Et si on le faisait expulser ?

Le lendemain matin, à l'aube, les élèves de Selkirk s'étaient rassemblés devant l'école en attendant l'arrivée de Tullochgorm. Comme il faisait froid, un certain nombre d'entre eux s'étaient agglutinés autour de la porte. On se frottait les mains, on battait la semelle. Mains dans les poches et cahiers sous le bras, Adam et Finn se trouvaient parmi eux et se lançaient de petits sourires à la façon de Casca et Metellus Cimber sur les marches du sénat romain. Mungo et quelques autres gaillards plus solides avaient gagné la mare aux canards qui avait gelé pour y disputer une partie de curling[1]. Les grosses pierres plates de quarante livres glissaient sur la glace avec de longs sifflements et les joueurs les suivaient avec leurs fouets en haletant ; l'air sec du matin était comme haché par l'écho intermittent de leurs collisions. De temps à autre on criait au triomphe – en latin, bien sûr.

Gleg était en retard. Plié en deux, il avançait à vive allure, son cahier sous sa veste, un bocal de bière blonde niché au creux de son bras. C'était jour de paiement : tous les élèves étaient tenus d'apporter leur écot en nature afin de garnir le garde-manger du directeur – c'est ainsi qu'ils s'acquittaient. Colin par exemple avait apporté six boisseaux de blé et Mungo un panier de pommes de terre. À d'autres le maître avait réclamé des navets, du beurre ou une poule au pot. Gleg s'était vu inviter à fournir un

1. Jeu traditionnel écossais qui se pratique sur la glace, à l'aide de palets munis de poignées.

bocal de bière blonde à tous les repas de midi pendant quinze jours.

Georgie faisait le tour de la mare lorsque Mungo se retourna pour l'appeler :

– Hé, Gleg, ça te dirait de faire ailier à ma place ?

Georgie en resta médusé. Lui aurait-on asséné un coup de pelle sur la nuque qu'il n'eût pas été plus désorienté. Ailier à la place de Mungo Park ? Il n'en croyait pas ses oreilles. Lui que jamais personne n'avait invité à participer à rien ? Et ce n'était pas pour lui faute d'en avoir envie... de passer des heures entières à les regarder jouer au hockey, au rugby, au golf en brûlant de se joindre à eux, en priant le bon Dieu que le gardien de but se cassât une patte – oui, ils se seraient alors tournés vers lui, et à coups de « Ah ! Georgie Gleg ! » et de grandes claques dans le dos, l'auraient vu sous un autre jour...

– Ben alors ? Qu'est-ce que t'en dis ? Tu veux ou tu veux pas ?

Son cœur s'était mis à lui battre dans la poitrine comme un oiseau qui tente de se libérer par tous les moyens ; il acquiesça d'un signe de tête – un signe de tête bien appuyé.

– Faut juste... faut juste que j'aille déposer ma bière, bafouilla-t-il et, trop saisi pour soupçonner le moindre coup fourré, il traversa le terrain vague au galop pour gagner l'école.

À bout de souffle et deux chandelles au nez, il gravit les marches du perron à toute allure. Il ne lui fallut pas plus de cinq secondes pour déposer sa bière au milieu des autres offrandes, glisser son cahier dans une fente du mur et remonter le sentier comme une flèche.

C'en était fait de lui.

Dès qu'il eut tourné le dos, Adam s'empara du bocal, en ôta le couvercle et y but une grande gorgée. Après quoi il s'essuya les lèvres et en avala une deuxième; passa le bocal à Finn; qui se régala un bon coup et le passa à Robbie Monboddo; qui but à son tour et le passa au suivant. Quelques instants plus tard, Adam le vidait entièrement. Enfin, Colin faisant le guet au cas où Tullochgorm aurait débarqué, il déboutonna son pantalon et pissa dans le récipient, pissa jusqu'à la dernière goutte, en poussant et poussant encore, le visage tout rouge des efforts qu'il déployait. Finn prit le relais. Et puis ce fut Robbie, et puis Colin, et puis tous les autres... Au début, Colin resta sec – on lui donna des conseils, on l'encouragea, on se mit à discuter comme s'il se fût agi d'un essai à transformer. On avait déjà repéré Tullochgorm, et le bocal n'était toujours pas rempli! Allez! allez! C'était pourtant pas difficile! Pour finir, alors qu'il lui restait moins d'une minute, Colin ouvrit les vannes et, douce musique, remplit le bocal à ras bord. On l'acclama. Croyant que les vivats étaient pour lui, Tullochgorm tira son chapeau à tout le monde en ouvrant la porte.

En hiver, les classes commençaient à l'aube et se poursuivaient jusqu'au coucher du soleil, avec une pause d'une demi-heure à midi. Les élèves restaient alors assis à leurs pupitres, avalaient un peu de porridge froid en frissonnant, ou bien en profitaient pour aller patiner ou disputer une partie de curling sur la mare. Ce jour-là, personne ne quitta la salle. On parlait bas tout en mangeant; Mungo mâchonnait une pomme de terre froide, Colin réchauffait un quignon au-dessus du feu. En cachette, on n'avait d'yeux que pour Tullochgorm.

Il avait tourné sa chaise vers le mur latéral. Après avoir lâché sa badine, pour une petite demi-heure au moins, il avait fermé les yeux à ce qui l'entourait et commençait déjà à oublier le tableau en ardoise, la salle lugubre où il se trouvait, les visages mal lavés des gamins. Il avait ouvert un livre, le *Bellum Grammaticale*, et tour à tour le parcourait des yeux, se massait les pieds et coupait un navet en tranches dans son assiette de gruau. Fascinés, les élèves étaient suspendus au moindre de ses mouvements. On aurait pu croire que jamais ils n'avaient vu quelqu'un se gratter les pieds en avalant son porridge à la cuillère. Lorsque le maître avança la main vers sa chope de bière, l'air fut soudain comme électrisé. Mais après avoir culminé un instant dans le silence, la vague d'hystérie collective retomba : fausse alerte. L'esprit ailleurs, le maître reposa sa chope sur la table et, les yeux fixés sur les pages de son livre, reprit une cuillerée de gruau. Finn Macpherson manqua dégringoler de sa chaise. Adam ne put s'empêcher de ricaner nerveusement, mais tout bas. Exaspéré par l'attente, Colin se moucha. Gleg était le seul à n'avoir rien remarqué et, pauvre enfançon malchanceux, pauvre agnelet que l'on va sacrifier et qui renifle les marches mêmes de l'autel où l'on va l'assassiner, continuait de griffonner dans son cahier comme si les sales petites surprises de la vie ne pouvaient l'atteindre.

Puis, telle la chute d'une bonne blague, l'instant crucial arriva… et fut historique : Tullochgorm porta la chope à ses lèvres et but goulûment. Pas de réaction. Il tourna encore quelques pages de son livre. S'ensuivit un instant pendant lequel il contempla la chope remplie de liquide jaune, s'étonna, reprit une gorgée pour voir… et la recracha aussi violemment qu'une baleine remontant souffler à la surface. Trente-six têtes plongèrent, brusquement captivées par les subtilités de la grammaire latine. Georgie Gleg, lui, leva la sienne. Là-bas, le principal semblait avoir une crise : il hoquetait, il rotait, il n'arrêtait pas de taper sur son bureau du plat de la main, le sang lui montait à la tête en fusées de feu d'artifice. Georgie le regarda d'un air pétrifié : il n'y comprenait rien, il avait peur. Si intense qu'elle fût, sa surprise ne dura pas : Tullochgorm s'était mis à le dévisager. Non, pas tant à le dévisager qu'à le fusiller du regard. Une traînée de bave et de nourriture à moitié digérée sur le menton, les yeux presque porcins tant il pestait tant il haïssait, Tullochgorm était en train de l'assassiner.

Georgie Gleg, qui avait dix ans, commença à se sentir vraiment tout petit.

~

À partir de ce moment-là, tout alla de mal en pis. Certes, il y eut des hauts et des bas mais, dans l'ensemble, l'existence de Georgie Gleg tendit de plus en plus décidément vers l'enfer. L'incident eut pour premier résultat qu'il se fit exclure, puis rosser en trois temps : un, par sa mère, deux, par Quaggus et trois, par Tullochgorm en personne. Pendant les quinze jours qui suivirent, il fut en outre condamné à boire une tasse de sa propre urine à tous les repas et, le pilori de la ville ayant été remonté pour l'occasion, à y passer au moins une demi-heure chaque après-midi. Ces quinze jours de châtiment ayant pris fin, Quaggus, du long bout de sa botte, le flanqua hors de chez lui sans autre forme de procès et l'expédia à Édimbourg, où son oncle Silas avait accepté de l'héberger et promis de l'inscrire à l'école la plus proche.

À sa grande surprise, Gleg découvrit que vivre à Édimbourg n'était pas aussi terrifiant qu'il le pensait. Il y avait d'abord cet avantage que personne ne l'y connaissait. La ville était grande. Personne n'avait entendu parler de l'aigle qui, abattu à l'instant de sa naissance, avait couvert de son sang les pavés de la cour du château ; personne ne l'accusait d'avoir le mauvais œil ou de faire cailler le lait rien qu'en se trouvant là. Aux yeux de ses nouveaux camarades de classe, Georgie Gleg avait simplement les oreilles molles et n'était ni plus ni moins ridicule que n'importe quel autre dégingandé de son espèce. Malgré le déluge de mauvais traitements qu'on lui infligea, il réussit même à se faire un ou deux amis, tout aussi inadaptés que lui, bien sûr, mais c'était déjà un début. Autre avantage d'Édimbourg, Silas Gleg ne fut pas long à s'intéresser vivement à son neveu. Il l'habilla comme il faut, engagea un précepteur et lui donna de l'argent de poche. Georgie commença à devenir le fils de gentilhomme qu'il était et quitta l'école couvert d'honneurs.

C'est alors que Quaggus se manifesta. Étant donné que le gamin n'avait pratiquement plus de biens à gérer, ni non plus de patrimoine dont il valût la peine de parler, ce qu'il fallait, dit-il, c'était l'obliger à s'établir à son compte au plus vite, à gagner sa vie, oui, voilà : à veiller à son propre entretien. Quoiqu'à contrecœur, Silas Gleg finit par accepter. Georgie fut d'abord mis en apprentissage chez un apothicaire et puis, ce dernier ayant brusquement passé l'arme à gauche, chez un vieil ami de Silas, le Dr James Anderson de Selkirk. Il y fit la connaissance d'Ailie et, pour la première fois de sa vie, sentit qu'il allait enfin vers quelque chose d'intéressant, vers quelque chose de beau, quelque chose qui tendait au sublime. Lorsqu'elle accepta de l'épouser, il eut l'impression d'avoir conquis la planète entière. Alexandre le Grand ? César ? Attila ? De vulgaires plaisantins !

Mais voilà qu'au moment même où elle s'ouvrait à lui ainsi qu'une orchidée en fleur, la vie se referma sur lui d'un coup sec et, hargneuse et pourrie jusqu'au cœur, l'engloutit de nouveau dans la mort. Un jour, Ailie le quitta... disparut furtivement dans les ténèbres comme s'il n'était qu'une bête sauvage que jamais elle n'aurait le courage de regarder au grand jour. Famille et voisins, tout le monde était venu ce jour-là : Quaggus, sa mère. L'oncle Silas. On allait enfin assister à son triomphe !...

Il quitta Selkirk le lendemain de Noël. Sans même chercher à savoir pourquoi, sans exiger la moindre excuse, sans vouloir qu'on lui dît adieu. Le dos voûté, son bagage à la main, il reprit la direction d'Édimbourg. Il faisait froid. Le vent soufflait du nord – on eût dit une nuée d'oiseaux éplorés ; là-haut, les branches couvertes de glace grinçaient comme des lustres à une veillée funèbre. Se fût-il donné la peine de relever la tête, qu'il eût découvert des collines grises et chauves moutonnant à l'infini, un paysage balafré par l'érosion, des arbres si nus qu'on n'eût pu espérer les voir revivre un jour. Il ne s'en donna même pas la peine : courbé contre le vent, il continuait de peiner et, las et inconsolable, se traînait obstinément au long de la route, comme un fantassin à moitié aveugle battant en retraite devant un ennemi qu'il ne saurait ni vaincre ni seulement reconnaître.

DE L'AUTRE CÔTÉ DE LA MORT

– Ça s'est déjà vu, je te dis. Engorgement de la trachée-artère, choc, coma, prononcé prématuré du décès. Bon Dieu, ça neigeait pire qu'en enfer, mon vieux !... Et un matin de Noël, par-dessus le marché ! J'aimerais bien savoir qui oserait reprocher au bourreau d'avoir précipité un peu les choses.

Lentement, avec l'opiniâtreté des grains qui régulièrement s'accumulent au fond du sablier renversé, la voix de la raison commence à toucher Quiddle. Il n'empêche... il résiste encore :

– Mais enfin, il s'est quand même balancé au bout de sa corde pendant une bonne vingtaine de minutes, non ?

– Pfeuh ! lui renvoie Delp en hochant la tête d'un air méprisant. Dois-je te rappeler que l'animal humain est infiniment divers, et que ce qui suffit à expédier celui-ci de la façon la plus définitive peut fort bien ne pas régler son compte à celui-là – j'entends dans tous les cas de figures envisageables ? Prends l'indigène des îles Fidji : il ne tient pas cinq minutes dans les eaux glacées du Groenland, mais l'Esquimau ? Mieux encore, tiens, l'épicier moyen : je suis sûr qu'il flamberait comme une torche si on le couchait sur un lit de charbons ardents. Cela dit, l'Inde est remplie de fakirs qui le font deux ou trois fois par jour comme si de rien n'était. Allons, mon vieux, un peu de bon sens. Non, affirmer que vingt à trente minutes de pendaison, voire une heure entière, suffisent à ravir la vie, sans commencer par se donner la peine de prendre en considération l'heure et le lieu de l'exécution, les conditions atmosphériques du moment, la qualité de la corde, le type de nœud coulant utilisé, l'endurance propre à la victime et mille autres impondérables de même farine, voilà qui n'est vraiment pas sérieux.

– Écoutez, expliquez ça comme vous voudrez mais moi, je persiste et je vous dis que c'est un miracle ! Il est vivant, ce pendu ! Que ce soit l'œuvre du Tout-Puissant ou l'effet d'une vaguelette dans l'océan de la loi des moyennes, je vous parie tout ce que vous voulez qu'il ne s'est jamais rien passé d'aussi extraordinaire dans le coin depuis le jour où la camériste de la reine Elisabeth s'est retrouvée barbue après s'être fait foudroyer à trois reprises !

Delp a le regard glacé d'exaspération.

– Vas-y, parie, parie ! grogne-t-il en tirant sa pipe de sa bouche comme s'il s'agissait d'une bonde, mais moi, faut que je te dise quelque chose : ce bonhomme, je veux qu'il ait disparu d'ici dans une semaine ! Tu lui frictionnes le cou, tu me le saignes un peu, tu lui donnes du bouillon, enfin quoi, tu fais tout ce qu'il faut, mais tu me le remets sur pied tout de suite et tu me le flanques dehors !

Sur quoi il marque une pause, le temps de craquer une allumette, d'en appliquer la flamme jaune au-dessus du fourneau de sa pipe et d'aspirer profondément.

– Note bien, reprend-il, que si tu veux l'exhiber à droite et à gauche, je n'ai rien contre. Les fadaises sur les miracles de la science moderne et tout le tintouin, c'est vraiment pas ça qui manque, et puis ça impressionne toujours un peu les malades. Or donc, tu le balades... Il n'est même pas impossible que ça nous fasse du bien à tous... si tu vois ce que je veux dire.

~

La porte s'ouvre, la lumière éclabousse la petite pièce. Dans l'embrasure, Quiddle, un plateau à la main : chope en étain, pain doré, bol fumant.

– Alors, comme ça, on est réveillé ? lance-t-il d'une voix forte et dont la fausse désinvolture évoque le poltron qui sifflote dans les cimetières.

Une couverture sale remontée jusqu'au cou, Ned Rise est allongé sur une paillasse dans un coin. La pièce est humide et dépourvue de fenêtres : des murs en terre, sol recouvert de briques, des planches en bois blanc en guise de plafond. Une cave, bien sûr, fort grossière et pas terminée. Quelques douceurs pourtant : une table de toilette, un baquet d'eau, une cheminée creusée à même le mur, un seau de charbon, un miroir. À côté de la porte, des habits accrochés à un portemanteau branlant et un sac à provisions bourré de livres (traités de médecine et ouvrages à caractère religieux). Plus des détritus divers :

trognons de pommes, croûtes de fromage, brins de tabac, bouts de chandelles. Quelqu'un a eu l'idée de peindre une fausse fenêtre sur le mur du fond et de l'encadrer de rideaux bouffants et crasseux en toile jaune.

– Alors... comment se sent-on ? reprend Quiddle en criant avant de gagner précautionneusement la table basse installée au pied du lit.

Ned garde le silence. Pas rasé, les cheveux collés par la sueur, la marque rouge de la corde comme un sanglant reproche autour de son cou, il reste immobile. Ses yeux lancent des éclairs.

En un mouvement aussi vif qu'athlétique, Quiddle dépose son plateau sur la table et se redresse d'un bond avant de faire deux pas en arrière afin de se tenir à bonne distance. Il se méfie, il a les pieds qui le démangent de se sauver dans l'instant. Il se croise les mains dans le dos.

– Hé ! hé ! fait-il.

Et puis :

– Écoute, tu sais où t'es et le reste, non ? Enfin, je veux dire... tu te crois pas au paradis ou autre, hein ? T'es sauvé... t'en as réchappé. Enfin, je veux dire... t'as survécu à la pendaison... voilà.

Il étudie ses chaussures.

– Enfin quoi, t'es vivant... ouais, tout aussi vivant que le roi en personne !

Il cesse de parler et part d'un rire nerveux, comme s'il venait de lâcher une blague dans quelque taverne.

Ned ne répond pas. Il sait très bien ce qui s'est passé. Il a eu presque un jour et demi pour débrouiller toute l'affaire dans sa tête, en savourer le déroulement, et parcourir la gamme de toutes les émotions depuis l'ahurissement jusqu'à la joie bestiale et élémentaire, jusqu'à l'extase religieuse. De plus, il n'a pas manqué un mot de la conversation que Quiddle a eue avec Delp dans le couloir.

– Bon, écoute... si t'as pas envie de causer pour le moment...

Ned fixe le visage couvert de sueur de son bienfaiteur. Malgré l'effort que cela lui coûte, il n'a pas toujours cligné des yeux depuis que Quiddle est entré dans la pièce. Dieu sait pourtant si c'est dur. Surtout qu'il crève la faim. L'odeur du bouillon... ou de la soupe à la queue de bœuf? ou de... ? enfin quoi, l'odeur qui monte du bol a déclenché en lui toute une série de réflexes : il a senti comme des battements sourds au creux de l'estomac, il n'a pas pu s'empêcher d'arrondir les lèvres, un gros flot de salive lui est monté à la bouche... Ça vaut ce que ça vaut, mais il lui faut jouer sa partie jusqu'au bout.

– Je comprends, je comprends, reprend Quiddle en reculant vers la porte. Ça doit être dur. Allez, repose-toi. Tout ça, c'est fini. On t'aura remis sur pied en moins de deux, et alors tu pourras recommencer ta vie, tu pourras mettre tout ça derrière toi, te faire de nouveaux amis, de nouvelles...

Sa voix s'est faite murmure apaisant, maternel.

Un instant plus tard, la porte se referme et Ned se jette sur son plateau comme trente-six loups affamés.

~

Les jours suivants, il se fait balader dans tout l'hôpital. Revêtu d'une blouse blanche, il adresse des petits signes de tête au malade et au mourant, pratique sur l'enfant infirme l'imposition des mains, et fort patiemment se laisse palper par le chirurgien, le médecin et l'étudiant éperdus d'étonnement. Ses jambes lui font un mal de chien, il a l'impression qu'on lui a déboîté le cou à force de le lui tordre, mais Quiddle lui a dégoté un flacon de laudanum et le barbier de l'hôpital lui a raclé les joues et poudré les cheveux. Il sait ce qu'on attend de lui. Il se traîne dans les couloirs en boitant comme un ange blessé et, son foulard blanc artistement noué sur la marque de la corde, il erre à droite et à gauche, le regard furieusement messianique. Lui dit-on un mot qu'aussitôt il montre sa gorge d'un doigt éploré.

Pour Quiddle, il a eu le larynx écrasé, mais Delp n'est pas d'accord : le corps ne présente aucune trace de lésion. Après un examen long et difficile de l'appareil phonatoire, Abernathy est obligé de se ranger à l'avis de Delp mais laisse entendre que le fond du problème est peut-être d'ordre mental plutôt que physiologique. Afin d'étayer son hypothèse, il lui rappelle le cas de Lucy Minor. Il y a plusieurs années de cela, cette femme est admise à l'hôpital à la suite d'un accident sur la voie publique ; d'abord renversée par un cocher ivre, elle est ensuite écrasée par ses chevaux. Une fois la voiture passée, plusieurs témoins se portent à son secours et sont stupéfaits de découvrir que la victime est indemne : miracle, ni les sabots ni les roues ne l'ont touchée. On l'aide à se redresser, on lui essuie sa robe, on lui offre un verre de cognac... mais voilà que lorsqu'elle se tourne pour remercier l'homme qui lui a porté secours, elle s'aperçoit qu'elle ne peut plus parler. Les médecins ne savent qu'en penser. De l'application de sangsues à l'enveloppement de la gorge en passant par les révulsifs, Abernathy en personne essaie tous les remèdes qu'il connaît. Il la saigne jusqu'à ce qu'elle devienne d'une pâleur cadavérique. Rien. Qu'en est-il aujourd'hui, soit douze ans plus tard ? Lucy Minor consacre l'essentiel de son temps à des œuvres de charité où l'on s'occupe de sourds-muets. Pas un son ne lui est sorti de la gorge depuis lors.

Le Dr Maitland, qui travaille à l'hôpital Saint-Bartholomew depuis presque un demi-siècle, reconnaît qu'Abernathy n'a pas tort mais relève une différence fondamentale entre les deux cas : dans celui de Ned, il y a bel et bien eu constriction du pharynx.

– Nous sommes en présence d'une occlusion ordinaire, affirme-t-il, ça se voit comme le nez au milieu de la figure. Des purgatifs, voilà ce qu'il lui faut. Donnez-lui une ou deux doses d'huile de croton, saignez-le deux fois et terminez sur un lavement à l'antimoine et à la digitale.

En strict brunonien qu'il est, Runder a sa petite théorie à lui :

– Il est clair qu'il s'agit d'un désordre de type asthénique. Qu'on le traite à l'alcool et je vous parie qu'il jabote comme un mainate dans moins de huit jours !

– Ce bonhomme est un imposteur, objecte Delp. Tenez : qu'on le laisse avec les autres malades... vous verrez s'ils ont besoin d'un examen approfondi pour le flanquer dehors, ou encore mieux, le renvoyer au gibet.

Au bout de deux heures de discussion pendant lesquelles on avait englouti trois côtes de bœuf, huit chapons, une demi-roue de fromage et quinze bouteilles de porto, on prit enfin une décision : Ned resterait une semaine de plus ; Abernathy était chargé de demander à Mrs Minor de bien vouloir lui enseigner l'art de la communication par signes. À la fin des quinze jours alloués, le malade quitterait l'établissement.

Ned, lui, ne cherche pas midi à 14 heures : il dort dans le lit de Quiddle, il mange la nourriture de Quiddle et le laudanum qu'il absorbe, c'est encore celui de Quiddle. Il jette l'huile de croton de Maitland dans le fumier de la serre, descend l'alcool de Runder, passe deux heures par jour à remuer les doigts dans la direction de la consciencieuse Mrs Minor et évite absolument de se trouver sur le chemin de Delp. Il promène toujours dans les couloirs le même regard d'homme abattu, la même perruque soignée, la même bouche close. Parmi toutes les théories qu'on avance pour expliquer son mal, il n'en est qu'une avec laquelle il soit d'accord : celle de Delp.

Oh ! certes, il a été enroué pendant un jour ou deux... mais qui ne l'eût été ? Il est resté allongé dans le noir, à sourire et à laisser tomber les mots de sa bouche comme des débris de soudure, afin de répéter le miracle de sa résurrection, dont il retient pour Fanny une version de fièvre et d'extase qu'il lui délivrera de vive voix : il gravit les marches du perron de Brooks, écarte de son chemin le maître d'hôtel interdit et, un bout de corde encore autour du cou, se précipite dans l'entrée.

– C'est d'outre-tombe que je viens réclamer vengeance, espèce de pervers ! s'écrie-t-il, et d'un seul coup bien porté, il met Brooks à genoux.

Après quoi, il prend Fanny dans ses bras, lui chuchote de ne pas avoir peur et lui dévoile toute l'histoire. Bouleversé, Brooks lui fait un chèque et appelle une voiture avant de leur dire adieu. Enfin... quelque chose dans ce genre-là.

En attendant, Ned se tient tranquille. Il lèche ses blessures, reprend des forces et essaie de colleter l'horreur de l'expérience qu'il a vécue. Ni pitié ni répit. Chaque fois qu'il ferme les yeux, elle lui revient : au-dessus de lui la potence se profile comme un gigantesque insecte carnivore, il neige de la cendre, le bourreau le regarde d'un œil froid et mort ; sous son capuchon il cache quelque chose d'innommable et de terrifiant. Qu'il dorme ou qu'il veille, cette vision ne cesse de le hanter. Il tremble et se tord sur le grabat de Quiddle, tandis que le cauchemar descend lentement sur lui et que le nœud coulant se bloque à la fin de sa course. Couvert de sueur, il sursaute :

et s'ils revenaient ? Si Banks, Mendoza ou la sœur de Twit avaient vent de l'affaire ? Il tombe, il sent qu'il est repris par la machination infernale, que la roue immonde, torture exquise, lente et répétée, se rapproche de lui. Il voudrait hurler, crier jusqu'à ce que les murs s'effondrent ; il n'en fait rien. Se taire, c'est la seule chose qui le sauvera. Qu'ils continuent à se casser la tête. Encore un jour ou deux et la jambe sera guérie, encore un jour ou deux et...

La porte s'entrouvre ; Quiddle, qui se glisse dans la pièce avec un plateau : poulet froid, tourte aux rognons, chope de bière. Une seconde ! Mais ce n'est pas Quiddle ! C'est quelqu'un de plus grand, de plus carré... Qui ?

C'est Decius William Delp, qui le domine de toute sa hauteur, le plateau à la main. Lorsqu'il se penche pour le déposer à terre, Ned Rise a un mouvement de recul instinctif. Un filet de vapeur monte doucement du plateau qui persiste à faire obstacle entre eux. Delp a les yeux rivés sur Ned, qui détourne la tête. Il rompt enfin le silence :

– Alors, la Belle au bois dormant, faut croire qu'on se sent mieux, non ?

C'est un homme fortement charpenté, pâle, avec des poils noirs sur le dos de la main.

– Eh bien, Ned... on ne goûte pas à l'offrande du jour ?

Ned se redresse comme si on l'avait giflé.

– Comment... ?

Delp sourit, d'un sourire froid et impitoyable qui lui creuse le visage, lui tire les oreilles en arrière et découvre ses dents ravagées.

– Tiens, tiens... On aurait soudain retrouvé sa langue ?... Allons, parle plus fort. Je ne t'entends pas, Ned... Ned Rise, c'est bien ça.

Ned s'est levé d'un bond et se rue vers la porte. Delp le rattrape par le bras et le réexpédie par terre comme un enfant désobéissant.

– Je n'ai pas fini, l'ami.

Le docteur marque une pause pour allumer sa pipe. La fumée le fait cligner des yeux, lui encapuchonne la tête.

– Je t'ai à l'œil depuis le début, tu sais ! On ne me la fait pas, à moi ! C'est bon pour ces couillons de Quiddle et consorts… Je sais très bien ce que tu es : un embobineur et un assassin. Mon premier mouvement a été de vouloir te renvoyer au bourreau dès que le côté sensationnel de ton histoire commencerait à pâlir. Et puis non, il m'est venu une meilleure idée. Oui, il m'est venu à l'idée qu'au fond tu n'es pas si mal nourri que ça ici, non ? Et que donc, tu aurais peut-être envie de prolonger ton séjour, de te trouver un autre nom, bref, de te mettre en veilleuse… On se la coule douce et on garde l'anonymat, ça te va ?

Il s'est mis à faire les cent pas devant la porte. Il a la tête penchée vers le sol, à demi cachée dans les panaches de sa pipe. On dirait un ours dans sa fosse, juste avant qu'on y jette les chiens.

– Je ne vois vraiment aucune raison pour que des gens comme Sir Joseph Banks apprennent ta… comment dire… ta guérison ? Qu'en penses-tu ?

Ses genoux ramenés sous le menton, Ned s'est tassé contre le mur. Ses yeux rencontrent enfin ceux du docteur.

– Bon, d'accord, lâche-t-il d'une voix brisée par la résignation. Qu'attendez-vous de moi ?

BAROUF DANS LA NUIT

Un ultime clin d'œil et la lumière s'est éteinte dans le dernier cottage au bord de la Nouvelle Route. Le ciel est sans lune et froid comme la pierre, les toits blancs de givre, les portes fermées à la targette. Les gens sages, sains d'esprit et en bonne santé ronflent dans leurs lits ou dodelinent du chef devant la cheminée. Dehors, sur le grand chemin, le silence est rompu par le bruit traînant des sabots d'une jument, qu'accompagnent les grincements à peine audibles, *sniik-sniik-sniik,* d'un essieu rouillé. Ned Rise s'est tassé au fond de la poussive charrette, pelotonné sur lui-même, emmitouflé dans un cache-col, ganté et chapeauté. Devant, Quiddle tient les rênes d'une main engourdie. Il fait si froid que les deux compères ont de la buée qui leur sort des narines et les yeux qui pleurent. L'odeur de la jument se mélange au parfum légèrement âcre des feux de bois et à celui, plus vif, aseptique et mordant, de l'air nocturne. Là-haut des arbres sans feuilles griffent le ciel.

Tout à coup, Quiddle tire sur les guides et fait claquer sa langue pour arrêter la jument ; les roues se bloquent dans un long crissement, et la charrette, après quelques saccades, s'immobilise sur le bas-côté.

– On y est, chuchote Quiddle en attachant les rênes avant de sauter.

Ned regarde autour de lui d'un air maussade. Il ne voit pas grand-chose, car les objets, indistincts et spectraux, ne cessent de passer du net au flou : on ne les reconnaît qu'aux taches de ténèbres plus épaisses qu'ils laissent sur une toile de fond elle-même inaccessible. À moins d'un pas des deux hommes, un mur de pierre entaille la nuit ; plus loin, les dalles funéraires où alternent le gris et le blanc font un damier fantomatique et changeant. En face, un if gigantesque et difforme se tord dans les ténèbres. Noir sur noir, le clocher de l'église : invisible tel un énorme coup de gomme dans un coin du ciel.

– J'aime pas ça, marmonne Ned.

– Chut ! Parle plus bas !

Quiddle sort deux pelles de la charrette et se hisse en haut du mur.

– Allez, souffle-t-il, suis-moi.

~

Ce soir-là, après le départ de Delp, il avait allumé une pipe et s'était allongé sur sa paillasse pour analyser la situation. Ayant laissé traîner ses oreilles un peu partout dans l'hôpital, il savait que le dissecteur était terriblement, voire désespérément, à court de cadavres. Un nouveau trimestre avait commencé, les établissements hospitaliers voisins étaient en concurrence directe avec lui et son ancien pourvoyeur, Crump, lui avait fait faux bond. Qui plus est, Delp avait toute la société contre lui : la dissection était taboue, *verboten*[1], aussi impensable que le cannibalisme. Si, dans l'autre vie, on n'était pas seulement un esprit mais également un corps, comment savourer la joie éternelle ou souffrir les tourments de la damnation après s'être fait découper en soixante-huit morceaux ? Voilà pourquoi l'on prenait au besoin sur les deniers publics pour enterrer tous les morts de la paroisse, vagabonds, mendiants et demeurés compris. Il n'y avait légalement qu'un seul moyen de se procurer des cadavres : aller voir le bourreau en espérant que, parent ou ami, personne n'aurait déjà réclamé le corps du supplicié. Tout cela, et Ned le comprenait bien, faisait du Dr Delp un monsieur auquel il était fort dangereux de s'opposer. Le bonhomme était aux abois ; et manipulateur et sans scrupules. Sans même parler du fait qu'il lui avait mis le couteau sur la gorge. Delp n'avait qu'un mot à dire, un seul, et Ned se

1. En allemand dans le texte.

retrouvait en prison. Après quoi il irait se balancer au bout d'une corde et puis, devenu viande morte, finirait sur une table de dissection.

Lorsque Delp s'en vint chercher sa réponse, le lendemain matin, Ned réussit à lui décocher un sourire et lui tendit la main :

– Bon, bon, j'irai vous les chourer, vos macchabées. Trois shillings par semaine, ce sera.

Delp lui écarta la main d'une tape et le menaça du doigt.

– Deux ! Un mot de plus, et tu me le fais pour rien. Compris ?

Ned avait compris. Bien sûr, il omit de lui préciser qu'il n'avait aucune intention de lui rendre le moindre service. Qu'il essayait simplement de gagner du temps. Dès que sa jambe pourrait le porter, il filerait rejoindre Fanny. Elle aurait quelque chose à lui offrir, elle. Et si elle n'avait rien, il ferait cracher Brooks – Dieu sait si elle le méritait ! Il n'entendrait plus parler d'eux ; et Delp irait se faire pendre ailleurs.

Malheureusement, il y eut un hic.

Un jour, Ned se leva avant l'aube, passa devant le portier endormi et sortit de l'hôpital. Quiddle lui avait fait cadeau d'un habit élimé. La blessure suppurante qu'il avait à la jambe s'était enfin transformée en une fine et longue cicatrice couleur foie de veau. Lentement, douloureusement, freiné par le froid qui lui raidissait la jambe, mais activé par la perspective de revoir Fanny, il gagna Great George Street. Il s'imaginait la mine qu'elle ferait en le voyant à la porte, se rappelait la blancheur de ses dents soignées, chef-d'œuvre de précision, ses bras qui lui offraient un frais abri, et comme elle était capable de rire en faisant de son rire une symphonie. Il tourna le coin de Great George Street mais sentit aussitôt qu'il y avait quelque chose qui clochait. La maison de Brooks se dressait bien là, devant lui, avec son portique imposant, son toit pentu et ses fenêtres à la vénitienne, mais on aurait dit qu'elle était fermée… comme si… comme si ses occupants avaient quitté la ville.

C'est impossible ! Il se rue de l'autre côté de la rue et, sans penser à sa douleur, escalade tant bien que mal la palissade ; il se retrouve dans le calme de la petite cour intérieure jonchée de feuilles. Pas un bruit dans la maison, pas le moindre signe de vie. Ni domestiques, ni livreurs, ni jardiniers. Furtivement, ombre parmi les ombres, il jette un œil à travers les volets : le mobilier a été recouvert de housses en toile ; aux murs, des carrés plus sombres indiquent qu'on a décroché des tableaux, pas la moindre flamme dans l'âtre noir de suie. Ned regagne la rue et, l'air de rien, commence son enquête. Après avoir essuyé une ou deux rebuffades, il tombe sur une femme de chambre loquace en train de promener deux setters Gordon.

– Ah oui, dit-elle, que le diable m'emporte si je sais ce qui l'y a poussé, mais monsieur Brooks, il est allé faire un tour en Italie et en Grèce. En tout cas, c'est ce qu'on raconte.

Ned sent son estomac se contracter. Une fois de plus, c'était couru, l'espoir lui a filé sous le nez comme une feuille morte emportée par la bourrasque… Et Fanny ? La question lui brûle les lèvres, mais comment la formuler ?

D'un air pensif, la bonne se gratte un grain de beauté qu'elle a sur le menton.

– On dit qu'il s'est barré avec sa traînée… Allez, Boucles d'or, c'est pas la peine de faire cette tête-là ! Dans le quartier, tout le monde le savait. Un scandale, oui… un vrai scandale ! Non mais ! Vivre avec une femme quand on est célibataire ! Ça ! j'pourrais vous en raconter, moi, des choses, sur les gens de la haute, vous pouvez me croire !

Les deux chiens pissaient et se reniflaient le derrière. Ned sentit soudain fraîchir l'air. Comme si ce petit froid l'avait brusquement poignardé au bas du dos, un frisson lui parcourut tout le corps. Il fit demi-tour et s'éloigna, alors que la femme de chambre lui criait encore quelque chose. Arrivé au bout de la rue, il trouva un endroit abrité où s'asseoir et réfléchir à la situation. Fanny était partie. Et jusqu'à quand, il l'ignorait. Delp lui revint soudain à l'esprit. S'il n'était pas de retour à l'hôpital avant que le docteur en franchît la porte, ce serait l'enfer. Littéralement. Ce salaud de Delp lâcherait la meute dans l'instant. Et après…

Glacé jusqu'aux os, Ned resta assis à regarder les pigeons gratter dans le caniveau. Au bout d'un moment, il se releva d'un air las et se mit à descendre la rue. En direction de l'hôpital Saint-Bartholomew.

~

– Dépêche-toi, lui souffle Quiddle. Finissons-en !

Il disparaît de l'autre côté du mur ; le bruit sec et bref des pelles s'entrechoquant fait comme un trou dans la nuit.

À contrecœur, Ned se glisse hors de la charrette et bat l'air de ses bras pour se réchauffer. Il sent une odeur de terre fraîchement retournée – et quelque chose d'autre encore… comme un parfum de feuilles mouillées ou de vers de terre noyés par l'orage. La noirceur absolue de la nuit le terrifie. Il piétine sur place pendant une ou deux minutes, cligne des yeux pour mieux scruter les ténèbres, a un mal de chien à ne pas se mettre à siffloter. Il a l'impression qu'autour de ses yeux et de ses oreilles, la peau de son visage s'est mise à rétrécir ; que, devenue presque élastique, elle lui tire les cheveux en arrière. Nom de Dieu ! se dit-il, et il saute par-dessus le mur.

Un peu plus tôt dans la journée, il y a eu un enterrement au cimetière d'Islington. Une famille de quatre personnes. Meurtres et suicide mêlés. Après des années et des années de haillons et de pommes de terre bouillies, madame a sombré dans le désespoir et assaisonné le porridge de son homme avec du trioxyde d'arsenic avant d'aller étouffer les enfants qui dormaient sur leurs paillasses. Elle a veillé ses cadavres jusqu'à l'aurore, puis s'est appliqué la lame d'une scie à bois sur le poignet, qu'elle a entaillé patiemment à petits va-et-vient. Enfin la meurtrière a pu s'allonger à côté de ses victimes et là, saigner jusqu'à la mort. C'est en lisant le journal du matin que Delp a eu vent de l'affaire.

Que dire sinon qu'il fait encore plus noir de l'autre côté du mur ? Ned est toujours en train de s'interroger sur la suite des événements lorsque, surgie de l'abîme, la voix de Quiddle lui saute à la figure.

– Psssst ! par ici !

La peur fait trembler Ned jusqu'à la carcasse, il se jette la tête la première dans les buissons. Une branche le griffe au passage, il s'écrase dans l'herbe morte et c'est de nouveau le silence. Un silence terrifiant. Il reste étendu un moment dans le noir, il se sent idiot et commence à se dire qu'il est sûrement des moyens plus agréables de passer une froide nuit d'hiver. Dans son esprit surgissent des images de bras blancs, de chiens endormis, de chopes de bière et de grands feux aux flammes bondissantes.

Mais revenons à nos moutons : lentement, précautionneusement, comme si mille yeux le regardaient, il se relève et perd presque la raison lorsque Quiddle lui fourre une pelle entre les mains.

– T'arrêtes de faire l'andouille, oui ? Allez, au travail ! lui jette-t-il d'une voix râpeuse.

Les voilà qui repartent ; Ned pour son compte est attentif à cette pâle lueur qui semble monter de la calvitie de Quiddle, tandis que l'un et l'autre continuent d'avancer entre les dalles blanchâtres, parmi les monuments funéraires aux formes menaçantes, les christs en croix et les anges de la mort aux ailes déployées.

– Horace, chuchote Ned, c'est complètement ridicule. C'est... c'est macabre, c'est pas chrétien, c'est contre toutes les lois de Dieu et des hommes, ce qu'on fait là. Et si on disait à Delp qu'on s'est perdus et qu'on n'a pas réussi à trouver la tombe ?

La petite tache de calvitie poursuit son chemin, s'enfonce ici avant de remonter là. Pour toute réponse, Quiddle émet une espèce de ricanement si bas, si guttural qu'une hyène même en aurait peur.

Puis, tout à coup on s'arrête. Quiddle, semble-t-il à Ned, a posé un genou à terre et s'est mis à égratigner le sol à moitié gelé.

– On y est, annonce-t-il. Tâche de pas faire trop de bruit avec ta pelle.

Tendu et la gorge nouée, il a la voix qui hésite entre murmure et fausset. Ned essaie de faire comme il dit. Prudemment, il laisse glisser l'outil dans la flaque de ténèbres qui s'étend à ses pieds et se met à chercher un endroit où la terre soit plus meuble. À côté de lui, Quiddle travaille furtivement. C'est à peine s'il entend le tintement de sa pelle et les han ! han ! de sa respiration précipitée. Tous deux peinent ainsi en silence pendant un bon moment et s'enfoncent de plus en plus, à la rencontre de leur chargement. De temps à autre, Quiddle s'agenouille pour craquer une allumette et voir où on en est. Un bruit sourd signale un peu plus tard que sa pelle a touché quelque chose de dur.

– Ce coup-ci, c'est le bon, chuchote-t-il.

Il redouble d'efforts et finit par passer la pelle à plat de manière à bien dégager le cercueil sur toute sa longueur.

Ned, lui, a cessé de creuser. Au premier contact du métal et du bois, il a senti son corps se tendre involontairement, comme si le manche qu'il avait en main était un paratonnerre et les planches grossières de la bière un effroyable accumulateur s'y déchargeant d'un coup. Figé sur place, il scrute le néant. Le sang bat ses tempes, il a la gorge sèche ; tout oreilles pour Quiddle qui essaie d'ouvrir à l'aide de son couteau le couvercle du cercueil, il ne veut pas songer à la suite, surtout pas : il attend, abasourdi et l'estomac révulsé, que son compagnon craque une autre allumette. Et déjà c'est comme s'il les voyait tous : le mari empoisonné, les enfants étouffés, la femme mutilée qui brusquement se redresse sous son linceul ensanglanté et longuement se prend à rire et à hurler comme une forcenée.

Mais… entendrait-il des voix ? N'y a-t-il pas comme un bruissement, là-bas, dans les buissons au pied du mur ? Comme des bruits de pas étouffés ? Comme des revenants qui prendraient l'air ?

– Horace, Horace ! T'entends ?

Poussant un grand soupir, Quiddle réussit à repousser le couvercle en arrière ; le bois se brise avec un long *hiii* de protestation.

– Qu'est-ce que tu dis ?

– Le bruit. De ce côté-là…

Sa calvitie soudain immobile dans le noir, Quiddle tend l'oreille. Un silence profond règne sur tout le cimetière.

Rien ne bouge. Les ténèbres sont aussi opaques, aussi calmes et lugubres que sur la face cachée de la lune.

– Continue comme ça, dit-il enfin, et tu vas nous mettre dans tous nos états. Bon, ça va bien ! Descends me filer un coup de main pour sortir celui-là.

Ned lâche sa pelle qui choit avec un grand bruit métallique. Puis il se laisse glisser au bord de la fosse, en tâte prudemment les parois et, retenant sa respiration de peur des miasmes, il se cabre de tout son corps à l'idée de l'horrible tâche qui l'attend. Quiddle a déjà redressé le cadavre, qui est raide comme un piquet. Il s'apprête à le pousser vers Ned lorsque ce dernier sent quelque chose d'incroyablement lourd lui dégringoler sur le dos et se retrouve le nez dans le cercueil. Quiddle s'étale de tout son long, le cadavre vacille ; quant à Ned, il ne peut que se mettre à hurler en entendant la chose qui lui est tombée dessus, qui est chaude, qui a bras et jambes, pousser un grognement de cochon au glandage. L'instant d'après, le trio est aveuglé par une lumière violente, et de là-haut tombe une voix menaçante :

– C'est ça, mon p'tit Quiddle ! Creuse ! Mais creuse donc ! Ça sera toujours ça de moins à faire !

Dirk Crump, debout au bord de la fosse, tient une lanterne dans une main et un pistolet dans l'autre. Son complice est tombé sur Ned, qui est tombé sur Quiddle, lequel est maintenant acculé dans un coin avec son cadavre. Comme en signe de protestation, une main a crevé le linceul et reste obstinément tendue en l'air, avec autour du poignet des entailles encore à vif et des chairs déchiquetées : si la main a viré au grisâtre, les ongles, eux, sont noirs de sang.

– Parfait, mon p'tit Billy, c'est de la belle ouvrage ! jette Crump. Allez, tu peux sortir de là.

C'est alors que, prêtant pour la première fois attention à l'acolyte de Crump, Ned découvre, atterré, à qui appartient ce visage qu'il scrute, à qui sont ces yeux vert pâle au regard si incrédule : à... Billy Boyles !

– Billy !

Mais, le visage crispé, les yeux effondrés par la terreur et par le doute, Billy se recule. Sa bouche béante, large trou noir vaste comme la nuit, va articuler quelque chose :

– Sauve-toi ! hurle-t-il.

Et il se signe, tout en s'agrippant convulsivement au bois du cercueil. Ned lui tend la main pour l'apaiser, mais Boyles se remet aussitôt à crier. Il a la voix rauque et étranglée, il beugle comme un nourrisson qu'on passerait à la rôtissoire, comme un animal qu'on écorcherait vif. Complètement égaré, Crump laisse tomber sa lanterne, et se répand sur le sol en lumière une longue traînée d'huile bouillante ; la nuit, prompte et inévitable, s'empresse de se ruer sur elle pour l'avaler dans l'instant. On entend dans le trou gratter furieusement la terre, dehors le juron que Crump ne peut s'empêcher de lancer à la nuit, et par-dessus le tout, Billy Boyles qui pousse un nouveau hurlement terrorisé :

– Sauvons-nous, nom de Dieu, sauvons-nous !... C'est un revenant !

La détonation du pistolet fait presque retomber la tension.

QUE DES MOTS !

À cinquante-cinq ans, Sir Joseph Banks est une véritable machine à produire du pouvoir et de l'influence. Président de la Royal Society depuis vingt ans, directeur honoraire des Jardins botaniques du roi, commandeur de l'Ordre du Bain et membre du Conseil privé de Sa Majesté, il a le statut de doyen de la communauté scientifique anglaise. Botaniste distingué et membre fondateur de l'Association africaine, cet ancien explorateur possède un herbier que l'on range parmi les plus beaux d'Europe. Le Pacifique Sud ne compte plus les lieux-dits qui portent son nom et c'est vers lui que se tourne le gouvernement pour résoudre tous les problèmes d'ordre scientifique qu'il rencontre. Cela va de la meilleure manière de présenter les fruits de l'arbre à pain à bord du *H.M.S. Bounty* au bon déploiement des missions d'explorateurs sous les Tropiques.

Quoique riche et privilégié de naissance, c'est dans son rôle d'explorateur qu'il a pour la première fois attiré l'attention du public. De 1768 aux premières années de la décennie suivante, on le voit accompagner dans son tour du monde le capitaine Cook, et si bien imposer son nom par la réclame qu'il se retrouve bombardé président de la Royal Society. Sir Joseph Banks est un monsieur comme il faut, fort imbu de ses prérogatives, autoritaire, d'une insatiable curiosité, grand manipulateur d'hommes, grand collectionneur de plantes et semeur d'idées, parangon de tout, et flairant de loin le bon coup ; mais c'est surtout un explorateur aujourd'hui trop vieux pour explorer. Voilà pourquoi, à l'instar de l'athlète devenu entraîneur, il ne cesse de conseiller ses missionnaires de la géographie. Il a un goût raffiné et beaucoup de relations, il est dévoué et persévérant, et sait comment s'y prendre pour réveiller le pays et l'obliger à l'écouter. Pour l'instant cependant, il a le plus grand mal à s'empêcher de hurler.

– Edwards m'en apprend de belles ! clame-t-il en détachant ses mots d'un ton coupant.

Il occupe le haut bout de la grande table de conférence installée dans son bureau ; avec son échine arrondie et son menton qui avance, il ressemble à s'y méprendre à un bouledogue en train de tirer de toutes ses forces sur une laisse invisible.

– Pardon ? lui répond Mungo en rougissant jusqu'aux oreilles.

Vite, il relève la tête et plus vite encore la baisse pour contempler le verre de bordeaux qu'il tient à la main.

– Inutile de jouer à ça avec moi, jeune homme… tu sais très bien de quoi je parle.

– Vous voulez dire… la baronne ?

– La baronne ! répète Sir Joseph d'un ton moqueur, parlant comme si chaque syllabe était un bâton merdeux. C'est une honte, cette femme ! Pas un brin de morale, un vrai vampire !

Mungo le regarde comme s'il venait de se faire souffleter.

– Vous n'êtes pas juste… elle a ses bons côtés.

– Oui, de beaux nichons, Mungo ! Une belle paire de nichons, voilà tout !

D'un geste de la main, il signifie son intention d'en finir avec ce sujet.

– Je n'ai nulle envie d'en discuter, poursuit-il. Je ne veux pas que tu la revoies, point final. Allons, fiston, tu n'es plus un croquant tout droit sorti de son Écosse natale ! Tu es célèbre et tu as un rang à tenir. Quant à moi, plutôt être damné que de laisser un de mes missionnaires courir par toute la ville ainsi qu'un primate inférieur avec des testicules qui le démangent !

« Cela fait plus de quinze jours que ça dure, Mungo, continue-t-il. Quinze jours que tu t'amuses au détriment de ton livre… aux dires d'Edwards, du moins – il se radoucit un peu et ajoute : C'est que nous avons des actionnaires et qu'ils vont nous demander des comptes, Mungo ! Parce que, vois-tu, ce sont eux qui payent la note de ce beau triomphe qui te monte à la tête... Tu ne trouves pas qu'il serait temps de te mettre au travail pour les rembourser ?

Il s'écarte de la table d'une poussée et se dirige lentement vers le buffet afin de remplir à nouveau son verre. Et, comme s'il lui venait une idée après coup, il conclut en ces termes :

– Enfin, quoi ! Ce ne sont jamais que des mots qu'ils demandent !

Que des mots ! C'est du matin au soir qu'ils le hantent, ces mots, qu'ils le harcèlent tout le temps qu'Edwards l'aide à mettre son texte au propre, qu'ils lui empoisonnent petit déjeuner, thé et dîner ; ces mots qu'il ne peut s'empêcher de mastiquer entre deux bouchées de carrelet ou de volaille, ces mots qu'à l'heure du loup il doit encore trouver pour achever son écrit, ces mots qu'il faut aller pêcher au fin fond de la mémoire en ramenant les moisissures que le temps y a encroûtées... Que des mots ! mais qui se combattent comme des instruments mal accordés, qui n'ont ni rime ni raison, des mots cacophoniques et qui vous chamboulent si bien les idées qu'il ne vous reste qu'à jeter, de rage et de désespoir, votre plume par terre. Jamais il n'aurait cru qu'écrire son livre serait un tel calvaire. Après toutes les souffrances qu'il lui a fallu endurer en Afrique, après ces tourbillons de gloire qui ont bien failli l'engloutir, s'asseoir à une table et se mettre à pousser des mots, ainsi qu'un joueur de Scrabble professionnel, est vraiment la dernière chose dont il ait envie.

Bien sûr, il y a Edwards. Car c'est lui, le secrétaire de l'Association africaine, qui veille sur l'explorateur depuis que Sir Banks le lui a demandé. Il est précis, il est logique, il va jusqu'au bout des choses et, constamment aux côtés de l'explorateur, ne cesse de le guider, de le persuader gentiment, de le reprendre sur ceci et sur cela. Parfois même, il va jusqu'à passer la nuit sur un petit lit supplémentaire qu'il s'est fait installer dans le débarras. En effet, sur les instances de l'Association, qui a pris les frais en charge, Mungo a fini par élire domicile à Londres. Il n'empêche : si enthousiaste et éclairé que soit cet homme qui lui tient sa plume, jamais l'explorateur ne parvient à sortir de son lit lorsque le matin arrive. Pas une cellule de son corps qui alors ne résiste de tout son être. Et Mungo reste là, l'esprit aussi sec qu'une gousse qu'on a ouverte et vidée entièrement. Elle a beau remonter loin, cette sensation, il la connaît bien : petit garçon qui au réveil redécouvre l'horrible *Weltschmerz*[1] qui le dévaste, pour la simple raison qu'il n'a toujours pas fini son devoir de latin.

Une après-midi que le pâle soleil d'hiver déverse ses rayons laiteux dans la pièce où il travaille, Mungo se tourne vers Edwards et montre les dents.

– Cette fois-ci, j'en ai ma claque ! éclate-t-il en repoussant sa chaise et en se mettant à arpenter la pièce après s'être relevé d'un bond. Qu'ils me privent de mon salaire et me flanquent à la rue s'ils le veulent ! Je m'en fous ! Je peux plus, j'arrête !

Edwards est assis à une table sur laquelle s'entasse un monceau de papiers déchirés et jaunis : on dirait qu'on y a renversé une corbeille. Il a tout du tabellion, avec ses binocles, ses lèvres minces et ses yeux qui larmoient. Il est présentement en train de passer au crible sa montagne de documents en boule, dans l'espoir d'y trouver une note

1. « Mélancolie » en allemand.

sur l'épouse du cousin de Tiggitty Ségo ; Mungo soutient qu'elle ne peut pas être ailleurs que dans les originaux qu'il a si longtemps conservés dans son chapeau.

– Écoute-moi bien ! hurle-t-il, j'aimerais cent fois mieux me retrouver chez les Maures à m'y faire torturer, à m'y faire fouetter à mort, à baigner dans mon vomi, que de passer le reste de ma journée à travailler comme un vulgaire pisse-copie !

Edwards abaisse ses lunettes sur son nez et le dévisage de ses gros yeux mouillés injectés de sang.

– Vaudrait mieux que tu t'y fasses tout de suite, mon vieux : tu es célèbre, et cela t'oblige à certains devoirs envers la société. Tu sais aussi bien que moi que les grandes découvertes, ça sort autant de la jungle et des déserts que des bureaux bien chauffés et confortables où on les prépare. Du reste, ajoute-t-il en sortant sa montre de son gousset, encore une petite heure et on s'arrête pour le thé.

À cet instant, quelqu'un frappe à la porte. Le domestique entre dans la pièce, apportant une carte sur un plateau.

– La baronne von Kalibzo, annonce-t-il.

Edwards pâlit en entendant ce nom. L'explorateur, lui, se met à respirer plus vite, et son visage se transforme d'une manière qui en dit long : pupilles rétrécies, narines dilatées, mâchoire inférieure prise d'un léger tremblement. En un rien de temps, il ressemble à un étalon fou qui a reniflé une jument en chaleur.

Edwards bondit vers la porte où se tient encore le domestique. Comme s'il voulait donner de l'importance à ce qu'il va dire, il le prend par le bras et, d'un ton clair et sans réplique, déclare que Mr Park n'est pas chez lui.

– Pas chez lui ? répète Mungo. Alors là non, c'est trop fort ! La dame est de mes amies et... et c'est une aristocrate.

Il a rejoint son collaborateur, le souffle imperceptiblement oppressé ; il rougit. Le domestique fixe obstinément le plancher.

– Non mais, tu te rends compte de ce que tu es en train de me demander ? éclate Mungo.

Homme d'affaires jusqu'à la moelle, Edwards le regarde droit dans les yeux.

– Sache que je ne te demande rien, lui réplique-t-il.

Il se tourne vers le domestique :

– Faites savoir à Madame la baronne que Mr Park n'est pas chez lui.

La porte se referme avec un petit clic ! et l'explorateur reste là un instant, les bras le long du corps, à en étudier sans bouger le bois au grain mat et poli. Puis il relève la tête, regarde Edwards qui a fait un pas en avant comme s'il entendait lui bloquer toute sortie, retraverse la pièce à grandes enjambées, se rassied bruyamment à son bureau et, avec la fureur désespérée d'un damné, se remet à gribouiller sur sa feuille de papier.

~

Et ainsi en va-t-il, semaine après semaine, mois après mois : il doit refuser les invitations, décliner les offres de conférences, désobliger parents et amis. Les doigts aussi tachés que ceux d'un lépreux, le visage couleur de papier mâché, l'échine courbée jusqu'à ressembler à un étrange signe de ponctuation, Mungo est devenu un forçat de l'encre et de la plume. Jour après jour, il regarde fixement la feuille de papier qu'il a devant lui. Il en a les yeux qui pleurent, il avance à pas de tortue, il se dit qu'il n'aurait jamais dû quitter Selkirk, refuser la place que le destin lui avait assignée ; jamais, non, il n'aurait dû poser le pied sur le sol africain ! L'homme d'action, réduit à la rumination comme n'importe quel ancien combattant occupé à ressasser ses campagnes en terre étrangère ! Écœurant. Cela ne ressemble en rien à ce qu'il s'était imaginé. Un livre ! Un livre, c'est quelque chose qui trône sur une étagère, quelque chose d'achevé, d'ordonné et de rationnel… rien à voir avec ces privations, ce désespoir incessant ! Avoir parcouru près de quinze cents milles à pied et ne presque plus pouvoir se dégourdir les jambes ! Son bureau, il ne le quitte qu'une fois par jour. Pour aller faire une petite promenade hygiénique, avec Edwards, bien sûr ; ou pour se montrer en public, et de plus en plus rarement, sous l'égide de Sir Joseph. Et naturellement, Edwards est toujours là pour le rappeler à ses devoirs lorsqu'il lui vient à l'idée de se rebiffer.

Juin est l'échéance fixée. Il devra alors lui rendre une version condensée de son manuscrit ; ensuite de quoi il aura tout loisir de se rendre à Selkirk pour retrouver Ailie. Ailie ! Elle ne cesse de lui occuper l'esprit. Ailie, c'est l'île au milieu des océans, l'oasis au cœur du désert. Ailie, c'est l'amour, la vie, la bonté, son rempart contre la longue nuit africaine et les tourbillons de la célébrité qui corrompt. Comment a-t-il pu l'oublier ? Ces pensées le hantent jusqu'au fin fond de sa captivité londonienne, lui, l'esclave enchaîné à son bureau, à ses pages, à ses mots. Les lettres de sa bien-aimée sont de plus en plus froides et distantes, les siennes bien plus rares qu'il ne le faudrait… mais qui donc aurait le courage d'en écrire après avoir passé tout le jour au tamis un indescriptible fouillis de mots ? Le devoir avant le plaisir et tout le tralala, d'accord, n'empêche qu'il l'a blessée et offensée ; et, en secret, il rougit de honte chaque fois qu'il repense à sa petite aventure avec la baronne. Un chien, voilà ce qu'il est, une bête que le noir désir et les élans incontrôlables du rut font courir à perdre haleine, une hyène qui a le foutre à la cervelle et galope avec la harde. Et à ce moment précis, insidieuse, l'image de la baronne se glisse dans ses pensées tout ainsi qu'une brise soufflée par Éros. La baronne avec ses seins et sa touffe, avec ses poils sous les bras, ses jambes largement écartées. La baronne avec le visage d'Ailie, Ailie avec celui de la baronne – se souvient-il même seulement du visage de sa bien-aimée ?

C'est un calvaire. Mais un calvaire qui ne peut pas ne pas finir un jour, un calvaire qui finira demain, un calvaire qui déjà s'achève, page après page. Il lève le nez de dessus son travail, la vision est là, elle s'anime, Ailie l'attend devant chez son père – tiens, ça bouge entre les jambes du rêveur – ... il emmène sa bien-aimée dans le jardin, il y a des fleurs, ça sent le lilas... et puis tout s'évanouit, et il se reprend à fixer sa feuille de papier, où les lettres se font plus nettes, les *i* avec leur point, les *s* qui font la glissade... rien que des mots qui parcourent la page comme des troupes sur un champ de bataille, forment leurs lignes, hostiles et récalcitrantes, le cognent à mort, le regardent de haut, le défont.

RETOUR AU FOYER

Le voyage de Londres à Édimbourg par la malle-poste tire à sa fin : la voiture arrive à Selkirk dans un grand bruit de ferraille. Il est 4 heures de l'après-midi ; feuilles, poussière, cheveux, tout tourbillonne alentour. Des fleurs filent le long des murs et des portails, des moutons s'écartent de la route et regardent la scène de leurs gros yeux de moutons, idiots et stupéfaits, des mites, des papillons voltigent comme des confettis, un vieux chien lève le museau puis le laisse retomber paresseusement dans la poussière avec un bruit mou. Un bref instant, tout s'immobilise ; comme en suspens dans l'atmosphère, le soleil reste accroché au ciel ainsi qu'une lanterne ; les parfums de l'herbe nouvelle, des pommiers en fleur mettent de la narcose dans l'air, tandis que le grincement et le grondement réguliers des roues plongent les passagers dans un apaisement hypnotique.

Mungo respire à pleins poumons, se tord le cou pour regarder par la fenêtre et, ce faisant, se répand sur les masses additionnées d'une matrone qui se rend à Édimbourg et de son antédiluvienne mais encore robuste mère. Ce qu'il découvre alors, par petits morceaux, ne cesse de le fasciner. Il y a là trois ans et demi de changements, certains imperceptibles, d'autres à couper le souffle : ici, ce sont des fissures dans les fondations d'une maison, là, de nouveaux murs et des meules récentes, ailleurs encore, des haies qu'on a taillées en retrait de la route, là enfin, une grange calcinée. Comme magnétisé, Mungo se penche davantage, gagné par une nostalgie qui s'amplifie au fil du déroulement des repères familiers surgissant devant lui comme autant de silencieuses bénédictions... Voilà la vieille bicoque des Hogg et son petit bois de bouleaux, le portail de la maison de l'alderman, le carré de pois des Russell : il en a les yeux pleins de larmes, il se penche et regarde, il s'étale sans vergogne, au point de littéralement couvrir, ainsi qu'un vrai pervers, la matrone et sa mère.

– Non, mais dites ! Ça va pas ? Oui, vous ! Sir !... Vous reculez, ou j'appelle le cocher !

Trois ans et demi.

Tel est, oui, l'emportement de son esprit lorsque Mungo atteint l'entrée du bourg. Les maisons le frôlent comme dans un rêve, le lierre a envahi le treillage, la fille

MacInnes est penchée au-dessus du puits, au beau milieu d'une échappée de soleil, de jonquilles et de tulipes, d'abeilles qui bourdonnent et de chats qui sommeillent. Tout est aussi serein, aussi bien rangé que dans un roman d'Oliver Goldsmith. Mais voilà qu'un corniaud au poil étrangement raide déboule d'un portail entrouvert et se jette contre les roues de la malle, aboyant d'un air furibond après la voiture, tout comme si elle eût été bourrée de viande crue. Le cocher fait claquer son fouet, le chien recule en gémissant... mais trop tard : les chevaux ont eu peur, ils partent en trombe. Les piétons se prennent à hurler, il y a du désastre dans l'air. L'accident est aussi soudain qu'un coup de ciseau : la voiture vire trop près d'un cavalier dont la monture se cabre, le bonhomme vide les étriers. À deux cents pas de là, au milieu de la place ou presque, le cocher réussit à calmer son attelage et à arrêter le véhicule.

Les premiers sur les lieux sont des gamins au visage barbouillé. Leur horde file dans le vent et fond sur la place comme une nuée de mouches sur un pichet de cidre qui viendrait de se briser par terre. Alors seulement arrivent les badauds, puis les boutiquiers... puis métayers, nourrices, balayeurs et femmes de ménage, cordonniers, flâneurs... et jusqu'au révérend père MacNibbit pour finir, bref à peu près tous ceux qui ont eu vent du vacarme. Il semblerait bien que le cavalier, vieux bonhomme coiffé d'un béret écossais et portant kilt, ait atterri au fond d'une charrette remplie de truites et de saumons enroulés dans des feuilles mouillées. Éperdu d'étonnement et de chagrin, le poissonnier n'en est toujours pas revenu, lorsque le vieillard en tartan se met à jurer comme un professionnel. D'une voix suraiguë, l'épouse du mareyeur se lance alors dans une tirade sur les impôts exorbitants, le prix du charbon et les méfaits de l'Église presbytérienne. Ponctuée par des cris de colère et des sifflets, la pagaille règne jusqu'au moment où un barbu rattrape le cheval par la bride et le calme tandis qu'un autre badaud aide le vieillard à sortir de sa charrette. Quelqu'un se met à rire. Aussi saoul que d'habitude, Willie Baillie déclame par bribes une comptine cochonne. Et enfin, c'était inévitable, quelqu'un repère l'explorateur.

C'est le vieux Cranstoun. L'air ravi et l'œil perçant, il a dévalé la rue en s'appuyant sur sa canne et en se tordant le cou pour deviner la cause du charivari. Il est déjà en train de longer la malle en sautillant sur trois pattes lorsqu'il s'arrête net et, bouche bée, fixe le véhicule comme s'il s'agissait d'une apparition. Il reste un bon moment planté là et, de ses yeux laiteux et fatigués, dévore la matrone, sa mère volumineuse et le héros à cheveux blonds qui a passé la tête par la portière derrière elles. Lentement, son visage change d'expression et, une ride en appelant péniblement une autre, passe de la surprise hébétée à la joie sans bornes. Il se précipite alors sur la portière de la voiture en beuglant comme un dérangé de la cervelle qui découvrirait que sa tignasse est en flammes :

– Nom de d'là ! si c'est pas l'explorateur ! hurle-t-il. C'est Mungo ! C'est Mungo Park qui s'en est revenu voir ses pays !

L'explorateur avait espéré se faufiler en ville incognito : il est resté un mois sans écrire à Ailie, et personne n'est donc au courant de son arrivée. Son projet de surprendre sa bien-aimée, il l'a formé tout d'un coup. En effet, il est venu à bout de la version abrégée de son *Voyage dans les contrées intérieures de l'Afrique*, et n'en est pas malheureux, après des semaines et des semaines d'un calvaire qui lui a paru proprement dantesque. Du coup, il s'est retrouvé libre d'aller en Écosse et d'y passer quelques mois à se reposer, à pêcher, à préparer la version définitive de son livre, et à faire l'amour : cette dernière perspective le remplissait d'un enthousiasme particulier. Depuis qu'ayant compris la nature de ses errements avec la baronne il a renoncé à elle, sa passion pour Ailie s'est faite de plus en plus brûlante, si brûlante même que les nuits brumeuses de Londres étaient devenues pour lui des nuits blanches. Le printemps était venu et s'en était allé, qu'Edwards le tarabustait encore et qu'encore Sir Joseph le tenait sous sa coupe. Mais voilà juin qui s'annonce. Il a fini sa tâche à l'heure, il part pour l'Écosse : enfin, il va pouvoir réchauffer le cœur de sa fiancée.

La vie n'est hélas pas toujours aussi simple.

Il est d'abord que la foule se presse si fort autour de la voiture qu'on pourrait croire que le vieux Cranstoun s'est mis à hurler : « Guinées ! Guinées frappées d'hier ! C'est gratis ! Servez-vous ! » Il est ensuite que les regards qu'on lui jette ne trahissent pas exactement l'intention de le laisser partir avant de lui avoir offert la fête qu'exige pareille occasion : la grande, celle où tout un chacun hurle et vibre et descend du whisky comme au bon vieux temps ! Pas un visage qui ne respire le ravissement. L'œil émerveillé, on se bat pour serrer la main de l'explorateur, le vieux Cranstoun montant déjà la garde à la portière ainsi qu'un valet de pied. Toujours offensées, la matrone et sa mère contemplent la scène d'un air stupéfait. « Hourra ! » hurle la foule dans une envolée de chapeaux et de perruques. Un geyser ! Jamie Hume entonne « *For he is a jolly good fellow !* » tandis que Nat Cubbie réclame un discours.

Mungo descend de voiture sous un tonnerre d'applaudissements. C'est son être entier qui respire le héros et le martyr : il a le teint jaune, il est encore un peu maigre et sur son visage se lisent clairement la souffrance et la volonté inébranlable de conquérir. Les derniers mois qu'il vient de passer cloué à son bureau l'ont encore plus marqué que tout ce qu'il lui a fallu endurer en Afrique de désespoirs, de privations, de maladies. Mais qui pourrait le deviner ? Tout ce que l'on voit, c'est l'enfant chéri qui s'en est revenu au pays et sourit avec timidité. Voyez donc un peu ! L'un des plus grands hommes que le comté de Selkirk ait jamais produits ! Le génie qui a découvert le Niger, celui qui a conquis l'Afrique ! Et puis quoi ? Ce n'est quand même pas qu'on ne l'aurait pas vu pousser, ce petit ! « Mungo ! Mungo ! », hurle-t-on. Et encore : « Un discours ! Un discours ! »

Les rugissements étant montés d'un cran, l'explorateur lève le bras et apaise la foule. On se tait, on attend. Il y a déjà là trois cents personnes et il en arrive encore de tous les côtés. De vieux amis, des gens avec lesquels il a grandi : Finn MacPherson en tablier de cordonnier et qui sourit comme si on venait de lui annoncer qu'il est passé héritier direct de la couronne d'Angleterre, Mrs Tullochgorm, Robbie Monboddo avec son col blanc de pasteur, Georgie Scott. Mungo n'a pas envie de se lancer dans un discours. Il veut surprendre Ailie et se jeter dans ses bras. Pousser jusqu'à Fowlshiels et montrer à sa mère le grand bonhomme qu'il est devenu. Mais devant lui, il y a les visages attentifs de tous ces gens qui le regardent comme s'il avait le pouvoir de transformer l'eau en vin, de ressusciter les morts et Dieu sait quoi encore.

– Bon, bon ! s'écrie-t-il.

Et, ayant baissé la voix, il ajoute :

– D'accord. Je vais faire de mon mieux.

Quelqu'un lance un cri au dernier rang :

– Parle plus fort, gamin. On n'entend rien.

– J'ai dit que j'allais parler, juste quelques mots, répète-t-il en hurlant et sans avoir la moindre idée de la manière dont il va poursuivre.

Un grand silence s'abat sur la foule. L'explorateur entend les pas précipités des derniers arrivants, les petits appels que l'on étouffe, les portes que l'on claque dans le lointain.

– Je suis… je suis… je suis heureux de revenir au pays, dit-il, oui… à Selkirk… (hourras enthousiastes) avec tous mes amis… et je…

– Et les nègres cannibales, comment qu'ils sont ? l'interrompt quelqu'un.

– Oui, oui ! renchérit un autre. Ils t'ont torturé ?

– Et les bêtes, hein ? s'écrie un stentor. C'est quoi, le genre de bestiaux qu'ils ont là-bas ?

– … Je… je… je… je n'avais pas l'intention de faire un discours, reprend Mungo en bafouillant sous les bravos renouvelés et en se demandant s'il n'est pas déjà en train de mener sa campagne électorale… voyez-vous, je voulais simplement arriver sans bruit, aller retrouver les êtres qui me sont chers…

– Houhouhouhou ! C'est que c'est un chaud lapin, le Mungo, ah ça !

– Sûr que c'est la p'tite Ailie qu'il va aller voir, y a pas de doute !

– Ailie ! Ailie ! Ailie ! reprend sur l'air des lampions la multitude ; et joyeuse, insouciante, surexcitée, la voilà qui le juche sur ses épaules innombrables et le porte littéralement en triomphe.

On traverse la place, on descend la rue, la foule grossit toujours, les chiens aboient, quelqu'un pétrit une cornemuse, un autre bat le tambour. « Ailie ! Ailie ! Ailie ! » chante-t-on sans désemparer.

Avant d'avoir pu faire ouf ! avant de seulement comprendre ce qui lui arrive, Mungo se retrouve devant le portail du Dr Anderson, où le déposent avec ses bagages une bonne soixantaine d'individus qui lui lancent des vivats dans le dos. Soudain la porte de la maison s'ouvre et la voilà : Ailie ! Ailie en bonnet et en robe d'intérieur aux manches retroussées, une Ailie abasourdie par la cohue qui se presse et fait ce tintamarre sous son perron. À peine la foule l'a-t-elle aperçue qu'elle ne se sent plus d'aise et que l'enthousiasme monte, tournant à l'orgasme des cœurs. On dirait une horde primitive en proie à des transes hystériques et exigeant que les deux acteurs principaux s'enlacent dans l'instant. Des dizaines de bras se lèvent en l'air, les vivats sont assourdissants, déjà la cornemuse a attaqué un branle et bientôt une partie de la foule se met à danser follement.

On est enfin arrivé à lever la clenche du portail. Quelqu'un passe un bras autour du cou de l'explorateur et, après lui avoir donné un petit coup de coude, le pousse dans l'allée. Mungo s'avance vers Ailie. Les acclamations montent, et puis retombent comme des brisants sur la plage. Toute petite, cheveux de soie, lèvres et regard aussi doux que la chanson de l'eau offerte après la traversée du désert, Ailie l'attend. Trois ans et demi ! Toutes ces nuits de désir brûlant, tous ces rêves de séduction ! Déjà il a posé le pied sur le perron, déjà il lit autre chose dans son regard, comme un mélange de reconnaissance, de surprise et de douleur, quelque chose de fier et de guerrier, là, au vu et au su de tous.

– Ailie ! murmure-t-il en haut des marches, et il lui ouvre grands les bras.

– C'est ça, mon garçon, prends-la dans tes bras !

– Embrasse-la.

Le bruit se fait tumulte, apocalypse.

Il la regarde dans les yeux. Ils lui disent non. Ils lui disent : « J'ai trop attendu. » Ils lui disent : « Au diable Pénélope ! » Elle lui claque la porte au nez.

En ce premier soir qu'il est rentré, il se saoule. À puer, à en vomir. On est obligé d'aller chercher son frère Adam à Fowlshiels et de lui demander de le ramener chez lui. Le lendemain matin, l'explorateur se réveille dans sa maison d'enfance, et la pièce du fond, celle où il a grandi, offre à ses regards un amas de corps étendus : ses frères et sœurs endormis. Il a un violent mal de tête. Il se sent les os tout creux et fragiles. Il pense à Ailie et a envie de vomir. Tout à coup, la porte s'ouvre, laissant le passage à sa mère. Elle vient se blottir dans ses bras et le pleure comme un mort. Son frère se tient sur le seuil, une petite silhouette aux cheveux noirs debout à ses côtés. L'espace d'un instant de folie, l'explorateur prend le visiteur pour Ailie – pour une Ailie qui, après s'être radoucie au bout d'une nuit de réflexion, lui serait enfin revenue. Ce n'est que Zander.

Après avoir déjeuné d'un bol d'avoine au lait, de bannocks, d'œufs au bacon, de pain frais, de haddock fumé, de pommes de terre et d'oignons, le tout arrosé de petite bière et de thé, parce que sa mère lui trouvait mauvaise mine, il se traîne lourdement jusqu'à la rivière avec Zander et s'assied dans l'herbe haute, face au château de Newark. Il fait doux. Les rayons du soleil giflent la surface des eaux et ricochent dans le feuillage qui les filtre en douceur. À chaque tige d'herbe sa sauterelle en équilibre, à chaque fleur son papillon. Mungo arrache un brin de bruyère et se met à le mâchonner. Au bout d'un moment, il se tourne vers Zander. Jusqu'à présent, les deux jeunes gens n'ont fait que commérer sur les gens du village : un tel a épousé une telle, celui-ci est mort, celui-là a fait fortune, un autre est parti se battre contre les Français. On n'a parlé ni de l'Afrique ni d'Ailie.

– Ce qui fait qu'elle croit que je l'ai laissée tomber ?

Zander fait glisser de petits cailloux dans le filtre de ses doigts écartés. Il lui répond sans relever la tête.

– Oui. C'était un sale moment pour elle, quand tu t'es perdu en Afrique et que plus personne n'avait de tes nouvelles... un très sale moment. Mais quand tu es revenu à Londres et que tu n'es pas venu la voir... eh bien, elle s'est dit que tu ne l'aimais plus.

– Comme si j'avais eu mon mot à dire !... Ce n'est quand même pas difficile à comprendre !

– Ailie est une femme, Mungo, pas un homme. Quelle idée peut-elle se faire du devoir, des obligations ? Écoute... laisse-lui un peu de temps... et tu verras comme elle te reviendra. Elle t'aime, Mungo.

Lugubrement, l'explorateur contemple les murs du château en ruine. Il en connaît les moindres recoins et fissures. C'est là qu'enfant, il a refait la Guerre des frontières avec Adam, là qu'il a repris un à un tous les créneaux, là qu'il a repoussé l'ennemi invisible, là qu'il a rêvé de gloires futures.

– C'est que j'en ai vu de belles, moi aussi, tu sais ! La mort, la maladie, la famine, la captivité... J'ai même vu mon guide mourir sous mes yeux sans pouvoir intervenir.

– Nous le savons tous, Mungo. Que tu doives passer par une période de réadaptation n'a rien que de très naturel. Il n'empêche : elle m'a dit que si tu la voulais encore, il te faudrait recommencer à zéro.

– Quoi ? Lui refaire la cour, depuis le début ?

Zander acquiesce d'un signe de tête. Puis il se tourne vers son compagnon, et, l'œil soudain luisant, lui demande :

– Mais bon, dis-moi plutôt comment c'était, là-bas ?

~

Dans le courant de l'après-midi, alors qu'il a un mal de tête à tout casser, la gorge sèche et l'estomac rongé d'acidité, il monte pour la deuxième fois l'escalier qui conduit à la porte des Anderson. Sa cravate est empesée de frais, il étrenne sa veste de serge, il a ciré ses bottes, et il porte un paquet grossièrement emballé sous le bras. Une bonne en tablier et en sabots le fait entrer. Il est en train de se dire que c'est sûrement une nouvelle, lorsque Douce Davie déboule dans le couloir en bondissant. L'explorateur pose un genou par terre et tend la main vers l'animal.

– Là, là, Douce, dit-il en faisant claquer sa langue, le bon toutou !

Le chien s'arrête net et gronde à deux ou trois reprises en retroussant les babines. Pan ! la bonne a claqué la porte. Mungo se redresse gauchement. Douce Davie commence à aboyer.

Un bruit de pas précipités, une porte qui s'ouvre à l'autre bout du couloir. C'est le Dr Anderson. Imposant, le nez épaté, il s'est laissé pousser une barbe qui lui envahit la figure comme une luxuriante floraison de plantes marines. Il enlace l'explorateur avec des gestes qu'on a pour une amante, le serre fortement sur sa poitrine.

– Mungo ! murmure-t-il d'une voix tremblante. Alors comme ça, tu nous reviens !

L'explorateur se sent gêné. À peine le docteur a-t-il desserré son étreinte qu'il recule d'un pas et acquiesce d'un signe de tête.

– Si fait, marmonne-t-il.

Nouvelles accolades, nouvelles effusions, nouvelles démonstrations bruyantes avec bourrades et mains qu'on agite comme des leviers de pompe, ce qui conduit le terrier à gratter la jambe de l'explorateur et à protester de ses jappements. Mungo a l'impression d'avoir traversé tout le terrain avec la balle et d'avoir enfin marqué le but décisif.

– Bien, bien, lance le docteur d'une voix tonnante, entre dans le salon, qu'on te regarde un peu !

Mungo le suit dans la pièce qu'il connaît si bien. Une grande vague de tendresse et de nostalgie commence à déferler sur lui lorsque tout soudain il s'immobilise. Que signifie ?... Les murs du salon sont couverts de bizarres croquis noir sur blanc. On y voit des carrés et des rectangles se pénétrer en alvéoles de ruche, des sphéroïdes aplatis, des cercles inscrits dans d'autres cercles, bref des formes dictées par une géométrie sommaire, comme si l'artiste avait voulu rester à mi-chemin entre le beau et le rationnel, entre les mathématiques et le plaisir. Le jeune homme remarque dans un coin de la pièce le bureau en merisier sur lequel trône, flamboyant comme une icône, un microscope Cuff tout neuf. Il est sur le point de demander à son vieil ami et mentor s'il s'est mis à la micrographie, lorsque le docteur se tourne vers lui et lui tend un verre de bordeaux rouge.

– *Bonne santé* !* aboie-t-il, et mes sincères félicitations. C'est la gloire et la célébrité que tu nous ramènes au canton, et j'en suis bougrement fier pour toi.

Sur quoi il démarre : papillonne autour de la pièce, remplit dix fois le verre de Mungo, lui offre des cigares, des biscuits d'avoine, des harengs doux, de la confiture en pot, renverse des livres de sa bibliothèque... tout cela sans cesser de lui casser la tête avec l'une de ses patientes d'Abbotsford, qu'il venait de guérir d'un impétigo :

– Du raifort ! s'écrie-t-il. Cinq mesures. Plus deux de sang menstruel et trois de bézoard, et les plaies disparaissent aussi vite que si on les frappait d'un coup de baguette magique ! Au diable l'homéopathie ! S'en tenir aux bons vieux médicaments qui ont fait leurs preuves, c'est toujours ce que je dis !

Il marque une pause, pivote sur ses talons et dévisage l'explorateur comme s'il le voyait pour la première fois.

– Mais bon, peut-être que tu en as assez de m'entendre radoter. C'est ma fille que tu viens voir, pas vrai ?

Mungo lui prend la main.

– Je veux l'épouser.

– L'épouser ? s'écrie le Dr Anderson. Un peu, que tu veux l'épouser ! Comme si tu ne lui avais pas déjà demandé de t'attendre pendant que tu jouais les casse-cou chez les nègres et les Hottentots ! Moi, j'appelle ça des fiançailles ou je ne m'y connais pas. Bague ou pas, ça change rien.

– C'est que ju... justement, j'en ai une, bégaie Mungo en fouillant dans sa poche. Ici... là, dans ma... ma...

– Et les fiançailles, ça veut bien dire qu'il y a serment sacré de se marier par-devant le Seigneur et les hommes, non ?

Allez savoir comment, le docteur a réussi à se mettre dans tous ses états et crie maintenant d'une voix de stentor. Ses dernières paroles résonnent à travers la pièce comme une condamnation et font vibrer les verres posés sur les étagères.

L'émotion débordante du vieillard autant que le tour pris par ses questions laissent l'explorateur sans voix.

– Eh bien mais, c'est-à-dire que... oui...

– Et moi, je dis que t'as drôlement raison, mon garçon ! beugle le docteur, rouge jusqu'au blanc des yeux. Alors, épouse-la, bon sang !

Puis baissant brusquement la voix, et avec un clin d'œil (à moins qu'une poussière le gêne), il ajoute :

– Mais seulement, tu la traites comme il faut, mon garçon ! Tu la traites comme il faut !

Sur quoi il disparaît, et la porte claque sur le chambranle comme un coup de tonnerre lointain.

~

Dix minutes plus tard, la même porte chuchote... Assis dans le gros fauteuil près de la fenêtre, l'explorateur perplexe a passé ce temps à s'interroger sur les dessins ésotériques qui couvrent les murs de la pièce. « Serait-ce la dernière toquade de Zander ? » se demande-t-il... Mais le bouton, en tournant, a déclenché dans son système nerveux un carillon de mille cloches. Il se lève d'un bond au moment même où, après s'être glissée dans le salon, Ailie referme doucement la porte derrière elle. Il ne sait trop que dire. Embarrassé, dévasté par l'émotion, sa belle confiance encore en mille morceaux après la débâcle de la veille, il ne peut que la regarder bouche bée.

Elle se tait, elle aussi. Mais sa lèvre inférieure tremble un peu et dans ses yeux saturés de vert, les pupilles, à force de se contracter, ne sont plus que des pointes d'épingles, dures et froides de ressentiment, de détermination et de colère. Hormis ses yeux, ses lèvres et son nez retroussé, c'est à peine si Mungo la reconnaît. Ailie s'est transformée. La campagnarde en sabots et en robe de coton blanc d'autrefois est devenue une vraie demoiselle, digne de la meilleure société londonienne. Elle s'est mise *à la mode** : elle porte un bustier en brocart et une ample robe de velours anglais d'un vert aussi profond, aussi riche que le tapis de gazon d'une clairière en pleine forêt. Elle a ramené en arrière ses cheveux noirs, sous un bonnet dont le vert rappelle celui de sa robe, elle s'est poudré le visage et a enfilé d'élégantes pantoufles. Froides et grises comme des nuées grosses de pluie, ses tourterelles se sont perchées sur ses bras nus.

– Eh bien, lance-t-elle enfin, mon père me dit que tu voulais me voir ?

– Oui, je voulais… je veux… oui, bredouille-t-il en s'avançant vers elle.

Puis il hésite et reste là, son paquet tendu devant lui comme une offrande.

– Je voulais… commence-t-il, et les mots s'alignent au bout de sa langue, des mots pour dire des espérances et des émotions toutes simples, amour, mariage, famille.

Mais voilà que quelque chose se met en travers, quelque chose qui soudain le désarçonne et le bloque entièrement, ce doit être parce qu'il n'a plus de forces, parce qu'il a passé sa nuit à boire, parce qu'il a les nerfs à vif, parce qu'il s'est levé trop brusquement de son fauteuil. Des crises, il en a déjà eu six ou sept à Londres. Alors il a senti, comme une pieuvre venue des côtes mêmes de l'Afrique, la malaria le rattraper, le mettre à genoux et lui brouiller l'esprit. Un jour il a tellement perdu le fil de ses idées, au beau milieu d'une conférence qu'il donnait devant le Cercle équestre et géopolitique des Dames de Chelsea, que Sir Joseph a dû le remplacer au pied levé. Une autre fois encore, chez la baronne, il est tombé dans les pommes à sa première coupe de champagne. Et voilà qu'inexplicablement il se retrouve à genoux et là, à cinq ou six pas d'elle, ne sait plus ce qu'il se proposait de lui dire.

– Oui ? lui souffle-t-elle, le visage radouci par l'espoir.

– Je euh… euh… je…

– Oui ?

Elle se rapproche un peu et soudain prend peur en voyant l'expression qui s'est inscrite sur le visage de son amant… Aurait-elle été trop dure avec lui ?

– C'est le paquet que tu voulais me donner ? lui demande-t-elle de la voix qu'on prend avec un enfant. C'est pour moi ?

À quatre pattes, Mungo, comme un chien mouillé qui rentre chez ses maîtres, secoue la tête pour s'éclaircir les idées. Après quoi il regarde son paquet, et l'on dirait que c'est la première fois qu'il le voit.

– Je veux… veux… euh… je veux te… euh…

Doux Seigneur, mais que lui ont-ils fait ? Mortifiée, Ailie laisse retomber son bras. De surprise, les tourterelles s'envolent, vont se cogner dans les murs, affolées, heurtent le plafond ; et… et voilà qu'elle aussi, elle est par terre. Agenouillée à côté de lui, elle lui prend le visage entre les mains et désespérément essaie de lire ce qu'il y a dans son regard.

– Mungo ! Mungo ! s'écrie-t-elle. Qu'est-ce que tu as ?

Il tourne la tête pour l'embrasser et, tandis que le paquet lui échappe des mains, s'étale de tout son long sur le plancher.

– Euh… euh… murmure-t-il.

D'un bond, elle se redresse et sort du salon pour appeler son père.

Un instant plus tard, le visage blême, le Dr Anderson fait irruption dans la pièce, suivi de son nouvel apprenti.

– Vite, mon garçon, trouve-moi des sels ! Et tu m'apportes ma trousse… il va falloir le saigner !

Les sels remettent l'explorateur d'aplomb – suffisamment en tout cas pour qu'aidé de son assistant, le docteur puisse l'installer dans le fauteuil et lui faire une incision à l'avant-bras. Ailie se montre à la hauteur de la situation ; serrant les dents, elle tient le bol de porcelaine brillante. Frais et liquide entre ses doigts, le sang de son fiancé jaillit sur sa robe. L'apprenti, un jeune homme de seize ans à l'œil baladeur, tourne la tête et, après s'être excusé, s'en va vomir dans l'âtre. Le vieillard fulmine ; les tourterelles roucoulent, campées sur le dessus de la cheminée.

~

Plus tard, bien plus tard, debout devant le miroir de sa chambre, Ailie enlève ses boucles d'oreilles et défait l'agrafe de son collier. Il est 3 heures du matin. Dans la chambre d'amis, Mungo dort profondément. Encore un peu pâle, après tout ce sang perdu, il a une légère fièvre, mais le pire est passé. Ailie et Zander l'ont veillé une bonne partie de la nuit. Lorsqu'elle l'a quitté pour aller se coucher, son frère dodelinait du chef, assis sur une chaise à dossier droit, un verre de cognac coincé entre les jambes.

Elle ôte sa robe par l'encolure, l'étale en travers de son lit et en lisse les plis. Sur le vert du tissu, le sang de son fiancé, en séchant, a laissé de petites taches noires. On les remarque à peine mais Ailie ne peut s'empêcher d'y porter les doigts à huit ou dix reprises en se disant qu'elles sont bien obstinées, et en se demandant à quoi elles ressembleraient si elle les regardait au microscope. Elle s'imagine assise près de la fenêtre, en train d'assujettir sous la lentille son bout d'étoffe : elle met au point, et voici que sous ses yeux se révèle une substance organique qui piquette le tissu… des fibres capables, en se sclérosant, de resserrer les lèvres d'une blessure comme le feraient des doigts, des fibres inextricablement mêlées, au sein même de la trame et de la chaîne du velours. Du sang séché, friable, un dépôt poudreux, rien de plus… que pourtant une demi-douzaine de lavages ne suffiront pas à faire disparaître.

Assise en liquette au bord du lit, elle cède à la fatigue et laisse passer un moment avant de se pencher pour ôter ses chaussures puis ses bas. Fatiguée ? Non, plutôt épuisée et surexcitée, vide et repue. Fini les petits jeux, fini l'attente. Elle s'est conduite comme une gamine. Son promis est de retour et il a besoin d'elle, c'est tout ce qui compte. Les chaussures tombent sur le plancher, d'abord la gauche, puis la droite, mais soudain le paquet posé sur la coiffeuse attire son attention : un paquet volumineux, fait n'importe comment. Mungo n'a pas pu le lui donner à cause de cette crise qui l'a terrassé. Il a choisi quelque chose pour elle en quittant Londres.

La lampe à huile a attiré des papillons de nuit. Quelque part à l'autre bout de la pièce, un grillon frotte ses pattes l'une contre l'autre. Dehors, derrière les rideaux en dentelle, mille autres lui répondent. La nuit en crépite : on croirait entendre une armée de nourrissons en train de secouer leurs hochets. Bras et jambes nus, Ailie se relève et se porte comme en glissant jusqu'à la coiffeuse, elle soupèse le paquet dans sa main. Il lui paraît lourd, massif ; et d'une forme bien étrange. Elle est sur le point de déchirer l'emballage mais non, elle ne s'en sent pas le droit : Mungo a certainement envie de partager sa surprise. Elle repose l'objet d'un air décidé. Et commence à délacer son corset. Un instant plus tard, elle l'ôte, enlève ses derniers sous-vêtements, qu'elle laisse tomber à ses pieds, et fait un pas vers l'armoire... lorsque le paquet attire à nouveau son regard. Elle le soulève encore une fois, s'interroge et... et ne réfléchit pas : elle déchire l'emballage avec ses ongles.

Elle se retrouve encore plus déroutée.

On dirait une sculpture, en bois, en pierre peut-être. Elle la tourne et la retourne dans ses mains. C'est lisse, et noir. Si noir même qu'on croirait que la matière boit la lumière jusqu'à son dernier grain. Ailie est d'abord incapable de deviner de quoi il s'agit. Puis, le sens de ces contours à peine dégrossis se dévoile : c'est une femme. Imposante. Sans proportions. Tête grosse comme un gland, tétons qui pendent, abdomen et fesses cruellement accusés, jusqu'à l'absurde. La jeune fille regarde de plus près. Les pieds de la femme ressemblent à des arbres, chacun de ses orteils à un tronc. Mais... qu'est-ce que c'est que ça ? Noir sur noir, un serpent lui monte le long de la jambe, sinueuse énigme.

Ailie contemple la figurine pendant un long moment. Elle se laisse envahir par sa noirceur satinée, s'abandonne à sa profonde intensité, puis se met à frissonner. Une brise nocturne soulève les rideaux de la fenêtre. Nue, elle pose la statuette sur la table et gagne l'armoire pour y prendre sa chemise de nuit. Dehors, les grillons s'émeuvent.

L'ENFANT DU SIÈCLE

C'était l'été de 1799 : en Égypte, Napoléon levait le camp ; tandis que Nelson s'empêtrait dans les affaires italiennes. Ailie Anderson devint Mrs Park. Moins d'un an plus tard, en juin 1800, un premier enfant lui naissait. Ce fut le Dr Dinwoodie qui l'accoucha, pendant que son père et Mungo partageaient nerveusement une pinte de bière dans le salon de devant. C'était un garçon. Si gros qu'il faillit fendre sa mère en deux. On le prénomma Thomas.

Mungo tint le nouveau-né dans ses bras : il avait les yeux encombrés de mucosités jaunes, les doigts plissés, aussi rouges que s'il avait lavé dix mille assiettes. La tête était lisse et veinée comme un bulbe de chair. Le père d'Ailie proposa un toast :

– À l'enfant du siècle !

Ailie n'arrivait pas à y croire. Après toutes ces années de peur et d'incertitude, après tous ces jours, toutes ces semaines et tous ces mois d'interminable attente, IL était de retour. Cela faisait moins de deux ans qu'un étranger, elle pouvait le dire, se présentait à sa porte et qu'elle était devenue sa femme, la mère de son enfant. C'était tous les matins qu'elle se réveillait à côté de lui, tous les soirs qu'elle s'asseyait à la même table que lui pour souper. Mungo lui appartenait. Cette pensée l'absorbait entièrement et, jusqu'au bout des ongles, la remplissait de fierté et de satisfaction. Le microscope se couvrait de poussière.

Bien sûr, des difficultés, ils n'en avaient pas manqué.

La première année de vie commune avait été marquée par un mélange, à parts égales, d'espoirs et de désillusions. Mungo s'était installé six mois à Fowlshiels pour y écrire son livre, et il travaillait tous les jours, du matin jusque fort avant dans l'après-midi. Ensuite, il rentrait à Selkirk à cheval afin de passer la soirée avec elle. Ensemble ils longeaient la rivière, ils contemplaient le tournoiement des feuilles en automne, ils allaient rendre visite à Katlin Gibbie, dansaient le branle écossais dans son salon, allumaient du feu dans les bois et y grillaient le saumon. Ils avaient recommencé à se connaître. Un jour, ç'avait été comme autrefois.

Peu à peu cependant, Mungo avait senti que l'Afrique se remettait à compter pour lui. Ce Noël-là, il avait pris la malle pour Londres, et n'était rentré de la capitale que cinq mois et demi plus tard : il lui fallait, avec Edwards, mettre la touche finale à ses *Voyages dans les contrées intérieures de l'Afrique*. Le livre était sorti en mai. Le succès avait été aussi éclatant qu'immédiat. On avait dû procéder à un deuxième tirage ; puis à un troisième ; l'engouement pour l'Afrique avait fait surgir partout en Europe clubs et associations. Mungo écrivait sa lettre quotidienne à Ailie.

L'homme qu'elle avait épousé au mois d'août était une célébrité. Elle avait emballé ses livres et son microscope et avait emménagé à Fowlshiels, pour un temps. Mungo n'avait pas de projets précis. Il lui arrivait tellement de propositions que la moitié de son temps et de son énergie passait à les rejeter. Le gouvernement voulait qu'il dressât la carte de l'Australie, Banks en tenait pour une deuxième exploration en Afrique, d'autres encore lui offraient de donner des conférences, d'écrire des articles, de cataloguer des herbiers, voire de diriger des expéditions au Groenland, à Bornéo, à Belize, etc.

– Je n'ai pas envie de m'installer définitivement, avait-il confié un jour à sa femme, pas pour l'instant du moins.

Elle lui avait demandé de s'expliquer.

– J'ignore ce que l'avenir nous réserve, avait-il répondu. Il se pourrait bien que nous emménagions quelque part et que dès le lendemain, nous soyons obligés de refaire nos malles pour partir ailleurs.

Il y avait longtemps qu'elle redoutait quelque chose de ce genre.

– Tu ne vas quand même pas me dire que tu as l'intention d'abandonner ta femme, qui est enceinte de ton premier enfant, pour filer Dieu sait où et ne revenir encore une fois que dans trois ans et demi... voire jamais ! Bon sang, monsieur mon époux, on vient juste de se marier et tu as déjà envie de me transformer en veuve ?

– Allons, Ailie, n'ai-je pas dit « nous » ? Voilà déjà quelque temps, si j'en crois Sir Joseph, que le gouvernement songe à envoyer des colons sur les bords du Niger... Cela va même devenir très urgent si nous voulons y devancer les Français. On parle de me confier... que dis-je ? de nous confier, oui, à nous deux, la direction de la colonie. Tu te rends compte ?

Puis il avait ajouté, avec un regard brumeux et comme perdu dans quelque lointain :

– Pense un peu à tout ce que nous pourrions faire si nous habitions sur les rives du Niger ! Pense à tous les territoires que je pourrais courir ! À toutes les découvertes que je pourrais faire !

– Je n'ai pas envie de vivre en Afrique, avait-elle rétorqué.

Mais il ne l'écoutait plus, n'avait pas entendu un seul mot de ce qu'elle venait de dire, ne la voyait même plus. Non ! c'était à quelqu'un d'autre qu'il s'était mis à parler, à lui-même qu'il avait commencé à faire l'article : haute en couleur, l'Afrique était un lieu où l'on vivait pour de bon, où la nature était exubérante, où les fleuves regorgeaient d'or, où la terre était si fertile qu'il n'y avait même pas besoin de se donner la peine de la cultiver.

Neuf mois plus tard, à la naissance de Thomas, ils habitaient toujours Fowlshiels.

~

Aujourd'hui son premier fils est sevré, et elle en attend un deuxième. Assise sur la terrasse, un livre ouvert sur les genoux, elle sirote une tasse de café. Ils n'ont toujours pas quitté Fowlshiels. C'est l'été : l'été de 1801. Rien n'a changé. On continue de faire la guerre à la France. Les prix flambent. Les gens émigrent par milliers. Mungo est encore dans l'attente.

Depuis qu'il a terminé son livre, ce n'est pas le temps libre qui lui manque. Voilà maintenant deux années écoulées… il pêche, il chasse, il se lance dans de grandes randonnées solitaires à travers les collines. Parfois, il disparaît dans la forêt avec Zander et y passe la nuit à la belle étoile. Son père est mort et Adam est parti aux Indes : alors, il aide son frère Archie à s'occuper de la ferme. Il ne dit pas grand-chose, il est morose. Un soir qu'il n'est pas rentré dîner, Ailie le retrouve au bord de la rivière, assis à regarder l'eau couler, à y jeter un caillou puis un autre : mille, deux mille, trois mille, se compte-t-il à lui-même. « C'était ma façon de calculer la profondeur des fleuves en Afrique », telle est l'explication qu'il lui a donnée.

Après quoi il lui a souri, pour la première fois depuis une semaine : « Drôlement important de savoir où on peut passer à gué », a-t-il ajouté. Parfois aussi, il se réveille en sueur, ou se prend à vociférer dans une langue bizarre pendant son sommeil. Son appétit sexuel est stupéfiant. Il se dit heureux.

Il n'empêche : il est toujours le premier à faire la queue lorsque la malle-poste arrive de Londres, le premier à chercher des yeux une enveloppe marquée au sceau du gouvernement, voire une lettre de Sir Joseph. Invariablement, il est déçu. Les nouvelles ne sont pas bonnes. Le gouvernement s'intéresse surtout à la guerre, Sir Joseph pense que ce n'est pas le moment de se lancer dans une deuxième expédition, les Français sont en train de gagner en Afrique occidentale… Ailie est inquiète. Que se passera-t-il le jour où la guerre prendra fin ? Et si Sir Joseph venait à changer d'opinion ? Et si les Français cessaient de gagner en Afrique occidentale ? Elle relève la tête, et le vert horizon de ses molles collines a cédé la place à la forêt vierge où tout foisonne. Le fœtus remue dans son ventre. Quelque part, dans les profondeurs de la maison, l'enfant du siècle se met à pleurer.

PEEBLES

Peebles[1].

Il n'y a pas d'autre solution.

Oui, Peebles ! Elle lui en parlera dès son retour.

1. Ce nom de lieu-dit peut se traduire par « cailloux » – ceux-là mêmes que Mungo jette dans la rivière.

~

L'après-midi touche à sa fin lorsqu'elle le repère : Zander à ses côtés, il vient de sortir du bois de mélèzes au bout du champ. Froid et laiteux, le soleil est bas dans le ciel. Des ombres enchevêtrées glissent des arbres. Des ombres intenses, menaçantes, bleu-noir, des ombres qui s'étirent à travers le champ ainsi que des doigts, des ombres qui semblent vouloir garder pour elles les deux hommes, qu'un instant elle perd de vue. Jusqu'à ce que, oui, là-bas... l'éclair de ses cheveux lorsqu'il regarde le soleil, sa démarche allongée, et Zander qui fait tout ce qu'il peut pour rester à sa hauteur... Une seconde plus tard, les voilà qui remontent le chemin charretier.

– Ohé ! lance-t-elle.

Ils lui font des signes.

– Soif ?

– Si fait !

Lorsqu'ils arrivent devant la terrasse, elle leur a déjà préparé deux chopes de bière. Ils se jettent sur leurs sièges de bois avec l'aisance et la grâce animale de deux hommes venant d'accomplir un exploit. Zander a le col trempé de sueur. Et un coup de soleil sur le nez.

– Et où êtes-vous donc allés aujourd'hui ?

– Jusqu'à la lande d'Ancrum, répond Zander.

– Jusqu'à la lande d'Ancrum ! Mais cela fait au moins quatorze milles aller-retour !

– Dix-sept.

– Et vous n'avez probablement pas cessé de parler crocodiles et Mandingues pendant tout le trajet, c'est ça ?

Zander sourit. Le bébé, qui jouait par terre, vient de pousser un petit cri d'extase devant on ne sait quoi ; Mungo tourne la tête et regarde son fils d'un air lointain, comme s'il ne le reconnaissait pas. Thomas observe son père avec insistance, puis s'enfourne une saleté dans la bouche. Il a le menton luisant de salive et de poussière.

Les hommes s'occupent de leur bière ; un ange passe. Ailie prend son tricot.

– Aujourd'hui, papa est allé faire un tour, dit-elle.

Pas de réaction.

– Il m'a parlé d'un endroit à Peebles. La propriété d'un médecin... avec une belle maison ancienne... Qu'en penses-tu ?

Mungo lève le nez de dessus sa bière.

– À Peebles ? Mais c'est à une journée de cheval d'ici !

– C'est vrai que cela nous obligerait à quitter nos parents et nos amis. Mais nous ne pouvons pas rester ici à attendre... éternellement. Non ?

Zander a passé toute sa vie à attendre. Il repose sa chope.

– Je ne vois pas pourquoi. Mieux vaut attendre l'occasion de se relancer dans une belle aventure que de s'embourber à jamais dans la vie de médecin de campagne. Tu n'as qu'à voir comment ça a rendu le vieux...

Mungo lui lance un regard douloureux.

– Je ne sais pas, dit-il.

Tout à coup, Zander part d'un grand éclat de rire.

– C'est quoi, ce qu'on dit de Peebles, déjà ?

– Comment ça ?

– Tu sais bien, l'expression que le vieux Fergusson n'arrêtait pas de nous sortir à tout bout de champ...

Le visage de l'explorateur s'éclaire : il se rappelle, en effet !

– Ah oui ! oui !... voyons... c'est ça : « C'était par une nuit drôlement tranquille... une nuit aussi calme que la tombe, ou que Peebles ! »

Les personnages en deuil qui se sont alignés sur les marches du perron sont des gens du métier. En costume et foulard noirs, ils regardent obstinément par terre ou contemplent les environs d'un air hébété et profondément affligé. Tous observent un impeccable garde-à-vous, tous brandissent une longue perche d'ébène ornée d'un drapeau en berne et surmontée d'une aigrette noire dont les plumes se croisent comme des épées. Un sinistre crachin a déposé des perles sur leurs hauts-de-forme et sur leurs favoris. Ils attendent, avec une patience de professionnels, que le cortège funèbre veuille bien se mettre en route – après quoi ils pourront se ruer sur les restes du repas et boire jusqu'à l'abrutissement complet. Le cortège devrait s'ébranler à vingt et une heures.

Tout l'après-midi durant, des voitures se sont succédé au portail pour y déverser des groupes d'hommes au visage grave, de femmes abattues par la douleur et d'enfants renifleurs. De la famille surtout : un héritage, ça se mérite. Enfin réunis dans la maison, ils pleurent et gémissent d'abondance. À huit heures moins le quart un phaéton étincelant stoppe net devant le portail, un gentleman en noir en ouvre brusquement la portière puis saute sur le pavé : il est trop éploré pour respecter les formes. Un instant plus tard, il arrive à la porte d'entrée. Il est essoufflé, coiffé à la perfection, et son visage littéralement rayonne à force de larmes.

Ce gentleman s'appelle Ned Rise. Il a revêtu un costume noir en velours de Gênes, il porte des gants et un foulard teints à l'encre d'imprimerie et des souliers passés au cirage noir, semelles comprises : il faut ce qu'il faut. Dans sa poche, un mouchoir en soie noire imbibé de vinaigre. Il s'en éponge le visage en pénétrant dans la maison.

Assis à la porte, un morne vieillard au nez grêlé distribue aux nouveaux arrivants des brins de rue ainsi que des anneaux d'or portant le nom, l'année de naissance et l'année de décès du défunt. Murs, fenêtres et plafond sont tendus de crêpe noir, et les candélabres diffusent une lumière de chapelle ardente. Le bourdonnement qu'on entend, mezza-voce, dans la pièce voisine, est entrecoupé de piaulements et de mouchages sonores. Déjà en larmes, Ned aspire à son mouchoir une réconfortante bouffée et s'apprête à se jeter dans l'entrée en redoublant d'hystérie hyperaqueuse lorsque, tout soudain, il sent une main se poser sur son bras. Il fait demi-tour et se retrouve en train de contempler le visage d'une jeune dame dont la lèvre inférieure tremble beaucoup. Une jeune dame, ou plutôt une jeune fille, puisqu'elle n'a que dix-sept ou dix-huit ans, tout au plus. Ses cheveux sont deux vagues qui lui déferlent jusqu'à la taille. Elle a les yeux noirs comme de la poix et un grain de beauté sur le sein gauche.

– Claude ? dit-elle.

Qui ça peut bien être, nom de Dieu ? Ned réfléchit. La cousine ? Oui, bien sûr. Aveuglé par les larmes, il lui prend la main et renifle.

– Cousine ?

À son tour, elle pleure, puis elle acquiesce d'un signe de tête.

« Allez, commençons par là », se dit-il en rangeant son mouchoir dans sa poche.

– Ah ! cousine ! s'écrie-t-il en enfouissant le visage dans les cheveux de la demoiselle.

~

Depuis la folle nuit du cimetière d'Islington, il y a trois ans et demi de cela, Ned a vécu une vie aussi contrainte que de l'eau de pluie dans une écluse, mais une écluse qu'aurait dessinée le Dr Decius William Delp, savant, époux, père, maître chanteur, goule... Delp, l'éminent et très respectable professeur de chirurgie qui de temps à autre sirote un verre de madère avec Lord Untel, joue une partie de whist avec Lady Une telle, avant d'expédier ses complices dans les cimetières des environs avec ordre d'y vider les tombes de leurs occupants sans attendre que leurs humeurs soient seulement sèches.

Vu la situation, Ned n'avait guère le choix. Survivre, il savait faire. N'avait-il pas déjà survécu aux pires brutalités, à la mutilation, à la noyade, à la puanteur du poisson, à l'emprisonnement à Newgate, à la potence ? C'était tout cela qu'il avait revu en un éclair tandis que dans la désolation du cimetière d'Islington résonnait encore ce coup de pistolet que quelqu'un venait de tirer. Survivre ! Il avait alors compris qu'il était capable de résister à n'importe quoi – sabbat de sorcières, insurrection de morts-vivants, assauts conjugués de Delp, Banks, Mendoza et Napoléon en personne. Qui plus est, on n'avait fait feu qu'une seule fois, et la balle avait bien dû passer à six pieds de lui, pour finir par se loger dans la cuisse de Quiddle et lui briser le fémur en mille morceaux. Le projectile avait frappé avec un bruit sourd, celui même que produit le bon assommeur de porcs lorsqu'en un geste net, un geste coulant, mortel, il abaisse son gourdin sur la tête de l'animal ; un bruit sec qui, sitôt après la chute de la bête paralysée, semble brusquement amorti par la masse spongieuse de chairs et de graisse. Il y avait eu un moment de silence surpris – non, assurément, personne n'avait voulu aller aussi loin –, et puis Crumps avait lentement battu en retraite tandis que Boyles hurlait encore un coup. Quiddle, lui, n'avait rien dit.

Ned avait d'abord eu envie de s'enfuir ; de tout balancer par-dessus bord et de courir jusqu'à ce que ses poumons éclatent, mais il s'était brusquement souvenu que Quiddle ne l'avait jamais abandonné, qu'il l'avait soigné, qu'il lui avait donné son lit et l'avait fidèlement défendu contre les attaques de Delp.

– Horace ? avait-il murmuré. Ça va ?

Pas de réponse. Le noir complet. Rien. Il s'était mis à faire le tour de la tombe en tâtonnant, craignant le pire. Et si Quiddle était mort ? Delp exigerait ses cinq cadavres, et son ami serait coupé en morceaux comme tous les autres : tant de yards d'intestins, tant d'onces de cet organe-ci ou de cet organe-là, plus tant de saucisses, de tripes et de fromage de tête... Cette image se présentait avec une telle précision, lui donnait à ce point froid dans le dos qu'il avait failli mourir d'effroi lorsqu'il avait soudain senti Quiddle lui prendre la main.

Celui-ci la lui avait serrée comme dans un étau. Il avait la voix rauque. Entre deux hoquets, il lui expliquait la façon de faire un garrot et insistait sur l'urgence de l'affaire : non seulement pour lui, mais encore à cause de Crump, qu'il fallait coûte que coûte empêcher d'aller trouver la maréchaussée, laquelle s'empresserait de leur tomber dessus. Ned avait parfaitement compris. Il avait arrêté l'hémorragie, tiré son ami jusqu'au pied du mur... mais n'avait pas eu la force de le lui faire franchir.

– Tu tiens bon ! lui avait-il soufflé avant de partir à la recherche de Boyles.

Ce dernier s'était accroupi derrière une dalle et là, se plaignait dans sa barbe. Son vieux fonds de paysan irlandais vibrait aux histoires d'ogres, d'elfes et de fées, c'est sûr. Mais quoi ! Cette fois-ci, c'était pour de vrai. Pas plus tard qu'il y avait cinq minutes, il s'était retrouvé nez à nez avec quelque chose d'impensable. Spectre, fantôme, ombre, appelez ça comme vous voudrez, il n'en restait pas moins que ce mort qui parlait et marchait, il l'avait vu ! Il en était encore tout secoué. Il était aussi à moitié rond, c'est vrai, mais pour être secoué, il était secoué. Ned avait été obligé de le plaquer aux jambes, de le coincer par terre, de le gifler une bonne cinquantaine de fois et de lui raconter, à deux reprises, comment il avait réchappé de la pendaison ; alors seulement il avait pu le convaincre de se remettre debout et de venir l'aider ; ensemble, ils arriveraient bien à faire passer Quiddle par-dessus le mur du cimetière.

Carré dans le fond de la charrette, Boyles s'était mis à téter la flasque de Ned comme un homme qui rêve. Quiddle saignait et gémissait. De temps à autre, il se plaignait aussi du froid. Ned avait fouetté les chevaux jusqu'à en avoir la jointure des épaules engourdie. Ils étaient arrivés à l'hôpital. C'était Delp en personne qui avait opéré. Il avait amputé juste au-dessous de la hanche et avait cautérisé la plaie avec le plat d'une pelle chauffée à blanc.

Quiddle se trouvant maintenant hors d'état de travailler, Delp en était venu à compter de plus en plus sur Ned. Lequel Ned, étant donné les possibilités réduites, pour ne pas dire nulles, qui s'offraient encore à lui, avait progressivement surmonté ses résistances et fini par mettre son astuce au service de son maître. La réserve de cadavres étant limitée dans l'enceinte de la capitale, il lui avait fallu affronter la concurrence directe de Crump et des autres. Moyennant un gallon et demi de gin par semaine, il avait réussi à embaucher Boyles en qualité d'assistant et les deux compères s'étaient bientôt sentis aussi à leur aise au milieu des cimetières et des catafalques qu'ils l'avaient été en la compagnie des fûts de bière et des piliers de tavernes.

L'année ne s'était pas encore écoulée que Ned fournissait déjà à son patron tous les cadavres qu'il pouvait disséquer et se faisait même quelques extra. L'année suivante, il gagna assez d'argent pour quitter l'hôpital et s'installer à Limehouse. Il commença à s'habiller avec une certaine élégance. À dîner en ville. À songer enfin à passer sur le continent afin d'y retrouver la trace de sa bien-aimée.

Ned était vivant. Il s'adaptait. Malgré les dangers et les désagréments de son travail, il se laissait aller à un optimisme prudent. D'un côté, il y avait Delp, et Dieu sait s'il était exigeant et sans scrupules ; et de l'autre Crump, qui, fort irrité de ses incursions dans sa sphère d'influence, se faisait de plus en plus menaçant. Cela dit, à condition de marcher sur la pointe des pieds, il arrivait à se frayer entre les deux un tout petit bonhomme de chemin. Insensiblement mais régulièrement, et avec une force grandissante, sa bonne étoile recommençait à monter au firmament.

~

Or donc, comme ces gens en deuil qui se pressent sur le perron, comme ce vieillard qui distribue ses brins de rue, Ned ne s'intéresse au défunt que d'une manière purement professionnelle. C'est la veille au matin qu'en parcourant la rubrique nécrologique, il est tombé sur la notice suivante :

« La Cité pleurera longtemps feu Mr Claude Messenger Osprey, fabricant de faïences et de vaisselle en porcelaine, qui, en ce huitième jour du mois de juin mille huit cent un, vient de mourir d'esquinancie à l'âge de cinquante-sept ans. Mr Osprey s'est surtout fait connaître pour la manière résolument inventive dont il s'est lancé dans la fabrication des vases de nuit en porcelaine. C'est lui qui, le premier, a eu l'idée du *pot de chambre** individualisé et, à cette fin, a embauché nombre d'artisans inspirés dont les motifs en forme de trèfle et de saule nous sont tous si intimement familiers. Mr Osprey laisse derrière lui un frère, Drummond, qui réside à Cheapside, et un fils, Claude Junior, grossiste en porcelaine à Bristol. La dépouille du défunt sera exposée en grande pompe à la résidence de son frère ce soir même et pendant toute la journée de demain. Le service funèbre est prévu pour demain soir, vingt et une heures. »

Une petite enquête auprès des domestiques de la famille endeuillée a permis à Ned de découvrir un fait intéressant : le seul souvenir que l'on ait gardé de Claude Junior, qui vient juste de quitter Bristol pour assister aux obsèques, remonte à l'époque où il n'était encore qu'un enfant. Suite à une brouille entre Mr Osprey père et madame, le gamin a été envoyé en pension dès l'âge de neuf ans. Hormis cela, on le retrouve à l'Université, puis marié, et enfin à la tête de la filiale de Bristol de l'entreprise familiale ; et comme de tout ce temps-là il n'a pas remis les pieds à Londres, on peut dire que sa famille est restée vingt ans sans le voir.

Le soir même, Ned, Quiddle et Billy Boyles sont à pied d'œuvre devant le *Café de Gloucester* lorsque la malle-poste arrive de Bristol. Boyles, qui s'est mis en livrée, ouvre la portière du véhicule avant même qu'il ne s'immobilise et appelle Mr Claude Osprey Junior d'une voix brisée par la douleur et par l'angoisse. Il se fait passer pour le valet de pied de feu son père et conduit le jeune héritier jusqu'à une voiture arrêtée en haut de la rue. À l'intérieur, telles deux araignées domestiques se promettant un festin aux dépens du visiteur, Ned et Quiddle jouent avec des bouts de corde et de solides lacets en coton. Osprey aurait-il pu s'en tirer ?

~

– Ah ! tu sais, reprend-elle en reniflant, je t'ai reconnu dès que tu as passé la porte…

Ned émet un ou deux grognements de douleur, se mouche, lui jette un regard éperdu.

– Ah bon ? Et comment ça ?

– C'est que tu… tu…

Et la voilà qui lui retombe dans les bras et pleurniche comme un chien qui se noie.

– … Tu lui ressembles tellement !

Le reste fut un jeu d'enfant. Quelques tantes encombrantes, deux ou trois oncles secoués de tremblements, des aigris par alliance, des cousins issus de germains, une vieille nourrice pleine de méfiance. Dieu merci, il n'y a pas de veuve. (Sans en être tout à fait sûr, Ned croit se souvenir d'une certaine Mrs Tillie Marsh Osprey dont le cadavre aurait disparu dans un cimetière du West End il y a deux ans de cela.) En attendant, les condoléances ne cessent de pleuvoir à la ronde comme des briques qui dégringoleraient à la faveur d'un tremblement de terre. Quelqu'un porte un toast. Et puis un autre. Les larmes reprennent, on se redonne de petites tapes dans le dos, ça empeste le parfum et l'alcool ; un baiser, une main qui serre la sienne, enfin tout le monde se retrouve dans la rue, emmitouflé dans des capes noires. On tient bien haut les flambeaux, on s'avance avec une belle dignité derrière l'énorme corbillard tiré par des chevaux ; les pavés, une rue en pente, le dernier virage avant le cimetière… Cette fouine de pasteur avec ses yeux qui brillent : « Ce qui est poussière retournera à la poussière. » C'est alors que Ned se jette sur le cercueil, mord les fossoyeurs aux chevilles, se montre d'un seul coup inconsolable et, dans le sauvage débordement de son chagrin, repousse l'escadron de ceux qui voudraient adoucir son chagrin ou lui témoigner leur sympathie. Il se traîne par terre, il glapit, il est plus Hamlet qu'Hamlet. Tant et si bien qu'à la fin, le visage ruisselant de larmes, il les supplie de l'abandonner à sa douleur et à cette envie incontrôlable que brusquement il éprouve d'enterrer avec amour, et de ses propres mains, ce grand homme qu'était son père.

Dix minutes plus tard le cimetière est désert lorsque, Quiddle tirant sur les rênes, l'élégant phaéton s'arrête au portail. Une silhouette mince à tête plate en descend et rejoint Ned Rise à côté de la tombe. Il se fait dans le noir quelque déplacement, peut-être même entend-on quelques ahans – y aurait-il là un soupçon d'affaire scélérate?... Puis la voiture s'éloigne. Dans le cimetière la dernière torche s'éteint.

PÂTE QUI MONTE CONTIENT LEVAIN

L'aurore étire ses doigts de rose au-dessus des toits de Londres lorsqu'une marchande d'allumettes à bec-de-lièvre trébuche sur la forme crispée de Claude M. Osprey Junior: pieds et poings liés, l'héritier de la fortune des Osprey est en train de remonter méthodiquement, pouce après pouce, une ruelle; dans sa reptation sur le sol gras et sale, il traîne après lui un tas de détritus. Il a le visage couvert d'entailles aussi fines que des cheveux. Un foulard sale lui a été enfoncé dans la bouche.

– Mmm... fait l'homme. Mmm!...

La jeune fille incline un peu la tête pour mieux jauger le bonhomme; vive comme le setter qui répond à son maître, en un tournemain elle lui a fait les poches. Une demi-heure plus tard, c'est au tour d'un apprenti boucher de passer là ; il regarde une fois, deux fois, se traîne jusqu'au jeune héritier, et reste planté là, comme si l'apparition d'un homme ficelé et bâillonné dans une ruelle sombre lui posait un dilemme proprement aristotélicien. On peut voir, au-dessus du bâillon, les yeux d'Osprey s'élargir de fureur et d'exaspération : le gamin en a la mâchoire toute molle. Il commence par remonter la rue, la tête enfoncée dans les épaules, puis fait demi-tour et se retrouve, pour finir, accroupi à côté de l'homme, à qui il ôte précautionneusement le foulard sale de la bouche.

L'homme attaché fait travailler sa mâchoire comme s'il s'agissait d'une pièce rapportée.

– Détache-moi, ordonne-t-il.

Le gamin enfonce le foulard dans sa poche. Après quoi, il se gratte une oreille, en sort un peu de cire, l'étale au bout d'un ongle noir et se met à l'examiner d'un air pensif.

– Et j'y gagne quoi ?

– Une demi-couronne.

– On dit une couronne entière et on n'en parle plus.

– Va pour une couronne. Coupe-moi ces cordes.

– Dix shillings.

– Au secours ! commence à hurler Osprey. À l'assassin ! Au secours !

– Bon, bon, ça va ! ça va !

D'un geste habile et qu'il a dû longuement répéter, le gamin fait sortir son couteau de sa manche élimée. Les cordes de chanvre tombent.

Osprey se redresse sur son séant, libère ses chevilles et tend la main en avant pour s'appuyer sur l'apprenti ; l'autre l'aide à se relever.

– Espèce de petit crétin ! lance le jeune héritier en lui assenant une gifle qui l'expédie contre le mur.

Déjà il a disparu de la ruelle en courant; l'instant d'après, il hèle une voiture de place.

À Cheapside, personne n'en revient. C'est renversant.

– Mais, mais... comment peut-on avoir une idée pareille ? suffoque l'oncle.

– La tombe ! hurle Osprey.

On fait appel aux autorités. Au pasteur. À la cousine aux yeux noirs comme la poix. Aux tantes et aux oncles. À la belle-famille. Lorsque, la terre ayant été retirée de la tombe, le cercueil apparaît enfin, tout le monde pousse un soupir de soulagement.

– Ouvrez-le ! hurle l'héritier. Ouvrez le cercueil !

Il insiste encore malgré les murmures de protestation. Les fossoyeurs forcent le couvercle. Le cercueil est vide. Certains répriment un hoquet. D'autres s'évanouissent. L'après-midi même, un avis circule de main en main à travers toute la cité :

« Claude M. Osprey Junior offre cent livres de récompense à toute personne qui lui donnera des renseignements pouvant conduire à l'arrestation de trois hommes, dont un unijambiste, qui ont commis dans l'enceinte du cimetière de Saint-Paul, pendant la nuit du huit juin, un attentat aux lois divines et naturelles. Discrétion assurée. Great Wood Street, Cheapside. »

Trente-sept personnes aussitôt répondent. L'une après l'autre, elles défilent dans le bureau de la maison de Great Wood Street. Barbus, borgnes, grêlés et autres baveux ou puants, chacun y va de sa petite anecdote. Le jeune héritier écoute attentivement ces histoires à dormir debout où le meurtre le dispute au viol, au cannibalisme, au vol et à la mutilation. On lui parle rapt, fellation, sodomie, gitans, Maures et juifs. Ses tapis sont sales et son crachoir déjà plein, lorsqu'un homme grand et mince est introduit dans la pièce. Il a le biceps aussi maigre qu'une flèche de lard. Une barbe de deux ou trois jours lui assombrit le menton. De temps à autre, il se la gratte d'un doigt nerveux et rapide. Ses yeux bleus brillent comme de la verroterie.

– Moi, c'est Crump, dit-il d'une voix dure et fatiguée. Je les connais, les types que vous voulez. C'est des pilleurs de tombes.

Osprey lui fait signe de s'asseoir.

– C'est des vicieux. Z'ont pactisé avec le diable ; ôgir comme ils ont ôgi, c'est pôs chrétien ; c'est pôs humain non pus.

Lèvres serrées, tentateur, Osprey agite une bourse pleine de pièces. Des yeux, il tient son bonhomme comme dans un étau.

– Où sont-ils ?

– N'a-qu'une-patte, il s'appelle Quiddle. Vous le trouverez à l'hôpital Saint-Bartholomew. L'autre, çui à la tête plate, c'est Boyles, Billy Boyles, un poivrot. Il dort dans des soupentes, dans des charrettes, dans n'importe quoi. Mais celui que vous y tenez vraiment, c'est le chef, c'est çui-là qu'est le cerveau.

Crump marque un temps d'arrêt et s'essuie les lèvres sur sa manche.

– C'est ben cent livres que vous filez, pas ?

Doucement, gentiment, Osprey fait sonner son sac de pièces.

– Bon, alors, lui, c'est Ned. Ned quoi ? J'en sais pas plus. C'est un vrai serpent, ce type. Il vous file toujours entre les doigts. Mais je l'ai ben observé. Même que j'lai suivi comme un terrier qui course un rat et que j'peux vous dire où qu'crèche. C'est à Limehouse. Juste au-dessus de *La Taverne de la Sirène.*

Crump marque un deuxième temps d'arrêt et, cette fois-ci, en profite pour humecter ses lèvres gercées.

– Allez-y, chuchote-t-il, piquez-le pendant qu'y fait encore jour.

CHIEN ATTACHÉ À SA PROIE

La vie lui a appris beaucoup de choses – presque toutes désagréables. Elle lui a, entre autres, appris que seul l'argent liquide est à garder sur soi. Elle lui a encore appris qu'il vaut mieux porter un gilet de sauvetage quand la mer est grosse. Il en est aussi venu à comprendre que l'*homme d'affaires**, prudent jamais ne se déchausse, qu'il ne dort toujours que d'un œil et que jamais, au grand jamais, il ne s'autorise à entrer dans une pièce qui ne compte qu'une porte.

Ce qui fait que lorsque, accompagné de deux lieutenants armés, Osprey fait irruption à *La Sirène* sans s'être fait le moins du monde annoncer, Ned Rise n'est pas totalement victime de l'attaque par surprise. Il a beau dormir gentiment dans son lit lorsque les autres cognent à la porte du vestibule, le temps pour eux de faire les quelques pas qui les séparent de sa chambre, il a joué les filles de l'air. La porte de l'auberge a volé en éclats sous les coups de pied du jeune héritier et celui-ci, armé jusqu'aux dents, a tout juste eu le temps de réveiller Ned en sursaut, un Ned qu'il a parfaitement identifié comme son pilleur de tombes en le regardant bien. Il est là, à moins de quinze pieds. Là, encadré par le montant de la porte… là, dans la pièce du fond, allongé sous ses couvertures... Osprey s'est déjà mis à sourire d'un petit air très vilainement vengeur, lorsque Ned se contente de se retourner dans son lit... et de se volatiliser. Il y a à peine une seconde, il était encore en chair et en os devant lui, et voilà que tout d'un coup l'air semble l'avoir aspiré... que, véritable trompe-l'œil, il disparaît comme un serpent noir dans un mur de pierres sèches.

Ned s'était précautionné contre ce genre d'incidents. En louant son modeste appartement au patron de *La Sirène*, il avait eu soin de prendre aussi une pièce qui, de fait pas plus grande qu'un débarras, était située juste au-dessous de sa chambre. Il avait expliqué à son futur propriétaire que, marchand itinérant, il avait besoin de l'endroit pour y entreposer ses marchandises. L'hôtelier avait répondu qu'il se foutait pas mal de savoir qui il était et ce qu'il comptait faire avec ses pièces, et que l'essentiel, c'était de ne rien casser et de payer à temps !

Avec un grand sourire, Ned lui avait alors réglé une semaine d'avance. Après quoi il s'est approprié la scie à os de Delp, et n'a plus eu qu'à attendre un débarquement de loups de mer et autres marsouins en bordée, et pendant que dans la salle du bas, tout ce monde-là menait son tintamarre, à boire, hurler, casser du verre et beugler des chansons de marins, lui, très proprement, découpait un rond dans le plancher de sa chambre – lequel rond à présent la fait communiquer directement avec le débarras du dessous. Après quoi moins d'une minute lui avait suffi pour glisser son lit par-dessus et masquer entièrement son petit travail. Ajoutez à cela que Ned dort toujours habillé, qu'il garde ses économies dans une chaussette nouée autour de son cou, et vous n'aurez aucun mal à deviner combien il lui était facile d'échapper à tous ceux qui auraient eu envie de s'emparer de sa personne.

Pour le moment en tout cas.

Car Osprey n'est pas de ces gens qui se laissent aisément décourager. Il semble même tout à fait décidé à abandonner son affaire de pots de chambre aux mains de ses sous-fifres, quitte à ce qu'elle dépérisse, le temps de mener à bonne fin sa vengeance. L'outrage infligé aux restes de son père aurait, à lui seul, suffi à le jeter aux trousses des criminels, où qu'ils fussent sur la planète, mais il se double de l'offense que lui-même a subie et qui lui rend intolérable jusqu'à l'existence même de ces voleurs, de ces détrousseurs de tombes, de ces excavateurs de cryptes, ulcère gangrené de la société, dont l'éradication ne peut relever que de la mission sacrée. Têtu, infatigable, Osprey est ivre du désir de se venger. Sa bouche a l'amertume de la bile, il ne rêve plus que de bains de sang.

Le premier à partir avait été Quiddle. Appréhendé à l'hôpital Saint-Bartholomew, il fut emprisonné, jugé et, pour finir, pendu. Le jeune Osprey fut le seul à témoigner contre lui. Sa parole suffit. Delp, bien évidemment, nia tout en bloc. Ce qui ne l'empêcha pas d'assister à l'exécution : le pauvre supplicié n'avait pas de parents. Plus tard, en un geste qui émut presque tous ceux qui se trouvaient là, il se fit reconnaître et annonça qu'il acceptait de se charger lui-même de l'enterrement.

Il en alla tout autrement pour Boyles. Il ne brillait certes pas par l'intelligence et les trois quarts du temps il était ivre mort. Malheureusement, dire où il pouvait bien se trouver à tel ou tel autre moment eût été difficile. Il n'avait pas de logis. Ni d'amis non plus. Encore moins de travail ou d'espoirs. Il dormait dans des coins de portes, dans des arrière-cuisines et dans des débits de gin. Osprey engagea une douzaine d'hommes qui eurent pour tâche de sillonner les ruelles et de surveiller les tavernes situées aux alentours de l'hôpital – sans oublier Limehouse. Peine perdue : ce fut Ned Rise qui le retrouva le premier.

Allongé par terre dans le dock de l'Ermitage, il prenait le soleil en regardant un essaim de gamins aux jambes maigrichonnes plonger dans la Tamise. Au-dessus de sa tête, des oiseaux de mer se balançaient dans le ciel. Là-bas, poussées par la brise, des goélettes à trois mâts glissaient sur l'eau comme de grands cygnes blancs. Il s'était muni d'un citron, d'une pomme de terre et d'une bouteille de gin et les tétait lentement l'un après l'autre – d'abord la bouteille, puis le citron et enfin la pomme de terre. Quand il eut repéré sa tête plate et son pardessus en haillons, Ned se sentit soulagé. Il vint s'asseoir à ses côtés, l'autre tourna vers lui son visage au long nez et aux yeux verts pétillants.

– Neddy ! s'exclama-t-il. Alors quoi de neuf ? T'as du boulot pour moi ?

– On est dans le pétrin, Billy.

Boyles n'avait aucune envie d'en savoir davantage. Il contempla les vagues grises et moussantes qu'il avait devant lui comme Napoléon eût pu étudier la Manche.

– Non mais, r'garde un peu comment qu'elles tournent en l'air, les mouettes ! Comme qui dirait qu'y a quelqu'un qui s'amuse avec des pantins dans l'ciel ! murmura-t-il.

Un morceau de peau de citron lui était resté coincé dans la narine.

– Ils ont piqué Quiddle.

– Qui ça ?

– Osprey et sa bande.

Le visage de Boyles ne changea pas d'expression. Il regarda Ned d'un œil aussi vide que celui d'un nouveau-né.

– Tu sais ? Celui qu'on a bousculé y a deux nuits d'ça... le roi du pot de chambre !

Boyles fit la grimace. Il commençait à avoir l'air mal à l'aise. On eût dit que de se souvenir du jeune héritier au regard enflammé l'avait soudain jeté au milieu de flots déchaînés, ou bien alors que sa pomme de terre s'était embourbée dans les acidités de son estomac.

– Ils vont le pendre, Billy.

Boyles enregistra le renseignement avec le même air mi-pensif mi-bilieux qu'avant. Puis il se prit à pâlir de plus en plus et porta gauchement la main à sa bouche. Pomme de terre, citron et gin, il vomit par tout le ponton ce qu'il avait dans le ventre.

Ned lui arracha sa bouteille des mains et l'expédia dans le fleuve.

– Allez, Billy ! s'écria-t-il. Lève-toi, quoi ! Faudrait voir à s'faire oublier !

~

Cela s'était passé pendant l'été, lorsque les jours sont longs et les nuits douces comme le sein d'une mère.

Mais maintenant que le Nouvel An est derrière eux et l'hiver vieux de deux mois, la situation commence à devenir difficile. D'abord, ils sont à sec. Boyles n'avait guère plus de six shillings lorsqu'ils ont décidé de se fondre aux ténèbres et les soixante-quatorze livres de Ned (produit, pour l'essentiel, de la vente sur le marché libre des restes d'Osprey Senior et du vol du portefeuille et des autres effets d'Osprey Junior) ont été englouties dans les frais de logement qu'ils ont dû régler chaque soir afin de pouvoir continuer à filer. Et puis les conditions atmosphériques se sont retournées contre eux. Une vague de froid s'est mise à déferler de la mer du Nord avec une intensité effrayante. Elle a déjà fendu des fondations, recouvert la Tamise d'une couche de glace et, la pneumonie et la grippe la suivant à la trace, a répandu les fièvres par toute la capitale. Tandis que les pigeons tombent du ciel comme des pierres et que les chevaux, aussi bien ceux de trait que les bêtes de labour, meurent et se rigidifient dans leurs stalles, Rise et Boyles se voient contraints d'avaler du porridge froid et de dormir dans la paille. Pis encore, Osprey Junior n'a toujours pas renoncé à les poursuivre et passe son temps à les renifler et à les chasser de tous les trous où ils arrivent encore à se faufiler en rampant. C'est à chaque instant qu'ils sentent la meute assoiffée de sang leur aboyer furieusement au derrière, à chaque instant qu'ils en ont l'estomac retourné, à chaque instant que le jeune héritier les empêche d'aller en paix, cache un monstre dans chaque buisson, fait de chaque réverbère un gibet.

Bien emmitouflés et lamentables, le nez calfaté de morve, les pieds engourdis et le ventre bruyant, ils se sont, pour l'instant, pelotonnés à côté d'un feu de bois sous Blackfriars Bridge. Cela fait presque une demi-heure qu'ils sont assis là, à se battre les flancs et à regarder fixement les flammes de leur brasier, lorsque Ned se tourne vers son compagnon pour lui souffler quelque chose à l'oreille. Dix autres vagabonds grelottent autour du feu. Personne ne se donne même seulement la peine de redresser la tête. Là-bas, sur le fleuve, des paquets de glace flottante se plaignent comme un chœur de noyés.

– Ce soir, ils vont enterrer une bonne femme au cimetière de Saint-Paul, murmure Ned.

– Quoi ? Avec le sol gelé comme il est ?

Ned grimace un sourire.

– Tu vois donc pas que ça va nous faciliter la tâche ? Les croque-morts, ils seront obligés de la laisser par terre pendant quelques jours avant de pouvoir lui creuser une tombe.

Boyles a le nez qui coule. Ses yeux lui sont rentrés dans les orbites comme deux petites créatures fiévreuses cherchant le réconfort de leur terrier.

– Écoute, c'est toi qui m'as foutu là-dedans, Ned, lance-t-il d'un ton de reproche.

– Non, c'est pas moi. C'est Crump !

Boyles se retourne vers le feu et, une narine après l'autre, se débouche méticuleusement le nez avant de laisser cette idée bizarre errer une ou deux minutes dans les circuits de son cerveau abruti par le gin.

– Ça, je cracherais pas sur un petit négus[1], avec peut-être même un peu de soupe chaude, reprend-il en reniflant. Et puis passer la nuit sur un banc dans une auberge, ça me déplairait pas non plus.

Sur quoi il marque un temps d'arrêt, expectore une boule de sécrétions blanchâtres et ajoute :

– Mais... aller risquer de se faire prendre pour ça, hein ?

– Mais merde, quoi ! On gèlera sur pied si on le fait pas !

Il est plus de 3 heures du matin lorsque enfin ils se glissent dans le cimetière. La nuit est comme un chaudron de nuages blancs, noirs et de cent gris divers. Il y a du vent, et le froid engourdissant est de ceux qui vous donnent la migraine et vous pénètrent jusque dans les moindres cellules du corps en vous ronronnant des petites chansons de mort à l'oreille. Ned est pressé. Il tremble de froid et ne pense qu'à piquer le cadavre et à le planquer quelque part avant de trouver un débit de gin où ils pourront dormir par terre pour un sou la nuit. Déjà il voit le chirurgien Bluestone en train de lui compter ses billets et s'imagine le beau lit et le bon souper qu'ils se paieront, Boyles et lui, dans moins de vingt-quatre heures. Osprey ? Nécessité fait loi : la peur diminue, il essaie de ne pas y songer... et puis qui donc, fût-ce le diable lui-même, pourrait avoir assez de rancune pour monter la garde dans un

1. Sorte de grog épicé.

cimetière par une nuit glaciale, alors que plus de huit mois se sont écoulés depuis l'horrible forfait? Non, s'il était à la place d'Osprey Junior, il se mettrait au lit dans l'instant… avec une femme pour lui tenir chaud… Il y aurait un grand feu dans l'âtre… Il illuminerait toute la chambre comme un feu d'artifice tiré à la fête de Guy Fawkes[1]…

Mais voici qu'un bruit sec se fait soudain entendre derrière Ned, qui pivote sur lui-même, s'arc-boute comme un chat, et comprend enfin ce que c'est : Boyles vient de se cogner dans le portail. Il attend que son complice sorte de l'ombre et quand il voit ses petits pas bondissants, il lui fait signe de ne plus bouger. Puis il disparaît. Ce bref instant de panique l'a ramené sur terre. Son corps s'est rempli de sang et d'adrénaline, il a le cœur qui bat comme une machine. Cinq minutes plus tard, il repère le cercueil – une vulgaire caisse en bois blanc qu'on a déposée entre deux dalles à l'autre bout du cimetière. Il s'accroupit et observe les alentours pendant une bonne minute. Le vent s'accroche aux arbres vides, le froid lui remonte le long des jambes. Enfin il ose avancer.

Mais voici qu'un deuxième bruit se fait entendre – là, sur sa gauche. On dirait un ruissellement : non, plutôt du linge qui claque en séchant sur une corde. Il hésite. Ses instincts, unanimes, lui recommandent la prudence, tous hurlent : « Fais attention ! » mais le froid n'est pas de cet avis, le pousse à avancer encore. Le froid lui chuchote que c'est bon, qu'il n'y a plus qu'à piquer le cadavre, aller se réchauffer après, rester en vie. Il avance une jambe. Ça recommence. Ruissellement, clac ! Il y a quelque chose qui cloche. Ça ne va plus du tout. Danger.

1. Soit le 5 novembre, date anniversaire de la Conspiration des Poudres, en 1605.

Le dos courbé, il part sur la gauche en retenant son souffle. Son cœur bat la chamade, tous ses muscles se tendent sur ses os.

Comme s'il montait et descendait au rythme du vent, le bruit se fait de plus en plus insistant au fur et à mesure que Ned se rapproche du bout du cimetière. Glacé de terreur, il s'imagine une armée de morts debout sur leurs tombes ; des suaires ondulent sous la brise ; des mains décharnées se tendent vers lui, suppliantes et muettes. Mais non, non : il ne peut pas ne pas y avoir une explication rationnelle… Il s'approche encore – ruissellement, clac ! Là ! On dirait que le bruit sort du mur d'ombre qu'il a devant lui… un sépulcre ? Serait-ce cela ? Oui, c'est un sépulcre. Rectangulaire, massif, se profilant au-dessus des rangées de tombes comme l'entrée du corridor des enfers. Ned s'approche encore, et manque de tomber à la renverse quand il s'aperçoit que c'est l'ensemble de l'édifice qui semble l'accompagner dans sa marche, et onduler comme les flots doux et lents d'une mer au repos. Il fait trop sombre pour y voir quoi que ce soit. Il tend la main en avant pour toucher… et sent un morceau de tissu sous ses doigts. Étrange. Aurait-on recouvert le monument de mousseline noire ? *In memoriam ?* Encore un aristo couché au tombeau ?

Il n'a pas le temps d'y réfléchir. Le froid s'étant remis à lui parler, voilà qu'enfin satisfait il est sur le point d'en revenir à la tâche qui l'occupe lorsqu'un autre bruit, ô combien plus impressionnant, lui saute à la figure et lui glace tous les muscles du corps. Là, faibles et étouffées, oui, ce sont des voix qu'il entend… à l'intérieur même de la tombe ! C'en est trop. Ses expériences récentes lui ont certes appris beaucoup de choses sur la vie nocturne dans les cimetières mais là, non : il en pisserait presque dans ses braies ! Ah ! prendre ses jambes à son cou, courir jusqu'à Blackfriars Bridge, s'allonger dessous et y mourir de froid ! C'est alors qu'un coup de vent ayant soulevé le suaire, un rai de lumière perce les ténèbres. Encore plus terrifiante que s'il lui fallait lutter contre des fantômes ou des lutins, une peur nouvelle s'empare de lui. Il en a les jointures qui tremblent. Il commence à comprendre de quoi il retourne.

Précautionneusement, très précautionneusement, il se glisse sous le drap noir et se serre contre la porte en pierre du caveau. Elle est légèrement entrouverte, oh, d'un rien. Il risque un œil.

Dans la crypte, à la faible lueur d'une lampe à huile, trois hommes en manteau de fourrure jouent aux cartes, assis autour d'un cercueil. Ils ont les pieds posés sur des bouillottes en fer ; de petits nuages de vapeur épousent leurs moindres mouvements. Ned a la vue en partie bloquée par le dos de l'un d'eux, mais lorsque ce dernier se redresse pour mieux regarder les cartes qu'il a touchées, il s'aperçoit avec stupeur que le joueur qu'il a en face de lui n'est autre qu'Osprey Junior. Lequel Osprey jette soudain ses cartes :

– Et si vous alliez faire votre ronde, monsieur Crump, lance-t-il à l'adresse de la silhouette dont Ned ne voit que le dos.

– Allez, m'sieur Claude, un peu d'cœur ! Comme si on pouvait être assez fou pour sortir par une nuit pareille ! Tenez ! Même pas le diable et sa mère !

Toute la lumière de la lampe semble s'être resserrée dans les yeux d'Osprey et là, comme deux flaques, elle brille d'un éclat surnaturel. Il pousse un soupir et sort nonchalamment un pistolet de la doublure de son manteau.

– Je croyais pourtant vous avoir demandé d'aller faire votre ronde, monsieur Crump !

De retour au portail, Ned prend Boyles par l'épaule et lui met une main sur la bouche. Après quoi il le pousse hors du cimetière et lui fait remonter la ruelle au trot. Trois rues plus loin, Boyles, qui est à bout de souffle, s'arrête brusquement et fait tourner son ami en le tirant par le bras.

– Dis, Neddy, quoi qu'y a ? Où c'est qu'on s'en va ?

Ned a le visage voilé d'ombres. Il a la voix dure et comme rongée par le froid. Le foulard dont il s'est couvert le nez et la bouche l'étouffe à moitié.

– Hertford, répond-il dans un souffle.

– Hertford ? répète Boyles qui en reste bouche bée. Mais c'est pas hors de Londres, ça ?

Une fenêtre s'éclaire, jetant une lueur vacillante sur la figure de Ned. Il a l'œil si féroce et si noir que Boyles recule d'un pas. Mais déjà son compagnon l'a attrapé par le manteau et l'attire vers lui. Sa voix maintenant est claire, reconnaissable entre toutes.

– T'as tout compris, lance-t-il méchamment.

FROMAGES ILLUSOIRES

Ned tourna le dos à la capitale sans le moindre regret. C'était l'hiver 1802, il avait trente et un ans. Il était las. Il avait passé les trente et un ans de son existence à ramper dans la merde et la crasse des rues, à se faire taper sur les doigts et à se voir retirer l'échelle de sous les pieds chaque fois qu'il parvenait à y grimper d'un barreau. Trente et un ans à se faire torturer, humilier, léser, insulter, punir de façon aussi sauvage qu'insolite ; encore heureux qu'il y ait eu ces oasis de bonheur : la charité de

Barrenboyne, les quelques mois passés auprès de Fanny. Eh non ! Au bout de toutes ces sombres années, ces années de vide et de malheur accablant qu'on lui avait retirées du corps comme des échardes profondément plantées, il n'était pas en meilleur état que le jour où Barrenboyne l'avait ramené chez lui pour la première fois. Il n'avait plus un sou. Il n'avait ni logis, ni biens, ni famille. Ses amis ? Il les emmenait tous avec lui en la personne de ce poivrot à tête plate, aux épaules étroites... de ce demi-crétin de Billy Boyles. Quiddle était mort, Fanny avait disparu, Shem et Liam étaient dans le poisson et les écailles jusqu'aux oreilles, là-bas, quelque part sur l'autre rive du fleuve, c'est vrai... de toute façon, cela faisait quatre ans et demi qu'il ne les avait pas revus. Les autres ? Des multitudes sans visage et au cœur dur comme de la pierre, des individus prêts à arracher ses vêtements au mourant qui gît par terre, ou à écraser le pauvre fuyard sous les roues de leurs phaétons et de leurs carrosses. Et quand ce ne sont pas des inconnus, ce sont des ennemis jurés. Banks, Mendoza, Brummell, Smirke, Delp – et le plus venimeux de tous, Osprey. Oreste n'aurait pas trouvé pire.

Or donc, il était parti pour Hertford. La campagne. Comme Boyles, Ned Rise n'était jamais sorti de Londres et n'avait aucune idée de ce qui l'attendait. Dans son esprit passaient de vagues images de grandes roues de fromage, de pains sortant du four et découpés en tranches couvertes de beurre et de miel, de bétail en train de ruminer, d'averses de soleil tombant sur des toits de chaume dans un crépitement paresseux. Qu'est-ce qui les empêchait de trouver à se placer comme journaliers, ou alors bergers ou je ne sais quoi ? Le grand air leur ferait du bien, en tout cas.

Et puis... et puis, il y avait autre chose qui entrait en ligne de compte... Fanny! C'était en effet dans le Hertfordshire qu'elle était née, qu'elle avait été élevée et qu'elle avait fait son apprentissage en qualité de fille de laiterie pour un certain seigneur Trelawney. Ned essaierait de retrouver ses parents; peut-être avaient-ils de ses nouvelles ou connaissaient-ils l'endroit où aller la rejoindre. Après avoir sillonné les rues de la capitale pendant quatre ans et demi, il ne savait plus où la chercher. Elle avait dû quitter Londres, à son idée du moins, et, Osprey le suivant à la trace comme il le faisait, il n'avait plus aucune chance de rassembler assez de fonds pour passer sur le continent. Il y avait longtemps que les portes et les fenêtres de la maison de Brooks étaient condamnées... que les lettres qu'il y recevait restaient sans réponse. Le bruit courait qu'il était mort. Et dans ce cas, où pouvait-elle bien se trouver?

Ce qu'il ne pouvait pas savoir tandis que, dans la lumière vague et froide de l'aurore, il se traînait le long de la route déserte, c'était que cette question même n'avait plus aucun sens.

SUSPIRIA DE PROFUNDIS

C'est en état de choc que Fanny Brunch avait quitté Londres le jour de la Noël 1797. Elle ne devait y revenir que quatre ans plus tard ou peu s'en faut.

Ce matin-là, il neigeait. De petites gouttes blanchâtres et tremblantes tombaient du ciel sombre en tourbillonnant. Elle le remarqua à peine. Il était plus de 5 heures lorsqu'elle était enfin sortie de la prison. Le valet de pied de Brooks l'attendait au portail. Elle le regarda sans le voir tandis qu'il l'aidait à monter dans la voiture. Il la frôla mais dans ses chairs, son sang, ses os et ses tendons, elle ne voyait plus que ce qui fait le corps d'un condamné. Tout le long du chemin qui la menait à Gravesend, les arbres qui surgissaient des ténèbres se transformaient en autant de gibets. La neige s'accrochait aux branches nues comme des lambeaux de peau, des nids de feuilles sèches se muaient soudain en formes humaines gigotant dans les ultimes convulsions. Elle avait des étourdissements, elle se sentait détachée de son corps. Une odeur de viande lui tenait aux narines, agaçante et têtue, si forte à un moment qu'elle dut demander au cocher d'arrêter la voiture au bord de la route ; elle voulait vomir, et le fit dans les herbes du fossé.

Brooks lui administra une dose de laudanum pour la traversée qui devait les conduire à Bremerhaven. Et lui en administra une seconde, puis une troisième, et encore une quatrième, pour lui calmer les nerfs tandis que de là ils poussaient vers Cuxhaven et Hambourg. Étendue sur son étroite couchette, Fanny passa son temps pendant la traversée de la mer du Nord à rêver, apaisée par le vent et le chœur de ses voix, tandis que le navire bondissait dans la tempête. Ses pupilles étaient devenues deux minuscules fentes ; ses narines en se libérant, débarrassées soudain de l'odeur de la chair en décomposition, se mirent à humer les délicieux parfums de la campagne, azalées et jacinthes, le printemps dans le comté de Hertford. Au-dessus d'elle, les poutres assombries commencèrent à se mouvoir et à se confondre. Des visages se pressaient comme des grappes de raisin dans les ténèbres, la chandelle crachant violemment tandis que le navire plongeait de l'avant comme une voiture qui a perdu une roue. Elle revit son père, refit avec lui une promenade printanière dans les collines crayeuses, elle retrouva la cuisine propre et bien balayée du cottage en pierre blotti sous son toit de chaume. Elle se réveillait un instant, celui d'après, elle rêvait. Elle vomit, et y trouva du plaisir. Elle eut des roses dans les narines. Sur la fin, elle retrouva Ned. Étendu dans un endroit enténébré – une grotte –, il avait le cou marqué d'une cicatrice. Un morceau de toile de lin lui ceignait les reins. Elle revit les potences, en un éclair. Et puis Ned était debout et glissait vers l'entrée de la grotte. La lumière était aveuglante. Il y avait des chants. Elle se retrouva à Hambourg, dans un hôtel. Assise à une table, en face de Brooks. Elle portait une chemise de nuit blanche en soie, toute neuve.

– Fanny, disait-il. Fanny, tu veux bien me regarder, s'il te plaît ?

Elle le regarda. Il s'était levé. Il y avait un homme à côté de lui. Il était grand, il se tenait droit, il avait une moustache bien peignée mais qui rebiquait. Yeux rapprochés – deux fois plus que la normale. L'homme l'observait à la lorgnette.

– C'est le monsieur dont je te parlais... tu sais, celui que j'ai rencontré à la table de jeu hier soir...

L'homme se penchait vers elle, lui prenait la main.

– Karl Erasmus von Pölkler, fit-il.

Elle lui sourit comme tous les champs de trèfle du Hertfordshire, elle lui sourit comme une idiote. Elle pensait à autre chose.

~

Le surlendemain soir, elle rouvrit les yeux et découvrit qu'elle était assise devant une table en noyer. Massive, celle-ci trônait au milieu d'une pièce à hauts plafonds voûtés. Les murs étaient en pierres liées avec du mortier. Par endroits, de lugubres portraits ou des tapisseries orientales en adoucissaient la rigueur. Un lustre étincelant de cent chandelles pendait au plafond comme un morceau du soleil. Pendant un instant, les épais brouillards de l'opium lui obscurcissant encore l'esprit, elle fut désorientée mais, levant les yeux, elle vit qu'assis à la place d'honneur, Pölkler avait levé son verre pour porter un toast. Six autres invités, dont Brooks, l'imitèrent d'un seul geste tandis qu'il entonnait quelque chose en allemand. Sept paires d'yeux se fixèrent sur elle. Elle rougit et, baissant la tête, regarda fixement la nappe blanche. Un bracelet couvert de joyaux lança un éclair à son poignet.

Ils mangèrent de l'Erbsensuppe, du Beuschel-und-Gnagi, des Bratkartoffeln, des Fleischvögel et des Hasenbraten. Il y avait des montagnes de choux et de betteraves en julienne sur la table. Une douzaine de bouteilles de Rüdesheimer. En l'honneur des invités principaux, la conversation se faisait dans un anglais hésitant, hérissé de consonnes :

– Nouss affons... très krand honneur de placer... de placer des Anglais et des zi charmant Anglaisses ici, à Geesthacht, crachouilla Pölkler, le rebord de son grand front luisant sous l'éclat du lustre.

Fanny baissait la tête et mangeait avec une précision mécanique : un petit coup de serviette sur les lèvres toutes les deux bouchées. Lorsque la servante à nattes et à petit tablier apporta le Schwarzwälder Kirsch, Fanny vacillait déjà beaucoup. Saoul comme un trou et engourdi par le laudanum, Brooks fuma deux pipes de tabac d'Orient que lui offrait son hôte et, à moitié délirant, finit par s'endormir en piquant du nez dans la saucière.

Après le dîner, Fanny s'excusa. La fille en tablier l'aida à monter dans sa chambre. Fanny resta longtemps étendue sur son lit. Elle pensa à Ned, à sa famille, à la place à laquelle elle avait renoncé en quittant le service de Sir Joseph et à l'existence sinistre qui l'attendait : passer le reste de sa vie avec Brooks. Elle se vit en train de ramper le long d'un tunnel interminable. Elle tendit la main pour attraper la bouteille et la cuillère. Teinture d'opium. Magique, apaisante. Sa meilleure amie et conseillère. Elle l'avala comme le médicament que c'était.

Elle se rallongea et rêva. La chandelle se fit lumière du soleil, la pièce tourna deux fois sur elle-même et soudain, Fanny se retrouva dans le creux d'un vallon profond et luxuriant. Des poissons rouges se mouvaient à travers des bassins transparents, des alouettes voletaient dans le ciel, les nuages faisaient la moue et lui chuchotaient aux oreilles des comptines insensées. Elle rêva. Mais la respiration qu'elle sentait sur son oreiller était celle de Pölkler.

~

C'était, semblait-il, par pure compassion que Brooks avait poussé Fanny à quitter Londres – il entendait lui épargner l'horreur de l'exécution de son amant. La mort du maître de l'embrouille était un *fait accompli**. Ils avaient fait tout ce qu'ils avaient pu pour le sauver. Il fallait absolument qu'elle l'oubliât. En réalité, Brooks avait bavé d'envie à l'idée de se trouver à côté d'elle au moment où, la corde tressautant, Ned rendrait l'âme dans un dernier hoquet… Tel était le désir secret qui l'avait enflammé. Aucune autre scène n'aurait pu le ravir pareillement. Comme cette affaire était délicieusement morbide et douloureusement excitante ! Les amants condamnés séparés à jamais, arrachés aux bras l'un de l'autre par la force implacable et ténébreuse du bourreau, l'héroïne affolée se jetant sur le cadavre tandis que, comme une bande de critiques de théâtre après la représentation, la foule se lance dans diverses considérations sur la qualité du spectacle. « Aaaah ! Ça valait pas un clou, tiens ! T'souviens de celle de Jack Tate ?... Qu'il avait rué des quat' fers comme un vieux ch'val pendant au moins une demi-heure et qu'après, il s'était mis à faire des gargouillis horribles avec sa gorge ? » Cela l'avait fortement titillé – aucun doute là-dessus. La voir assister à l'exécution, voilà ce qu'il avait désiré de la manière la plus folle qui fût. Mais, plus follement encore, il avait peur de la perdre. Une fois que Ned aurait passé l'arme à gauche, elle n'aurait plus que faire de sa fortune – et de ses inclinations. Dès qu'elle aurait compris cela, elle s'en irait. Il le savait.

Voilà pourquoi il l'avait assommée à coups de laudanum et embarquée à bord d'un bateau en partance pour l'Allemagne avant qu'elle fût vraiment à même de saisir ce qui se passait. Sans le sou, incapable de parler la langue du pays, elle serait mieux que jamais à sa merci. Et c'était très exactement ça qu'il voulait. Fanny était la femme la plus désirable sur laquelle il eût jamais posé les yeux – il était fou d'elle. Douce, pure, angélique même, sa beauté ne pouvait pas ne pas répondre aux désirs les plus profonds de son cœur perverti. Avec elle, les choses ne se réduisaient pas seulement aux plaisirs fugaces de l'amour mais s'ordonnaient en un processus d'avilissement interminable. Avec elle, faire l'amour, c'était pisser sur des prie-Dieu, foutre sur l'autel. Fanny était faite pour lui.

L'emmener en Allemagne tenait de l'évidence. La guerre battant son plein, gagner la France était impossible. Même chose pour l'Italie. Il avait songé à la Grèce, mais non : la Méditerranée n'était qu'un gigantesque champ de bataille flottant... Pourquoi courir pareil risque ? Non. L'Allemagne était l'endroit rêvé. L'Allemagne ! La patrie des quelques rares héros de l'époque – Goethe, Schelling, Tieck, Schiller, les frères Schlegel, tous rassemblés à Iéna, l'Athènes des Temps modernes ! C'était trop beau. Avec Fanny ils remonteraient l'Elbe, traverseraient Magdeburg Halle, Weissenfels, et s'installeraient à Iéna. Il y écrirait de beaux poèmes pour célébrer l'amour, la mort et la douleur. Peut-être même inviterait-il Goethe à venir prendre le thé ; peut-être dirait-il à Schiller combien il s'était trompé en tolérant que Karl von Moor[1] se rendît – comme s'il ne valait pas mieux rester à jamais hors la loi et cracher à la gueule des bourgeois ! Ah ! rien que d'y songer ! Lui, Adonaïs Brooks, l'ami intime des plus grands esprits de son temps... lui, Adonaïs Brooks en train d'aider à la naissance des nouveaux canons d'un théâtre, d'une poésie et d'une philosophie spéculative où tout ruissellerait de scènes de douleur et de pertes irréparables, où tout ne serait que sommets battus par les vents et jeunesses torturées ! Lui, présider à la naissance d'un corpus d'œuvres qui, une fois pour toutes, enterrerait le règne de la phrase vide que l'Angleterre célébrait depuis cinquante ans ! Brooks se voyait déjà en train de basculer dans un bel avenir d'émotions fortes... C'est alors qu'il avait fait la rencontre de Pölkler.

– Fous tefriez fenir au château de Geesthacht, lui avait dit le margrave. Fous y reposer un peu.

Sur quoi l'Allemand avait retiré son monocle et l'avait regardé droit dans les yeux, comme s'il voulait voir jusqu'au fond du bonhomme qui se cachait toujours derrière ce vague sourire et ce regard platement bleu.

– Che crois que nous avons peaucoup de chosses en commun.

~

1. Héros de sa tragédie *Les Brigands*, 1781.

Les semaines passaient ; chaque jour apportait un désespoir, une humiliation pire que la veille, à telle enseigne que Fanny perdit jusqu'à la faculté de se soucier de quoi que ce fût. La vie, l'amour, la nourriture, la boisson, les coucheries, tout ce qui engageait le corps ou l'âme l'indifférait. La seule chose qui excitât encore sa curiosité était la bouteille bleue posée sur l'étagère à côté de son lit. Le laudanum l'aidait à rêver, à oublier ce qui lui arrivait, l'endroit où elle se trouvait, les gens qui l'entouraient. Faire l'amour tenait de l'avalanche, faire l'amour, c'était se noyer dans le vin et les vapeurs d'opium. Faire l'amour avec Brooks, faire l'amour avec Pölkler, avec la fille en nattes, avec les invités à faces de raves, avec le chien. Des jambes et des bras gigotaient en l'air, des fumées montaient vers le plafond. Fanny attrapait la bouteille bleue.

Elle avait passé trois mois à Geesthacht lorsqu'elle comprit qu'elle était enceinte. D'étranges choses arrivaient à son corps. Elle vomissait avant le petit déjeuner. Elle avait le foie fragile. Le sang ne lui venait plus en secret accord avec les cycles de la lune. Elle attrapa la bouteille et la cuillère mais, avant que le liquide ne l'emportât dans ses rougeoyants tourbillons, elle sentit un remuement intuitif au plus profond de son esprit, comme le début d'une connaissance cellulaire de la vérité. Celle-ci soudain la frappa de toute sa violence : c'était l'enfant de Ned qu'elle portait ! En un éclair révélateur, elle revit la dernière nuit qu'elle avait passée à la prison de Newgate... Ned ne cessant d'entrer en elle avec fureur et frénésie comme si, Dieu sait comment, l'urgence de ses assauts pouvait transcender le destin qui était le sien, et elle, étendue là, à souffrir et à le bercer entre ses bras comme un enfant perdu. Elle leva la tête et contempla les murs en pierre de son appartement. La drogue était déjà dans son estomac, dans sa tête. Elle se radossa sur son oreiller et sourit.

Ce fut un garçon, bien sûr. Qui naquit le vingt-cinq septembre 1798. À Geesthacht. Pölkler était ravi. Il parla d'un système d'éducation qu'il avait conçu et où, comme une ardoise vierge, l'esprit de l'enfant se couvrait peu à peu de traits parfaitement ordonnés, l'inflexible recours à l'exercice et à un régime strict permettant audit enfant de parvenir à un haut degré de liberté transcendantale. On ne le romprait qu'aux deux disciplines qui comptaient vraiment : la philosophie et les arts martiaux. Cet enfant n'avait rien d'ordinaire et l'éducation qu'il recevrait n'aurait, elle non plus, rien d'ordinaire. Non, homme nouveau, héros du siècle à venir, Napoléon de l'Anglo-Germanité, c'est tout cela que le destin avait voulu pour lui. Pölkler le prénomma Karl. Fanny l'appela Ned – en secret.

Brooks, lui, considéra toute cette affaire d'un œil soupçonneux et dégoûté. S'il était vrai que cet enfant était peut-être de lui – cela malgré l'opinion contraire, et insistante, de Pölkler –, il n'en restait pas moins que cette naissance le privait beaucoup de la compagnie de Fanny. Au début, bien sûr, l'idée qu'elle allait être mère l'avait passablement excité et, plus tard, après la naissance du bambin, il se donna effectivement la peine d'explorer les diverses possibilités érotiques que pouvait lui offrir le thème de la Vierge et l'Enfant ; c'est ainsi qu'il coiffa son membre raidi du petit bonnet du nourrisson, qu'il attacha Fanny au berceau pour la prendre par-derrière, qu'il la téta, qu'il fit l'amour à deux *fräulein* du village emmaillotées dans des langes… mais peu à peu toutes ces histoires l'ennuyèrent profondément. Gazouillis, propos bêtifiants et hochets, tout cela était d'un mignon à vomir. Ce n'était pas ainsi que vivaient les héros. Il tomba dans la dépression ;

cessa d'écrire ; passa son temps à organiser des combats de coqs, ou à rester dans son lit avec une bouteille de laudanum et une pleine poignée de tabac d'Orient offert par le margrave. Il sonda les profondeurs de la cave de son hôte, joua au billard jusqu'à faire un trou dans le tapis. Ses paupières s'alourdirent et ses lèvres qu'on eût déjà dites enflées par des piqûres d'abeilles devinrent si insupportablement gonflées qu'il donna bientôt constamment l'impression de faire la moue devant quelque injustice imaginaire. En plus de quoi il prit le tic de se tirer sur l'oreille qui lui manquait. Une nuit qu'ils s'étaient saoulés à mort, Pölkler et lui s'entaillèrent la joue à coups de rasoir, cela à des fins purement esthétiques. Puis arborèrent leurs cicatrices comme d'autres des galons.

~

La veille du troisième anniversaire de l'enfant, Pölkler organisa une fête de gala : c'était le lendemain que le petit devait entamer sa carrière d'élève. En plus du maire de Hambourg, diverses personnalités, banquiers, négociants, hobereaux, reçurent une invitation. Que les trois quarts d'entre eux déclinèrent afin de bien montrer que le style de vie du margrave leur faisait horreur. Ceux qui l'acceptèrent furent régalés de danse, de musique de chambre, de rôti de porcelet aux prunes et à la Weinkraut, de bière brune brassée maison, de vin – bref, ce qu'il y avait de meilleur. Quelques rares privilégiés eurent l'honneur de rejoindre le margrave dans une pièce de sous-sol ayant autrefois servi de salle de torture, encore équipée de tous les instruments adéquats. Là ils dégustèrent champagne français, boulettes d'opium, ôtèrent leurs habits de soirée et se laissèrent guider par leurs appétits.

Fanny n'assistait pas à la réception. Son enfant à côté d'elle, elle était au lit, où elle se prépara ses gouttes de laudanum. Cela faisait presque quatre ans qu'elle avait franchi les grilles de Geesthacht, quatre ans qu'elle avait tellement accumulé de solitude, de désespoir et de mépris d'elle-même que c'était maintenant jour et nuit que la rancœur lui cinglait l'âme de son fouet, quatre ans que durait sa saison en enfer. Fanny était prisonnière. On lui avait étranglé son avenir sous une potence, ce qu'elle vivait n'était plus que flétrissure.

Au début, la présence de l'enfant lui avait redonné quelque courage. Sortie de sa stupeur, elle avait exigé beaucoup de choses de Brooks et de Pölkler, et avait tenté de réduire la quantité de drogue qu'elle ingurgitait. Accédant à ses prières, ses gardiens lui avaient accordé une certaine autonomie et la laissaient tranquille les trois quarts du temps. Mais l'emprise du laudanum était déjà bien plus puissante que tous les bénéfices que pareil changement de situation aurait pu lui apporter. Sans son médicament, ses rêves tournaient au cauchemar. Elle voyait Ned dans sa tombe… son linceul grouillait de vers et d'insectes ; elle voyait son enfant et c'était un fils de putain… qui sous la tutelle de Pölkler se transformait en monstre ; elle se regardait, elle, et découvrait une femme qui se débattait dans la vase froide et noire d'un lit de rivière où les courants tourbillonnaient comme un ciel d'orage. Elle se redressait sur son séant et, trempée de sueur, était immédiatement prise de frissons qui la brisaient. Elle avait la gorge sèche ; mille et un rongeurs aux yeux brillants lui déchiraient le ventre à petits coups précipités de griffes et de dents. Elle attrapait le flacon bleu.

Toutes choses qui n'avaient plus maintenant rien que de très ordinaire. Fanny avalait sept mille gouttes de laudanum par jour et ses rêves en étaient moins durs. Sans même parler du gosse qui, lui aussi, en dormait mieux. Lorsque sa mère l'avait sevré, il s'était montré incapable de garder ce qu'il mangeait ; agité, en proie à des crises de colique, il passait ses nuits à tourner et virer dans son berceau. Frau Grünewald, l'antique sage-femme qui s'était occupée de Pölkler pendant sa petite enfance, avait suggéré qu'on mît une ou deux gouttes du « médicament » dans la bouillie du bébé. Cela avait marché – et le « médicament » faisait aujourd'hui tout autant partie de l'existence de Fanny que de celle de son fils. Cela ne lui disait rien qui vaille. Elle sentait bien que son enfant partait avec un handicap : il n'était déjà plus qu'un infirme, la victime d'un besoin très particulier, et qui ne pouvait pas ne pas avoir une envie très particulière de le satisfaire. Mais quoi ?... Comme si cela avait la moindre importance ! Dès demain, Pölkler allait le lui prendre et l'endoctriner jusqu'à ce qu'il fût complètement coupé d'elle. Elle n'avait pas la force de l'en empêcher.

Tandis que, le laudanum lui caressant le ventre de ses doigts chauds et fermes, elle était allongée sur son lit à réfléchir à tout cela, la porte s'ouvrit brusquement et Brooks entra dans la chambre en titubant. Il avait les vêtements déchirés, le visage barbouillé et les yeux encore plus profondément enchâssés dans leurs orbites qu'à l'habitude. Il plongea vers le lit, manqua son but et tomba tête la première dans la ruelle. Un instant plus tard elle l'entendit suffoquer – puis tout redevint calme.

Elle descendit précautionneusement de son lit et se pencha sur lui. Il semblait ne plus respirer. Elle le retourna et écouta son cœur. Il ne battait plus. Rampant jusqu'à son lit, elle s'y étendit à nouveau et prit une cuillerée de laudanum pour s'éclaircir l'esprit. Insensiblement quelque chose commença à grandir en elle, quelque chose où la peur le disputait à l'allégresse. Deux heures plus tard, le corps de Brooks était déjà froid et une vague lueur grise perlait aux fenêtres : elle lui vola une poignée de pièces dans la poche de son gilet, habilla l'enfant et gagna le palier sans faire de bruit.

Partout, c'était le silence. Devant elle, des couloirs aux murs de pierre qui se perdaient dans les ténèbres, ombrés par des tentures. Elle descendit l'escalier sur la pointe des pieds et passa dans le grand hall, craignant de tomber sur un Pölkler les yeux injectés par la débauche et qui l'arrêterait, c'était sûr, elle... la mère de son enfant ! Il lui fallait arriver à Cuxhaven, oui : et se retrouver à bord d'un bateau voguant en mer du Nord, pour être enfin hors d'atteinte ! Pour l'instant cependant, tout allait bien : Pölkler n'avait pas l'air de se manifester.

L'entrée offrait le spectacle d'une scène de carnage. Jonchée de débris de meubles fracassés, de tables renversées, de nourriture, de tessons de verre. Fanny entendit un ronflement. Là-bas, quelque part, quelqu'un gémissait. À sa gauche, elle découvrit le garçon d'écurie, Herr Mainfuss, adossé au mur. Plus loin, un homme dormait, la tête sur les genoux. Plus loin encore, une forme noire et glacée était étalée sur le parquet : c'était Bruno, le berger d'Alsace de Pölkler, qu'on avait éviscéré ; ses intestins avaient roulé comme de la saucisse pourrie hors de son ventre ouvert. Fanny ayant aidé le petit à éviter la carcasse du chien, la mère et le fils retrouvèrent la lumière grise du matin.

Ce qu'elle avait appris pendant sa jeunesse de paysanne dans le Hertfordshire lui servit grandement lorsqu'elle arriva à l'écurie. Elle n'eut aucun mal à seller le plus beau cheval du margrave, un gris arabe, à y asseoir l'enfant en travers de l'arçon et à piquer des deux à travers champs pour gagner la route de Hambourg. Au galop ! Une fois dans la ville, elle réussit à vendre sa monture à un marchand de chevaux qui certes se montra un instant soupçonneux, mais préféra céder à son amour du profit lorsqu'elle lui expliqua dans son allemand rudimentaire que son époux avait eu un accident à Oldenbourg et qu'il lui fallait rassembler des fonds afin de se porter à son secours. Toutes dents découvertes, le bonhomme lui décocha un grand sourire complice, lui paya le cinquième de ce que valait la bête et exprima l'espoir que son mari se remît bientôt.

Elle arriva à Cuxhaven à la nuit tombée. Un bateau devait partir pour Londres, *via* La Haye, dès le lendemain matin 6 heures. Elle acheta du lait et du gruau d'avoine pour son fils et, après avoir fait l'acquisition de deux bouteilles de laudanum dans une pharmacie, découvrit qu'il lui restait juste assez d'argent pour payer son billet. Elle s'allongea sur le quai et, bondissant au moindre bruit tant elle avait peur de voir Pölkler leur tomber dessus à tous deux, passa le reste de la nuit pelotonnée contre son fils. L'aube pointant enfin, les passagers reçurent l'autorisation de monter à bord. Le capitaine ayant donné l'ordre de lever l'ancre, la goélette se mit à glisser dans la baie. Appuyée au bastingage, Fanny regardait le rivage reculer dans le lointain lorsque, là-bas, le poing levé de colère, un cavalier à moustache arriva en trombe sur le quai. L'émoi fut soudain et violent. Il y eut une détonation, des éclats de voix qui filèrent à la surface de l'eau comme les cris de tous les damnés. Juste à ce moment-là pourtant, le vent se leva et s'empara de la voilure ainsi qu'une grande main gantée. La côte disparut dans la grisaille des flots.

~

Qu'à la suite de cette évasion réussie Fanny eût senti qu'elle était capable de faire face à la crise, et d'y rassembler assez de forces pour déjouer les manœuvres d'ennemis beaucoup plus forts qu'elle, n'empêcha pas que la tristesse de son retour en Angleterre ne réduisît presque à néant cette subite impression de triomphe. Il n'y avait bien sûr personne pour l'accueillir sur le quai. Personne ne se souciait de savoir si elle était vivante ou morte… si elle était de retour en Angleterre, saine et sauve, ou si au contraire elle était maintenant à jamais prisonnière de son exil. Ned n'était plus, même ses propres parents fermeraient leur porte et leurs fenêtres au nez de la femme déchue qu'elle était devenue, Cook, Bount et les Banks préféreraient courir les rues sans rien sur les fesses plutôt que de lui accorder un seul regard. Le navire allemand ayant jeté l'ancre à Gravesend, elle fut même privée du petit frémissement de patriotisme que l'apparition des flèches de la cathédrale Saint-Paul ou de la tour de Londres n'eût pas manqué de lui faire ressentir. Sans compter qu'elle n'avait pas assez d'argent pour se payer une place à bord d'une de ces barques de pêche qui eût pu lui faire remonter le fleuve jusqu'aux portes de la capitale. Les choses étant ce qu'elles étaient, elle dut supplier un charretier de bien vouloir la charger parmi les poulets qu'il emportait au marché. La voiture cahotait, il tombait une pluie fine et froide, son enfant pleurait, les poulets déplumés puaient la fiente ; le charretier lui posa la main sur la cuisse.

Un virage après l'autre, ils finirent par entrer dans Londres, en traversant les puants quartiers à taudis de l'East End. L'air était plein de suie. Des enfants mendiaient aux coins des rues, des femmes saoules gisaient sur la chaussée. Deux cochons se gorgeaient d'excréments dans une rigole ; un fou vendait des bibles invisibles ; pour gagner un sou, une femme affligée d'un cancer de la gorge s'offrait à boire un gallon d'eau pour le vomir dans l'instant. Le charretier l'ayant enfin laissée dans la rue des Volaillers, Fanny erra sans but pendant des heures entières, son enfant accroché à son bras. Il ne lui restait plus que quelques pfennigs sans valeur dans la poche, elle n'avait aucun endroit où aller, ni non plus rien à manger et, pour comble de malheur, sa réserve de laudanum touchait à sa fin. Elle s'était forcée à n'en prendre que de petites doses, elle avait essayé de le faire durer, mais son estomac commençait déjà à se tordre. La pluie se mit à tomber comme les foudres de l'enfer.

Ce soir-là ou le suivant, elle se retrouva dans Monmouth Street. Elle se traînait plutôt qu'elle ne marchait, il continuait de pleuvoir, elle avait désespérément envie de manger, de trouver un toit, un peu de chaleur et, pardessus tout, de se procurer son médicament. Cela faisait des heures et des heures que son fils pleurait à côté d'elle, qu'il voulait la prendre par la main, qu'il tirait sur ses jupes, qu'en gémissant il la suppliait de se coucher pour dormir. Elle avait les jambes en plomb et son dos lui faisait aussi mal que si elle avait passé toute sa nuit à soulever des seaux de lait ou à baratter de la crème. Elle croyait souffrir de la pousse : la soif qui lui brûlait la gorge était si vive, si lancinante qu'aucune eau n'eût pu la calmer.

Enfin, dans l'espoir de trouver quelque chose qui pût apaiser son enfant, elle s'arrêta à un tas d'ordures, où elle fouilla. On était devant une friperie. Là, au milieu de chiffons souillés et de débris d'herbe s'étalait une tête de poisson toute gluante, à laquelle tenaient encore la bulle pâle des intestins et la vessie de l'animal. Fanny sentit son estomac se contracter, mais l'enfant lui arracha ces restes avec avidité, qu'il enfourna comme s'il s'agissait d'une crêpe ou d'un petit pain au sucre. Elle hurla de dégoût et de désespoir mêlés, hystérique à l'idée qu'elle avait fini par renoncer à la lutte et ne serait plus jamais elle-même entièrement; elle cria si fort que quelqu'un ouvrit la porte derrière elle. Pâle, un rayon de lumière glissa sur les pavés.

– Hé là ! Hé là ! Quoi qui-gna, par ici ? lança une voix rouillée.

La grosse enseigne en bois grinça sur ses gonds : « Le Grenier de Rose : vêtements d'occasion », proclamait-elle en remuant dans le vent. « Le Grenier de Rose : vêtements d'occasion »... Une vieille femme se tenait dans l'encadrement de la porte. Ratatinée par les ans, elle avait l'échine cassée et serrait le pommeau d'une canne dans ses doigts aux phalanges sans peau. Les hurlements de Fanny s'étranglèrent. L'enfant s'était assis dans une flaque : de ses doigts agiles et de ses dents pressées, il faisait un sort à sa tête de poisson.

– Hé là ! répéta la vieille, mais entrez donc vous chauffer devant la cheminée. C'est pas grand-chose mais ça vaudra toujours mieux que l'humidité des rues.

Une fois à l'intérieur, Fanny et le gamin s'accroupirent devant le feu, au milieu de sombres montagnes de vêtements entassés partout. Au bout d'un moment, un bruit de pas se fit entendre : la vieille ressortait de son arrière-salle avec une poignée de charbon et un bol de flocons d'avoine pour l'enfant. Pendant qu'il mangeait, assise à côté de Fanny, elle promenait sur elle un regard de connaisseur. La fille ne cessait de trembler : Saint-Guy doublée de névralgie faciale. Elle était incapable de tenir l'assiette remplie de brouet que la vieille lui avait fourrée entre les mains.

– Tu voudrais pas plutôt un gobelet de genièvre maison, ma poulette ? Ou ben alors carrément quèque chose de pus fort, ça serait-y ça que tu veux ?

Baissant la tête, Fanny lui demanda du laudanum… si toutefois cela ne la privait pas.

– J'ai des ennuis avec mon ventre, expliqua-t-elle à mi-voix.

La vieille se déplia en prenant appui où elle pouvait, puis roula tant bien que mal jusqu'à un coin sombre où, pendant un temps infini, sembla-t-il, elle farfouilla dans une pile de vêtements sales. Enfin elle s'en revint vers le feu en sifflant de la poitrine. Elle serrait une bouteille bleue entre ses doigts.

– Teinture… d'opium, dit-elle en déchiffrant l'étiquette. C'est-y pas justement ce que tu veux, pas vrai, ma mignonne ?

Elle grimaçait. Soudain, un hurlement de forcenée, un cri sauvage lui sortit de la bouche.

– Hiiiii ! Hiiii-iiiii !

Fanny lui arracha la bouteille des mains et la porta à ses lèvres. Sa gorge se desserra presque ausitôt. Les rongeurs cessèrent de lui déchirer l'estomac, la douleur aveuglante qu'elle avait dans la tête commença à se dissiper, puis finit par se noyer, comme en un bassin où son corps eût perdu toute tension et toute pesanteur. Elle avala une deuxième lampée de potion, puis une troisième ; au bout d'un moment, étendue sur le dos, elle regardait le plafond s'animer, voûte céleste où se déchaînait à chaque instant davantage la valse de l'infini, planètes avec leurs satellites, implacables soleils, noirs cantons glacés loin dans les espaces.

~

Elle se réveilla à l'aube. Debout à côté d'elle, un homme et une femme la regardaient. L'homme avait une cloque jaunâtre au bout du nez ; la femme serrait un balai sur sa poitrine comme s'il s'était agi d'un bouclier.

– Non mais, s'écria l'homme, tu te crois où, sacré nom de Dieu ! Qu'est-que tu fous là, dans ma boutique ?

Fanny se redressa et, encore stupide, chercha son enfant en tâtonnant. Il avait disparu.

– Alors, tu vas l'ouvrir, espèce de traînée ? siffla la femme.

C'était comme si Fanny avait été précipitée dans un escalier après s'être fait assommer à coups de maillet. La peur lui battait dans les tempes.

– Je... je... la vieille...

– La vieille ? Quelle vieille ? demanda l'homme.

– Elle est fêlée, cracha la femme en s'approchant avec son balai.

– Non, non... vous comprenez pas. C'est elle qui a mon fils. Ici même, hier soir, elle...

– Allez, du vent ! aboya l'homme. Dehors ! avant que j'appelle les gendarmes. T'entends ? Dehors !

~

Elle hanta les rues pendant une semaine, dormit toutes les nuits devant la boutique de Monmouth Street. Elle n'avait rien à manger et sa provision de laudanum se trouvait complètement épuisée. Elle restait étendue par terre, sans bouger, dans l'impasse où donnait l'échoppe. Elle essaya de reprendre son souffle : la paroi de son estomac se rompait, on lui arrachait le cœur. Fanny n'était plus qu'une pute, mangeuse d'opium, mère sans son enfant ! C'était là que l'avait conduite tout ce qu'elle avait en elle de beauté, de courage et de ressources. Cela se passait au XIXe siècle. Se porter vers le fleuve, qu'aurait pu faire d'autre l'héroïne qu'elle était ?

Octobre était arrivé. On était en 1801... mais le savait-elle seulement ? Napoléon était en train d'endormir les

Anglais avec la Paix d'Amiens, De Quincey, qui avait seize ans, regimbait sous la discipline du collège de Manchester, Ned Rise redoublait d'efforts pour éviter Osprey et, avec une sorte de résignation désespérée, cherchait encore et encore celle qu'il aimait. Fanny, elle, ne cherchait plus personne. Son fils avait disparu, Ned n'était plus qu'un souvenir. Par une nuit de brouillard, elle gagna Blackfriars Bridge, se hissa sur le garde-fou et bascula dans les brumes qui s'étendaient à ses pieds. Sombre et plate, l'eau se referma sur elle ainsi qu'un rideau qu'on tire en travers d'une scène.

NAÏADE, DÉCIDÉMENT !

La rivière est ce murmure, cette pulsation, ce rêve du corps, ces bancs de vandoises et de vairons qui refluent comme le sang, cette branche coincée dont le tic-tic-tic insistant évoque les battements du cœur. Vue d'ici, au ras de l'eau, la surface donne l'impression de se briser en mille doigts qui chercheraient une direction, redresseraient un passage, éviteraient les roches noires et usées qui semblent s'abaisser et se redresser comme des épaules sous le courant qui les noie. Mungo s'allonge au bord de la rivière, dans l'herbe haute et raide qui déborde sur les eaux. Il a le soleil dans les yeux, le bout de sa canne à pêche est posé contre une branche basse. Il est en vacances, à Fowlshiels. Les cris enjoués de ses enfants, le murmure de sa femme qui parle de tout et de rien le caressent comme un baume. La terre respire, longuement. À ses côtés, Alexander Anderson sirote une pinte de bière brune en parcourant paresseusement les pages d'une étude sur la traite des nègres en Afrique occidentale.

Au bout d'un moment, l'explorateur se redresse sur un coude : Ailie a quitté le bord, elle a maintenant de l'eau jusqu'aux genoux, Thomas et Mungo Junior jouent dans la vase, grand-mère Park berce le dernier-né. Ailie surprend le regard de son mari. Un sourire, une vaguelette, la voilà qui disparaît : elle fend le courant comme une flèche. Septembre est arrivé. On est en 1803. Deux longues années se sont écoulées depuis que la famille a emménagé à Peebles. Deux années de préparatifs interrompus, puis repris, en vue d'une deuxième expédition en Afrique de l'Ouest ; deux années que Mungo a passées à rassurer Ailie, à essayer d'écarter ses objections, à accomplir le travail le plus stérile et le plus ennuyeux auquel il se soit jamais consacré : soigner les malades et autres cancéreux d'un ingrat comté. Deux ans, deux enfants de plus. Mungo Junior est arrivé à l'automne 1801, juste après le déménagement ; Elizabeth est née au printemps dernier.

Tout cela est bel et bon. Des enfants en pleine santé, une épouse aimante, c'est cela, non, l'essentiel de la vie ? Mais les proportions qu'a prises sa famille commencent à inquiéter Mungo : en quatre ans de mariage, trois enfants. Il essaie de s'imaginer dans vingt ans. Chenu, avec autour de lui quinze mioches qui lui hurlent aux basques : de la viande, du lait, des petits pains au sucre, des robes et des costumes neufs, des livres d'école, des dots, de l'argent pour payer les frais d'inscription à la faculté ! « Trois, ça suffit », dit-il toujours à Ailie. Elle se contente de le regarder du coin de l'œil. Elle sait y faire, elle sait l'enflammer, elle est aussi fertile que les limons du Niger. « J'en veux plein : comme ça, je me souviendrai mieux de toi lorsque tu m'auras abandonnée pour t'en retourner là-bas», lui répond-elle. Pas le moindre soupçon d'humour dans sa voix. Chaque enfant qui lui naît est un maillon de plus dans la chaîne qui l'attache à elle. Le soir, elle allume des chandelles devant la statuette noire qu'elle a posée au milieu de sa coiffeuse comme une icône. Une fois même, il l'a surprise en train de frotter le ventre gonflé de la femme en bois avant de grimper dans le lit. Il lui suffit de la toucher pour qu'elle se retrouve enceinte.

– Je suis inquiet, Zander, lâche-t-il.

Zander relève la tête de dessus son livre et le regarde en clignant des yeux.

– Non, la façon dont la famille a grandi… tout ça, quoi. Je me sens responsable, je veux bien les nourrir mais… mais je ne me vois pas revenir à Peebles, c'est tout. La semaine qu'on vient de passer ici, à Fowlshiels, comparée au train-train de là-bas, tiens, le paradis! Le paradis, je te dis. Sauf que je n'arrive toujours pas à en jouir. J'ai l'impression de gâcher ma vie. Chaque fois que j'enfourche ce bidet de malheur et que je me mets à courir les collines pour aller voir un vieux pépère en train de crever en sifflant de la poitrine, je ne peux pas m'empêcher de songer que c'est comme ça que je finirai, moi aussi. Je crèverai dans mon lit. Sur le dos. Au bout de quarante ans d'ennui.

– Et que dit Ailie?

– Tu le sais bien.

– Pas d'Afrique…

– Pas d'Afrique.

L'explorateur tire indolemment sur sa ligne, puis dirige à nouveau son regard sur Ailie: elle résiste au courant, le remonte, une main dans un éclair d'écume, puis l'autre, argentée, lumineuse, nette et précise dans ses mouvements. Elle se déplace comme un être qui serait né dans les flots. Avec une aisance fluide, avec une grâce athlétique, avec une beauté qui lui noue la gorge. Il la perd de vue un instant, là-bas, dans le croissant étincelant d'un reflet de soleil ; mais c'est pour l'en voir ressortir dans une auréole de lumière et en cette seconde même se transfigurer en une créature plus que de chair et de sang, en une créature mythique, éternelle. Le voudrait-il, qu'il n'aurait jamais la force de la quitter.

Zander est en train de lui parler :

– Écoute, peut-être est-il des devoirs plus hauts que ceux qu'on a envers sa famille. Il n'est pas impossible que tu aies aussi des obligations envers la science et la civilisation...

Mungo se tourne vers lui et le regarde droit dans les yeux.

– Zander... ce matin est arrivée une lettre qui m'a suivi ici, dépêchée de Peebles par porteur spécial... très tôt... avant qu'Ailie ne soit debout.

Cette nouvelle frappe Alexander Anderson avec la violence d'une décharge électrique. Dix mille volts. Il renverse sa bière d'un coup de pied, laisse tomber son livre et se redresse d'un bond.

– Ça vient de Londres ?

L'explorateur acquiesce d'un signe de tête.

– Oui, une lettre du gouvernement. De Lord Hobart. Il veut me voir immédiatement... il s'agirait de diriger une expédition destinée à reconnaître le cours du Niger.

Il a prononcé ces derniers mots à voix basse, d'un ton presque révérencieux.

La pupille dilatée, les lèvres remuant pour accompagner chacune des phrases de son beau-frère, Zander n'a pas cessé de le regarder d'un œil attendri par l'admiration et de lui manifester son accord tacite. Il s'illumine soudain d'un grand sourire et se met à lui secouer la main comme un levier de pompe.

– Enfin, ça y est !... on n'attendait que ça !

– Chhhut !...

Mungo a l'air d'une belette qui aurait saisi un œuf entre ses dents.

– Je n'en ai encore rien dit à ta sœur.

– Elle va pas aimer...

– Non.

Zander s'accroupit sur les talons à côté de lui et, s'aidant de ses mains, se balance sur la pointe des pieds. Il a vingt-neuf ans mais on lui en donnerait dix-huit.

– Elle sera quand même forcée de voir que le but est des plus nobles... c'est obligé. Elle comprendra. J'en suis sûr.

Mungo renifle.

– J'aimerais bien partager ton optimisme.

– Vas-y. Dis-le-lui... peut-être que sa réaction te surprendra.

Prêt à essayer, l'explorateur jette un coup d'œil pardessus son épaule. Enroulés dans les couvertures, Ailie et Thomas font rôtir des bouts de viande au-dessus d'un feu. La mère épluche ensuite des pommes et berce le bébé tandis que, complètement nu, le bambin de deux ans hurle comme un fou et court le long de la berge comme si on l'avait enfermé dans un placard pendant une semaine.

– Tu sais que tu n'as peut-être pas tort, Zander, dit enfin Mungo en se relevant. Pourquoi ne pas régler l'affaire tout de suite ?

Et puis d'un ton moins assuré :

– Encore que je n'aie aucune envie de gâcher cette belle journée.

Mais avant même qu'il ait pu faire deux pas, la lettre, l'Afrique, ses ambitions, Ailie, tout cela est soudain relégué au deuxième plan – parce qu'à ce moment précis le bout de sa canne à pêche commence à frémir. Très légèrement au début, mais assez pour attirer l'attention de Zander.

– Mungo ! s'écrie-t-il.

La jungle africaine a aiguisé les réflexes de l'explorateur. Celui-ci se retourne pour analyser la situation ; en un éclair, il a dénombré les pièces du puzzle et en a presque simultanément trouvé la clé. Il déchiffre le visage de Zander, le geste éloquent de son index, la vibration significative de la canne entraînée vers la rivière à la vitesse d'un bobsleigh privé de pilote : il réagit sans la moindre hésitation. Une seconde auparavant, debout au bord de l'eau, il regardait son beau-frère d'un œil interrogateur, et voici qu'il se jette sur sa canne qui s'éloigne à toute allure, et qu'il réussit de justesse à assurer sa prise sur la dernière nodosité de la tige de bambou. Il lutte, il tombe à genoux, tire la ligne vers lui, se relève en vacillant, déjà la canne s'est pliée en deux. Entre ses mains, l'explorateur sent qu'une force incroyable tire en sens contraire. L'eau est agitée de remous argentés, la chose rue et se débat au rythme des pulsations du courant.

– Il en tient un ! s'exclame Zander. Il a attrapé un saumon !

Ailie et les enfants se précipitent vers Mungo, l'excitation leur brûlant le visage comme les premières morsures de l'hiver.

Mungo tire sur la ligne en y mettant toute son énergie, son être entier concentré sur cette chose que du bout de ses doigts il sent racler les rochers et se frotter le ventre dans les recoins les plus profonds de l'onde. Pas un galet qui lui échappe. Il est capable de lire à mille détails l'histoire entière de la rivière : colonnes de roche ignée qui ont crevé sa surface, main brûlante des glaciers qui ont aplati son lit, ressac incessant de son flot, cycle infini de sa disparition dans l'océan et de sa renaissance dans les nuées. D'une main ferme, implacable, il tire sur ce mystère avec la force de tous les nerfs, de toutes les fibres de son corps, de tout le poids de son sang et de tout le poids de sa chair... il tire.

Las ! encore et encore la chose le tire en avant.

SIDI AMBAK HOURBI

Le bord d'un cache-nez de tartan dépassant de sous son haut-de-forme, Mungo rentre de Londres juste avant Noël. Un étranger de petite taille et au teint basané se tient à ses côtés. Si personne ne prête attention à l'explorateur (la familiarité engendre le désintérêt), il en va tout autrement pour l'étranger. Personne ne sait trop que penser de lui dans tout le comté. Ses bottes lui montent jusqu'aux genoux, sa culotte est de laine sous son manteau long, et il porte un foulard-cravate : jusque-là rien que de très ordinaire, c'est vrai. Cela étant, les bonnes gens de Peebles ne peuvent pas ne pas noter certaines bizarreries. Et d'un, il y a quand même sa peau, dont la teinte se situe quelque part entre le brun foncé du fond d'étable et le jaune caséeux du lait de chèvre. Et de deux, il y a son chapeau – lequel chapeau n'a rien d'un chapeau, mais ressemble à une pièce de tissu qu'il se serait enroulée autour de la tête. Sans parler de ses joues striées de marques rituelles, de sa barbe qui lui descend jusqu'à la ceinture et de cet anneau d'or fiché dans sa lèvre de la manière la plus barbare qui soit. Tout bien considéré, l'apparition soudaine de cet étranger dans un village qui n'a pas changé depuis huit cents ans est aussi extraordinaire que la naissance d'un canard à deux têtes ou que la découverte d'une nouvelle comète dans le ciel nocturne.

La trace visible de leur dialogue restant suspendue dans l'air glacial ainsi que panaches de fumée, c'est au crépuscule que Mungo et son compagnon arrivent enfin à Peebles. Les citoyens du village, qui aiment à se coucher tôt, ne font pas d'histoires et d'ailleurs sont à moitié endormis, déjà recroquevillés devant l'âtre lorsque les chevaux passent sous leurs fenêtres en faisant sonner leurs fers. Dans les maisons, on ne songe pour l'heure qu'à l'odeur forte des navets et des pommes de terre, au fumet qui monte du plat de bœuf braisé et de la soupière remplie de potage aux poireaux. Il n'empêche : en un instant, la moitié des endormis se presse contre les vitres ou sort dans la rue avant que l'explorateur ait seulement atteint le petit jardin qui s'étend devant chez lui. On est en bras de chemise, en tablier, en pantoufles, quelques-uns même sont pieds nus, et tout le monde a l'air d'avoir posé les yeux sur quelque prodige, quelque monstre, quelque fantôme ambulant et parlant, qu'on ne saurait ni tout à fait admettre ni tout à fait ignorer.

– Z'avez vu ce que j'ai vu ? demande Angus M'Corkle à sa voisine, Mrs Crimpie.

– Ma foi... répond-elle en secouant lentement la tête comme si elle voulait se déboucher les oreilles, et moi j'vous dis que la Vierge me bénisse si c'est pas un des rois mages venu passer en personne le Saint Jour avec nous.

– Que nenni, que nenni ! C'est clair que c'est un Juif errant... ou alors un Mongol chinois.

– Ali Baba, que j'vous dis, assure Festus Baillie, les mâchoires aussi serrées que celles d'un juge. Ali Baba lui-même !

~

Sidi Ambak Hourbi n'est ni un Juif ni un Mongol. Il n'a rien non plus d'un monstre, ni d'un prodige, ni d'un héros du folklore arabe. Il est tout simplement Maure : humble, pas prétentieux pour deux sous, un rien onctueux. Il est né à Mogador, connaît beaucoup de monde et a reçu une solide éducation. Il est venu à Londres en qualité d'interprète d'Elphi Bey, ambassadeur d'Égypte. Mais ce dernier a soudainement expiré en s'étouffant sur un morceau de mouton qui, coincé en travers de sa gorge, l'a d'abord rendu tout violet d'embarras. Sidi Hourbi s'est alors retrouvé sans emploi. Il faudrait en effet des mois et des mois pour qu'enfin au courant de la mort de son représentant, Le Caire envoie un remplaçant dans la capitale anglaise. Sidi Hourbi a commencé à se faire du souci. C'est à ce moment-là que Sir Joseph Banks est entré dans la danse : Mr Hourbi serait-il assez aimable pour passer au 32 de Soho Square ? Sir Joseph aurait une proposition à lui faire.

Dans la bibliothèque de Sir Joseph Banks où on l'a introduit, Sidi Ambak Hourbi se trouve en présence de deux Anglais : le premier, âgé, plutôt carré, arbore une mâchoire inférieure de bouledogue. Jeune et musclé, le deuxième a les cheveux blonds. Le monsieur âgé, un homme racé qui en impose autant qu'un paquebot de ligne, n'est autre que Sir Joseph Banks. Il a tendu la main pour accueillir son visiteur, lui offre un siège et un verre de bordeaux rouge (qu'en bon musulman qu'il est, Sidi Hourbi se voit contraint de refuser poliment). Après quoi, il se tourne vers son compagnon et fait les présentations : Mr Mungo Park...

À peine a-t-il entendu le nom de l'explorateur, le nouveau venu rougit jusqu'à l'anneau qui lui pend à la lèvre et, après s'être redressé gauchement, se prosterne à ses pieds.

– Oh ! monsieur Park, Sir, dit-il, comme j'admire vos œuvres !

Il a la voix aiguë et nasillarde d'un muezzin appelant à la prière.

– ... Et comme j'applaudis les efforts que vous déployez pour ouvrir notre pauvre pays, si arriéré, aux influences civilisatrices de l'Angleterre. Si fait, si fait !

Il en est là de ses phrases lorsque Mungo Park et Sir Joseph Banks se lèvent, le suppliant de se remettre debout et de se reprendre. Malheureusement, Sidi Hourbi ne semble pas être arrivé au bout de ce qu'il voulait dire. Le nez enfoui dans le tapis, il garde encore la posture pendant une bonne minute avant de reprendre d'un ton hésitant.

– Mais oh ! monsieur Park, Sir, marmonne-t-il, c'est vraiment du fond du cœur que je déplore la manière honteuse dont mes coreligionnaires de Ludamar vous ont traité, ces regrettables chiens...

Apparemment satisfait de son petit compliment, le Maure rampe à quatre pattes jusqu'à son fauteuil, où il se perche, juste au bord, pour écouter, sans le regarder, Sir Joseph Banks lui dévoiler les grandes lignes de sa proposition.

C'est la deuxième fois, explique ce dernier, qu'en deux mois de temps Mr Park descend à Londres pour essayer de mettre sur pied une expédition dans le bassin du Niger. N'eût été un contretemps imprévu, elle aurait dû partir il y a six semaines de cela. Mais le gouvernement de Mr Addington est tombé et l'ancien secrétaire aux Colonies, Lord Hobart, a été remplacé par Lord Camden. Qui vient juste de lui annoncer que le nouveau gouvernement ne sera certainement pas en mesure d'autoriser le départ de l'expédition avant le mois de septembre de l'année prochaine.

Pendant que Sir Joseph Banks récite ces litanies, Mungo sirote son bordeaux d'un air morose. Il est déçu, découragé, dégoûté. À l'automne, en conclusion à cet après-midi idyllique sur les bords de la Yarrow, il avait passé deux jours et deux nuits d'enfer à essayer de rassurer Ailie : il n'avait aucune intention de la quitter, que non pas ! Elle s'était accrochée à lui et avait hurlé comme une folle, menacé de se noyer, de mettre le feu à la maison, d'étrangler les enfants pendant leur sommeil. Il n'allait tout de même pas l'abandonner une deuxième fois... elle ne le tolérerait pas. Elle l'empoisonnerait s'il le fallait. Soumis à pareilles pressions, il avait fini par capituler. « Bon, bon, avait-il conclu, je descends à Londres dire à Hobart qu'il cherche quelqu'un d'autre. » Elle lui avait baisé les mains. Ils avaient fait l'amour comme des jeunes mariés.

Il mentait ; pour gagner du temps. Une fois à Londres, il avait dit à Hobart : « Je suis votre homme. Donnez-moi les vivres et les hommes dont j'ai besoin et je vous dresse la carte du Niger de la source à l'embouchure. » Hobart lui avait demandé deux mois de délai pour prendre ses dispositions et l'explorateur était retourné à Peebles. Tendu, impatient, aussi rongé par la culpabilité qu'un enfant de chœur aux doigts encore collants de sucreries. « Tu le lui as dit ? » avait-elle voulu savoir.

Mungo avait détourné les yeux. « Oui, mais... mais il m'a demandé d'être le conseiller technique d'une nouvelle expédition que doit diriger un certain... un jeune Gallois que Sir Joseph est allé pêcher Dieu sait où, et... »

Cela se passait en octobre. En décembre, Hobart l'avait de nouveau convoqué et l'explorateur avait repris la première malle pour Londres. Il s'était présenté au ministère des Colonies et, prêt à partir dans l'instant, avait aussitôt rédigé mentalement le brouillon d'une petite lettre à Ailie :

> Ma chère Ailie,
> Je t'aime et te chéris, j'adore les enfants, mais les devoirs que j'ai envers mon pays et envers mon Dieu doivent passer avant ceux, tout sacrés qu'ils sont, qui m'obligent par-devant ma famille. L'Afrique, la plus grande aventure que l'homme ait jamais tentée, oui, l'Afrique m'attend, et je suis le seul à pouvoir...

La mine de Hobart l'avait arrêté net.

– J'ai bien peur d'avoir de mauvaises nouvelles à vous annoncer, monsieur Park, lui avait dit le secrétaire d'État.

– Plaît-il ?

– C'est fini.

Mungo l'avait regardé d'un air hébété.

– Fini ?

– Addington vient de démissionner.

Et voilà pourquoi il est là, aujourd'hui, assis dans le bureau de Sir Joseph, à regarder tristement par la fenêtre alors qu'il devrait faire route vers Gorée. Neuf mois de plus. On dirait bien qu'il est à jamais condamné à gaspiller ses talents à Peebles en jouant les coupeurs de jambes écrasés de travail et sous-payés. Lord Hobart, Lord Camden, Addington, Pitt... ça change quoi ? Il n'a droit qu'à leurs excuses.

– Ainsi donc, explique Sir Joseph, je suis prêt à vous offrir trente livres sterling si vous acceptez de partir à Peebles avec Mr Park afin de lui apprendre l'arabe en vue de l'expédition que nous projetons.

Le Maure regarde autour de lui comme s'il venait de recevoir une gifle en pleine figure.

– Terente livres sterlines ? répète-t-il d'un ton incrédule, vous donnez pour moi ?

Sir Joseph ayant acquiescé d'un hochement de tête, Sidi Hourbi se jette à plat ventre sur le tapis.

– *Ya galbi galbi !* chantonne-t-il, *an'am Allah 'alaik*[1] *!*

~

Ailie se trouve à la cuisine où elle s'affaire à préparer une tourte au crabe et à faire bouillir le museau, les oreilles, les joues, la cervelle et les pieds d'un cochon fraîchement égorgé, lorsqu'un bruit provenant de derrière la maison l'arrête soudain. Cela fait maintenant une ou deux minutes que dure cette sorte de martèlement sourd, mais son travail l'absorbait tellement qu'elle n'y a d'abord pas prêté attention. Voilà que ça recommence. Amorti, vaguement mouillé, le bruit évoque quelqu'un qui fendrait du bois dans le lointain… ou qui pousserait un cheval autour de la maison. Enfin elle comprend : Mungo ! En un instant, elle se retrouve à la porte. Son tablier est blanc de farine, les derniers rayons du soleil dorent l'écurie… son mari, la crinière des chevaux, le maigre étranger qui la regarde de ses yeux luisants et pailletés de rouge… Au fait, qui est-ce ? Elle se le demande, et déjà un vague malaise commence à lui nouer l'estomac, mais la voilà qui se niche dans les bras de Mungo et plus rien ne compte.

Une fois dans la maison, Mungo et son invité s'installent au coin de la cheminée et s'y réchauffent les mains pendant qu'Ailie met de l'eau à bouillir et s'en retourne à sa tourte. Mungo lui a brièvement présenté le petit homme

1. « Mon cœur, ô mon cœur ! L'approbation de Dieu soit sur toi ! »

tandis qu'ils se trouvaient encore devant l'écurie : Mr Gourbi quelque chose – elle n'a pas réussi à saisir tout son nom. Maintenant il bombarde sa femme de banalités : comment vont les enfants, le temps qu'il a fait, si elle a assez de bois coupé, si ce truc qu'elle a attrapé, c'est un rhume... Il s'étend en retour sur la santé de Sir Joseph, sur les rigueurs du voyage, sur le nouveau gouvernement, sur Dickson, Effie et Edwards, mais il n'a toujours rien dit de ce Sidi Gourbi quelque chose. Elle a dans l'idée qu'il est africain – à en juger d'après le chiffon dont il s'est entouré la tête et les grosses estafilades qu'il a aux joues et au front... Un Maure ? Un Mandingue ? Mais pourquoi donc faudrait-il que Mungo en ramène un dans la région ?... À moins que...

– Alors, comme ça, dit-elle en pétrissant la pâte comme si elle se vengeait de quelque chose, vous êtes venu faire un tour à Peebles... Monsieur Sidi Gourbi[1].

Le Maure lève les yeux sur elle comme s'il était surpris d'entendre son nom prononcé d'une voix si forte par une personne pareille et en un tel lieu. Il s'est pelotonné si près du feu qu'elle a peur qu'il ne s'embrase d'un coup.

– Oh ! gente Dame, oui, oui, je suis venu faire un tour à Peebles.

Ailie croit retrouver le regard de Douce Davie lorsqu'on lui pose un bout de jambon sur le rebord du buffet.

Mungo pousse un soupir, se relève et s'éloigne de l'âtre.

– Bon Dieu, dit-il, ce que ça sent bon ! Qu'est-ce que tu es en train de nous mijoter ?... Du pâté de hure ?

– C'est pour Noël.

– Quoi ? Pas d'oie ?

1. Ailie, en prononçant le nom de son hôte, Sidi, l'orthographie instinctivement *seedy*, « minable ».

Elle a nettement l'impression qu'il essaie de l'embarquer sur une fausse piste, elle imagine qu'il lui cache quelque chose à propos de la présence de ce Mr Gourbi.

– De l'oie ? Si, si, rétorque-t-elle d'un ton impatient. Il y aura aussi de l'oie. Mais dites-moi, reprend-elle en se tournant vers le Maure, pendant ces vacances-ci, monsieur Gourbi, vous serez donc de nos landes ?

Le Maure semble avoir tout à coup perdu pied :

– De Hollande ?

À mi-voix, en parlant aussi vite qu'une décharge de mousquet, Mungo lui glisse quelque chose dans une langue étrangère. En arabe ?

Sidi Hourbi se met à sourire :

– Non, pas Hollandais... je suis Maure, très gente Dame !

Voilà qui ne mène à rien. Elle se tourne vers son mari en s'essuyant les mains à son tablier.

– Bon, alors, reste avec nous ?

Mais avant que Mungo ne puisse lui répondre, le Maure se redresse d'un bond, comme s'il avait prévu son coup depuis longtemps.

– Oh oui, aimable Dame, maîtresse Park, gémit-il en se jetant aux pieds d'Ailie. Avec permission, je reste ici pendant deux ou terois mois.

Ailie recule brusquement comme si elle venait de s'ébouillanter.

– Deux ou trois... ?

– Ailie !... lance Mungo à voix basse, d'un ton désapprobateur.

– Bonne Dame, ma bonne Dame, psalmodie Sidi Hourbi en la poursuivant à quatre pattes et en faisant mine de vouloir lui embrasser l'ourlet de la robe.

Soudain, il relève les yeux vers elle et aboie :

– Précepteur ! Précepteur !

Il est aussi excité qu'un lexicographe qui vient enfin de trouver le mot qu'il cherchait depuis un mois.

– Il est là pour m'aider à apprendre l'arabe, ma chérie.

– L'arabe? Pour quoi faire?

Mais elle connaît déjà la réponse et devient livide. La mâchoire raide, elle lui demande:

– Tu ne vas pas... ?

Mungo a tout du prisonnier enchaîné à son ponton.

– C'est-à-dire que voilà... j'avais envie de t'en parler... enfin, de ce que Sir Joseph... commence-t-il lorsqu'il est sauvé par le gong.

À cet instant en effet, suivi de près par Thomas, Mungo Junior passe le nez à la porte de la cuisine. Un bref moment d'hésitation... puis les deux frères se ruent dans la pièce et enlacent les jambes de leur père. Aigus et enfantins, leurs cris soulevés par une joie radieuse, dévorante, font vibrer les fenêtres.

PÈRES ET FILS

La route est longue jusqu'au comté de Hertford. Elle passe par Enfield, elle serpente entre des meules de foin, elle longe la cahute d'une vieille mégère, la prison locale et les bagnes flottants. Mais n'anticipons pas sur notre histoire. Faisons un pas en arrière et revenons aux grands vents et au froid glacial de l'hiver 1802... et à ces deux chemineaux en haillons qui remontent vers le Hertfordshire en grelottant. Ils sont affamés et terrifiés, ils n'ont pas un sou vaillant, et Claude Messenger Osprey Junior les pourchasse avec une obstination qui confine au fanatisme.

C'est qu'ils sont désespérés, ces deux-là ! Désespérés au point qu'ils ne sont même plus certains d'avoir choisi la bonne solution. Engourdis, ils se demandent si mourir de froid vaut vraiment mieux que de se balancer au bout d'une corde. C'est à peine si Ned Rise a encore la force de soulever les pieds tant le froid l'endort. Il a envie de s'allonger dans un fossé, de s'emmitoufler jusqu'aux oreilles dans son manteau et de rêver de marmites fumantes et de bols remplis de brouet brûlant. Ce pauvre idiot à tête plate de Boyles ? Il est encore plus mal en point. Il y a beau temps que, tombé dans une espèce de transe, il avance le long de la route à petits bonds, comme un automate saoul, que sans arrêt il pique du nez dans les buissons, s'étale sur la chaussée et, là, se vautre sur la terre dure comme pierre en croyant s'étendre sur un matelas de plumes. Chaque fois qu'il trébuche, Ned se tourne vers lui pour l'exhorter à se relever et à se remettre en route.

– Allez, Billy, lui dit-il, te laisse pas aller, t'entends ? Encore une heure comme ça, et t'es mort.

– Ben, c'est parfait.

– Allez ! allez ! l'encourage-t-il en tirant sur ses épaules maigres comme sur un harnais, dès qu'on arrive quelque part, on demande un abri pour dormir.

Mais voilà que, s'enflant soudain dans la pénombre du petit matin, un bruit d'essieux et de sabots leur saute dessus.

– Attention ! fait une voix d'enfant.

Presque aussitôt on entend les grincements d'une roue qui freine et les « Ouoh ! là ! Ouoh ! » d'un homme à la voix de basse.

Dans la demi-lumière apparaît une charrette ; ses roues bloquées ont dérapé et ont fini par s'arrêter à un demi-pouce de la tête anguleuse de Boyles. L'homme qui tient les rênes est un paysan au visage grêlé et aux cheveux grisonnants. Il va sur la quarantaine, il a les mains taillées comme dans du granit et le regard aussi doux que celui d'un salutiste.

– Eh bien, mon frère, tonne-t-il en clignant des yeux pour mieux contempler la forme inerte de Boyles, qu'est-ce qui ne va pas ?

Ned s'empresse de prendre sa plus belle mine de chien battu et lui répond qu'ils font route vers Hertford mais que la chance ne leur sourit guère. À moins de trouver un abri, ils seront morts avant la fin de la journée.

Le fermier, le visage soudain illuminé par les rayons obliques du petit jour, profite de la pause pour tasser son tabac dans le fourneau de sa pipe.

– Pas question de ça, grogne-t-il en crachant la fumée par les coins de sa bouche. Grimpez derrière et mettez-vous à l'aise sous la couverture avec les gamins.

Dans les ténèbres, deux paires d'yeux ronds et noirs scrutent le dos du fermier.

– Nahum et Joseph, reprend-il tandis que ses fils font de la place aux voyageurs à l'arrière de la charrette.

Boyles a le regard vitreux tant il manque de sommeil, de chaleur et de boisson. Il trébuche à deux reprises mais, grâce à Ned, parvient à se hisser dans la charrette.

– Là-dessous, leur souffle l'aîné qui a l'air d'avoir six ou sept ans.

L'instant d'après, Ned et Boyles se retrouvent nichés sous une couverture en peau qui doit peser dans les quatre-vingts livres et commencent à siroter le contenu d'un pichet de cidre encore chaud, tout en appuyant leurs pieds sur une chaufferette en fer.

– M'en vais jusqu'à Enfield, leur annonce le paysan par-dessus son épaule dès que la charrette s'est remise en route avec une secousse. Ça me fera plaisir de vous y conduire.

~

Un de ces lords de la capitale, parlementaire distant à qui il avait suffi de naître pour parler perruque et bas de soie, un chevalier de la Jarretière, un pilier de la maison de jeu de White, tel est l'homme à qui l'on doit les parcs méticuleusement entretenus, les bosquets d'arbres au tronc noir et nu, ainsi que les champs cultivés qui entourent le pavillon à pièce unique de Nahum Pribble, lequel n'est que son métayer. Son bien : deux chèvres, un cochon, douze poules et un bœuf. Sa femme est morte. Un soir, elle est montée dans son lit en marmonnant qu'un gros bonhomme s'était assis sur sa poitrine. Le lendemain matin, Nahum découvrait du sang sur son oreiller. Il enterre son épouse dans le jardin de derrière chez lui, mais le directeur du Bureau de bienfaisance l'oblige à exhumer le corps et à lui acheter une concession au cimetière de la paroisse. Depuis lors, Nahum élève seul ses enfants.

– Doit être dur, jette Ned en dégustant une tasse de vin chaud épicé.

Les fenêtres sont noires. Assis entre les deux chiens de la maison, Boyles ronfle devant la cheminée. Les enfants sont allés se coucher.

– Dur ? C'est ce que Jésus a dû se dire quand ils l'ont cloué sur la croix et lui ont planté leur lance dans le flanc.

Penché sur un baquet rempli d'eau, Nahum récure avec ses gros doigts les assiettes en bois du souper. La lumière du feu lui délave le visage, en adoucit les rides et les sillons, le rend aussi lisse et éternel qu'un portrait accroché au fond d'une galerie sombre.

– Enfin, je veux dire… élever les enfants sans une femme autour.

Le fermier se tourne vers Ned et le regarde droit dans les yeux.

– Là-haut, dit-il, il y a un père qui s'occupe de Nahum Pribbles et Nahum Pribbles, il Lui est humblement reconnaissant d'être ici-bas le père de ces deux enfants-là et de pouvoir s'en occuper.

Ned jette un coup d'œil au lit en fer et aux deux formes qui y reposent dans la pénombre : lentement, paisiblement, la petite couverture se soulève et s'abaisse.

– Ma vie, c'est eux, ajoute le paysan d'une voix si douce que Ned Rise l'entend à peine dans le ronflement des bûches qui flambent.

~

Le lendemain matin, ils se remettent en route. Le paysan leur a fait cadeau d'un morceau de pain et de fromage, d'une poignée de pommes séchées et d'un pichet de bière. Malgré le ciel bas, le vent qui souffle raide et le thermomètre qui marque dans les moins quinze, Ned se sent plein d'optimisme. L'hospitalité du fermier l'a touché. C'est la première fois depuis bien des années qu'il se dit que le monde entier n'est pas uniformément et activement méchant, que le lait de la bonté humaine n'a pas définitivement tourné, que la donne n'est pas forcément désespérante, même si les cartes distribuées ne paient pas de mine. De fait, il se surprend à siffloter – un petit air de clarinette que Barrenboyne lui a appris il y a longtemps –, et il avance sur la chaussée défoncée avec toute la sérénité d'un propriétaire terrien qui se dégourdirait les jambes.

Quoique Hertford ne soit plus qu'à une dizaine de milles, Boyles, qui ne se sent plus de joie, convainc Ned de ne même pas attendre la première borne pour s'arrêter et étrenner le pichet. Ned réussit à allumer un feu à l'abri d'un mur de pierres, les deux amis y mettent à griller leurs tranches de pain au fromage et leurs pommes, arrosent ce festin de grandes rasades de bière… bref, s'offrent un petit pique-nique bien glacial au bord de la route. Le reste du voyage est sans agrément: en silence, lugubrement, ils s'arc-boutent contre le vent. Pas un cottage ni une auberge en vue, la route est déserte. À la fin de l'après-midi, ils atteignent les abords de Hertford et se font sommairement vider des trois premières maisons où ils frappent. Le lait de la bonté humaine, tu parles!

– Bon et maintenant qu'est-ce qu'on fout, hein, Neddy? demande Boyles en bafouillant.

Il a le dos voûté, il tremble, le visage tout bleui par le froid. Le vent secoue les arbres avec un bruit d'os qui s'entrechoquent.

Ned souffle dans ses mains, s'enlace la poitrine et sautille sur place.

– On tape à la première baraque qu'on trouve, on les supplie de nous laisser nous réchauffer une minute devant le feu et on leur demande de nous montrer le chemin de la ferme des Brunch.

La première baraque qu'ils aperçoivent se trouve fort en retrait de la route, au milieu d'un bosquet d'érables et d'ifs. Engourdis, les deux voyageurs se fraient un chemin à travers des orties et des buissons épineux, enjambent des arbres chablis et, guidés par les minces volutes de fumée qui s'échappent de la cheminée, pataugent dans les eaux fétides d'un ruisseau. Déjà le désespoir glacé leur ronge le bout des doigts et des orteils. Quand ils arrivent enfin devant la maison proprement dite, il leur faut déchanter: il ne s'agit guère que d'une masure reliée à une autre, encore plus petite, au moyen d'une sorte de cordon ombilical en ruine. On dirait un tumulus de l'époque des druides, ou une bergerie datant de Guillaume le Conquérant que l'on aurait convertie un beau jour en habitation. Il n'y a pas de fenêtres; en tombant des murs, des pierres ont laissé çà et là des vides, lesquels font songer à des dents qui manquent; le chaume du toit est envahi de mauvaises herbes, de mousse, de ronces et d'arbrisseaux qui ont déjà quatre à cinq pieds de haut.

– Pas la peine de t'époumoner! soupire Boyles. Ça fait un siècle au bas mot que c'est vide là-dedans!

Mais alors pourquoi, comme le nez au milieu de la figure, ces maigres tortillons de fumée continuent-ils de s'échapper de la cheminée?

Ned s'agenouille dans la boue gelée et cogne à la porte, avec aux lèvres une longue histoire de misères, de douleurs et d'amère détresse: voilà... tous deux, lui et son frère Boyles ici présent, ils se rendaient à l'enterrement du père, à Cambridge... un homme bien pourvu, le père, un marchand de porcelaines en tout genre, un qui devait peser à sa mort, quoi, dans les 200 000, quand voilà-t-il pas qu'ils ont été attaqués par des bandits de grands chemins qui les ont soulagés de tout... et puis qui ont braqué le pistolet, ces brutes, pour les forcer à échanger leurs habits avec eux, même que depuis ils errent comme des âmes en peine, ils n'ont plus un sou, ils sont presque morts de froid et de faim, mais quand même, c'est bien vers cette lointaine cité du savoir qu'ils font route, rien ne les fera dévier de leur chemin, étant donné que là-bas, justement, une énorme fortune les attend...

Vu la tournure des événements, il n'y avait nul besoin de tout ce boniment: à peine Ned y a-t-il frappé un petit coup que la porte s'ouvre en grand. Pas le temps de faire ouf: l'air est cautérisé par le cri suraigu d'une espèce de vieille mégère toute ratatinée à l'intérieur.

– Hiii-hiiiiii! des voyageurs, c'est ça? Et on ô faim et on ô froid, pôs vrai? Et on s'est fait détrousser sur la route? Ben tiens, voyons! Allez, allez! Entrez donc vous réchauffer autour du feu à la Mère, allez ! et que ça saute ! C'est pas le moment de faire les timides.

Elle est courbée bien bas vers le sol, cette vieille femme ! Elle a la colonne vertébrale déformée par une maladie que l'âge aggrave, ses mains squameuses sont tordues comme des griffes, et au milieu d'un visage aussi dévasté que les souvenirs du passé le plus obscur, elle darde des yeux au regard acéré comme des ergots. Boyles l'étale presque sur le dos en se ruant vers le feu qui brûle dans la cheminée. Brusquement inquiet, Ned reste figé sur place. La sorcière lui tend une main recroquevillée et l'attire dans la maison.

L'intérieur fait songer à une grotte : murs de pierre, sol en terre battue. La seule lumière qui atténue la noirceur des ténèbres provient du feu, comme à l'âge des cavernes. Ned trébuche presque sur une ombre étalée en travers du plancher. Son cœur s'emballe comme un petit animal dans une cage. Il y a quelque chose qui ne va pas, mais pas du tout, et tous les sens en alerte, assiégé par le refrain : « Un homme averti en vaut deux, fais gaffe, mon vieux ! », il recule d'un bond. De l'ombre monte un cri, une forme obscure se détache de la poussière et se transforme en un mol animal : une truie aux oreilles pendantes.

– Iciiiii ! hurle la vieille d'une voix fêlée, aussi folle que le cri d'un violon torturé, venez donc vous réchauffer la carcasse ! Hiiii-hiiiiii !

Soudain elle se retourne vers Boyles :

– Dis donc, toi, le toit-en-terrasse, ça te dirait, une p'tite muflée, ou je me trompe ?

Elle n'a pas besoin de le lui demander deux fois. Le temps de descendre la bouteille de l'étagère, Boyles se l'est déjà collée sur la bouche ; tout en claquant des lèvres, histoire de reprendre son souffle de temps à autre, il se lance dans des considérations fumeuses sur certain élixir des dieux que... Il a calé ses jambes maigres contre le foyer, le visage aussi rouge que celui d'un aubergiste.

– Et toi, Peau-de-Pêche ?

Le dos coincé contre la cheminée, Ned est tendu comme un chat. Il s'attend presque, s'il ferme la paupière, à la rouvrir sur le spectacle d'une ribambelle de petits enfants pendus aux poutres du plafond ou sur celui de quelque horrible créature venimeuse lovée dans l'ombre. La truie secoue les oreilles et lui décoche un long regard dédaigneux avant d'aller s'affaler dans un coin de la pièce. Il a le nez qui bout rien qu'à flairer son odeur fétide. L'endroit sent la putréfaction et l'excrément, pue la vie qui se passe à ras de terre, et que souille chaque événement de l'histoire du corps.

– Non, non, répond-il en se frottant les mains. Non, il va falloir y aller... On s'était juste arrêté pour vous demander où se trouve la demeure du seigneur Trelawney et...

– Ah ! ah ! siffle la vieille, alors comme ça, on est amis avec le sire de Trelawney ?

Ned commet l'erreur de hocher la tête en signe d'assentiment.

– Hiiii-hiiiiii ! piaule-t-elle. Ben ça, par le Diable et tous ses acolytes, elle est ben bonne ! Et moi que je vous prenais pour des moins que ren, des pas grand-chose, des vagabonds, traîne-savates... Mais alors là, si vous êtes amis avec le sire de Trelawney, ça change tout, ouais, ça change tout ! poursuit-elle en caquetant.

Alors, se faisant de ses deux mains un porte-voix, elle se tourne vers le boyau qui tient lieu de couloir et se met à hurler. C'est rauque et aussi vénéneux qu'un plat d'amanites phalloïdes.

– Oh ! l'gamin ! Ramène un peu ton cul de plomb dans le secteur, et viens-t'en voir le beau linge qu'est passé nous dire bonjour !

– Non, je vous en prie, on faisait juste que... bafouille Ned.

– Tout l'honneur est pour moi, stridule-t-elle, allant chercher le sol en une obscène parodie de révérence. Là, prenez un siège et accordez-nous donc à nous autres, pauvres paysans, une minute de votre précieux temps.

Elle jette à Ned un tabouret et, impatiente, se remet à hurler dans la direction du boyau.

– Alors, le mioche ?

Un remuement timide et furtif au fond de la pièce précède de peu la forme d'un enfant qui émerge de la béance terrifiante de la bergerie. C'est un petit garçon. Quatre ou cinq ans, le visage aussi pâle qu'une tache de blanc dans le noir. Il s'immobilise, l'air incertain, le menton rentré dans le cou.

– Allons, mon crapaud, arrête de traîner dans l'ombre et viens-t'en voir ta vieille mère... ou ben c'est-y que tu comprendrais plus l'anglais de la cour ?

Attentive, la tête penchée de côté, la vieille s'est postée au centre de la pièce et là, au cœur des choses, se pavane devant son public comme une actrice folle jouant son rôle le plus sinistre. Ned est en train de se demander ce qui va se passer lorsque, le visage grimaçant et les mâchoires agiles, elle pivote soudain sur ses talons.

– Mignon, le gniard, pas ? fit-elle. Un vrai enfant des fées ! Même qu'à le voir, on croirait qu'il a la trouille de sa mère !

Ned a le visage fermé. Tout cela lui dit vaguement des choses, des choses sinistres et qu'il ne veut pas savoir. Et pourtant, comme hypnotisé, comme incapable de s'en détacher, il continue d'observer le drame lugubre et insondable qui se déroule devant lui avec une imperturbable logique. Il regarde la vieille traverser la pièce en se tortillant, il la regarde serrer l'enfant sur sa poitrine comme un rapace, il entend son hurlement de triomphe crisser dans l'air comme une lame de rasoir sur une vitre. Et encore... et encore... il la regarde glisser une main desséchée sous le menton du garçonnet et, brusquement, lui prendre le visage et le tourner vers la lumière avec un rictus cruel.

La lueur des flammes tombe sur la figure maigre du gamin et là, sous des mèches de cheveux graisseux, découvre une peau barbouillée, un menton aux plaies béantes et le regard patient et fixe d'une bête captive. Ned sent la terreur le gagner. Irrésistiblement il contemple l'enfant comme il contemplerait une statue qui saigne ou sa propre épitaphe gravée sur une pierre tombale ; longuement il le dévisage, comme jamais encore il n'a dévisagé personne. La gueule pendante, Boyles a même quitté sa place pour le regarder à son tour. Dans la pièce, on n'entend que le râle féroce de la vieille. C'est alors qu'on peut voir Ned se lever de son tabouret : ses lèvres remuent toutes seules tant il est ému, tant il a de mal à comprendre, et sa démarche est celle de l'aveugle. L'être qu'il contemple, c'est lui-même. Là, sous les grimaces de défi de la vieille mégère, c'est sa propre chair qu'il découvre : il en effeuille les années qui se sont accumulées et retrouve, loin en arrière, l'orphelin en haillons que l'on a jeté à la rue, cette créature qui souffrait tant de ne pas avoir de parents. Et Ned n'en peut plus de rêver, et Ned n'en peut plus de mourir, et Ned n'en peut plus d'être fou.

La vieille harpie rompt le charme en hurlant :

– Drôlement mignon, le bambin, pôs vrai ? Je dis pas qu'une baffe ou deux de temps en temps, ça y ferait pas du bien, hein, mon bon monsieur, mais...

Et comme pour le lui prouver, d'un geste bien assuré, elle fait pivoter le gamin sur lui-même et lui administre un bon coup de griffe sur l'oreille.

– Allez, retourne à ton perchoir, espèce de sale petit monstre !

Alors, tel un mirage, l'enfant disparaît dans la bergerie.

Ce n'est pas possible, non, pas possible !... Et la voix intérieure lance encore à Ned un avertissement : « Fais gaffe !... »

– Je... commence-t-il, mais une fois de plus le nœud coulant s'est resserré autour de son cou et devant lui, sous leurs paupières à demi closes, les yeux du bourreau brillent comme des pierres précieuses.

Il se lève et attrape Boyles par le bras.

– Debout, Billy, debout !

Boyles a de nouveau concentré toute son attention sur la bouteille. De temps à autre, il la porte à son oreille et l'y secoue comme ferait un horloger avec une montre cassée. Après quoi il la repose de côté et, heureux comme l'enfant qui vient de naître, se reprend à tisonner le feu.

– De quoi ? répond-il d'une voix sincèrement étonnée.

– Hiiii-hiiii ! grince la vieille.

D'une bourrade, Ned Rise l'oblige à se remettre debout.

– Oublie la bouteille, tu veux ?... Va falloir qu'on y aille, Billy, et tout de suite ! crie-t-il comme si l'autre était dur d'oreille ou avait le cerveau fêlé.

– Déjà ? Ooooh ! coasse la mégère en se grattant l'oreille. Mais vous arrivez juste. Et dire que la Mère a pas eu l'temps de sortir la nappe et d'astiquer l'argenterie... Hiiii !...

Boyles a le visage peiné et semble interdit.

– C'est que j'me plais bien ici, moi, gémit-il.

Mais déjà son compagnon le tire vers la porte. Il l'a agrippé ; sa main se fait étau sur son bras, tremble à force de serrer, et l'épaisseur du manteau n'empêche pas Boyles de ressentir le désespoir de Ned, qui l'enferme dans l'urgence implacable d'un piège en acier. Arrivé à la porte, Ned Rise hésite.

– Dis donc, la vieille, bégaie-t-il d'une voix qui a l'air d'être portée par des flots d'adrénaline, c'est de quel côté, la ferme des Brunch ?

Un semblant de sourire tord les lèvres de la mégère.

– La ferme des Brunch ? Mais vous étiez pas amis avec le sire de Trelawney !

Sa plaisanterie lui restant en travers de la gorge, elle se met à tousser et à souffler comme un cheval épuisé. Blanc de terreur, de rage et d'hébétude, Ned Rise est déjà de l'autre côté de la porte et là, dans les ronces, il se débat et tire de toutes ses forces Boyles par la manche.

– À un demi-mille d'ici… au bout du chemin, Peau-d'Pêche ! lui crie la vieille. Au croisement ! T'as qu'à sauter par-dessus la barrière et couper à travers la pâture. La ferme en pierre… celle avec la grange en ruine… par-derrière ! T'entends ?

Ned court à toute allure. La panique le tient, chacune des paroles de la vieille lui injectant dans les veines les sels caustiques de la perdition et les grands feux de l'enfer. Il a oublié Boyles, sa mauvaise conscience lui corne aux oreilles, il file comme un dératé, il fend les tiges mortes et les branches basses comme si, nageur, il tirait des brasses pour atteindre la rive, là-bas ; la chaussée est dure et froide et c'est vers elle, vers le sanctuaire de la ferme des Brunch, qu'il court et court encore comme un infanticide surpris en flagrant délit de meurtre.

Un demi-mille plus loin, ils tombent sur le croisement. Une borne plantée à droite du chemin indique la direction de Hertford. À gauche, un mur de clôture en moellons imbriqués, qui monte à hauteur d'homme ; puis un empyrée de verts pâturages, maculé par la glace qui perdure par plaques ici et là ; enfin, plus loin, comme l'a dit la sorcière, une ferme en pierre flanquée d'une grange en ruine.

Boyles s'arrête net, essaie de déchiffrer l'inscription portée sur la borne, se gratte la tête, traverse le chemin, escalade le mur en jouant des coudes et regarde un bon coup le bâtiment qu'on aperçoit au loin. Après s'être fortement concentré pendant une ou deux minutes pour se livrer à divers calculs en s'aidant d'un bref mouvement de lèvres et en comptant sur ses doigts, il se tourne vers Ned :

– Ça doit être ça, Neddy, en tout cas ça y ressemble.

Ned ne l'écoute que d'une oreille. Il est encore tout engourdi, depuis cette rencontre avec la vieille et son pupille, ce gamin si timide et si étrange. Il ne sent plus ni le froid qu'il fait ni l'incertitude qui le ronge ; il s'est fermé à tous les espoirs, calculs et insipides bavardages de son compagnon de route. Le regard de l'enfant le hante, il entend encore les coassements triomphants de la vieille, et sent ses boyaux se contracter à vide, s'étrangler. Insidieuse, l'incroyable vérité le noue si fort que seul le noir tohu-bohu de ses entrailles pourrait avoir raison de la crampe qui l'étreint. Il lève les yeux sur Boyles et, incapable de dire quoi que ce soit, se contente d'acquiescer d'un hochement de tête.

L'un tirant, l'autre poussant, ils sautent bientôt dans la pâture où la terre les accueille avec un bruit mat, et se retrouvent nez à nez avec une demi-douzaine de moutons qui les regardent d'un air ahuri. Tandis qu'ils se traînent dans la boue à travers champs, la ferme grandit : en dimensions aussi bien qu'en allure, le bâtiment passe sensiblement la description qui leur en a été faite. La grange même leur semble moins en ruine. Ça, la maison d'un métayer ? Avec trois cheminées et un étage ?

Boyles se frotte déjà les mains. Quant à Ned, d'un seul bond de l'intellect, il s'apprête à sauter de l'effet à la cause, des dimensions inhabituelles de la ferme, motifs cachés de la vieille, lorsque éclate le premier coup de fusil – qui les aplatit par terre. Le deuxième leur envoie à chacun une poignée de boue à la figure, sans préjudice du chemin que se fraient la ou les nouvelles balles d'appoint à travers leurs braies... jusqu'à la peau tendre et lisse d'entre cuisses et fesses. Un instant plus tard, bottes luisantes et fusils encore fumants, deux gardes-chasse au visage de bois se penchent au-dessus d'eux. Puis, profonde comme le tonnerre qui gronde dans les vertèbres de la montagne, une voix au ton vertueux et indigné, tout à fait celle de Dieu, leur donne un ordre fort concis :

– Debout, faces d'étrons !

Les fesses en feu, Ned se relève lentement sans cesser de contempler la gueule du fusil. Le teint jaune et l'œil mort, l'individu qui tient la crosse est aussi impassible qu'une belette avec un rat entre les dents.

– Mais... mais vous allez quand même pas... commence Ned Rise.

Mais déjà, de l'épaule et du coude, en un geste d'automate exquisément délié, le garde le fait taire d'un coup de crosse dans la figure, tout simplement.

Et Ned se retrouve une fois de plus le nez dans la boue. Déjà l'acier froid du canon lui appuie sur la nuque, déjà les cordes se serrent autour de ses poignets, déjà le sac en toile de jute qu'on lui a passé sur la tête le gratte cruellement. De la première déflagration qui l'a surpris jusqu'à cette marche forcée qui le fait trébucher à travers champs, l'affaire n'a pas duré cinq minutes. La douleur qui lui meurtrit le côté et les élancements qu'il ressent à la mâchoire filtrent à ses oreilles les gémissements et les reniflements de Boyles qui, ivre mort, continue de marcher à ses côtés, et là-bas, au loin, aussi ténus que les sifflements d'un nœud de vipères dans un fossé, les grincements fous et liquides de la vieille harpie...

~

Le reste est aussi prévisible que la pluie à Rangoon. Décidé à mettre fin au braconnage qui a pris des proportions alarmantes sur ses domaines, le seigneur Trelawney renonce tristement à son dîner pour condamner le duo à six heures d'estrapade suivies de *peine forte et dure** – et de strangulation, au cas où les victimes seraient encore en vie au terme du premier supplice. Son frère lui fait alors remarquer, d'un point de vue purement théorique, s'entend, qu'étant donné qu'aucun des deux fautifs n'avait de fusil à petits plombs ou de butin sur lui, il conviendrait peut-être de les juger pour le délit nettement moins grave de violation de domicile. Ce qu'il en dit, naturellement, ne doit pas s'imputer à désir d'entamer en quoi que ce soit l'autorité de son frère, et encore moins de l'engager à traiter les coupables avec plus de douceur, non, c'est tout simplement qu'il trouve particulièrement désagréable, avant de passer à table, l'idée de ces côtes qui vont se briser et de ces quatre yeux qu'il va falloir arracher de leurs orbites. Trônant parmi ses têtes de cerfs et ses hures de sangliers empaillées, entouré par les pièces de sa collection de nœuds marins, le seigneur Trelawney hésite un instant et, tout en tripotant sa perruque, regarde droit devant lui, comme s'il méditait les objections de son frère. Au bout d'une minute ou deux, son estomac se prend à gargouiller puissamment.

– Bon, bon, d'accord, Lewis, grogne-t-il enfin, tu fais comme tu veux. Allez ! Vingt ans de travaux forcés !

S'ensuivent deux mois de réclusion rigoureuse au fond d'un puits jadis asséché, mais aussi humide qu'un évier. La nourriture est pauvre, les prisonniers se marchent sur les pieds, Boyles ne cesse de se plaindre.

– J'aurais mieux fait de pas naître ! marmonne-t-il.

Dans la prison cylindrique, il ne cesse de se cogner dans la figure de Ned et c'est à peine s'il peut bouger les bras sans se les emmêler avec ceux de son compagnon.

– Et mes pieds, hein ! Sont tellement mouillés que j'ai les chaussures qui leur pourrissent dessus. Sans même parler du froid... printemps, été, hiver, c'est toujours comme si qu'on vadrouillait dans les Arctiques.

Dès qu'il fait jour, l'intendant du seigneur Trelawney, un psychopathe mangé de vices, et dont la colonne vertébrale est si tordue que sa tête repose presque à plat sur son épaule gauche, attelle les deux prisonniers à une charrue à côté d'un bœuf arthritique et les fait avancer à coups de fouet, dans la boue et les mottes de terre, jusqu'à la tombée de la nuit. Ils se relaient pour dormir. Pendant que l'un grimpe à mi-puits et s'accroche aux parois humides, l'autre se pelotonne en bas dans la gadoue et y sommeille par à-coups. À telle enseigne que Ned, au cours d'une nuit passée dans les crampes à s'arc-bouter entre la racine de saule qui lui servait d'appui et le mur opposé, se prit à penser que, tout bien considéré, il avait de bonnes chances d'être déjà mort… qu'en fait, sa résurrection à l'hôpital de Saint-Bartholomew n'avait jamais été qu'un réveil en enfer, et que la longue suite de ses souffrances, péroné brisé, points de côté, crampes, coups de poing à la mâchoire, coups de pied au cul, revers de fortune, déceptions et deuils à fendre le cœur, tout ce catalogue n'avait constitué, au fond, qu'un maillon infime dans l'immense chaîne des tourments qu'il lui faudrait encore endurer, seconde après seconde, en les couvrant de sauvages imprécations certes, mais à voix basse, comme s'il égrenait le chapelet du diable entre ses doigts.

Il semblerait bien qu'il ne se trompait guère.

Deux mois plus tard, un gendarme à cheval quitte Londres pour venir extraire les deux hommes de leur puits, les enchaîner derrière une charrette et les ramener jusqu'à la capitale au pas cadencé. Après quoi, on les expédie aux pontons, de manière qu'ils finissent de purger leur peine, soit dix-neuf ans et dix mois à pelleter la boue. Les pontons ? Encore plus étroits et humides que le puits du sire de Trelawney. Sans compter qu'il leur faut constamment supporter l'haleine puante, les diarrhées et les crachats purulents de centaines de criminels endurcis, de pères violeurs, de pédérastes à tout va et autres suceurs de sang. Tout cela est assez dur. La nuit, on s'entasse à trois sur une couchette au fond d'une cale qui grince et fait eau de toute part, car ces prisons flottantes ne sont autres que des rafiots pourrissants : à jamais remisés sur la Tamise, ils se décomposent lentement en fumier et en sciure de bois. On est nourri de soupe aux choux et de gruau, comme les cochons… et contraint de descendre dans des enclos murés, à trente ou quarante pieds au-dessous de la surface du fleuve, et là, de manier la pelle, de brandir la pioche et d'écoper seau après seau une gadoue qui empeste autant qu'elle est fertile. Draguer, ils appellent ça. Un travail à vous briser les reins et le moral. Lâcher la pelle un instant pour s'essuyer le front, c'est se faire ouvrir le dos à coups de fouet.

Et juste au moment où l'on croit avoir touché le fond, voilà que la situation empire.

Un jour, au cours de l'hiver 1804, en contemplant son coquetier d'un œil vide, l'un des grands patrons de l'Amirauté est pris d'une inspiration soudaine. Qui aura pour résultat d'exacerber les souffrances de Ned Rise, de Billy Boyles et de mille autres individus dans leur genre. Or donc, se dit notre grand lord et haut fonctionnaire de la Couronne, la guerre faisant rage, on manque d'hommes solides pour armer les navires et regarnir l'infanterie. N'est-il pas décidément honteux, pense-t-il tout soudain, de gaspiller tant de ressources humaines en expédiant des troupes régulières dans des places complètement perdues mais d'une importance stratégique vitale ? Et si, raisonne-t-il alors tout en extrayant une jolie boule d'œuf à la coque avec sa petite cuillère, oui, et si l'on y envoyait des galériens, dans ces forts ? Cela s'est déjà fait par le passé, non ? Allez, on en refait des conscrits ! Mais faudrait voir à leur soutirer du travail, à ces flemmards de traîne-savates ! Les enrôler sous serment et les mettre au boulot ? Après tout, ils pourront toujours se remettre à draguer lorsque le petit Corse aura été pendu au bout d'un mât. Et voilà que cette idée lui plaît immensément, à ce grand lord et haut fonctionnaire de la Couronne. Qu'il s'en ouvre à ses supérieurs, qui à leur tour s'en ouvriront aux leurs...

Ainsi arrive-t-il qu'au début de l'automne, Ned et Billy se voient transférer de la cale puante et sombre du *Cerbère* à celle, également puante et sombre, de *L'Incapable*, qui les dépose, tout couverts de vomi, à Gorée. Ou plus précisément à Fort-Gorée – soit dans l'île du même nom, sise à quelque distance des côtes de l'Afrique occidentale. Fort-Gorée !

La porte du Niger ! Le bastion de la pourriture !

NOLO CONTENDERE [1]

– Tu mens. Tu es en train de préparer une autre expédition, n'est-ce pas ? Eh bien ? Réponds !

– Pas vraiment.

– Pas vraiment ? Alors pourquoi m'as-tu amené ce... cette personne de couleur dans ma maison ? Pourquoi passes-tu tes journées à déblatérer avec lui comme je ne sais quel marchand de chameaux au bazar, hein ?... Dis ! Pourquoi m'as-tu ramené ce Gourbi dans ma maison ? T'es sourd ?

– Je révise des trucs, c'est tout...

– Et pour quoi faire ?

– Écoute : tu me dis de rester, je reste.

– Reste.

ROMPRE LES LIENS

Sidi Ambak Hourbi quitta Peebles après y avoir séjourné vingt-sept jours, dix-huit heures et six minutes : il avait compté. Trente livres sterling ou pas, une minute sous le toit en ardoise de la maison de Peebles valait une semaine

1. « Je ne veux pas d'histoires. »

entière de géhenne. Tout cela à cause de Dame Park. On aurait dit une lionne avec son petit ; et Sidi l'esclave chargé de ramener un lionceau au zoo du Pacha.

Il ne se trompait guère dans son jugement. Féroce par souci de se défendre, Ailie se montrait rêche, pleine de ressentiment et malgracieuse jusqu'à l'offense : ce Maure n'était pour elle qu'un étranger qui divisait sa famille, un mécréant sorti des profondeurs ténébreuses de l'Afrique pour lui ravir son époux ; elle réagissait en conséquence. Elle ne le quittait pas d'une semelle ; épiant de ses yeux brillants et soupçonneux chacun de ses gestes, elle lisait à travers ses vêtements, à travers la porte de sa chambre, à travers les muscles et le squelette de sa poitrine, trouvant ainsi toujours quelque chose à redire, de façon directe ou allusive, sur tout – sa manière d'allumer son *chibouk* ou de nouer son turban autour de la tête. Elle lui servait des raves et des pommes de terre accompagnées de bacon, de jambon et de pieds de cochon. Elle lui renversait du thé sur les genoux, faisait voler des Saharas de poussière en balayant autour de lui chaque fois qu'il se mettait à étudier le Coran, elle encourageait le chien à lui mordre les talons et à lui bouffer les sandales. Angoisse, perturbation, effondrement suicidaire, elle considérait que le Maure de Mogador était là pour encaisser tous ses maux à elle.

Lorsque Sidi Hourbi prit ses cliques et ses claques et qu'on l'eut conduit à Selkirk pour y attraper la malle de Londres, un calme gêné s'abattit sur la maison des Park. Ailie retenait son souffle, se faisant soudain toute petite. Mungo était ennuyé : il lui avait donné sa parole, son engagement était irrévocable et sans appel. Oui, il lui avait menti, il le reconnaissait. Son ambition lui était montée à la tête : c'était pour cela qu'il lui avait menti. Mais il ne recommencerait plus – jamais. Aurait-elle le cœur de lui pardonner sa faute ? Elle l'eut. Elle s'accrocha à lui et se montra follement désireuse de lui prouver son amour, de lui rendre la tâche plus facile, de lui faire comprendre combien elle appréciait son serment et le sacrifice auquel il avait consenti pour elle. On enterra l'Afrique – dans une tombe peu profonde, c'est vrai, mais on l'enterra.

La paix continua à régner pendant quelques mois, mais il devenait de plus en plus évident que Mungo, insatisfait, rongeait son frein. Il se mettait souvent en colère. Il ne s'intéressait plus ni aux enfants ni aux travaux de la maison. Il vivait en reclus et gardait un silence morose. Les maux d'estomac qu'il avait contractés à Ludamar lui revenant en force, les trois quarts du temps, il se contentait de pignocher dans les plats ou d'avaler une tasse de bouillon d'avoine en guise de repas. Lorsque ses patients incultes, chicaniers et enclins aux accidents le libéraient enfin de ses obligations routinières, il plongeait dans la méditation, un œil sur ses livres et ses cartes, ou se mettait presque dans un état second à manipuler sa petite collection africaine, à suivre amoureusement du doigt les contours d'un couteau en os, ou ceux d'un masque de bois – comme s'il se fût agi d'un fétiche ou des reliques de quelque saint. Tous les matins, à l'aurore, il enfourchait son cheval et faisait des huit à dix lieues à travers la lande pour aller surveiller un accouchement, une agonie, soigner des maux de gorge et des douleurs imaginaires, assister, impuissant, à la nécrose d'une jambe gangrenée ou à la lente décomposition des intestins d'une vieille rongée par le cancer. C'était à cela que son audace et sa célébrité l'avaient conduit ! Il en avait par-dessus la tête... à en mourir.

Au mois de mai 1804, il annonça à Ailie qu'il vendait tout, la maison, les meubles, la clientèle. Ils allaient emménager chez sa mère, à Fowlshiels. Il avait besoin d'un peu de temps pour réfléchir.

– Pour réfléchir ? répéta-t-elle. Et à quoi donc ? Il la fixa du regard.

– À ce que je vais faire du reste de ma vie.

Ils sont assis dans la cuisine. Autour d'eux, des herbes dans des pots, de la vaisselle en faïence, des ustensiles en bois, des couteaux. Un panier d'œufs frais – des blancs et des bruns – est posé devant eux, au milieu d'une flaque de soleil. Et voilà que, repoussant brusquement sa chaise, Ailie balaye le dessus de la table d'un geste de la main : tous les œufs se retrouvent par terre.

– Je sais parfaitement ce que tu es en train de préparer, glisse-t-elle doucement, d'une voix cassée par l'émotion. Tu cherches à rompre les liens.

– Mais non, Ailie, ma chérie ! Absolument pas. C'est tout simplement que j'ai besoin d'un peu de temps pour réfléchir.

Il était sincère. Au moins le croyait-il. Les affrontements qui avaient suivi l'arrivée de Sidi Hourbi l'avaient mortifié, contristé. Mari inapte, père irresponsable, individu égoïste, peu regardant dès qu'il s'agissait de se faire mousser, fût-ce au prix d'un mensonge à sa femme, tout comme le dernier manant : voilà ce qu'il était. Mungo Park un héros ? Mungo Park le vainqueur de l'Afrique ? Mungo Park le découvreur du Niger ? Allons donc ! Encore si le reste avait été convenable, propre et noble, peut-être ! Méprisable, voilà tout. Et il n'avait plus qu'à se mépriser.

Plus jamais il ne la tromperait. Il en était sûr. Ce déménagement à Fowlshiels n'avait rien à voir avec l'expédition que le gouvernement lui avait promise. Et s'il avait à voir avec l'envie qu'il avait de mettre de l'ordre dans sa vie, par exemple en confiant, pour son confort personnel, Ailie et les enfants à la garde attentive de sa mère ? Mais non :

ce n'était nullement de la sorte qu'il se serait senti franc du collier et libre de sauter dans la malle de Londres au premier appel. Non, non et non ! Il avait tout simplement besoin d'un peu de temps pour réfléchir. Rien de plus.

WATER MUSIC

(brève reprise)

Le jour où Mungo partit pour Édimbourg, l'air glacé avait quelque chose de prémonitoire : il offrait un avant-goût des nuits amères qui allaient suivre. C'était la mi-septembre, juste après son anniversaire. Les feuilles changeaient de couleur et, le matin, un brouillard gris et froid tenait la rivière sous ses griffes comme un chat ou un ours leur proie. On avait donné une réception, bien sûr – Ailie avait tellement insisté ! Mais pendant tout le temps, l'explorateur s'était senti mal à l'aise, avec toutes ces bêtises, ces futilités, et d'ailleurs, à bien creuser les choses, y avait-il là-dedans une seule bonne raison de se réjouir ?

– Mais enfin, Mungo, avait-elle plaidé, c'est ton trente-troisième anniversaire ! Pour toi, ce n'est pas un signe ?

Il avait levé le nez de dessus les pages écornées de sa *Géographie* de Léon l'Africain.

– Un signe ?

Elle grimaçait comme un clown.

– Après tout, fit-elle, ce fut quand même une année importante pour le Christ, non ?

Résultat, vingt-deux invités, dont Walter Scott, le révérend MacNibbit et Thomas Cringletie, étaient venus boire à la santé de l'explorateur. Quoique shérif de la Forêt d'Ettrick depuis cinq ans, Scott s'était depuis peu installé à Ashestiel sur la Tweed. Comme shérif, il connaissait tous les paysans des environs, et notamment Archibald, le frère de Mungo : quand Mungo eut déménagé, Archie les avait fait se rencontrer. À la fin de l'été, ils étaient déjà grands amis. Souvent l'explorateur enfourchait son cheval et, après avoir traversé le pont qui sépare les comtés de la Yarrow et de la Tweed, pendant des après-midi entières s'en allait tuer le temps à Ashestiel. Ou bien alors c'était Scott qui arrivait à Fowlshiels sans crier gare afin d'y passer la soirée dans la véranda, ou de descendre à la rivière pêcher à la mouche en regardant les nuées de cousins virevolter au-dessus des eaux changeantes. La tête penchée vers le sol, tout à leur conversation, les deux hommes faisaient de longues promenades ensemble ; ils pêchaient, chevauchaient, buvaient et philosophaient. Scott avait publié son édition en trois volumes du *Ménestrel de la frontière* un an auparavant et, fasciné par les ballades d'autrefois, Mungo ne cessait de mettre en parallèle les versions qu'en avait données le poète et celles qui avaient bercé son enfance, lui signalant les divergences, ravi des concordances. Il était animé d'une telle passion qu'il fit profiter son ami des observations qu'il avait lui-même recueillies sur les traditions orales qui ont cours chez les Mandingues et chez les Maures. Scott, quant à lui, ne se lassait pas d'entendre ses récits de voyage – et par-dessus tout ce qu'il n'avait pas cru bon de rapporter dans son livre. C'est ainsi, par exemple, qu'après lui avoir versé un verre de bordeaux, Scott le pressait de lui raconter les excès de Dassoud ou de lui dire les appétits de Fatima et les manières souples et apaisantes d'Aïcha. Il voulait savoir comment l'explorateur s'était abaissé et traîné dans la boue aux pieds de Mansong, roi de Bambara, découvrir les rites étranges dont il avait été le témoin, ne rien ignorer des pratiques africaines, celles qu'on tait parce qu'elles sont contre nature.

Ailie se réjouissait de cette amitié. Savant et cultivé, Scott avait le même âge que son mari et semblait doué d'un talent particulier pour le faire sortir de sa coquille, lui redonner du courage et de l'énergie, et l'empêcher de passer ses journées à errer sans but à travers la maison. Mais toute chose a ses limites. Pendant la réception, Mungo se refusa à presque tous les autres invités et, avec Scott et Zander, fit bande à part : tous trois, tête baissée, se contentaient d'échanger des confidences. Archibald et sa mère furent obligés de tirer Mungo par le bras pour le faire consentir à se lever, à souffler les bougies et à ouvrir le bal. Après quoi, il s'en retourna tout droit dans son coin, tout droit vers ses deux amis, Zander et Scott. Les cornemuses couvraient leurs voix. Ailie, qui leur jetait de temps à autre un coup d'œil à travers la pièce, les vit se lancer dans de longues phrases et gesticuler ; mais en discutant, ils gardaient un visage neutre et sérieux : une couvée de pasteurs autour d'une tasse de thé.

Ce soir-là, avant de se coucher, elle lui donna son cadeau : une boussole montée dans une plaque de liège.

– Comme ça, lui dit-elle en souriant, tu pourras toujours retrouver le chemin de la maison. D'Édimbourg, d'Ashestiel… même de Londres.

Le visage illuminé par les rougeurs d'un secret naissant, elle hésita.

– J'ai autre chose à te dire, murmura-t-elle enfin en s'approchant de lui.

La mine maussade, il la regarda. Dans la lumière de la lampe, sa barbe blonde était toute transparente.

– Nous allons avoir un autre enfant. Au printemps prochain.

~

Mungo partit pour Édimbourg le lendemain matin. En voyage d'affaires. L'un dans l'autre, il y passerait tout l'été, afin de régler des questions d'investissements et d'assurance-décès avec son avoué, Saltoun.

– Une assurance-décès ? s'était étonnée Ailie. Mais pour quoi faire ?

– On ne sait jamais, avait-il répondu, solennel comme le patriarche des tribus égarées.

– Mais tu es encore jeune, Mungo… c'est idiot de songer à des… à des choses pareilles à ton âge !

– Et si je tombais de cheval ? Et si je dégringolais dans la Yarrow, si je me fracassais la tête sur un rocher, hein ?

Elle avait détourné les yeux.

– Je n'ai aucune envie de penser à ça. Fais comme tu veux.

Il l'avait embrassée devant la maison, juste avant de la quitter.

Il l'avait serrée contre lui, et encore l'avait embrassée, lui avait caressé les cheveux, avait suivi les contours de son visage du bout de ses doigts tremblants. Son accès de passion l'avait surprise.

– Salue bien les Macleod et les Leask pour moi, lui avait-elle recommandé, et aussi le vieux Saltoun… Tu reviens dans quatre ou cinq jours, c'est ça ?

Monté sur son cheval, il ressemblait à une statue de bronze dressée contre le ciel. Elle pensa à l'armée, à la guerre contre la France, à Colin Raeburn et à Oliphant Graham qui, l'un et l'autre, étaient morts à Copenhague. Et puis soudain, sans qu'elle pût se l'expliquer, elle songea à sa mère. Mungo était impassible. Elle réussit à lui sourire.

– Quatre ou cinq jours, n'est-ce pas ? répéta-t-elle.

Il avait le soleil dans le dos et elle dut cligner des paupières pour voir ses yeux. Ils avaient la couleur de la glace. Le cheval hennit. Ailie sentit son estomac se serrer. Mungo ne lui répondit pas, se contenta de tirer sur les rênes, obligeant sa monture à tourner la tête, et s'en fut au petit galop.

~

La lettre arriva deux jours plus tard. De Londres. Et sans adresse où répondre.

Le 19 septembre 1804

Ma chère Ailie,

Je te demande pardon. Je n'ai pas eu la force d'affronter une scène. Comme tu l'as probablement deviné ou déduit des conversations que tu as eues avec ton frère, je repars pour l'Afrique. Cette fois-ci, c'est pour y diriger une expédition de quelque quarante personnes, entièrement financée par le gouvernement. Une occasion incroyable. Il était de mon devoir de patriote de la saisir au bond.

Ma douleur ne cessera que le jour où je reviendrai vers toi et les enfants, dans le courant de l'année, cela ne fait aucun doute. Nous avons le projet de mettre à flot un bateau à Ségou et de lui faire suivre le cours du fleuve jusqu'à l'océan. Si c'est un garçon qui doit naître, pourrais-tu avoir la gentillesse de l'appeler Archie, comme mon frère ?

Je t'en prie, Ailie, très chère Ailie, essaie de me comprendre. La Yarrow est banale, la vie près de la

Yarrow est banale. Ici, les merveilles abondent, des merveilles qui n'attendent qu'une chose : l'homme qui saura les révéler au monde. Et cet homme, Ailie, c'est moi, oui, moi.

À toi dans l'amour et la contrition,

MUNGO

La lettre la blessa à la manière d'une lance à pointe d'os dont l'eût transpercée un sauvage, un Gourbi, quelqu'un qui fût venu des couches inaccessibles, effrayantes et fétides, des profondeurs mêmes du Continent noir. Elle n'avait pas eu la moindre conversation avec Zander qui, de fait, l'évitait. La première semaine n'était pas encore achevée qu'elle savait déjà que Mungo allait lui envoyer une lettre et qu'elle n'aurait pas besoin de l'ouvrir pour en connaître la teneur. Elle savait, mais elle suppliait tous les saints, les archanges, toutes les puissances des sphères supérieures de lui dire qu'elle se trompait, que Mungo avait été retenu à Édimbourg... qu'il avait eu un petit accident... qu'il était parti à la campagne avec Robbie Macleod.

Mais non. Il l'avait trompée une fois de plus. Le salaud ! Le menteur ! L'immonde fils de pute irresponsable et sans courage ! L'abandonner ainsi, lui mentir et se raccommoder avec elle pour lui mentir de nouveau ! S'ouvrir de ses secrets les plus intimes à un inconnu comme ce Walter Scott et les lui cacher, à elle ! Puisque c'était ainsi, c'était fini entre eux. Il n'était qu'un bon à rien, un menteur, un tricheur. Il avait abusé de son amour, sa loyauté, sa confiance, il s'était sauvé en la payant d'un mensonge... comme un voleur.

Elle relut sa lettre et la jeta par terre tant elle s'en trouvait dégoûtée. Et puis, comme sous le coup d'une inspiration soudaine, elle alla la ramasser, la retourna et constata que Mungo avait écrit quelque chose à l'intérieur du rabat de l'enveloppe, en manière de post-scriptum. Il avait serré ses mots les uns contre les autres, comme s'il était pressé. Son écriture était si torturée que même aux yeux d'Ailie, elle parut méconnaissable. Elle dut s'approcher de la fenêtre et cligner des yeux avant de pouvoir distinguer des mots dans cet entrelacs de boucles barrées et de petits gribouillis, qui finirent tout de même par s'organiser en un sens :

Je l'entends dans mes rêves, je l'entends le matin lorsque je me réveille et que les oiseaux chantent dans les arbres... ce frissonnement, ce tintement... cet air de musique. Et tu sais ce que c'est ? C'est le Niger. Le Niger qui se rue, le Niger qui s'effondre dans ses chutes, le Niger qui souffle en courant vers son embouchure cachée, là-bas, vers l'océan. Voilà ce que j'entends, Ailie, du matin au soir et du soir au matin. De la musique !

Le bébé vagit. Ailie laisse tomber l'enveloppe dans la cheminée.

TROISIÈME PARTIE

NIGER REDUX

Mon fils, maintenant tu vois le feu temporel
Et celui qui est éternel ; maintenant tu atteins
À un lieu où moi-même je ne vois plus.
Jusqu'ici je t'ai conduit avec habileté ;
Que dès lors le bon sens te serve de guide.
(Virgile s'adressant à Dante)

DANTE
La Divine Comédie

GORÉE. HYMNE À LA CONTAGION

Au début du XIXe siècle, la côte ouest de l'Afrique, de Dakar jusqu'au golfe du Bénin, avait la réputation d'être infestée de pourriture et de pestilences sans pareilles dans le reste du monde. Avec sa chaleur, son humidité, ses déluges saisonniers et ses nébuleuses d'insectes, elle faisait songer à un gigantesque bouillon de culture où prospéraient les maladies exotiques les plus terrifiantes, les plus destructrices. *Prends garde à la baie du Bénin,* proclamait un distique en vogue chez les marins de l'époque, *Quarante il y entre mais n'en sort jamais qu'un.*

La méningite cérébro-spinale, le pian, les maladies dues aux filaires, le typhus et la trypanosomiase étaient rois. Et encore l'ankylostome, le choléra et la peste. L'eau que l'on buvait regorgeait de bilharzies et de dragonneaux, les incisives acérées des chauves-souris et des loups propageaient l'hydrophobie, la filariose infectait la salive des moustiques et des taons. Sortait-on faire un tour, prenait-on un bain, buvait-on une goutte d'eau, avalait-on un peu de nourriture qu'aussitôt on attrapait tout, bacilles, spirilles et coccidies, virus, champignons, nématodes, trématodes et amibes : tous à vous grignoter la moelle épinière et les organes, à vous brouiller la vue, à vous saper les muscles, à vous effacer la mémoire aussi impeccablement qu'un chiffon sur un tableau noir couvert de savoir griffonné.

D'un point de vue esthétique, les filarioses – soit : l'éléphantiasis et, surtout, la filariose inerme, vulgairement appelée « œil clignotant » – étaient particulièrement désastreuses. Dans l'éléphantiasis, dont l'agent pathogène est le moustique, des foisonnements d'ascarides lombricoïdes barraient les flux de lymphe comme autant de petits castors insidieux et, après avoir provoqué des lésions granuleuses de la peau, gonflaient les jambes et les testicules du malade jusqu'à les faire ressembler à des fruits obscènes. Concentrant ses ravages au-dessus du cou, la filariose inerme était transmise par la piqûre de certaines mouches suceuses de sang qu'on trouvait en si grand nombre dans la région que la plupart des mammifères en semblaient couverts comme d'un sombre manteau depuis l'aurore jusqu'au crépuscule, heure à laquelle lesdites mouches suceuses étaient relayées par les moustiques. Dans ses dernières phases, la maladie se caractérisait par l'apparition de vers adultes sous la conjonctive même : petits filaments de chair vive et palpitante, ils se tortillaient à qui mieux mieux et, comme si de rien n'était, s'occupaient à manger, à copuler et à éliminer leurs déchets.

Parvenait-on à survivre à toutes ces horreurs qu'il y avait encore le kala-azar ou fièvre-dumdum. Maladie chronique, et à tout coup mortelle, le kala-azar signale son existence par l'apparition d'ulcères épidermiques pustuleux, le marasme et le grossissement de la rate. Sans oublier bien évidemment la lèpre – maladie redoutée entre toutes : assidue à bouffir les corps, celle-là ; vicieuse et hideuse dans la façon qu'elle avait d'insensiblement abraser les extrémités et de faire pourrir, lentement mais obstinément, les tissus de la face jusqu'à ce que la victime eût l'air d'un pruneau dénoyauté. *Balla jou*, l'appelaient les indigènes : le mal incurable.

Naturellement, il y avait aussi des maladies plus prosaïques qui faisaient économiser à des milliers de Français, d'Anglais, de Hollandais et de Portugais l'achat d'une concession dans un cimetière de la métropole, tout là-bas, à Paris, Londres, Amsterdam ou Lisbonne. La malaria venait en tête de liste, suivie de près par la dysenterie et la fièvre jaune. Ceux qui en souffraient – les marchands, les négriers et les mercenaires, tout le monde était alors logé à la même enseigne – suaient et chiaient à en crever, littéralement. Souvent la fin arrivait une semaine à peine après qu'ils avaient débarqué sur ce que le petit peuple en était venu à appeler la « Côte des Fièvres ».

Toutes ces maladies étaient sans remèdes. Des charlatans prescrivaient la saignée, l'ingestion de calomel et de laxatifs – voire l'administration de lavements afin d'amener le patient à « vomir aimablement ». Il y avait aussi la « poudre du Dr James » : à base de talc et de borax, elle n'était pas plus efficace pour combattre le mal que l'orange confite ou que les coussins en poil de cheval. L'« écorce des jésuites », ou quinquina, était connue pour ses propriétés antipaludiques depuis l'an 1600 mais les preuves accumulées à l'époque contre ce médicament étaient telles qu'on préférait n'y voir qu'une poudre de perlimpinpin de plus. Les pauvres soldats et explorateurs d'alors n'avaient bien sûr pas la moindre idée de ce qui pouvait être à l'origine de ces légions de maladies terrifiantes qui décimaient leurs rangs et réduisaient à néant leurs espoirs. On croyait généralement que les miasmes, ou « exhalaisons putrides de la terre », étaient responsables des ravages et des cataclysmes intestinaux déclenchés par ces fièvres. Les moustiques, les mouches, les maringoins ? Pourquoi même se donner la peine de les écraser ?

Ainsi en allait-il à Gorée, petite cloque de roche volcanique sise à quelques encablures de la côte du Sénégal et servant de base au *Royal African Corps*. Chaleur, crasse et maladies. Approvisionnement insuffisant, soldats misérables et brisés, recrutés au bagne, carence en eau potable, flux et reflux jaunâtre de l'océan : à vomir. Pourrissement, dégénérescence, mort. La situation était si déplorable que le commandant de la garnison, un dénommé T.W. Fitzwilliam Lloyd, major de carrière, homme si peu délicat[1] que ses supérieurs dégoûtés lui avaient laissé pour seule alternative de se fracasser discrètement le crâne ou de rejoindre Gorée, avait récemment été obligé de rationner la nourriture de moitié, de doubler l'allocation de cognac et d'ordonner les mesures suivantes :

Chaîne de forçats n° 1 : creuser des tombes comme d'habitude.

Chaîne de forçats n° 2 : fabriquer des cercueils jusqu'à nouvel avis.

Cela se passait au cours de l'hiver 1805. Pendant la saison sèche – et salubre : du rouge montait à toutes les joues fatiguées, un sourire fantomatique illuminait les lèvres fendillées. Le nombre des insectes décroissait. Le soleil rôtissait les poumons et desséchait les boyaux. Mais déjà les forces éternelles du changement météorologique étaient à l'œuvre : la terre tournait, elle poursuivait sa révolution, elle s'inclinait sur son axe ; les vents

1. Le dépouillement des minutes du procès intenté à l'ancien colonel pour « conduite indigne d'un officier » laisse apparaître dix-huit chefs d'accusation retenus contre lui – citons : « S'était revêtu d'une toilette féminine en taffetas pour servir le thé à ses officiers aides de camp. » Ou encore : « Avait contraint, en les menaçant de la cour martiale, huit soldats du rang à lui frôler le corps avec des plumeaux sans cesser de répéter la phrase suivante : *Oui, je ne suis que serpent inférieur qui se traîne dans l'herbe, oui, je suis un dépravé, un méprisable.* » *(N.d.A.)*

mugissaient; au sud les nuages montaient ainsi que des armées célestes.

Il allait pleuvoir avant longtemps.

Ô MAMA ! SERAIT-CE DONC VRAIMENT LA FIN ?

Quand Ned Rise se réveille, il a mal à la tête. Ou plutôt non : une espèce de douleur lancinante et généralisée qui lui donne l'impression d'avoir les pores qui saignent et la cervelle qui lui coule des oreilles. Aussi faible qu'un nonagénaire, il prend appui sur son coude et tend l'oreille aux bruits dont résonne le sombre dortoir : les bagnards sifflent et gémissent et ne cessent de se retourner sur leurs paillasses trempées de sueur ; cette crécelle, c'est le râle d'un de ses compagnons de labeur, Jemmie Bird ; ces flatulences orales, c'est Samuel Purvey ; et ces intermittents piaulements sibilants que l'on distingue à peine de la rumeur des moustiques, c'est Boyles. Il fait noir comme dans une tombe. 2 heures du matin ? Trois ? Il tend la main pour attraper sa gourde de rhum et soudain se retrouve plié en deux sur le plancher : féroces et démoniaques, ses crampes se sont remises à lui tordre les intestins. Brusquement raidi sous les spasmes, il ne peut plus que mordre le bois de son lit en attendant qu'ils veuillent bien cesser. Rien à faire : ils s'enflent comme des vagues qui se brisent sur la plage. Enfin ils le laissent, pantelant et gémissant, à se tenir le ventre ainsi qu'une femme sur le point d'accoucher d'un monstre.

Il se réveille de nouveau et se retrouve étendu au milieu de la salle. Il est couvert de sueur et les humeurs peccantes qu'il exsude ont depuis quelques jours formé sur sa culotte des croûtes jaunâtres. Autour de lui, ça pue la maladie – la maladie catastrophique et qui dévore tout, la maladie qui ressemble à une faim jamais rassasiée. À l'autre extrémité de la pièce, quelqu'un gémit doucement. Les frissons le reprennent, délicatement au début, comme un chien serrant un rat entre ses dents. Puis ils l'attaquent avec fureur et le voilà contraint de ramener ses jambes contre sa poitrine. Il claque des dents, sa tête s'agite au bout de son cou comme un diable sorti de sa boîte. Le froid qui le gagne est terrible, pire que le feu. Il sent des bancs de glace le cogner par tout le corps, les froids de la Tamise l'empoignent, des ours blancs lui dansent sur les côtes. Il relève la tête et dans les ténèbres, ce sont des igloos de cristal qu'il aperçoit, des cadavres d'Esquimaux jonchant la neige. Il essaie de se relever, il lutte pour regagner sa paillasse, pour retrouver la maigre chaleur de la couverture que l'armée lui a allouée. Sans y parvenir. Il ne peut que rester là, pelotonné, tandis qu'autour de lui s'étire la bouche immense de l'ombre.

CHARGEMENT D'ÂNES

Les flammes volent fièrement, les voiles hautes, les huniers et les focs claquent dans la brise, la proue du navire fend le flot avec la même précision qu'une faux. Des baleines soufflent, des dauphins bondissent ; fins et revigorants, les embruns salés se déploient en gerbes par-dessus les bastingages. Bleus comme la porcelaine de Delft, la mer et le ciel s'épousent ; le soleil n'est rien de moins qu'un fabuleux projecteur posé au centre de tout : il fait du monde une scène où le navire et son équipage arriveraient pour le dénouement de quelque représentation prestigieuse ; dans l'air retentissent le braiment des ânes qui aspirent à pleins naseaux les odeurs lourdes et variées de la terre, les hourras des marins et les plaintes déchaînées de la clarinette de Georgie Scott lorsque montent les accents de « *Ohé ! matelots, nous irons jusqu'à Skye !* » ou « *Remplissez vos verres, heureux mortels...* » ou encore, « *Déjà vous n'étiez plus pour nous guider...* » Pour une folle ambiance, c'est une folle ambiance.

Appuyé à la rambarde du transport *Le Croissant*, Mungo contemple, par-delà les vagues d'un bleu pimpant, l'île de Gorée qui semble surgir de l'océan, avec ses remparts crénelés et ses vastes casernes en pierre scintillant au soleil, tout comme dans un conte de fées. À ses côtés, Zander, Georgie Scott et les quatre charpentiers qu'il a recrutés aux pontons de Portsmouth ; derrière lui, quarante-cinq ânes : louvets, têtus, les yeux veinés de rouge. Ils se gaussent, ils puent, ils lèvent la queue, ils conchient le pont.

– On y est, Zander, on y est ! hurle l'explorateur en enlaçant son beau-frère. Rien ne peut plus nous arrêter !

~

Peut-être. Cela étant, leur projet a bien failli capoter sur les tables de conférences reluisantes de Londres et de Portsmouth. Le cabinet de guerre de Pitt traînant les pieds et Lord Camden observant pour sa part un petit trot de somnambule, l'expédition a été à deux doigts de s'enliser. En septembre, sur la demande pressante de Camden, Mungo était pourtant accouru d'Écosse ventre à terre : il s'attendait à partir avant la fin du mois. Après avoir esquivé Ailie, il avait en cachette donné des instructions à Zander et préparé une liste détaillée des provisions et des fournitures dont il aurait besoin. Il avait même concocté une proposition à réchauffer le cœur du bureaucrate le plus endurci. C'est ainsi que sur les conseils de Sir Joseph, il avait préféré souligner les avantages pratiques de l'affaire plutôt que de s'étendre sur les bienfaits scientifiques qu'on en pourrait retirer. De l'or, avait-il affirmé, il y en avait dans la vallée du Niger, oui, plus encore qu'en Guinée ou en Ashanti[1] : c'était par légions que les nations primitives de l'endroit mouraient d'envie d'en échanger d'énormes quantités contre des perles, des miroirs ou des saucières en étain. Et si les Anglais ne saisissaient pas l'occasion, ils se feraient devancer par les Français, qui eux n'hésiteraient pas. Sonder le Niger était donc une mission qui, allant bien au-delà de l'obligation scientifique, dépassait même toutes les considérations de fierté nationale : c'était tout simplement une bonne affaire commerciale.

Le gouvernement mordit à l'hameçon. Camden accepta de financer l'ensemble du projet et, sur la pacotille à emporter, sur le chargement des bêtes de somme, l'équipement et les hommes qu'il lui fallait, donna *carte blanche** à l'explorateur. Mungo se voyait promu au rang de capitaine, son beau-frère accédant, lui, au grade de lieutenant. Vieux camarade de classe et parent éloigné du poète, Georgie Scott tiendrait le journal de bord de l'expédition et commanderait en troisième. Outre cela, Mungo aurait le droit de choisir quatre charpentiers parmi les bagnards des pontons de Portsmouth et de s'adjoindre un officier et trente-cinq soldats de la garnison de Gorée. Aux charpentiers reviendrait la tâche d'assembler les chaloupes au moyen desquelles Mungo se proposait de descendre le Niger, les soldats ayant celle de protéger la petite troupe contre les attaques des Maures. Pour ce qui était des bêtes

1. Province qui fait aujourd'hui partie du Ghana.

de somme, Mungo avait prévu de jeter l'ancre aux îles du Cap-Vert afin d'y acheter quarante-cinq ânes : on lui en accorda l'autorisation ; on lui permit même d'engager une vingtaine de nègres à Pisania.

– Parfait, parfait, parfait ! avait conclu Camden, un grand sourire lui remontant jusque sous sa perruque de fonction. Voilà qui est splendide ! Ne vous inquiétez pas de la dépense, fiston, nous vous soutenons à cent pour cent.

Sur quoi, ayant sorti un coupe-papier en argent du tiroir de son bureau, il s'était mis à se curer les ongles.

– Dans tout cela, il y a quand même un petit problème, avait-il repris au bout d'un moment. Comment comptez-vous donc nous revenir ?

La question était pertinente. Personne ne savait où se jetait le Niger ; beaucoup doutaient même qu'il débouchât dans l'océan. Se rangeant sous la bannière du géographe le plus célèbre de l'époque, le major Rennell, certains soutenaient qu'il se perdait dans les sables du Grand Désert, ou bien encore qu'il courait jusqu'au lac Tchad. À supposer que ce fût vrai, l'expédition tout entière s'enliserait en plein cœur du continent africain et devrait alors affronter les périls d'un énorme parcours à travers des territoires que nul n'avait encore reconnus. Inutile de dire que semblable perspective sentait beaucoup la mort, la catastrophe et l'investissement désastreux. D'autres affirmaient tout au contraire que le Niger n'était, en fait, qu'un affluent supérieur du Nil ou du Congo – auquel cas l'expédition pourrait en descendre le cours en toute sécurité, voire joyeusement, jusqu'à la mer. Croyant fermement à la validité de cette dernière hypothèse, Mungo déclara qu'une fois atteinte l'embouchure du Congo, il ne leur resterait plus qu'à prendre un transport d'esclaves en partance pour Sainte-Hélène ou pour les Antilles.

– Quoi qu'il en soit, Sir, ajouta-t-il en regardant son interlocuteur droit dans les yeux, je suis prêt à faire ce qu'il faut et à en supporter toutes les conséquences. Qui ne risque rien n'a rien.

Le ministre des Affaires coloniales prit la carafe de bordeaux qui se trouvait sur son bureau, en emplit deux verres et sourit à Mungo comme un grand-père béat d'admiration devant son petit-fils.

– Bien, bien, grommela-t-il. Ainsi soit-il. Je soumets votre projet au Premier ministre, nous vous allouons les fonds nécessaires et vous filez en un rien de temps.

Cela se passait en septembre. En octobre, l'examen du budget prévisionnel n'était plus qu'une question de jours. En novembre, l'explorateur sombra dans la tristesse. C'était toujours la même histoire : on rejouait le désastre de l'année précédente, quand, descendu ventre à terre de Peebles, il avait dû en attendant la passation de pouvoir entre Addington et Pitt, puis entre Hobart et Camden, se rouler interminablement les pouces, tandis que Sir Joseph, embêté comme tout, lui conseillait de rentrer chez lui pour se mettre à l'étude de l'arabe. Criminel, voilà ce que c'était ! Une honte ! Lamentable ! Un foutu gâchis ! Mais qu'y faire ? Ce n'était pas lui qui commandait.

Une goutte de pluie après l'autre, novembre passa. Mungo resta assis dans sa chambre assombrie à regarder par la fenêtre. Il se cogna la tête contre les murs, jongla avec des encriers, déchira du papier en minces rubans. Puis il se mit en colère : nom de Dieu de nom de Dieu, non ! Ils n'allaient pas lui refaire le même coup. Il hurlait, et sa voix s'enfla si bien qu'à la fin les murs tremblaient, tandis que ses membres tétanisés proclamaient son opiniâtre détermination. Agir le soulagea. Dès le mois de décembre il s'employa à faire, du matin jusqu'au soir, du battage pour son expédition : il griffonna des pétitions, s'entoura de gens puissants, donna dans le trafic d'influence, courut comme un fou derrière les carrosses des ducs et des comtes, vida force verres de sherry avec les officiels, tant et si bien que son cerveau se prit à battre la campagne et son foie à encaisser de sérieux coups. Tout cela pour rien. Le Nouvel An arriva et s'en fut. La situation semblait désespérée.

Mais lentement les rouages de la machine bureaucratique, cette majestueuse horloge civique réglant le présent et le futur à grand renfort de hasard, de cupidité, d'intuition et de pressions mêlés, s'étaient déjà mis en mouvement : derrière les portes closes, de grands événements se préparaient. Sir Joseph menait vigoureusement campagne ; une armée de boutiquiers réclamait à cor et à cri l'ouverture de nouveaux marchés ; à force de s'agiter à la vitesse du potto tri-ongulé, Camden avait réussi à attirer l'attention de Pitt. Un soir enfin, au théâtre, pendant l'entracte, survint l'instant décisif. S'étant laissé tomber aux côtés du Premier ministre, Camden lui offrit une prise de tabac aux épices d'Arabie et lui présenta l'affaire. Oui, reconnut Pitt, il fallait ouvrir le Niger au commerce... au commerce anglais... Oui, l'or était une marchandise bien désirable... Dès le lendemain, les fonds étaient débloqués et les postes d'officiers créés. Afin de décourager les pirates français, l'aviso *Eugenia* reçut l'ordre d'accompagner *Le Croissant* jusqu'à Gorée. Mungo convoqua Zander, fit ses bagages et, mieux vaut tard que jamais, embarqua le 29 janvier 1805.

~

Appuyé au bastingage du *Croissant*, voici qu'enfin il contemple cette côte africaine qu'il n'a pas revue depuis plus de sept ans. Il se sent revigoré par les hourras de l'équipage et les braiments jubilants de ses ânes lorsqu'une pensée inquiétante commence à s'insinuer dans le paysage tout en rose de son optimisme. C'est une pensée à caractère météorologique : elle lui vient de sa dernière, longue et très pénible intimité avec les changements de temps dans cette région du monde. Nous sommes le 28 mars, autant dire au début du mois d'avril. L'explorateur songe aux joues à rouflaquettes de Camden, à ses mouchoirs poudrés, aux civilités dilatoires que là-bas, dans les fondrières de la société polie, compassée et bureaucratique, lords et ladies de Londres s'adressent du bout de deux doigts. Il a eu raison de tout, c'est exact. Oui, il est au bord de son heure de gloire… mais il n'en reste pas moins tristement vrai qu'un jour embaumé et salubre chassant l'autre, tous ces mois qu'il a passés à combattre l'inertie gouvernementale l'ont conduit à la fin de la saison sèche. En mai, en juin au plus tard, il va commencer à pleuvoir. Et après…

Mais Mungo rejette l'idée, aussi vite qu'elle lui est venue, même si elle a su diaboliquement le circonvenir, à la façon de cette soudaine certitude qui vous prend devant votre condition de mortel, ce barbelé capable de figer le mouvement de la coupe vers les lèvres, de suspendre le pied de l'innocent rythmant la musique en pleine salle de concert. Pourquoi s'attarder à des vétilles aussi désagréables à une heure pareille ? Ne serait-il donc pas revenu sur les lieux mêmes de son plus grand triomphe ? Ne s'y trouve-t-il pas à la tête d'un plein navire de provisions, de marchandises d'échange, de caisses d'armes et de munitions ? N'a-t-il pas le gouvernement derrière lui ? N'est-il pas entouré de ses amis les plus chers ? Ne s'apprête-t-il pas à commander une expédition de grande envergure, avec porteurs et gardes armés ? N'a-t-il pas, lui, Mungo Park, les droits et les prérogatives d'un capitaine de

Sa Majesté ? Le vent dans les cheveux, ne se trouve-t-il donc pas là, sur le pont du *Croissant*, à la tête d'un plein chargement d'ânes ?

DONNEZ-MOI DES HOMMES AU CŒUR VAILLANT

Dans les arrière-salles et les dortoirs du fort, la rumeur vagabonde : une célébrité est arrivée dans les parages. Mungo Park, l'illustre explorateur africain, auteur d'ouvrages à succès, seul Européen à avoir jamais posé les yeux sur le Niger et à en être revenu vivant, se trouve parmi eux. La nouvelle suscite des risées d'émoi.

– Qui çô ?

– Mungo qui çô ?

– Jamais entendu causer !

– C'est un Blanc ?

Il n'empêche : à peine les bagnards sont-ils retombés dans leur apathie habituelle (sorte de spirale descendante, l'indifférence qui les tient ne connaît de soulagement que dans la boisson, le jeu, les putes et la mort) que leur intérêt se ravive : le visiteur chercherait à embaucher. À embaucher ! Pour courir par monts et par vaux avec lui, là-bas, en plein air, dans cette campagne si propre... et on paie double ! Vrai de vrai. Jemmie Bird a eu vent de l'affaire en servant à la table du major. Il y a mieux encore : le ministre des Colonies aurait autorisé l'explorateur à libérer ceux qui l'accompagneront... et cet élargissement inclurait la grâce pleine et entière pour tous les crimes commis... plus un billet de retour au pays ! Dieu soit loué, plouf ! ça y est : le Graal leur est tombé sur la tête ! Enfin une chance de sortir de cet enfer !

La rumeur se répand comme un feu de brousse attisé par l'harmattan. Dès 9 heures du soir, c'est l'ensemble de la garnison, soit trois cent soixante-douze hommes (ou plutôt non, trois cent soixante-huit, quatre d'entre eux étant morts entre-temps), qui s'est massé devant le quartier général du major. Ils sont tous là, les malades et les faibles, qui semblablement se traînent comme des morts, et tous prient, cajolent, implorent, adjurent, tous supplient qu'on les affecte à la mission. Un beau tumulte se déclenche lorsque, en grand uniforme et serrant un bouquet d'orchidées et de gypsos sur son cœur, le major se penche enfin à la balustrade de sa véranda, ayant à ses côtés le nouveau venu, l'air d'un saint sous son auréole de cheveux de lin.

– Soldats ! hurle le major au-dessus de la foule, ô robustes compagnons du *Royal African Corps* ! Écoutez-moi !

Peu à peu les rugissements de la masse s'apaisent, pour finir en quelques jurons baveux, en vicieux grondements de chiens de meute qui s'étripent. Après quoi il n'y a plus guère à entendre que grognements et marmonnements, qui meurent en un râle triste.

– Comme vous le savez déjà probablement tous, reprend-il en criant, l'homme distingué que j'ai à ma droite, le capitaine Mungo Park...

Mais un gaillard à la voix avinée l'interrompt pour exiger trois hourras pour Mungo, et aussitôt après monte une folle clameur : « Oyez, oyez ! » Le major en profite pour prendre le bras de l'explorateur et le soulever bien haut dans les airs en signe de victoire. Après quoi, il continue :

– Mungo Park nous vient avec une mission... une mission aussi noble, aussi hardie que le furent les grandes campagnes de César, d'Alexandre et d'Horatio Nelson...

– Au cul la noblesse ! hurle-t-on devant.

– Au cul les discours ! hurle-t-on ailleurs. Moi, moi, prenez-moi !

Dans l'instant ou presque, ce ramas d'hommes écumants de morve et de bave, doigts levés comme à l'école, reprend ce refrain :

– Moi, moi ! Prenez-moi, oh ! moi !

Sur ce, c'est le chaos. Le malade jette ses béquilles et danse comme un coryphée, le faible s'évertue à soulever des troncs d'arbres et des rochers, le fiévreux récite des recettes de cuisine et des paroles de chansons populaires afin de prouver qu'il a encore toute sa tête. Des bagarres se déclenchent. Des imprécations déchirent le ciel, pierres et mottes de terre pleuvent sur la foule comme autant de sentences tombant du ciel. Soudain une torche s'enflamme dans les ténèbres, et puis une autre, et puis une autre encore… La canaille affolée se resserre autour de la maigre balustrade en bambou, entonne « Moi, moi, moi, moi ! »… devient dangereuse. Ça sent le désastre… lorsque enfin l'explorateur s'éclaircit la gorge.

Tombe un brusque silence – un silence intense. « Chut ! chut ! » lance-t-on de tous côtés et l'appel au calme se répand : on dirait un bruit de mer dans le lointain. Mungo est ému par ce spectacle, par l'énergie déployée, par le besoin d'adorer ou presque, que trahissent ces clameurs : dire que c'est lui qui, en l'espace de quelques instants, les a fait naître et se calmer ! Il s'avance avec la confiance de l'orateur-né.

– Donnez-moi des hommes ! gronde-t-il, comme gagné par les sentiments qu'il a suscités.

Et, tous les robinets de l'émotion ouverts, pris jusqu'au tréfonds par une mise en scène qui le mène au seuil de l'héroïque, il conclut :

– Oui, des hommes au cœur vaillant ! Des hommes au cœur vaillant qui sauront aller jusqu'au bout !

NED L'OBSCUR

Le soleil brûle les cieux comme s'il avait été créé d'aujourd'hui, comme s'il gonflait sa musculature, comme s'il forgeait à grands coups de masse le premier événement d'une réaction nucléaire en chaîne qui s'évaluera en mégatonnes, comme s'il s'embrasait avec l'assurance du jeune âge et s'enflammait de toutes les promesses d'une combustion éternelle. Vous l'avez compris, il fait chaud. Bougrement chaud même. Et l'air est aussi calme qu'à la surface de quelque planète interdite et inhabitable. Pas un oiseau pour pépier dans le buisson poussiéreux, pas un insecte pour bourdonner, susurrer, vrombir, pas un lézard pour se gratter le cou d'une patte paresseuse. Non, pas même une brise pour soulever le brin d'herbe et le laisser retomber.

Lentement, oh ! lentement, une présence humaine commence à s'imposer dans ce paysage de totale désolation : là-bas, la chaîne de forçats n° 1 descend la modeste pente du terre-plein, longe les murs aveuglants du fort, traverse un champ jonché de débris de roches ignées. Les membres de l'équipe des fossoyeurs, une bonne trentaine, vacillent sous le poids de leurs pelles, de leurs pioches et des quatre cercueils fraîchement taillés qu'ils portent sur les épaules. Une demi-heure et quatorze évanouissements plus tard, après quelque cent pas de terrain accidenté, ils atteignent un monticule sablonneux qui, défiguré ici et là par des pierres tombales, domine l'océan. Tandis qu'ils se déchargent de leur fardeau, on les entend se plaindre d'avoir à creuser des fosses par cette chaleur : d'habitude, on se contente de laisser puer les cadavres pendant un jour ou deux – à tout le moins jusqu'à la tombée de la nuit. Mais ce matin-là, le major a donné l'ordre d'enlever les victimes de la veille et de les enterrer dans l'instant : il est probable qu'il fait du chiqué à cause de l'explorateur.

– D'accord, d'accord, aboie le lieutenant Martyn, cinq minutes de repos. Mais après ça, je veux voir tout le monde debout... et vous m'attaquez cette caillasse comme si c'était la peau du juge qui vous a condamnés.

Martyn a l'enthousiasme de ses dix-neuf ans. Son uniforme est irréprochable et son attitude réglementaire. Il adore l'armée.

En réponse à l'ordre donné, ses vingt-neuf sous-hommes s'affalent par terre comme autant de serpillières et, avec des bruits divers, s'emparent qui d'une gourde remplie d'eau, qui d'une bouteille de rhum. Quelle pitié que ces hommes barbus et brûlés par le soleil : leurs uniformes, une honte, autour de la tête, des haillons crasseux, des pieds et des jambes infestés de parasites. Toujours livrés à eux-mêmes, ils ne savent rien faire que boire et se bagarrer : ces seconds couteaux, mais vrais assassins, sont irrémédiablement pourris, jusqu'à la moelle. Cela dit, on peut se demander jusqu'où il est nécessaire d'être un type bien pour creuser une fosse ! Comme si cette tâche exigeait zèle et habileté !... Il n'empêche : comme dans tout agrégat humain d'un peu d'importance, il en est de mieux adaptés que d'autres à tel ou tel type de travail, il en est même qui avec les années se sont forgé des compétences précises et ont acquis de solides connaissances. Les forçats de Gorée ne font pas exception à la règle. Au nombre de ceux qu'on a incorporés dans l'équipe se trouvent ainsi deux professionnels qui ont fait leurs classes aux cimetières d'Islington et de Cheapside : ils ont nom Billy Boyles et Ned Rise.

– Ah ! Neddy, c'est-y pas lamentab' c'te chaleur ? Et tu parles d'une saloperie ! Avoir à suer sang et eau par tous les pores rien que pasqu'il y a un joli p'tit macaque de Londres qu'est venu prendre le thé avec le major ! Hé, dis !

Par-dessous les bords délabrés de son panama, Boyles observe son ami. Au premier abord, rien ne le différencie notablement de l'individu qui a couillonné Osprey, bu la bière de Nahum Pribbles et vécu au fond du puits du sire de Trelawney. Ni la dysenterie ni la fièvre ne l'ont affecté, tant il est blindé contre la crasse et les privations, tant il s'est endurci contre les assauts des microbes à force d'avoir roulé sa bosse dans le merdier, dans la lie et la vase des plus infects, des plus méphitiques bas-fonds de la capitale. Mais voici qu'un soupçon d'idée lui soulève la lèvre inférieure, lui abaisse le bout du nez.

– Hé, dis ! Tu crois qu'y nous prendrait avec lui ?

Ned quant à lui a les yeux injectés de sang. Il a maigri, il se sent constamment étourdi. Cela fait deux nuits qu'il n'arrive pas à dormir tant les frissons et les fièvres de la dysenterie lui ravagent la carcasse.

– Tu rigoles ou quoi ? grogne-t-il. C'est les tout-beaux-tout-propres qu'y va prendre, les ceusse qui tiennent debout et qui vont se coucher en trottinant comme des bambins, oui ! Merde alors ! Qu'est-ce tu veux qu'il ait à foutre de deux cadavres ambulants dans not' genre ?

Lentement, les traits de Boyles se réorganisent en une moue obstinée.

– J'suis aussi bon qu'un aut' dans les parages, dit-il.

Mais se reprend aussitôt :

– À condition qu'on m'refile ma ration de rhum comme y faut. Même que s'y nous prend pas, tu sais comme moi qu'on sera pas long à nous creuser nos petites fosses rien que pour nous !

À cet instant, Martyn pivote sur les talons, tape de la semelle dans la poussière et aboie un ordre dont la teneur est en substance que tout le monde a intérêt à lever son gros cul de flemmard de là, et plus vite que ça, *toot-sweet* (*sic*) même, sans quoi ça va barder parce que dans le barda il a touché un chauffe-oreilles de cérémonie, une matraque de deux pouces de calibre, ou pas loin !

Ned se relève péniblement en s'aidant du manche de sa pelle. Le regard qu'il jette à Boyles évoque à s'y méprendre le vieux chien des rues écrasé sous la roue d'une charrette.

– T'as raison, Billy, t'as raison. Je te creuse la tienne si tu me creuses la mienne.

~

Trois heures plus tard, Boyles et Rise s'adossent enfin au tronc du seul acacia du tertre pour en avaler goulûment l'ombre bifide. On ne serait pas loin de prendre leurs deux pelles, qu'ils ont fichées en terre, pour deux sentinelles montant la garde devant la fosse à moitié remplie. La chaleur déforme l'horizon, aplatit de sa main les flots morts de l'océan immobile. Il y a longtemps que les autres forçats sont partis.

Voici ce qui s'est passé : trop affaibli pour manier la pelle, Ned est tombé à genoux et a supplié qu'on l'excuse. Martyn l'a accusé de tirer au flanc et lui a cogné le bas du dos à coups de matraque. Sans résultat. Martyn a remis ça, un peu plus vigoureusement, comme quelqu'un qui se retrouverait à la porte de chez lui sans ses clés. Ned a perdu connaissance. Pour le châtier de ce manquement flagrant à tous les devoirs, Martyn, une fois Ned revenu à lui, lui a donné l'ordre de rester sur le terre-plein pour reboucher le trou, dût-il finir à Noël. Billy Boyles s'est porté volontaire pour demeurer aux côtés de son camarade et lui prêter main-forte.

Or donc ils sont toujours là et rassemblent leurs forces pour se remettre debout et achever leur tâche. Afin de se rafraîchir, Boyles avale une pinte de bière en se renversant en arrière. Ned, lui, bavouille dans une outre d'eau. La chaleur est implacable. Au bout d'un moment, Ned relève la tête et observe le rivage d'un air absent : des taches de couleur lui dérivent devant les yeux ; solitaire et triste, une mouette s'acharne du bec sur quelque chose qu'elle a repéré dans le sable. Il se remémore le passé, l'époque où cela allait mieux, tous ces moments où, accoudé au bar de la taverne du *Cochon Vérolé*, il lampait de la bière fraîche à longues goulées... lorsque tout à coup il croit remarquer de l'agitation sur la plage. Une brume blanche et tremblotante annule en toute chose couleur et dimension. Il n'est pas certain de son affaire, mais l'on dirait bien qu'il y a, là-bas, une silhouette qui vient vers eux – non, deux. Il cligne des yeux sous le soleil, il s'abrite derrière sa main. Oui : deux silhouettes, une grande et une petite, qui dans la lumière d'une violence à faire tourner la tête longent lentement la plage, comme deux promeneurs ramassant des coquillages à Brighton. Qui ça peut-il être, nom de Dieu ? Il comprend soudain.

Instantanément, il se relève et, la pelle à la main, se met à jeter de la terre à droite et à gauche tel un chercheur d'or qui vient de tomber sur le maître filon. Inquiet, Boyles lâche son flacon et rampe prestement vers lui.

– Hé, Neddy, qu'est-ce qu'y a ? T'as une attaque ? Dis, c'est ça ?

Ned ne ralentit pas l'allure. Il ne le regarde même pas. Sa voix tendue comme un arc bandé saccade des ordres pressés :

– Ramasse ta pelle, crétin ! Et creuse ! Remue-la si tu tiens à ta peau !

Stupéfait, Boyles reprend sa pelle et commence à expédier de la terre dans la fosse béante.

Quelques minutes se sont écoulées et l'on en a presque fini, quand Boyles relève la tête et sursaute en découvrant deux inconnus au bord du trou, qui le regardent faire. Petit, le teint sombre, frêle à en avoir l'air efféminé, le premier sourit de toutes ses dents ; une fossette orne son menton. Grand, droit comme un i, les cheveux blonds comme les blés, les joues assombries par une barbe rousse de deux ou trois jours, le second est... mais, un instant, ne serait-ce pas ?...

Mungo Park s'est immobilisé. En bras de chemise sous son gilet, il arbore pantalons de nankin, bottes coruscantes ; sa veste couleur pêche est négligemment jetée sur ses épaules. Penché en arrière, les poings sur les hanches, son beau-frère se tient à ses côtés. Aussi bien habillé que le dernier des dandys de Bond Street.

– Bien, bien, dit l'explorateur, ça fait plaisir de voir qu'il y a encore des gens capables de se donner de la peine.

Il a la voix aussi chaleureuse qu'une poignée de main.

Ned, qui creuse comme un fou, joue l'homme surpris et, après une soudaine volte-face, mobilise son attention en un impeccable garde-à-vous.

– Sir ! aboie-t-il.

Son salut est aussi huilé, aussi automatique que s'il était une otarie au dressage et que le dresseur fût Mungo, un poisson à la main. Il fait certes un grand effort pour ne pas le lâcher du regard et maîtriser les chauds et froids qui le font trembler des genoux et des coudes. Il serait d'ailleurs bien en peine de ne pas montrer son étonnement à voir Mungo Park si près de lui. Il s'attendait à quelqu'un de plus vieux, la quarantaine, au moins. Parce que quoi ? Ce type est quand même une célébrité, quelqu'un qui a déjà fait l'aller-retour de l'Angleterre à l'Afrique, quelqu'un qui a écrit des livres, quelqu'un qui est à tu et à toi avec le gratin londonien. Et dire qu'il a le même âge que lui, s'il n'est pas plus jeune encore !

Mungo écarte une boucle de cheveux qui lui était tombée dans les yeux. C'est à peine s'il sue malgré la chaleur et ses coups de marteau.

– Pas de cérémonie entre nous, l'ami...

Ned se met aussitôt au repos.

– Alexander et moi commencions à penser que tout le monde s'était fait porter malade dans l'île.

– Ah ! Sir, lui répond Ned en essayant de mettre tout ce qu'il a de bonnes manières dans sa voix, c'est que le Seigneur a bien voulu nous donner une bonne santé et que, voyez-vous, nous faisons tout ce que nous pouvons pour L'en remercier en veillant à ce que ceux qui n'ont pas eu cette chance aient au moins une tombe convenable.

Mungo et Zander échangent un regard. On croirait deux maquignons auxquels on vient de faire une offre si ridiculement basse qu'ils en ont des crampes dans les mains.

– Oui, oui, Sir, reprend-il, cela fait trois heures que Billy et moi nous sommes ici et nous efforçons d'enterrer dignement quatre malheureux, disparus lors des désordres qu'a provoqués l'excitation de votre arrivée, Sir, et que Notre Seigneur a daigné rappeler à Lui dans un repos mérité.

– Ah bon ?... ce qui fait que vous savez pourquoi mon beau-frère et moi-même sommes descendus à Gorée ?

Boyles, qui jusque-là s'était contenté de rester sans bouger, la bouche grande ouverte, commence à comprendre de quoi il retourne.

– Pour savoir, ça on sait ! Oh oui, qu'on sait ! chantonne-t-il, tandis qu'un sourire baveux et idiot lui coupe en deux le visage. Ça, c'est une ben grande et ben belle mission que vous avez là, pas ? Une mission que la gloire éternelle pour le roi George, la reine et tous nos fiers citoyens du Bon Vieux Pays, elle pourra en sortir que grandie, c'est ben ça, pas ?

L'explorateur a déjà ôté son chapeau et en retire un carnet dissimulé dans la calotte.

– Résumons-nous, conclut-il, le crayon déjà prêt, je peux considérer qu'il ne vous déplairait point, messieurs, de vous joindre à nous, c'est ça ?

FRANCHIR LE RUBICON

Déjà grosse de toutes les humidités, l'épaisse bouillie de l'air tropical est, ce matin-là, traversée par les jubilations bruyantes d'individus enthousiastes qui n'en reviennent pas d'avoir été ainsi favorisés, voire chouchoutés par le sort. Ils poussent la clameur de ceux qu'on a triés sur le volet, de ceux qu'on a élus parmi un grand nombre d'appelés, de ceux qui, nés coiffés, ont eu la chance non seulement d'embrasser la reine du bal, mais encore de quitter la fête la poule sous le bras ; bref, ce sont les cris des gagnants. « Hourra ! » lancent-ils. « Hip hip hip !... » Parmi les vociférations surgit un autre bruit, un bruit de perturbation atmosphérique, mélangeant le bronze, l'étain et la râpe à fromage, ajouté à un bruit d'instruments de musique que l'on malmène. Cette cacophonie secondaire, il faut en chercher la source dans la fanfare du régiment, à savoir six bugles, deux trompettes et une viole. Postée devant le portail de l'entrée principale, elle martèle les accents du *Rule Britannia,* puis ceux de la *bourrée* extraite des *Feux d'artifice royaux*: le moment est d'importance. En rangs serrés les uns derrière les autres, des Tuniques rouges se tiennent au garde-à-vous, le major a daigné se lever tôt pour enfourcher son gris pommelé, la fanfare s'époumone, à croire qu'elle a décidé de convoquer tous les archanges du ciel: la deuxième expédition de Mungo Park est sur le point de démarrer.

Voici qu'enfin les trente-cinq hommes qu'il a choisis pour l'accompagner franchissent le portail fiers comme des paons, à la bouche le chant du coq: tous s'émerveillent de leur bonne fortune, et dans les uniformes qu'on leur a fournis pour l'occasion, ont l'air presque fringants. Et pourquoi donc faudrait-il qu'ils ne poussent point de cocoricos? Comme s'ils n'étaient pas en train de fuir les enfers, d'échapper à l'abîme, de ressortir de la panse même de la mort et des pestilences, comme s'ils n'entamaient pas la balade qui, à travers la campagne, les ramènera, eux, hommes libres et héros, en Angleterre! Le reste de la garnison est loin d'être aussi optimiste. Les trois cent vingt-cinq hommes que Mungo a laissés derrière lui (huit d'entre eux sont morts entre-temps) poussent eux aussi des vivats, c'est vrai, mais pour la forme seulement. Ils sont découragés, jaloux, déçus à en mourir. Certains ont tourné la tête pour fondre en larmes. D'autres pleurnichent ouvertement, et se mouchent dans leurs pans de chemises ou leurs haillons noircis.

À l'avant de la colonne, l'explorateur déborde de bonne humeur et de confiance. Les trente-cinq hommes qu'il s'est trouvés sont courageux, solides, robustes et loyaux, et, ce qui ne gâte rien, enthousiastes et vaillants. Il a ses ânes, le gouvernement est derrière lui, Zander marche à ses côtés, la fanfare joue. Lancer la plus grande aventure de sa vie sous de meilleurs auspices ? Il sourit, il sourit jusqu'à en avoir mal aux lèvres, il ne cesse de saluer la foule et de se dire : ça y est, enfin, enfin ! Ça y est ! Il n'est plus question de faire machine arrière, plus rien ne peut l'arrêter. Il descendra le Niger jusqu'à son embouchure, il ravira les cœurs et les esprits du monde entier. Il a rendez-vous avec l'immortalité, excusez du peu.

Un quart d'heure plus tard, l'explorateur est de retour à bord du *Croissant*, où il retrouve d'un côté sa gent brayante, de l'autre ses hommes qui agitent leurs coiffes en signe d'adieu ; il vérifie son rôle et se livre à un appel rapide. Les rudes noms celtiques et anglo-saxons lui coulent des lèvres comme un sirop bien épais ; en retour il obtient, enthousiastes, des réponses immédiates, sèches et courtes : ici la voix est haute, là elle est rugueuse et sans timbre, là-bas encore elle vient de l'arrière-gorge. Quarante-cinq hommes en tout : lui, Zander, Georgie Scott et le lieutenant Martyn, les quatre charpentiers, deux marins recrutés à bord de l'*Eugenia* afin de piloter les embarcations que l'on jettera sur le fleuve, et les trente-cinq gaillards qu'il a, comme par magie, subtilisés à la garnison de Gorée. Avec ces derniers, c'est à peine s'il arrive à apparier noms et visages. Cela dit, il reconnaît bien Jemmie Bird, Jonas Watkins, Ned Rise et Billy Boyles, entre autres. Outre Martyn, tous ces hommes, sauf un, sont des première classe, l'exception étant le sergent M'Neal. D'une loyauté à toute épreuve, l'individu n'est pas ordinaire, avec sa vaste expérience, fruit de trente et un ans d'active. Rien qu'à lui serrer la main et à le regarder droit dans les yeux, Mungo a su qu'il avait affaire à un homme – au diable ses états de service ! Au diable le fait qu'il ait été douze fois caporal et neuf fois sergent et eût pu encore monter en grade si son attachement malheureux à la bouteille ne l'avait pas chaque fois ramené dans le rang. Un patriote bon teint, n'importe quel imbécile s'en serait rendu compte.

Mungo observe l'animation qui s'empare de tous au moment où *Le Croissant* commence à s'éloigner du quai. Pas un homme de la garnison qui n'ait des larmes de joie dans les yeux. La fanfare est tout feu tout flamme ; le major agite un mouchoir blanc, les voiles prennent du ventre sous la brise. Mungo lève le poing en guise de salut, ah ! le beau moment ! tandis que, le bâtiment désormais livré au vent, la côte s'éloigne peu à peu.

~

Le bateau remonte la Gambie dans la direction de Pisania. Ned Rise s'adosse à une caisse de pacotille, allume une cigarette et contemple la trouble rinçure du fleuve. Au loin, des vols d'oiseaux ; plus près, les longues griffes avides des cyprès qui bordent les rives comme des sphinx décapités. Il se sent mieux : du côté de la dysenterie, ça s'arrange ; la chance lui sourit, il ne se tient plus de joie à l'idée de revoir l'Angleterre dans moins d'un an. L'explorateur est un brave type, se dit-il. Légèrement pompeux et collet monté peut-être, mais on peut travailler avec lui… oui, absolument. Ned ferme les yeux et s'imagine la Tamise ; d'un bleu limpide à vous clouer sur place… l'explorateur se tient à ses côtés, là, à la barre du *Croissant*… en bas, les quais sont envahis par une foule de types en délire, de filles des rues… bref, l'avenir est sûr. « Dites, Ned, l'interpelle Mungo, je vous dois une fière chandelle, savez-vous, oui, une fière chandelle, avec votre aide dans cette expédition… inestimable ! Je vous le dis, sans vous, je n'y serais jamais arrivé. » Il le prend par la main, les voilà nimbés d'un gentil petit nuage, tremblante auréole… « Allez, dites-moi la récompense que vous voulez, mon vieux… vous me la dites et vous l'avez… »

Doucement il se réveille. Un temps s'est écoulé, comme en glissant, il ne saurait dire combien : une minute ? une heure ? Le bavardage des martinets et des moqueurs monte de la rive en bouffées ; là-bas, quelque part, s'élèvent les rires fous de Boyles et de Bird ; saouls comme des plongeons. Il se frotte les yeux, regarde la cime des arbres filer sereinement à hauteur de lisse, commence à se dire – vaguement mais de plus en plus fort – que, décidément, tout n'est pas rose. Et qu'est-ce qui le chiffonne ? L'ombre volumineuse, immobile, indubitablement humaine, qui se profile au-dessus de lui. Ned cligne des yeux. Un instant aveuglé par la lumière, il ne parvient pas à reconnaître le visage à contre-jour.

– Jonas ? risque-t-il. Billy ?

Pas de réponse. L'inconnu se contente de le toiser sans bouger. Ned met sa main en visière et bat des paupières afin de chasser les taches noires et les fausses ombres qui l'empêchent de voir clair. Ce qu'il découvre alors n'est pas du tout rassurant : une mâchoire crispée, des yeux au regard bête et porcin, une épaisse crêpelure de caniche, mais disposée en plaques et qui laisse voir des pans entiers de crâne dénudé, un visage ridé et des oreilles épaisses, de vraies oreilles de cul-terreux, le tout surmontant une masse d'os, de tendons et de pectoraux à en faire péter la cage thoracique du bonhomme. Ce portrait-robot ambulant commence à jouer les maries-salopes de sa mémoire, ramenant toute une lie de souvenirs déplaisants, voire douloureux, et son intuition est sur le point de replonger dans les ténèbres d'un passé inquiétant lorsque, soudain, l'inconnu brise enfin le silence.

– Mais que le diable m'emporte si ce n'est pas notre bon vieux Ned Rise !

À cet instant précis, à la faveur d'un bond dans le temps et l'espace qui défie l'explication et les lois naturelles, Ned se retrouve sept longues années en arrière, à trois mille milles de là, et remet enfin ce visage – Smirke ! Instinctivement, il se protège.

– C'est Rose mon blaze, l'ami, réplique-t-il. Edward Hilary Rose.

L'aubergiste s'agenouille. Mal rasé et couvert de sueur, il a l'air aussi ébahi qu'un enfant.

– Allons, allons… c'est pas possible, reprend-il. Que le diable m'arrache les doigts si je t'ai pas vu te balancer au bout d'une corde ; pour meurtre…

Ned ramène ses pieds sous lui et, afin de ne pas l'alarmer par un geste brusque, bande très lentement les muscles de ses bras.

– Mais non, c'est toi… c'est bien toi… Tiens, même que t'as encore la marque de la corde, poursuit-il d'une voix râpeuse. Regarde ! fait-il en lui soufflant à la figure son haleine qui pue la bière et l'oignon. Regarde !

Et d'un doigt épais, il lui montre l'échancrure béante de sa chemise.

– Mais non, l'ami, rétorque Ned en reculant comme un crabe, tu fais erreur sur la personne. J'suis soldat de carrière, moi, bonhomme. Né et élevé en Cornouailles ; jamais foutu les pieds à Londres de toute ma vie…

– À Lond' ? Mais qui c'est qu'a parlé de Lond', hein ?

Du coup, il l'attrape à la gorge et d'une seule traction de son énorme avant-bras aux muscles ondulants, il remet Ned debout sur ses pieds aussi facilement que s'il soulevait un tas de chiffons. Pendant un long et très sale moment, l'aubergiste le tient en l'air. Ses yeux ne sont plus que deux fentes, son visage maigre se tord sous la haine et la rage. Puis, il l'envoie s'écraser dans un mur de caisses d'emballage.

– Et ces petits moignons-là, c'est quoi, hein... môssieur Neddy ?

Ned fourre sa main dans sa poche mais, tout en force et en puanteur, Smirke lui attrape le poignet et, lui ayant étalé la main sur une caisse de marchandises – une caisse remplie de lorgnettes de théâtre –, lui écarte les doigts sur les lattes en pin mal dégrossi. Témoins muets et irrécusables, les doigts mutilés de Ned Rise le trahissent.

Smirke garde le silence et se contente de respirer profondément, jusqu'à en renifler ou presque, tant il est satisfait. Il regarde Ned droit dans les yeux. Les deux adversaires sont si près l'un de l'autre qu'ils s'en touchent le nez. L'aubergiste respire de plus en plus vite, comme s'il était au bord de la crise.

– Tu m'as ruiné, môssieur Ned Rise, fait-il d'une voix aussi plate que celle d'un arriéré, et je m'en vas te dire comment.

Ned reste planté et, coincé contre ses caisses, se tient si près de Smirke que de loin on pourrait les prendre pour des amants. Tout en lui crachant des injures à la figure, le gros homme se lance alors dans un récit chaotique et empêtré dans les détails, le mélodrame de ses infortunes :

– 'Spèce d'étron, lui souffle-t-il si bas que l'on croirait un mot doux, 'spèce de suce-foutre ! 'Spèce de fumier, va baiser ta mère, tantouze ! C'est que j'étais un typ' respectab', moi !

Peu à peu il s'est mis à crier.

– Ouais, reprend-il, c'est que j'dirigeais un établissement honnête, moi ! Et maintenant, r'garde où j'en suis !

Ned le regarde – comme s'il avait le choix ! – et ne pense qu'au moyen d'échapper aux griffes de ce fou. Ah ! l'attirer vers le bastingage, le balancer par-dessus bord, l'expédier dans la boue grouillante qui défile sous eux ! Mais ce serait trop de veine ! Smirke resserre son étreinte et poursuit son récit.

Cela fait presque six ans qu'il a perdu *La Tête de Campagnol*, oui, « perdu » ! alors que l'établissement appartenait à sa famille depuis trois générations ! Après le scandale de la chambre de l'Aléseur, qui l'a humilié et lui a fait perdre la confiance de la clientèle, les affaires commencent à dégringoler. Ses clients de la haute s'étant mis à aller boire et manger ailleurs, il se voit contraint de vendre certains de ses costumes aux enchères afin d'honorer ses factures. L'inévitable se produit, il lui faut bientôt fermer la boîte. En moins d'un an il est brisé et passe son temps à errer dans les rues. C'est à peu près à cette époque-là qu'un jour, il tombe sur Mendoza.

– Besoin d'un sac ou deux, l'ami ? lui lance ce dernier en tirant un billet d'une liasse bien épaisse.

Comme à son habitude, l'ex-pugiliste est habillé à la dernière mode. Il a l'air aussi prospère qu'un prince – alors que cela fait des années qu'il n'a pas réussi à décrocher un seul combat.

– Au bout du rouleau, c'est ça, mon petit Smirke ? reprend-il avec un sourire. Viens donc me voir. J'vais t'arranger ça.

Le surlendemain soir, Smirke se retrouve en train de grimper aux fenêtres du troisième étage de la demeure de Lady Tuppenham. En bas Mendoza fait le guet. Vingt minutes plus tard, un sac rempli d'argenterie sur les épaules et les bras chargés de butin, Smirke redescend l'échelle... et découvre que c'est le gardien de nuit qui lui en tient l'autre bout. Dans l'heure il atterrit à la prison de Newgate et, de là, se fait expédier aux pontons de Portsmouth. Lorsque l'explorateur vient chercher ses charpentiers, Smirke, qui a fait un peu de décoration intérieure et Dieu sait quoi encore à *La Tête de Campagnol*, sort du rang et lui offre ses services. Voilà : et c'est comme ça qu'il est là. Dans ce trou à pestiférés.

– Tout ça à cause de toi, Ned Rise ! hurle-t-il soudain. Même que quand j't'ai vu te balancer au bout d'ta corde, j'me suis dit que c'était encore dix fois trop bon pour toi, ouais, dix fois trop bon ! Même que j'avais envie de flanquer un coup d'pied au cul à cette tante de bourreau et de l'remplacer, oui, de te tirer sur la corde deux fois plus fort, de t'étrangler jusqu'à ce que t'en arrives à regretter d'avoir jamais vu le jour !

De désespoir – fou furieux, l'autre le tient toujours à la gorge et ne cesse de lui souffler dans la figure –, Ned Rise opte pour le coup de coude dans les côtes, suivi du coup de genou dans les parties. Une deux, oumpf-oumpf ! La manœuvre reste sans effet. Penché sur lui, Smirke lui casse les reins et lui tord le cou aussi méthodiquement que le boucher étrangle son oie de Noël. Ned essaie de crier mais voilà qu'il s'étouffe. Rien à faire, rien ne lui sort du gosier. Il est obligé de laisser tomber, et se met à agiter ses bras en l'air, sans but et sans espoir, tandis que déjà la vie l'abandonne comme l'eau qui file à l'égout.

C'est le lieutenant Martyn qui le sauve.

– Hé là, soldats ! s'écrie-t-il.

Et sa matraque s'abat sur le crâne de l'aubergiste avec un bruit de châtaignes mises à rôtir sur un feu de camp.

Smirke se fait mou dans les bras de Ned, sa masse adipeuse, énorme, lui pèse dessus tel le Léviathan, Ned choit sur le pont, Martyn continue de donner des ordres à pleine voix, les interrompt de coups de sifflet : on vient de toute part, s'il faut en croire les bruits de tonnerre dont résonne le pont ; Ned Rise se lance dans des révisions déchirantes, Ned Rise se prend de nostalgie pour son grabat de Gorée,

Ned Rise se dit que peut-être il s'est trompé, et que, tout bien pesé, il n'y a pas là-dedans de quoi pavoiser.

DÉCEPTIONS À PISANIA

La première déception n'est rien : elle n'est causée, somme toute, que par un événement mineur, aussi imprévisible qu'inévitable ; comment ne pas y voir néanmoins un signe, le signe que tout se présentera mal et qu'on ne court qu'au-devant de désillusions ? Sans parler de la manière détestable et peu engageante dont on fait le premier pas dans une aventure historique de ce genre ! Mais cela n'est rien, comparé à la mort d'homme qui l'inaugure.

Condamné à une issue fatale s'il restait à Gorée, Leland Cahill a, comme la plupart des recrues de la garnison, beaucoup fêté son sursis. Il a trinqué au succès de l'expédition et, verre après verre, a encore salué la noblesse de Mungo Park, le courage de ses compagnons, bref, tout prétexte était bon. Jeune homme de dix-huit ans au visage marqué de cicatrices d'acné, Cahill est, côté intelligence, quelque peu au-dessous de la moyenne. Malgré ses airs séduisants et inoffensifs, il s'est vu condamner à la prison à vie pour sacrilège, miction en public et vol d'habits en laine sur les étendoirs. À jeun, il se place un cran au-dessus du vaurien ; saoul, il est aussi incapable de se débrouiller qu'un louchon catatonique de l'hôpital de Bethlehem. Cela ne l'a pas empêché d'être désigné, avec Mitchell Mewshaw, pour amarrer la passerelle quand *Le Croissant* aura jeté l'ancre au large de Pisania.

Le fleuve étant pour lors à l'étiage, le vaisseau est contraint de mouiller à quelque cent vingt yards de la berge. Heureusement, Mungo a prévu cette éventualité et envoyé des hommes en avant, auxquels il a donné l'ordre de construire un radeau afin de pouvoir débarquer non seulement l'équipage mais les bêtes et le matériel. Le radeau attend déjà quand on voit le bâtiment surgir à la courbe du fleuve, en vue des annexes du comptoir.

Les officiers sont tous d'accord : les ânes qui, étant donné la température et l'entassement, dégagent d'inimaginables remugles, seront évacués les premiers ; comme s'ils étaient conscients de cette prérogative, leur excitation ne cesse de s'accroître, tandis que deux nègres de Pisania amènent le radeau le long de la coque. Malheureusement, à force de se passer et repasser la bouteille en se racontant des histoires cochonnes, Cahill et Mewshaw n'ont pas remarqué la manœuvre. Le radeau ayant été amarré ainsi qu'il convient, ils se contentent de reculer d'un ou deux pas, fixent les cordages et mettent la passerelle de bois en position après l'avoir basculée par-dessus bord. C'est l'erreur. La passerelle n'a pas encore fini de franchir le pavois que, chahutés par le roulis et par la presse, les ânes perdent patience et commencent à s'ébrouer et à ruer. À peine la passerelle a-t-elle touché le radeau qu'ils s'élancent en avant. C'est alors un seul et même amas de couleur fauve qui se précipite par-dessus le bastingage et, dans un enfer de sabots, de braiments et de coups de pied furieux, dévale le goulet vertical. Dix-huit bêtes plongent tout droit dans l'eau. Œil fou, pattes tremblantes, le reste parvient à gagner le radeau en pédalant dur pour ne pas se faire écraser par l'arrière-garde. Comme il fallait s'y attendre, les nègres sont terrorisés et voilà le radeau qui chavire. En tout, on comptera six ânes perdus. Quant au première classe Leland Cahill, la dernière fois qu'on l'a vu, il fonçait tête la première vers le bas de la passerelle, cent huit sabots s'acharnant, l'un après l'autre, à lui marquer les chairs de leurs empreintes.

~

Moins immédiate, la deuxième déception est plutôt à mettre au compte d'un sentiment d'abandon et de perte. Le terme de déception convient mieux ici, dans la mesure où il renvoie plutôt à un espoir déçu qu'à un brusque et tragique revirement de situation.

Après avoir remis de l'ordre chez ses hommes et parmi ses ânes, et désigné l'équipe qui devra sonder le fleuve pour y retrouver le corps de Cahill, l'explorateur n'a plus qu'une idée en tête : revoir le Dr Laidley. Cela fait presque huit ans qu'ils se sont quittés. Pourtant, chaque fois qu'il a pensé à l'Afrique, c'est au vieux Laidley qu'il a songé. Aussi bien est-ce lui qui a fourni son équipement et l'a préparé à sa première mission en lui apprenant le mandingue, en l'initiant aux coutumes locales, et en le mettant en relation avec Johnson. Il le retrouve encore quand, presque éviscéré par sa première attaque de fièvre il ne pouvait sortir de son lit : Laidley l'a soigné, l'a abreuvé de tasses d'un thé indigène aussi raide que revigorant, lui a lu du Donne, du Milton et du Shakespeare avec une sérénité, une assurance que lui envierait la Banque d'Angleterre. Laidley a été le dernier homme à le saluer à son départ, et le premier à le féliciter à son retour. C'est enfin lui qui a été le premier Blanc à apprendre sa découverte historique sur l'orientation du cours du Niger. Le Dr Laidley, c'est son centre de gravité au milieu d'une Afrique où tout est chaos de couleurs, de dialectes, de tatouages et d'anneaux dans les trous de nez ; c'est le seul et unique point de repère qui lui reste dans ce kaléidoscope de désirs, de besoins et de pratiques bizarres. Le Dr Laidley, c'est son mentor.

L'explorateur se fraie un chemin au milieu du dédale de cases en joncs, chacune avec son chien qui aboie et ses enfants nus encadrés dans la porte ; tout en remontant la rue poussiéreuse qui conduit à la résidence du docteur (à la fois forteresse et comptoir), pleine de coins et de recoins, il sourit déjà à l'idée du plaisir qu'il aura à le revoir. Il lui serrera la main, lui présentera Zander, lui dira le succès prodigieux de son livre, lui parlera des réactions que sa découverte a suscitées chez tous les grands cartographes européens. Déjà il revoit ses joues, rouges de naissance, sa tonsure blanche, sa tête branlante, ses lèvres pincées, déjà il s'imagine les regards de côté que, perdu dans ses contemplations, le docteur ne manquera pas de lui jeter. Assis dans son fauteuil à bascule en osier, il écoutera toutes les nouvelles qu'il lui rapporte d'Angleterre. Après, ce sera l'explosion de son hospitalité : « Oui, oui, oui », acquiescera-t-il, d'un ton de patriarche à la Benjamin Franklin. Et alors, il trottinera autour de la pièce jusqu'à ce que le vent se prenne dans ses basques.

– Mais d'abord, tiens, prends donc un peu de vin de palme... Du fromage de chèvre ? Une assiette de couscous... ou bien un steak ? Un cigare ? Du cognac ?

Mungo lui dédicacera un exemplaire de ses *Voyages*, puis ils iront se retirer sur la véranda et là, en connaisseurs, ils tailleront d'interminables bavettes sur le pays. Le flux de paroles le lavera, le libérera de la poussière accumulée pendant sept années d'absence, lui ramènera à l'esprit des vérités qu'il a à moitié oubliées sur la météorologie et la géographie, la succession royale et les frontières tribales. À dire vrai, l'explorateur a grand besoin de se rafraîchir la mémoire.

Toutes choses qui lui trottent dans la tête tandis qu'en la compagnie de Zander il grimpe les marches grossièrement taillées de la véranda qu'il connaît si bien. Une question insistante ne cesse pourtant de le tracasser : pourquoi le vieil homme n'est-il pas venu les accueillir à la descente du bateau ? Serait-il malade, ou se serait-il absenté à l'occasion de quelque voyage en brousse ?

La réponse l'attend juste derrière la porte ouverte, en la personne aux cheveux plats et à la barbe mal rasée de D.K. Crump, l'ancien assistant du docteur – dont il a momentanément pris la place. Une bouteille de gin trône sur le bureau devant lui. Crump, vautré dans un fauteuil en osier, fume du *mutokuané*. Il a les yeux treillissés de rouge. Derrière lui, paupières lourdes à demi closes dans l'extase ou la stupeur, une femme noire en blouse rayée agite languissamment un éventail cependant que, de la main qu'il a passée dans son emmanchure, Crump lui tripote les seins comme s'il s'agissait de pommes de terre dans un sac.

Mungo met un certain temps à s'habituer à ce spectacle. Immense et sombre, le sol de l'entrepôt est jonché d'articles de pacotille. Il y a là des couteaux, des mousquets, des barils de poudre, des coupes de drap, des glaces, des dames-jeannes de vin et de cognac, des caisses de clous, des haches, des scies, des diables à ressort et, en vrac, une flopée de bonbons à un sou. Juste à côté, une montagne de produits locaux ramassés en échange – pattes, dents et défenses d'éléphants, monticules informes de cire d'abeilles, plumes d'oiseaux de toutes espèces et de toutes couleurs, paniers de cacahuètes et de poivre en grains, bois d'ébène en fouillis, peaux fatiguées de léopards, de lions et de zèbres. On dirait les restes de quelque catastrophe naturelle, les débris laissés par une inondation, des épaves rejetées par la mer. Tout cela est couvert de poussière et s'empile jusque dans les recoins les plus sombres du hangar. L'explorateur balaie la scène des yeux, puis se tourne vers l'homme qui, torse nu, semble présider aux destinées du lieu.

– Mungo Park, se présente-t-il en s'inclinant. Je vous présente Alexander Anderson, mon second. Le Dr Laidley est-il dans les parages ?

L'homme lève les yeux sur lui et, l'air aussi insouciant qu'un lézard sur une pierre, le regarde longuement. Il tire une bouffée de son joint, puis lâche un rire bref comme un aboiement.

Mal à l'aise, Mungo se balance d'un pied sur l'autre. Crump secoue rudement les seins de la Noire. Zander fait un pas en avant.

– Écoutez un peu, lance-t-il, on vient de vous poser une question fort civile... et donc, savez-vous, oui ou non, où se trouve le directeur du comptoir ?

Aucune émotion ne passe dans les grands yeux bleus de Crump. Il pose la chnouf sur le bord du bureau et avale une gorgée de whisky. Puis il part d'un nouvel éclat de rire.

– Ha ! éructe-t-il enfin. Ça fait presque un mois qu'il a crevé, ce vieux chnoque.

Obtenir de lui des détails équivaut à extirper un lot d'échardes. Au bout de dix minutes de patient interrogatoire, les deux missionnaires de la géographie établissent néanmoins que la mort de Laidley a été accidentelle. Il semblerait qu'au retour d'un long voyage à l'intérieur des terres, où il aurait réchappé des attaques d'un lion dyspeptique, à la morsure d'un serpent mamba noir et à un raid de guerriers peuhls, le docteur soit allé se promener dans son jardin pour inspecter ses rosiers. S'étant fait piquer à la narine droite par une abeille butineuse, il serait mort d'étouffement dans les vingt minutes suivantes.

Crump (Dirk de son prénom : il est originaire de Londres et, bon à rien au profil bas, a réussi à convaincre la Compagnie qu'il était l'homme qu'il lui fallait), Crump s'est donc fait nommer un mois plus tôt pour remplacer l'ancien assistant de Laidley, lequel avait succombé aux rigueurs du climat. Après avoir supervisé les obsèques (« une bande de négros de mes deux qui se traînaient dans la boue »), il a prononcé quelques mots au-dessus du monticule d'argile jaune qui venait d'avaler les restes du bon docteur et a informé ses supérieurs londoniens du changement de situation au comptoir. Il faudra quatre mois avant que la nouvelle parvienne aux bureaux de la Compagnie de l'Afrique occidentale – et six ou sept autres encore avant que la Compagnie ne régularise la situation. Jusque-là, Crump fera fonction de directeur.

L'explorateur en est tout abattu. Pas de retrouvailles, pas d'hospitalité, pas de bavardages rassurants sur l'état du pays alentour. Rien que le contact de ce dégénéré grimaçant, de cette hyène qui a osé mettre les pieds sur le bureau du docteur. Mungo fait demi-tour, prêt à prendre congé.

– Hé dites, l'explorateur, lui jette Crump d'une voix râpeuse, z'oubliez pas quèque chose ?

Son œil brillant semble trahir une excitation bizarre ; il se lève, il se balance d'avant en arrière comme un serpent prêt à mordre.

– Oui ? s'étonne Mungo, arrêté sur le pas de la porte.

– Et le radeau, hein ? Oui, ce putain de radeau que vous avez commandé. Non mais... qu'est-ce que vous vous imaginez ? Que ça pousse aux arbres, peut-être ?

Sur quoi il se met à rire de sa plaisanterie – d'un rire secoué de frissons maladifs.

– Et alors ?

– Ben, c'est-à-dire qu'on aurait quand même envie de s'faire payer, vu ? Pasque la Compagnie de l'Afrique occidentale, c'est pas qu'elle ferait crédit à quiconque. Sans compter qu'à mes yeux, vous valez pas mieux que tous ces nègres qui se baguenaudent dans la brousse.

Les mains glissées sous ses biceps, Crump n'est plus qu'à un demi-pas de l'explorateur.

– Comme quoi faudrait voir à cracher le compte juste, Auguste !

Mungo pousse un soupir.

– Bon, bon, dit-il, je tire un effet sur le ministère des Colonies et je...

– Minute, papillon, s'écrie l'autre, toutes les transactions, c'est au comptant et en liquide. Mes boys... tenez, regardez-les, là-bas... eh ben, ils sont quèques-uns qui...

L'explorateur les regarde. Armés de lances, de pistolets, de mousquets et d'épées, il y a là sept ou huit sauvages furieusement peinturlurés, adossés aux piliers de la véranda. Ils donnent tous l'impression de ne pas avoir entendu une bonne blague depuis des années.

– ...et donc, comme que je vous l'disais, mes boys, ils se sont cassé le cul à bosser à raison de trente-six heures par jour sur ce radeau, jusqu'à en faire pour trois jours d'heures supplémentaires, et moi j'crois qu'ils aimeraient bien récolter le juste fruit de leur labeur, enfin... si vous voyez ce que j'veux dire.

– Bien, bien, répond Mungo, cent pour cent homme d'affaires. Et nous vous devons ?

– Cinq cents guinées. L'explorateur en reste stupéfait.

– Cinq cents ?...

– Pas question, aboie Zander.

Ces dernières paroles une fois aspirées par l'éponge humide de l'air comme si personne jamais ne les avait prononcées, le petit groupe reste un instant immobile devant la porte. Il fait chaud. L'explorateur sent la sueur lui descendre des tempes et lui saler la commissure des lèvres. Soudain, un des hommes peints se mettant à grogner, tout le monde se tourne vers lui. Il s'est maquillé en noir et blanc ; la peinture lui coupe le visage en deux et lui dessine des touches de xylophone par tout le corps. Du doigt, il montre un palmier à huile à l'autre bout de la clairière. Sur un rameau, un petit colobe est en train de grignoter quelque chose et, de temps à autre, passe sa patte par-dessus son épaule afin d'épucer le singe encore plus minuscule qui s'accroche à son dos. Lentement, délibérément, sans la moindre émotion ou hésitation susceptible de le faire trembler, l'homme-xylophone lève son mousquet et appuie sur la détente. Cloués à l'arbre, les deux animaux agonisent, lentement – long instant que l'on dirait hors du temps. Enfin ils tombent à terre comme des sacs de chiffons. Mungo sort sa bourse.

~

La dernière déception lui reste littéralement sur l'estomac – et l'intrigue fort. Elle le trouble même plus profondément que les deux autres, dans la mesure où elle tient plus ou moins du coup bas ou de l'angoisse qui tisse le cauchemar et noue les boyaux.

Après en avoir brièvement délibéré avec ses officiers, Mungo a décidé de quitter Pisania le lendemain de son affrontement avec Crump. Le nouveau directeur du comptoir lui est évidemment hostile et ses associés peuvent se montrer très dangereux. Il n'a rien à gagner à prolonger son séjour, car on va vers la saison des pluies. La seule tâche importante – rassembler quelque dix-huit ou vingt Noirs qui serviront de porteurs, de guides et d'interprètes – ne devrait pas demander plus d'une heure ou deux.

L'explorateur est confiant. Sa longue expérience aidant, il ne sait que trop comment enflammer les cœurs indigènes en flattant leurs espérances de profit : il n'a qu'à offrir une demi-coupe de drap rouge et le prix d'un esclave de première qualité à quiconque acceptera de l'accompagner à l'intérieur des terres. Il lui suffira d'en faire courir la rumeur pour que sa tente soit envahie de volontaires enthousiastes et alors, par hordes entières, on les entendra jacasser comme des spéculateurs sur le marché à terme, on les verra se bousculer pour toper là après s'être craché dans les mains. Il ne lui restera plus qu'à se renverser dans son fauteuil et à faire le tri.

Mais tout va décidément de travers.

Bien que Mungo ait publié son offre juste après midi, le crépuscule arrive, et s'en va, sans que personne ait répondu. Le chef du village aurait-il donc gardé la nouvelle par-devers lui dans l'espoir de confisquer tous les emplois à l'avantage des gens de sa famille ? L'explorateur, dont le mandingue est, il faut le reconnaître, un peu rouillé, n'aurait-il pas réussi à se faire comprendre ? Sur le coup de 8 heures, il commence à s'inquiéter. Sans ces Noirs pour s'occuper des ânes et veiller au chargement des provisions et de l'équipement, tout le travail va retomber sur des soldats qui auront déjà bien assez de mal à se prendre en charge dès que les pluies se mettront de la partie. Pis encore, personne ne sera capable de communiquer avec les membres des tribus lointaines ou même seulement de trouver la bonne route.

– Non, dit-il enfin à son beau-frère assis près de la lampe à huile qui brûle sous la tente, il n'y a pas trente-six solutions. Des Noirs, il nous en faut… même si nous devons les payer le double et leur offrir une propriété en Cornouailles avec en prime les caleçons du roi !

Dehors, l'air est saturé de fumée : on a allumé des feux pour la cuisine. Dans une large mesure, indifférents à ces vétilles qui ont nom Leland Cahill, Dr Laidley, prix d'achat des radeaux et disponibilité des Noirs sur le marché des porteurs, les hommes s'appliquent assidûment à la tâche qui les occupe : rôtir des poulets, vider des gourdes de *soulou* et familiariser la native avec les maladies vénériennes. L'explorateur entend dans les buissons de vilains mots qui se murmurent, tandis qu'à grandes enjambées il longe les taudis assombris pour gagner la case du chef du village. Du fleuve, faibles mais reconnaissables entre tous, on peut ouïr, ô l'étrange raffut, les asthmes et orgasmes des crocodiles en train de copuler dans la vase.

Le chef du village est un homme d'âge moyen, tout en nerfs, qui porte un chapeau en castor et une chemise de batiste française dont il a coupé les manches ; il vient juste de s'asseoir et s'apprête à souper lorsque, sortant de l'ombre, l'explorateur traverse le rond de lumière incertaine qui s'étend autour du feu de bois. Le bonhomme s'appelle Damman Djumma. Sa case, dernier cri du pisé contemporain, a un mur commun avec la palissade construite autour du comptoir et dont les pointes, illuminées par le brasier, font comme une rangée de dents affûtées à la lime. Quelques bûches écorcées et décolorées ont été disposées autour du feu, devant l'entrée de la case. Assis dessus ou s'y appuyant, les épouses, les enfants, les cousins, les oncles et les chiens de Damman se prélassent comme s'ils étaient allongés sur des sofas ou des bergères. On bavarde, on plaisante, on puise de grandes cuillerées de couscous brûlant dans des bols, on grignote des morceaux de bœuf salé tout droit sortis des réserves de l'explorateur. L'arrivée de Mungo fait taire tout le monde.

– Salut à vous ! fait l'explorateur dans un mandingue épais qui lui colle à la langue.

Pas de réponse. Il boutonne et déboutonne sa veste, se lèche les lèvres, tente d'engager la conversation.

– Alors, dit-il, c'est bon, le bœuf salé ?

Une grosse femme dont les oreilles pendent, toutes boursouflées, lève son visage barbouillé de graisse pour le contempler. Des enfants osseux, des chiens soupçonneux, des vieillards aux cheveux argentés le dévisagent avec tant d'insistance qu'il commence à se demander s'ils n'ont pas envie de le voir faire un pas de deux, jongler ou Dieu sait quoi encore. Damman Djumma garde le silence, mais observe l'explorateur avec des yeux révulsés qu'on pourrait presque prendre pour deux œufs durs.

Mungo s'éclaircit la gorge.

– Hmm, Damman, euh… la raison pour laquelle… je viens te voir à nouveau… euh… c'est que… enfin, j'aimerais bien savoir si tu as parlé de l'expédition et des salaires hors classe que j'offre…

Le chef du village se cale un morceau de bœuf salé dans la joue et se met à mastiquer bruyamment. Tout le monde le regarde sans mot dire. Il lui faut deux ou trois minutes pour broyer le bout de viande caoutchouteux, l'avaler et se lubrifier la gorge en tirant une bonne goulée à la calebasse. Lorsque enfin il relève les yeux sur l'explorateur, il a la tête secouée de tremblements.

– *Babarram wo dodoto*, dit-il. Personne ne veut y aller.

Mungo n'en croit pas ses oreilles.

– Comment ça, personne ne veut y aller ? J'offre quand même une demi-coupe de coton rouge importé directement de Birmingham et le prix d'un esclave de première qualité. C'est plus que tu ne gagnerais en deux ans à traîner dans les parages pour charger les caisses du docteur… enfin, je veux dire… de Mr Crump.

Tous les yeux sont fixés sur le chef du village. Il s'est mis en devoir, aidé de ses seules dents et d'un éclat de bois, d'ôter le bouchon d'une bouteille de Château Latour provenant, Mungo s'en rend compte aussitôt, des réserves de l'expédition. Damman Djumma crache son bouchon et avale une grande goulée de vin avant de passer la bouteille à son épouse favorite.

– Écoute un peu, lui dit-il enfin, s'exprimant dans un mandingue familier, tu peux bien nous offrir ce que tu veux jusqu'à ce que ta face en devienne bleue, personne ne voudra jamais t'accompagner. Par ici, tout le monde te prend pour un *kokoro ki*, comme qui dirait un danger ambulant. Et y a pas à y revenir.

Ébranlé, l'explorateur retourne à sa tente afin d'étudier la situation avec Zander. Tous deux décident d'augmenter la prime et de la porter, pour tout homme valide acceptant de faire partie de l'expédition, à une coupe et demie de drap, plus une caisse de bière Whitbread et le prix de deux esclaves de première qualité. Le lendemain matin, ils embauchent un *jilli-ki* pour faire du porte-à-porte dans les environs. L'offre est chantée dans tous les villages à la ronde, dans un rayon de huit milles. Toujours pas de réaction. L'explorateur attend encore deux jours. Pour finir, au matin du troisième, il convoque Zander, Martyn et Scott et leur déclare que les soldats devront s'appuyer le fourniment. On charge les ânes, on passe les troupes en revue après leur avoir fourni leurs provisions et l'expédition s'élance sur la route du Niger. Escortés par les ânes qui ruent et braient sous le bât, les hommes sortent de Pisania au pas cadencé ; les indigènes les observent avec des yeux ronds – certains d'entre eux hochent la tête, d'autres triturent leurs *saphies* ou gribouillent des signes dans la poussière. Tous arborent l'espèce de sourire de fascination idiote et sinistre qui dut accompagner les premiers chrétiens promis aux lions ou, sur un mode plus agressif, les enfants du Moyen Âge qui traversaient l'Europe par milliers, pieds nus, afin d'aller chasser les infidèles de Terre sainte. On les observe, la prière à la bouche, et au cœur un pressentiment de la condition humaine, combien mortelle... Aussi solennellement que des prêtres on les regarde tandis que, puants et l'œil fou, ils font franchir les portes de la ville à leurs ânes et s'engagent sur la route longue et tortueuse qui ne mène nulle part.

DANS LA PEINE

Ailie, le souffle déchiqueté, hoquetante, serre les dents. Sous l'effet des roses hallucinations engendrées par la douleur, lui viennent des pensées métaphysiques sur la reproduction et le développement, qui roulent sur l'enfance, l'adolescence et la vieillesse, le bourgeonnement et la parthénogenèse, les arbres et la lumière du soleil, la nourriture du corps, le pourrissement... Dans son esprit la philosophie s'éploie en bouquet, comme si, installée à son secrétaire, elle lisait Locke, Galilée ou saint Jean, au lieu d'être clouée sur ce lit où elle a le plus grand mal à retenir les jurons les plus obscènes qu'elle connaisse. Pendant ce temps-là, l'aurore a réveillé le pépiement des oiseaux, éclairci le rectangle des fenêtres. Ailie se mord le doigt. Il y a là, en elle, quelque chose de vital et d'impétueux qui pèse sur ses os et se bat pour sortir.

C'est son quatrième, et pourtant la douleur est telle qu'elle bondit et gigote comme une araignée sur une bûche en flammes. « Tu enfanteras dans la peine », se récite-t-elle, puis, plus amère : « Ton désir ira à ton époux, et sur toi il aura toute domination. » Quelque part, comme à travers un lointain brouillard, la voix du Dr Dinwoodie, aimable, apaisante, à laquelle répondent les murmures de Mary Ogilvie, la domestique ; puis on entend un tintement de tasses et de cuillères. Il émane de ces bruits de maison, à la musique si simple, un hymne à la routine sans histoires, délivrée des tensions… comment dire ? – de l'ordre de la stabilité du catalyseur. Tout à coup, Ailie se retrouve en train de pousser. Le processus lui redevient familier, naturel, automatique. La douleur n'a plus prise sur elle, son cœur, ses poumons, ses muscles s'accordent, communient dans une même ferveur, celle de l'athlète qui doit pousser pour gagner, briser le fil à l'arrivée, marquer le but. Là, ça y est… Elle sent la tête entre ses cuisses, les doigts de Dinwoodie, la secousse au passage des épaules, l'ultime colique qui la presse et lui promet le proche apaisement… Il lui vient alors comme une explosion, dans un bruit de succion et de récurage, comme si enfin elle se laissait aller à quelque prodigieuse évacuation. Elle gonfle la poitrine. Et c'est l'expulsion.

Vidée, elle s'effondre sur son oreiller et ferme les yeux. *Clic-clic* des ciseaux, eaux qui l'éclaboussent, vagissements du nouveau-né. Là-bas, au-dessous d'elle, elle entend son père reprendre son apprenti sur une histoire de cataplasme et d'emplâtre. Puis, tout près, la voix de Dinwoodie, susurrante, révérencieuse.

– C'est un garçon, Ailie. Un joli petit monsieur bien râblé. Aussi vif que son père.

Et voilà que, rouge et humide, empestant encore les secrets et les moisissures de son ventre, la chose s'agite dans ses bras. Elle s'en moque. Garçon ou fille, enfant ou monstre, Ailie s'en moque. La belle affaire ! se dit-elle, avec un goût amer dans la bouche, un goût de cuivre…

Son mari l'a abandonnée. Fatiguée et seule, Ailie vient d'enfanter un orphelin.

QUELQU'UN SUR QUI S'APPUYER

Elle reçoit des visites, elle voit des gens qui viennent et puis s'en vont, des gens qui lui grimacent des sourires et lui veulent du bien. Le beau petit chéri. Kili-kili. Bonjour, au revoir. Adossée à son oreiller, elle supporte tout et souffre comme une sainte. Elle se sent mal – mal d'être l'objet de tant de pitié et de tant d'admiration, mal de se retrouver dans sa chambre d'enfant, après ces vingt-cinq longues années, dans ce lit où elle dormait seule autrefois. Mal de retrouver cette ancienne solitude.

Dès le début, elle avait clairement compris que l'expérience de Fowlshiels ne marcherait pas. Dans ce retour chez sa belle-mère, elle avait vu une critique implicite de la part de Mungo, une façon qu'il avait de lui signifier leur échec de Peebles. Habituée à diriger sa maison et à prendre des décisions en toute indépendance – et cela allait de la composition du jardin potager au nombre de fois où il fallait débarrasser le chien de ses vers –, elle n'avait pu faire autrement que d'entrer en conflit avec la mère de Mungo. La situation s'était détériorée dès le départ de celui-ci. À croire que la vieille femme lui mettait sur le dos la téméraire irresponsabilité de son fils et la tenait pour la mauvaise gardienne d'un foyer qui, par sa faute, aurait rejeté son époux vers les périls d'une jungle regorgeant de cannibales et de bêtes voraces. À la cuisine, devant la maison, au puits, Ailie n'arrêtait pas de sentir son regard de censeur. Les jours qui passaient ne faisaient qu'accroître, à la faveur de menus incidents domestiques, le ressentiment que lui inspiraient son mari et la situation à laquelle il l'avait condamnée. Un mois s'était écoulé, et puis un autre encore. Enceinte, Ailie n'en pouvait plus de fatigue. Dans le cottage étroit, les enfants couraient comme des gitans ou des Peaux-Rouges, tandis que la grand-mère se retranchait derrière un mur de silence glacial et arrogant : lorsque son père l'avait invitée à revenir à Selkirk, elle avait sauté sur l'occasion.

Ainsi donc, elle était revenue à la maison. À la maison, pour y donner naissance à son dernier fils et y lécher ses blessures, à la maison pour élever ses enfants sous le toit protecteur de son père. Maintenant que le bébé s'est endormi, que le docteur est parti pour ses visites et que ses enfants sont à Fowlshiels – ils y sont allés passer quelques jours en attendant qu'elle retrouve ses forces –, la maison chante en sourdine la quiétude retrouvée. Ailie est chez elle, bien sûr, et enfin libérée de l'agitation angoissée qui régnait chez sa belle-mère, mais au cadran les heures s'étirent, et les vitres sont perpétuellement grises. Elle s'ennuie. Elle est découragée et inquiète. Elle essaie de lire un article sur la reproduction asexuée de l'hydre verte. Elle commence une lettre à Mungo, puis, frustrée, la déchire : à quoi bon ? De toute façon, il ne la lira jamais. Pour finir, elle se lève, péniblement, lentement, pour se regarder dans la glace ; elle sursaute devant la vision qu'elle y découvre : celle d'une femme de trente ans, frêle, aux traits délicats, les cheveux emmêlés, le visage à jamais marqué par la douleur et la colère. Une femme à la mâchoire rigide et au regard effilé comme une lame de couteau, une femme au regard féroce et qui ne pardonne pas.

La journée n'en finit pas. Katlin Gibbie, qui a pris du poids et fait matrone malgré ses vingt-six ans, vient lui rendre visite, avec ses enfants, des diables qui ne lui lâchent pas les jupes. Betty Deatcher passe en coup de vent. Puis le révérend MacNibbit. Bref, presque la moitié de la ville. Et chacun apporte quelque chose : une babiole pour le petit, un bouquet de fleurs, un pain, une tasse de bouillon. Mais Zander n'est pas là. Ni Mungo non plus.

Rien que d'y penser, elle sent son estomac se contracter sous une peur qui fait aussi mal que la faim. Elle essaie de retrouver leurs visages – celui de son époux, celui de son frère – mais n'arrive qu'à revoir celui d'un Gourbi au sourire grimaçant, d'un Gourbi qui, un os en travers du nez, se lèche les babines. Elle va tendre la main pour attraper la miniature posée sur sa table de nuit lorsque son esprit est soudain envahi par de méchants souvenirs, par des images qui, longtemps réprimées, remontent comme du venin des profondeurs moites de son inconscient ; des images que Mungo fit autrefois surgir dans la paix de leur lit. Les ténèbres y sont suspendues au-dessus d'eux comme du buvard ; désincarnée, la voix de Mungo la presse encore et encore jusqu'à ce qu'enfin elle voie les moindres rides du visage de Dassoud, jusqu'à ce qu'enfin elle sente l'odeur des fumées du lion et de l'hyène, jusqu'à ce qu'enfin le goût douceâtre de la vase des puits asséchés se répande dans sa gorge douloureuse. Les deux hommes seraient-ils en danger ? Malades ? Blessés ? Il y a là quelque chose qui lui picote les extrémités, quelque chose qui rôde à la périphérie de sa conscience, quelque chose de vague et de vacillant qui ressemble à une prémonition. Mais non, non : elle est recrue de fatigue, c'est tout. Rêverie morbide et rien de plus : ils s'en sortiront, que pourrait-il donc leur arriver, avec tous ces soldats armés qui les protègent ?

Aiguë et soudaine, la cloche, en bas, viole le silence comme un cri perçant. Remue-ménage dans l'entrée.

Murmure de voix, bruits de pas dans l'escalier. Elle ne veut voir personne. Pas dans l'état où elle se trouve. Mary frappe à la porte.

– Qui est-ce ?

– Vous avez un visiteur, madame.

– Renvoyez-le, je n'en peux plus !

On entend des pieds qui traînent, des voix qui chuchotent. La barbe !

– Il dit qu'il vient de loin, madame… qu'il a fait tout le chemin d'Édimbourg et que…

D'Édimbourg ? Mais qui cela peut-il être ?

Après une dernière allée et venue, Mary, gênée, ouvre la porte et s'efface. Le visiteur se montre enfin. Il est grand, aussi grand que la porte, il a les cheveux peignés en arrière, tirés au-dessus des oreilles et noués sur la nuque… Ces bas de soie, ces souliers à boucle… se pourrait-il que ?…

– Ailie, je… je… je… bafouille-t-il en avançant d'un pas, un paquet à la main. Enfin, je… je… enfin, toutes mes félicitations.

– Georgie Gleg ?

Elle ne sait que dire. Son premier mouvement serait de se cacher sous le drap tant elle a honte et se sent mortifiée. La dernière fois qu'elle a vu son visage, c'était sept ans auparavant, par ce matin gris de décembre où ils devaient se marier.

Sans qu'elle l'y invite, Gleg tire un fauteuil près du lit et s'y installe en faisant craquer son genou.

– Je me trouvais à Galashiels où j'étais allé rendre visite à ma mère et à mon beau-père quand j'ai appris la bonne nouvelle, dit-il en guise d'explication. C'est ton quatrième, c'est ça ?

Ailie acquiesce d'un signe de tête.

– … Et donc je ne pouvais pas faire autrement que de passer te voir… pour te présenter mes respects…

Que lui répondre ? Devant elle il se tient, l'homme qu'elle a humilié et insulté plus qu'un esclave. Assis sur son fauteuil, il tripote le paquet mal ficelé qu'il tient entre les mains. Pour un peu, l'on dirait que tout ce qui arrive est de sa faute. Soudain, Ailie se sent portée vers lui.

– Tu veux un peu de thé ?

En ce premier jour il reste trois heures avec elle. À vider des tasses de thé l'une après l'autre comme s'il prenait part à quelque concours ; à croiser et décroiser sans cesse ses grandes jambes maigres. Il lui raconte son histoire ; d'une oreille compatissante, il écoute Ailie lui dire ses peurs et ses espoirs.

– Ce que que… ce qui s'est passé entre nous, dit-il enfin (et alors elle n'a pas le courage de le regarder en face), ça m'a m'a… ça m'a fait du bien… d'une certaine façon. Je suis parti et j'ai essayé de faire quelque chose. Édimbourg, c'était comme une huître qui attendait d'être ouverte et… et avec l'aide de mon oncle, j'ai réussi à l'ouvrir. Ailie, ces sept ans et quatre mois, je les ai employés à monter jusqu'au sommet de la profession…

Et c'est vrai. Sorti de l'université d'Édimbourg premier de sa promotion, il est allé étudier la chirurgie sous la direction du nouvel Alexander Munro[1]. Éprouvant le désir compulsif de se prouver à lui-même qu'il n'était pas perdu pour l'abstraction, il s'est lancé corps et âme dans ses études. Excellent en anatomie, en *chymia* et *materia medica*[2], il a tout sacrifié, repos et vie sociale, pour se

1. Chirurgien écossais. On lui doit le diagnostic de l'appendicite établi par pression d'un point douloureux à l'abdomen : point de Munro.

2. Chimie et pharmacologie.

consacrer aux livres et aux mémoires ; à force d'économies, il a réussi à s'acheter les plus beaux instruments de chirurgie français. Il a mené une vie rabbinique, monacale, absolument retirée. Il a cité Boerhaave et Morgagni mot pour mot, il a amélioré la paracentèse pratiquée par Munro, il a composé des traités sur la rate et le sphénoïde, et sa thèse a dit le dernier mot sur le sphincter anal. Nommé professeur d'anatomie deux ans plus tard, il ouvre un petit cabinet donnant directement sur la Grand-Rue de Canongate. Et bientôt le voilà qui roule carrosse et attrape les façons londoniennes les plus *au courant**. Il trouve même le temps de s'adonner au golf et à la chasse au renard – et de publier une série d'articles dans le *Journal de la Société de philosophie.*

Toutes choses qu'il lui révèle progressivement, au fur et à mesure que s'écoule l'après-midi. Il ne cesse pas de suçoter un morceau de sucre et d'agiter ses coudes anguleux comme des ailes sans plumes. Enfin il arrive au bout de son histoire et la chambre retrouve le silence. Ailie s'est dénoué et brossé les cheveux. Le nouveau-né dort à côté d'elle, immobile comme une image. Ailie s'éclaircit la gorge.

– Et ta femme ? lui demande-t-elle.

Gleg regarde le plancher.

– Je ne me suis jamais marié.

~

Pendant les quinze jours qui suivent, il vient lui rendre visite quotidiennement. Ailie est heureuse d'avoir sa compagnie. Éternellement ridicule, il l'amuse, et dans le même temps autre chose entre là-dedans, qu'elle a d'abord du mal à identifier ; et puis tout d'un coup, elle en a la révélation : c'est de la gratitude. Elle lui est reconnaissante de l'admiration qu'il lui voue. Encore maintenant. Après toutes ces années et tout ce qui s'est passé, Gleg l'admire toujours et, en la circonstance, un peu d'admiration n'est pas fait pour lui déplaire. Tombée au plus bas, profondément blessée par le rejet de Mungo, elle se sent inutile et sans attrait : elle fait partie de ces femmes qui ne savent pas garder leur homme. Mais voilà que Gleg reparaît et se conduit presque comme un pèlerin au bord de toucher au sanctuaire. Ses yeux lui disent qu'elle est une déesse ; que tout au long de ces années de solitude il a conservé son portrait sur sa table de nuit ; qu'il a été, est, et sera toujours son esclave...

La coquetterie qu'elle sent en elle la rend malade : est-ce bien, de consentir à le revoir, d'accepter ses cadeaux et ses attentions ? Mais elle est seule, elle s'ennuie et la présence de Georgie lui fait du bien. Quel mal pourrait-il y avoir à tout cela ?

– Écoute, lui dit-il vers la fin de son séjour à Galashiels, je sais bien ce que tu endures mais je suis certain que ça s'arrangera... enfin, je veux dire... Mungo, c'est quelqu'un de bien et, tout aussi sûrement qu'il t'est revenu ce jour-là, il te reviendra une deuxième fois... je le sais.

Il ne cesse de tourner et retourner un livre dans ses mains, son cadeau d'adieu, *La Vie réduite* de Pierre Ménard. Il a du mal à contenir son émotion : les mots lui rentrent dans la gorge comme s'il essayait de parler et d'avaler des petits gâteaux salés en même temps.

– Enfin, je voulais dire... euh...

Ailie est gênée. L'air qu'il avait ce matin-là, debout devant la porte de sa chambre, lui revient brusquement en mémoire. Elle tente de se lever de son fauteuil, il lui prend le bras.

– ... Si jamais il arrivait quelque chose, enfin, tu sais... et si tu avais besoin d'aide... d'argent, de soutien moral, tout quoi… eh bien, tu peux toujours venir à moi parce que je… je…

Elle en est touchée. Qui ne le serait ?

– C'est très aimable à toi, Georgie.

– C'est que… tu peux t'appuyer sur moi, tu sais ?

RELATIONS PUBLIQUES

Personne n'a la moindre idée de ce que l'on peut mettre sur le dos d'un âne.

Cent livres ? Deux cents ? Trois cents ? Une demi-douzaine de sacs de riz ? Trois barils de poudre et une caisse de miroirs à cadres en bois de marronnier style Queen Ann ? Une pièce de mauvais coton de la taille d'un *séquoia gigantea* ? Il ne fait aucun doute que, bête de charge, l'animal est sur cette terre pour tirer au même titre que le moustique a pour mission de sucer le sang. Mais alors pourquoi le bestiau est-il si coléreux, arrogant et toujours hérissé ?

Voilà bien un problème difficile : aux âniers peuhls eux-mêmes il ne pourrait que faire hocher tristement la tête. Et il ne paraît pas que quiconque dans le convoi ait eu la plus petite idée des bons côtés de l'asinienne nature. Surtout pas Ned Rise. Né et élevé à la ville comme il le fut, que pourrait-il savoir des solipèdes ? ou des Maures lippus, pour rester dans le contexte ? ou de ces quarante-cinq degrés de température qui vous font frire le cerveau dans le crâne aussi inévitablement que des rognons dans une tourte ?

Ce qu'il comprend fort bien par contre, c'est que l'expédition est un vrai désastre. Cela fait à peine une semaine qu'on a quitté Pisania mais déjà la confusion est à l'ordre du jour : les soldats râlent, les nègres piquent à droite et à gauche, les ânes s'effondrent sous le poids de bâts qu'on dirait lestés à la grenaille. Dès le début, il a commencé à avoir des doutes. Premièrement il a fallu laisser cinq cents livres de riz à Pisania : les ânes n'auraient pu les charger. Cinq cents livres ! Cinq cents livres de nourriture ! Ensuite on a dû embarquer toute la pacotille – des bonnets de nuit en flanelle rouge, des perles et des pierres, du coton des Indes, des billes de marbre, des nappes de lin, du cristal français... plus une douzaine de sacs bourrés de minuscules coquillages blancs, le tout empilé sur le dos des ânes jusqu'à les faire vaciller sur leurs pattes ! Après quoi il y a eu la très curieuse affaire des guides et des porteurs : quoi ? Pas un seul négro, même aveugle, mendiant ou boiteux, pour accepter de partir avec eux ? Eh bien non ! Pas même contre toutes les perles et fanfreluches du monde. Et donc, qui a été obligé de porter le surcroît de bagages et de conduire les ânes ? Vous avez deviné. Ajoutez à cela que le grand héros blanc sait encore moins où il va que Jemmie Bird en personne. Quoi d'étonnant à ce que la file des soldats s'étire tout au long de la route et que, les pieds en sang et la peau ruisselante de sueur, ils braillent qu'on leur donne une double ration de rhum et leur prépare de la viande rouge pour le dîner ?

Ainsi en va-t-il depuis qu'ils ont quitté Pisania. Ils se lèvent à l'aube et, qu'ils aillent à ce puits-ci ou à ce puits-là, toujours il leur faut disputer l'eau à des mégères au nez épaté, charger des ânes qui ruent et qui mordent, avant de se remettre à clopiner le long de la route. La chaleur leur bourre la figure de coups de poing tel un champion en train de leur tourner autour et qui les gratifierait des pires crochets chaque fois qu'ils avancent d'un pas. Et alors ils marchent jusqu'à en tomber – et se relèvent et se remettent à marcher. Le soleil une fois couché, ils dressent leurs tentes sous les murs de quelque trou à rats planté de cases en pisé et se font chauffer du riz dans des casseroles noircies par la fumée. Quand ils ont les dieux avec eux, le grand héros blanc s'en va jouer les marchands de tapis avec les négros du coin et revient avec une chèvre émaciée ou une paire de poulets parfaitement séniles. Ils n'ont pas le temps de dire ouf que le soleil s'est déjà relevé et qu'ils se retrouvent sur la route.

Pour l'essentiel, Ned Rise est responsable de l'âne n° 11. Peint en rouge sur le flanc de la bête, le chiffre est répété sur le double chargement de jumelles de théâtre et de couteaux de Birmingham qu'on lui a attaché sur le dos. Il traverse des plaines poussiéreuses et des forêts jonchées d'arbres tombés où pullulent des insectes qui piquent et qui mordent, il descend au fond des ravins, remonte des pentes abruptes, il longe des rues brûlantes comme des fournaises, bordées de taudis crasseux en forme de villes – Sami, Djindé, Koutaconda, Tabajung –, il a de la vase, de la sueur et de la poussière rouge jusqu'aux oreilles, sa dernière crise de dysenterie lui a laissé des étourdissements, il surveille Smirke du coin de l'œil et toujours et encore, pas après pas, oscillation après oscillation, il est au cul de l'âne n° 11, comme s'il lui était anastomosé, comme si, nourrisson au sein, il lui fallait téter cette grande bête poilue aux oreilles flasques. La main sur le flanc de l'animal, il se traîne, évitant les tas de crottin, écrasant les mouches et, la chaleur, la puanteur et l'effort aidant, sans cesse au bord de l'évanouissement. De temps à autre il relève la tête et, au travers d'un léger brouillard de sueur, découvre un des officiers en train de lui passer devant, monté sur un solide cheval arabe : monsieur a l'uniforme bien repassé et porte un bidon à ses lèvres.

Ce jour-là, qui est le septième depuis leur départ de Pisania, on dirait bien pourtant que la routine va en prendre un coup. Aux environs de 4 heures de l'après-midi, une rumeur parcourt le convoi : on arrive dans une grande ville, Médina, capitale du royaume de Wouli. « Mille cases ! » lance quelqu'un à voix basse. Des femmes, de la bière et de la viande ! Park serait prêt à leur accorder une journée de repos complet. Bien que, derrière comme devant, la colonne s'étire à perte de vue, Ned sent bien l'effet de ce bruit qui court. On marche d'un pas plus léger, son âne même oscille avec une régularité étudiée. Là-bas devant, quelqu'un se met à rire. Pris d'une inspiration soudaine, Ned se prend à pousser méchamment sa bête : il meurt d'envie d'étendre sa carcasse épuisée à l'ombre d'une case aux murs de boue, d'enlever ses chaussures et, qui sait ? de se dégoter une petite négresse pour lui masser les pieds jusqu'à l'entrecuisse.

Il se trouve qu'à ce moment-là, le sentier serpente à travers un bosquet de figuiers et d'épineux. Tout cela est sec, sec comme de l'amadou. Déjà cassants, les buissons sont entièrement recouverts d'une fine patine de poussière. Des lions toussent dans la brousse, des antilopes filent entre les arbres comme des feuilles à l'automne. Après un tournant, Ned aperçoit Boyles dans le lointain : le cœur n'y est certes plus qu'à moitié, mais son ami n'en continue pas moins de fesser son âne et de trottiner comme un gamin faisant l'école buissonnière.

– Hé ! Billy ! crie-t-il, attends-moi une minute, tu veux ?

Boyles tourne la tête et, clignant de l'œil dans la lumière astringente du soleil, lui adresse de grands signes de la main.

– Ohé ! Ohé ! Neddy ! répond l'autre.

Et il disparaît au creux d'un buisson comme un ballon dégonflé tandis que son âne, le n° 13, en renifle les feuilles hastées dans l'espoir d'y trouver son compte. Puis il tend à Ned, qui vient de le rattraper, un bidon de rhum coupé d'eau au bout d'une main maigre.

– T'as entendu ce qu'on dit ? lance-t-il à l'adresse de son compagnon. Y a Manche-à-balai-dans-l'cul qui va nous filer deux jours de r'pos à Médina... Cinq mille cases ! Des sources d'eau froide que ça fait des bulles partout en jaillissant ! Et y a tellement de bière de *soulou* qu'ils la balancent dans les auges pour engraisser leurs biques, leurs taureaux et tout le bazar !

Soulou ! Le seul mot indigène figurant au vocabulaire de Boyles ! Mais dans tous les villages traversés, quand bien même ils ne se composent que de trois ou quatre appentis aussi fragiles que délavés par le soleil, il faut voir comme il sait s'en servir, le répétant à n'en plus finir, dans toutes ses variantes de ton, de timbre et d'accent. Et de mimer la séquence qui, dans les libations, conduit de la première ingestion de liquide à la détente, à la stupeur – et à l'effondrement. Les visages noirs se pressent autour de lui, les sourires se forment sur les lèvres rose chair, les dents brillent au soleil : l'homme blanc est un vrai cirque ambulant, un fou, un toqué – *Kakamami-ki !* s'écrient-ils en riant. Il est givré, ce gars-là ! Bientôt quelqu'un arrive avec une calebasse de bière, d'hydromel ou de vin de palme. Boyles la porte à ses lèvres, en siffle la moitié d'un seul coup et se met à trembler des genoux en roulant des yeux blancs. Le public explose. Dans l'instant ou presque, une deuxième calebasse apparaît, et puis une troisième. Quelqu'un se met à taper en rythme sur la *tabala*, les femmes commencent à danser en traînant les pieds, Boyles, lui, continue de se servir. Où qu'on se trouve, telle une chandelle crachouillant dans le vent, Billy Boyles réussit à rester bien allumé !

Dans les deux heures qui suivent, mus par un bel espoir et par une impatience croissante, Rise et Boyles parviennent, homme après homme, à remonter la colonne jusqu'à se retrouver presque en tête. Juste devant eux, le sergent M'Keal avance à longues enjambées à côté de son âne et semble avoir rajeuni de la moitié de son âge – lui aussi est bien sûr rond comme une bille et on l'entend hurler des bribes de chansons apprises au régiment ou ailleurs. Devant, deux autres excités... Purvey, ça en a tout l'air et... se pourrait-ce ? Oui, c'est bien Shaddy Walters, le cuisinier. Cou à cou, la badine frappant la fesse d'âne ainsi qu'un métronome, l'un et l'autre soufflent, crachent et bavent, ne vivent que par la promesse d'atteindre Médina, obscur objet de leur désir, qui se profile au sommet de la colline, là-bas, telle une vision de rêve. Tout devant enfin, à mi-chemin de la tête de la colonne et des hauts murs de la ville rouge brûlée par le soleil, Park et Scott, qui dérivent sur leurs destriers. Aimables et liquides, les mélodies que ce dernier joue sur sa clarinette semblent rester en suspens dans les airs comme autant d'invites.

Affamés de répit, Ned et Billy accélèrent l'allure. *Ping-ping,* font à l'envi les badines. *Clopa-clop,* rétorquent les sabots des ânes. On descend lentement pendant un bon moment et l'on débouche sur une aire de verdure, avec de part et d'autre de la route des champs carrés que séparent des rangées de pieux. Ce sont les toutes premières récoltes, celles que l'on nourrit au goutte-à-goutte du précieux liquide tiré des puits presque asséchés. À peine sorties, les feuilles sont déjà clouées à la terre, qui attendent les pluies diluviennes de la mousson. Il y a là des plants de cacahuètes en bourgeons, des patates douces et du sorgho, le tout flanqué de champs de blé silencieux. Là, d'un seul coup, ça y est : devant les hommes vient de se former une vaste conjuration d'eau, de chlorophylle et de cellulose haut dressée, toute verdoyante au soleil ; à leurs yeux, après ces milles et ces milles parcourus dans l'herbe jaunie et la forêt déshydratée, le spectacle est rassurant, analgésique, aussi frais qu'une compresse qu'on leur tiendrait sur le front. Radieux, Boyles se tourne vers son compagnon :

– Joli, pas ? On se croirait presque…

Il allait dire « presque au pays » mais il n'a pas le temps de s'étendre sur ce qu'il ressent : l'âne n° 13, qui à sa façon d'âne éprouve sans doute la même nostalgie et les mêmes émois esthétiques que son conducteur, a brusquement décidé de quitter la route et de foncer droit sur le nirvana de verdure qui tremble devant ses yeux douloureux. Sa défection est dûment enregistrée par son compagnon, l'âne de Ned, qui dans l'instant y va d'une ruade et se met à tournicoter sur la route comme si une mouche venait de le piquer. Une seconde plus tard, il rejette la tête en arrière, éjecte son double chargement de jumelles de théâtre et de couteaux, puis bondit derrière son compère en poussant un braiment vigoureux.

– Hé là ! s'écrie Ned. Veux-tu me faire le plaisir de revenir ici !

– Au pied ! rugit Boyles.

Bien en vain. Les ânes ont déjà parcouru plus de deux cents yards et, dans la verdure jusqu'au garrot, jouent de la mâchoire avec aussi peu de retenue ou de componction que des vaches laitières lâchées dans un pré.

Mungo les rejoint en moins de deux. Tout comme environ trois cents paysans de Médina armés de houes, de fourches et de lances. Tumulte de voix, de cris hystériques et de jurons véhéments, grand désordre de pieds qui accourent. Au cœur de la mêlée, l'explorateur fouette de sa badine les ânes errants et dans son élan piétine, rangée par rangée, les jeunes plants amoureusement cultivés

– parfaitement irremplaçables. Même chose pour Ned et Billy : dans leur course désordonnée, ils se font gifler par les larges feuilles, ils rappellent désespérément leurs ânes, impatients d'arrêter l'affaire, de se racheter, de remettre le monde sur son axe et de lui donner le coup de manivelle qu'il faut pour le ramener à l'état de misère recueillie dans lequel il somnolait moins de cinq minutes plus tôt.

Mais il y a eu bris de clôture et les dégâts sont là. Comme un essaim d'insectes, les paysans convergent sur le premier âne et, brandissant leurs houes foudroyantes et leurs lances ensanglantées, ils fondent sur le pauvre animal ainsi qu'une averse. Abeilles tueuses, criquets et fourmis rouges tout à la fois, ils défoncent les caisses et se bousculent pour attraper la pacotille, arrachant de leurs glènes les membres de l'âne – qu'ils écorchent et dépècent sur place. La frénésie les gagne et déjà ils se ruent à la poursuite des autres contrevenants, qu'ils appartiennent au genre humain ou à la gent équidée. Régler son compte au deuxième animal coupable ne leur prend qu'une minute, car il se retrouve aussitôt le dos couvert d'une toison de lances aussi drue que celle d'un porc-épic. Ensuite de quoi ils tournent leur attention sur la personne de l'explorateur qui, à trente pas de là, leur crie du haut de son cheval des phrases en mandingue qui se veulent apaisantes (« Pardonnez-moi car je ne sais point ce que je fais », « Votre prix sera le mien », « On dirait qu'il va pleuvoir »…), tandis que sa monture se cabre, hennit… et disparaît. Du coup, la réaction n'est pas tout à fait celle qu'il attendait : un déluge de pierres, de lances et de houes s'abat bruyamment autour de lui.

Pendant ce temps-là, une petite troupe de soldats armés de mousquets et de baïonnettes remonte la route en courant. M'Keal vocifère des menaces et des insultes racistes cependant que, sabre au clair sur son cheval écumant,

Martyn charge du haut de la colline. Ned réussit à regagner la route, où Walters, Purvey et quelques autres ont pris position en cercle afin de mieux se protéger. Il n'empêche : Boyles se fait plaquer au sol par deux petits Noirs vêtus d'amples culottes et coiffés de toques blanches, lesquels semblent forts en colère.

– Ne tirez pas ! beugle Mungo au moment même où son cheval, le dos bardé de feuilles et d'épis, tout comme pour un mariage, émerge du champ dévasté.

Pour finir, on reste face à face. La force grandissante du *Royal African Corps* d'un côté, celle des paysans enragés de l'autre. Même si l'inquiétude creuse leurs traits, les hommes de Mungo maintiennent leur position. Les gens de Médina les conspuent et les bombardent de mottes de terre. L'un agite un cuisseau d'âne ensanglanté comme si c'était une arme ; d'autres se contentent d'arborer des bonnets de nuit de flanelle rouge qu'ils ont détournés à leur profit dans les bagages de Boyles ; pour le reste, il n'en est aucun qui ne brandisse en forcené la lance ou la houe, ou qui de la main ne leur fasse la figue.

– Va te faire sauter, sale Blanc ! hurle quelqu'un en mandingue.

La foule reprend aussitôt son cri, qui devient incantation, slogan, promesse, programme politique.

Assis à califourchon sur sa monture, l'explorateur contemple toutes ces têtes noires massées sous ses yeux tandis que déjà des renforts arrivent en nombre des portes de la ville. Il ne peut s'empêcher de songer que pour se mettre sur un bon pied avec les indigènes, il eût sans doute fallu s'y prendre autrement. Quelque chose a visiblement cloché en cette affaire. Il regarde la foule qui enfle à vue d'œil, comme une cloque. Il entend les nouveaux arrivants grossir le chœur des présents ; il aperçoit un pâle éclair de lumière : ainsi qu'une plume dans un encrier, la figure de Boyles vient de se faire happer par la masse noire.

REQUIEM POUR UN POIVROT

– Eh bien, Zander, C.Q.F.D., non ?... Il nous faut absolument un guide. Quand ça ne serait que pour arrondir les angles. Ce qui est sûr, c'est qu'on ne peut pas s'offrir un nouvel incident fâcheux dans le genre de cette histoire de champ de blé.

Mungo tire sur sa pipe, d'un air méditatif.

– Ça, on a mal joué ! reprend-il au bout d'un instant. Il y a même eu un moment où je me suis dit qu'on allait avoir sur les bras une bataille rangée.

Zander a les yeux cerclés de rouge. Il a l'air au bout du rouleau, physiquement aussi bien que moralement.

– N'empêche que ce qu'ils lui ont fait, c'est... c'est pire que barbare. C'est, c'est...

– Ce sont des sauvages, Zander. Y a pas à chercher midi à 14 heures.

L'explorateur s'est penché sur une carte. Les parois de la tente sont toutes roses sous le soleil couchant. À côté de lui, un plat de lentilles et de bœuf salé refroidit dans la poussière.

– C'est pour ça qu'il nous faut absolument trouver un Noir sur lequel nous pourrons compter. Quelqu'un qui connaisse ces gens et leurs habitudes, quelqu'un qui sache où va la route, le nom du village suivant et celui de son chef... Je propose qu'on mette le cap sur Dindikou, l'ancien village de Johnson. On m'y connaît encore. Qui sait si nous n'y rencontrerons pas un de ses parents... un cousin, un neveu… quelqu'un qui accepterait de partir avec nous.

Zander contemple ses doigts noués. Il n'a pas touché à sa nourriture.

– Je ne sais pas, dit-il. Je ne sais pas…

~

Le convoi a planté ses tentes à Barraconda, cinq milles après Médina. Même à s'en tenir à des critères ouest-africains, la ville est plutôt pitoyable : quarante à cinquante cases tassées derrière un mur de pieux et d'épines, autour d'un terre-plein dénué de toute végétation haute, basse ou moyenne, au sol criblé d'empreintes fourchues de chèvres et de chevreaux ; profusion de mouches vampires et pas une goutte d'eau. Avertie par les habitants de Médina, la population s'est terrée dans ses foyers non sans avoir asséché les puits. Pour les soldats, c'est un pur enfer. Rien pour faire la cuisine, rien à donner aux ânes, pas la moindre gouttelette pour s'humecter les lèvres. Et il y a pire : ils ont dû renoncer à la bière de *soulou*, aux femmes légères, bref, à l'aimable repos à Médina. Malgré tout, personne ne se plaint. Pas après l'affrontement refroidissant de la veille au soir, pas après l'horreur qui, le matin même, a arraché les tripes aux hommes.

~

Comme il fallait s'y attendre, la situation dans le champ de blé avait vite empiré, les rangs serrés des cultivateurs n'ayant pas tardé à recevoir en renfort des bataillons de femmes grondantes et frénétiques qui brandissaient à bout de bras leurs rachitiques nourrissons, tout en manifestant avec force vociférations contre les temps difficiles, la perte de la foi, la terre réduite en poussière, les greniers et les estomacs vides. Des infirmes s'étaient glissés au-devant de la foule afin de secouer leurs béquilles sous le nez des hommes blancs tandis que, montés sur des estrades en bambou, des orateurs locaux aux intonations querelleuses et suraiguës commençaient à dénoncer tout et rien sous le soleil. Et par là-dessus, tous les chiens de la ville hurlant comme si c'était le jour du Jugement dernier.

Le mélange était trop riche pour les vaillants compagnons de Mungo : ils avaient commencé à s'énerver. M'Keal fanfaronnait, et il s'en fallait d'un cheveu que Martyn n'embrochât sur son sabre huit ou neuf de ces paysans squelettiques. Les ânes – des ânes qui venaient de sentir couler du sang d'âne – s'étaient pris à regarder les carcasses de leurs camarades en clignant de leurs paupières lourdes et flasques, et, les oreilles rabattues, avaient soudain reculé, comme pour mieux filer en trombe. Heureusement, Scott avait sauvé la situation. Tenant son cheval bride serrée, il s'était frayé un chemin, de bosse en creux, jusqu'à l'explorateur assailli et lui avait immédiatement suggéré de se retirer sur la colline qui se dressait derrière eux. Boyles ? On s'en soucierait plus tard. Vu les circonstances, Mungo n'avait pu qu'acquiescer. La voix fêlée, il avait donné l'ordre de battre en retraite. Les hommes avaient tourné les talons sous une grêle de bâtons et de pierres.

Ils avaient passé une nuit atroce. Ni eau ni riz. Le ventre qui grogne. Les sentinelles avec les nerfs à vif. Des hyènes s'étaient glissées dans le campement, harcelant les ânes, et s'étaient sauvées en emportant deux sacs de bœuf salé et le chapeau de cuir de M'Keal. À 11 h 30 enfin, Whulliri Djatta, roi des Woulis, avait envoyé un émissaire pour négocier un péage sur son territoire. Bonhomme d'environ quarante-cinq ans, habillé d'une peau de lion et coiffé d'un bonnet de nuit en flanelle rouge, l'émissaire en question avait l'air astucieux. Après être entré dans la tente de l'explorateur comme s'il en était le propriétaire, il s'était assis et avait refusé d'ouvrir la bouche avant qu'on lui eût offert deux mille deux cents cauris, trois mètres de drap rouge vif, dix-huit nappes en lin, six couteaux, une paire de ciseaux et un miroir. Dans les cadeaux jusqu'au cou, il avait enfin consenti à sourire.

– Moi être Sadou Djatta, troisième fils de Whulliri, avait-il annoncé, et moi parler anglais de la cour.

Apparemment satisfait de ses propos, il l'avait aussitôt fermée et s'était mis à jeter des feuilles de *mutokuané* dans une pipe d'apparat taillée dans le crâne d'un potto.

Mungo, Zander, Martyn et Scott s'étaient penchés vers l'homme, qui les dévisageait de l'air calme et satisfait de quelqu'un qui vous reçoit dans sa chambre. Au bout de quoi, après s'être éclairci la voix, Mungo s'était longuement excusé pour les dégâts qu'avait subis le champ de blé et lui avait demandé ce que son père exigeait en guise de réparation.

Sadou avait écouté attentivement le discours de l'explorateur, en hochant sagement la tête de temps à autre. Mais Mungo une fois arrivé au bout de sa tirade, le prince l'avait regardé d'un œil aussi blanc qu'une muraille.

– Mon Baba ? avait-il fait en écho.

L'explorateur ayant répété son affaire en mandingue, les traits de Sadou avaient affiché en mille rides la jubilation de celui qui a compris. Il avait hoché furieusement la tête, avant d'arborer un large sourire.

– Mon Baba, tout vouloir, avait-il répondu.

Six heures plus tard, les négociations aboutissaient. Whulliri recevrait un tiers de l'ambre et du corail transportés, quarante mille cauris, trente aunes de coton, une paire de fusils de chasse incrustés d'argent, et le

Tam o' Shanter[1] de Scott ; au vu de quoi il considérerait les dommages réglés en leur totalité et autoriserait le convoi à traverser le royaume de Wouli de frontière à frontière.

On n'avait toujours pas parlé de Boyles. L'explorateur offrit une rançon de quarante mille cauris supplémentaires, plus un portrait du roi George III. Sadou leva la main en l'air.

– Ça pas être possible, dit-il avec un aimable sourire.

Et puis, en mandingue :

– Vous pourrez venir le chercher à l'aurore.

La signification de ces dernières paroles devint claire quelque deux heures plus tard, lorsque, réveillée par les premiers rayons du soleil, une des sentinelles remarqua une forme suspendue aux murs de la ville, tout près de la porte principale. Blanche sur fond d'argile rouge. Alerté, le garde ajusta sa longue-vue et y vissa son œil pendant une bonne quinzaine de secondes avant de la laisser tomber à terre avec un cri de surprise.

– Mon Dieu ! fit-il dans un hoquet, cap'tain Park ! Mon lieut'nant !

~

Ce fut Ned Rise qui détacha Billy.

La ville était muette et ses portes hermétiquement closes. Tandis que les soldats formaient les rangs et prenaient la mire avec leurs mousquets, Ned et Jemmie Bird s'approchèrent des murs menaçants. En ligne, de noirs visages silencieux les observaient du haut du rempart. Deux vautours suspendus dans les airs commencèrent à

1. Voir note 409.

descendre lentement en décrivant une grande spirale. Quelque part, un chien se mit à aboyer.

Accroché par un pied, les bras ballants, Boyles pendait à mi-hauteur du mur. Un sourire niais lui barrait le visage, comme si toute l'affaire n'était au fond que le couronnement d'une scène supplémentaire de séduction pour obtenir un coup à boire. À ceci près que l'exercice de séduction avait tourné court : il était mort. Ned découvrit la longue cicatrice violette qui, du haut de la cage thoracique, lui courait jusqu'à la taille avant de se perdre dans les plis de sa culotte. Ce qu'ils lui avaient fait ? Ils l'avaient ouvert en deux. Ouvert en deux et farci comme une perdrix. Avec du sable.

Jemmie fit la courte échelle à Ned qui s'agrippait comme un chat à l'argile durcie : ses doigts griffaient le mur pour y trouver des prises tandis qu'il collait son bas-ventre à la paroi et, lentement, commençait à monter. Le soleil lui rayait les yeux comme à coups de rasoir. Autour de lui, le bourdonnement sourd de mouches, de plus en plus nombreuses. Déjà, dans le silence et la chaleur, sous le ciel qui se renversait jusqu'à l'orée des grands espaces noirs, celant ses terreurs et sa vacuité sous un écran de bleu trompeur, Ned se transformait. À chaque pouce qu'il grimpait, à chaque fissure, à chaque renfoncement qu'il explorait du bout de ses doigts et de ses orteils, il se sentait de plus en plus tendu, l'objet d'une étrange mutation : d'un côté lui-même, de l'autre un univers tout d'aridité et d'amertume – comme si le mur qu'il escaladait était quelque oracle, quelque Graal, quelque machine à irradier aux dimensions mêmes du cosmos.

Il repensa à Billy, ce pauvre crétin à tête plate, ce pauvre innocent qui en était arrivé là. Il repensa à Fanny, à Barrenboyne, à sa propre enfance qui, lamentable pourtant, avait été un pur bonheur en regard de ce que, pour finir, il vivait maintenant, en regard de cet instant où il se voyait, rampant le long d'une paroi toute de rugosités qui le brûlaient, entouré de sauvages, de criminels et d'avortons... en regard de cet instant où il risquait sa peau pour détacher le cadavre mutilé du seul ami qu'il eût jamais eu. C'était à tout moment qu'un des Noirs pouvait décider de lui jeter une pierre ou une lance. Que tous ils pouvaient le clouer au mur comme un cafard, pouvaient sortir en foule par les portes de la ville et massacrer l'expédition. Eh bien, mais... mais c'était parfait... Ils n'avaient qu'à le faire ! Ils avaient sa bénédiction.

Il rampe, il s'accroche, il est déjà à quinze pieds du sol. Les doigts de Billy, recroquevillés par la *rigor mortis*, lui éraflent la figure tandis qu'il attrape le bras froid et rigide de son ami et se hisse encore plus haut, toujours plus haut. Et ce sourire d'une étrangeté si inquiétante, et ces mouches à viande qui sortent de la bouche et des narines du mort ! Billy aurait-il donc jamais et sciemment fait du mal à quiconque ? Et lui, Ned Rise, aurait-il donc jamais, lui aussi, fait sciemment du mal à quelqu'un ? Et qui donc tient les comptes ? Ah ! et puis... la belle affaire !

Il tendit la main et, pris d'un accès de fureur, tailla dans la corde. Non, je ne mérite pas ça, je ne mérite pas ça, je ne mérite pas ça !... se répétait-il encore et encore, comme s'il priait. Il avait envie de mourir, il avait envie de vivre. Alors, dure et soudaine, une idée s'imposa à lui en un éclair de révélation : sur cette terre, il avait une mission à remplir. Il entendait déjà les archanges souffler dans leurs trompettes, et se dérouler les parchemins antiques. Dans une gloire radieuse, Ned Rise était élu. Il avait une mission et cette mission était la suivante : éliminer Smirke, se gagner Park, et prendre le commandement de l'expédition. Sinon, ils étaient tous condamnés. Comme Billy.

La corde s'était rompue dans un soupir : le cadavre de Boyles était enfin libre. Il tomba sur le sol comme une carcasse de bœuf. Là-haut, les visages noirs s'effacèrent derrière le bord du mur. Il y eut une brève montée de poussière. Muscles immobiles, Ned restait accroché à la paroi, dans l'air empuanti par la mort et la désespérance, le corps souillé de sueur, gluant, telle une créature informe tout juste expulsée de la matrice. Oui, il s'agrippait : l'homme enfin avait un but, l'homme était prêt à se battre, à griffer, à manipuler, à manœuvrer… l'homme voulait survivre.

ALIAS ISAACO

La route de Dindikou est longue, poussiéreuse et sèche. Elle emmène l'expédition sur des sentiers bien battus, lui fait traverser Wouli, Tenda et Sadadou, franchir des rivières assoiffées de pluie – la Nérico, la Falémé –, quitter des régions d'une étendue démesurée, où l'on se soucie aussi peu du Blanc que d'une légende locale, épouvantail bon pour l'enfant ou l'esclave récalcitrant. Épuisés, les pieds abîmés, la langue gonflée par la poussière, Mungo et ses missionnaires de la géographie entrent en débandade dans ce village-ci, puis dans ce village-là, sans jamais savoir à quoi s'attendre. Les habitants du lieu tourneront-ils les talons pour s'enfuir à toutes jambes comme s'ils venaient de voir le diable en personne ? Les yeux ailleurs, continueront-ils de vaquer à leurs occupations, faisant mine de ne point voir leurs jardins envahis par des ânes rendus fous de soif et par des monstres blancs que l'on dirait tout juste débarqués d'une autre planète ? Se saisiront-ils sans tarder de leurs lances et de leurs carquois ? Ou bien les missionnaires verront-ils arriver à leur rencontre des hommes et des femmes qui leur offriront une chèvre ou un poulet, elles, le sein nu et fleurant bon l'huile de palme, aussi rassurants que de braves curés ou des seigneurs de village. Pas un hameau qui ne soit une énigme. Parfois l'explorateur en trouve la clé, parfois non.

En attendant, il a réussi à ne pas renouveler l'incident qui lui a coûté Boyles, deux ânes et une jolie fortune en pacotille et en cauris. Un soupçon de diplomatie utilisé fort à propos, et qui consistait pour l'essentiel à inonder de cadeaux et de compliments les doutis de l'endroit pendant qu'on tenait hommes et bêtes bien en laisse, lui a même permis d'acheter de l'eau et des provisions et de remplacer l'un après l'autre tous les ânes qui s'épuisaient. Enfin, par chance, les conditions atmosphériques lui sont favorables : les pluies tardant à arriver, les hommes sont encore en assez bonne santé. Ce qui ne les empêche ni de gémir ni de râler à n'en plus finir. On veut faire demi-tour, on en a marre du riz, on exige jusqu'à des triples rations de rhum – plus un certificat de démobilisation immédiate et le paiement d'une prime de risque. On a les pieds qui enflent, la chaleur est intolérable, on a la gorge sèche, la cervelle qui grille et l'estomac qui grogne, on a mal aux oreilles, à la tête et aux dents, on a des vertiges, on refuse de se présenter à l'appel du matin. L'explorateur commence à regretter certains de ses choix – surtout celui d'un Bird et d'un M'Keal, l'un comme l'autre ne cessant de tirer au flanc depuis le départ de Gorée.

Si la majorité des hommes qu'il a sélectionnés le déçoit, Ned Rise, lui, est un véritable don des dieux. Il ne boit pas et, fort industrieux, s'occupe indistinctement de son âne et de ceux des voisins. Avec cela, toujours volontaire pour reconnaître le chemin, aller palabrer avec les indigènes, planter les tentes, casser du bois ou tirer de l'eau. Le genre de gars qui n'a pas peur de se porter en avant et de prendre le commandement quand ça va mal, alors que les autres préfèrent tourner en rond, se tordre les mains comme des fillettes ou chercher la solution au fond de la bouteille de rhum. Ne pas compter sur lui pour dire «J'arrête». Ned Rise est un battant qui entend bien conquérir l'Afrique, plutôt que de renoncer et se faire dévorer par elle. En plus de quoi il a la tête sur les épaules. Non seulement il sait lire, écrire et compter mais il a quelque connaissance des classiques. Et il a déjà ramassé suffisamment de mots mandingues pour mettre de l'huile dans les rouages avec les indigènes et entrer avec eux dans d'interminables séances de marchandage sur les péages, les droits d'entrée, les itinéraires, les distances, les paiements symboliques et les cadeaux réels, la malversation qui s'étale à la face du monde. Quant à avoir des tripes!... Il n'est que de songer à la manière dont il a escaladé les remparts de Médina. Décidément, s'ils étaient tous comme lui, Mungo pourrait dormir sur ses deux oreilles une fois la nuit tombée.

Les contretemps se multiplient; hier c'était un âne qui expirait, demain ce seront les soldats qui se défileront, qui manqueront la route et marcheront une bonne demi-journée durant dans la mauvaise direction; l'expédition a pris du retard. Tour à tour indûment retenus puis laissés à l'abandon, il leur aura fallu plus d'un mois pour arriver en vue de Dindikou, porte des étendues arides du désert de Djallonka. Tandis que l'expédition s'approche du village, grille d'ombres et de lumières se découpant sur des collines couvertes de bois touffus, Mungo se sent de plus en plus inquiet. Dressé sur ses étriers, il fixe avec la plus intense attention ces cases, ces greniers encore lointains, mais qu'il ne quitte pas des yeux, de peur, dirait-on, de les voir s'envoler s'il tournait seulement la tête. Son cœur lui martèle les côtes. Superstitieux, il s'est croisé les doigts dans le dos et marmonne une prière.

L'expédition s'est fourrée dans une impasse, et il est le seul à le savoir. Jusqu'à présent, la chance a souri aux missionnaires : ils se sont passés de guide et, miracle, ont réussi à éviter tout nouveau conflit avec les indigènes ; mais la situation va changer. S'ils n'arrivent pas à recruter un éclaireur parmi les villageois, c'en est fini. Aussi bien Mungo s'est-il mis en tête de passer par un autre chemin : en suivant la crête des montagnes de Konkadou, on évitera le Nord, royaume des fanatiques de Kaarta et de Ludamar, et l'on ne courra surtout pas le risque de traverser, plus au sud, le désert de Djallonka. Pour l'instant, l'explorateur s'est contenté d'emprunter des pistes qu'il connaissait – ce qui ne signifie pas qu'après huit ans d'absence ou presque il ne se soit pas trompé ici et là tout comme un autre. Mais tirer plein est et s'obliger à franchir les montagnes… il préfère ne pas y songer.

Soudain le voilà qui se retourne sur sa selle.

– Je pars en avant, crie-t-il à l'adresse de Zander. Prends le commandement et conduis le convoi au village, là-bas, dans le vallon.

~

Dindikou. Tout y est resté comme dans sa mémoire : champs cultivés que bousculent les ombrages de forêts profondes, arbres dont la ramure s'étire ainsi que des parasols au-dessus de jolies cases coniques à toit de chaume et à murs circulaires en argile bien durcie, bégonias sauvages et fougères au bord de la route, souches envahies de volubilis pourpres et blancs, une grive de brou qui triture l'ombre de ses longs trilles liquides et de ses brusques et brefs mordants. Et encore... quelques gouttes puis un bruit de cascade: le doux murmure d'une de ces rares sources qui, ô magie, ne tarissent point pendant la saison sèche. Et ce parfum? Seraient-ce donc des hibiscus?

La première personne qu'il rencontre est un gamin de dix ou douze ans. Potelé, habillé d'une toge courte, il a un air qui lui semble terriblement familier. Se pourrait-ce?...

– Hé toi, là-bas? crie Mungo.

Mais, étonnamment agile malgré une évidente tendance aux débordements d'endomorphisme, l'enfant disparaît dans la brousse avec la légèreté d'un chevrotin. Bizarre, se dit l'explorateur. J'ai dû lui faire peur, à ce moussaillon. Et puis il continue d'avancer et oublie l'affaire.

Un instant plus tard, arrivé dans une cour en terre battue recouverte de palmes et de copeaux, il descend de cheval au milieu d'un cercle d'enfants et de femmes à l'air radieux. Il leur sourit, leur distribue des perles et du sucre d'orge.

– Vous vous souvenez de moi? leur demande-t-il dans son meilleur mandingue. Mungo Park? L'explorateur?

À supposer même que ce soit le cas, personne ne le lui montre. On se presse autour de lui, on lui tend la main, on est déjà trente ou quarante. Patiemment, souriant et s'inclinant devant chaque matrone, flattant avec enthousiasme le crâne de chaque enfant, l'explorateur offre une deuxième tournée de colliers de perles et de sucettes « de-quoi-tenir-la-journée ». Au bout de dix minutes de ce manège, il s'aperçoit que son sac à malices est presque vide et que les femmes lui ont déjà tourné le dos. Elles pouffent de rire, se perdent en bavardages, s'échangent un collier de grenats contre un collier de corail, puis se précipitent dans leurs cases pour aller voir si ces bijoux neufs ne jurent pas avec telle ou telle robe. Son dernier client, et Mungo sursaute en s'en apercevant, n'est autre que le petit gamin potelé qu'il a rencontré à l'entrée du village. Ses petits doigts boudinés attrapent la sucette et, très proprement, la font disparaître dans le sachet de *saphie* qui lui pend au poignet. Déjà le marmot tourne la tête comme s'il voulait éviter une gifle.

– Attends ! lui crie Mungo en l'attrapant par le bras. *Kontong dentegi*... comment t'appelles-tu, mon petit gars ?

L'autre contemple ses pieds. Mungo n'en revient pas de voir combien il ressemble à Johnson... la coupe et la texture des cheveux, la configuration des oreilles, la moue et les yeux rieurs du comédien-né...

– Oyo, répond enfin le gosse. Wousaba Oyo !

Oyo ! L'explorateur en a les sangs tout remués.

– Et ton père ?

Du doigt, l'enfant lui montre une case de l'autre côté de la cour. Eh oui, bien sûr, se dit l'explorateur qui a comme une impression de *déjà-vu**, bien sûr... c'est la case de Johnson. Rien n'y a changé depuis son départ. Le muret en argile qu'on dirait cuite au four, le grand cône de palmes en forme de chapeau chinois et là-bas, au fond, les allées bordées de palissades du quartier des femmes avec leurs cases elles aussi surmontées de cônes mais plus petits, comme un alignement de volcans miniatures. D'un pas hésitant, Mungo se dirige vers la demeure. Il croit rêver, les souvenirs lui reviennent en foule, quelque chose lui noue l'arrière-gorge.

Devant la maison une femme, une esclave, en train de broyer du millet avec un pilon de la taille d'une batte de cricket. À côté d'elle, répandu dans la poussière, un chien couleur de banane mûre, dont les moustaches se soulèvent et s'abaissent doucement au rythme de sa respiration. L'explorateur marque un temps d'arrêt pour gaver sa mémoire de tous ces détails, évocateurs de sensations fortes... tout ce qu'il voit, tout ce qu'il entend, mais surtout ce qu'il sent : miel sauvage, fleurs, bouillie de blé au beurre de karité, poisson, huile, bois qui brûle... Des toges trempées lancent comme des éclairs de lumière sur une corde de chanvre ; sur un perchoir en T à côté de la porte, un perroquet gris est juché. Et là ! à l'ombre du palmier raphia... ne serait-ce pas la plus jeune épouse de Johnson ? Si fait. Celle-là même à qui il a annoncé jadis la mauvaise nouvelle. Elle ne devait pas avoir beaucoup plus de quinze ans à l'époque. Il se rappelle la manière dont elle s'était contentée de faire demi-tour pour regagner sa case, sans manifester la moindre émotion, avant de tenir ensuite toute la nuit le village éveillé par ses sanglots de douleur devant l'absurde de la chose. Et voilà qu'elle est devant lui, assise à l'ombre devant son métier à tisser, et ne semble pas avoir vieilli d'un jour.

– Amouta ? souffle-t-il dans son dos.

Elle se tourne vers lui, le regarde, ne change rigoureusement pas d'expression. Des cigales craquettent dans la forêt. Dans les branches, juste au-dessus d'eux, deux calaos s'envoient des coups de trompe accompagnés de claquements secs.

– Nous vous attendions, lui dit-elle, et ces mots qu'elle a prononcés d'un ton las et résigné, comme si elle donnait mais reprenait aussitôt, n'ont rien d'un salut, mais tiennent plutôt d'un adieu.

Mungo a l'impression d'être un intrus, un criminel, quelqu'un qui ne sait qu'annoncer de mauvaises nouvelles et flétrir les récoltes.

Soudain elle se lève, lui fait signe de la suivre, puis s'immobilise à la porte de la case. Avec ses cheveux relevés et noués en nattes, qui font songer à des sillons de blé, ses yeux luisants comme des olives mûres, elle est triste et belle.

– Allez-y, murmure-t-elle en l'invitant à entrer.

Dans la pièce, il fait frais et sombre. Un cône de lumière laiteuse descend du trou à fumée percé dans le toit, rien de plus. Le plancher a été balayé, le sol en terre battue est aussi égal qu'un dallage. Au centre de la case, un cercle de pierres, et trois ou quatre cordées de cette liane combustible dont, la nuit, les Mandingues se servent en guise de lanterne. À gauche, un grand lit fait d'un cadre en bambou recouvert d'une peau de bouvillon tendue à en craquer. Quelques fauteuils et un banc en osier, des *saphies* et des calebasses accrochées au poteau central, de la vaisselle en terre entassée dans un coin. Bref, tout ce que l'on peut s'attendre à trouver dans une hutte indigène.

Ce qui la rend si particulière, si extraordinaire, si différente de toutes les autres cases africaines ? Ce qui, pour finir, en fait une case à la Johnson ? L'étagère à livres. Comme noyée dans la lumière qui tombe du trou pratiqué dans le toit, elle semble irréelle, fantomatique. Construite en bambou lié de chanvre... et supportant la collection complète des œuvres de Shakespeare, in-quarto, pleine peau. Allez savoir pourquoi, rien qu'à regarder les livres, l'explorateur se sent tout à coup le système lymphatique bizarrement engorgé, une douleur profonde lui étreint la gorge et la poitrine, et lui vient une brusque envie de pleurer. Il choisit un volume au hasard – *Othello* – et y lit ces vers :

Si la vertu point ne manque de beauté délicieuse,
Ton gendre est bien plus blond que noir.

Ah ! ce bon vieux Johnson ! se dit-il en hochant lentement et délibérément la tête, comme si tout à coup elle pesait deux cents livres.

Il remet le volume à sa place et remarque le secrétaire. Rien de plus qu'un abattant, mais coincé contre une fenêtre découpée dans le chaume. Des feuilles de papyrus, un pot en terre regorgeant de plumes d'oie et un récipient rempli d'encre indigo : les instruments du métier. *Ne jamais sous-estimer le pouvoir du mot écrit, monsieur Park,* lui dirait-il s'il se trouvait là, et il sourirait... et de sa démarche traînante s'en irait mettre à cuire quelque chose dans la marmite. L'explorateur caresse rêveusement l'encrier, approche sa langue du bout pointu d'une plume. Perdu dans ses souvenirs, il n'a que vaguement conscience de ce qu'Amouta l'a laissé seul. Il a, en outre, l'esprit trop occupé pour repenser à l'étrange salutation qu'elle lui a adressée (« Nous vous attendions ». *Nous ?* Qui ça, *nous* ?). Non, il se ferme à tout, hormis à la douce sensation qu'il éprouve à caresser du doigt ces emblèmes du passé.

Lorsque enfin il se retourne, la silhouette qu'il découvre dans l'encadrement de la porte le fait presque sursauter. À contre-jour, le visage dans l'ombre, une silhouette trop râblée, trop corpulente pour qu'il s'agisse d'Amouta. Un homme. L'inconnu avance d'un pas. Belle légèreté pour un bonhomme de cet embonpoint. La toison broussailleuse de ses cheveux se découpe en ombre chinoise sur la lumière de la porte. L'espace d'un instant de folie, ô *trompe-l'œil* * *!* l'explorateur se dit que c'est Johnson – oui, Johnson en personne, revenu sur terre.

– *E ning somo, marhaba,* lance-t-il en guise de salutation, comme le veut la coutume.

La voix qui lui revient en écho lui est si familière qu'il en a comme des démangeaisons aux cheveux et la gorge soudain tout asséchée.

– *E ning somo, marhaba Park.*

Irréel. Les inflexions, le timbre, le ton. Mais vu la taille du village et la quantité d'incestes qui s'y pratiquent, comment savoir ?... L'explorateur s'éclaircit la gorge.

– Seriez-vous un parent de John... enfin je veux dire, de Katunga Oyo ?

Noire sur fond d'ombre, noire dans la lumière, la silhouette fait délibérément un deuxième pas en avant. Baignant maintenant tout entière dans l'or qui tombe du trou ménagé au haut du toit, elle est à la fois halo et réalité... héros qui sous les applaudissements du public gagne enfin le centre de la scène. Et soudain, voilà que l'inconnu parle en anglais.

– Parent avec lui ? Non, c'est pas ce que je dirais.

Mungo s'approche. Il tient toujours sa plume d'oie à la main, il sent son cœur battre à tout rompre, son taux d'adrénaline monter en flèche... Et toutes les voix de la raison, toutes les voix de ses maîtres d'école, toutes les voix des membres de l'Association africaine, toutes celles des grands pédants de la science qui, là-bas, dans le calme et la sérénité de l'Angleterre, lui crient « Non, non, non ! »

Non, non, non... mais si. Mais si, mais si, mais si !... C'est bien Johnson. Johnson en chair et en os !

La réaction de l'explorateur est purement instinctive – il se jette sur le petit gros avec l'enthousiasme d'un bizuth enfin rentré chez lui pour les vacances.

– Johnson ! s'écrie-t-il, et vigoureusement il lui assène de grandes claques dans le dos et lui écrase les épaules, que l'autre a fort charnues, dans une sauvage étreinte. Tu aurais dû écrire, tu aurais au moins pu... ah ! mais tu ne sauras jamais comme ça me fait du bien de te revoir, mon vieux !... mais dis-moi... (cela en reculant d'un pas) comment as-tu fait pour... enfin je veux dire... je croyais...

De tout ce temps, le Mandingue est resté parfaitement raide et n'a fait aucun effort pour l'enlacer à son tour, pas même celui de lui renvoyer le salut le plus élémentaire. Non, il ne sourit pas, ne tend pas la main. Il a l'air si peu ému que pendant une minute l'explorateur se prend à douter. Serait-ce son frère jumeau ? Un cousin ? Mais non : c'est Johnson, à l'évidence. Comme s'il n'était pas reconnaissable entre tous ! Soixante ans passés, c'est vrai, mais l'air d'en avoir vingt de moins. Le poil est grisonnant et le bonhomme plus gras que jamais. Et là ! l'épingle en or au travers de la narine ! Et cet air de fausse dignité répandu sur le visage, cet air qui dit : « Mon ami, vous m'avez là rudement houspillé la cravate, mais je veux bien considérer que l'affaire est close si vous m'apportez, disons, une pleine calebasse de vin de palme et, pourquoi pas ? un gigot d'agneau pour améliorer mon couscous. » Cet air-là, il le lui a vu mille et mille fois. Bien sûr que c'est Johnson !

– Johnson ! le secoue-t-il d'un ton sec et impatient, comme s'il entendait le faire sortir de quelque léthargie, Johnson ! Tu ne me reconnais pas ?

Le Noir le regarde droit dans les yeux.

– Je m'appelle Isaaco.

– Isaaco ? Qu'est-ce que ça signifie ? Johnson ! Hé, Johnson ! C'est moi, Mungo.

C'est alors que l'explorateur découvre ce qui fait défaut, l'élément qui manque à l'image qu'il a gardée dans sa mémoire : la toge. Jambes fuselées et petit ventre, son ancien guide ne porte sur lui qu'un morceau de tissu, aussi immaculé qu'une cravate de dandy, noué à la ceinture. Juste au-dessus, et cela lui fait un choc, la grosse boule dure de son abdomen est couturée de deux cicatrices horizontales et zigzagantes. La première lui marque la poitrine à la manière d'une ceinture haut placée, la seconde lui cache le nombril avant de bifurquer vers les plis du pagne et d'en ressortir, vilainement teintée de rose, sur la face externe de la cuisse. Toutes en angles vifs, on les dirait l'une et l'autre taillées à l'aide de quelque stupéfiante paire de ciseaux à denteler.

Envahi par le dégoût et la pitié, l'explorateur tend vers lui un doigt consolateur, comme s'il voulait effacer la cicatrice supérieure.

– Je… je ne savais pas. J'aurais fait n'importe quoi, tu le sais bien.

Le Mandingue a levé les yeux vers le trou à fumée.

– Johnson, je…

Regard qui redescend, pas la moindre trace d'ironie, la mâchoire reste crispée.

– Je m'appelle Isaaco, répète l'homme.

ÉDITIONS RARES

Johnson/Isaaco est assis sur un tabouret tendu d'une peau de bouvillon. Vêtu d'une toge indigo et vermillon, avec motifs d'yeux jaunes pleins de concupiscence, il a pris la position du lotus. Perchée sur sa tête, une casquette de soie façon matelot anglais, ornée d'aimables broderies au fil d'argent. À ses côtés, Amouta et un gamin stéatopyge de douze ans en petite chemise à rayures. En rangs derrière lui, comme des quilles, une armée de serviteurs et d'esclaves. Johnson, le voyageur des deux mondes, Johnson, le grand sage, le gribouilleur de *saphies*, est devenu riche.

De l'autre côté du feu, assis dans la poussière : Mungo, Zander, Scott, Martyn… et Ned Rise. Les reliefs d'un grand festin, gigot d'agneau, rouleaux de plantains, calebasses vides et pelures de patates douces, jonchent le sol.

Insectes et amphibiens mènent leur tintouin dans les ténèbres de la forêt alentour : toute une polyphonie, tout un grésillement électrique, et puis, lancé par un animal d'une espèce plus relevée, un hurlement désolé et soudain qui réduit au silence les hommes de la case, où les flammes bondissent.

– Bon alors, John… enfin je veux dire Isaaco, commence Mungo d'un ton aussi pressant que celui d'un notaire couvant un portefeuille d'actions entre ses genoux, c'est quoi, au juste, ce qui te déciderait à nous accompagner en qualité de guide et d'interprète ?

L'explorateur porte une tasse d'infusion de *houna* à ses lèvres.

– Tu me dis ton prix ?

Johnson rote doucement dans son poing.

– Voyez-vous, fait-il remarquer, passant du coq à l'âne, ou en veine soudaine d'homélie (l'explorateur ne peut en décider), lorsqu'on se trouve soi-même dans des circonstances difficiles, par exemple coincé entre les mâchoires de quelque crocodile comme une vulgaire côte de mouton – et là il marque un temps d'arrêt pour balayer d'un geste de la main les objections peinées de son ami – … eh bien, il me semble qu'on a deux solutions… à mon avis. Abandonné comme une vieille godasse par son ami et employeur et donc ne pouvant compter que sur soi-même, on peut ou bien couler ou bien nager. Ce que j'entends par là, c'est qu'on peut ou renoncer et se laisser glisser au néant ainsi que caca de crocodile, ou bien alors se servir de sa cervelle, vous voyez ce que je veux dire ? Et peut-être qu'alors, là-bas, dans la vase grouillante où déjà l'asticot aveugle, la sangsue, et tout le bataclan le reniflent cependant que le vieux croco se dit : « Ah ! le joli morceau de bœuf que je me suis chopé là »… Peut-être qu'alors le noyé se prend les deux pouces comme ceci (et vicieusement il transperce la lumière du feu de ses deux pouces dressés) et oui, les enfonce... ces pouces, dont il se sert comme de dagues... dedans les yeux séniles et sans paupières de la bête, jusqu'au tréfonds de son minuscule cerveau de gros lézard... et puis les en arrache comme s'il cueillait des pommes sur un arbre! Hein? Et moi, je dis: quel est donc le crocodile qui alors s'en remettrait?

Personne ne sait trop quoi dire. Si Mungo est rouge de honte, de culpabilité et de désappointement, l'allusion au crocodile ne peut parler qu'aux initiés; ses compagnons n'y verront qu'un soliloque confus, les délires d'un vieux nègre de la brousse. Il n'empêche: de l'anglais dans la bouche d'Isaaco, voilà qui a déjà de quoi surprendre. Qui aurait jamais cru entendre autre chose que du petit-nègre si loin à l'intérieur des terres? Ned Rise, surtout, en est bouleversé. Il y a dans les manières de ce vieux sauvage quelque chose qui fait resurgir, tout au fond de sa conscience, un peu de son passé, souche moisie remontant à la surface d'un fleuve paisible à la faveur d'un tourbillon. Ce ventre, ces yeux, cette voix: ils lui rappellent le jour où, il y a des années et des années de cela, sur les rives de la Serpentine, il regardait son avenir dégoutter de sang sur le gazon. Tout en remuant ces souvenirs, il se prend à songer à Barrenboyne, il se prend même à souhaiter vengeance. Mais non! Tout cela est absurde. Un dandy de Londres – et le premier nègre qu'il ait jamais vu – transféré ici, au trou du cul du monde! Non. Ces nègres se ressemblent tous, il n'y a pas à chercher plus loin. Ou alors?...

– Écoute, Johnson, reprend l'explorateur qui se corrige aussitôt: non, navré... Isaaco. Le passé, c'est le passé. Cette fois-ci, nous n'avons plus aucun souci à nous faire. Plus de crocodiles, plus de Maures... une garde armée nous accompagne.

Sans ciller, Johnson lui renvoie son argument à la figure :

– Parce que vous vous imaginez qu'une poignée de soldats, c'est ça qui va intimider un Mansong, un Ali, un Tiggitty Ségo ? Vous croyez qu'ils vont rester les bras croisés alors qu'une bande de Blancs s'en vient envahir leurs territoires et insulter le menu peuple de leurs États ? Une garde armée ! Vous vous imaginez peut-être que Mansong n'est pas capable de lever trois mille hommes pour chaque soldat que vous avez !

Mungo baisse les yeux et contemple sa tasse comme si quelque animal d'une espèce nouvelle et particulièrement fascinante y était tombé. Il n'y a rien à répondre.

– Et Dassoud ? Que croyez-vous qu'il fera en apprenant qu'une fois de plus, vous êtes venu gambader en pays bambara ?

Depuis un petit moment, Scott et Zander se regardent d'un air gêné. Assis sur les talons, Martyn, qui n'a cure de tout cela, triture les restes du repas du bout de son couteau.

– Allons, Johnson, supplie Mungo, en souvenir du passé ! Au nom de l'amitié ! Au nom... de tout ce que nous avons souffert ensemble.

Le visage de Johnson semble se radoucir. Longuement, comme perdu dans sa méditation, il avale une gorgée d'infusion, puis repousse sa casquette en arrière et, comme s'il voulait réprimer un sourire, esquisse une grosse moue.

– Ça va vous coûter cher, dit-il enfin. Je veux tout Milton, tout Dryden et tout Pope. Relié cuir, titres à l'or fin.

On met du temps à bien saisir ce qu'il a dit. L'explorateur en reste d'abord baba, la bouche crispée, puis il se redresse d'un bond, si soudainement qu'il en fait sursauter deux vieux serviteurs et qu'un chien se sauve dans les fourrés en glapissant.

– Quoi ? Tu viens avec nous ?

La bienséance incarnée, Johnson se lève en soupirant et lui tend la main. Amouta et le garçonnet de douze ans ont déjà servi des calebasses de vin de palme et s'affairent à en verser de grandes rasades dans toutes les mains, noires ou blanches, qui se creusent en godets devant eux. Tout le monde a le sourire. Les serviteurs ahuris ont rejoint le groupe, les insectes et les amphibiens se sont remis au tintamarre de leur rauque liturgie.

Johnson attrape l'explorateur par les poignets et l'attire vers lui.

– Écoutez un peu, glisse-t-il à voix basse sur un ton de confidence, le Pope, je le veux signé !

DÉBUTS D'UN LONG CHAGRIN (PLIC-PLOC)

Cette époque de l'année, sinistre, écorchée, impitoyable, cette époque de l'année où les puits sont à sec, les arbres rabougris, les greniers vides et la savane comme une joue rasée, où les tourbillons de poussière vous sautent à la figure – et l'on en mange jusqu'à en avoir la langue toute raide, jusqu'à en pleurer des larmes noires –, cette époque de l'année est celle où l'on prie pour avoir de la pluie. Mandingue, Sahraoui, Peuhl, Maure, Maniana ou Ibo, on prie pour qu'il pleuve. Pas un village écrasé de soleil où l'on ne voie le sorcier, la bouche en cul-de-poule (car il s'agit de s'appliquer), occupé à semer des embryons de rats dans les champs ou à déverser des seaux de sang de fœtus sur les visages blanchis et fissurés des statues sacrées. Les chiens ont faim, les chèvres arrachent leurs piquets pour s'attaquer au bambou, à l'osier et au chaume. Les villageois se serrent la ceinture et se mitonnent une espèce de pâtée jaunâtre à base de cosses de nitta avant de lever leurs visages pleins d'espoir vers le ciel. Au coucher du soleil, lorsque la lune montre son œil ensanglanté au-dessus de l'horizon, les femmes se rassemblent pour tirer, toutes nues, des charrues à travers les champs squameux tandis que d'une voix de fausset déchirante le maître de la pluie lance ses incantations :

Explose le ciel, saigne l'eau,
Borongay !
Gonfle le melon, enfle le gland,
Hé hé, hé, hé,
Borongay !

Parce qu'il en connaît le cycle depuis qu'il est né, Johnson y est aussi sensible que le mouton dans le champ ou que le chacal dans la brousse. Cette année cependant, eu égard à l'explorateur, il espère que la saison sèche voudra bien durer encore un peu – au moins jusqu'à ce qu'ils aient franchi les montagnes. Bien sûr, où que ce soit, les choses iront mal dès que les nuages se déchaîneront mais ici, à l'intérieur de ce périmètre de cirques dentelés et de ravins en à-pic de quatre-vingts à trois cents pieds, avancer comme des fourmis serait courir à la catastrophe. Il n'y a pas à en sortir : ce serait purement et simplement le merdier. Voilà pourquoi, modèle de prudence et de prévoyance, il a pris ses précautions au cas où le déluge se déclencherait prématurément : il s'est fabriqué un puissant fétiche antipluie, composé des écailles de mue d'un petit lézard des dunes, d'un pouce carré de tripe de chameau, d'une pincée de soufre et de six vers extraits de l'« Allegro » de Milton.

Mais tandis que, suivi de ses quatre serviteurs montés sur des ânes, il avance à la tête du convoi, sa *saphie* accrochée en pendentif au bout d'une cordelette, lui viennent quelques doutes sur l'efficacité de son amulette. La raison en est simple : il sent déjà la pluie dans l'air. On la devine à coup sûr à ses riches fragrances, comme on devine un lac à l'aurore à ses subtiles émanations. Johnson la renifle encore à deux reprises afin d'être absolument sûr de ne pas se tromper, fait faire volte-face à sa monture et redescend la colonne afin de s'ouvrir de l'affaire à l'explorateur. Il le retrouve penché sur un âne expirant, au pied d'une colline jonchée de moellons. Couché sur le flanc, les pattes de devant prises de jactation, l'animal respire avec peine. Des sacs de clous, deux scies passe-partout, une voile en toile capitonnée et quelques barils de poix et de filasse sont répandus parmi l'herbe raide et jaunie à côté de la bête agonisante : tout un bric-à-brac qui semble avoir atterri là comme s'il avait été jeté d'une grande hauteur.

– Allons, 22 ! crie-t-il à l'adresse de l'âne en manière d'exhortation, allez, ma vieille ! debout ! T'en es capable.

Derrière lui, l'air tout à la fois embarrassé, arrogant et idiot, se tient l'énorme charpentier aux cheveux roux qui se fait appeler Smirke. Le soleil lui a tellement brûlé la figure qu'il en a la peau du nez et des pommettes d'un élégant rouge framboise.

– Monsieur Park, fait Johnson d'un ton impérieux et pressant, il faut que je vous parle.

L'explorateur se redresse, se frotte les mains comme un boulanger blanchi de farine et, le sourire aux lèvres, se tourne vers son drogman.

– Mais certainement... Isaaco. Dis-moi donc ce qui te préoccupe, mon ami.

– En particulier, monsieur Park... Sir, si ça ne vous dérange pas.

Smirke relève vivement la tête et lui lance un regard irrité – ou simplement ombrageux, Johnson ne saurait trop dire. L'âne gémit comme une grand-mère grabataire.

– Vous me remplacez, Smirke, vous voulez bien ? fait l'explorateur.

Sur quoi il enfourche son cheval, lâche la bride d'un geste coulant du poignet, et tous deux s'éloignent en allant l'amble, les ventres soyeux du guide ondoyant sous sa toge. L'air aimable et empressé, l'explorateur se tourne vers son compagnon :

– Alors ?

– Alors, c'est tout simplement que... monsieur Park...

– Appelle-moi Mungo, mon vieux.

– Monsieur Park, m'est avis qu'il va nous éclater un orage pas possible dans moins d'une heure et moi je vous dis : vous feriez bien de donner l'ordre de planter les tentes ici et tout de suite si vous ne voulez pas que la moitié de vos blondinets se mettent à dégueuler de la bile noire avant la tombée de la nuit.

L'explorateur se démanche le cou pour scruter le ciel. Bleu profond et transparent d'un bout à l'autre de l'horizon. Pas le moindre grain d'humidité dans l'atmosphère. La chaleur est si forte qu'elle semble le soulever de sa selle et le maintenir en suspens dans les airs, comme une cendre flottant dans les courants ascendants au-dessus de la gueule d'un haut-fourneau.

– Tu plaisantes ou quoi ?

– Non, non, je ne plaisante pas. La pluie, je la sens. D'ici une heure.

– Mais y a pas un nuage dans le ciel !

– Écoutez, monsieur Park, je n'ai ni le temps ni le courage d'en discuter. À l'instant même, tous mes bonshommes sont en train de se préparer un abri au sommet de la colline, là-bas, derrière cet affleurement de granit... oui, celui qui ressemble à un bonnet d'âne. Même que si vous avez un grain de jugeote dans le crâne, vous devriez en faire autant.

L'explorateur le regarde d'un air perplexe et indécis, comme si l'on venait de lui raconter une blague qu'il n'eût pas bien comprise.

– Ne sois pas ridicule, Johnson... non, Isaaco... non, John... enfin ce que tu voudras. Il est 9 h 30 du matin. Nous avons une pleine journée de marche qui nous attend. Non, non et non ! Si tu crois que je vais arrêter mes hommes et leur faire planter les tentes sous prétexte que monsieur a l'impression qu'il pourrait bien pleuvoir, eh ben, navré de te dire ça comme ça, mais c'est que tu as du fromage mou dans la tête.

Johnson a déjà fait faire demi-tour à sa jument. Il s'arrête un instant pour jeter un coup d'œil par-dessus son épaule. Puis il fixe l'explorateur d'un regard las et résigné, comme un maître d'école penché au-dessus d'un élève qui, après avoir soustrait dix de vingt pour la troisième fois, arrive enfin à la conclusion que ça fait dix-huit.

– Tu veux que je te dise, Mungo ? Tu tiens toujours la même épaisse couche qu'il y a huit ans de ça !

~

Trois quarts d'heure plus tard, le ciel est couleur d'acier huilé ; chassant devant lui des nuages de poussière qui occultent entièrement l'horizon, proche ou lointain, le vent souffle en rafales à plus de soixante milles à l'heure. La foudre disperse les vapeurs tourbillonnantes des nuées tandis que de grandes tornades fumantes déracinent des arbres à gros troncs comme s'ils n'étaient que céleri en branches. Et puis la pluie arrive : Niagara rugissant qui vous transperce, qui vous mord. Elle se rue à travers les plaines, remonte les vallées, courbe les arbres et les buissons, dégobille des brassées de feuilles, gicle dans la poussière, pilonne le flanc nu des montagnes comme feraient des salves de cuirassé. En un instant, tous les sacs, toutes les caisses sont trempés ; les hommes ruissellent, les ânes crachent comme des gouttières. Bouillonnante, colorée de brun par des tonnes de poussière en suspension, l'eau dévale la pente et se précipite sur eux, de ruisseau devenu rivière, fleuve. La pluie qui rebondit sur les plaques de terre recuites par le soleil est aspirée vers les creux avec de terrifiants bruits de succion.

Shaddy Walters est la première victime. Au moment où, féroce et soudain, le vent se lève, le grand cuisinier de l'expédition est en train d'essayer de franchir une dalle de granit au grain rougeâtre. Bombée comme le dos d'une baleine, énorme. Juste à sa gauche, un à-pic de deux cents pieds ; à sa droite, une véritable muraille de roche de quelque cent pieds.

Dans l'instant ou presque, Walters s'est vu arracher son chapeau de paille à larges bords, qui disparaît au-dessus du mur comme un bout d'étoupe à canon. La poussière lui cingle les yeux ainsi qu'un martinet. Dans un grand tintamarre de casseroles et de poêles à frire, son âne se retrouve assis sur le cul et se met à braire. Brusquement comprimé, un sac de riz se déchire, tous ses grains sautant comme mitraille à la figure du cuisinier. Pris dans la rafale qui gronde, ils s'élèvent en tourbillons jusqu'à la troposphère… et seront bientôt, sous l'effet du vent, replantés à cent milles au nord, dans les terres stériles. Mais voilà notre cuisinier fort inquiet. Frénétiquement il tire sur le licol de sa bête lorsque, monté sur son destrier, l'explorateur le dépasse en criant quelque chose à la gueule du vent. L'âne est pris de panique, il fait les yeux blancs, ses pattes déjà dérapent vers le bord du précipice, sa queue bat le vide.

– Chacun pour soi ! hurle Jemmie Bird en passant devant lui.

Et Jemmie Bird se démène, glisse, se traîne à quatre pattes… et franchit la bosse de granit, pour se retrouver sur le plateau où il se rue vers un bosquet d'arbres rabougris privés de feuilles. Soudain, dans un fracas galvanique, l'une des grosses marmites du régiment s'envole par-dessus le dos de l'âne, casse sa chaîne, rebondit sur la paroi qu'elle franchit dans un tintement d'enfer, bientôt assourdi, comme une cymbale que l'on aurait jetée du haut du Ben Nevis. L'idée d'abandonner son âne comme Jemmie Bird vient de le faire assaille l'esprit du cuisinier, mais non, il l'écarte. Qu'on dise tout ce qu'on voudra, Shaddy Walters est un têtu. Quelqu'un qui n'hésitera point à vous servir du riz aux oignons trois fois par jour pendant une semaine. Quelqu'un qui vous fera bouillir votre thé jusqu'à ce qu'il en ait pris le goût du bronze à canon. Quelqu'un qui, ayant agrippé un âne entêté par le licol, ne le lâchera plus jusqu'au jour du Jugement.

Ce qui est d'ailleurs très exactement le cas. Deux minutes plus tard, la pluie tombe comme des claques et transforme la corniche en patinoire. Prisonniers de leur ténacité et de leur terreur, Shaddy et l'âne n° 27 plongent tout droit vers le repos éternel, dégringolent dans les éboulis comme deux grêlons sidérants. Ils auront beau crier : personne n'entend leurs voix grêles qui se perdent dans l'abîme.

Pendant ce temps-là, sur les quarante et un hommes encore vivants, Mungo mis à part, trente-huit se sont mis à vomir, affalés sur les genoux, dès que la pluie a commencé. Attention, pavillon de quarantaine ! Fièvre jaune, dysenterie, exanthème, fièvre, *vomito negro*, l'explorateur connaît tout cela par cœur. Se tenant le ventre comme si on leur avait tiré dedans à coups de fusil, les hommes se traînent jusqu'aux petits buissons d'épineux entre lesquels Mungo essaie désespérément d'étendre une bâche en guise d'abri pour les barils de poudre, le riz, les mousquets déjà menacés par la rouille. Certains ont réussi à rester juchés sur leurs ânes, d'autres non. Presque tous s'affaissent, tremblent et hoquettent sur le carré de terre plane déjà envahi de flaques et de vomissures que l'explorateur est tant bien que mal parvenu à abriter. L'un d'eux, un garçon de dix-huit ans répondant au nom de Cecil Sparks, s'est pris à pleurer. Ses sanglots manquent se perdre dans la cacophonie de la toile qui bat, de la pluie qui dégringole dans un grondement de tonnerre, des hommes qui grognent et gémissent à vous retourner les tripes. À peine entend-on ses plaintes saccadées : pleurs jetés à pleine gorge et qui disent le désespoir, l'échec, l'apitoiement sur soi, l'anéantissement.

DOUMMOULAFONG

– Je vous l'avais bien dit.

Johnson prononce sa phrase sans aucune arrière-pensée. La voix est neutre, le ton simple et sans inflexion particulière : le guide s'est contenté de dire la vérité. Voluptueusement il s'est allongé sur un lit *à la Récamier** tendu de peau de bouvillon, en tarbouch et grande toge de soie rouge, les pieds blottis sous une couverture en peau de léopard. Installé à un demi-mille de chez Mungo, son campement, qui fait face au nord, se serre au pied d'un gros monolithe. Bien que la pluie ait continué de tomber toute la nuit durant, avec une férocité si implacable que l'explorateur en est venu à se demander s'il ne ferait pas mieux de construire son bateau sur place et de se laisser glisser jusqu'au Niger, la tente de Johnson est aussi sèche que Benoum en février. On a recouvert le sol de branches d'acacia, afin d'en aspirer jusqu'à la moindre trace d'humidité, et renforcé les parois à l'aide de barreaux du même bois. Les flammes d'un joli feu lèchent les cuisses de six ou sept oiseaux – des perdrix ? Rincé jusqu'aux os, Mungo écarte le battant de l'entrée à l'instant où Johnson lance sa lapidaire remarque.

L'explorateur baisse la tête, honteux et repentant. Son manteau détrempé lui colle aux épaules, accentuant leur rondeur.

– Je ne remettrai jamais plus ta parole en doute, dit-il d'une voix étouffée.

Johnson dépose une pincée de tabac de Virginie dans le fourneau de sa pipe et l'y enfonce délicatement du bout du pouce.

– Remettez-vous, monsieur Park... cela devait arriver tôt ou tard. Enfin je veux dire... les pluies.

Il lui fait signe de s'approcher du feu.

– Asseyez-vous donc et séchez-vous... Et si vous preniez un peu de volaille et me disiez tous vos malheurs en avalant une tasse d'infusion bien chaude ?

Un claquement de doigts, et un serviteur surgi des ténèbres offre à l'hôte un morceau de gibier et tire de la braise à son intention une patate douce toute dorée, ruisselante de jus sucré. Sombre et aromatique, l'infusion épicée jaillit du bec d'une théière d'argent.

– Alors ? interroge Johnson sur le ton du dandy qui, soupant à son club, discute d'un rien qu'il aurait perdu aux cartes ou aux courses, combien d'hommes cela vous a-t-il coûtés ?

Mungo contemple la nourriture posée sur ses genoux. Les pertes des dernières vingt-quatre heures sont élevées. Trop élevées… et il ne saurait s'en prendre qu'à lui-même. Il y a d'abord eu Cecil Sparks, le pauvre gosse – victime d'une espèce d'attaque qui l'a emporté juste avant l'aube. Il s'est débattu sur le plancher pendant environ cinq minutes comme un poisson sur un ponton, après quoi sa mâchoire s'est coincée, et il est mort. Plus tard – il faisait déjà jour – Martyn lui a rapporté qu'on avait retrouvé Shaddy Walters au fond du précipice, écrasé sous la carcasse de son âne et à moitié dévoré par des bêtes sauvages. Cabossés mais toujours en état de marche, les ustensiles de cuisine, plus cinquante livres de riz gonflé par la pluie, ont été récupérés. Mais H. Hinton (son prénom lui a toujours été un mystère) avait disparu, lui et son âne.

Mungo relève enfin la tête et se met à étudier une tache sombre sur la toile, juste au-dessus de l'épaule gauche de Johnson.

– Trois ! répond-il en un croassement barbare, comme si c'était lui qu'on avait poussé dans l'abîme.

– Hé là ! réplique Johnson, mais ce n'est pas la fin du monde, monsieur Park ! Il vous en reste quand même… quoi ? une quarantaine, de vos bonshommes, non ?

– Trente-neuf, sans me compter. Ni toi.

– Bon, bon, mais… vous vous êtes bien débrouillé tout seul le dernier coup, pas vrai ?

Mungo détourne la tête puis, comme malgré lui, rendu fou ou presque par le doux fumet de volaille, il plante les dents dans un pilon bien juteux.

– Voici comment je vois la situation, reprend Johnson en lançant des ronds de fumée. La pluie devrait s'arrêter aux alentours de 3 heures du matin. Il est probable qu'elle mourra au goutte-à-goutte, en petite bruine. Cela étant, avec un peu de chance nous devrions pouvoir atteindre Bountonkouran avant le coucher du soleil, bruine ou pas bruine. Bountonkouran n'est qu'un trou paumé mais le douti de l'endroit n'est pas un mauvais diable. Soyez prêt à le chauffer comme il faut, mettons dans les cinq mille cauris, et il n'est pas impossible qu'il vous trouve une ou deux cases sèches, histoire de vous remettre d'aplomb. Qu'est-ce que vous en dites ?

Le découragement au ventre – mais les lèvres luisantes de graisse –, l'explorateur hoche lentement la tête.

– C'est toi le patron, acquiesce-t-il.

~

Bountonkouran n'est qu'une étape comme tant d'autres, mais pour eux d'une importance vitale étant donné les circonstances. Moyennant six mille cinq cents cauris, l'explorateur se voit autorisé à y louer trois appentis infestés de bestioles et fuyant par tous les bouts ; il s'y procure pour deux jours de provisions – lait, blé et mil notamment –, de quoi pourvoir hommes et bêtes. En y mettant six mille cinq cents cauris de plus, et trois boutons de sa vareuse, il parvient à convaincre un bûcheron octogénaire mais encore robuste de quitter la vie active en lui abandonnant deux ânes assortis. En revanche, il n'y a pas moyen de trouver de la viande, quel que soit le prix qu'on offre. Et puis les pluies ont redoublé de vigueur, bloquant l'expédition pour trois jours et trois nuits de plus – sinistres moments. Mouillés certes, mais pas au point d'en ruisseler, les soldats se vautrent en tas haillonneux sur le sol de terre battue des appentis et là, passent leur temps à renifler, à se gratter, à se pelotonner sous des couvertures bouffées de moisissures et à plonger leurs gamelles en étain dans une marmite sans fond remplie d'un vague brouet concocté par le nouveau cuisinier. Jemmie Bird, car c'est lui, y a mélangé du bœuf salé, du riz et une poignée de légumes locaux tout flétris. La chose a un vague goût d'eau de mer et rappelle le gargarisme pris par huit brasses de fond, mais au moins ça réchauffe. Dehors, la pluie tombe avec une intensité qui ne se relâche pas et, bientôt, ne ressemble plus à rien de ce qu'un être humain, s'appellerait-il M'Keal, Mungo ou Johnson, a pu connaître de sa vie. Il n'est pas jusqu'aux marins recrutés à bord de l'*Eugenia* – et l'un d'eux s'est pourtant sorti d'un typhon dans les parages des îles Marquises – qui ne doivent admettre que, cette fois, c'est le pompon.

Les conditions atmosphériques préoccupent beaucoup l'explorateur. Ce n'est pas tant le problème immédiat des routes impraticables, des précipices inaccessibles, des fleuves en crue qui l'inquiète que celui des effets à long terme de l'humidité ambiante sur la résistance de ses hommes. Il sait bien comme le climat peut être pernicieux, comment en un clin d'œil les exhalaisons putrides montant des marais, des cours d'eau gonflés et des marigots sont capables de miner la santé de n'importe qui, comment en l'espace de quelques jours toute une armée de maladies mystérieuses est à même de réduire un grand gaillard à l'état de mort ambulant. Quoique endurci, il se sent lui-même passablement mal en point depuis quelque temps. Qu'arrivera-t-il aux épouvantails à moineaux dans le genre de Bird ou aux poitrinaires façon Watkins, s'il est lui-même déjà en mauvaise posture ? Faudra-t-il donc qu'il les porte jusqu'au Niger ? Et dans ce cas, qui prendra soin des ânes et se chargera du transport des marchandises ? Pis encore : qui sera alors en état de combattre les Maures ?

Cela fait déjà deux soirs qu'on est coincé à Bountonkouran lorsque, pelotonné sur lui-même dans la tente de liaison plantée sous l'écumoire servant de toit à l'une des trois cases de location, Mungo confie ses inquiétudes à son beau-frère.

Zander d'abord ne répond rien. Immobile, un livre ouvert sur les genoux, il fixe d'un œil vide la paroi froide de la tente. L'explorateur est frappé par sa maigreur et sa mine ravagée. Sur ses pommettes la peau tendue forme comme un masque, ses yeux enfiévrés donnent l'impression d'avoir fui dans les coins les plus sombres de leurs orbites comme s'ils voulaient s'y cacher.

– Zander ? lance l'explorateur d'un ton alarmé, ça va ?

Zander pousse un soupir.

– Un peu fiévreux, faut croire. Selles liquides. Chaque fois que je me redresse brusquement, j'ai la tête qui tourne comme si j'avais bu. Rien de bien grave.

Bouche bée, un début d'horreur commençant à lui tordre la face, l'explorateur le regarde fixement. Zander ferme son livre d'un coup sec.

– Tu disais ?

– Tu es sûr ?...

– Sûr de quoi ?

– Tu es sûr que ça va ? Pas mal à la gorge ? Pas de vomissements ? Pas de fourmillements au bout des doigts ?

Zander jette un petit rire sans force qui s'achève abruptement en quinte de toux.

– Je suis peut-être un gringalet, répond-il sans cesser de tousser, mais on ne m'a pas comme ça. Après tout, ajoute-t-il, toujours plaisantant, la souche est bonne.

L'explorateur esquisse un sourire mais n'arrive qu'à produire une grimace bizarre.

– Ne te fais pas de mauvais sang pour moi, reprend son compagnon dont la voix se casse sur le dernier mot tant il fait d'efforts pour s'empêcher de tousser... Tout juste un petit rhume, rien de plus... Bon. Et si tu me disais ce qui te préoccupe. Allez, vas-y, envoie.

Un instant apaisé, Mungo sent pourtant peser sur lui un nouveau souci et donne bientôt libre cours à ses angoisses et à ses incertitudes. Comme il ne pourrait le faire qu'en présence d'Ailie, il avoue qu'il est rongé par le doute, lui dit le terrible fardeau que son commandement lui impose : toutes ces vies qu'il a entre les mains, oui, comme des grains de poussière dans un sablier...

Carrée et routinière, la réponse de Zander se veut rassurante.

– Tu t'en es déjà sorti une première fois. Tu y arriveras bien une deuxième.

– Mais c'est que non, justement ! s'écrie Mungo. Tu ne comprends pas ? Il y a huit ans, je n'avais à me soucier que de ma seule et unique petite personne. Je ne réussissais pas mon coup ? Tant pis pour moi. Aujourd'hui, ce sont trente-neuf âmes que j'ai entre les mains, sans parler des chevaux, des ânes et des milliers de livres de marchandises et d'équipement dont nous sommes chargés. Et ma réputation qui est en jeu !

Il se lève et se met à faire les cent pas dans la pièce. Soudain il pivote sur ses talons et hurle presque :

– Et les hommes, hein ? Qu'est-ce qui se passera s'ils n'arrivent pas à tenir ? Qu'est-ce qui se passera si le climat leur tape sur la tête et leur sape tout le moral ? Qu'est-ce qui se passera s'ils n'ont plus la force de continuer ?...

~

La question n'a rien de rhétorique.

Trois refusent d'obéir lorsque vient l'heure de plier bagage et de reprendre la route sous un ciel bas et dans une lumière si vague que les oiseaux même ne savent trop s'il leur faut ou non se remettre à gazouiller. C'était couru d'avance : en fait, ces trois-là sont à bout de forces. Tout bonnement incapables de se lever. Leurs noms ? Rome, Cartwright et Bloore. Martyn s'est pourtant donné la peine de leur tambouriner sèchement sur la plante des pieds à coups de badine. Sans succès.

– Sir ! aboie-t-il à l'adresse de Mungo qui remet méticuleusement de l'ordre dans ses fontes tout en surveillant le chargement d'un âne du peloton de tête. Il y en a trois qui refusent d'obéir aux ordres de départ, Sir !

Martyn claque les talons et salue à s'en enfoncer la main dans la tempe.

Veulent pas partir ? Bon Dieu ! C'est bien ce qu'il craignait. Ramené à un sens fort martial des réalités par le débit en coups de serviette mouillée de Martyn, l'explorateur redresse les épaules et se dirige au pas cadencé vers la tente des tire-au-flanc. Les trois quarts des ânes sont chargés ; debout sous la bruine, les hommes attendent. Ils sont impatients, ils ont l'œil rouge, ils expectorent d'immondes morviats sur la terre détrempée. Mungo entre à grands pas dans la case et, le poil hérissé, s'apprête à prendre une éclatante revanche sur toutes ses frustrations. Un seul éclat de voix suffira. Il a déjà les mots au bord des lèvres – « Comment osez-vous, bande de fainéants ? » – lorsque le spectacle qui s'offre à sa vue l'arrête court. Le spectacle… et l'odeur.

Tassés dans un coin de la case, les trois hommes sont trop mal en point pour lever les yeux ou pour seulement écarter les hordes de moustiques qui, mystérieusement, se sont mises à pulluler dès que la pluie a commencé à tomber : déjà brûlés par le soleil, leurs mains, leurs visages, leurs cous sont couverts d'un noir grouillement de bestioles. La joue écrasée par terre au milieu d'une flaque de vomi, Cartwright a l'air de dormir. Le vieux Rome marmonne, tandis qu'allongé sur le dos, Bloore regarde fixement le chaume du toit d'un œil catatonique. La puanteur est pire que dans une salle de grands malades... odeur infecte de celui qui, désorienté par la maladie, se laisse définitivement aller; mais il y a plus : essentiel, issu de la terre, flotte le parfum désespérant de l'être qui s'avoue enfin mortel.

– Demandez-leur donc s'ils sont prêts à se lever! Eh ben, allez-y! lui jette Martyn d'un ton narquois.

Avant d'ajouter « Sir! » comme s'il poussait un hourra.

Mungo s'agenouille à côté de Bloore et, d'un geste sec, chasse les insectes qui se repaissaient de son visage. Les yeux du malade ne cillent même pas.

– Bloore, demande-t-il à voix basse, tu arrives encore à marcher?

Le vieux Rome – il a la cinquantaine et prétend avoir fait le coup de feu contre les Yankees à Saratoga – n'a pas cessé de grommeler depuis que l'explorateur a franchi la porte de la tente. Et soudain voilà qu'il élève la voix comme si, privé de tout espoir, il voulait encore apaiser quelque divinité invisible, le dieu des Marmonnements ou le seigneur des Comptines, qui sait?...

– « L'était une jeune et noble demoiselle », commence-t-il et, sa voix se faisant de plus en plus forte à chaque syllabe, il finit par hurler : « L'était une dame qu'était fière d'être bien née... Et moi je me glissai derrière elle... Comme pour lors lui rappeler... Que... que... »

– Bloore, s'écrie l'explorateur en haussant le ton pour couvrir les divagations du vieux Rome, veux-tu que je te fasse préparer une litière?

Bloore contemple le plafond. Dans sa gorge, son souffle se fait râle.

– Que... que... que... gronde Rome.

L'explorateur s'empare de la main calleuse de Bloore.

– Dis ! Je peux t'aider ?

Pour finir, Bloore tourne vers l'explorateur sa joue hérissée de barbe ; ses yeux s'affolent. Une sorte de corde dure lui fait saillie au milieu du cou tandis que sa tête roule de côté : par tout son corps, c'est le seul muscle qui remue. Il donne l'impression d'être en train de pourrir sur pied, de s'enfoncer dans la terre. Mungo sent son haleine de malade sur son visage. L'horreur : de la viande qu'on a laissée se putréfier. Les lèvres de Bloore s'agitent encore.

– Oui ? l'encourage Mungo en se penchant sur lui. Oui ?

– ... Qu'une oie l'a pas toujours besoin de faire « pouet pouet ! » s'écrie Rome d'un ton triomphant.

Bloore a un hoquet. Sa voix n'est plus qu'un bruissement de plume emportée par la bourrasque.

– Croyez pas qu'vous en avez déjà fait assez comme ça, m'sieur l'Explorateur ?... croasse-t-il. Allez ! Un peu d'cœur, hein... Laissez-nous crever en paix...

~

Ainsi en va-t-il. Le sifflement régulier de la pluie, une progression de tardigrade, l'inexorable usure. Roger McMillan, soldat, et William Ashton, matelot, se noient lorsqu'un des canots chavire pendant la tumultueuse traversée de la rivière Bafing. J. Bowden, charpentier, se fait distancer par la colonne, dépouiller et assassiner par des voleurs. Christopher Baron est taillé en pièces par des chiens sauvages tandis qu'il vomit dans un sous-bois. C'est tous les jours que des hommes s'effondrent au bord de la route, que des ânes disparaissent, que de l'équipement est jeté dans la brousse ou dérobé.

Car c'est là le pire : le brigandage. Le reste, Mungo parviendrait à s'en accommoder, avec des lieux communs comme la nature hostile à l'homme, mais ça, non : ces attaques incessantes qu'ils subissent de la part des indigènes, de ceux-là mêmes qui devraient le plus profiter de l'ouverture de la région au commerce britannique, voilà bien ce qui l'exaspère et lui brise le cœur. Au lieu de songer au prochain village avec soulagement, au lieu d'y voir un lieu de refuge et de repos, il en vient à redouter tout endroit qui a l'air tant soit peu civilisé. On s'est donné le mot : le convoi est *doummoulafong*... entendez que la chasse est ouverte. Tout au long de la route, de Dougikotta jusqu'à Kandy, la rumeur vole comme si elle avait des ailes : un convoi de Blancs va bientôt passer. Ils sont tous malades, tous tellement affaiblis que c'est à peine s'ils ont la force de tenir leurs armes ou de conduire leurs ânes surchargés de perles, d'or et de choses si exotiques et merveilleuses qu'il n'est point de mot mandingue pour les dire.

Les villageois sortent comme des mouches, se font chacals, hyènes. Voler n'importe quoi à ces Blancs qui, pâles comme la mort, vomissent et puent la merde devient affaire de point d'honneur : aussi vital que d'arracher des armes à la tribu ennemie des Grandes Plaines de l'Ouest... ou que de rester debout sans broncher en attendant que le taureau enragé de la Sierra Morena vienne s'écraser à vos pieds. Les indigènes sont partout, et ils sont sans pitié. Un jour, après être descendu de cheval pour aider un soldat dont l'âne s'était embourbé dans la vase jusqu'aux moustaches, Mungo se retourne... et découvre que, rapide comme un lévrier, un Noir est en train de filer avec ses fontes. Une autre fois, deux vieillards maigres comme des bambous sortent d'un buisson juste devant lui. Au moment où, précautionneusement, l'explorateur lève son mousquet sur eux, le premier bondit en avant et lui arrache son arme des mains pendant que le deuxième le dépouille de sa vareuse. Tout cela sous une pluie battante.

– La seule façon de remédier à cela, lui dit Johnson, qui chevauche lentement à travers une poche de brouillard, juché sur sa jument, c'est de tirer à vue sur tous ces chapardeurs. Croyez-moi, monsieur Park : je les connais, ces gens-là.

Tout près, les arbres sont gris de brume ; plus loin, ils semblent reculer dans le ventre même des nuages. Les feuilles dégouttent, d'étranges créatures lancent des appels dans la forêt, des grenouilles se montent dessus et ça les fait chanter.

– C'est l'Afrique, mon frère ! ajoute Johnson, en resservant un vieil aphorisme qui remonte à Éboé et à sa chiromancie sous des cieux fendus d'un pôle à l'autre de l'éther. Dans le secteur, ils connaissent que la raison du plus fort. Si tu mollis, ils t'abattront comme un rien et te foutront à poil jusqu'au trou d'balle.

D'un bout à l'autre de la colonne, l'ordre s'envole :

– On tire à vue !

~

Le résultat immédiat de cette politique de durcissement ? Martyn et M'Keal s'intronisent chiens de garde à la tête du convoi et, avec enthousiasme, fusillent deux vieilles marchandes d'œufs qui s'avançaient en titubant sur la route, leur fragile fardeau perché sur la tête dans de grands paniers tressés semblables à ceux dont se servent les charmeurs de serpents. Mungo observe le mol enchevêtrement de leurs corps : bras et jambes sortis de leur axe, l'œil et la poitrine joliment troués, où le sang mélangé au blanc et au jaune dégoulinant des œufs cassés a formé en coulant des blessures une sorte de protoplasme sans âge, une gelée biologique originelle qui se serait mise à faire des bulles à la surface d'un marécage antédiluvien.

– Enterrez-les ! ordonne-t-il.

Dix minutes plus tard, tandis qu'il conduit son cheval à travers un dédale d'immenses roches arrondies couchées sur l'herbe comme autant d'éléphants morts, l'explorateur perçoit un soudain remue-ménage à l'avant du convoi. Un des hommes… on dirait qu'il s'agit de Ned Rise… est en train de se battre contre deux Noirs. Mungo lâche les rênes et se rue dans l'étroit passage qui zigzague entre les rocs.

– Au voleur ! Au voleur ! se prend-il à hurler comme s'il se trouvait dans une avenue passante de Londres ou d'Édimbourg.

Nus sous la pluie, les deux Noirs relèvent vivement la tête, évaluent froidement la distance qui les sépare de l'explorateur… et se remettent à leur travail. Les deux mains accrochées au mousquet que Ned tire d'avant et d'arrière comme si c'était une scie passe-partout, le premier décrit des cercles autour du Blanc, cependant que le deuxième fend méthodiquement les ballots assujettis sur l'âne par des courroies de cuir. L'explorateur n'a pas le temps d'arriver sur les lieux que le premier a déjà filé avec le chapeau de Ned, le second disparaissant bientôt dans les buissons avec un sac de cinquante livres de riz. Son mousquet toujours à la main, Ned s'étale dans la boue, victime des efforts qu'il déployait pour s'agripper à son arme, que son adversaire vient de lâcher brusquement.

En jurant, Mungo ajuste le premier.

– Tiens ! Prends ça ! hurle-t-il en appuyant sur la détente.

Rien ne se produit. Le voleur s'immobilise, mains sur les hanches, à moins de cinquante pas de l'explorateur. Et, chose incroyable, le voilà qui se met à onduler de la croupe, le pelvis en avant, dans une attitude de défi obscène et méprisante.

Dégoûté, Mungo jette son mousquet par terre (poudre mouillée, sans doute, et merde !) et empoigne celui de Ned. Mais, agile comme un lapin à l'orée de sa garenne, le voleur a disparu. Mungo une fois de plus est frustré et il est sur le point d'exploser, car trop c'est trop ; le peu de maîtrise qui lui restait est devenu blessure saignante. Mais Ned pousse un cri qui le fait pivoter sur lui-même. Il n'en croit pas ses yeux : un salopard de nègre est en train d'enfourcher le cheval qu'il a laissé dans le défilé, à peine trente secondes plus tôt ! C'est la goutte qui fait déborder le vase. Tremblant d'une juste indignation, il épaule le mousquet, abaisse le canon, et BOUM ! laisse partir le coup. Nuage de fumée, petit cri perçant ; Ned lance d'un ton surexcité :

– Vous l'avez eu !

Eh oui : il est là, étalé par terre comme une perdrix abattue. Mungo lâche son arme et se met à courir : juste le temps de voir le voleur qui, la jambe ouverte, s'arrache du sol mouillé et détale vers les rochers. Dans sa main, il serre un petit objet brillant.

– Tous sur lui ! rugit Mungo que le frisson de la capture a saisi.

Un instant plus tard, il remonte en selle et se rue à la poursuite du blessé, ses lieutenants, Johnson, Martyn et Scott, enfin en alerte sur ses talons. Ils sortent du dédale de roches juste comme le voleur s'efforce de disparaître dans des buissons. En une seconde ils sont sur lui. Mais... où est-il passé ?

– Sors de là, bougre de salaud ! hurle Martyn.

Les chevaux foncent dans le sous-bois, fracassent des baliveaux, tournent et virent dans la plus grande confusion.

– Mais où a-t-il donc filé ? s'écrie Scott dans un quasi-hennissement, l'œil rivé sur le sol ainsi qu'un chasseur de renard.

C'est trop rageant. On s'appelle, les chevaux s'ébrouent et soufflent, des renforts arrivent à toute allure. Mais une fois de plus, comme par magie, le chenapan semble avoir déjoué ses poursuivants. L'explorateur se tourne vers Johnson et hausse les épaules. Johnson ne lui prête pas la moindre attention. Assis sur sa jument, il garde le silence et, du bout de son bâton, montre les frondaisons du baobab sous lequel ils sont arrivés. Au-dessus d'eux, comme un animal pris de vertige, le voleur s'est tapi contre une branche podagre. Il penche la tête et, tout tremblant, laisse échapper l'objet qu'il serrait dans son poing. Un des hommes le ramasse. C'est une boussole montée sur liège, celle-là même dont Ailie a fait cadeau à Mungo juste avant son départ. « Pour t'aider à retrouver le chemin de la maison », lui avait-elle dit.

– Tirez, monsieur Park !

C'est la voix de Johnson. Martyn, dont le cœur s'est mis à battre fort, reprend en chœur :

– Tirez ! Tirez !

Lentement, pouce après pouce, l'explorateur hausse son pistolet, jusqu'à ce qu'il découvre, tout au bout du canon, le pauvre diable tremblant sur son arbre. L'instant lui paraît interminable. D'un côté la proie, de l'autre le prédateur. D'un côté le perdant, de l'autre le gagnant. Petit, l'air affamé, la peau violette de sueur, le voleur le regarde d'un œil désespéré, un œil déjà mort, un œil où la pâleur lactée le dispute à l'éclat vitreux, un œil qui fait songer à celui du veau abattu par le boucher, à celui du chien écrasé sur la route. Sa cuisse n'a pas l'air beaucoup plus grosse que l'avant-bras de Mungo. Sur sa face interne, juste au-dessous de l'aine, la chair est aussi déchiquetée que si on l'avait passée au hachoir. Des poils, des saletés, de la terre se sont collés aux lèvres de sa plaie. Dans les feuilles, la pluie joue un thrène.

– Tirez !

L'explorateur pense à Sir Joseph Banks, à son livre, à Londres, à l'ivresse de la célébrité, à Ailie, aux enfants, au soleil qui brille sur la Yarrow...

« Mais qu'est-ce que je fabrique ? se demande-t-il. Nom de Dieu ! mais qu'est-ce que je suis en train de fabriquer !... »

Et il presse la détente.

FINI DE RICANER [1]

La détonation est terrifiante, grandiose, elle ricoche sur les rochers luisants de pluie comme un pain de dynamite éclatant dans une salle de concert, comme le grondement coléreux d'une montagne explosant de fureur. Presque aussitôt elle est suivie d'un cri pitoyable et de deux ou trois coups de feu roulant. Seul dans le défilé, Ned Rise imagine des soldats au garde-à-vous, des drapeaux qu'on agite, des salves dont l'onde de choc vous atteint jusque sous les pieds – quelque fête inaugurant une ère nouvelle. Tout cela, il l'entend avec un mélange de haine et de soulagement. De haine parce qu'il songe à ce pauvre négro qui s'est fait hacher sur place, de soulagement parce que, enfin, enfin, le grand héros blanc semble avoir retrouvé un peu de bon sens. La situation ne s'est pas améliorée

1. « *The last smirk* », jeu de mots sur le nom de Smirke – *to smirk* : ricaner, minauder.

pour cela. La chiasse et la fièvre font tomber les hommes comme des mouches, la pluie les ralentit de plus en plus et les Noirs les volent comme au coin d'un bois. C'en est à croire que personne jamais ne posera les yeux sur le Niger – ni Park, ni le lieut'nant, ni cette espèce de petit gommeux de Zander. Et ça le mène à quoi, lui, Ned le Survivant ? Il est dans le même sac que les autres : les indigènes le dépouillent tout autant, et il a les mêmes vautours qui lui tournent au-dessus. À moins que Park ne consente à se durcir un peu et à montrer qu'il en a. Ces coups de feu semblent indiquer qu'on est reparti dans la bonne direction.

De tout ce temps, Ned n'a pas bougé, attendant le dernier haro dans le lointain, le dernier écho du *coup de grâce**. Enfin il revient vers son âne ; il en resserre la sangle, vérifie les courroies qui maintiennent arrimé au dos de la bête un bagage hétéroclite. La pluie s'est mise à tomber comme jamais. Il se baisse pour ramasser le mousquet à peu près inutilisable que Mungo a jeté dans la boue, lorsque ses yeux décèlent un mouvement dans la clairière devant lui. Encore des voleurs ? Des bêtes sauvages qui auraient un penchant pour la chair d'âne ?... ou d'homme ? Instinctivement, il porte la main à son poignard.

De nouveau, un mouvement dans les broussailles.

– Hé là ! lance-t-il en tâtant nerveusement la cicatrice que la corde du bourreau lui a laissée autour du cou.

Droit devant, la piste s'enfonce dans la clairière (il y a là un énorme baobab solitaire, un bouquet de baliveaux, un peu d'herbe à savane, des fleurs sauvages, quelques touffes de bruyère, avant de dévaler une longue pente caillouteuse flanquée d'un deuxième amas de roches gargantuesques). Au cri de Ned, le mouvement s'arrête brusquement. Il y a quelque chose là-bas derrière, c'est indubitable, et rien à faire, Ned n'a aucune envie d'aller s'aventurer dans ces parages. Il en est à se dire qu'il va tout simplement attendre que les autres remontent à sa hauteur lorsque les buissons de bruyère se mettent à trembler violemment, comme si un gros animal essayait de les déraciner.

Perdant patience, Ned se penche et lance un caillou dans les fourrés. Ô surprise, il entend alors le bruit sourd, reconnaissable entre tous, de la pierre entrant en contact avec la chair, celui-là même qu'il a appris à identifier du temps où, enfant, il tirait les pigeons à la fronde. Un instant plus tard, deux mains noires ayant écarté les feuilles, une sale tête surgit ; et quelle tête ! Aussi noire et sauvage que celle d'un gorille. Non : plus noire et plus sauvage encore, dans la mesure où c'est celle d'un homme. Les yeux y fulminent dans des orbites rougies à l'ocre, de profondes cicatrices verticales la barrent comme de terrifiantes blessures, boursouflent le front et les joues ; les cheveux sont tirés en arrière et noués en chignon, le cou pris dans un collier fait de têtes de cobras enfilées – dont le sens semble clair : « Attention, je suis venimeux et n'hésite pas à mordre. » À côté de ce monsieur, les voleurs du coin ont l'air d'enfants de chœur. Les sauvages de Pisania eux-mêmes ne sont que pâles figures en comparaison. Désespéré, Ned relève son mousquet dégoulinant de pluie et, maigre *pis-aller**, serre son poignard sous son bras.

Rien ne se produit. Pendant un long moment, Ned et le sauvage se font face à six pas l'un de l'autre, sinon moins, la pluie s'abattant sur eux en oblique. Ned fait de son mieux pour avoir l'air inquiétant et maître de lui-même, et soudain, sans qu'il s'y attende ou sache pourquoi, le sauvage lui décoche un grand sourire. Un sourire moite et obscène, une grimace qui étire ses grosses lèvres en arrière et découvre des dents taillées en pointe. Et puis il disparaît. Pfuit. Comme un elfe dégénéré.

~

Cette nuit-là, ils campent dehors, la pluie battant sur les tentes comme sur des tambours indigènes. On voit briller des éclairs, on entend, rentrés et fantomatiques, des cris d'animaux errant dans la nuit. Aux environs de 2 heures du matin, le feu de garde est soudain noyé par une averse torrentielle, et une harde d'hyènes menaçantes s'introduit dans le campement pour éviscérer un âne de bât.

La nuit suivante, ils campent à nouveau en plein air et, une fois de plus, la pluie tombe à verse. Même chose la nuit d'après, et encore la nuit suivante. Pour autant qu'il arrive encore à s'y retrouver, Ned se dit qu'on est à la mi-juillet. À s'en tenir aux affirmations du grand héros blanc, on devrait être déjà en train de descendre le Niger depuis un mois. « Encore quinze jours ! » il dit comme ça. « Plus que cent cinquante à cent soixante milles de marche. Accrochez-vous, les hommes ! » Voilà tout ce qu'il a trouvé pour les exhorter.

Accrochez-vous !... Elle est bien bonne, oui !... Ce matin-là, Ned a vu Jonas Watkins cracher ses poumons avant de piquer la tête la première dans la vase ensanglantée. On l'a remis sur pied mais il n'a fait que tourner en rond avant de s'effondrer à nouveau. Il avait des taches rouges et blanches sur la figure et les yeux d'un vilain blanc laiteux. Park est venu lui demander s'il avait la force de continuer. Jonas n'a même pas été capable de répondre. Au bout d'un moment, le grand héros blanc est remonté à cheval et a ordonné à Jemmie Bird de lui laisser du bœuf salé et des munitions.

– Tu nous rattrapes dès que tu te sens mieux.

Tu parles d'une blague ! Une comparaison, l'expédition ce serait la tête d'un homme qui devient chauve, eh bien le pauvre Jonas, il ne serait jamais qu'un cheveu de plus en train d'en tomber... Mais ce qui fait vraiment mal, c'est cette espèce de petit beau-frère maigrichon qui joue les lieutenants. Se faire traîner partout sur une litière comme s'il était de sang royal alors que Jonas, lui, se voit jeté en pâture aux vautours sur le bord de la route ! Qui croit-il donc être en train de berner, ce Mungo Park ?

Ned serre les dents... et s'accroche. Le mois tire à sa fin. Les hommes longent des corniches, parcourent des plaines, traversent des villages qui leur paraissent être toujours le même et qui, tous, puent la merde. D'étranges oiseaux s'envolent sous leurs nez, des bêtes carnivores se ruent sur les ânes comme des éclairs fauves, des hardes d'énormes cerfs aux flancs rayés et aux cornes en vrille s'enfuient en bondissant au moindre cri. Ils mangent du blaireau à miel et des leggadas, se baignent dans des trous d'eau infestés de sangsues, de bilharzies et de filaires. Tout empeste l'humus et la moisissure rampante.

En une seule étape de deux jours, particulièrement abominable, ils franchissent à gué trois rivières gonflées par les pluies : la Wonda, la Kinyaco et la Ba-Li. Pas une qui ne gronde et ne se rue ainsi qu'un dieu en colère, pas une dont le flot ne soit hérissé d'arbres déracinés, de buissons emmêlés et d'écueils où se cachent serpents et crocodiles. L'eau couleur caca d'oie, toute ridée, court à une vitesse folle. À la première rivière – mais était-ce bien la première ? – Jimmy M'Inelli, un type chouette capable de tenir un jeu de cartes entier dans une main avec plus de maestria que la plupart des gens n'en auraient à cramponner un couteau et une fourchette dans deux, s'est fait avaler par un crocodile comme un vulgaire amuse-gueule au fromage. Dans l'eau jusqu'à la taille, là, à moins de trois mètres de la rive, Ned était juste à côté de lui lorsque l'engin a fondu sur le pauvre diable comme une bûche déboulant dans un bassin d'écluse. La bête a ouvert les mâchoires d'une manière horriblement mécanique et puis a disparu dans la soupe brunâtre du courant. Une seconde plus tôt, il était en train de crier à son ami de lui attraper la main ! Pas le temps de dire ouf que M'Inelli n'était plus qu'une ride à la surface de l'eau. Ned n'est pas du genre à hésiter. Métamorphosé en acrobate, en aigle, il a bondi dans les airs en poussant un bref hurlement de surprise, et s'est retrouvé sur la berge. Il dégoulinait, il tremblait, il cherchait son souffle : une vraie machine à vapeur. Dans son esprit, tout se bousculait : Billy, Shaddy Walters, Jonas, M'Inelli… il revoyait leurs visages. La peur s'empare de lui et l'étreint comme un étau. De gré ou de force, il lui faut absolument circonvenir Mungo Park.

~

Une nuit, aux portes d'une ville qui a nom Bangasi, Ned s'est accroupi près du feu de garde et, sa chemise séchant sur un bâton, s'est mis à seriner rêveusement un petit air sur la clarinette de Scott. (À ce propos : trouvant que ce serait une bonne idée de jouer un peu de musique, histoire d'apaiser les nègres du coin à l'aide de douces mélodies et de battre le rappel des traîne-savates du convoi en les guidant comme brebis égarées, et puisque Scott était décidément trop malade pour se tenir debout et *a fortiori* pour souffler dans un instrument à vent, ne fût-ce que deux croches, Mungo avait demandé des volontaires. On avait grogné. C'est alors que, toujours à chercher le moyen de s'immiscer dans ses bonnes grâces, Ned était sorti du rang.) La nuit est froide et humide, les gouttelettes de crachin restent en suspens dans l'air, plumes volant au souffle d'anges en balade. Jemmie Bird, que l'on a affecté au deuxième quart, dort comme un sonneur à ses pieds. Le reste de la troupe ronfle et gémit dans les tentes toutes détrempées.

Surréel est le calme ; au point même que Ned croit entendre tomber chaque particule humide déposée par l'air brumeux. Il vient juste d'achever une émouvante interprétation de son grand classique, *Greensleeves* : la dernière note tristement cristalline semble encore planer dans l'air, lorsqu'un grincement bas et insistant le fait sursauter. Cela se répète et semble venir des tentes. Il tourne la tête, écarquille les yeux : quelqu'un aurait-il cherché à attirer son attention ?

La lumière du feu est irrégulière, qui monte et descend comme le lent ressac du flot au pied d'une jetée ; c'est vrai, il y a quelqu'un là-bas derrière, de l'autre côté de la tente du quartier général. Ned se lève et fait quelques pas en silence, l'esprit aux aguets. Mais… une minute. Et si c'était ce salopard de Smirke qui essayait de l'attirer dans une embuscade ? Il s'arrête, les deux pieds sur la même ligne, se penche pour scruter les ténèbres.

– Hé là ! lance-t-il, s'attendant presque à voir l'un des hommes de la troupe lui sauter dessus en éclatant de rire… encore que, crevés comme ils sont, on les voie mal se livrer à ce petit jeu ; ils ont déjà assez de peine à garder toute leur énergie pour mourir. Il est sur le point de lancer un nouvel appel lorsque, en un éclair qui le terrorise, il l'aperçoit… Ce visage ! C'est celui de l'individu qui l'autre jour, il y a deux semaines, le fixait, caché dans les bruyères. À ceci près que cette fois ils sont deux. Non, trois. Et ce bruit encore, cette espèce de *ssssit !* Serait-ce un appel à son adresse ?

– Eh, Jemmie ! chuchote-t-il en décochant un coup de pied à son compagnon endormi.

– Ma… ! hurle l'autre. Maman !

Lorsque Ned relève la tête, les visages ont disparu. Jemmie Bird se frotte les yeux en bougonnant cent fois « Putain de rêve ! »

– M'étais fourré dans le crâne qu'j'étais rentré à la maison, à Wapping, et que j'suçais l'tétin à ma mère… tu parles d'une trouille que ça m'foutait, raconte-t-il.

Suit un silence méditatif. Les flammes craquent dans l'air. Et voilà que Bird éclate de rire – ha ! ha ! – comme s'il venait de se jouer un bon tour ; mais déjà sa tête lui retombe sur la poitrine, et le premier d'une longue série de ronflements, de plus en plus sonores, s'installe au fond de sa gorge.

La peur au ventre, Ned repose sa clarinette et ramasse son mousquet. Il est sur le point de s'enfoncer dans l'ombre pour affronter ses démons, mais une main se pose sur son épaule. Pris de panique il se retourne, et se trouve nez à nez avec l'un des serviteurs nègres de Johnson, Sérénoummo, surgi on ne sait d'où.

– *E ning somo, marhaba*, fait l'esclave.

Ned lui renvoie son salut. Ils sont devenus amis, enfin en quelque sorte, et de temps à autre, ils ne détestent pas fumer une pipe ensemble en parlant mandingue – Ned pour améliorer son vocabulaire et Sérénoummo pour sonder le Blanc aux yeux de chat sur les merveilles de l'*Angueuleutèw'* et la grande mer salée. Pour l'heure cependant, Ned l'attrape par le coude avant qu'il ait pu s'installer devant le feu.

– Dis, tu n'as pas vu quelque chose là-bas, il y a une minute ? lui demande-t-il.

Sérénoummo est grand. Il a les muscles noueux et à ses bras courent des veines saillantes, comme des lianes cherchant à étouffer un arbre. Le visage astucieux, il aime poser des questions et parle comme une avalanche, en se tirant sur l'oreille droite lorsqu'il veut souligner quelque chose d'important. Comme la plupart des Mandingues, il n'a qu'une vague idée de son âge. Ned pense cependant qu'il doit avoir dans les quarante-cinq ans.

– Vu quelque chose ? répète Sérénoummo.

– Des visages. Il me semble. Mais je ne suis pas sûr.

Le Noir se laisse tomber en souplesse à côté du feu et sort une calebasse des plis de sa toge. Il en agite vaguement le goulot dans la direction de Ned, façon de lui offrir à boire.

– Des sauvages, reprend celui-ci en repoussant la calebasse. Nus. Avec des peintures et des dents limées. Je crois qu'ils nous suivent.

– Ah ! lance Sérénoummo, tu veux dire : les Manianas ?

– Les Manianas ?

Le Noir acquiesce d'un hochement de tête.

– Rien à craindre de ce côté-là, dit-il. Ils espèrent juste faire des affaires avec toi.

Ned est soudain rongé par le doute et l'appréhension. Des affaires ? Quel genre d'affaires pourrait-il conclure avec ces monstres vicelards ? Garrotter et pourfendre... violer, torturer, démembrer ? En véritable chat de gouttière qu'il est, lui, le pêcheur, le maquereau, le Christ ressuscité, le détrousseur de tombes, le galérien, il a toujours réussi à retomber sur ses pattes... mais là, non : ces âneries africaines le laissent sans ressource. Ah ! quelle saleté ! Quelle sauvagerie ! Il y a des moments où il aurait presque envie de rentrer à Londres pour y jouer à cache-cache avec Osprey, Banks et le bourreau. Eux au moins, il ne leur viendrait jamais à l'idée de lui ouvrir le ventre et de le lui remplir de sable. Sans même s'en être rendu compte, il est déjà en train de hurler :

– Alors, pourquoi ils sortent pas de leurs buissons pour se montrer un peu, hein ? Pourquoi ils se cachent comme une bande de diables peints ?

– C'est pas leur style. Non, parce que, tu vois, explique Sérénoummo en marquant un temps d'arrêt pour redresser la calebasse et scruter le visage de son ami, il n'y a pas beaucoup de tribus qui veulent faire du commerce avec eux. Alors, du coup, ils sont un peu timides, c'est naturel. Ce qu'y veulent, c'est... ben... ils aiment bien consommer leur prochain : cœur, rognons et cervelle. On les appelle les Manianas.

– Des cannibales ! lâche Ned en repassant à l'anglais.

Mais voilà que, l'œil brillant, Sérénoummo se met à lui faire tout un cours en se tirant mieux que jamais sur l'oreille. C'est à peine s'il a remarqué l'interruption de son ami.

– Ils vivent loin d'ici, à l'est de la Djoliba[1]. Quand ils font la guerre, ils ramassent les morts et les blessés et les mangent. En temps de paix, leur roi envoie des détachements tendre des embuscades aux voyageurs qui se promènent seuls sur les routes ou alors, quand ça ne marche pas, ils achètent un esclave ou deux, histoire de mettre quelque chose dans la marmite.

Ned s'est allongé et l'écoute, aussi fasciné, aussi horrifié qu'un enfant que l'on régalerait de contes de sorcières et de farfadets. Il ne peut s'empêcher de songer aux hommes qu'on a laissés en route, aux traînards qui essaient de les rattraper en ce moment même. En pleine nuit.

– Bien sûr, ajoute Sérénoummo, un petit sourire nerveux sur les lèvres, jamais personne n'accepterait de faire affaire avec eux... enfin, je veux dire : de leur vendre un

1. Nom africain du Niger.

esclave. Ce serait trop cruel, précise-t-il en baissant la voix et en lançant à Ned un regard de côté, bien trop cruel... Ça serait le condamner à un destin pire que la mort.

Juste à cet instant, montant brusquement de la misère de la nuit, une clameur les assaille. Elle est aussitôt suivie par de gros jurons, par tout un concert de grognements et de grincements de dents, tout un tintamarre de sabots.

– Nom de Dieu ! s'écrie une voix. C'est tout juste si j'me suis pas pété ma putain d'guibole. De Dieu ! Quel enfoiré, ce Park ! Qu'il aille se faire foutre, lui et sa mère, cette pouffiasse qui lui a donné à téter.

C'est la voix de Smirke.

Sérénoummo se relève vivement, donne une tape amicale sur le bras de Ned et file vers la tente de son maître, tandis que le vacarme se rapproche. Un instant plus tard, Smirke apparaît dans la flaque de lumière, titubant, quatre traînards aux joues creuses à ses côtés. Tous ont l'œil rétréci par la fièvre et la peur. Les ânes ont les flancs tachés de sang et le bout du museau blanc d'écume.

– Doux Jésus ! lance un des hommes en s'affalant devant le feu, à un cheveu près, ils nous bouffaient tout crus là-bas derrière !

Ned reconnaît en lui un dénommé Frair. L'homme n'est plus qu'un sac d'os et de gémissements épuisés. Le ruban bleu de la jérémiade !

– Plus moyen d'avancer, reprend un autre en se trémoussant d'un pied sur l'autre. Alors nous, à peine qu'on était étendus près d'un gros arbre tout noir, ça faisait moins d'une minute qu'il s'était couché le soleil, que v'là ces rôdeurs de loups qui s'pointent... doux Jésus ! même qu'y m'reniflaient les arpions !

Smirke se laisse tomber lourdement à côté de Frair et fusille Ned du regard comme s'il le tenait pour personnellement responsable de tous leurs ennuis ; les autres, aussi épuisés et abrutis que les rescapés d'un naufrage, se ruent vers la tente avec leurs ânes à la remorque. Sans un mot, Smirke se penche et se sert dans la marmite de riz aux oignons que l'explorateur a mise de côté pour les retardataires. Il mange avec ses mains et fait grand bruit en mâchant, le tout assorti de grognements et de rots, et quand il prend avec ses doigts la bouillie mucilagineuse pour la porter à sa bouche, on jurerait un lion teint au henné en train de se lécher les pattes. Petit chacal au visage maigre qui se repaît des miettes qu'on lui laisse, Frair l'imite, la tête basse.

Smirke a maigri pendant ces derniers mois. La maladie et l'épuisement ont réduit sa carrure. Il a perdu les trois quarts de ses cheveux roux et frisés et sa peau, là où elle n'est pas brûlée, a la couleur de la chandelle. Il est toujours aussi grand, aussi musclé, aussi idiot – et donc dangereux – mais depuis quelque temps il a l'air de vouloir laisser Ned tranquille. Celui-ci, que Park favorise en lui allégeant son fardeau, se tient en général vers la tête du convoi alors que Smirke, auquel on a confié un âne supplémentaire et les deux tiers de l'outillage de charpentier, chemine invariablement en queue. Après avoir avancé à marche forcée jusqu'à des dix heures d'affilée sous la pluie, il n'a tout simplement plus assez d'énergie pour régler ses comptes.

Ned ne saurait rêver mieux... car l'heure est venue pour lui de régler les siens. Soit ! mieux vaut oublier que Smirke l'a rossé avec enthousiasme, qu'il lui a volé sa fortune si difficilement amassée, qu'il a brisé en lui tout espoir de jamais vivre avec Fanny... Mieux vaut oublier qu'il y a des années et des années de cela, il a été jusqu'à porter faux témoignage contre lui afin de l'envoyer à la potence : cela n'a plus aucune importance. Ce qui en revanche en a, c'est que ce fou rôde toujours dans les parages et qu'il attend son heure : tuer ou se faire tuer. Il y a à peine trois semaines, tandis que par un matin bien sinistre et trempé ils sellaient leurs ânes, il lui a sauté dessus sans raison. À croire que lorsque la sangle qu'il tentait de serrer lui était restée dans la main, quelque chose aussi s'était brisé dans sa tête. Plus balourd que jamais, il avait piqué une colère, avait roué son âne de coups de pied, jeté par terre la sangle fichue, et s'était rué sur Ned. Brutal, l'assaut visait un double but : le paralyser, puis le tuer. Sans avertir, après un bon coup frappé au bas de la colonne vertébrale, il l'avait poussé jusqu'à une mare peu profonde qui puait l'urine et là, lui avait tenu la tête sous l'eau. Si Park et Martyn ne leur étaient pas tombés dessus à ce moment-là, Ned aurait péri noyé. Il avait absorbé pour un plein poumon de liquide brunâtre et récolté un joli traumatisme osseux qui l'avait obligé à marcher courbé pendant des jours et des jours. Quant à Smirke, qui rouspétait jusqu'au délire, on avait dû le ficeler sur un âne comme un vulgaire ballot de foin.

– Rien que pour ça, j'te tuerai, Ned ! avait-il hurlé – jusqu'à ce que quelqu'un lui enfourne une chaussette dans la gueule.

En le voyant penché sur sa bouillie comme une bête écumante, avec ses yeux de cochon rapprochés brillant du morne éclat de l'épuisement et de l'asthénie paludéenne, Ned a une idée. Il se tient tranquille, et attend que Smirke et Frair ronflent en chœur, puis se penche vers Jemmie pour s'assurer qu'il n'est pas éveillé : Jemmie Bird a l'air de n'être plus là pour personne. Le cœur battant et la gorge sèche, Ned vérifie le bassinet de son mousquet et glisse le pistolet de Jemmie dans sa ceinture. Après quoi il s'éloigne du feu sur la pointe des pieds et se fond dans les ténèbres qui s'étendent autour des tentes. Il appelle… Hsssst !

Pas de réponse. Il essaie une deuxième fois. Toujours rien. Enfin, léger comme de la soie, son appel lui revient.

Ombres parmi les ombres, les Manianas n'ont pas quitté les lieux. Il les sent, leur sueur, leur odeur graisseuse et musquée de bêtes sauvages ! Tellement forte et envahissante qu'il en est d'abord surpris... que des profondeurs enfouies lui reviennent, mi-ataviques, mi-acquises, d'antiques représentations raciales. Puis il les voit, eux. Ils grimacent, leurs dents comme suspendues dans le néant, comme détachées de leurs mâchoires et de leurs visages. Ils se rapprochent et le voilà qui recule vers le cercle de lumière, son mousquet pointé sur le jeu de dents brillantes et aiguisées le plus proche.

Ils sortent de l'ombre comme d'un étang : on dirait que les ténèbres leur collent encore à la peau. Ils sont cinq. Jeunes, maigres, l'œil fou. Leur odeur le prend à l'estomac. Il leur fait signe d'approcher. Celui qui se trouve le plus près, qui porte un collier de têtes de cobras, s'avance. Du doigt, Ned lui montre Smirke endormi.

– Affaire ? demande-t-il en mandingue.

Le cannibale baisse les yeux sur le gros homme brûlé par le soleil, le contemple d'un air admiratif, relève la tête. Il ronge visiblement son frein, il s'étreint les épaules comme s'il cherchait à contenir ses tremblements : c'est qu'il a l'eau à la bouche ! Soudain son visage se fait demande : il lève trois doigts en l'air.

Ned reste d'abord perplexe... et puis il comprend. Le bonhomme cherche à savoir si les trois endormis sont à vendre, Smirke, mais aussi Frair et Bird. Voici qu'un autre s'avance. Il est maigre, il a l'air affamé, il contemple les trois hommes comme une ménagère les poulets du volailler. Non ! Ned lui fait désespérément signe que non, lève un seul doigt en l'air avant de l'abaisser vers Smirke. Le premier compère a l'air un peu déçu. Sa grimace de loup s'efface un instant. Mais le second lui dit quelque chose. C'est net et sans réplique. Tous deux acquiescent d'un hochement de tête. On dirait des vautours affairés autour d'une carcasse. Marché conclu.

Tapi dans l'ombre, Ned regarde les cinq hommes ficeler Smirke avec des cordes de chanvre. Sans un mot, ils en ont bientôt fait une momie. Leur proie enfin en bonne et due forme, l'homme au collier à têtes de cobras gifle le gros visage à favoris du dormeur et enfourne un bâillon de coton enduit de cire d'abeille dans la bouche rose qui vient de s'épanouir. Ligoté comme un cochon, Smirke fait tout ce qu'il peut pour se libérer tandis qu'on le traîne par terre. Ses appels à l'aide, ses folles protestations se coincent au fond de sa gorge.

– Mmmmm ! mmmmm ! grogne-t-il comme s'il prenait place à un souper aux chandelles.

Électrisé par la scène, Ned s'est approché. Le spectacle le fascine autant que la bougie le papillon de nuit. Jusqu'au moment où il se reprend et s'arrête : à force de ne pas faire attention, il pourrait bien se retrouver dans la marmite avec Smirke. Mais voilà que soudain Têtes-de-Cobras fait volte-face. Il a un œil qui tremble, les lèvres tirées en un rictus lubrique, sacrilège : celui du conspirateur qui en appelle à son confrère. Ned tressaille lorsque le sauvage lui tend la main. Son odeur, soudain toute proche, est intolérable : Ned a envie de s'arracher les vêtements, de tousser, de s'enfuir à toutes jambes entre les arbres, de se gorger de sang... Dans la main du Maniana, il distingue quelque chose. Une bourse, en cuir noir. Elle est petite, douce comme une poire. « Prends-la », semblent dire les gestes de l'homme : il hoche la tête, tend et retend la main. Ned, surpris, attrape la bourse noire et satinée... et puis l'allégresse lui fait presque perdre la tête, il comprend : c'est son dû. Judas Iscariote... Au fond de lui-même il éclate de rire, tout en glissant le petit sac dans sa poche. Il se sent méchant, puissant, ragaillardi. Lui, Ned Rise, est l'égal des démons, des diables et des créatures de la nuit !

Il fait un pas en avant et regarde Smirke droit dans les yeux. Étendu par terre, le gros costaud ressemble à un bébé affublé de favoris. La bouche ouverte, les bras serrés le long du corps comme un nourrisson emmailloté, il grogne contre son bâillon et tend désespérément le cou. Ses mâchoires contractées se déforment, sa gorge se gonfle sous des souffles inutiles. Et son regard ! Inflexible et terrorisé, il court follement de visage en visage, s'arrête sur celui de Ned : alors c'est la colère, la haine, le complet désespoir. Ned lui retourne un petit clin d'œil, le salue sèchement, puis, comme une vieille fille venue accompagner une de ses camarades jusqu'à l'embarcadère, de deux doigts il lui adresse un petit au revoir. Et pour finir, les lèvres lui remontant lentement jusqu'aux oreilles… aussi lentement que le soleil se levant à l'horizon des collines… il se met à ricaner[1].

EXTRAIT DES CARNETS DE L'EXPLORATEUR

Bambakou sur le Niger, le 19 août 1805.

Enfin, enfin, après toutes ces épreuves et tribulations, nous y sommes arrivés ! et c'est avec des remerciements au Seigneur pour Sa protection et Son assistance que pour la deuxième fois j'ai pu faire un plongeon dans le Niger…

1. Le texte joue encore ici sur le patronyme de la victime.

et que je peux encore avoir sous les yeux ses flots majestueux : quelle émotion me procurent les doux tourbillons de sa musique ! Ah ! comme son onde est glorieuse quand elle se gonfle du précieux chargement de la mousson et que, noire de limon, elle apparaît aux regards, plus solennelle dans ses dimensions qu'aucune autre au monde – oui, même ici, en son cours supérieur.

Si ce dur voyage m'a enseigné quelque chose, c'est que les Blancs organisés, pourvu qu'ils soient munis de pacotille, peuvent sans coup férir pénétrer assez avant dans les terres et n'être ni dépouillés ni honnis par la population, et n'envisager pour cela qu'un prix raisonnable en vies humaines, de l'ordre de trois ou quatre sur un effectif de cinquante, à condition d'avoir pris les précautions qui s'imposent et de compter avec les caprices d'un climat fantaisiste. Quant à nous, nous sommes arrivés à nos fins en la compagnie de six braves à trois poils prélevés sur le régiment de Gorée – Martyn, M'Keal, Bird, Rise, Frair et Bolton – et d'un habile charpentier venu nous rejoindre de son lointain Portsmouth, un certain Joshua Seed, aujourd'hui délirant. Il nous faut malheureusement déplorer la perte de notre grand gaillard de Smirke, enlevé il y a quelques jours de cela par des prédateurs qui se font une spécialité de rôder la nuit, et celle de Mr Scott qui, se sentant un peu patraque, a été obligé de rester à Koumikoumi, charmant village alpestre situé à moins de quinze lieues d'ici. Il a promis de nous rejoindre dès qu'il s'en sentirait la force.

Johnson, ou plutôt Isaaco, puisque tel est bizarrement le nom dont il entend se faire appeler maintenant, est aussi précieux pour cette deuxième expédition qu'il le fut pour la première. Dévoué, compétent, humble et intelligent, ce véritable *homme des lettres* * (*sic*) africain qui jadis cueillait le coton dans les Carolines et, tant à Piltdown qu'à Londres même, fut le valet de chambre attentif d'un homme aussi élégant que Sir Reginald Durfeys, se donne corps et âme à la tâche de faire reculer les frontières de nos connaissances géographiques. Il a renoncé aux douceurs de son foyer et de sa famille pour apporter son concours à l'ouverture d'une route entre la Gambie et le Niger. Ce matin encore, il se montrait à la porte de ma tente et me suggérait humblement, cette fine mouche, de faire savoir au roi Mansong de Bambara qu'ayant pénétré sur ses terres, nous avions l'intention de lui demander de bien vouloir nous bénir dans notre entreprise. « Génial ! » me suis-je écrié, et je dépêchai dans l'instant deux des serviteurs noirs de Johnson à Ségou.

Outre les présents que je lui destine, ainsi qu'à son fils Dâ, ces deux hommes lui remettront une lettre dans laquelle je lui détaille les objectifs qui nous amènent à visiter de nouveau son pays. J'ai le fervent espoir que ce généreux potentat nous fournira les vaisseaux nécessaires à la poursuite de notre expédition, étant donné les difficultés que nous ne manquerons pas d'éprouver dès lors qu'il nous faudra construire des bateaux, puisque nous n'avons plus de charpentier.

En attendant, j'ai décidé – une fois de plus l'idée est de Johnson – de descendre le fleuve jusqu'à la ville de Sansanding, en passant par Ségou. Dans cette dernière cité nous serons transportés par une tribu fort curieuse puisque ses membres gagnent leur vie en acheminant, un peu à la manière des gondoliers de Venise, des marchandises et des voyageurs dans leurs pirogues. De là, après avoir échangé nos marchandises, nous pourrions lancer le *H.M.S. Djoliba* à l'assaut de territoires que personne encore n'a jamais reconnus. Je ne saurais être en meilleur accord avec mon fidèle drogman : les bonnes manières exigent en effet que notre étape à Ségou ne soit pas une nouvelle occasion d'en appeler à la charité si libérale et véritablement chrétienne d'un Mansong, lequel, ainsi qu'on le sait, se montra si fort préoccupé du succès de notre première entreprise. Qu'aux dires de certains, Sansanding soit une ville essentiellement maure ne devrait pas nous empêcher d'y tirer le meilleur prix de nos marchandises. De toute façon, nous devrions déjà nous en être remis à la vaste protection du grand fleuve Niger avant même que leur fanatisme inné et leurs préjugés indéracinables puissent nous causer le moindre tort. J'ai aussi décidé de ne plus troquer quoi que ce soit avec les tribus indigènes dès que nous voguerons sur le fleuve, cela au cas où lesdites tribus se montreraient hostiles à notre égard : notre propos est bien en effet de remonter vers le nord, jusqu'au cœur même de leurs territoires. Je n'entends traiter avec personne jusqu'à ce que nous touchions l'océan. Dieu le permettant, ce voyage devrait être aussi paisible qu'éclairant. Je n'ai aucune nouvelle du diabolique Dassoud. Il faut croire qu'il a payé depuis longtemps le prix de ses fautes.

Fleuve de Mystère, fleuve de Légende, fleuve de l'Or ! Comme il est bon de se retrouver sous le charme du Niger, de contempler à nouveau l'échine large de son flot bouillonnant, d'en boire encore une fois à longues gorgées l'onde fraîche et revigorante ! Il n'est point jusqu'à mon propre beau-frère et second, le cher Alexander Anderson, qui ne se ravisse de ses beautés. Acharné à lutter contre les rigueurs du climat et les violences de notre marche forcée, ce courageux Écossais m'est resté fidèle à travers toutes les épreuves. Ah ! le bel exemple et le réconfort que sa présence ! Sa fièvre a l'air d'être beaucoup tombée et les eaux curatives du Niger ont fait remonter tant de joli feu à ses joues pâles qu'invariablement en les contemplant je me prends à songer aux âtres rougeoyants et aux brèves et douces averses de neige des Marches de notre pays. J'ai le ferme espoir de le voir promptement recouvrer la pleine santé. Je crois aussi que Mr Scott pourra nous rejoindre avant la fin de la semaine. Alors, l'esprit et le corps rafraîchis, nous nous lancerons enfin à la conquête du Niger !

HORRIBLE MÉTAMORPHOSE

C'était un rêveur-né. Un crétin congénital, aurait dit son père, un casse-pieds un peu bébête, un grand dépendeur d'andouilles tout juste bon à sécher du whisky et à se mettre les pieds sous la table. Mis à l'école dès ses six ans, il s'était retiré en lui-même, dévorant mythologies et récits de voyages, en adepte convaincu d'une vie de retrait. Lectures apaisantes, promenades solitaires à travers les bois touffus et les cimetières abandonnés lui apportaient une compensation et un refuge dans sa vie de pensionnaire. De retour chez lui pour les vacances, il errait par les collines aux alentours de Selkirk, étranger aux fils de métayers qui l'ignoraient lorsqu'ils le croisaient et, dans son dos, le traitaient de snob. Sa sœur était sa seule amie.

C'était un enfant, frêle et délicat ; puis ce fut un homme. C'est à peine s'il remarqua le changement. La chose se fit aussi doucement, avec aussi peu d'à-coups que le cycle des saisons : l'herbe verdit, les feuilles tombent, il neige, il pleut, il fait soleil, c'est l'école, c'est le collège, c'est la faculté... Du jour où sa mère mourut jusqu'à celui où il sortit docteur de l'université d'Édimbourg, son existence fut calibrée, sa voie nettement tracée ; il la parcourut d'un pas de sénateur, sans jamais avoir la moindre raison de se demander ce qu'il voulait faire de sa vie. Il savait, car il avait l'assurance sans détours de ceux qui n'ont pas été mis à l'épreuve, que quoi que ce fût, ce serait grandiose.

Mais voilà : de retour sous le toit paternel avec son diplôme en poche, Alexander Anderson s'était brusquement senti perdu. Pour la première fois de sa vie il était libre de choisir, de courir là où ses jambes voulaient bien le porter, bref, d'en faire exactement à sa tête. Pareille responsabilité était écrasante. Horace, Catulle, la *Physiologie* d'Aristote, à quoi donc tout cela lui servait-il aujourd'hui ? Malgré les pressions de son père, il n'avait aucune envie de se lancer dans la médecine et d'y faire une carrière qu'il trouvait trop humiliante, voire répugnante. Pas davantage il n'hésitait entre une profession juridique et une vocation religieuse comme tant de ses camarades indécis. Il avait brièvement caressé le projet de se faire un nom dans la poésie, il y aurait eu l'éclatant Southey, l'intrépide Burns... et le surprenant Anderson ; mais y avait renoncé lorsque, après avoir rempli six ou sept cahiers de lugubres banalités où, tel *L'Homme sensible* de MacKenzie, il ne cessait de s'apitoyer sur son sort, il avait enfin compris, d'un œil aussi calme que réaliste, qu'il n'avait pas un gramme de talent à dépenser en ce domaine. Il lui était alors venu l'idée d'embrasser la carrière militaire – ah ! les vareuses rouges qui flamboient, les fifres et les tambours, ah ! mettre les Français à genoux, et tout ce qui s'ensuit ! Mais non, c'était toujours ainsi que finissaient les athlètes : sur le champ de bataille, la tête défoncée. Qui plus est, comment aurait-il pu espérer se mesurer avec tous ces gaillards, du haut de ses malheureux cinq pieds quatre pouces, pour un poids total de neuf stones[1] à tout casser ?

1. Stone : un peu plus de 6 kg.

Ainsi donc, il était resté à Selkirk et, sans grand enthousiasme, avait commencé à accompagner son père dans ses tournées. Le cœur rempli de vagues désirs et l'échine tout aussi fortement courbée par l'*anomie** et le mépris de soi-même que celle du baliveau que fait ployer la neige, il mangeait et s'habillait aussi correctement que le lui permettaient les intérêts de son modeste capital, buvait pour tuer le temps, et rêvait à n'en plus finir.

C'est alors que sémillant, héroïque et grandi par ses triomphes, Mungo était rentré d'Afrique. Zander n'avait plus douté un seul instant de ce qu'il ferait de sa vie : il y aurait une deuxième expédition et il en serait. Comme si l'on pouvait trouver occupation plus exaltante ! Ni Nelson ni Napoléon lui-même jamais ne pourraient l'égaler. Ah ! l'émoi de s'arc-bouter contre l'inconnu, ah ! le risque délicieux, ah ! l'enivrante exaltation de la victoire sur la Nature ! C'était trop beau pour être vrai. Comment avait-il pu s'oublier au point de penser à autre chose pendant toutes ces années ? Mais bien sûr ! s'était-il écrié, et l'idée gagnait en lui ainsi que le lierre qui s'accroche, qui bourgeonne et lance ses crampons jusqu'à remplir les moindres anfractuosités de la roche, mais bien sûr !... il pataugerait dans la fange, il se taillerait un chemin à travers la broussaille et les orties, il ouvrirait la piste à son beau-frère ; lui qui était petit, vif et agile, il sonderait tous les secrets enfouis au plus profond de la terre africaine ! Ce fut une révélation : Alexander Anderson, explorateur. C'était bien pour cela qu'il avait économisé ses forces.

Il ne se doutait guère qu'il lui faudrait attendre sept ans pour que l'occasion s'en présentât enfin.

Sept longues et tortueuses années, sept années qui lui avaient pesé comme une peine de prison dont on aurait oublié de fixer le terme, sans même la perspective d'une libération pour bonne conduite. Il avait essayé de tromper son oisiveté par le whisky, le cheval, le flirt. Il avait chassé, fumé des cigares, commencé à apprendre la boxe pour augmenter son endurance. Mais surtout, il avait suivi Mungo comme son ombre. Lui avait fait répéter ses histoires des centaines et des centaines de fois jusqu'à être capable de les redire mot pour mot, jusqu'à en avoir la tête farcie comme d'une matière légendaire. La médecine, qui était le seul métier qu'il connût, il l'avait envoyée promener sous prétexte qu'elle le détournait de son obsédante vocation. La nuit, ou pendant ces longues après-midi de grisaille où il n'avait pas la force d'inciser un furoncle ou d'administrer un clystère, il dévorait tout ce qu'il trouvait sur l'Afrique et sur l'exploration. Il lut tout Moore, tout Bruce et tout Léon l'Africain. Il éreinta trois exemplaires des *Voyages* de son beau-frère, qu'il portait sur lui à tout instant. Souvent il marmonnait en en tournant les pages écornées, en citait des passages entiers à ses malades abasourdis ou à des paysans à demi idiots, tout comme s'il se fût agi de quelque livre saint. Une après-midi enfin, Mungo le prit à part et lui demanda de se tenir prêt. Alexander ne se sentit plus de joie. Et sombra dans le désespoir lorsque, trois mois plus tard, toute l'affaire capota. Une autre année passa – la plus longue, la plus sinistre de son existence – avant que Mungo ne vînt le revoir. Cette fois-ci, ce n'était pas une fausse alerte. En transe, il prépara ses bagages : tous ses espoirs, tous ses rêves se réalisaient, toutes les années qu'il avait passées à attendre voyaient enfin leur terme. Il partait pour l'Afrique !

Mais aujourd'hui, tandis que la pluie s'abat sur la tente ainsi qu'une plaie d'Égypte, les entrailles gelées et le visage en feu, le voici étendu sur une litière accrochée entre deux caisses délabrées, baignant dans sa sueur. Là-bas, dans le lointain, un corbeau qui croasse, ici, des bestioles noires qui lui montent le long des jambes ou lui bourdonnent dans la figure. Il est en train de mourir. Miné par la fièvre, épuisé, il pèse à peine cent livres et n'a plus ni la force ni le désir de continuer. Déshonneur suprême, il a accepté de se faire porter comme une femme ou un enfant par des hommes presque aussi faibles que lui. Mungo l'abrutit de calomel, le saigne sans arrêt, tue des serpents, de petites antilopes et des larves blanches grosses comme le bras afin qu'il ait au moins de la viande fraîche à manger, mais en vain. Zander est en train de mourir. Et s'en réjouit.

Le battant de toile qui fait office de porte se soulève brusquement et Mungo entre dans la tente. Ses yeux sont des abîmes d'inquiétude, il a le regard recru de doutes et de soucis, le visage aussi creusé, aussi jaune qu'un ballon de rugby dégonflé. Une goutte d'eau lui pend au bout du nez.

– Comment te sens-tu ? s'enquiert-il.

Zander voudrait le libérer du fardeau qu'il est devenu, lui mentir, lui crier « Ça va… ne te fais pas de bile pour moi », mais il ne le peut pas. Il ouvre la bouche pour le lui dire mais rien n'en sort. Pas un son.

Mungo n'attend même pas sa réponse. Il traverse la pièce à larges enjambées, lui tourne le dos, se débarrasse de son grand manteau tout trempé, puis se laisse tomber sur une caisse posée à côté du lit. Une vague odeur de soufre : il vient d'allumer une chandelle. Froissements de papier. Une minute plus tard, le voilà qui gribouille dans son carnet – poussé, dirait-on, par la frénésie de l'urgence, comme si coucher des mots sur du papier pouvait adoucir un deuil ou insuffler la vie à un cadavre.

Dehors, luisant de pluie, le village de Bambakou plie sous le poids du déluge : tamariniers, acajous, figuiers, taches vives des oiseaux tropicaux tapis dans la muraille de verdure. Par-delà les cases étincelantes, par-delà l'épaisse touffeur de la forêt riveraine, le Niger tourmente ses berges, bat la terre jusqu'à sa pluie métamorphique, proclame sa puissance sur tous les tons, murmure et siffle en aspirant le déluge comme un tonneau des Danaïdes. Zander l'entend de son lit, tandis que derrière lui la pluie s'abat sur les collines, jette tout autour de la tente le lancinant filet de ses bruns tentacules, continue sa route en mille bonds et rebonds, pour s'enrôler enfin, tous obstacles balayés, sous la bannière du fleuve, et l'accompagner dans sa longue et inexorable course vers l'océan.

– C'est dommage, observe Mungo sans se retourner. Enfin, je veux dire : la perte de toutes ces vies humaines. Si j'avais à recommencer, je ne quitterais pas l'Angleterre avant d'être absolument sûr que la saison des pluies a pris fin.

Il marque un temps d'arrêt ; seule sa plume d'oie écorche le silence.

– C'est cette cochonnerie de mauvais temps qui nous a refaits, aucun doute là-dessus. Nous autres, Anglais et Écossais, n'avons tout simplement pas la constitution qu'il faut pour supporter cet air pourri, cet arrosage permanent, ce...

Il jette sa plume et se comprime les yeux du bout des doigts. Le dos toujours tourné, le voilà qui recommence : ses mots s'étranglent sous la douleur et la déception, et il crache la mauvaise nouvelle qui lui était restée entre les dents ainsi qu'un bout de graillon.

– Autant te le dire tout de suite, gémit-il en pivotant sur sa chaise. Scott est mort. Il a...

L'explorateur jette un bref coup d'œil à son beau-frère, mais se détourne aussitôt comme s'il avait honte de le regarder en face.

– La fièvre l'a eu avant-hier soir. Le douti vient juste de dépêcher un messager pour m'en avertir.

Zander ne répond rien. Il a du mal à garder les yeux ouverts, c'est à peine s'il arrive encore à reprendre son souffle. Il a l'impression de revivre l'instant où, se lançant pour la première fois dans un match de rugby avec l'équipe de son école, il s'était retrouvé le nez dans la poussière, plaqué avec violence et privé de respiration, persuadé d'avoir perdu la tête.

Suit un long moment de morne silence, que rehaussent encore le sifflement de la pluie et le grondement du fleuve.

– Zander ? s'enquiert Mungo.

Et puis, comme dans un aboiement :

– Zander !

Il est là en un éclair. Il a bondi à travers la pièce et déjà l'attrape par le poignet comme s'il voulait l'empêcher de basculer dans un précipice. Le pouls est imperceptible, aussi faible et intermittent que l'ultime vibration d'une montre brisée. Saisi par la panique, l'explorateur le prend dans ses bras – on dirait un tas de bûchettes dans un sac – et lui fourre un bout de chiffon imbibé de vinaigre sous les narines. Zander bat des paupières à deux reprises, l'iris de ses yeux aussi immobile que s'il regardait en lui. Il a une tache rouge sur la gorge, une froide pâleur noie les traits de son visage.

Dans l'agonie, il ressemble soudain à Ailie.

AU BOUT DU ROULEAU

L'espagnol se sert d'un seul verbe, *esperar*, pour dire tout à la fois l'attente et l'espoir. Même chose en anglais :

on ne saurait attendre sans espérer. On attend le printemps, on attend que la table soit mise, on attend la mort.

ATTENDRE : se tenir en un lieu ou rester sans rien faire en espérant que quelque chose sur quoi l'on compte va se produire.

Ailie attend. Le lieu où elle se tient, c'est Selkirk, dans la maison de son père ; elle reste sans rien faire en espérant que... en espérant quoi ? En espérant recevoir un jour la lettre qui lui dira de ne plus attendre, celle qui lui annoncera que plus jamais elle ne reverra son mari ou son frère ? Celle qui, griffonnée à la hâte, lui apportera la bonne nouvelle de la réapparition de Mungo, quelque part sur la côte africaine, d'un Mungo sain et sauf qui, mille fois plus héros que jamais, s'apprête à rembarquer le jour même ? Ni l'une ni l'autre... L'une et l'autre... Au point où elle en est arrivée, c'est à peine si cela l'intéresse : Ailie est au bout du rouleau. Toute une vie passée à l'attendre. Attendre qu'il ait terminé ses études, attendre qu'il revienne de Djakarta, d'Afrique, de Londres. Elle n'en peut plus d'attendre. Réellement, sincèrement, elle préférerait savoir qu'ils sont morts, l'un et l'autre, plutôt que de continuer à vivre dans ce suspens irréel, dans l'angoisse de n'exister que pour quelqu'un d'autre, hors de soi, en ne respirant, jour après jour, que l'air empoisonné de l'expectative, morbide attente d'événements mythiques à force de devoir se produire en un ailleurs si lointain.

De lettres, elle en a reçu trois. Une de Zander, envoyée de Gorée, et deux de Mungo – la première en provenance des îles du Cap-Vert et la deuxième de Pisania. Celle de Pisania lui est arrivée la semaine dernière. Dans la main du postier elle reposait ainsi qu'une dague et rien que de l'apercevoir, dans sa blancheur tranchante, elle en a eu le cœur presque transpercé. Elle l'a fourrée dans son sac, a remonté la rue au petit trot, le sang lui battant déjà dans les tempes. Comme étourdie, elle a franchi le portail, sous ses pas les marches de l'escalier font entendre mille gémissements et craquements pleins de sous-entendus ; enfin elle s'est retrouvée seule dans sa chambre. Longtemps elle reste là sans bouger, au bord de son lit, se contentant d'étudier les pattes de mouches familières qui s'étalent sur l'enveloppe, luttant contre une envie soudaine de balancer tout ça dans la cheminée. Un quart d'heure a passé. Alors, aussi calme et décidée qu'un gabelou, elle l'a ouverte avec un coupe-papier et en a extrait la lettre.

Qui ne disait rien.

Comme celle d'avant, elle était pleine de rodomontades et de congratulations qu'il s'adressait à lui-même, regorgeait d'histoires d'ânes hardis à l'ouvrage et de fiers-à-bras. Il allait le mettre en deux dimensions, ce Niger, voilà ce qu'il ferait ! Il allait le mesurer, en dresser la carte d'un bout à l'autre, et serait de retour à la maison avant qu'on ne songe à découper la dinde de Noël. Vers la fin, il avait quand même quelques mots gentils pour elle et les enfants. Il espérait que le dernier-né était heureux et en bonne santé – et que c'était un garçon. La lettre était datée du 29 avril. Elle remontait donc à presque cinq mois.

Il n'empêche : elle en attend une autre. Elle attend que Mungo lui revienne. Elle attend de se remettre à vivre parce que d'ici là il y a les enfants. Thomas, l'enfant du siècle, a cinq ans. Archibald, qui est né en avril, vient juste d'être sevré et déguste ses premières assiettes de bouillie d'avoine et de compote de pommes. Avec Mungo Junior et Euphemia, cela fait au total un seul et même pleurnichement, qui soit la calme parce qu'il exprime un besoin concret et sans détours, soit la rend chèvre, cela dépend de son humeur. Elle n'a pas touché à son microscope depuis le printemps. Elle s'ennuie. C'est toujours la même histoire.

À une exception près : Georgie Gleg. Il a passé l'été à Galashiels, loin de la faculté et de ses malades. Tous les jours il est venu la voir avec un cadeau – un bouquet de fleurs, une boîte de bonbons, un roman en trois volumes. Il l'a promenée à travers la campagne dans sa voiture, il lui a offert à dîner dans ce qui reste de son domaine familial de Galashiels. Il l'a divertie. Distraite de ses ressassements, de son attente, des terreurs qui le jour l'assombrissent, la nuit la hantent, à chaque instant lui nouent l'estomac.

En ville, on s'est mis à jaser. Son père lui a fait la leçon. Une femme mariée ! Qui plus est, mariée à un saint, à un héros ! Elle ne l'avait pas oublié, elle en a eu des remords. Mais elle a songé tout aussi fort qu'elle ne devait plus rien à son époux, qu'il l'avait trompée et trahie et qu'au diable les bonnes manières ! elle allait faire comme bon il lui semblait. Et puis quoi ? Sortir avec Georgie, est-ce que cela avait une autre signification que son besoin de compagnie ? Au pire, cela n'allait pas plus loin qu'un flirt innocent. Comme si ces mêmes poissonnières, toujours si bien prêtes à faire la moue, ne s'en allaient pas le samedi soir rouler et gémir dans les buissons derrière l'auberge, oui, comme des truies en chaleur ! Non : ils n'avaient qu'à aller se faire voir, tous autant qu'ils étaient. Jamais ils n'auraient idée de ce qu'il lui fallait endurer, jamais ils n'auraient la moindre idée de ce que c'est que d'être ainsi, au bout du rouleau.

LA LETTRE

Ségou, par une après-midi pluvieuse de la mi-septembre 1805. Sous les hauts murs blanchis à la chaux du palais de Mansong, s'est formée une queue de suppliants tassés les uns contre les autres et qui attendent d'être appelés auprès du potentat pour lui rendre hommage. C'est une foule bigarrée : des chefs de tribus venus des provinces occidentales, en boubous détrempés et coiffés de plumes avachies ; des Maures à l'air pétulant, porteurs de pains de sel enveloppés dans des peaux d'antilopes ; des vieux en haillons qui s'affairent autour de pauvres biques, de bouvillons ou de petits singes. Il y a aussi des lépreux et des vauriens, des « hommes chantants », des mendiants, des esclaves.

Et puis il y a les femmes. De grandes et radieuses villageoises portant des rouleaux de basin, des paniers en osier et des oiseaux dans des cages, certaines d'entre elles tirant même des servals en laisse, d'antiques harpies serrant contre leurs tétins rabougris des panières de tamarins sauvages, à côté de jeunes filles juste nubiles, pieds nus, chatoyantes avec leurs robes d'indigo, leurs colliers en cuivre, attendant les unes derrière les autres qu'on les inspecte, comme des oiseaux de paradis.

Tout au bout de la queue, trempés jusqu'aux os et les pieds en sang, se tiennent deux personnages moins brillants, Sérénoummo et Dosita Sanou. Serviteurs du scribe Isaaco, ils ont été dépêchés auprès du roi par le toubabou Park. Derrière eux, leurs ânes : surchargés de présents rares et choisis, tous destinés à Mansong et à son fils, Dâ. Des présents qui vont du plus pratique (soupières en argent, fusils à deux coups, barils de poudre noire) au plus épicurien (une caisse de bière Whitbread et un chapelet de boudin) en passant par le plus extravagant (six paires de gants en velours, un pince-nez avec une chaîne en or et une boîte à musique qui égrène les huit premières mesures de « *Ombra mai fu* » extrait de *Xerxès*). Mais il y a plus important : à ces deux messagers pleins d'humilité il a été confié une lettre d'explorateur à potentat, une lettre qui doit être remise aujourd'hui dans le plus grand secret, une lettre sur trois feuillets que l'explorateur semble croire plus précieux que l'or et de même pouvoir que les *saphies*.

Ah ! cette lettre ! Ils ne doivent la remettre à Mansong qu'en main propre. La pupille de l'œil aussi acérée qu'une pointe d'aiguille tant il était grave, voire un tantinet délirant, l'explorateur a beaucoup insisté là-dessus : son contenu ne saurait être divulgué à quiconque, et ce, sous aucun prétexte ! Ni à Wokoko, ni aux colosses de la garde prétorienne, ni non plus aux marchands maures du bazar et surtout, *surtout pas* à Dassoud ou à l'un quelconque de ses tueurs. Ah ! l'étrange expression, quasi mystique, qu'il avait sur le visage lorsque enfin il la leur a tendue en leur répétant ses instructions pour la centième fois ! Sérénoummo n'est pas près de l'oublier. Le toubabou ressemblait à un nécromant de tribu perché sur quelque pinacle de pierre, là-haut, tout là-haut au-dessus des arbres, et s'apprêtant à sauter pour montrer la profondeur de sa foi. Ou de son inconscience.

Bambakou sur la Djoliba, 10 septembre 1805

À Mansong le Magnifique, Liquidateur du Lion et Dompteur du Topi, Mansa de Bambara, Wabou, M'butta-butta, Wonda, etc.

Votre Altesse Royale,

Je suis cet homme blanc qui, il y a neuf ans de cela, s'en vint un jour au royaume de Bambara. Arrivé à Ségou, je demandai à Mansong la permission de gagner les terres de l'Est. Votre Altesse alors non seulement m'autorisa à passer mais dans sa magnanimité m'offrit cinquante mille cauris pour me permettre de m'approvisionner en route. Ce geste généreux a contribué à faire du nom de Mansong un nom fort respecté et révéré au pays des Blancs. C'est pour cela que le roi de ces territoires me renvoie aujourd'hui en Bambara en qualité de ministre plénipotentiaire. Votre Altesse consentirait-elle seulement à m'accorder une audience où je pourrais lui détailler les raisons que j'ai d'ainsi revenir dans son grand pays ?

Je m'explique : ainsi que votre Grâce le sait parfaitement, les Blancs sont un peuple de marchands et tous les articles de quelque valeur que les Maures apportent à Ségou sont fabriqués par nos soins. Quand on parle de fusils de qualité, qui les manufacture ? Les Blancs. Quand on parle de belles pièces de drap écarlate, de coton écru, de perles, de poudre, qui les produit ? Les Blancs. Nous vendons ces objets aux Maures, lesquels Maures les apportent ensuite à Tombouctou – pour les y revendre à un prix plus élevé. Or, le roi des Blancs souhaiterait trouver le moyen de vous apporter toutes ces marchandises directement, et vous les vendre à un prix bien inférieur à celui qu'il vous faut actuellement payer pour vous les procurer. C'est pour cela, et à condition que Mansong m'accorde la permission de passer sur ses terres, que je me propose de descendre le fleuve Djoliba jusqu'à l'endroit où il se confond avec la grande mer salée. Que je ne rencontre ni écueils ni dangers chemin faisant et je vous promets que les vaisseaux des Blancs bientôt viendront faire du commerce à Ségou, si Mansong le désire.

MUNGO PARK

P.-S. J'espère, et je suis convaincu, que Votre Majesté ne révélera point le contenu de cette lettre, hormis à ses propres conseillers. Car s'ils avaient jamais vent de ce projet, les Maures, j'en suis bien sûr, ne manqueraient pas de m'arrêter avant que je ne touche à la mer.

Au bout de deux heures d'une attente interminable sous la pluie, les deux émissaires de Mungo Park se redressent brusquement lorsque les énormes portes du palais s'ouvrent en grinçant sur leurs gonds. Un petit gros en toge écarlate s'avance et longe lentement la file en s'arrêtant de temps à autre pour interroger un chef de clan ruisselant de pluie ou badiner avec une *coquette** qui s'empresse de pouffer. L'ambassadeur du roi est accompagné par deux géants en culottes rapiécées. Tout couverts de plumes, ils portent des lances au fer reforgé, assez peu rassurantes, des carquois de flèches empoisonnées et des arcs de longue portée, suffisamment tendus pour clouer un éléphant à un arbre.

– *Kokoro killi shirruka*, chuchote Dosita en baissant les yeux. Des sauvages venus de l'Est…

Sérénoummo recule d'un pas lorsque l'ambassadeur s'immobilise devant lui. Le petit gros observe en connaisseur les ballots attachés sur les ânes aux jarrets fatigués, puis regarde Sérénoummo droit dans les yeux.

– Ce sont les Blancs qui t'envoient, pas? Alors, comme ça, on est aux ordres des démons, hein?

Sérénoummo acquiesce d'un hochement de tête. Les géants regardent fixement les arbres comme s'ils contemplaient quelque rare spectacle, un de ceux auxquels il n'est pas donné à un mortel d'assister.

– Suivez-moi, aboie l'ambassadeur.

On les conduit dans la cour centrale, que domine une bâtisse construite en argile et bois pleine de recoins. On dirait une maison commune[1], toute en petites cellules individuelles : certaines sont bien propres, bâties au carré et surmontées d'un toit en pierre, les autres si piteusement disposées que Géométrie même n'y retrouverait pas ses petits. Les deux envoyés aperçoivent enfin, à quelques pas, l'antique figuier sycomore qui, tel un dieu, semble protéger le palais.

– Attendez ici, ordonne l'ambassadeur, tout en faisant signe à deux serviteurs qui se font tout petits d'emmener les ânes afin qu'on les regarde d'un peu plus près.

Après quoi il s'engouffre dans le passage qui s'ouvre devant lui ainsi qu'une gueule, et laisse Sérénoummo et Dosita au milieu de la cour boueuse sous l'œil attentif d'un des géants. Les émissaires de Mungo ont beaucoup voyagé. Ils ont faim et soif, ils sont fatigués et complètement trempés. Pourtant, personne ne leur offre à boire ou à manger. Nul non plus ne les invite à se mettre à l'abri ou à se délasser un peu.

Une demi-heure plus tard, l'ambassadeur reparaît à l'entrée d'un second passage sombre et tortueux, de l'autre côté de la cour. De l'index, il fait signe aux deux hommes de le suivre et, dans l'instant, pivote sur ses sandales et détale sans crier gare. Il leur faut courir pour ne pas le perdre de vue ; ils tournent d'abord à droite, puis à gauche ; ils vont à l'est, à l'ouest, au nord et puis au sud ;

1. Terme désignant le lieu où l'on initie les jeunes guerriers, chez les Indiens d'Amérique du Nord.

ils traversent des pièces et des cours intérieures, ils longent des allées couvertes, pénètrent dans des corrals, des étables, et toujours et encore suivent le petit homme en toge rouge comme si, fil après fil, il démêlait pour eux l'écheveau de ce labyrinthe. Pour finir, il les fait entrer dans une pièce sombre dont les murs de terre ne sont éclairés que par un unique brasero. Ça sent l'encens et la sueur.

L'ambassadeur leur en ayant donné l'ordre, ils s'agenouillent et, en signe de soumission, touchent du front le sol en terre battue. Sérénoummo relève la tête et découvre qu'ils sont effectivement dans la salle du trône, devant le potentat en personne. Aussi énorme qu'une statue de jardin public, Mansong est assis sur son tabouret. Il porte une perruque sale et des boucles d'oreilles façonnées dans des cuillères en argent. À côté de lui, sa réplique en miniature – son fils Dâ. À ses pieds, un chien blanc. Habillé de peaux d'hyènes et paré de plumes d'autruche, Wokoko, son sorcier et principal conseiller, est assis à sa droite. L'ombre est grosse des formes remuantes de ses gardes du corps. Mais le plus surprenant dans tout cela est la présence de deux Maures : le premier est borgne et tire sur une pipe, le second, un costaud aux muscles durs comme de la pierre, se signale par de grands yeux noirs au regard messianique et par une cicatrice en forme de trait d'union qui lui relie les yeux comme un pont. Mansong avec des Maures dans le cabinet même où il tient ses conseils ! Que peut-il donc bien faire avec eux ?

– Mansong le Magnifique estime que vos présents sont acceptables, annonce l'ambassadeur. Avez-vous un message pour le roi ?

Sérénoummo se lève lentement et dénoue les cordes de sa poche à *saphie* pour en extraire la lettre. Puis, se souvenant de l'injonction de l'explorateur, il hésite : les deux Maures ne le lâchent pas des yeux.

– Eh bien ? aboie l'ambassadeur. Sa Majesté devra-t-elle attendre longtemps ?

Sérénoummo fouille dans sa bourse et en sort la lettre. S'étant incliné devant le roi, il fait un pas en avant et va lui remettre son message lorsque, aussi rapide qu'une bête de proie, le grand costaud se redresse : la royale main est tendue, la lettre s'en rapproche, offerte... mais le Maure s'interpose.

– Ça, je prends, gronde-t-il en arabe.

Et repoussant la main de Mansong comme si ce dernier n'était rien de plus qu'un mendiant importun, il lui arrache la lettre et la fait disparaître dans les plis de sa *djoubba* d'un air aussi furieux que méprisant.

Personne ne dit mot – pas même le plus féroce des gardes assemblés autour du grand Mansong.

HISTOIRE DE DASSOUD

(*deuxième partie*)

Noble, aussi fier que cruel, représentant d'une culture à mille années-lumière de celle des Maures du Sahel qui ne savaient encore que sucer le pis des chèvres et taper sur leurs *tabalas*, Dassoud, qui avait contemplé la Méditerranée et traversé tout le Sahara, n'était pas homme à se satisfaire longtemps d'un rôle de bourreau et de chacal humain. Jouer les utilités convenait peut-être à un jeunot, à quelqu'un qui n'avait pas le pied sûr et que la vie n'avait pas mis à l'épreuve mais, le mûrissement aidant, il en était venu, lui, Dassoud, à vouloir une plus grande part du gâteau. Alors qu'il s'était jusque-là contenté du rang qu'on lui avait accordé, il s'était mis à renâcler devant ses tâches de subalterne. Il se retrouva vite à prendre ombrage de l'autorité d'Ali, à convoiter ses prérogatives et à critiquer sa stratégie, tant sur le champ de bataille qu'à la table des négociations. À dire vrai cependant, l'essentiel de son dépit avait Fatima pour objet. Les années passant, elle avait pris de plus en plus de volume. À force d'ingurgiter du couscous et des gâteaux parfumés au carvi, jusqu'à vingt par jour, sans compter les nuits où elle se réveillait parce qu'elle voulait un peu de lait sucré au miel, elle avait fini par vraiment s'épanouir. Lorsqu'elle toucha à la trentaine, la reine avait encore gagné quelque quatre-vingts livres. Quand elle en fut à ses quatre cent soixante, elle était enfin devenue d'un charme parfaitement irrésistible. Dassoud décida de passer à l'action.

Il s'en prit à Ali au milieu de la nuit, tout comme, seize ans plus tôt, celui-ci s'en était pris à son prédécesseur. Chasser le garde de Nubie et trancher la tête du roi fut pour lui un jeu d'enfant, l'œuvre d'un instant – toute la difficulté avait été de découvrir où l'émir se cachait. Ayant compris que la nuit inévitablement viendrait où, un cimeterre ou un garrot à la main, le nouvel usurpateur le chercherait par tout Benoum, Ali se faisait en effet un devoir de repousser le plus tard possible l'heure à laquelle il se retirait chaque soir et de ne dévoiler à personne, absolument personne, quelle tente aurait l'honneur de l'héberger pour son auguste nuitée. C'est ainsi qu'un matin il pouvait sortir de celle de Mouhammad Goumsou et, le lendemain, de celle de Mahmoud Ismaïl. Il jouait aux *tentes musicales** depuis si longtemps qu'à leur réveil, ses gens trouvaient cela aussi naturel que l'odeur du feu de bois.

Quinze jours durant, Dassoud avait subrepticement visité toutes celles d'où l'émir était sorti et avait surveillé les servantes qui ramassaient ses vêtements, roulaient ses tapis et emportaient son narghilé. Elles changeaient tous les jours... Sauf certaine vieille femme dont la robe ressemblait à un suaire et qui, presque chaque matin, venait faire le ménage. Dassoud l'avait prise à part et menacée sans ambages : « Tu trahis Ali ou je t'écrase comme un bousier ! » Aussi tordue qu'une ronce, elle avait la peau presque pâle et l'œil laiteux – une vraie goutte de semence. Un anneau terni avait brillé à sa lèvre lorsque, rejetant la tête en arrière, elle avait éclaté de rire.

– Bien sûr que je le trahirai ! avait-elle sifflé, avec joie.

Plus tard, les mains encore rouges du sang d'Ali, dont il venait de piquer la tête sur un pieu au milieu du camp, Dassoud était allé voir Fatima.

Grâce à son appui, il avait été bientôt en mesure d'asseoir largement son pouvoir. La veuve du prince l'avait légitimé aux yeux des Maures de Ludamar et, en sa qualité de fille de Bou Khaloum, l'avait rattaché – et par les liens du sang – à la tribu des Al-Mu'ta de Djafnou. C'était un bon début et Dassoud en avait tiré tout le parti possible. Là où Ali s'était contenté de jouer le *rapprochement**, il avait insisté pour gagner à sa cause des alliés plus actifs ; là où Ali n'avait pas cherché à violer les frontières, il avait, lui, tout fait pour les repousser. Il s'était en particulier donné beaucoup de mal pour s'assurer l'allégeance de Bou Khaloum – après quoi, en position de force, il s'était lancé à l'attaque des féroces tribus d'Il Braken et de Trasart et avait défié leurs chefs en combat singulier. Sans pitié, quasi mécaniquement, il les avait taillés en pièces les uns après les autres.

En moins d'un an, Dassoud se retrouvait à la tête de quelque quinze cents cavaliers – et en choisissait deux cents pour lui servir de corps d'élite. Le désert tout entier n'aurait su lui en fournir de meilleurs. De Djafnou, de Ludamar, de Massina, des territoires d'Il Braken, de Trasart et d'Al-Mu'ta, ils étaient venus se présenter à sa tente, tous cruels, terriblement compétents, rapides et agiles, tous des athlètes, des tireurs et des cavaliers de première force. Personne n'eût pu leur résister. Avec Dassoud pour les mener à la bataille – on eût dit quelque apparition infernale, une manière de *shaitan* noir – bientôt ils parcoururent de long en large les vastes étendues du Sahel occidental, de Gédoumah à Tombouctou, réduisirent la terre en poussière et terrorisèrent également Peuhls, Mandingues et Ouolofs. Le puissant Mansong lui-même courba la tête.

Dassoud était satisfait. Devenu émir de Ludamar, et seigneur et maître de Fatima, il commandait une véritable armée privée et tenait le rôle de grand conciliateur des tribus du désert. Il avait réalisé tous ses rêves, toutes ses ambitions. Qu'aurait-il pu vouloir de plus ? Ne s'était-il pas mis à la plus confortable des habitudes : agresser tout un chacun ? Extorquer de l'argent, lancer des raids à l'est, à l'ouest et au sud ? Des raids destinés à pacifier les villages récalcitrants ? Des raids où, esclaves et bétail, on faisait main basse sur tout ? Des raids pour le seul plaisir ? C'était la belle vie. Dassoud était satisfait.

Jusqu'à cet après-midi ensommeillé où, séquestré dans la tente de Fatima, doucement envahi par les riches ferments de sa chair – il y avait de la musique douce, le soleil rude et les hurlements de la bataille n'étaient déjà plus que de pâles souvenirs –, jusqu'à cet après-midi idyllique donc, où tout avait volé en mille éclats lorsqu'il avait appris que des Blancs, des *Nazarini* ! étaient revenus au Sahel : Ahmed, le *bushrin* borgne, se tenait respectueusement devant sa tente et l'appelait d'un ton pressant. Le visage menaçant et l'arme à la main, Dassoud avait écarté les battants. C'est à peine si Ahmed avait eu le temps de reprendre son souffle. Des Blancs, une armée entière ! venaient de pénétrer dans le royaume de Bambara et avaient atteint Bambakou. Ils avaient des armes à feu, ils tuaient les Noirs, ils prenaient des esclaves et pillaient les campagnes.

La nouvelle le frappa aussi fort qu'une ruade de chameau. Stupéfait, il demeura immobile jusqu'à ce qu'enfin sa surprise se transformât en colère. Des Blancs ! Des *Nazarini* ! Il les hait du fond de l'âme, il les hait comme jamais encore il n'a rien haï. Le seul Blanc sur lequel il avait posé les yeux, cette espèce de rampant, de faux jeton d'explorateur aux yeux de chat... lui avait échappé ! S'était montré plus malin que lui ! L'avait battu ! Le seul être qui avait réussi à le vaincre ! Le souvenir de son humiliation lui était toujours comme une plaie ouverte, aussi palpitante et à vif qu'à l'instant où l'explorateur la lui avait infligée. Dassoud serra les dents et se rappela la honte que l'affaire lui avait coûtée... la manière dont il était rentré au camp en haillons et les mains vides... celle dont, personne n'osant dire un mot, mille regards lui avaient fait comprendre ce que l'on pensait. Et puis il y avait Fatima... ah ! cette façon qu'elle avait eue de choyer le monstre, la manière dont, assise heure après heure à côté de lui, elle avait écouté ses bavardages incohérents, comme si elle avait eu affaire à un marabout, à un sage, à un on ne savait quoi, alors que lui, Dassoud ! Dassoud le fils d'un sultan berbère, Dassoud la terreur des champs de bataille, n'était rien. Cette seule pensée, même alors, après toutes ces années, le galvanisa de rage et de haine. Il se tourna vers la première victime qu'il avait sous la main, le chameau d'Ahmed, et l'étendit raide d'un seul coup de son poing serré. Après quoi il bondit sur son cheval et s'en fut vers Ségou dans un bruit de tonnerre.

Quinze jours plus tard, il était le plus heureux des hommes. Son allégresse lui donnait presque le vertige : parmi tous les *Nazarini* que portait la terre, c'était Mungo Park en personne qui s'en revenait à portée d'arme de l'émir de Ludamar ! Et maintenant, la lettre ! Il en rit rien que d'y songer. Il ira même jusqu'à la faire circuler dans les tribus du Nord, qu'il s'emploiera à pousser à de beaux paroxysmes de fureur aveugle, irraisonnée. Sans cesse il attisera l'espèce de rage implacable, mortelle et sanguinaire qu'aucune attaque menée contre la religion, contre le bétail, voire contre les femmes et les enfants, n'eût été capable de susciter instantanément en eux : on s'attaquait à leurs livres de comptes ! Il eût été difficile de trouver mieux. La taille de cette armée de Blancs ? Il s'en moquait. Lui, Dassoud le Fléau du Sahel, il allait leur mettre quinze cents cavaliers furibonds sur les reins avant que le mois ne s'achevât !

Après quoi, il irait en personne saluer de nouveau Mungo Park, à Sansanding.

SANSANDING

La nuit est peuplée de visages qui vous lorgnent avec des sourires narquois, de sauvages au corps nu, de têtes aux cheveux coiffés de nattes serpentines, d'yeux qui regardent fixement et de dents limées en pointe. Tous, ils l'encerclent, tous, ils se rapprochent de lui ; des incisives grincent, un cri féroce se fait entendre, des lances, des pierres, des flèches empoisonnées s'abattent aux alentours, le courant l'aspire, les écueils rugissent... il se réveille sous le fin réseau de la moustiquaire – et sous la voûte poudrée d'étoiles. L'explorateur est arrivé à Sansanding et cela fait quoi ? quinze jours ? un mois peut-être qu'il cesse de délirer pour délirer à nouveau. Il y a eu la mort de Zander, c'est même là que tout a commencé, et après, la lettre à Mansong ! Après ? il ne sait plus démêler ce qui a eu lieu pour de bon de ce que son imagination a produit, ce que d'autres ont vu et mémorisé de la simple version forgée par ses songes enfiévrés. Il y a eu une sale histoire avec Jemmie Bird. Quelque chose de vilain, une querelle avec Johnson, et puis une période de dérive, le temps qu'a duré la descente au fil de l'eau, il croit bien. Et enfin le tourbillon des odeurs et des couleurs du marché de Sansanding. La pirogue que Mansong a mise si longtemps à lui fournir. Oui, oui, la fièvre s'apaisant, tout cela commence à lui revenir.

~

La nuit où Zander mourut, des murs s'effondrèrent, des volcans entrèrent en éruption. Le ciel se fendit et la terre zigzagua violemment à droite et à gauche ainsi qu'un chariot fou. Elle tangua et roula jusqu'à mettre à genoux l'explorateur et lui faire rendre tripes et boyaux. Il vomit, les yeux lui pleurèrent, un torrent de riz, de tamarins, de poisson à moitié digéré et de bile jaunâtre lui jaillit de la bouche cependant que Zander gisait sur sa litière, mort. Et alors Mungo jura, Mungo se mordit la langue, Mungo frappa le sol de ses poings. Lorsque enfin la terre cessa de trembler, il s'aperçut qu'il était incapable de se relever, qu'il n'avait plus de force dans les bras et que ses jambes le lâchaient. Il était comme le saumon qui, au sortir de l'océan, remonte frénétiquement la Yarrow en battant de la queue : mû par une force archaïque, inéluctable, chacun de ses sursauts lançant des éclairs, il avance et ce n'est que pour s'échouer dans une flaque sans eau, que pour battre de plus en plus faiblement des nageoires, le dos hors de l'onde... Mungo était épuisé.

La nuit s'écoula lentement. Il lui sembla qu'un engoulevent l'appelait, il crut entendre des battements d'ailes. Pourquoi s'échinait-il à descendre le Niger ? Pourquoi exposer des vies humaines, pourquoi en ravir ? Quelle espèce d'homme était-il donc pour ainsi tirer des salons où l'on cause un Zander à la si frêle carrure et le jeter en pâture à la jungle ? Quelle espèce d'homme était-il pour ainsi déserter sa femme et ses quatre enfants ? Pour conduire trente-six hommes à la mort et pousser un vieux nègre obséquieux aux bords mêmes du royaume éternel comme s'il n'était qu'un insecte ou un crapaud ? À quoi en était-il arrivé ? La réponse à toutes ces questions, il ne voulait pas l'affronter. Pas maintenant. Jamais. À l'aurore il se redressa et déboucha une bouteille de rhum. Il fut ivre pendant trois jours. Ivre à ne plus rien voir. Johnson le remplaça, s'occupa d'enterrer Zander, prépara le fourniment nécessaire au voyage qui les conduirait à Sansanding. Ce fut encore lui qui chargea Sérénoummo et Dosita Sanou d'apporter la lettre à Mansong. Quand enfin il revint à lui, Mungo découvrit qu'allongé comme un Viking en route pour le Walhalla, il était en train de descendre le fleuve en pirogue. Il faisait nuit et cette nuit était sans étoiles, aussi noire que le néant. Il entendit des bruits de pagaies et des voix qui murmuraient sourdement. Il entendit hululer, grincer et gargouiller le monde de la nuit, tout le bruit ne cessait de s'amplifier jusqu'à en devenir aussi fort et indistinct que le grondement des rouleaux sur une plage. Et dans cette nuit encore il vit des formes, des visages et des couleurs, des animaux à tête d'aigle et à queue de serpent, et alors il sut que la fièvre était descendue sur lui. Elle l'avait miraculeusement épargné pendant qu'ils progressaient sur la terre ferme, mais c'était fini : la beuverie s'ajoutant à la nuit qu'il avait passée sur le sol détrempé, elle l'avait enfin rattrapé. Soudain, il se redressa dans le noir.

– Zander ! s'écria-t-il. Johnson !

La chaleur d'une main se répandit sur sa poitrine.

– Là ! monsieur Park, tout va bien. Vous avez un petit coup de fièvre, c'est tout. Vous savez que vous êtes en train de voguer sur le fleuve ? Dites, vous l'entendez ?

Il l'entendait. Mais ne pouvait tout simplement pas continuer à rester là, étendu de tout son long : le chef de l'expédition, c'était quand même lui, non ? Il devait absolument se lever, se porter à la tête de ses hommes, il devait diriger les pirogues, il devait repérer les points d'abordage et trouver des noms à tous les lieux géographiques intéressants ; il y avait des cartes à dresser, des régions entières à reconnaître, des foules de spécimens botaniques à arracher, à mettre à sécher.

La main lui pesait énormément sur la poitrine. Ferme et persuasive, elle l'obligeait à se tenir tranquille.

– Restez allongé, monsieur Park, murmura Johnson, on s'occupe de tout. Nous arrivons à Sansanding demain matin.

Quoi ? Entrer dans Sansanding étendu sur le dos ? Jamais ! Fièvre ou pas, Zander ou pas, il lui fallait se lever pour commander à ses hommes. Comme un enfant en colère il repoussa la main d'une tape et, d'un bond maladroit qui déclencha un tumulte de hurlements à l'avant et à l'arrière de l'embarcation, il se remit sur pied. Là-bas devant, quelque part, il entendit le croassement d'un oiseau surpris. Puis, la pirogue se prenant à gîter violemment, à gauche, à droite, à gauche encore, il se retrouva projeté dans le noir d'encre de la nuit : dans les flots froids et rapides du Niger.

Des cris et des jurons montèrent du bateau, certains en anglais, d'autres dans la langue des passeurs somonos. La pirogue dans laquelle il s'était réveillé faisait vingt-cinq pieds de long. Elle transportait de l'équipement, deux piroguiers somonos, Johnson, Ned Rise et Jemmie Bird. Lorsqu'elle avait chaviré, passagers et marchandises avaient été, d'un même mouvement, vidés dans le fleuve. Jemmie, qui s'était ficelé aux marmites, flotta un instant, porté par les grands chaudrons en fer ; mais lorsque, s'étant retournés, ceux-ci se trouvèrent soudain remplis d'eau, il coula comme une pierre. Pendant ce temps-là, Ned avait réussi à attraper l'explorateur par le col de sa chemise et, à la brasse indienne, était parvenu à le ramener vers les ténèbres plus profondes de la berge. Johnson, qui pataugeait dans l'eau, se cogna par le plus grand des hasards dans la pirogue. Il s'y accrocha, et tandis qu'elle roulait sur elle-même, filant dans le courant, les Somonos trempés s'employèrent à la ramener vers la rive.

Une heure plus tard, l'incident était de l'histoire ancienne. Les autres embarcations ayant toutes convergé sur la pirogue chavirée, on en avait récupéré les pagaies à la lueur des torches. Après quoi le bateau avait été tiré au sec et redressé, chacun s'efforçant de guider Ned Rise et l'explorateur à grand renfort de cris et de coups de sifflet, cependant que l'équipement, que l'on avait eu soin de bien attacher à la coque du canot, était sauvé. Outre un sac de riz éventré, deux barils de poudre furent déclarés inutilisables après leur séjour dans l'eau. Jemmie Bird ? C'était, là aussi, de l'histoire ancienne.

À Sansanding, l'explorateur oscilla longtemps entre le délire et la lucidité. Contre l'avis de Johnson, il installa un éventaire sur la place du marché. Les musulmans s'étaient rameutés autour de lui : aboyant et clabaudant, ils ne cessaient d'insulter en lui l'infidèle, le démon blanc et le soldeur forcené. Cela ne l'empêcha pas de vendre presque tout son excédent de perles, de coton et de fanfreluches. Les sommes ainsi gagnées passèrent à l'achat des provisions nécessaires au grand voyage qui devait le conduire à l'embouchure du fleuve. *Guerbas* de bière et calebasses de vin de palme, poulets enfermés dans des paniers d'osier, chapelets d'oignons, poisson séché, œufs, patates douces, blé et mil, toutes sortes de marchandises s'empilèrent peu à peu dans les recoins sombres de sa case. Des rouleaux de figues sèches débordaient de sous son oreiller, des paquets de chevrotins pendaient aux entretoises du plafond, parfumant la pièce autant que les chaussettes de tout un régiment. Cette odeur devait avoir des vertus éclaircissantes pour l'esprit car, s'éveillant un matin au beau milieu de tous ces effluves, l'explorateur parvint à se débarrasser de sa fièvre, assez longtemps en tout cas pour rédiger une deuxième lettre à Mansong – dans laquelle il le suppliait de lui octroyer un radeau capable de naviguer. La réponse du Grand Munificent fut ambiguë. « Le roi sourit à votre entreprise, lui rapporta son messager, et vous affirme qu'en tant qu'étrangers, vous serez protégés sur tous les territoires tombant sous sa juridiction, de l'ouest jusqu'à l'est. Néanmoins il vous faudra attendre le sacrifice annuel en l'honneur de Chakalla avant que Sa Majesté puisse vous être d'un quelconque secours… Attendez, répétait le messager, et alors Mansong veillera à ce que l'on s'occupe de vous. »

Mungo attendit.

Les jours tombaient l'un après l'autre, comme s'écroule un rang de dominos. On était déjà en octobre et les pluies avaient commencé à diminuer. On perdait du temps. Pour finir, après avoir plusieurs fois tenté de faire comprendre à Mansong combien sa requête était urgente, l'explorateur décida d'agir seul et envoya Johnson et Ned Rise à la recherche de la plus grande pirogue qu'ils pourraient trouver. Malheureusement, personne ne paraissait disposé à leur fournir le moyen de quitter le pays avant que Mansong n'en donnât l'autorisation. Johnson fit sonner des sacs entiers de cauris sous le nez des passeurs, autant qu'il en fallait pour la rançon d'un roi, mais les hommes se contentèrent de détourner la tête ou de regarder par terre.

L'explorateur était dans l'embarras. Fallait-il attendre le bon plaisir de Mansong alors que les eaux du fleuve commençaient à baisser et que les marchands musulmans ameutaient les populations contre eux ? Devait-il recourir aux pots-de-vin ? Embaucher des Somonos afin de gagner Djenné et d'y tenter à nouveau sa chance ? À la nage peut-être ! Toutes ces contraintes firent que la fièvre le reprit et le laissa dans la confusion des idées pendant deux jours, au cours desquels il ne cessa de divaguer sur la gorge de la baronne et le roquet de Lady Banks, sur la force de son bras et la précision de ses tirs au but, sur le nom de Park enfin, qui l'emporterait en gloire sur tous les autres et serait transmis à la postérité. Ayant enfin retrouvé sa tête, il s'assomma si bien de calomel qu'il fut incapable de manger et de dormir de toute une semaine. Cette période de hâte, de trépidation même, avait été stimulante pour lui, et lui avait mis en tête d'en revenir à son plan d'origine, à savoir se construire son propre radeau malgré les limitations évidentes que lui imposait le manque de matériaux et d'artisans compétents.

Tout à son projet, il bondit un beau jour hors de son lit tel un mastiff et entra à grands pas dans la tente où le seul charpentier encore vivant était en train de lutter contre le délire.

– Joshua Seed, lui ordonna-t-il d'une voix aussi tonnante que celle d'un dieu, lève-toi, quitte ta couche de douleurs et construis-moi un bateau !

Le malade lui ayant tendu un petit paquet de phalanges maigres en guise de main, Mungo l'aida à sortir de son grabat. Aux pontons de Portsmouth, sa carcasse endurcie au travail et l'acuité de son regard avaient beaucoup impressionné l'explorateur. Maintenant Joshua Seed ressemblait à un vieux gentleman victime d'ennuis intestinaux et ne se déplaçait pas autrement. Les épaules lasses, ses yeux jaunes enfoncés dans leurs orbites, le charpentier, qui avait du mal à marcher, fut brusquement assailli, une fois dehors, par la chaleur brûlante du soleil qui avait succédé au déluge. Il inspira profondément, redressa le buste, se dirigea résolument vers le monticule de clous, de marteaux, de scies rouillées, d'herminettes et de ciseaux à bois qui avaient survécu au voyage et se mit à taper de bon cœur sur les planches qui se trouvaient par-là.

Il s'affaira tout l'après-midi durant, redemandant du bois de temps à autre. L'explorateur était ravi. Il regagna sa tente, donna à manger à ses poulets et griffonna quelques mots dans son carnet tout en crachant par terre. À 6 heures du soir, il alla voir où en était Seed et fut surpris de découvrir qu'à force de scier, de taper et de méticuleusement mesurer, raboter et ajuster, le charpentier avait attiré une jolie foule d'indigènes autour de lui. S'étant frayé un chemin en jouant des coudes, mais en prenant garde à ne pas écraser d'orteils, Mungo était sur le point de lancer quelque encouragement plein d'enthousiasme à son artisan, du genre : « Alors, mon vieux, ça marche ? » lorsque le souffle lui manqua ; il ne put faire un pas de plus : Seed était certes en train de travailler en sifflotant comme s'il n'avait aucun souci en tête, ici il arrondissait un angle, là il rabotait un picot, mais ce qu'il était en train de construire n'était pas un radeau ! Il assemblait son cercueil.

Seed mourut au coucher du soleil. L'explorateur déposa son ex-charpentier dans sa caisse, engagea deux Cafres mandingues pour lui creuser une tombe et l'enterra sans cérémonie. Pour ce qui était des embarcations, les choses ne s'arrangeaient donc pas. C'est à ce moment-là pourtant, à l'instant même où Mungo lançait sa première pelletée de terre dans la fosse, qu'il put voir s'avancer les coques luisantes, brunies par l'eau, de deux pirogues élancées comme on les fait là-bas ; elles donnaient l'impression de flotter dans les airs ainsi qu'un don des dieux... suivies par Ned Rise, qui les escorta jusqu'au campement en dansant. D'un seul ahan sonore, les huit porteurs noirs enlevèrent les deux coques de dessus leurs épaules et les déposèrent sur le sol aussi légèrement que si elles eussent été de carton-pâte. L'explorateur sombra dans l'extase. Il enlaça Ned comme s'il retrouvait un fils prodigue, lui flanqua à deux mains de grandes claques dans le dos, l'étouffa sous ses louanges et sous d'innombrables promesses de médailles, de plaques commémoratives, d'honneurs et de largesses financières qui lui seraient dispensés dès le retour en Angleterre. Après quoi il examina les bateaux.

Pourris de bout en bout, et tous les deux. L'intérieur des coques n'était plus que plaques de boue, plantes aquatiques et vairons expirants ; le plat-bord de la pirogue la plus petite présentait en outre un trou de taille gargantuesque attestant un affrontement historique avec un hippopotame irascible. Bref, les deux embarcations avaient l'air d'avoir été construites sous le règne de Charles Ier et mises au rebut depuis lors. Le calomel commençant à lui chatouiller les glandes salivaires, Mungo en eut la lippe pendante et dans l'instant se prit à baver.

– Qu'est-ce que c'est que ça, Ned ? éructa-t-il, incapable de cacher plus longtemps sa déception. Mais enfin, le premier crétin venu verrait bien que ces coques sont inutilisables !

Ned était tout sourire. Il avait découvert ces deux pirogues sur un tas de bois flotté à l'extérieur de la ville, à demi immergées et pourrissantes, toutes gonflées d'eau... mais n'appartenant à personne. Il les avait tirées au sec, les avait examinées de près, et avait conclu qu'elles valaient encore le coup. Moyennant cinquante cauris par personne, il avait réussi à embaucher huit *flâneurs** du coin qui, après les avoir posées en équilibre sur leurs têtes plates, les avaient apportées au campement.

– Peut-être qu'on pourrait les réparer, suggéra-t-il enfin.

S'étant penché sur la coque verte et glissante de la plus grande, il ajouta :

– Regardez... l'avant de celle-ci n'est pas en si mauvais état... et celle-là... oui, celle avec les coups de dents : l'arrière m'a l'air plutôt solide, non ?

L'explorateur jeta un coup d'œil. Énervé par la poudre blanche et insipide qu'il avait avalée pour se débarrasser de sa fièvre, il ne cessait de tressauter. Du bout du pied, il tapa sur la coque de la plus petite embarcation afin d'en éprouver la solidité, puis s'agenouilla et, tel un expert en mobilier, passa la main sur le bois. Clignant des paupières, il se tourna vers Ned.

– Tu veux dire que... qu'on pourrait les assembler ?

Ned claqua des talons et le salua.

– Idée géniale, mon capitaine !

Battant pavillon anglais, le *H.M.S. Djoliba* fut chargé et prêt à appareiller le 15 novembre. En moins d'un mois l'explorateur, chaque jour plus lucide, avait réussi, aidé en l'occasion par Ned Rise, Fred Frair et Abraham Bolton (car les autres, savoir Martyn et M'Keal, avaient refusé de prêter main-forte, arguant qu'ils avaient été engagés en qualité de soldats, c'est-à-dire d'« hommes d'épée », et non d'« hommes de peine ») bref, il avait réussi à façonner une embarcation dont on pouvait raisonnablement penser qu'elle tiendrait l'eau. À fond plat, elle annonçait quarante pieds de long sur six de large et n'avait pas plus de douze pouces de tirant d'eau en pleine charge. Tel le bras tendu d'un rugbyman, un pieu en fer rouillé faisait saillie à la proue, un dais fait de branchages et d'une double peau de bouvillon en guise de parois occupant la moitié du bâtiment : les branches leur feraient de l'ombre, les peaux les protégeraient des traits qu'on ne manquerait probablement pas de leur décocher dès qu'ils commenceraient à descendre le grand fleuve et s'enfonceraient dans les régions qui s'étendaient à l'est – contrées hostiles selon toute vraisemblance.

En plus de tout cela, l'explorateur avait pris quelques mesures à caractère offensif. C'est ainsi qu'à intervalles réguliers, il avait fait ouvrir des meurtrières dans les peaux tendues, afin de permettre à ses hommes d'être à couvert pour tirer si la situation l'exigeait. Il avait alloué en outre quinze mousquets de Charleville flambant neufs à chacun des soldats qui lui restaient. Toutes ces armes devaient être tenues en parfait état de marche et chargées, chien armé, de jour comme de nuit. Mungo avait décidé, cette fois-ci, de ne s'arrêter pour personne, qu'il s'agît de Maures, de Manianas ou de quelque autre mauvaise rencontre que ce fût. C'en était bien fini de la devise de sa première expédition, fini le « Je tends l'autre joue ». Ce coup-ci, ce serait *guerra cominciata, inferno scatenato* : à guerre commencée, enfer déchaîné !

Ce fut à peu près à ce moment-là, alors que le bateau enfin calfaté, voligé et armé, il réglait ses dernières affaires à Sansanding, que l'explorateur se brouilla avec Johnson.

« Ça ne me dit rien qui vaille », lui avait-il déjà fait remarquer lors de l'arrivée à Sansanding. « Vous êtes sûr de vouloir essayer de passer avec... ça ? » s'était-il encore étonné tandis que le bateau commençait à prendre forme. Puis, quand le *H.M.S. Djoliba* avait été prêt à voguer, prenant Mungo à part, il avait lâché : « Vous êtes fou ! »

La veille du départ enfin, il entra dans la tente de l'explorateur et lui annonça qu'il faisait demi-tour.

– C'est terminé. Oui, c'est la dernière fois que je pose les yeux sur vous. Fini le merdier, Mungo. Fini Isaaco par-ci, monsieur Park par-là. C'est moi, Johnson, qui vous parle... votre vieil ami et compagnon, votre conseiller... et moi, Johnson, je vous dis : reconsidérez votre décision. Ne partez pas.

L'explorateur était assis devant ce qui lui tenait lieu de bureau, devant un fouillis de lettres en chantier, de notes éparses prises au jour le jour, d'ébauches de relevés, un tas de paperasses. Mis à part le désordre qui régnait sur sa table, l'intérieur de la tente était rangé avec une précision essénienne. Dans un coin, prêt et sanglé, le sac à dos où il avait enfermé ses effets personnels ; à côté, les coffrets de cuir protégeant son sextant, ses thermomètres et les herbiers remplis de tiges, de feuilles et de bourgeons qu'il projetait de rapporter en Angleterre aux fins de classification. Tous les aliments avaient été enlevés et déposés bien proprement dans la cale de la *Djoliba*, mais une odeur de fromage de chèvre et de fiente de poulet s'obstinait, trace de leur récent déménagement. Jusqu'au sol en terre battue qui avait été balayé !

Un instant passa – huit battements de cœur en coups de marteau. Les exhortations de Johnson flottaient encore dans l'air comme le souvenir de quelque chose de mort. Habillé de ses seuls sous-vêtements, l'explorateur léchait un bout de fil avec sa langue et clignait de l'œil pour le faire passer dans le chas d'une aiguille. Il ne releva même pas la tête.

– Je rigole pas, mon frère, reprit Johnson. Je repars pour Dindikou avec Sérénoummo, Dosita et les deux Damba... demain matin. Si vous avez un brin de bon sens dans le crâne... et je dois dire qu'à l'heure qu'il est je suis parfaitement convaincu du contraire... demain matin vous m'accompagnez.

Mungo tentait de raccommoder une déchirure de six pouces de long au fond de sa culotte de nankin mais ses mains tremblaient si fort qu'il semblait bien en peine d'enfiler son aiguille. Ce qui était bien frustrant. Comme s'il ne suffisait pas qu'il eût dû courir partout pour charger le bateau et pousser les hommes à se préparer, alors qu'il ne savait même pas si c'était vers la gloire ou la défaite qu'on s'en allait, il fallait encore s'occuper de cette satanée couture ! Dégoûté, il jeta l'aiguille par terre et fusilla Johnson du regard.

– Écoute, fit-il d'une voix dure et épaisse, j'aimerais bien que tu ne cherches pas à m'influencer à la dernière minute parce que, sache-le, ça ne marchera pas. Tu n'arrêtes pas de dire non depuis le début, et laisse-moi te dire que je n'ai vraiment pas besoin de ça. Tu vas me faire le plaisir de ramasser tes hardes et de monter dans mon bateau, un point, c'est tout. La discussion est terminée.

Johnson n'avait pas cessé de hocher lentement la tête. Il faisait nettement plus âgé qu'il y avait quelques mois de cela, à Dindikou. Plus fatigué et plus en colère aussi. Il avait perdu un de ses innombrables mentons et l'avancée de son ventre semblait moins prononcée. Ses cheveux avaient blanchi, ses membres s'étaient raidis : il commençait à ressembler au monsieur de soixante-deux ans qu'il était.

– Vous n'avez pas besoin de moi, dit-il, vous avez Amadi Fatoumi.

C'était vrai. Ne s'étant jamais aventuré plus à l'est que Sansanding, Johnson ignorait tout de la géographie, des peuplades et des langues du bas Niger. Qui plus est, Mungo avait engagé un nouveau guide. Marchand itinérant répondant au nom d'Amadi Fatoumi, ce dernier avait déjà atteint Kong, Badou, Gotto et le fort de Cape Coast, sur la route du sud, et à l'est, Tombouctou, Haoussa, Maniana, Bornou. Cela étant, l'explorateur ne supportait pas la pensée de devoir partir sans Johnson. L'idée seule le glaçait jusqu'aux os, le terrorisait jusqu'au bout des orteils. Sans Johnson, il serait absolument seul.

– Bon, d'accord, fit-il en s'écartant de la table d'une poussée. Je te triple tes gages et je t'inonde de caisses de livres, de tableaux... tout ce que tu voudras.

– Non, répliqua Johnson, sans cesser de hocher la tête du même air las et résigné. Vous n'allez rien m'envoyer du tout... plus jamais... Parce que si vous lancez votre navire demain, l'Angleterre, vous ne vivrez pas assez longtemps pour jamais la revoir.

– Balivernes de merde ! s'écria Mungo en frappant de son poing le poteau de la tente, jusqu'à en faire frémir la toile.

– Faites demi-tour, murmura Johnson. Par amour pour moi. Par amour pour votre femme et vos enfants. Faites demi-tour avant qu'il ne soit trop tard.

Toujours en caleçon, l'explorateur allait et venait en agitant les bras comme un grand oiseau des marais à l'instant de l'envol.

– Mais mon vieux, tu sais très bien que je ne peux pas ! protesta-t-il en essayant de dominer la violence de sa voix. J'ai déjà dépensé une véritable fortune... et tous ces fonds publics par-dessus le marché ! Quant aux hommes que j'ai emmenés avec moi, j'en ai perdu neuf sur dix. Georgie Scott est mort, et Zander aussi. Et tu crois que je vais rentrer comme ça, la queue entre les jambes, maintenant ? Comment oserais-je regarder Sir Joseph en face ? Et Camden ? Et même Ailie ? Non, non : c'est impossible. Il faut absolument que je continue.

– Pardon ! fit Johnson d'une voix qui se voulait encore douce... aussi douce que s'il était en train de murmurer des choses à Amouta au milieu de la nuit, votre petit ego, fourrez-le-vous où je pense, votre orgueil, mettez votre mouchoir par-dessus ! Vous avez commis une bourde, pourquoi ne pas le reconnaître ? Traîner tous ces chiens malades et cet excès de bagages jusqu'ici en pleine mousson ! Non mais quoi, qu'est-ce que vous espérez ? Allons ! rentrez plutôt en Angleterre. Repartez maintenant et remontez une autre expédition. À votre âge, vous y arriverez !

Douter était quelque chose de nouveau, quelque chose qui lui était venu lentement, comme une tumeur maligne, pendant cette deuxième expédition. Douter et se sentir coupable. Il n'était pas une parole de Johnson qui ne le frappât avec la force même de sa propre conviction, aucun mot qui ne le piquât comme une aiguille. Mais il était têtu. Il rejeta la tête en arrière.

– Je pars à l'aube.

– Je n'en serai pas, répondit Johnson.

Encore une fois, il n'avait fait que lui dire les choses comme elles étaient. Tout en soutenant le regard de l'explorateur, il mit la main dans sa toge et en sortit un pistolet incrusté d'argent. Canon long, l'arme était élégante, gravée aux initiales du seul homme qu'il eût jamais tué : un Anglais à cheveux blonds et face rougeaude, tout comme celui qu'il avait devant lui.

– Tenez, prenez ça, gronda-t-il d'une voix si basse qu'elle en était presque inaudible. Moi, il m'a porté chance.

Illuminé par un rayon de soleil de fin d'après-midi, le pistolet lança un éclair dans la main de l'explorateur, comme s'il avait été chargé, comme s'il se fût agi d'un instrument magique capable de cracher la foudre et tous les feux de l'enfer. L'explorateur le glissa dans sa ceinture. Il était gêné, il cherchait ses mots.

– Johnson, commença-t-il, tu veux dire qu'il n'y a rien à faire…

Le vieillard le coupa sèchement.

– Faites gaffe à Amadi Fatoumi, lâcha-t-il. Je l'aime pas beaucoup. Non, ce que j'entends dire de lui ne me plaît pas…

Depuis que l'incertitude et l'appréhension s'étaient mises à le ronger, l'explorateur était devenu aussi volatil qu'une caisse de whisky écossais. Il était ému un instant auparavant ? À peine l'eut-il entendu proférer le nom d'Amadi qu'une rage aussi folle que soudaine s'empara de lui jusqu'à l'en faire trembler.

– Explique-toi, Johnson ! C'est parce qu'il n'est pas aussi gros et vieux que toi qu'il n'est pas bon, Amadi, c'est ça ? C'est parce qu'il n'a pas une épingle en or en travers des naseaux qu'on ne peut pas lui faire confiance ?

Johnson se contenta de le regarder droit dans les yeux, calmement, longuement. Ce qu'il voulait dire c'était qu'Amadi Fatoumi était aussi digne de confiance qu'un cobra souffrant d'une rage de dents… et que Mungo ne s'y connaissait pas trop en hommes. Fatoumi était un marchand, d'accord, mais un marchand de fusils, de drogue et de rhum des Antilles, qu'il échangeait avec les tribus de l'intérieur contre des esclaves. C'était un Mandingue de Kasson mais, comme les Maures, il avait la tête rasée et portait une barbe noire déployée d'une épaule à l'autre. Dans ses yeux, la pupille et l'iris ne se distinguaient pratiquement pas, tous deux du même noir insondable. Ne pas oublier non plus qu'Amadi n'arrêtait pas de se frotter les mains et de baisser la tête en parlant...

C'était avec Martyn et M'Keal qu'il avait débarqué au camp un après-midi. Ils l'avaient trouvé au marché, ou plutôt non : c'était lui qui les avait trouvés. Les deux hommes s'étaient déjà, comme de coutume, bien saoulés à la bière de *soulou* et au *fou* (alcool blanc tiré des baies du tomberong) lorsqu'il s'était approché d'eux en grimaçant des sourires. Connaissant une trentaine de mots anglais, dont *foutre*, *tuer* et *putain*, il en avait régalé les oreilles du lieutenant et de son sergent et, au bout d'une demi-heure de pitreries diverses, il les avait conduits dans une ruelle où il les avait remis entre les mains de deux femelles complaisantes après les avoir gratifiés d'une boulette de haschisch.

– Mon capitaine, Sir ! avait proclamé Martyn quelques heures plus tard, ce type est sensationnel !

En sandales et *djoubba*, Amadi se tenait entre Martyn qui somnolait déjà à moitié et M'Keal qui avait l'œil en feu. S'emparant de la main de l'explorateur, il la lui avait agitée comme on pompe l'eau d'une fontaine.

– Enchanté de faire votre connaissance, avait-il murmuré.

Une demi-heure plus tard, il était engagé à trois fois le salaire de base – plus la promesse de récupérer un quart de l'approvisionnement restant dès qu'on arriverait en pays haoussa.

Johnson avait tout de suite compris que le bonhomme était un traître, un tricheur et, sinon un assassin, au moins un agent à la solde des Maures. Mais toutes les réserves qu'il avait pu émettre, Mungo les avait rejetées.

– Tu es jaloux, c'est tout, avait-il conclu. Jaloux de lui parce qu'il en sait deux fois plus long que toi et n'a même pas la moitié de ton âge. Non seulement il sait le maniana, le haoussa, le touareg et l'arabe mais, en plus, il a déjà fait l'aller-retour Sansanding-Tombouctou.

Maintenant que, la onzième heure étant arrivée, l'explorateur tremble devant lui comme s'il était prêt à affronter la mort, Johnson trouve inutile de chercher à le convaincre en lui rapportant ce que ses espions lui ont révélé, à savoir qu'ancien esclave de la tribu d'Il Braken, Amadi n'avait pas hésité à poignarder un homme au cours d'une partie de palet et avait déjà roulé dans la farine les trois quarts des marchands de Sansanding. Il n'y avait rien à faire : à demi rongé par la culpabilité, la peur et l'incertitude, Mungo s'accrochait à Amadi et à ses prétendues connaissances comme à une bouée au milieu d'une mer déchaînée. Il n'aurait servi à rien d'en discuter plus longtemps. Le supplier était le seul recours qui lui restait.

– Ne partez pas ! fit-il encore.

Mungo paraissait au bord de l'attaque.

– Et pourquoi ça ? nom de Dieu de merde ! rugit-il.

Johnson le prit par le bras mais Mungo se dégagea brusquement et lui tourna le dos.

– Bon, bon, fit Johnson… Ne partez pas parce que, tout tête de mule que vous soyez, je vous aime bien. Ne partez pas parce que vous n'en reviendrez pas. Vous vous souvenez d'Éboé ?

Mungo pivota sur ses talons comme si un taon l'avait piqué. Son visage disait la douleur et l'incompréhension, la terreur.

– Vous vous souvenez ? répéta Johnson. Et la vieille aveugle ? Celle de Silla... celle qui vous a reniflé votre odeur de Blanc de partout avant de vous demander des cheveux ? Dites, vous vous rappelez ce qu'elle vous a dit ?

Dans son regard, Johnson lut qu'il ne l'avait pas oublié. La vieille femme avait marqué un temps d'arrêt et, après s'être tournée vers lui, s'était prise à murmurer le nom d'un lieu très lointain, un nom qui sur ses lèvres eût pu être celui du diable, un nom étrange et barbare qu'elle avait répété comme une incantation. *Boussa,* avait-elle dit d'une voix croassante, *méfie-toi de Boussa ! Méfie-toi !*

Mungo était livide. Un long moment il resta planté devant Johnson, les bras levés, comme s'il s'était lancé dans quelque duel rituel contre son ami. Enfin ses lèvres se mirent à remuer en silence, comme s'il priait.

– Ne partez pas, répéta Johnson et le charme aussitôt fut rompu.

Le visage de l'explorateur se crispa, soudain aussi laid qu'un masque. Rapide et brutal, Mungo empoigna la toge de Johnson au niveau du collet, le forçant à dresser le menton.

– Traître ! s'écria-t-il. Saleté ! Fumier ! C'est toi le méchant là-dedans, c'est toi qui me sapes le moral... oui toi, ct pas Amadi Fatoumi !

Puis, d'une seule détente du bras, il envoya le vieillard rouler à terre.

– Sors d'ici ! hurla-t-il d'une voix cassée par la colère, sors d'ici, sale nègre !

Johnson resta impassible. Il se releva, essuya la poussière sur sa toge et sortit de l'existence de l'explorateur. À jamais.

Quelque part, un coq chante, tandis qu'un muezzin est en train de jodler l'appel à la prière du matin. Des sandales, dehors, raclent le sol en cadence : ce sont les femmes de la ville qui ramassent, courbées, le crottin pour les feux du petit déjeuner. Du fol enchevêtrement de buissons qui borde le fleuve monte un chant d'oiseau. Dès la première lumière, une chaleur féroce, une chaleur de fournaise a pris possession des lieux. L'air verse à longs traits sur l'explorateur ses bouffées boursouflées, comme autant de nuages de scories. Épuisé, Mungo pousse un soupir de résignation, s'extrait de ses rêves à fendre le crâne et de ses couvertures pleines de sueur puis, chancelant, sort de sa tente pour aller uriner contre un mur d'argile recuite. En une nuit, le temps a changé du tout au tout, et le cycle des saisons, une fois de plus, a basculé. Juste après minuit, le vent a viré au nord et, du grand désert, s'est mis à souffler l'harmattan, apportant avec lui ce climat de mollesse et d'abattement où Mungo se sent pris comme dans une chape de plomb. Dans la position où il se trouve, la tête toute brumeuse, l'explorateur se sent vidé. Il a l'impression d'avoir mal aux cheveux alors que cela fait des semaines qu'il n'a pas bu une goutte d'alcool.

La tache sombre croît sur la pâleur du mur, se fait dragon, puis tête de cerf couronné : Mungo, distrait jusqu'à l'hébétude, l'observe longuement lorsque, à un bruit de pieds qu'on traîne, de gorges qu'on racle, il devine soudain une présence dans son dos. Il tourne la tête avec la lenteur détachée du somnambule et découvre les restes de son armée, alignés derrière lui. On s'est mis vaguement en rangs, on a l'uniforme haillonneux, sous la lumière blafarde du petit matin : Martyn, M'Keal, Ned Rise, Fred Frair, Abraham Bolton... Sac au pied, mousquet à la main. Derrière eux, en *djoubba* et tagelmoust à la mode maure, Amadi Fatoumi et ses trois esclaves à gueules d'empeigne. L'explorateur jette un coup d'œil par-dessus son épaule et dévisage ses neuf hommes qui le contemplent en silence, d'un air fort respectueux ; à croire qu'à leurs yeux, pisser contre un mur en petite tenue vaut bénir les étendards ou changer l'eau en vin. Martyn rompt le silence.

– Mon capitaine, Sir ! aboie-t-il, l'équipage de la *Djoliba* au rapport !

Bien sûr, bien sûr. C'est le matin du départ, celui où ils vont confier leur destin aux quatre vents... ou plutôt aux flots du grand fleuve. Pas de doute, dans les brumes du réveil, la chose lui était pratiquement sortie de l'esprit : il faut dire que l'air était si lourd, si oppressant... et ce petit accès de fièvre qui lui revenait. Oui, bien sûr. Bien sûr que la grande aventure est sur le point de recommencer !

– Parfait, lieutenant, jette-t-il d'une voix croassante avant de se rajuster et de se tourner vers ses troupes. Démontez ma tente, rangez mes affaires et préparez-vous à démarrer.

Les jambes en coton et l'œil flottant, il passe en revue les visages apeurés et pleins d'espoir de ses hommes. Il voudrait leur dire que tout va marcher comme il faut, que le Niger ne s'asséchera pas au milieu du désert, qu'il ne mourra pas dans les eaux du lac Tchad, que désormais il n'y a plus qu'à se laisser porter par le flot. Mais il en est incapable. Parce qu'en dépit de tous ses vœux, de toutes ses prières, malgré toutes ses supputations et toutes ses convictions, il n'arrive pas à être sûr et certain de ne pas les conduire à la noyade dans quelque maelström paumé de ce continent abandonné de Dieu. Tout ce qu'en guise de réconfort et d'inspiration subite il parvient alors à ajouter tient en cet ordre superfétatoire :

– Et que ça saute !

~

À l'insu de l'explorateur, du guide et de l'équipage, mille sabots font en ce moment même résonner les collines des environs de Sansanding : non, il n'est pas que l'harmattan pour descendre du nord dans un roulement de tonnerre. Dassoud le Fléau du Sahel est en train de fondre sur la ville à la tête de douze cents cavaliers au regard fou qui, tous, brûlent du désir de livrer bataille à l'armée des Blancs. Si nombreux et bien armés soient-ils, ces *Nazarini*, Dassoud entend les tailler en pièces. Après quoi il promènera la tête de Mungo au bout de sa lance et s'en ira l'offrir à la dame de ses pensées, Fatima de Djafnou.

Dassoud, on le remarquera, a pris quelque deux mois et demi de retard sur son plan de campagne. Il projetait d'anéantir l'explorateur avant la fin septembre mais, une interminable journée en suivant une autre, il a dû repousser l'engagement au début de novembre : force lui a été de constater qu'il n'était pas tout à fait la terreur qu'il se croyait. La cause profonde de ses ennuis, il faut la chercher dans les conflits meurtriers qui font rage parmi les diverses tribus placées sous son autorité. Quoique chauffées à blanc par la lettre de l'explorateur et les intentions qu'il y exprimait, celles-ci se sont en effet montrées peu enclines à s'unir sous sa bannière, ou sous celle de quiconque d'ailleurs. Inutile d'aller chercher midi à 14 heures : tout cela tombait mal.

Une querelle s'est d'abord élevée entre les Trasarts et les Al-Mu'tas de Djafnou. Moubarak ayant fait exécuter trois de ses serfs pour vol d'eau à l'un de ses puits, Bou Khaloum s'introduit dans le camp des Trasarts, pisse dans le porridge de l'assassin, se sauve avec son plus beau destrier et lui fait savoir qu'il ne le lui rendra que contre rançon. Bou Khaloum finit par toucher celle-ci et renvoie le cheval... en huit morceaux, tous bien proprement emballés dans de la peau de chèvre. Pendant ce temps-là, oubliant la volée de bois vert que Dassoud lui a infligée de ses propres mains, Mahmoud Bari, chef des Il Brakens, refuse de prendre part au djihad lancé contre les *Nazarini* – à moins de pouvoir en prendre la tête. Enfin, comme si cela ne suffisait pas, voilà que les Peuhls choisissent ce moment précis pour se jeter sur Djafnou. S'il a répondu à chacun de ces défis avec sa férocité et sa rapidité habituelles, Dassoud n'en a pas moins perdu un temps précieux. En le distrayant de son propos initial, toutes ces histoires l'ont rendu fou furieux. Que ce soit parce que hier il lui a fallu faire demi-tour pour s'en aller massacrer trois cents Peuhls, femmes et enfants compris, ou parce que, aujourd'hui, le morceau de chèvre qu'on lui sert est trop cuit, ou son couscous boueux, sa colère est si grande que le crâne lui en éclaterait presque et qu'il ne peut s'empêcher d'allonger d'autant l'ardoise de l'explorateur. Délivrer la terre de ces *Nazarini* est devenu une obsession qui le dévore, et nuit et jour lui rôtit l'âme à un brasier qu'alimente la moindre traverse. À la fin des fins pourtant, au bout de deux mois et demi de retards exaspérants, il s'est mis en route et, comme possédé du démon, investit dans un bruit de tonnerre les rues de Sansanding.

~

Sur l'eau volent des foulques et des vanneaux éperonnés. Gonflé par les dernières crues de la mousson, le fleuve bouillonne furieusement. Quelques pirogues graciles glissent comme le vent à travers des bancs de brouillard que le matin n'a pas encore dissipés. Mungo pose la question rituelle... comme autrefois, lorsqu'il jouait sur les bords de la Yarrow :

– Tout le monde à bord ?

Sur quoi, les épaules à hauteur de la coque, il entre dans le courant avec Ned Rise et, heureux comme un jeune marié proposant un toast, brise une calebasse de *fou* sur la proue de la *Djoliba* et donne l'ordre de pousser au large.

Martyn, qui avec sa barbe et son regard perdu de boisson accuse deux fois ses dix-neuf ans, a pris la barre ; les autres, Amadi Fatoumi et les trois hommes de sa suite inclus, se prélassent ici et là, leurs pagaies empilées au petit bonheur. Le fleuve étant encore en crue, avancer ne devrait poser aucun problème : si lourdement chargée soit-elle, la *Djoliba* sautille, telle une branchette au fil de l'eau, et se laisse manœuvrer comme dans un rêve de marin.

D'un bond adroit, Ned Rise monte à bord à l'instant où le courant vient cueillir la coque allongée du bateau, qui prend aussitôt la bonne direction ; Mungo quant à lui, de l'eau jusqu'à la poitrine, retient l'embarcation par désir de bien faire, mais s'attarde plus qu'il ne faudrait. C'est alors que le premier coup de fusil ricoche au ras des flots. Mungo sursaute, interdit, et jette un bref coup d'œil à Martyn : la bouche grande ouverte, celui-ci a l'air de quelqu'un qui s'apprêterait à avaler tout rond une orange ou un œuf. Sur ce, il tourne la tête et observe la route poussiéreuse qui descend vers la berge. Le spectacle qu'il y découvre le cloue sur place, comme un cauchemar devenu réalité : il y a là des milliers de Maures, flamberge et *djoubba* au vent, lesquels leur foncent bel et bien dessus, montés sur des chevaux en suée qui piétinent le sol de panique et de fureur.

Rien de tout cela n'a échappé aux passagers du bateau. Une seconde plus tôt, ils flemmardaient comme des rois hémophiles ; les voilà à présent qui bondissent comme un seul homme et se mettent à pagayer avec fureur tandis que, les pieds dans le courant, l'explorateur grimpe à bord. Mus par la vision lugubre de leur fin imminente, les soldats se sont jetés rapidement dans l'action. Il n'est pas jusqu'à M'Keal et ses favoris, Fatoumi dans sa graisse, et même Frair l'échalas, qui ne rament comme s'ils voulaient se qualifier dans l'équipe d'Oxford. Quant à Mungo, il a pris feu lui aussi. Incapable de trouver une pagaie dans la confusion générale, il s'allonge au ras de l'eau et commence à repousser l'onde à grands coups du plat de la main : on croirait qu'il s'est juré de fendre les flots en deux parts, ou d'y creuser un humide sillon.

– Souquez ! hurle Ned juste à côté de lui, et voilà qu'enfin la *Djoliba* prend de la vitesse.

Ils n'ont pas encore fait cent yards que le premier Maure atteint l'eau. Il est grand, tout habillé de noir, et cingle de sa cravache la bouche de son destrier en criant des obscénités en arabe. En quelques secondes, le fleuve grouille de Maures. Par centaines ils déboulent, déchargent leurs mousquets, jettent leurs lances, hurlent leurs cris de guerre. Mungo, au milieu des éclaboussures, risque un œil par-dessus son épaule afin de contempler ses ennemis jurés : leurs chevaux nagent comme des phoques, l'œil en feu, les narines dilatées par l'odeur du sang et des armes qui lancent des éclairs rouges dans la lumière charnue du matin. Et soudain, voici qu'il n'a plus de force dans les bras : ce Maure-là, celui qui n'est déjà plus qu'à soixante yards de lui, celui dont le cheval est sur le point d'exploser tant il se démène... il le connaît! Il connaît ces épaules carrées qui forcent les coutures de l'ample vêtement; il connaît ces yeux, cette cicatrice, ce masque de haine, ce sourire de fou grimaçant...

Dassoud brandit son pistolet, son cheval rue des quatre fers: la *Djoliba* s'éloigne. Le Maure s'acharne, il abaisse le canon de son arme, vise, et tire: dans le méli-mélo de *djoubbas* tourbillonnantes, de lances qui s'abattent à grand fracas de métal, de hurlements et de nuages de poussière qui montent de la rive, un énième petit rond bleuté s'en va se perdre. La fumée et la poussière sont si épaisses et le vacarme si général que l'explorateur n'arrive même pas à savoir si le Maure a déchargé son arme, et puis il le sait: il sent tout à coup un liquide chaud lui couler sur le bras, et un poids bizarrement lourd qui le pousse soudain en avant. Il se retourne d'une pièce et découvre le visage douloureux d'Abraham Bolton, lequel lui tend la pagaie qui lui faisait défaut... mais voilà que le brave garçon, l'œil arraché, lui dégringole dessus, la pagaie en l'air, luttant pour retrouver quelque équilibre. La réaction de Mungo est instinctive: il rentre les épaules. Aussitôt ce pauvre idiot de Bolton trébuche sur lui et bascule dans le fleuve comme un sac de pierres jeté du haut d'un pont.

Mungo redresse la tête, et c'est pour découvrir que Dassoud et lui se regardent jusqu'au fond des yeux, par-delà ce peu d'eau qui les sépare et qui tend vers rien, car le Maure gagne sur les fugitifs... si proche, à présent, que les hoquets de son destrier à l'agonie explosent quasi dans la poitrine de l'explorateur, jusqu'à l'empêcher de respirer à son tour. Vaguement, comme dans un rêve, Mungo tend la main vers la pagaie de Bolton mais le regard du Maure s'accroche à lui comme un grappin. Il sent les parois de sa gorge se resserrer, il a le plus grand mal à ne pas fondre en larmes, tant cette histoire lui paraît injuste. Hypnotisé, il ne songe même pas aux quatre-vingt-dix mousquets chargés qu'il tient cachés sous la bâche, ni au pistolet incrusté d'argent, glissé dans sa ceinture. À ses yeux tout n'est plus qu'échec, ignominie et mort.

Forte, pleine d'exhortations, la voix de Ned Rise se fait entendre par-dessus le vacarme.

– Souquez, les enfants ! Souquez !

Le *tableau** perd enfin un peu de sa netteté. Dassoud cède à nouveau du terrain, la *Djoliba*, happée par le courant, s'éloigne sur le fleuve purificateur, s'éloigne du sang, de la terreur et des sinistres doigts crochus de la captivité, chevauchant à vive allure la large échine du Niger. Pétrifié, Mungo reste agenouillé comme un suppliant et, incapable de bouger ou de penser, voit son pire ennemi reculer dans le lointain, jusqu'à ce qu'enfin la tache noire de sa tête se perde dans la pulsation des eaux.

ET PAISIBLE COULE LE NIGER...

L'on dirait une descente dans les profondeurs du corps, cette lente pénétration du Niger vers l'intérieur des terres, un voyage à travers les veines, les artères et le réseau irrigué des viscères nobles, une exploration des cavités mêmes du cœur, une quête de l'âme impalpable. La terre, la forêt, le ciel, l'eau : le fleuve résonne du battement même de la vie. Et Mungo le sent : régulier, aussi envahissant que le tic-tac d'une pendule surnaturelle. Oui, Mungo le sent tout au long de ces journées brûlantes et sans vent, tout au long de ces nuits extrêmes qui semblent plonger jusqu'aux frontières du néant. Et Ned Rise, lui aussi, le sent. Même M'Keal! Présence, mystère. Impression de communiquer avec l'éternité qui sur toute chose étend un suaire et fait taire les oiseaux au long col, les chevaux du fleuve, les cigales, les crocodiles, les foulques, les martins-pêcheurs et les vanneaux, les grands poissons d'argent qui bondissent hors de l'eau et y retombent dans une seule et même éclaboussure. L'on dirait presque qu'explorateur et équipage, tous ont succombé à un philtre, que c'est leur sang même qui coule en phase avec un fleuve qui les lave de leurs fautes, les délivre de l'horreur et du martyre que fut leur progression sur la terre ferme. Persuasif et doux, c'est avec une force et une logique bien à lui que le Niger les pousse tout au long de ces premières semaines de silence.

Mais un beau matin, les matelots s'éveillent sous un ciel de sang séché; peu s'en faut qu'ils n'en croient alors leurs oreilles toutes neuves au monde: des bruits leur explosent à la figure, insupportables, qui vont du grincement de la barre de gouvernail aux claquements des peaux de bouvillons malmenées par le vent chaud et cruel qui semble les avoir pris en poupe pendant la nuit. Dans des frémissements d'ailes, de grands vautours de Nubie décrivent des cercles au-dessus d'eux. Des hippopotames reniflent et l'on dirait des coups de canon, des crocodiles aboient comme des chiens. Soudain, c'est l'univers entier qui s'est mis à leur cogner aux tympans.

Mungo, qui vient de rouler hors de ses couvertures humides, grimace de douleur sous le tintamarre et n'en revient pas de voir que le bateau a cessé de glisser à travers les interminables labyrinthes d'arbres penchés et de lianes tentaculaires qui emmuraient les deux rives du fleuve depuis Sansanding. Stupéfait, il regarde autour de lui, sort sa longue-vue et la promène alentour. Pas le moindre soupçon de verdure au-dessus de l'eau, aucune végétation

– de fait même, pas le plus petit bout de rivage. Soudain il comprend : pendant la nuit, ils ont dû atteindre le lac Débo, cette vaste mer intérieure qui, dit-on, s'étend entre Djenné et Kabara. Heureux d'avoir percé ce mystère, il contemple la surface mouvante des flots. Immense, sans rivages visibles, ses flots réduits à de brunes vaguelettes moussant sous le vent brûlant, le lac gifle sous ses pieds la coque de la *Djoliba*.

L'explorateur consulte sa boussole : on fait route vers le nord-nord-est. Vers Tombouctou, Tombouctou et le grand désert ! Il déglutit un grand coup, espère qu'Amadi et la vieille Djanna-géo lui ont dit la vérité, qu'après le lac, le fleuve va bifurquer vers le sud. Mais il a beau regarder l'aiguille, elle s'entête à pointer vers le nord... et le doute l'assaille. Se pourrait-il que Rennell et les autres aient raison ? Le fleuve perdrait-il effectivement toute sa force dans le Sahara ? Roulerait-il en rugissant vers quelque abîme sans fond ? S'évaporerait-il au milieu du lac Tchad ?

Troublé par ces réflexions, Mungo gagne l'avant de l'embarcation, où Amadi Fatoumi et ses trois serviteurs ont pris place. Assis en tailleur, les pieds écartés, ils lancent des osselets sculptés contre le creux du bordage, et en fonction des figures qu'ils tirent remanient les tas de cauris qui s'empilent devant eux. Amadi, qui a vu Mungo s'approcher, lui verse cérémonieusement un dé à coudre de thé noir et le lui tend, le visage incliné et souriant.

– Alors comme ça, fait Mungo, qui oscille au rythme de la *Djoliba*, on est arrivé à Débo ?

Tassé à la proue du bateau, Fred Frair le fixe d'un œil vide et, sans tarder, se replonge dans la triste contemplation de la surface des eaux. Amadi regarde l'explorateur comme s'il ne l'avait pas entendu.

– Débo ! j'ai dit. C'est bien ça ?

Soudain il se rend compte qu'il s'est mis à hurler. Il n'a pas pu s'en empêcher... avec tout ce bruit. Il perçoit le tintement exaspérant d'une cuillère contre une assiette, là-bas, à l'arrière du bateau, les ronflements alcooliques de M'Keal qui vont rebondir contre la bâche, le bourdonnement des cousins... tout cela amplifié mille et mille fois. À bout de patience, il se penche vers son guide.

– C'est quoi, ce vacarme d'enfer? hurle-t-il.

Amadi a l'air surpris. Il lui montre le ciel.

– Le vent, note-t-il. Vent très sec.

La question suivante de l'explorateur est bien rhétorique : le Niger coule-t-il vers le sud après Tombouctou, en est-il sûr et certain ? Cette fois, le guide se contente de tendre le doigt, vers un point à bâbord.

Il faut dire que, menée comme elle l'a été par son ennemi de toujours, l'attaque de Sansanding a beaucoup perturbé l'explorateur. Fort nerveux depuis lors, il a l'estomac qui le brûle et une éruption mystérieuse lui est venue à l'aine et entre les orteils. Tel l'hypocondriaque qui se découvre une tumeur sous le bras et ne sait plus comment exprimer sa jubilation fataliste, il sent se confirmer ses pires soupçons : oui, ils sont là, cachés derrière chaque arbre, tapis dans la hutte la plus minable et là, ils l'attendent – il l'a toujours dit ! Voilà pourquoi, avec une obstination qui frise la monomanie, il est plus que jamais décidé à n'avoir aucun contact avec les humains. En dépit des protestations de son équipage, il a évité les villes de Silla et de Djenné comme s'il s'agissait de repaires de démons et de basilics et, dans l'une comme dans l'autre, il a seulement donné l'autorisation de mouiller en aval du dernier groupe de cases et de ne longer la berge du fleuve qu'à la faveur des ténèbres. Ses hommes avaient envie de s'arrêter pour reconstituer leurs réserves de denrées périssables, lait, légumes, pain, mais il a refusé d'en entendre parler. Non : pas question de débarquer même dans le village le plus primitif perdu au fond de la brousse, ne serait-ce que pour y acheter de la bière, de la viande ou pour sentir pendant cinq minutes la terre ferme sous ses pieds. Ils ne feraient halte sous aucun prétexte.

Or à la simple vue de cette tache à l'horizon, de ce petit grain noir, de ce rien, il est rempli de terreur. Aussi bien quand on est perdu en plein milieu de cet océan lacustre ne peut-on l'interpréter, ce rien, que d'une façon : c'est signe qu'il y a des gens. Des renégats, des fanatiques, des Maures assassins. Le premier cri de Mungo s'étouffe sous la stupeur et l'anathème lui monte à la gorge comme une glaire. Le deuxième sonne haut, comme celui d'une sentinelle surprise dans une nuit froide et noire.

– Alerte ! On nous attaque !

La réaction est instantanée. D'un bond, Amadi et ses hommes lâchent leurs tas de cauris tandis que Fred Frair, qui l'instant d'avant flemmardait à côté d'eux, se dresse comme si l'on venait de lui renverser une assiette de soupe brûlante dans le giron. Une seconde plus tard, Martyn déboule à sa hauteur cependant qu'en bottes et en caleçon, M'Keal gesticule en jurant.

– Les Maures ! tonne Mungo.

Comme il porte à nouveau sa longue-vue à son œil, Fred Frair, galvanisé par son premier et terrifiant appel aux armes, passe à côté de lui en hurlant comme un dogue.

Vu sous l'angle de la science, le résultat de l'affaire est aussi simple qu'action et réaction, que poussée et résistance : l'explorateur en a le coude brutalement bousculé, et l'instrument lui échappe pour disparaître aussitôt dans la lavasse brune qui coule à ses pieds.

Qu'importe. Il n'est besoin d'aucun grossissement pour voir que la tache qui dépare l'horizon est bel et bien constituée par un groupe de Maures aux intentions belliqueuses. Un masque de panique se plaque sur les visages ; les hommes sont prêts à croire leur chef sur parole. Déjà Martyn et M'Keal se sont mis à distribuer les mousquets, vingt-cinq, trente, trente-cinq, tandis que Frair s'active en mille va-et-vient auprès des barils de poudre installés dans l'enceinte bâchée – sans oublier les baguettes et la bourre au cas où il faudrait recharger les armes. Seul Ned, qui a pris la barre, semble garder son calme. En s'aidant du sextant, de la boussole et de la voile de fortune qu'il a montée la nuit précédente, il ramène la *Djoliba* dans le courant faiblissant : c'est vers Tombouctou qu'il s'en va, lui, vers Haoussa et la suite, vers Londres !

Pendant ce temps-là, debout à la proue tel un superbe chien d'arrêt, l'explorateur s'est raidi. Il dégouline de sueur, il cligne des yeux jusqu'à sentir trembler les muscles de son visage, il fixe l'horizon comme s'il pouvait l'embrasser sous la seule concentration de son regard. S'écoule un long moment, puis un autre. Ensuite, comme en un éclair de révélation, il comprend soudain quelle horrible conjonction est en train de se produire là-bas, à l'orée du lac : *ce n'est plus un point, mais trois* qu'il y découvre ! Trois pirogues aussi élégantes que rapides – et bourrées jusqu'à la ligne de flottaison de Maures assoiffés de sang !

– Trois ! y en a trois ! lâche Martyn dans son dos, d'une voix aussi froide qu'un bistouri.

Oui. Des Maures assoiffés de sang. Des sauvages. Des bêtes. Déjà il les voit s'avancer, comment ne les verrait-il pas, avec leurs coiffes qui lancent des éclairs dans la lumière du soleil. Alors un calme étrange descend sur lui : ce calme qui, dit-on, vient aux soldats au plus chaud de la bataille. Ferme dans son fatalisme, Mungo épaule son mousquet et en abaisse le canon effilé.

– Qu'on se prépare à tirer, siffle-t-il tout bas.

Vingt minutes durant il reste figé en l'endroit tel un acteur de salon dans un *tableau vivant**. Voguant en formation, les trois pirogues se rapprochent sensiblement ; elles suivent une direction qui inexorablement croisera l'erre de la *Djoliba.* Il les voit maintenant avec netteté : leurs coques noires se détachent sur la grosse boule du soleil, vieux monstre fatigué surgissant du lac, loin derrière eux. Quand enfin elles arrivent à portée de feu, il donne l'ordre de tirer.

Le premier tir de barrage renverse la pirogue de tête comme d'une claque soudaine, brutale. Au loin, des bras battent l'air, dans le ciel montent des cris étonnés, des hurlements de douleur. On dépose les huit mousquets déchargés, aussitôt remplacés par huit autres. Deuxième rugissement, deuxième éclair de lumière : le deuxième bateau disparaît sous les eaux. Avec ce soleil et cette fumée, c'est à peine si l'explorateur arrive à discerner ses poursuivants, mais non, pas de doute, ce sont bien des Maures : ils portent *djoubbas* et sarouals. Qu'importe s'ils ont le visage noir et si leurs cris ressemblent à ceux que pousseraient des femmes ou des enfants ?

Sitôt après le deuxième tir, les occupants de la dernière embarcation sautent à l'eau. Sur quoi l'équipage, y compris Amadi Fatoumi et ses Noirs, se met à faire feu au hasard, ici envoyant tout sur une tête sans visage qui émerge d'un reflet de soleil, là tirant à qui mieux mieux sur le moindre soupçon de sillage laissé par un nageur. Dans le feu de l'action, l'explorateur s'apprête à faire un carton sur une forme sombre accrochée au flanc d'une pirogue chavirée ; quelqu'un lui serre le bras à l'instant où il va appuyer sur la détente : pivotant sur lui-même, il se retrouve nez à nez avec Ned Rise. Les mousquets crachent et rugissent, la fumée plane sur la *Djoliba* comme une basse nuée d'orage.

– Dites-leur de cesser le feu, lui crie Ned, il y a erreur... vous voyez donc pas ?

Tout se passe alors comme si l'explorateur sortait enfin de son rêve. Il lâche son arme et, contemplant la ligne des tireurs, constate avec stupeur à quel point leurs visages se sont transformés. Muscles tendus à craquer, bouche tordue, babines retroussées, Frair lui-même, malgré son naturel chétif, s'est mis à ressembler à une bête de proie. Amadi a le regard vitreux, le bout de la langue en arrêt à la commissure des lèvres ; quant aux trois de son escorte, ils ont l'air ravi de croquants surpris à un stand de tir. Pour les soldats de carrière, Martyn et M'Keal, c'est la gloire. Ils peuvent enfin montrer leurs dons et leurs mérites : voilà l'instant pour lequel ils ont si longtemps affûté leurs baïonnettes et huilé leurs mousquets ! Le visage noir de fumée, ils visent, tirent, changent d'arme d'un seul et même geste fluide ; ils sont sans pitié, implacables : de vraies machines. Bouleversé, l'explorateur suit la ligne de mire du fusil de Martyn : elle rase le flot, dépasse les pirogues en train de sombrer, cherche la tête d'une femme qui émerge de l'onde. Une femme ? Non, ce n'est pas possible ! Non seulement c'est possible, mais encore c'est réel : une femme dont la robe bouffe, une femme dont les boucles d'oreilles attrapent les rayons du soleil, une femme qui s'efforce de ne pas perdre pied – et qui aide un petit enfant à ne pas couler au fond.

– Cessez-le-feu ! hurle Mungo. Cessez-le-feu !

Personne ne prête la moindre attention à cet ordre. Pendant un quart d'heure encore, le lac Débo résonne de hurlements surexcités et de détonations furieuses, jusqu'à ce qu'enfin, les pirogues n'étant plus que des épaves criblées de balles, les mousquets restent sans voix et l'atmosphère retourne au calme. Seuls le clapotis de l'eau, le souffle infernal du vent et le sang répandu en lentes traînées ternissent la morne étendue des flots moussants.

~

Deux jours plus tard, après avoir quitté l'immensité vide du lac et retrouvé le principal chenal du fleuve, tout l'équipage de la *Djoliba* est témoin de l'acte insensé de Fred Frair. Souffrant d'une multiplicité de maux indistincts, infections suppurantes et vagues maladies tropicales, il se traîne depuis plusieurs jours déjà, abattu et découragé, et presse ses formes amaigries contre la coque du bateau, mimant l'insecte taraudeur qui s'accroche au bois noir et luisant. Il ne plaît à personne de le voir affalé à l'endroit où il se trouve mais qu'y faire ? Sa barbe blanche se détachant sur son visage prune, le vieux de la vieille qu'est M'Keal le regarde dépérir d'heure en heure et, de temps à autre, lui offre une gorgée de rhum ou de vin de palme pour apaiser le mal qui le ronge. Ayant déjà vu crever quarante de ses compagnons, Martyn pour sa part n'en a cure. Assis sous la bâche, il passe son temps à nettoyer les mousquets et à les recharger en sifflotant. Ned, lui, n'a jamais eu beaucoup d'estime pour le petit homme – qui était un copain de Smirke. Il est en outre bien trop occupé à surveiller l'explorateur, la boussole, les cartes et la barre pour pouvoir s'en soucier beaucoup. Quant à Mungo, la rumination qui le requiert, consacrée à son échec prochain aussi bien qu'aux mœurs de ces saletés de Maures du Sahel, ne lui laisse guère le temps de prêter attention à quoi que ce soit. Cela étant, personne n'a envie qu'il arrive des ennuis à Frair ; tout le monde souhaite même qu'il s'en sorte. Après tout, à qui le tour s'il s'en va ?

En cet après-midi de décembre 1805 – on est vers le milieu du mois – les voyageurs, poussés par le courant, dérivent sous un soleil de mort à travers une vaste plaine aquatique. Pas une ride à la surface de l'eau. Parmi les cris d'oiseaux et les insectes bourdonnants qui vous assaillent les oreilles, les yeux et les narines, on entend tout à coup Fred Frair qui, se dressant sans crier gare, se met à hurler comme un ivrogne pris de *delirium tremens*. Il n'a plus le courage d'en supporter davantage, s'écrie-t-il. La chaleur, la fièvre, les puanteurs de la mort... Amadi et ses hommes détournent la tête. M'Keal se penche sur son compagnon d'armes qui se débat et essaye de le calmer. Sans succès.

Après la prison, Gorée, l'enfer de la route et toutes les maladies qui aujourd'hui le rongent, l'horreur qui pour finir l'a fait basculer dans la déraison n'est autre qu'une infection due au ver de Guinée (*Dracunculus medinensis*). L'affection est pénible et se traduit par des nausées, mais de là en faire une telle histoire !... L'explorateur en est déjà à sa deuxième attaque et quinze jours plus tôt, Martyn s'est lentement fait sortir un de ces vers de la jambe. Pour Frair cependant, l'idée qu'il y a là une chose vivante et aveugle... un ver ! qui prospère en lui, un ver qui se repaît de ses chairs, un ver qui lui défèque et lui pisse dans le sang, est proprement insupportable.

La veille, une cloque s'est ouverte au creux de son genou gauche. Après lui avoir octroyé une ration de *fou* assassine, afin de lui redonner courage, l'explorateur lui a nettoyé et pansé sa blessure. Au cœur humide de la plaie, pâle comme le ventre d'un homme, s'agitait l'extrémité inférieure d'un ver de Guinée femelle : grossir, pondre et lâcher des millions de larves minuscules dans un amnios tout trouvé – le pus de sa victime –, la bestiole ne faisait là qu'accomplir les tâches à elle assignées par la nature. Soigneusement, Mungo a dégagé le bout visible du parasite et l'a enroulé autour d'une brindille ; après quoi il s'est penché sur l'eau et s'est lavé les mains dans le fleuve. Un point c'est tout : aussi bien a-t-il fait là tout ce qu'il est humainement possible de faire pour soulager Frair. Extirper le ver d'un seul coup ou l'éliminer purement et simplement est en effet hors de question. De deux à quatre pieds de long, l'animal est accroché au plus profond du tissu conjonctif, enroulé comme du fil autour d'une bobine. Lentement, jour après jour, il faudra l'en extraire en faisant tourner la brindille sur elle-même : un pouce ou deux à la fois, pas plus. Viendrait-on à le sectionner par inadvertance, il se mettrait à pourrir à l'intérieur de la jambe : il n'y aurait plus aucun moyen de l'en déloger, et Frair serait emporté par la gangrène.

Tout à sa douleur, à son dégoût et à son horreur, le malheureux commet alors un acte insensé : il arrache le petit taquet de bois attaché à son genou et, du même coup, sectionne son ver en deux. Pendant un moment, personne ne réagit : le vacarme qui les assaille depuis le jour où ils ont atteint le lac Débo n'est désormais qu'un seul cri suraigu qui ne laisse plus de place au silence. Puis M'Keal lâche un sifflement dur et soudain, comme s'il rappelait un chien ou s'étonnait de la taille d'un poisson ; les hommes d'Amadi se crachent dans les mains pour conjurer le mauvais sort. Attiré par l'éclat de Frair, Mungo se contente de rester un instant à son chevet ; il inspecte la plaie ouverte, laquelle luit à présent comme une bouche. Il hoche alors la tête, et tourne le dos au malade.

Il n'est évidemment pas question de s'arrêter pour l'enterrer. Le jour de Noël, ou à peu près (dans le fouillis de ses carnets, l'explorateur a perdu la trace écrite qui pourrait lui dire la date exacte de l'événement), Frair, qui de la tête aux pieds disparaît déjà sous un grand linceul de mouches, est officiellement déclaré mort. En sa qualité de capitaine et de chef de l'expédition, Mungo marmonne quelques mots au-dessus de son cadavre avant de le livrer aux flots jaunâtres du Niger, l'abandonnant aux poissons-tigres, aux tortues et aux crocodiles.

Ce soir-là, en consultant sa montre à la lumière de la lune, l'explorateur constate qu'elle s'est arrêtée. De fabrication allemande, le mécanisme est enfermé dans un boîtier en argent gravé d'initiales. L'objet lui a été offert par le père d'Ailie, en d'autres temps ; à une tout autre époque de sa vie. Une époque où, jeune encore, plein d'espoirs et d'ambitions, il faisait ses premiers bagages et s'apprêtait à partir pour les Indes orientales. Aujourd'hui, tandis qu'il dérive sur les eaux troubles du fleuve, cette époque lui paraît aussi révolue que l'âge des Dinosaures. Il tapote le boîtier dans la paume de sa main, le porte à son oreille. Les mille voix rauques de l'invisible forêt, des voix pleines de dérision, lui hurlent à la tête. Mungo regarde le ciel, contemple les étoiles et les planètes qui y poursuivent leur course tremblante, et laisse tomber la montre, désormais muette, dans la soupe noire et sans rides du fleuve.

VERS L'ENFER

Les jours défilent : mornes après-midi qui n'en finissent pas, tendues comme une arbalète bandée, et qui se relâchent enfin dans la perpendicularité du soir, avec ce soleil qui tombe et ce brouillard qui monte, tous deux lestes comme la flèche. La puanteur du pourrissement le couvrant du même manteau, le Nouvel An arrive et puis s'en va, sans identité particulière. Filant à une allure imperturbable, la *Djoliba* longe silencieusement des villages déserts, des barres de sable envahies de crocodiles paressant au soleil et d'oiseaux venus là en si grand nombre que leurs plumes suffiraient à bourrer tous les oreillers d'Europe. Et le fleuve encore et toujours : chaque jour semblable à lui-même, chaque jour différent.

À Kabara, qui est le port de Tombouctou, l'explorateur commet une erreur de calcul. Arrivé en vue de son point de mouillage un peu trop tôt, il n'attend pas la nuit pour doubler en cachette cet endroit dangereux et se retrouve à la hauteur des quais encombrés, au cœur même des chenaux les plus fréquentés, à la pleine lumière du milieu de la matinée. Sa première réaction lorsque, au sortir d'un coude du fleuve, il découvre le port, est d'accuser ses yeux : il est le jouet d'une illusion, voilà tout. Fantaisie engendrée par son cerveau recru de fatigue, de fièvre et d'inquiétude ! Et pourtant, indéniable fouillis de cases en terre et d'entrepôts ouverts, la ville est bien devant lui, avec toutes ces pirogues couchées sur la rive, collées aux berges lointaines en une noire pellicule. Soudain, il se tourne vers Amadi et, d'une voix aussi aiguë que celle d'une douairière tançant son roquet, se met à l'agonir d'injures en mauvais arabe. Le guide se contente de hausser les épaules.

Dans tout cela, Mungo n'est certain que d'une chose : il faut éviter Kabara à tout prix. Sis au cœur du dispositif commercial mis en place par les Maures, Tombouctou est la plaque tournante qui relie le Sahara au Sahel et au Soudan. S'il est un lieu stratégique où la résistance ait tout loisir de s'exprimer, c'est bien celui-là. Dégoûté, l'explorateur tourne le dos à Amadi et, après avoir lancé un ordre aux pagayeurs, il chasse Ned Rise de la barre et fait faire demi-tour à la pirogue.

– Et on pioche ferme ! jette-t-il entre ses dents en guise d'exhortation.

Lentement, péniblement, la *Djoliba* surchargée commence à remonter le courant.

Au bout d'une heure pourtant, Kabara est toujours en vue. Les hommes n'en peuvent plus et c'est à peine si, au maximum de son élan, l'esquif peut tenir meilleure allure qu'un écueil planté en plein courant. M'Keal est le premier à comprendre la vanité de ces efforts.

– Mais merde ! mon capitaine, lance-t-il par-dessus son épaule à l'adresse de l'explorateur toujours installé à la barre, dites ! vous espérez quand même pas qu'on va faire faire du surplace à ce rafiot jusqu'à ce que l'archange Gabriel il s'mette à jouer de la trompette, non ?

Les paroles du vieux soldat sont ponctuées de halètements : il respire avec peine, ses mains tremblent en s'agrippant à la pagaie, il luit dans son jus comme un cochon de lait à la broche. Mungo réfléchit un instant, puis, le visage soudain durci comme naguère sur le lac Débo, il met la barre à tribord toute, et la *Djoliba* remet le cap sur Kabara.

– Préparez-vous à repousser toute embarcation faisant mine de s'approcher à moins de cinquante yards, siffle-t-il entre ses dents.

Barbe-Bleue n'aurait pas mieux dit.

Cette fois-ci, des pirogues venues du port tentent une manœuvre d'interception. Longues et élancées comme des whippets[1] elles sont pleines de musulmans en colère, de musulmans qui meurent d'envie de décapiter et de démembrer des *Nazarini* pour la plus grande gloire d'Allah, de musulmans qui entendent bien se venger de

1. Chien de course, petit lévrier d'origine anglaise.

leur échec de Sansanding et du massacre du lac Débo, de musulmans qui veulent réaffirmer leur droit naturel et sacré au monopole commercial et sévèrement châtier ces infidèles à face de fromage blanc qui n'ont ni demandé ni payé l'autorisation de franchir leurs frontières. Fous à sauter sur place, ils ont rempli dix-huit pirogues de leurs barbes, de leurs dents et de leurs lances.

Il leur manque pourtant quelque chose : des armes à feu. Même si leurs pirogues, superbement pilotées par des Somonos et des Sourkas riverains du fleuve, fondent comme un seul homme sur la *Djoliba*, le plus téméraire d'entre eux jamais ne pourra s'en approcher suffisamment pour pouvoir l'attaquer à la lance. Disposant de quinze mousquets chacun, Mungo et ses boys tirent sans désemparer et, comme une véritable armée, couvrent les eaux du fleuve d'une nappe hurlante de projectiles qui ont tôt fait de mettre à mal les attaquants, leur détachant proprement la chair des os et transformant leurs *djoubbas* en linceuls pleins de trous. Jurant dans leurs barbes, les Maures abandonnent le terrain. Vainqueur incontesté, la *Djoliba* file au loin, happée par le fleuve.

~

Une semaine plus tard, l'explorateur remarque que si l'on a effectivement dépassé Tombouctou, on n'en continue pas moins de se diriger vers le nord, autant dire droit sur le désert. Toujours luxuriante en bordure du fleuve, la végétation commence néanmoins à s'éclaircir et, passé les arbres du bord, sur les collines arides, euphorbes, roses du désert et pyracanthes, viennent par places. La chaleur est profonde, atterrante, dévorante. Il n'est aucun moyen de lui échapper. Sous la bâche, aussi épuisés que des rescapés d'Austerlitz au ventre farci de plomb, Martyn et

M'Keal jouent aux cartes, sommeillent, sirotent du *fou* à la gourde, et de temps à autre laissent pendre la main dans l'eau tiède pour s'asperger la chemise et le visage. Ned Rise s'est installé un écran contre le soleil juste au-dessus de la barre. Accroupis sur les talons et vêtus d'un simple pagne, Amadi et ses hommes passent leurs journées à jouer aux osselets et à compter leurs cauris. Personne ne songerait à se baigner. Pas avec tous ces crocodiles, dont certains aussi longs que la moitié du bateau, alignés sur les berges comme des badauds au défilé ; ni avec ces hippopotames qui, pour montrer leur rancune, leur gaieté folâtre ou tout ce qu'on voudra, éclaboussent, mènent un bruit d'enfer et battent les flots jusqu'à ce qu'ils ne soient plus qu'écume bouillonnante.

Le soleil se lève et se couche, le temps s'écoule et n'est plus consigné, les jours se suivent à la queue leu leu, une semaine de plus vient de passer et toujours le fleuve pousse vers le nord. Il n'y a plus ni bière, ni fruits, ni beurre, ni pain, et les hommes grognent devant leurs rations de bœuf salé, de riz, de patates douces et d'oignons. Mungo consulte sa boussole jusqu'à quarante fois par jour. Il est inquiet. Ned Rise aussi. Il ne cesse d'interroger l'explorateur, qui ne cesse d'interroger Amadi, qui se contente de hausser les épaules. Le suspens est tuant. Sans parler de la chaleur, de l'ennui, du désespoir et de l'espèce de désir fou de remuer qui, calvaire des hommes éternellement en mer, les a tous gagnés. Christophe Colomb ne devait pas éprouver autre chose lorsqu'il chancelait aux bords extrêmes de l'univers.

À Gouroumo, du moins comme l'appelle Amadi, sept pirogues s'élancent du port telles des flèches et se jettent à leur poursuite. Les hommes, qui ont désormais adopté la même tenue que leur guide et ses esclaves, sont brusquement tirés de leur léthargie – assez en tout cas pour descendre quelques indigènes malchanceux et semer la terreur dans le cœur des autres. Vu l'ennui et la monotonie des jours, cet exercice est presque le bienvenu, oui, presque réjouissant. Ont-ils un autre but que de rester allongés toute la sainte journée à griller sur place comme autant de tranches de bacon ? En outre, quoi de meilleur que de tailler en pièces un ou deux nègres par-ci par-là pour se remettre les réflexes en état, se calmer la main et s'aiguiser le regard, en attendant l'heure où arriveront les vrais ennuis ? Et d'ailleurs, auraient-ils seulement fait un détour pour aller chercher noise à droite ou à gauche ? Non, non ! bien au contraire : ce sont ces cannibales tout nus qui se sont jetés sur eux comme des crocodiles salivant déjà à l'idée de se fourrer un bon petit Blanc dans la marmite ! C'est vrai qu'après toutes les vilaines couleuvres qu'ils n'ont cessé d'avaler, le Blanc tiendrait plutôt du rôti de veau à leurs yeux.

L'explorateur n'apprécie guère. Ces gens qui l'ont attaqué à Gouroumo étaient des Noirs et les Noirs, il n'a rien contre eux. Cela étant, ils ne lui ont pas laissé le choix. Que les Maures les y aient poussés ou qu'ils se soient sentis ulcérés parce qu'il n'avait pas observé les usages en matière de cadeaux à distribuer ou de permissions à demander, il aurait du mal à le dire. Il n'en reste pas moins qu'ils se sont lancés à l'attaque comme des champions de catch jaillissant du coin du ring et que, mus par des intentions visiblement belliqueuses, ils feront tout pour l'arrêter. Or s'arrêter, cela signifie se retrouver à leur merci. Déjà il les imagine en train de lui dévaliser ses provisions, de lui souffler dans la figure, de lui défoncer la poitrine à grands coups d'index plats et crevassés, tout cela en jacassant dans quelque langage pâteusement troglodytique, vague mélange de pets de basse-cour, de couinements de cochons et de vesses de buffles. Ils seraient capables de lui extorquer armes et nourriture, de le détrousser, de lui brûler ses carnets, voire de le remettre entre les mains des Maures. Rien que d'y songer, il sent un petit déclic jouer dans sa tête : l'affaire est entendue. Les Nègres mourront mais non, rien à faire, qu'il pleuve ou qu'il vente, il ne s'arrêtera pas ! Au diable les conséquences !

Malheureusement, celles-ci pointent le nez plus tôt que prévu, sous la forme de pirogues... de soixante pirogues !... là, au sortir d'un village qui a nom Gotoijégé. L'événement se produit en fin d'après-midi, deux jours après l'incident de Gouroumo. La *Djoliba* est en train de longer une falaise faisant saillie dans le fleuve ainsi qu'un coude tordu. Tout est calme et comme annulé par la chaleur. Les hommes sont à moitié endormis, des vaguelettes calorifiques lèchent le promontoire rocailleux, solitaire ; un vautour se laisse emporter haut dans les airs par les courants de convexion. Telle une feuille ou une brindille chassée par le flot, la *Djoliba* contourne enfin la pointe et se retrouve au beau milieu du fleuve. C'est à ce moment que l'explorateur commence à se dire que tout ne va pas pour le mieux : on distingue là-bas quelque chose... quelque chose que dissimule encore l'ombre profonde du promontoire. Une demi-seconde plus tard, soit une demi-seconde *trop* tard, il comprend de quoi il retourne.

Ils sont tombés dans un piège.

La courbe du fleuve abrite un si grand nombre d'embarcations qu'on les prendrait presque pour un embâcle de bois flotté. Droit devant eux, barrant le courant ainsi qu'une armada préhistorique, vingt autres pirogues bloquent le passage. Des centaines de visages noirs, tous en colère, tous peints aux diverses couleurs de la catastrophe. Au bout de leurs pagaies, des bras bardés de veines, gonflés de muscles saillants. Enserrant des arcs ronds et de pleins carquois de flèches, des mains noires et dures comme le silex. Des lances armées de fers fort vilainement effilés. Pas de doute : on s'est donné la consigne. Quelqu'un leur a laissé entendre qu'il y avait là des Blancs qui descendaient le fleuve, d'étranges créatures qui, ayant sombré dans la folie furieuse, passaient leur temps à assassiner les riverains, à refuser de respecter les péages, de payer tribut, voire de se prosterner devant le tout-puissant élu de Dieu afin d'obtenir l'autorisation de traverser leurs terres... des Blancs, bref, qui ne demandaient qu'à se faire châtier comme il faut.

Soudain monte un hurlement à décrocher tous les champs de neige des Alpes, et la scène bascule dans la violence. Là où, un instant plus tôt, tout n'était que soleil, silence, longue somnolence d'un navire soumis à une aimable dérive, un bouillonnement frénétique d'humains inamicaux envahit les deux rives du fleuve. Derrière eux, le promontoire est comme une fourmilière qu'on aurait ouverte d'un coup de pied, grouillant de sauvages nus, enragés ; on menace, on insulte, on pourfend le ciel de ses eustaches. Ossature généreuse et cul de plomb, des troupes de femmes sorties de nulle part déchirent l'air de leurs cris d'orfraie et tapent sur d'énormes timbales comme s'il s'agissait de battre des peaux d'explorateurs malchanceux. Des hommes et des enfants, par centaines, se ruent vers le bord de l'eau en jetant force lances, cailloux et torches enflammées, criblent la *Djoliba* de flèches empoisonnées et de lames de jet en fer brut. Entrant en action au même instant, les pirogues se lancent aux trousses du bateau aussi légèrement que des ombres : de grands Noirs athlétiques poussent sur les pagaies ; des guerriers peints se tiennent accroupis derrière eux – on affûte ses lances, on chauffe ses muscles en peine d'exercice. Hommes, femmes, enfants, pagayeurs, lanceurs de projectiles, archers, chefs locaux, tous crient comme des bouchers partis pour une orgie de trois jours.

Le spectacle inspire l'horreur sacrée, la terreur, dépasse l'entendement.

Se pourrait-il que ce soit la fin ? se demande l'explorateur dont les organes vitaux se recroquevillent comme des hérissons apeurés, cependant que Martyn déjà attrape son mousquet et que Ned Rise coince la barre à droite toute afin de passer bien au large de la pointe rocheuse. Chtchac ! chtchac ! chtchac ! font les flèches en se plantant dans la bâche. Une pierre ouvre la joue de Martyn. Ils ont en face d'eux les visages de cinq cents sauvages furibonds, sans compter les deux cents autres qui se rapprochent à toute allure dans leur dos, portés par des pirogues basses, rapides. Mungo et ses hommes se sont fait avoir jusqu'au trognon, et l'affaire a l'air mal engagée : serait-on battu avant d'avoir commencé ?

Mais non, les choses ne tardent pas à se remettre en place : Ned leur ayant laissé de la latitude et la douce odeur de la poudre leur enflammant les narines, pan ! pan ! pas le temps de dire ouf, voilà que les hommes déjà se montrent à la hauteur. Attrapant leurs armes, en bons et braves soldats qu'ils sont devenus, ils tirent à feu roulant, comme des champions, comme de vrais assassins : les voilà enfin tels qu'en eux-mêmes. La *Djoliba* une fois hors d'atteinte des flèches, tout devient facile. On se croirait au stand de tir d'une foire. En Cornouailles, à l'ouverture de la chasse au canard. On canarde l'adversaire avec une rage modulée : pas de quartier, l'autorisation en a été donnée, on se montre donc absolument sans pitié et l'on travaille avec la même concentration d'esprit qu'au lac Débo. On fait feu jusqu'à ce que la flottille des poursuivants soit en complète déroute – après quoi l'on se tourne vers les pirogues qui, en aval, tentent de bloquer le passage.

Les Noirs occupent fermement leurs positions. Arrivé à une centaine de yards, Ned Rise vire à bâbord ; Mungo, Amadi et ses esclaves à un bout, Martyn, M'Keal et Ned à l'autre, tous s'alignent le long du plat-bord : un vrai peloton d'exécution. Salve après salve, ils arrosent la ligne sombre qui ne cesse de se rapprocher, tandis que la *Djoliba* dérive vers l'aval. Droit devant, un adversaire se détache : couvert de plumes et de coraux, il a l'air d'un chef, d'un roi peut-être, avec son sceptre dans une main et l'autre solennellement levée en un geste impérieux, un geste qui veut dire : « Il n'y a plus aucun espoir, vous êtes écrasés par le nombre, lâchez vos armes et rendez-vous à ma royale omnipotence ! » Il s'est fermement campé à la proue de la pirogue de tête, mais Martyn l'aplatit d'un seul coup de mousquet. Alors l'ennemi semble perdre courage. Un instant plus tard, Ned ayant à nouveau viré de bord, droit devant, la *Djoliba* éperonne la dernière pirogue qui barrait la route – et tout est dit. Un jeu d'enfant.

Un seul blessé : M'Keal. Dans le feu de l'action, quelqu'un lui a tiré un coup de mousquet – oui : de mousquet – dans la figure. Un Maure, on le dirait bien : assis à la proue d'une des pirogues, un « gros, tout en noir ». La balle non seulement lui a excisé la partie supérieure de l'oreille gauche, mais encore a rasé un bon pouce de tignasse. Blessure mineure somme toute, mais dès qu'il a été touché, quelque chose a cassé en lui ; il est devenu fou. Il s'est mis à baver comme un chien enragé, a ajouté un plein volume à l'encyclopédie des injures racistes, a tapé du pied, bafouillé et brandi le poing. Après quoi, sans cesser de marmonner, il a entrepris de balancer à la tête des Noirs, qui le regardent d'un air stupéfait, les projectiles les plus divers. D'abord des mousquets : sept ou huit. Puis des barils de poudre. La bataille faisant rage, aucun autre membre de l'expédition n'y a prêté attention. Sont alors passés par-dessus bord un sac de riz, une épée d'apparat et le sextant. Ah ! ces fumiers d'indigènes, il va leur montrer de quel bois il se chauffe ! Suivent une caisse de munitions et le sac de marin de l'explorateur – avec boussole, carnets de notes, débuts de lettres à Ailie, et tout et tout. Jurant, grondant et se battant la poitrine, le vieux soldat au visage écarlate leur a encore jeté ses chaussures, ses sous-vêtements, son panama, la théière, un tonnelet de bœuf salé et une caisse de patates douces en début de putréfaction. Lorsque, le danger s'étant éloigné, on a enfin pu le calmer, l'ancien vétéran de la campagne des Indes occidentales a allégé de moitié le chargement de la *Djoliba* et mis définitivement fin à toute velléité que l'on aurait pu encore avoir de calculer latitudes et longitudes ou de se soucier de l'exacte direction des pôles magnétiques.

~

Sans chronomètre, sans boussole, sans sextant, les missionnaires de la géographie embarqués sur le *H.M.S. Djoliba* regardent le soleil et savent qu'il est midi, à tout jamais – et que toujours ils font route vers le nord, vers le désert, vers la fournaise éblouissante, vers les mâchoires mêmes du mystère. Épaissis par la graisse et la poussière, leurs cheveux leur pendent jusqu'aux épaules, et leurs barbes jusqu'à la taille. Il y a beau temps que leurs pimpants uniformes rouges sont tombés en haillons, autant dire en pagnes, et que leurs bottes autrefois brillantes ne sont plus que des ruines. Pas lavés, indisciplinés, mal nourris, le torse décharné et l'œil vitreux, la peau mangée de cloques et de brûlures, les pieds couverts d'ampoules, ils font penser aux derniers survivants d'une antique tribu en train d'émigrer vers quelque terre promise, à des hommes des cavernes, à des pilleurs d'épaves, à des mangeurs d'excréments, à des dévoreurs de chair crue. Seuls Amadi et ses trois esclaves n'ont pas changé. L'esprit vif et le regard vigilant, ils continuent de jouer aux osselets, la tête toujours protégée par leurs chapeaux à larges bords : ce ne sont pas des hommes du XIXe siècle ; leur échelle est le millénaire. Ils ont la démarche, le regard et les mains vives et habiles de ceux qui annoncent l'Europe et toute l'Histoire consignée par écrit. Le fleuve changera de direction, ils le savent. Cartes, pantalons et bœuf salé, tout cela est hors de saison et ils le savent aussi : les Blancs sont des petits plaisantins. Quant à eux, leur patience est infinie. Ils sont satisfaits et gardent les yeux ouverts.

Et toujours le grand bateau noir continue de dériver au gré du courant. Le jour, le fleuve n'est qu'un seul et même embrasement de soleil aveuglant, la terre une fournaise chauffée à blanc, les collines des flamboiements où tout se consume. La nuit, les berges résonnent de mille échos fantomatiques, feulements étouffés, petits cris de surprise, étranges ricanements en cascades de l'hyène, cependant que les eaux tourbillonnantes parfois explosent à vous en briser le cœur sous les folles gambades de bêtes gargantuesques qui folâtrent dans les profondeurs du flot ou coulent à travers l'onde leurs grands dos épineux pour mieux aller coincer la proie imprudente.

Une nuit, sous une lune si brillante qu'elle en ternit la surface du fleuve et jette sur les arbres, les buissons et les amas de roches brisées des lueurs froides et éparses, les voyageurs sont brusquement réveillés par de véritables déflagrations de hurlements et de grondements là-bas devant. Primaire, cacophonique, glaçant, c'est le bruit d'une meute en furie, le bruit de mâchoires furieuses qui claquent et aboient, le bruit des loups se disputant des lambeaux de viande. Mais ce n'est pas seulement cela : il y a là un petit quelque chose en plus, un petit quelque chose qui va beaucoup plus loin dans l'horrible. En se rapprochant, ils commencent à comprendre de quoi il s'agit : des voix humaines appellent au secours au-dessus de la clameur.

En un instant, tous sont debout, même M'Keal. Figés par l'horreur, ils scrutent les ténèbres. Des bruits de chair déchirée, d'os qui se brisent, encore des appels lancés d'une voix altérée leur mettent les nerfs à vif autant que le feraient du sel ou des orties sur une plaie : aussi impossibles à supporter et à admettre qu'une rêverie dans laquelle on se représente soi-même mort ou mutilé. Ned détourne la tête, l'explorateur sent qu'il a le cœur au bord des lèvres. On ne voit rien. Terrifiante, une minute se passe. Puis une autre. La nuit est comme enveloppée de grondements démoniaques coupés de sanglots hoquetants : il semble aux voyageurs que, sans savoir comment, ils se retrouvent de l'autre côté de l'invisible frontière, déjà engagés sur les longs et tortueux affluents de l'Achéron et du Léthé. Soudain l'un des hommes s'écrie :

– Là-bas ! Sur la rive droite, droit devant !

La lune glisse dans le ciel ; toute chose au monde a perdu contours et substance ; tout est à la fois présence et absence. Enfin les ombres commencent à prendre vie et mouvement, les grondements montant en un crescendo furieux qui soudain décroît en un souffle unique ; puis c'est une explosion de lumière : une torche brûle dans les ténèbres. Sa flamme vacillante éclaire les formes noires et bossues d'une centaine de démons aux crocs acérés et à la bouche écumante : des hyènes, ou plutôt des griffes, des épaules, des gueules noires de rage faites hyènes ; des voleuses d'enfants, des détrousseuses de tombes, des fauves qu'étouffe leur propre salive. Contre elles, un homme seul, un marchand itinérant sans doute, qui recule et s'efforce de se tenir à bonne distance de la carcasse étripée de son chameau. Il joue de sa torche comme un archange de son épée, cependant que, autres acteurs de ce cauchemar, une femme et son enfant se terrent derrière lui.

L'échine basse, les détrousseuses de tombes font cercle, serrant de près la carcasse abandonnée, la gueule dégoulinante de bave, arrachant de temps à autre de longs chapelets d'intestins gris et luisants qu'elles sectionnent d'un coup de dents. Les premières se battent pour être aux meilleures places ; à l'arrière on fait lourdement les cent pas dans l'ombre, l'œil avide et brillant d'une faim qu'aucune nourriture jamais ne pourra satisfaire. L'homme recule encore en zigzag ; agrippée à son enfant comme s'il était déjà en pièces, la femme tente de repousser la horde avec un tison ardent. Un moment, l'issue du combat semble douteuse. Puis tout bascule très vite, quand la torche s'éteint : cela ne pardonne pas ; la masse déferle, innombrable vague de crinières et de gueules, tandis que les hurlements des trois humains sont comme effacés par les hurlements croissants des fauves en conflit, et par le claquement sec et répété des mâchoires.

La *Djoliba,* escortée par des grincements de dents et des bruits d'os éclatés, continue sa route vers le nord, vers le territoire même de l'enfer.

La voix du révérend MacNibbit semble ne provenir d'aucun corps tant sa présence profonde, sûre et melliflue habille les hauts fenestrages de sa puissance prophétique, qu'assaisonne une pointe d'avertissement adoucie par le baume du réconfort.

– Car oui, bien que dans la vallée de l'ombre de la mort je m'avance... gronde-t-il.

Il secoue sa grosse tête lourde de cheveux, agite furieusement ses bajoues, et un trémolo d'admonition se glisse dans sa voix pour bien montrer jusqu'à quel point tout peut être ici-bas noir et sans espoir... Mais Ailie ne l'écoute pas. Et ne le regarde pas davantage. Elle a penché la tête, comme pour prier, mais ses pensées sont ailleurs. De fait, c'est à Georgie Gleg qu'elle songe – à lui et au voyage, à la randonnée, à la véritable *aventure** dans laquelle elle est sur le point de s'embarquer. Cette après-midi même. Les préparatifs sont achevés et ses bagages prêts. Elle est incapable de penser à autre chose.

Georgie l'a invitée à l'accompagner dans un circuit de six semaines à travers les Highlands. Ils passeront par Fife, Angus, Aberdeen, Banff et Moray, mais l'apogée, ce sera le séjour d'une semaine à l'Avis House de Drumnadrochit, d'où l'on découvre le château d'Urquhart et le grand loch tumultueux connu de toutes les écolières, car même les chansons et les légendes ont fait son incomparable gloire : le loch Ness. Propriété ancestrale des Gleg des Highlands, l'Avis House est présentement occupée par la cousine germaine de Georgie, Fiona, une vieille fille âgée d'une cinquantaine d'années. Georgie lui ayant soigné sa goutte et un rhumatisme lors d'un séjour qu'elle faisait à Édimbourg, elle a tenu à lui témoigner sa gratitude en l'invitant à venir lui rendre visite, «histoère de voèr le grand loch dans toutes ses splendeurs». Georgie a aussitôt songé à Ailie. Un voyage de ce genre ne peut que lui redonner du courage; une fois n'est pas coutume, il lui permettrait enfin de vivre un peu pour elle et, quelque temps au moins, la libérerait du fardeau de son rôle de mère, de maîtresse de maison et d'épouse à la patience infinie. Tout à fait ce qu'il lui faut.

En effet. Ailie n'est en vérité jamais allée plus loin qu'Édimbourg; encore ne s'y est-elle rendue qu'une seule fois dans sa vie. Quant à Londres, l'Europe, ou même seulement Glasgow… Et dire que Mungo, lui, fait tout bêtement ses bagages, attrape son frère par la main et hop! s'en va courir à l'autre bout du monde chaque fois qu'il en a envie. Et qu'elle alors, comme une souillon dans un conte de fées, reste coincée à la maison avec les enfants. Eh bien, ce coup-ci, c'est à elle que la chance sourit et, bon Dieu! cette occasion, elle ne va pas la laisser filer!

Oh ça! elle se conduira absolument comme il faut, bien sûr. La mère de Georgie et Betty Deatcher seront là pour veiller au grain. En plus, elle a décidé d'emmener avec elle son petit garçon de cinq ans. Il n'y aura ni polissonneries ni scandale. Il n'empêche: son père est violemment opposé à cette escapade. Chaperons ou pas, il trouve que ce projet est un affront à son mari. «Et qu'est-ce que je lui dis, ma fille, s'il débarque à la maison pendant que tu es partie, hein?» a-t-il lancé d'une voix où le reproche le disputait à la colère.

– Tu lui dis que je rentre dans la deuxième semaine d'avril.

– Mais enfin, Ailie, tu peux pas faire ça à ton homme!… C'est quand même ton mari!

Au Panthéon du vieillard, Mungo est l'égal de sainte Colombe et de Bonnie Prince Charlie.

Alors les yeux d'Ailie se sont agrandis jusqu'à ne plus être que deux flaques de colère verte, aussi froides et aussi brillantes que les eaux du fjord de Forth.

– Il me l'a bien fait à moi ! lui a-t-elle rétorqué d'une voix qui tremblait tant elle faisait d'efforts pour se dominer.

Et maintenant que, sur le banc long et dur de l'église, la voilà assise à côté de son père, lequel respire l'intransigeance et le bon droit, pendant que ses enfants ne cessent de gigoter, elle n'a plus qu'une envie : se libérer, s'enfuir, tourner le dos aux promesses d'enfer et de damnation du révérend MacNibbit – donc sauter dans la voiture de Georgie. Au-dessus d'elle, radieux et vif comme le sang, le soleil embrase les vitraux qui semblent trembler au même rythme effréné que les pulsations qu'elle sent dans ses propres veines. Les Highlands ! Inverness ! Le loch Ness ! Elle a toutes les peines du monde à se contenir, à ne pas se lever d'un bond pour se mettre à danser au milieu de la salle en criant la bonne nouvelle. Revigorantes, résurrectionnelles, premières bouffées d'air pur dans les poumons de la petite fille qui se noie, les paroles du ministre de la foi soudain résonnent à ses oreilles :

– Car assurément, lance-t-il d'une voix riche de piété et d'exaltation, et l'on dirait qu'alors la bonne parole lui fond sur la langue comme un gros morceau de beurre... assurément la bonté et la pitié m'accompagneront tout au long de mes jours...

Ailie lève les yeux comme si cette promesse ne valait que pour elle, comme si elle recevait une bénédiction avant le voyage et se sentait par ces mots confirmée dans son choix. Le sermon est fini, les paroissiens quittent leurs bancs dans de grands froissements d'étoffes. Elle ne peut s'empêcher de sourire. Amen, se dit-elle. Amen.

~

La voiture de Georgie les conduit jusqu'à Leith, puis ils prennent un bateau pour Kinghorn et poursuivent leur chemin en chaise de poste. Enfin, par Cupar, St Andrews, Ellen, Fochabers et Cawdor, ils remontent la côte est : on se rafraîchit dans des auberges et des hôtels campagnards, on n'hésite pas à s'arrêter pour s'émerveiller de certaines curiosités comme le rocher de Dunbuy ou le château de Gordon. Ravie, Ailie écrase son nez à la vitre pour mieux contempler les épinettes, les sapins rabougris et les amas de roches rondes parsemant le rivage battu par les vents. Thomas, l'enfant du siècle, a presque six ans. Rendu inquiet par les cahots de la voiture, il s'accroche aux manches de sa mère en gémissant, interrompt de ses hurlements de sauvage ou de ses imitations de crécelle le grand monologue délirant dans lequel Georgie s'est lancé. Aucun doute n'est permis, il est, et jusque dans les moindres détails, le portrait craché de son père. En grand deuil (« Pauvre Tyrone ! et dire que le cœur lui a lâché au moment où il était en train de s'avaler un sabayon avec l'archevêque Oughten, que c'était un concours, enfin quoi : un pari, vous voyez ? même que le Tyrone, il l'aurait gagné les doigts dans l'nez vu que l'archevêque, il avait pas l'courage de s'en taper plus de six ou sept d'affilée et que mon cher disparu, lui, il en était déjà à son douzième, oui, oui : son *douzième !* et que c'est à c'moment-là que le Seigneur l'a rappelé à Lui... [soupir] faut croire qu'il aurait pas dû provoquer l'archevêque... »), la veuve Quaggus est assise à la fenêtre d'en face, droite comme un porte-chapeaux. De temps à autre elle enveloppe son fils d'un regard maternel débordant de fierté, comme si, véritable Molière du bel esprit, Georgie était en outre l'égal d'Hippocrate, côté talent et réussite. Betty qui, bien que frisant la trentaine, n'est toujours pas mariée (c'est vrai aussi qu'avec son nez en outil de jardinage…), Betty, donc, fait de son mieux pour rester aimable et répondre au tir de barrage de ce bavard de Georgie. Celui-ci est en effet si excité par la présence d'Ailie qu'il ne peut plus en fermer la bouche, même lorsque celle-ci se trouve être pleine d'oignons et de galette d'avoine, comme c'est le cas tout au long de la longue route qui les conduit de Selkirk à Drumnadrochit.

À Inverness, tout comme Boswell et Johnson avant eux, ils descendent à l'auberge *Mackenzie*. Ailie est tellement enthousiaste que c'est à peine si elle remarque le mobilier taillé à la serpe et les mouches qui ont séché dans tous les coins de la salle à manger. Le haggis ressemble à du cuir bouilli ? Elle ne s'en aperçoit même pas. Elle n'a plus qu'une idée en tête : voir le loch, le célébrissime loch Ness, qui se trouve à moins de trois milles de là. Après avoir couché son fils, elle ouvre grandes les fenêtres et, l'odeur forte et humide du loch lui montant aux narines, contemple la noire silhouette des troncs d'arbres dans la nuit tombante. Elle entend l'appel lointain d'un plongeon catmarin, et puis voici que la lune se dégage de l'emprise des arbres. Toutes pustules astiquées, c'est bien la même qui, chaque nuit, semble s'accroupir au-dessus de Selkirk, mais voilà : ici, elle a l'air différent. Ici, l'on dirait qu'elle vient de naître, qu'elle est magique, qu'elle s'inscrit dans le ciel comme un signe. Ailie s'endort comme une princesse stupéfiée.

Le lendemain matin, on prend la route de Drumnadrochit, qui serpente entre des bois de bouleaux et de pins d'Écosse ; en bas, le loch scintille comme un vrai bras de mer. Ailie repaît ses yeux du spectacle, en proie à une étrange sensation de plénitude et d'authenticité. Enfin elle se lance dans sa propre expédition ! Enfin elle fait, elle aussi, un peu d'exploration ! Rien que d'y songer, elle éclate de rire : l'épouse de l'explorateur en train d'explorer à son tour ! Mrs Quaggus hausse les sourcils, comme si elle avait envie de partager son secret. Ailie n'a pas souvenir d'avoir jamais été aussi heureuse.

C'est une Fiona Gleg débordante d'enthousiasme et affamée de parlote qui les accueille à Avis House. Rousse, habillée d'un cardigan en laine volumineux, majestueusement elle passe devant ses domestiques et, un par un, enlace ses visiteurs sur les marches du perron. Ils ont à peine le temps de reprendre leur souffle qu'elle les entortille dans un véritable filet de questions, d'opinions, de remarques et d'hypothèses sur les sujets les plus divers. Cela va de l'eczéma de l'oncle Silas à l'horrible nourriture que l'on sert à l'auberge *Mackenzie* en passant par la maçonnerie du château de Cawdor – « de la camelote, n'est-ce pas ? » –, la taille fort décevante du rocher de Dunbuy et la couleur plus que bizarre des yeux du petit Thomas. Dans le vestibule lambrissé où les domestiques ne cessent de passer avec des malles, des sacs et des cartons à chapeau, la cousine Fiona se tourne vers Ailie, un sourire maternel tout mouillé sur les lèvres.

– Madame Park, lui dit-elle (et l'on croirait qu'elle a dit « madame *Paddock* »), j'ai tellement entendu parler de vous... oui, j'ai comme dans l'idée que le jeune médecin ici présent est incapable de parler d'autre chose... ce qui fait que j'aimerais vous dire tout le plaisir, oui : tout le plaisir... enfin... bref, que vous êtes tout à fait la bienvenue à Avis House.

La dame aux cheveux roux l'a prise par la main. Le très distingué Georgie Gleg, docteur et professeur de médecine, traîne les pieds en contemplant le bout de ses souliers.

– Et, bien sûr, ajoute Fiona, j'ai eu grand plaisir à lire les livres de votre mari.

~

Pendant les quelques jours qui suivent, Avis House bourdonne, rugit et vrombit d'activité, comme si quelqu'un avait chargé la maison sur un énorme chariot avant de la pousser un grand coup pour la lancer. Les portes en sont toujours grandes ouvertes et la latte de parquet qui grince ne cesse pas de grincer : tous les êtres moralement irréprochables qui ont le privilège de marcher sur deux pieds, fussent-ils rationnels à demi, qu'ils logeassent sur l'une ou l'autre rive du lac, ont été invités à passer. Des hommes en kilt et des femmes en châles de tartan débarquent à l'heure du thé, à l'heure du dîner, à l'heure de jouer aux cartes ou au palet. Il y a là le révérend Ceci et le docteur Cela, l'honorable maître Untel et, bien sûr, un Sir ou deux. Ailie a beaucoup de mal à se souvenir de tous ces visages. Les MacDonald ont investi le salon, les Dinsdale se sont installés sur la pelouse, l'air radieux, les Cameron viennent jeter un coup d'œil au médecin d'Édimbourg et à l'épouse du célèbre explorateur, cependant que les austères Ramsay se montrent fort désireux de discuter des *Sermons* d'Ogden et des *Vies des saints* de Cave. On inaugure les soirées par une consécration au porto, au punch ou au cidre à gogo, on les poursuit en les nourrissant de mouton, de harengs, de fricassées de poules d'eau, de bifteck aux oignons, de langue et de pain perdu, on les achève dans des flots de conversation, de tabac, de musique, de danse et de jeux de société. On se croirait à Noël, à la Saint-Michel, à la fête des Moissons.

Le pays entier donne l'impression de s'être mis en vacances.

Ailie est insatiable. Elle a le sentiment d'être redevenue une gamine de seize ans, vive dans ses mouvements et sa repartie, jolie et appréciée pour la première fois depuis des années ; elle se retrouve au centre de tous les regards, qu'un jeune muguet lui fasse accomplir le tour du salon en une gigue effrénée ou qu'elle cause chiffons avec ces dames, chiens et chevaux avec tel médecin de campagne qui louche. Quelque bizarrerie qu'il y ait à se trouver là pour elle, l'épouse de Mungo, la coquette qui a éconduit Georgie, elle ne saurait être plus à son aise ; à moins que ce ne soit l'accueil qui lui est réservé... Au début, certes, elle a bien cru que la remarque de Fiona sur le livre de Mungo était une pique, et Dieu sait si mère, cousine et autres, tout le clan des Gleg aurait le droit de lui en vouloir ; mais non : elle est aujourd'hui certaine que le compliment était innocent – simple manière d'engager la conversation. On ne peut pas dire le contraire, Fiona et Mrs Quaggus se mettent vraiment en quatre pour l'aider à nouer des liens avec Georgie. Il n'y a qu'à voir comme elles la débarrassent de Thomas en l'abreuvant de chansons erses, en lui racontant des tas d'histoires de lutins et de farfadets, en lui parlant de la vilaine bête du loch, en le bourrant de gâteaux et en le faisant courir à travers les prés. Et de Betty aussi ! Moins d'une heure après leur arrivée, un jeune clergyman au menton glabre est venu prendre le thé avec eux, et ne l'a pas quittée depuis. Tout cela est fort intrigant... C'est à croire que les deux vieilles jouent les marieuses, comme si Ailie avait effectivement seize ans et que, libre et sans attaches, elle fût la compagne idéale pour leur cousin et fils, un parti comme on n'en trouve plus... À moins que... à moins qu'elles ne la traitent comme une veuve.

Comme une veuve ! Froide et insidieuse, l'idée lui en vient une après-midi, tandis qu'elle est en train de s'habiller pour descendre prendre le thé. L'espace d'un instant elle en reste figée. Penseraient-elles donc vraiment que… non. Ailie est mariée, Ailie est la mère de quatre enfants et son mari… et son mari s'est absenté pour quelque temps. Il est en voyage d'affaires. Comme un placier, ou un juge de circonscription. Alors, de plein fouet, à la façon d'un linge mouillé qu'on vous applique brutalement au visage, la vérité la frappe. Mungo est parti Dieu sait où, et il souffre. Peut-être même est-il blessé, brisé par la maladie, assailli par des sauvages aux visages noirs, hideusement ricanants, par des bêtes qui hurlent… et pendant ce temps-là elle, elle fait la fofolle comme s'il avait cessé d'exister, elle s'amuse comme une gamine, comme… comme une veuve ! *Une veuve* : insupportables, inacceptables, les trois vilaines syllabes font la ronde dans sa tête. Ailie Anderson Park, Veuve de Feu le Grand Explorateur.

C'est donc ça ! Voilà pourquoi elles se donnent tout ce mal, voilà pourquoi Fiona et la vieille Quaggus se démènent pour lui être agréables. Elles ont déjà enterré Mungo et s'appliquent à attendrir sa veuve, au sens où le boucher attendrit la viande… pour Georgie. Pendant un instant, elle ne bouge plus et contemple la chaussure qu'elle tient entre les mains, posée sur ses genoux. Elle se sent humiliée, elle a peur, elle en veut à ces deux vieilles souillons, et à Georgie. Enfin, blessée et en colère comme jamais, elle saute du lit et jette le soulier contre le mur à toute volée. Non, Georgie n'y est pour rien. Georgie s'est conduit comme un saint, comme son sauveur. Et ce n'est pas non plus la faute de Mrs Quaggus, ou de Fiona. Le coupable, c'est Mungo. C'est lui qu'il faut accuser. Serait-elle donc montée jusqu'à ce loch s'il ne l'avait pas abandonnée ? Irait-elle jusqu'à regarder les hommes s'il n'avait enfreint ses vœux matrimoniaux ? Non. Mort ou vivant, c'est lui qui a fait d'elle une veuve, qui l'a cloîtrée au profond de la solitude. Eh bien, il l'aura voulu. Non, mais... Ce n'est toujours pas elle qui restera enfermée à l'attendre gentiment jusqu'à ce que ses cheveux deviennent tout gris.

Dix minutes plus tard, elle est assise devant une tasse de thé et une blague de Georgie la fait rire à s'en casser les côtes. Son fils, qui a bien du mal à voir le dessus de la table, lève la tête et la regarde avec les grands yeux étonnés de Mungo : elle sent son rire se briser dans sa gorge. S'ensuit un moment de silence embarrassé. Betty et son prédicateur, Fiona et un vaste assortiment de Macdonald et de Ramsay, tout le monde baisse le nez sur sa tasse, jusqu'au moment où Mrs Quaggus lance la main en avant pour chatouiller le gamin, qui s'écroule de rire.

Un large sourire aux lèvres, Fiona frappe de sa cuillère le bord de sa soucoupe.

– Hum hum, commence-t-elle en s'éclaircissant la voix et en faisant bouffer ses cheveux. Si je peux me permettre de placer un mot au milieu de toute cette hilarité, je me disais que vous et Georgie... vous pourriez peut-être prendre les chevaux pour aller voir un de mes fermiers, n'est-ce pas, Ailie ?... histoire de connaître un peu la drôle de façon de vivre des gens des Highlands... Très pittoresque, je vous assure.

– Oh oui, allons-y !

Le regard de Georgie croise le sien, il détourne la tête.

– Nous serions plus qu'heureuses de nous occuper du jeune monsieur, ajoute Mrs Quaggus.

– Ça, c'est sûr ! renchérit Fiona.

Elle n'a pas cessé de sourire, d'un sourire qui met fort bien ses dents en valeur.

~

Dehors, le ciel bas les écrase de tout son poids. Les nuages estompent les sommets des collines, le brouillard remonte insidieusement les vallons. Là où, il y a peu encore, on pouvait voir des fleurs à peine écloses, des fougères, des buissons en feuilles, s'étire maintenant une écharpe de brume qui unit la terre et le ciel. Chacun monté sur un alezan, Ailie et Georgie ouvrent la voie, cependant que Thomas, qui a fait une scène pour accompagner sa mère, ferme la marche, grimpé sur un poney que mène Rorie Macphoon, le régisseur de la cousine Fiona. Tout le monde s'arrête en haut d'une côte pour contempler le spectacle d'un colley solitaire occupé à faire descendre une colline à son troupeau ; ses pattes blanches forment de petites taches indistinctes chaque fois qu'il sort d'un banc de brouillard pour rattraper un fuyard. Droit devant les promeneurs, une brebis à large tête arrête de brouter pour jeter derrière elle un coup d'œil de grand-mère inquiète et se dépêche de se remettre à ses gourmandises – touffes d'herbe et de bruyère humides de brouillard – avant que le chien ne la retrouve. Georgie, en forme comme jamais, déclame *Macbeth :* « Ah ! ce picotement qui me monte aux pouces !/Quelque chose de vilain par ici s'en vient... » Le vieux Rorie se prend à rire comme si sa tête allait éclater.

Le ciel s'est notablement assombri. Un léger crachin épaissit l'air lorsqu'ils arrivent enfin à la petite chaumière accrochée au flanc de la colline. « Comme c'est drôle, se dit Ailie, oui, vraiment », et elle appelle Thomas ; vite, elle veut qu'il regarde. Les traits du gosse dépeignent ce qu'il ressent alors devant ce paysage grandiose, une extase mêlée d'effroi, tant le tableau semble sortir des pages d'un livre de contes. La cabane est en tourbe ; une porte gondolée de bois grossier la ferme et, en guise de fenêtre, on a découpé un carré dans le mur de devant. Avec des gargouillements et des bruits de tritons, un petit torrent traverse le jardin. Noirs et nus, des troncs de pins s'élèvent dans l'air vaporeux comme de grands et solides échalas. On entend caqueter à l'intérieur, bruit exquis dans son étrangeté, dissous dans la fumée qui monte de la cheminée. Sa badine à la main, Georgie frappe à la porte.

Au bout d'un moment elle s'entrouvre, et s'y encadre aussitôt la tête d'un vieux bonhomme ahuri qui ouvre grande la bouche, comme si Georgie venait de tomber d'une autre planète ; inclinant un visage buriné, il ferme un œil pour mieux le regarder. Tout à la fois cordial et condescendant, Georgie lui tend la main et se présente :

– Gleg, dit-il. Georgie Gleg. Nous sommes venus vous dire un petit bonjour.

Que ses paroles aient été enregistrées ou non par son interlocuteur, elles n'ont pas d'effet visible ; si ce n'est que le vieux penche la tête de l'autre côté, comme s'il inspectait un bateau qui donnait de la gîte, ou comme pour se coincer un violon imaginaire sous le menton. Il a les lèvres serrées et ses yeux ressemblent à des volets à claire-voie. Lentement, en hésitant, comme quand on a ouvert et qu'on s'aperçoit qu'il n'y avait personne, il commence par refermer la porte. Jusqu'alors, Rorie était resté en arrière, la longe du poney dans la main. Mais il se décide à avancer d'un pas, et le visage du vieux fermier subit du coup une transformation radicale : l'air perdu, voire un peu demeuré, qu'il arborait laisse place sur ses traits à toute une gamme d'émotions humaines : Ailie, qui l'a vu s'éclairer en comprenant ce qui lui arrivait, l'observe qui se retranche maintenant derrière un sentiment plus dur, colère et rancune mêlées, puis éclair de cupidité, et pour finir, résignation obséquieuse de chien battu. Georgie

Gleg, le médecin d'Édimbourg, lui ayant glissé une demi-couronne dans la paume de la main, les visiteurs entrent dans la maison.

Un énorme chat tacheté se tient au coin de la cheminée et les regarde de ses yeux couleur cheddar. À côté de lui, tellement immobile qu'on pourrait la croire de cire, une vieille femme somnole sur une chaise taillée dans une souche d'arbre. Une planche de chêne jetée entre deux piles de pavés sert de banc. Contre le mur du fond, posé à même le sol, un sommier croule sous de la bruyère. Il n'y a pas d'autre mobilier dans la pièce. À la lumière grise qui tombe de la fenêtre et à celle, à peine une lueur, qui monte du feu, Ailie discerne le bazar de quatre sous qui en tient lieu : une béquille et une houe rouillée dans un coin, des gerbes d'orge empilées, un tas de tourbe, un chapelet d'oignons, un baquet. Un rideau d'osier barre l'entrée d'une arrière-salle à plafond bas qui fait songer à une grotte. Il en émane une acide odeur d'urine et, de temps à autre, un bêlement tremblant s'y fait entendre. Triste, se dit Ailie. Plus sordide que véritablement pittoresque. Mal à l'aise, elle danse d'un pied sur l'autre, écoute pisser une chèvre et se demande ce qui a bien pu prendre à Fiona de les envoyer dans ce trou perdu.

Georgie se réchauffe les mains au-dessus du feu de tourbe et, s'étant tourné vers le vieillard, lui lance d'une voix tonnante :

– Alors comme ça, c'est ici que vous vivez, n'est-ce pas ?

Surpris, le fermier baisse la tête et recule d'un pas. L'espèce de peau de dindon qu'il a sous le cou se met à trembler. Rorie, avec force « monsieur Gleg » répétés jusqu'à trois et quatre fois d'affilée, sur fond de « hum ! hum ! » et de « ah ! ah ! », tente, non sans traîner les pieds et se rajuster les braies tant et plus, de lui expliquer la présence du docteur ; mais tout à coup le petit groupe est submergé par une lame de fond : c'est un déferlement de cacophonie – laquelle, formée en contrebas, peut à la rigueur passer pour un langage. Revenue brusquement à la vie, la vieille femme infirme, bossue et borgne s'est mise à les régaler d'une dissertation en erse, le dialecte des Highlands. Car c'est bien d'une dissertation qu'il s'agit : son œil valide se déchaîne dans son orbite ; telle une boîte à musique remontée à bloc mais qui évoquerait plutôt une gargouille, elle ne cesse de parler, tout ce qu'elle raconte étant parfaitement inintelligible. Pour finir, au bout de cinq longues minutes, au jugé, elle s'arrête sur un éclat de rire aussi déchirant que le bruit du vent dans les gouttières et, une ultime quinte de toux lui cassant la poitrine, s'affaisse et se calme.

– Ce qui voulait dire ? demande Georgie en se tournant vers Macphoon.

Thomas, que l'obscurité, la puanteur et l'espèce de menace voilée qui pèse sur ces lieux ont rendu tout timide, s'accroche aux jupes de sa mère. Ailie, quant à elle, se mord les lèvres pour ne pas éclater de rire. Décidément, il faut être Fiona pour trouver du pittoresque là-dedans !

Rorie, son chapeau à la main, embarrassé comme un pécheur aux portes du paradis, s'éclaircit la voix et explique, les yeux baissés :

– Elle dit qu'il n'y a pas plus heureux qu'elle sur terre.

C'est le bouquet : Ailie ne peut plus se dominer. Perdant soudain tout contrôle d'elle-même, elle se prend à rire, d'abord à petits gloussements mal réprimés, puis de plus en plus fort, jusqu'à en avoir tout le corps secoué de véritables cascades d'hilarité. Grimaçant et hochant la tête, la vieille femme prend une pincée de tabac à priser et rit avec elle. Suraigus, hystériques, les bruits qu'elle profère ressemblent aux grincements d'une lame de couteau sur une meule à aiguiser.

– Pas plus heureux !… pouffe Ailie en se tenant les côtes, incapable même de terminer sa phrase.

Mais la vieille s'est remise à caqueter d'une voix dure et râpeuse, dans son dialecte étrangement musical qui semble venu d'ailleurs et du fond des âges, sans qu'on puisse dire où et quand on le parlait : peut-être à Ur, à en juger par son allure mésopotamienne, ou à Louqsor, à cause de son aspect, qui évoque des feuilles cassantes de papyrus décoloré. Lorsque enfin la femme retombe dans son silence, Ailie se tourne vers Macphoon, un sourire amusé lui déformant déjà les lèvres.

– Et là ? Qu'a-t-elle dit cette fois-ci ?… Encore quelque sage remarque ?…

Traînements de pieds, remontages de braies, chapeau qu'il tourne et retourne dans ses mains : Rorie a recommencé son petit manège, puis il regarde Ailie droit dans les yeux.

– Elle dit qu'elle a son mari à côté d'elle, et qu'une femme ne saurait demander davantage.

Comme autant de coups de maillet lui enfonçant un pieu dans le cœur, ces paroles atteignent Ailie au plus profond. Le vieil homme acquiesce d'un hochement de tête souriant assorti d'un sourire obscène, une parodie de sourire mouillé qui découvre ses dents jaunies et le petit bout livide de sa langue. Et voilà que sa femme, cette espèce de vieille mégère, se remet à papoter comme une pendule affolée !… Qu'elle tente désespérément de se lever de sa chaise ! Ailie a l'impression d'être coincée dans un mauvais rêve : on aura voulu lui jouer quelque vilain tour, l'univers est en train de lui souffler sa mauvaise haleine en pleine figure, elle a peur… Son sourire disparaît.

Sentant que quelque chose ne va plus, Georgie la prend par le bras et, après avoir adressé un signe de tête au vieillard et lui avoir glissé une deuxième pièce dans la main, la conduit jusqu'à la porte. Inquiet, Thomas s'accroche à sa mère comme si on allait la lui arracher. Le visage empourpré, Rorie se concentre sur ses chaussures. C'est une Ailie toute retournée, atterrée et fort en colère qui retrouve l'air gris et détrempé du dehors. Ayant repris sa respiration un bon coup, elle se demande ce qui a bien pu lui arriver et pourquoi elle s'est ainsi laissé impressionner par les bavardages d'une vieille folle.

Tout à coup, elle sent que quelqu'un la tire par le coude. Courbée sur sa béquille comme un point d'interrogation ambulant, la vieille la regarde d'un œil aussi perçant, aussi rusé que celui d'un rapace. La lumière est aveuglante. La mégère semble avoir quelque chose à la lèvre... comme une cicatrice... oui, comme si on la lui avait percée autrefois... Ailie songe à Sidi. Instinctivement elle recule tandis que, son bras s'allongeant comme un serpent, la vieille se met à caresser la tête de Thomas et à lui pincer les joues avant de proférer une ultime déclaration de sa voix grinçante.

Ailie a le visage en feu. Elle regarde Rorie qui s'est encadré dans la porte, le bulbe blanchâtre de la tête du vieillard lui arrivant à peine à l'épaule.

Le régisseur s'humecte le doigt et lisse sa casquette d'un bout à l'autre de la calotte.

– Elle dit qu'un gamin comme ça, elle en a eu un jadis. Et qu'il s'est sauvé.

Il n'y a alentour ni arbres ni buissons, le ciel s'est assombri ; dans le val, le loch invisible rugit de mille voix. La vieille femme se balance sur sa béquille, guigne Ailie d'un œil méchant en frottant le chaume blanc qui lui pousse au menton.

– Elle dit que vous devriez le surveiller.

Pendant un long moment, tandis que sur leurs selles qui grincent les promeneurs, tirés aux coudes et aux genoux par le brouillard silencieux de la forêt, se fraient un chemin dans l'obscurité grandissante, le rire tranchant de la vieille se fait entendre et fend la nuit en deux.

~

La dernière matinée de leur séjour à Avis House s'annonce presque aussi douce qu'un matin de juillet. Le ciel est clair et sans nuages, l'air gros d'une chaleur qui s'insinue lentement : à se demander si le rythme des saisons ne s'est pas brusquement accéléré, si la terre n'a pas piqué en avant sur son axe, et si le soleil n'est pas un simple tas de brindilles jetées sur des charbons ardents. Debout aux premières lueurs du jour, Ailie est aussitôt saoulée par la texture de l'air, par le parfum des jonquilles, le bourdonnement des abeilles. Appuyée à la fenêtre de sa chambre, elle contemple le loch, impuissante à étouffer en elle le regret : elle ne se fait pas bien à l'idée de partir et de retrouver le train-train qui l'attend. Certes, les enfants lui manquent, et aussi son père, et même, oui, la simplicité et la régularité de l'existence au jour le jour qu'elle mène à Selkirk, mais elle n'est pas encore prête à rentrer. Ici, c'est la grande vie, l'aventure, quelque chose qu'elle voulait depuis toujours. Chez elle, qu'a-t-elle d'autre que des devoirs envers son mari, ses enfants, son père ? A-t-elle une autre fonction que celle d'épouse constante du saint et lointain martyr ?

Des moineaux et des étourneaux sautillent sur la pelouse. Là-bas, au-dessus du loch, tache lumineuse dans le soleil du matin, un aigle royal plane dans l'air limpide. Ailie a envie de partir, Ailie a envie de rester. Elle a envie de retrouver le visage de ses enfants et, dans le même temps, de pousser plus loin, d'aller jusqu'aux Hébrides, jusqu'à l'Arctique, de franchir le Pôle, de descendre jusqu'au Tibet en traversant toute la Russie. Jamais encore elle n'a été aussi près de comprendre ce que peut éprouver son mari : l'aventure, l'étonnement, le frisson que l'on ressent à traquer les métamorphoses du possible, à agir pour agir, à expérimenter pour le plaisir. Comment en avoir seulement l'intuition lorsqu'on ne cesse de regarder le même bout de jardin, la même jument noire, les mêmes quatre murs d'un bout à l'autre de l'année ? Aujourd'hui, c'est le 6 avril. Cela fait un an et demi que Mungo est parti. Aujourd'hui lui appartient, à elle, et à elle seule.

Au petit déjeuner, Fiona ouvre grandes les fenêtres au chant des oiseaux, à la lumière dorée du matin, à l'éclosion précoce d'une nuée d'éphémères. Tim Dinsdale est là, et aussi Donald MacDonald, et une demi-douzaine de Ramsay repentants, Ewan Murchinson, Sir Adolphus Beattie, Miss Mary Ogilvie, Betty et son ministre du culte, Mrs Quaggus, Fiona et Georgie. Tous ont l'air souriant, même Rcclaiah Ramsay. Tous ont envie de papoter, tous parlent qui d'une sortie à cheval, qui d'une promenade à travers la propriété, qui d'un pique-nique ou d'une partie de croquet. Le seul sujet d'intérêt général est le temps.

– Ah ! quel amour de journée ! s'extasie Mrs Quaggus en beurrant ses bannocks.

– Ronflante ! suggère Sir Adolphus en levant le nez de dessus ses œufs au bacon, absolument de première !

Tim Dinsdale affirme qu'il n'a jamais connu une chaleur pareille en avril depuis 1781, l'année même où il a neigé en juillet.

– Une bénédiction, tenez, une vraie bénédiction ! soupire Fiona.

Ailie ne saurait davantage en convenir.

Plus tard, Georgie vient s'asseoir à côté d'elle dans la véranda. Avec ses bottes de cavalier, sa chemise de soie, son costume brun sans façon, il ne manque pas d'élégance, ma foi, lorsqu'il se déroule de tout son long, sur son siège, jette la tête en arrière et croise les jambes avec aisance, assurance même : tout ensemble humble et seigneurial. Certes il a toujours les oreilles décollées, les poignets qui tiennent à lui sortir des manches et le nez en engin d'artillerie, mais quelle importance ? Il faudrait être un enfant pour remarquer pareils détails !

Georgie s'agite sur sa chaise.

– Alors, Ailie, lâche-t-il au bout d'un moment, c'est ton dernier jour ici. Te plairait-il d'aller faire un tour sur le loch ?

– En barque ?

Il acquiesce d'un hochement de tête.

Fiona et Thomas sont occupés à défiler autour du salon en tapant sur des marmites et en chantant à plein gosier *Haytim foam, foam eri !* Betty et son pasteur se promènent dans le jardin bras dessus bras dessous, tandis qu'entourée de quelques Ramsay, Mrs Quaggus fait l'éloge de feu son époux, assise devant une sixième tasse de thé.

Georgie étudie le profil d'Ailie. Elle se tourne vers lui et le regarde droit dans les yeux.

– Rien ne me plairait davantage, déclare-t-elle.

N'était que Fiona l'a repeinte en rouge cerise « pour qu'on la voie mieux » et qu'elle l'a bizarrement baptisée *L'Esprit des Eaux*, la barque qu'on a tirée à sec à l'embouchure du Divach Burn, rames en équilibre dans ses tolets, pourrait fort bien être la carcasse de quelque animal fantastique, un insecte colossal échoué sur la plage ou l'exsquelette creux d'un crabe préhistorique. À demi enfouie dans le sous-bois, elle fait de la réclame à la civilisation, cependant que des oiseaux volettent dans les roseaux et que des cousins tournaillent au-dessus de l'eau. Après avoir sautillé d'un pied sur l'autre pour ôter ses bottes, Georgie tire l'embarcation dans l'eau couleur whisky et fort galamment aide Ailie à monter à l'arrière. Puis il prend le panier du pique-nique (trois bouteilles de vin, du saumon fumé, des tranches de langue, du fromage, du pain, des radis et des serviettes en lin), donne une poussée raisonnablement athlétique à la barque, et les voilà partis.

C'est à peine s'il souffle une petite brise et l'air – il doit faire dans les vingt-quatre à vingt-cinq degrés – leur fond dessus comme du beurre. Ailie jette son foulard et son chapeau, défait le col de son corsage et regarde les roseaux s'amenuiser à l'horizon tandis que s'estompe sur sa droite le donjon en ruine du château d'Urquhart. C'est tout simplement splendide. Le temps qu'il fait, le paysage, un ami avec vous... Elle se sent aussi bête qu'une adolescente, dans ses veines le sang court de plus en plus légèrement. Georgie se démène aux avirons. Elle a envie de se pencher en avant et de lui tordre gentiment le bout du nez.

– On se rapproche pour regarder les ruines par en dessous ? lui demande-t-il en soufflant – et il fait virer le bateau vers le promontoire où se dresse le château.

Ils sont face à face, à moins d'un mètre l'un de l'autre. Leurs jambes se touchent.

– Oui, lui répond-elle en riant, parce que tout est drôle et parfait.

Ils n'ont même pas eu besoin de déboucher les bouteilles : elle est déjà saoule.

– Oui, répète-t-elle et puis, tout aussi vite, elle lui dit « non ».

Aussi obéissant qu'un cheval de roulage, Georgie lâche les avirons.

– Non, non, reprend-elle, ce que je voulais dire, c'est que le château, nous l'avons déjà vu. Si nous allions plutôt jusqu'au milieu du loch, jusqu'à ce que la plage ne fasse plus qu'un petit point à l'horizon, que ce soit l'aventure. Nous pourrions très bien dériver jusque là-bas, à n'en plus finir, toute la sainte journée…

Georgie lui décoche un gros sourire de cheval satisfait. Rien ne lui plairait plus que de lui faire faire le tour du lac… que de l'emmener là où elle voudrait, n'importe où… que de se laisser glisser sur le loch jusqu'au coucher du soleil. Il tire sur les rames avec une ardeur nouvelle, se repaît du festin de ses yeux.

La barque s'éloigne sur les vagues, les avirons tintent comme des carillons éoliens. Ailie rejette la tête en arrière et, les yeux fermés, se prend pour une héroïne de légende médiévale, pour Una[1] ou Iseut la Blonde. Devant elle Georgie, le héros en sueur, là-bas le château… et elle, Ailie, la dame en détresse : il ne leur manque plus qu'un dragon. Rien que d'y penser, elle éclate de rire et Georgie se joint à elle – arborant un sourire vaste comme l'horizon.

Une heure plus tard, ils sont comme en selle sur les ondes ; le lac, au rythme de son souple ventre, au souffle imperceptible qui court d'un bout à l'autre de son étendue immobile, les ballotte doucement et vient les caresser tous deux, en plein centre des eaux, à égale distance des deux rives. Le soleil leur fait comme les plumes au dormeur et les enveloppe d'une somptueuse chaleur. Georgie a plié sa veste sur le siège de devant et a ouvert sa chemise jusqu'à la taille. Ailie, elle, a ôté ses chaussures et ses bas et trempe ses pieds dans l'eau comme une fille de la campagne. Les tranches de langue, le pain et les radis s'étalent

1. Héroïne de *La Reine des Fées* de Spenser.

sur le champ parfaitement blanc de la nappe en lin, deux bouteilles de vin vides roulant doucement sur le plancher du bateau au rythme du loch qui lentement s'abaisse et se soulève. Et ils rient l'un et l'autre en pensant au temps jadis.

– Non mais, ces poèmes que tu m'écrivais ! s'exclame-t-elle. « Le matin rougissant de tes joues/Les flots écumants de tes seins... » ! Ce qu'ils pouvaient être ridicules !

Elle s'étrangle de rire, cherche à reprendre son souffle ; le mécanisme est fou : elle rit comme on a le hoquet.

Georgie rit avec elle. Oui, ridicule, il l'était, et le reconnaît.

– Et... et cette manie que tu avais de jouer du pipeau et de... et de chanter en même temps !...

Le sang et le vin lui mettent le feu aux joues ; à l'arrière de son crâne, deux petits points saillent sous la violence de son rire.

– Je l'admets volontiers, fait Georgie en riant. J'étais absurde. Un vrai boutonneux, un adolescent halluciné – mais voici que soudain il ne rit plus. Mais c'était du sérieux, Ailie : je t'aimais. Oui, alors je t'aimais, tout aussi fort que je t'aime aujourd'hui.

On dirait que quelqu'un tout à coup a baissé le rideau, changé le texte de la pièce. Alors qu'un instant auparavant elle riait et taquinait Georgie sans perdre la tête, elle est maintenant tendue et comme figée sur place. Les paroles de Georgie lui entrent dans le corps comme des doigts dans de l'argile, la pétrissent, lui font battre le sang comme des tambours au défilé. Arrête, se dit-elle en elle-même, arrête ! Et puis non : continue, continue !

Et déjà il est à genoux, entre ses jambes, ses mains maigres et osseuses lui massant nerveusement les cuisses, comme si elle s'était noyée et qu'il cherchait à la faire revenir à la vie.

– Dès que je t'ai vue, lui dit-il, je le jure…

Mais elle lui pose une main sur la bouche, lui prend la tête, caresse le paysage avide et jaune de ses oreilles. Le soleil, le vin, le romantisme du loch, les ruines vénérables du château et *un an et demi de célibat* : Ailie prend feu.

Délicat et tout empli de crainte révérencielle, mais sans la moindre hésitation ou maladresse, dévotement, Georgie se presse contre elle, la cérémonie secrète se déroulant aussi doucement, aussi exactement que s'il l'avait mille fois répétée. Ses jupes, ses sous-vêtements, les boutons de ses pantalons, et elle, Ailie : son intelligence l'a quittée, elle n'est plus qu'une créature de la sensation, de l'électricité, des attouchements, des effleurements et des caresses, elle a fermé les yeux, elle se laisse aller aux rythmes de l'amour, aux balancements de la barque, elle serre les épaules de Georgie dans la paume de ses mains, elle sent son visage sur elle, sa langue dans sa bouche…

Et ses yeux se rouvrent, se referment, se rouvrent encore. Mais là, par-dessus son épaule : qu'est-ce donc ? Striés par ses cheveux, les détails rugueux de son oreille… Elle n'a plus sa tête. Elle délire. Il remue en elle mais elle garde les yeux ouverts, tend le cou en avant. L'être s'est arc-bouté au-dessus de la barque, il recule, il est luisant et musculeux, il dégouline… non, ce n'est pas possible, non cela ne se peut pas… mais ce visage là-haut, ces yeux de serpent, cette ombre qui s'abat en travers de son visage comme une gifle soudaine et brûlante.

Non, cela ne se peut.

Elle ferme les yeux et se cramponne de toutes ses forces… comme s'il en allait de sa vie même.

WATER MUSIC
(*reprise*)

Début avril, mais le 5 ? le 6 ? Il ne saurait dire : le temps ne compte plus. Ce qui continue, c'est le soleil, c'est l'inexorable glissement sur les eaux du fleuve, c'est remonter la pente interminable qui conduit à la résurrection. Car résurrection il y aura : il en est certain. Au diable le désespoir, les « à quoi bon ? », le doute. Les cartes sont enfin abattues et ce ne sont que des cartes maîtresses : le Niger a viré vers le sud. Exactement comme dans ses espoirs et ses ferventes prières, exactement comme Amadi le disait. Depuis deux mois maintenant ils sont cap au sud et chaque jour qui passe leur donne un regain de confiance. Vers le sud... Vers l'Atlantique. Vers leur revanche. Vers la gloire !

Rien qu'un coude du fleuve, mais il a fait merveille sur le moral des hommes. Ned Rise s'agrippe un peu moins fort à sa barre, Martyn s'est mis à parler, voire à sourire, et, quoique encore assez perdu, M'Keal semble même vouloir revenir à la vie. Et pourquoi pas d'ailleurs ? Ne sont-ils pas comme des condamnés à mort qui ont appris leur grâce au moment même où ils marchaient à l'échafaud ? Il y a deux mois de cela, la catastrophe était leur unique horizon. Aujourd'hui, ils sont libres et déjà presque de retour au pays. Il ne leur reste plus longtemps à s'accrocher, qui sait, un mois, une semaine peut-être ? Tenir bon, pour se faire accueillir en héros à Londres, et pourquoi pas ? toucher une pension du gouvernement. Pas le temps de se retourner, ils seront déjà en train de boire de la bière brune et du punch, de lutiner la gueuse, d'enfoncer leurs grandes dents dans du rata au chou, dans des roues de fromage de Cheshire et des montagnes d'huîtres. Comme si ce n'était pas au pays qu'on rentrait !

Bien sûr, ce n'était pas tous les soirs la veillée autour du feu de camp avec youp-youp, tra-la-la ! Même après ce coude vers le sud, l'alarme a succédé à l'alarme, la crise engendrant la crise. Des tribus hostiles se sont massées sur les berges : Julis, Ulotrichis, Songhaïs et Mahingas par escadrons entiers se sont élancés sur leurs pirogues afin de les intercepter. Un matin en se réveillant ils ont découvert une armée de Touaregs, cousins tout crachés des Maures, en train de les observer du haut d'un escarpement. Il devait bien y en avoir trois mille. Montés sur leurs chameaux, la barbe hérissée, la *djoubba* indigo claquant au vent, ils brandissaient des épées à double tranchant qui scintillaient au soleil. Tous immobiles, jusqu'au dernier. On aurait pu les croire sculptés à même la pierre. Et pourtant ! Haineuse et terrifiante, comme leur présence silencieuse était insupportable ! Que faisaient-ils donc là ? Que voulaient-ils ? Une autre fois encore, à la fin d'une escarmouche qui les avait opposés à une flottille de pirogues indigènes, deux Noirs fanatiques avaient réussi à monter à bord de la *Djoliba* à la faveur de la confusion générale ; ils étaient sur le point de casser la blonde tête de l'explorateur lorsque, pivotant furieusement sur lui-même, Martyn les avait expédiés *ad patres* en quelques bons moulinets de son sabre. Pendant des jours et des jours après cet incident, Mungo s'était promené en se tâtant le crâne aussi précautionneusement que s'il empilait des œufs dans un panier.

L'événement de loin le plus inquiétant de cette descente vers le sud n'en a pas moins été la défection d'Amadi Fatoumi. Il avait été convenu qu'il serait dégagé de toute obligation dès que l'on atteindrait le village de Yaour, qui se trouve en pays haoussa. Un acompte en cauris lui ayant été versé à Sansanding, il recevrait là le solde de son salaire en nature – mousquets, poudre et pacotille ; il essaierait alors d'engager un Haoussa pour guider l'expédition jusqu'à la fin du voyage. Rien à dire. C'étaient les termes du contrat. Un contrat que personne n'appréciait vraiment : que se passerait-il si l'on ne trouvait pas de nouveau guide ? Comment débarquer Amadi à Yaour sans s'exposer à une attaque indigène ? Mais il fallait s'en accommoder : Amadi partirait, on l'avait admis. Ce qui par contre laissa tout le monde fort mécontent fut la façon dont il s'y prit.

Un soir, quatre semaines plus tôt, Amadi et ses esclaves s'étaient levés comme un seul homme et, après avoir rangé leurs osselets sculptés, leurs cauris, leurs théières et leurs pipes, s'étaient dirigés vers l'arrière du bateau où Mungo entretenait Ned Rise d'évocations de Bond Street et de Drury Lane. Amadi s'était mis à parler en langue mandingue : on n'était plus qu'à trois jours de Yaour, avait-il annoncé, mais il allait quand même falloir jeter l'ancre pour la nuit, le fleuve étant, en aval, coupé de rapides dangereux. On les franchirait avec son aide le lendemain matin, et c'est alors seulement qu'il préparerait son débarquement à Yaour. Du coup il pouvait, avec la permission de l'explorateur, jeter un œil sur les objets qui lui étaient destinés en règlement.

Les esclaves avaient regardé le visage de Mungo comme si c'était quelque chose à manger. L'explorateur, qui n'avait aucune envie de penser au départ d'Amadi, ne voulait tout simplement pas s'en occuper. Il avait même songé à revenir sur sa parole et à lui coller un pistolet sur la tempe afin de l'obliger à continuer avec eux. Mais non, il ne pouvait pas faire une chose pareille. Ses rapports avec les indigènes, si rapports il y avait eu, avaient toujours reposé sur la confiance mutuelle. Amadi avait rempli sa part du contrat ? Il s'acquitterait de la sienne.

– Bon, d'accord, avait-il fini par lui répondre, ça nous fait mal au ventre de te laisser partir mais je ne vois pas qu'on puisse y faire quoi que ce soit.

Sur quoi il lui avait adressé un regard plein d'espoir mais Amadi lui avait fait figure de bois : emballez, c'était pesé.

– Bon, d'accord, je vois pas de mal à ce que tu choisisses ce que tu veux dès maintenant... mais tu n'oublies pas ta promesse ? Dès notre arrivée à Yaour, tu nous trouves un guide, entendu ?

D'un geste, Amadi lui avait signifié son accord, puis, son escorte sur ses talons, il avait baissé la tête et, passant sous la bâche, s'était mis à trier dans ce qui avait survécu à la crise de rage de M'Keal à Gotoijégé. Pendant un bon moment, l'explorateur les avait entendus marmonner en prenant ceci ou cela, pousser des sifflements admiratifs et discuter à voix basse en un dialecte qu'il ne comprenait pas. Une heure plus tard environ, Mungo ayant ordonné à Ned Rise de jeter l'ancre, Amadi et ses hommes s'étaient retirés dans leur recoin habituel, à l'avant du bateau. Au crépuscule, les trois esclaves s'étaient serrés dans leurs *djoubbas* et endormis aussitôt ; raide comme un cadavre, Amadi, lui, était resté assis : la braise rougeoyante de sa pipe brillait comme un phare dans la nuit qui tombait ; il avait longuement scruté la berge du regard.

Le lendemain matin, il avait disparu.

Mungo n'en croyait pas ses yeux. Le brouillard, les discours des oiseaux et les ronflements de M'Keal l'ayant réveillé, il avait eu envie de thé et avait gagné l'avant de la *Djoliba* pour faire chauffer de l'eau sur le brasero que les esclaves avaient installé là. Mais... que se passait-il ? L'avant était vide. Les formes noires qui semblaient faire partie intégrante du bateau – nœuds dans les planches, ancres humaines, voiles ferlées – tant on les y avait vues enroulées sur elles-mêmes pendant ces quatre mois avaient disparu. Envolées ! Comme si l'on avait effacé un angle dans un portrait de famille. Voilà qui n'augurait rien de bon ; qui était même profondément inquiétant. Pris de frénésie, Mungo avait secoué tout l'équipage et s'était empressé d'inventorier les réserves.

Les trois quarts des mousquets avaient disparu. Sans parler de quelques barils de poudre, d'une partie de la provision de balles et de tout ce que les chenapans avaient pu ramasser de drap et de babioles diverses. La seule chose ou à peu près sur laquelle ils n'avaient pas fait main basse était la clarinette que Ned avait héritée de Scott. Martyn bouillait de rage.

– Ah ! Salopards d'indigènes ! Sales bougnoules de négros de foutus moricauds de Hottentots de voleurs ! Comme qui dirait qu'ils ont tout piqué avant de filer à la nage !

C'était effectivement ce qu'ils avaient fait. Crocodiles ou pas. L'équipage de la *Djoliba* se retrouvait sans guide, sans marchandises de troc et quasiment sans défense : déjà deux fois moins nombreux qu'au départ, les hommes avaient perdu presque tout leur arsenal. La situation paraissait bien lugubre. Moins lugubre cependant que cinq minutes plus tard. À ce moment-là en effet, une attaque parfaitement orchestrée était sur le point de leur tomber sur le dos. Une attaque avec, dans les rôles principaux, d'un côté des anthropophages manianas qui rongeaient leur frein, de l'autre, des armes rendues inutilisables par un sabotage en règle. Amadi avait mouillé les charges de tous les mousquets qu'il n'avait pu emporter et, la chose semblait presque certaine, avait noué des contacts scélérats avec les tribus locales. Plus tard, en repensant à cet incident, Mungo en était venu à se dire que, non content d'avoir organisé l'affaire dès les débuts, Amadi avait dû communiquer avec ces goules pendant toute la traversée; bref, il avait vendu les voyageurs au plus offrant d'un cœur aussi léger qu'il l'aurait fait se fût-il agi de chèvres ou de poulets sur quelque marché. Et tout cela de sang-froid. Ce qui était très vilain: Amadi les avait poignardés dans le dos.

Par bonheur pourtant, dès que le premier hurlement gastronomique avait retenti dans le taillis, Ned Rise avait eu la présence d'esprit de trancher la corde retenant l'ancre: mousquets mouillés et le reste, la *Djoliba* avait réussi à dériver hors d'atteinte, juste comme les sauvages peints en ocre sortaient du sous-bois en hurlant, tous couteaux et brochettes dehors.

~

Or donc, les voici sans guide, sans cauris, sans marchandises et sans ancre. Ils ont l'habit en haillons et le corps dévasté par la maladie, le soleil les brûle et le manque de nourriture les épuise, lors même que le courant les emporte où bon lui semble, et que le niveau de l'eau baisse au fur et à mesure qu'on s'avance dans la saison sèche. Ici et là bosselées de rochers émergeant de la vase écœurante du flot comme les côtes sur une carcasse nettoyée par les vautours, des barres de sable semblent vouloir les lécher comme des langues. L'acarus les ronge, la mouche et le moustique les dévorent, la tique et la puce pénétrante les mordent. L'odeur de boue et de poissons morts est si fétide qu'ils peuvent à peine respirer. Et pourtant, tous ils tremblent de joie et se réjouissent car enfin ils vont vers le sud. Il n'est même pas impossible que, d'une certaine manière, la trahison d'Amadi leur ait été bénéfique.

C'est du moins ce que se dit l'explorateur en allumant longuement sa pipe, absorbé dans la contemplation de la surface scintillante du fleuve. Rien en effet jamais n'aurait pu les souder pareillement : ils ne sont plus que quatre mais, Britanniques à tous crins, ils rassemblent toutes leurs forces pour affronter la substance traîtresse de l'univers, plein de faces noircies, de cannibales, de faquins serviteurs de deux maîtres et qui vous poignardent dans le dos. Et déjà ils ont gagné. Ils ont réussi ; il ne faut pas croire que la fourberie d'Amadi ait été la goutte d'eau qui fait déborder le vase ; elle ne l'a même pas rempli à ras bord ! Rien ne leur fera plus désormais problème, et ça, aujourd'hui, ils le savent. La pluie, la maladie, la guerre ouverte, la perfidie, la perte des amis, des frères, des compagnons d'armes, l'incertitude qui vous ronge le cœur à suivre un fleuve obstiné à couler vers le nord, autant dire à vous enfoncer au cœur du désert... que n'ont-ils pas enduré ? Le reste ne sera rien. Du gâteau.

C'est à cet instant précis pourtant que la première ombre glisse sur le visage de l'explorateur. Elle s'était contentée d'effleurer les bords de sa pensée comme un insecte au-dessus d'une assiette de pudding, mais jusqu'à présent elle n'y avait pas fait intrusion pour de bon. Et voilà qu'une association d'idées s'est opérée en lui, qui l'a conduit de « cap au sud » à « du gâteau » et de là à « Londres », « gloire », « Selkirk » et « Ailie », dernier chaînon de sa rêverie, pépite qui le jette en méditation et l'amène à se gratter les chevilles. Ailie : il se demande à quoi elle peut bien occuper ses jours, si elle s'ennuie, si elle est en colère, ou déçue. Elle a toutes les raisons du monde d'être déçue, ce n'est pas lui qui dira le contraire, avec les vingt mois qui viennent de passer... et combien d'autres encore pour la rejoindre, Dieu seul le sait. La pauvre. Il se l'imagine en train de soupirer, de hanter la poste, de lire et de relire ses *Voyages* jusqu'à voir les pages tomber en poussière entre ses mains. Bah ! il saura lui faire rattraper le temps perdu. Ah ! ça oui ! Elle pourra même descendre à Londres pendant qu'il écrira son deuxième livre, celui qu'il dédiera à Zander – et à elle aussi, bien sûr. Tiens, il lui donnera tout ce qu'elle voudra : voiture, bijoux, robes, domestiques, microscopes... À ce moment de son soliloque, son visage s'obscurcit : sentant une deuxième, une troisième, puis une quatrième ombre l'effleurer, il a le réflexe de porter ses regards au-dessus de lui.

Ned, lui, les a déjà vus : des vautours ! Ils sont dix, douze, et il en arrive encore. Dispersés comme feuilles dans le vent, ils planent dans les airs, l'aile raide et silencieuse ; ils planent et se balancent, tournoient autour du bateau : on dirait les pièces d'un mobile géant, une assemblée de fidèles, un véritable synode de charognards. Les ailes noires, le ventre blanc, le regard perçant, le percnoptère d'Égypte décrit des cercles au-dessous du très royal griffon, qui a sept pieds et demi d'envergure, et du gyps de Nubie, plus grand encore, lequel gratte le toit du monde comme le ferait quelque créature remontant à l'âge des grands reptiles. Et voilà que déjà, tels les rémoras autour des requins, telles des hyènes ailées, des vols entiers de corbeaux, de milans, ainsi que de marabouts dégingandés au bec en couteau à découper se joignent à eux. En dix minutes le ciel est noir de ces tournoiements muets, tandis que des centaines d'yeux jaunes et brûlants fixent la bâche et la coque éreintées de la *Djoliba*.

Ned tend le cou en avant pour étudier les rapaces. Le visage criblé de piqûres d'insectes et le dos raide comme jamais malgré les loques qu'il a trouvées pour se ceindre les reins, Martyn est sorti du nid qu'il s'est fait sous la bâche pour aller solennellement contempler, en se protégeant les yeux de ses mains, les formes noires suspendues au-dessus d'eux, avec leurs ailes rigides et leurs becs pincés. M'Keal lui-même, tout imbibé d'alcool qu'il soit, et toujours aussi affolé par la chaleur, la fièvre, la monotonie du voyage et la perte de son oreille, s'est redressé tant bien que mal : immobile, il regarde le ciel la bouche ouverte, comme un cul-terreux le grand chapiteau d'un cirque. Les ombres ne cessant de tournoyer au-dessus d'eux, au point de leur cacher le soleil, Ned se sent mal à l'aise : qu'est-ce que cela veut dire ? À tous les coups, rien de bon. Il serre les dents et, dégoûté, crache dans le fleuve. Depuis qu'ils avaient dépassé Yaour, la situation s'était pourtant améliorée : plus de tourbillons, plus de mauvaises rencontres, et le fleuve, à s'en tenir du moins à ce que livrait l'observation du soleil, de la lune et des étoiles, les emportait plein sud. Quel dommage qu'une affaire pareille leur tombe dessus maintenant pour tout gâcher ! Oui, vraiment, quel dommage !

Ces trois dernières semaines ont été paisibles et agréables, avec ce murmure régulier du fleuve qui lui a rappelé les pulsations rassurantes du ventre maternel : une éternité de calme ! Assez perversement, l'espoir lui est venu de ne jamais en voir la fin. Londres ! Comme si cela avait du sens à ses yeux ! Comme si ce n'était pas la ville où on l'a traqué, abreuvé d'injures, persécuté et condamné ! Pas un parent, pas un ami : il n'y compte que des ennemis – des Osprey, des Mendoza et des Banks. Billy est mort, et Fanny rien de plus qu'un souvenir. À quoi bon ? Alors que les autres ne parlent que de rentrer en Angleterre, Ned, lui, commence à se désintéresser de la question… Pourquoi aller se raconter des histoires ? Des médailles ! Des récompenses ? Soyons sérieux. Ce sera toujours la même histoire. Les difficultés, la douleur, les êtres chers que l'on perd, les privations. Le très-haut et très-puissant

Mungo Park s'arrêter pour bavarder avec lui dans les rues de Londres ? Allons donc !

Sans foyer, sans père, sans la moindre perspective ou le moindre espoir, Ned en est venu à voir ce continent sinistre, puant et oppressant sous un jour nouveau. À ses yeux, il s'agit maintenant d'un lieu où, certes, tout peut finir, mais où tout peut aussi commencer. Tout ce qu'il a enduré depuis deux ans... la chaleur, la puanteur, les maladies, les souffrances et le déracinement, tout cela doit bien avoir un but, quelque sens caché, un lien, même ténu, avec son existence à lui. Il se dit parfois que non, il ne rentrera pas à Londres quand enfin ils auront atteint la côte. Il restera en Afrique pour y faire du commerce, ou alors, peut-être, après s'être refait, il remontera à l'intérieur des terres, se lancera dans l'exploration à son tour, pour se mettre en quête de l'Inconnu et s'acquitter de la mission dont le sort l'a investi en l'épargnant comme il l'a fait.

Chimères, cela va de soi, que ces rêveries qui prennent magiquement le désir pour la réalité ! Au fond, l'important, l'idée-force, là-dedans, c'est encore et toujours de survivre. Il n'a pas abandonné son poste à la barre et, si feutrée, si subtile qu'ait été la bataille qu'il lui livre depuis le début, depuis le jour où, au bord d'une fosse ouverte au cimetière du fort de Gorée, il a rencontré le grand héros blond, il n'a pas cessé de se battre avec l'explorateur afin de rester maître de son destin. Non, il n'a pas reculé d'un pouce et pourtant le différend qui les oppose est aujourd'hui presque mort. Est-ce à cause du soleil, des séquelles de la fièvre, du calme apaisant de ces trois dernières semaines ? Toujours est-il qu'il se montre nettement plus accommodant dans ses rapports avec son employeur et compagnon de voyage : aussi bien est-il enfin sûr d'en réchapper. Le pire est passé, il n'est plus guère de décisions entre les mains de ce fou d'explorateur qui risquent de le mettre vraiment en danger : voilà qui n'a pas médiocrement contribué à le faire sortir de la défensive dans les relations qu'il entretient avec lui. Qui plus est, Mungo a si aveuglément confiance en lui qu'il en est venu à s'en remettre de tout à un Ned qui n'avait pas rêvé autre chose à Gorée ; la chose vaut ce qu'elle vaut, mais Ned est bel et bien devenu son bras droit. Dans ce rôle, il a évincé Martyn, Johnson, Amadi et les autres, et se retrouve aujourd'hui aussi proche du Grand Héros blanc que son avorton de beau-frère l'était auparavant.

Ils se sont parlé, d'homme à homme. Pendant les nuits immobiles, tandis que le brouillard écrasait le fleuve, alors qu'ils avaient déjà quarante et un morts derrière eux et que la lune s'obstinait à leur peser sur les épaules comme un fardeau dont l'on ne saurait se débarrasser, ils ont parlé. Mungo lui a ouvert son cœur, lui a dit son mariage, ses enfants, la douleur de la séparation, ses ambitions. Il lui parlait comme on se parle à soi-même, pendant des heures entières, puis, *à propos** de rien, se tournait vers lui et lui demandait comment il avait perdu ses doigts ou s'était fait cette cicatrice autour du cou. « Tu sais qu'on dirait presque une trace de pendaison ? » avait-il lâché. L'air franc et ouvert, Ned lui mentait sans sourciller. « En débitant des biftecks, avait-il répondu, du temps où j'étais boucher. » Ou bien alors, en se tripotant la gorge : « Ah… ça ? C'est vraiment pas grand-chose. Me suis pris la tête dans une rampe de fer quand j'étais gamin. J'devais avoir dans les cinq ou six ans, à tout casser. L'a fallu aller chercher le forgeron pour qu'il écarte les barreaux. »

Non, gagner peu à peu la confiance de l'explorateur n'a posé aucun problème. Un homme facile à convaincre, ce Mungo Park, un fou égoïste. S'il ne lui avait pas repris les rênes, il y a longtemps qu'ils seraient tous morts.

Cela dit, Ned ne lui veut aucun mal. En fait même, à sa manière à lui, le bonhomme lui est plutôt sympathique ; il a un but, il s'accroche, c'est en tous les cas mieux que ce que Ned pourrait dire de lui-même. Que Mungo soit un vaniteux dévoré d'ambition, égoïste, aveugle, incompétent, infatué de lui-même n'empêche pas qu'il ait un projet dans la vie, une raison d'être. Tel est en effet le petit grain de vérité auquel Ned est parvenu, au bout de trois semaines de dérive en plein soleil : à toute vie humaine il est forcément une raison, un principe organisateur. Dans le cas de M'Keal, c'est la bouteille, dans celui de Martyn les armes et les bains de sang. Pour Mungo Park, vivre, c'est constamment risquer sa peau de grand benêt pour pouvoir compléter une carte et voir son nom inscrit dans des livres d'histoire. Et pour lui, Ned Rise ? Car la simple survie ne suffit pas. Le chien et la puce, eux aussi, survivent. Il doit bien y avoir autre chose.

Mais ces oiseaux ? Ils obscurcissent tout, compliquent tout. Soudain un coup de fusil part derrière lui. Surpris, il pivote sur lui-même. C'est Martyn. Presque sur lui. Il tient à la main un mousquet encore fumant, tandis que son poing gauche est brandi vers le ciel. Un vautour s'écroule sur le pont. Estourbi, en sang, une aile tordue, l'oiseau se remet gauchement sur ses pattes et soulève en sifflant son bec luisant. Le lieutenant grimace un sourire. Il se rapproche du volatile en balançant la crosse de son arme comme un bourreau sa hache. M'Keal l'encourage de la voix. L'oiseau sautille une fois, deux fois, comme un coq évitant les roues d'une charrette. C'est alors que Martyn lui assène un coup de crosse dans le dos : les os craquent, les serres, en un mouvement réflexe, ratissent le plancher du bateau. Martyn frappe à nouveau. Suit un instant de silence pendant lequel le vautour demeure immobile. Et puis M'Keal ramasse sa carcasse, les plumes volent, le sang coule, la fiente fuse. M'Keal empoigne l'oiseau et se le suspend sous le menton.

– Regardez ! s'écrie-t-il, regardez-moi ! J'ai une barbe en plumes !

Personne ne le regarde. Quelque chose de bien plus inquiétant qu'un vol de charognards a soudain attiré l'attention des hommes. Dans le lointain on entend un mugissement de vent sur la mer, un bruit d'écume battant la roche, comme un grondement de vagues et de rouleaux, comme la marée qui va bientôt les emporter. Des rapides ! Mungo jette un coup d'œil à la carte grossière qu'Amadi lui a un jour dessinée sur le bois poli de la coque, puis contemple Ned d'un air froidement désespéré : on dirait un prisonnier que l'ennemi vient d'enchaîner. D'une voix à peine audible, déjà couverte par le grondement qui se rapproche, il ne lâche qu'un mot, presque un soupir :

– Boussa !

~

Le vacarme les enveloppe, les enferme dans une boîte, hurle ses mille bruits de gorge, de plus en plus profonds, leur explose soudain à la figure en coups de tonnerre, les bat comme la foudre. Ils ont l'impression d'avoir été projetés au cœur d'une bataille navale. En quelques minutes, la surface du fleuve commence à piquer en avant, à s'étirer, à se rétrécir, cependant que les hautes parois rocheuses basculent, perdent pied, se redressent selon un angle de plus en plus fou. Droit devant, le chenal bouillonne et écume ; de grandes lames de pierre remuent à la crête du flot comme des articulations sous la peau. Mais, imperceptiblement ou presque, voici qu'un autre bruit commence à monter de ce mugissement sourd : bruit de succion, bruit qui fond sur eux et que seul peut produire un volume d'eau insondable... un lac, une mer... Bruit d'égout géant qui aspire tout.

Il n'est plus temps de lutter, plus temps de regagner la berge ; il n'y a plus aucun espoir de pouvoir faire demi-tour. Il ne leur reste qu'à tout arrimer de leur mieux, fusils, barils de poudre, nourriture... et essayer de chevaucher le rapide. De minute en minute, le fleuve se fait plus turbulent, tiraille l'esquif à hue et à dia, le chahute comme une brindille, l'attire vers ses grands fonds comme un bois pétrifié. Ned donne des coups de barre à droite et à gauche. Il est impossible de voir plus loin que la proue ; le méchant bout de bois qu'il tient entre ses mains n'a pratiquement plus aucune utilité. Mungo court d'avant et d'arrière sur le pont, ici ficelle un objet au plat-bord, là se marmonne des choses à lui-même, hurle des ordres auxquels personne ne prête attention. Martyn, le très dur et très inébranlable jeune homme de vingt ans, Martyn qui jamais n'hésite à faire couler le sang, Martyn a l'air terrifié. Quant à ce bouffon, ce poivrot, ce fou de M'Keal, il a lâché son volatile mort pour s'attacher au poteau qui soutient la bâche. Là-haut, à l'abri, calmes et patients, les vautours planent dans les airs comme un vol de cousins monstrueux : des harpies qui surveillent la scène.

– Les pagaies ! s'écrie Mungo. Allons, les hommes, tout le monde aux pagaies !

Les hommes ne l'écoutent pas, les rives du fleuve grandissent, le Niger se soulève et se cabre comme une bête furieuse. Ils se cramponnent, l'écume vole, le tintamarre incessant de l'eau se fracassant sur la roche les étourdit à moitié, le fleuve bascule vertigineusement, chicots et enrochements raclent le fond de la *Djoliba* comme des griffes. En un flou qui brusquement s'accélère, les berges d'argile font place à des pans de roche, à de véritables murailles de pierre criblées d'une acné géologique, rudes comme de l'émeri à leur crête, et lisses à leur base comme les montagnes de verre de la fable. L'embarcation vire à droite, manquant de peu un rocher solitaire aussi gros qu'un atoll, puis de nouveau à gauche, évite deux colonnes brûlées par le soleil, fonce droit devant, et là... mais qu'est-ce ? La lumière qui danse, l'écume, le brouillard, ce rugissement... mille coups de feu tirés en salve ? Un deuxième Niagara ?

– Tenez bon ! hurle quelqu'un.

Tous serrent les dents, s'arc-boutent en prévision d'un rapide vol plané vers l'éternité. Mais non : une fois encore, le Niger les a trompés : ce n'est point d'une chute ou d'un rapide que monte le vacarme. Six cents yards plus loin, le fleuve semble s'arrêter net, barré par une muraille monolithique qui en ferme l'horizon, tel un géant tombé des cieux. Les berges reculent, le courant ralentit d'un nœud ou deux et ça y est ! ils aperçoivent le passage, l'unique chenal qui, à la manière d'une bouche, va les aspirer au centre du mur. L'explorateur se raidit : ils vont se faire balayer comme des rats dans un égout, se faire jeter d'écueil en écueil, se faire noyer, se faire... mais non, attendez !... ce tunnel, là, doit bien avoir une trentaine de pieds de hauteur ! Quarante, même ! En Mungo déferle un tel soulagement qu'il en perd quasi la tête : sauvés ! ils sont encore sauvés !

– Regarde ! lance-t-il à Ned par-dessus son épaule, c'est aussi grand que les arches du Pont de Londres ! On va se passer ça sans problème !

Mais oui ! n'est-ce pas la lumière du jour que l'on voit là-bas, à l'autre bout ?

C'est bien cela. Érodée depuis des millénaires, la voûte du tunnel est assez haute pour ne pas décoiffer la *Djoliba.*

De fait même, un bateau deux fois plus haut y passerait sans encombre. Mais un autre facteur vient d'entrer en jeu, crucial et décisif, que l'explorateur n'a pas encore eu le temps de prendre en compte : ce que l'on pourrait confondre de loin avec une végétation tropicale dont la luxuriance obscurcit la paroi rocheuse qui leur fait face, ce qui pourrait bien être un hallier touffu, une toison hérissant l'échine de quelque bête mésozoïque, une masse d'algues fines comme des lanières de peau, que sais-je, n'a en fait absolument rien à voir avec tout cela. Car ça bouge, ça pense, ça vous veut du mal.

– Eh là ! minute, minute !

Perché à l'avant du bateau comme un homme de quart à la vigie, Martyn écarquille les yeux en direction du monolithe qui fond sur eux.

– Mais eh… mais y a des gens sur ces rochers ! s'écrie-t-il.

Oui ! des gens. Et Mungo regarde, et aussi M'Keal, et Ned… Ned qui dans l'instant en a le cœur qui lui manque : une vie nouvelle ? Un but ? Pfeuh !… Tout ça nous ramène une fois de plus à la Loi de Rise… Et Ned regarde de tous ses yeux. Le courant les entraînant plus avant dans sa course, tout devient clair, aussi parfaitement clair qu'un verdict de culpabilité, qu'une condamnation à mort. Tout au long de la paroi une armée entière s'est déployée, par endroits si fournie que les guerriers agglutinés en masse finissent par évoquer quelque gigantesque dépôt de poix. Elle est aussi nombreuse que celle du tsar, cette armée, aussi innombrable que celles de Napoléon, aussi dense que si, devant eux, toute la population d'Holborn se trouvait rassemblée, visages mâchurés, poings armés de lances, d'arcs et de couteaux à lame martelée. Depuis le début, sachant bien que ce moment viendrait, tous ces hommes ont rentré leurs déceptions, soigné leur honneur blessé et ravalé leur fierté : pour finir, et ils n'en doutaient pas, leur revanche, ils l'auraient.

Échec et mat.

Irrésistible, le fleuve pousse la *Djoliba.* Contre lui les pagaies sont inutiles, et l'ancre est perdue. Aussi sûrement que la gravitation exerce sa force et que les planètes tournent autour du soleil, cette sinistre gueule de pierre qu'ils ont devant eux va les avaler, comme de la limaille qu'attire l'aimant et, ô fatale appétence, dans un instant ils seront sur les lances mêmes de leurs ennemis. L'explorateur les distingue nettement : il y a là toute l'armée de Touaregs qui les avait observés du haut de la falaise, des Haoussas en *djoubba* et turban, un contingent entier de Manianas aux dents limées et aux membres passés à l'ocre. Et là... des Sourkas... et là encore, brûlant de venger leur roi, les sauvages sans nom de Gotoijégé. Il n'est pas une transgression, pas un affront, pas une blessure, pas une goutte de sang versé qui ne vienne nourrir la pensée qu'ils ruminent. Pas une ironie qui ne soit au rendez-vous : même voué à contempler, cloué sur place, sa propre mort qui défile comme à la parade, Mungo ne peut s'empêcher de remarquer la ligne de hautes eaux qui très joliment enjambe le large pan de roche ; voilà qui offrirait bien un passage... si l'endroit ne montrait pas pour l'heure cette sécheresse d'os abandonné – le fleuve n'est par là navigable qu'en période de mousson !

Onirique, ce dernier instant avant la mort. La célébrité, la gloire, l'épouse, la famille, l'ambition ? Zéro en chiffre et en lettres ! Tel un bouc haut encorné pris dans les serres d'un rapace, Mungo a mal au-delà même de la douleur. Ses boyaux se sont répandus dans l'herbe, il a les yeux vitreux, et ses mâchoires qui craquent chantent un thrène. Le regard absent, l'air égaré, il regarde autour de lui : Martyn tripote des armes, à la barre maintenant inutile Ned

Rise est comme pétrifié, M'Keal se signe. Encore cent brasses… le flot toujours les aspire en bouillonnant. Que faire ? En abattre un sur mille ? Prendre une vie de plus ? Non. Mieux vaut rester assis et attendre que la forêt de lances s'envole, que les rochers en dents de scie les broient, que les chaudrons de poix bouillante leur tombent sur la tête.

Mais quelque chose en lui le pousse à se dresser d'un bond. Cela ressemble à de la colère, à de la rage, à une fureur grandissante, tout en haine et adrénaline : dans cette multitude, brusquement, à l'en renverser de surprise, Mungo vient d'isoler un visage. Celui du seul homme que dans tout l'insondable univers il se sente le droit de haïr avec une quasi-pureté, avec une haine absolue, implacable, dépourvue de toute pitié. Là-bas se tient l'être même qui sans cesse l'a contrecarré, qui toujours s'est mis en travers de sa route comme quelque cousin du diable. Insensible à la raison, froid, mortellement dangereux, c'est le seul homme qu'il eût volontiers étranglé dans son berceau s'il en avait eu la possibilité : *Dassoud !* Sifflantes, les deux syllabes de son nom lui restent en travers de la gorge, le soufflettent. D'un seul coup, Mungo est debout et, tanguant avec le bateau, plonge la main dans les haillons qui lui tiennent lieu de chemise. Là, douce au toucher, la crosse en ivoire de son arme secrète, de son dernier recours – le pistolet incrusté d'argent que Johnson lui a mis entre les mains avant de le quitter en le bénissant.

À travers toutes les épreuves de ces derniers mois, Mungo l'a gardé précieusement. Comme un trésor, il l'a enfoui au plus profond de la ceinture de ses chausses rapiécées, caché dans les plis de la chemise insensée qu'il s'est taillée dans des lambeaux pailletés de l'Union Jack. Que la situation devînt intenable, qu'il tombât entre les mains des Maures ou que le fleuve s'évaporât soudain sous ses pieds, et il s'en servirait pour mettre fin à ses jours. D'une balle, une seule. Dans le palais, dans le creux tendre de l'oreille. Mais en un éclair de bonheur paradisiaque enfin il comprend à quoi cette balle était vraiment destinée, pourquoi le métal dont elle est faite fut un jour extrait de la terre, fondu, moulé et trempé, pourquoi le cher Johnson, Johnson le Sel de la terre, l'a obligé à accepter cette arme. Dans trois minutes il sera mort, oui, mais Dassoud aussi.

Soixante-quinze yards. Cinquante. La foule s'est mise à hurler ; au milieu des sombres faces luisantes se sont ouvertes les roses blessures des bouches. Dix mille gorges se sont déployées, dix mille cris stridents s'élèvent en un rugissement qui pendant une fraction de seconde couvre le vacarme infernal du flot et presque aussitôt se fige en un brusque silence.

Dassoud est là, il attend. À l'écart de ceux qui se sont postés près de l'arche du tunnel, il s'est planté sur une corniche au ras de l'eau, au plus près du bateau qui file dans le courant. Il serre un couteau entre ses dents, dans ses mains son mousquet est à bonne hauteur de feu. Son tagelmoust lui pend autour du cou comme si, de propos délibéré, il avait voulu se dévoiler pour l'occasion. Un sourire de triomphe pincé lui tire les lèvres : Dassoud a brûlé tous ses ponts. Sa cavalerie d'élite, son hégémonie sur les tribus du désert, les douceurs fécondes de Fatima, il a renoncé à tout pour cet instant. Obsédé par son échec de Sansanding, quatre mois et demi durant il a tué ses chevaux sous lui, s'est couvert le corps d'ampoules, s'est cassé la voix pour courir ses royaumes et rameuter tout son monde. Il a hanté les terres des Cafres, tirant sur tout ce qui jacassait, tétant le sang à même la viande crue sans mettre pied à terre, faute de temps ; il a chevauché, portant la nouvelle du retour des hommes blancs, des *Nazarini*, enflammant tous les chefs de tribus, il n'a vécu, mangé et respiré que pour cette seconde, que pour ce lieu, que pour Boussa !

Vingt-cinq yards : Martyn décharge son mousquet dans un océan de visages, dans une forêt de lances qui s'envolent ; M'Keal tombe, les rochers basculent, Mungo plonge la main dans sa chemise, en ressort son pistolet, explosion de lumière fluide ; l'arme scintille comme une épée retirée de la pierre. Il la pointe sur le visage de Dassoud, ses bras ne tremblent pas mais le bateau bondit mieux que jamais : difficile de faire mouche... tourbillons... plus près... ce grondement... Une pierre lui effleure la joue, des lances viennent se planter dans le pont derrière lui ; Martyn hurle sa douleur d'agonisant par-dessus le vacarme...

À l'arrière du bateau, abasourdi et n'en croyant pas ses yeux, Ned Rise tourne et retourne frénétiquement dans son esprit le seul choix qui lui reste : sauter par-dessus bord et tenter d'échapper au courant, ou bien attendre et mourir écrabouillé ainsi qu'un insecte ? Il a du mal à respirer, il sent ses yeux lui fondre dans la tête, il ne s'accroche plus à la barre que par habitude, il repousse l'instant fatal, il contemple les visages noirs amassés devant lui, et une fois de plus revoit son bourreau. « Saute ! se crie-t-il à lui-même, saute ! » ; mais il en est incapable. Comme les dents d'une scie, l'eau déchire et moud les rochers dans un hurlement féroce, affolé. Déjà les premières flèches commencent à cribler la *Djoliba* ; M'Keal en est cent fois transpercé : il ouvre grande la bouche, pousse un cri muet, comme une surprise – il n'en jaillit que du sang... Et Ned est toujours assis, sans bouger. Quelques millièmes de seconde s'écoulent, le bateau tangue et se soulève : Ned Rise l'ancien clarinettiste, Ned

Rise l'éternel raté, Ned Rise l'ex-pendu, Ned Rise l'explorateur de l'Afrique, Ned Rise le mort!... La fièvre l'a repris, il est terrifié, il se trouve dans la gueule même de la bête, tous ses muscles raidis. Et c'est alors qu'il aperçoit Mungo, à l'avant du bateau. Mungo qui, sous un déluge de lances, de flèches et de pierres, est en train de tirer quelque chose de sa chemise. Un objet allongé, élégant, au canon argenté, un objet tout droit sorti d'un lointain cauchemar : un pistolet de duel ! Dans sa tête mille choses s'écroulent, se réorganisent. Barrenboyne... Johnson... Sa vie gâchée. Soudain en transe, il se lève et, évitant lances et flèches, se rue vers la proue. La colère l'a saisi, l'aveugle, le rend fou : il ne fait qu'un bond jusqu'à l'avant du bateau.

Quinze yards. L'esquif pique violemment du nez avant de jaillir hors de l'eau, soudain suspendu dans les airs l'espace d'une vertigineuse fraction de seconde... et ça y est, Mungo l'a en plein dans sa ligne de mire, là, le visage de Dassoud, gros comme une maison... hé ! mais !... voici que quelqu'un lui bloque la main, lui arrache son pistolet. Dégoulinant d'embruns, l'œil hagard, les flèches le rasant à l'envi, Ned Rise s'est dressé devant lui et s'agrippe à son arme comme si elle était la clé de l'univers, le saint Graal... *deus ex machina* qui enfin l'arrachera à cette nef des condamnés pour le jeter au loin, là-bas, en sécurité.

– Donne-moi ça ! glapit Mungo par-dessus le grondement furieux et dévastateur.

Il est pris de frénésie, il n'a plus qu'un millième de seconde pour tirer. Il lui reprend le pistolet ; Ned le lui arrache à nouveau... cependant que le bateau, tournoyant sur lui-même, va s'écraser sur l'un des piédroits de la voûte ; autour d'eux c'est le monde entier qui s'écroule...

– Barrenboyne ! hurle Ned comme si c'était là un cri de guerre.

Il a le visage crispé, ses cheveux ruisselants lui chanfreinent la face. Dix yards, cinq, l'explorateur a les yeux rivés sur ce cylindre, sur ce bout de plomb, le seul espoir qui lui reste.

– Donne-moi ça ! hurle-t-il.

– Venin ! s'écrie Ned Rise. Anathème ! Mauvaise plaisanterie, tout ça n'est qu'une mauvaise plaisanterie !

– Hiiiii !… grincent les vautours en fondant sur eux.

– Quoi ? lui renvoie l'explorateur, gueulant et beuglant dans les vents mouillés qui s'engouffrent au fond du tunnel, éveillant un concert de hurlements et de sanglots sinistres…

Quoi ?…

Mais déjà ils ont basculé dans le vide.

C'est comme de bondir dans l'entonnoir de la tornade, comme de danser avec l'avalanche. Dans l'instant ils sont engloutis sous des centaines et des centaines de tonnes d'eau qui viennent s'écraser sur la roche, laquelle tremble sous la violence de l'impact. Dassoud décharge son mousquet et rate sa cible, la *Djoliba* sombre par l'avant et, dans la seconde qui suit, vole en éclats sur la paroi la plus proche. Déjà cadavres, Martyn et M'Keal sont projetés dans les airs, puis aspirés dans le goulet comme si jamais ils n'avaient existé.

Au-dessus d'eux, sur les rochers, dix mille voix hurlent leur triomphe, proclament leur exaltation. Nus de la tête aux pieds, défigurés par leurs marques rituelles et leurs balafres peintes, visages noirs, corps noirs, les hommes des tribus s'enlacent, embrassent leurs plus vieux ennemis, dansent dans les bras les uns des autres. Longuement leur cri s'élève, encore et encore repris, longtemps les feux de joie brûleront dans la nuit.

Et le Niger, lui, continue de couler, par-delà le tumulte de Boussa, par-delà Baro et Lokoja ; à travers collines moutonnantes et plaines sans arbres déjà il roule, et sur les hauts fonds comme sur un clavier joue sa mélodie, éveillant parmi les roseaux une musique étrange, céleste ; oui, il coule encore et toujours, jusqu'aux confins de l'océan.

CODA

Vers la fin de 1806, d'inquiétantes rumeurs filtrèrent, qui parvinrent d'abord à la côte : le bruit courait que Mungo Park avait échoué, que son expédition s'était pulvérisée. Au début du mois de janvier 1807, la nouvelle gagnait l'Angleterre et, peu de temps après, à l'instar d'un germe que le vent porte, elle contaminait l'Écosse. Ailie reçut de plein fouet les détails de l'affaire – jusqu'aux plus insensés – et refusa d'y croire. Mungo mort ? Impossible. On se trompait, un point c'est tout. Voilà à quoi menait d'ajouter la moindre foi aux bavardages irresponsables de tous ces indigènes, de tous ces Noirs, de tous ces exécrables petits Sidi aux visages défigurés et aux dents gâtées : comme s'ils étaient à même de comprendre quoi que ce fût au courage et à l'endurance de son époux. N'était-il pas parti pendant presque trois ans la première fois ? Zander, son père même, y avait-il alors eu personne pour croire à son retour ? Non, non : ces rumeurs sans fondement étaient ridicules.

Mais 1807 devenait 1808, et rien de décisif ne lui parvenait qui pût l'éclairer sur le sort de son mari ou de son frère ; aussi en vint-elle à avoir faim de toutes les rumeurs qui pourraient la confirmer dans sa croyance la plus chère : d'une façon ou d'une autre, dans un endroit ou dans un autre, Mungo était toujours en vie. En 1810, le ministère des Colonies entra en contact avec le guide Isaaco par l'intermédiaire du lieutenant-colonel Maxwell, gouverneur du Sénégal, et lui confia la tâche d'enquêter sur les circonstances ayant conduit à la disparition de l'explorateur. Vingt mois plus tard, le vénérable Mandingue ressortait de la brousse avec un document en arabe, le journal d'Amadi Fatoumi. Les Blancs, y déclarait ce dernier, avaient péri à Boussa malgré tous les efforts qu'il avait déployés pour essayer de prévenir la catastrophe. Mungo Park était mort : une attaque des indigènes l'ayant surpris, il s'était noyé lorsque la *Djoliba* avait chaviré dans les rapides.

Ailie nia l'authenticité du document. On lui mentait. Mungo était vivant, cela ne faisait aucun doute, et Zander aussi. Son père tenta de la raisonner.

– C'est vrai que c'est pas gai, lui dit-il, mais vaudrait mieux que tu t'y fasses, ma fille. Te voilà veuve, et quoique je n'aime pas beaucoup à te le rappeler, tu as aussi perdu un frère.

Toutes paroles qui restèrent sans effet. C'étaient d'ailleurs les mêmes qu'on lui avait servies jadis, quinze longues années plus tôt, lorsque le monde entier noyait dans la bière le chagrin d'avoir à déplorer « l'audacieux Écossais qui, si jeune, avait disparu dans les ombres du Continent noir », lorsque ses parents et ses amis étaient accourus vers elle pour la réconforter, lorsque son propre père enfin avait tenté de l'assujettir à un mariage qu'elle ne désirait pas. C'était le retour du même : à chaque nouveau bruit, elle les retrouvait à sa porte comme des corbeaux ; Betty Deatcher les yeux noyés, le révérend MacNibbit avec sa tête de dalle funéraire. « Ah, ma pauvre, lui disaient-ils en la regardant goulûment, d'un œil où se lisait quelque chose qui ressemblait à de la faim. Que peut-on faire pour toi ? »

Georgie Gleg lui écrivit d'Édimbourg dès la parution du journal d'Amadi Fatoumi. Comptant quelque trente pages d'une écriture raffinée et serrée entre des marges tirées à la règle, sa lettre était longue et complète : il lui offrait consolation, espoir, argent et une épaule sur laquelle pleurer ; bref, il lui demandait sa main. Elle ne répondit jamais. Au contraire : elle rassembla tous les souvenirs que Mungo avait rapportés de sa première expédition, son chapeau cabossé, la figurine naïve au ventre et aux membres déformés, les trois éditions de ses *Voyages*, en fit une sorte de reliquaire au fond du salon, qu'elle entoura de quelques chaises ; c'est là qu'elle passait de longues heures, ses enfants à ses pieds, à leur lire le livre de leur père ou des extraits de ses lettres ; ou bien encore elle regardait fixement devant elle, espérait, priait, attendait qu'une rumeur nouvelle lentement lui parvînt.

Parce que oui, des rumeurs nouvelles, il y en avait encore et toujours. Six mois après les faits, près de huit mois même après que le ministère des Colonies eut officiellement classé l'affaire. Comme attirées par une force aussi mystérieuse qu'irrésistible, elles lui arrivaient aux oreilles par des voies tortueuses. Du golfe du Bénin elles passaient aux Antilles puis en Caroline, de Badagri elles filaient aux Canaries, puis à Lisbonne, à Gravesend, à Londres enfin, et de là remontaient jusqu'à Édimbourg. Des sauvages aux négriers, des négriers à l'homme de la rue en passant par les diplomates, elles ne cessaient de courir : il y avait encore des Blancs à l'intérieur de l'Afrique.

En fait, mais nul en Europe ne le saurait jamais, ces racontars contenaient un grain de vérité. Si l'on se trompait, ce n'était que sur la quantité et non pas du tout sur la qualité : ce n'étaient point en effet *des* mais *un* Blanc qui, effectivement, vivait encore au cœur de l'Afrique. Seul rescapé de l'affaire, il était totalement inconnu du grand public. Né dans la pauvreté, ce quasi-paria avait vécu le miracle de la résurrection.

~

Quelque trente-six heures après le désastre de Boussa, Ned Rise ouvrait, pour la troisième fois de sa vie, les yeux sur le nirvana. Cette fois-ci cependant, le paradis n'avait rien à voir avec une cahute gelée et puant le poisson, plantée quelque part sur les bords de la Tamise, ni non plus avec une salle de dissection du quartier de Newgate Street. Non, cette fois-ci, la situation était plus brillante, nettement plus brillante : tout scintillait même avec l'intensité du soleil tropical. Le dernier souvenir de Ned était le spectacle de sa propre mort, qui le lorgnait de sa face grimaçante, sur fond de muraille rocheuse fondant sur lui, de populace assoiffée de son sang, et de lutte avec Mungo Park...

Et depuis ? Il était désorienté et avait mal par tout le corps. Dans chacune de ses articulations c'était un véritable feu qui brûlait ; il avait l'impression d'avoir les rotules en morceaux, et se sentait poignardé dans le bas du dos par une douleur incessante qui le fouillait sans merci. S'il avait pu trouver un reste de volonté, s'il avait été capable de s'asseoir pour dresser un bilan, il se serait découvert aussi nu, aussi libre de toute entrave que le jour où il était né : le chapeau de paille et le pagne en haillons dont il s'était ceint avaient été emportés par le flot et le pistolet en argent, la vase qui tapissait le lit du fleuve l'avait englouti à jamais. Mais Ned ne pouvait pas bouger et il dut subir, inerte, la violence du soleil qui s'étalait en travers de son dos comme une couverture de flammes.

Puis, de floue qu'elle était, sa vision se fit plus nette. Le sang lui battait furieusement dans les tempes. Il était étendu sur un tas de débris – des feuilles, des branches, des morceaux d'os et de bois – au milieu de rochers d'aspect bossu et de teintes pastel, polis par l'eau, rochers qui jonchaient le paysage comme les œufs de quelque monstre antédiluvien. Pas un bruit, pas un mouvement ; l'air était aussi brûlant et aussi calme que l'haleine d'un dragon endormi lorsque, tout d'un coup, en un violent contraste, il avait paru exploser sous des bruits d'ailes raides et dures battant autour de lui. Ned leva les yeux et son regard rencontra l'inévitable face grimaçante d'un charognard, un énorme vautour aux serres menaçantes et aux ailes qui, entièrement déployées, faisaient autour de lui comme une tente. Laid mais audacieux et combatif, le grand nécrophage lui siffla à la figure et s'avança un peu, pour voir. Ça recommence, se dit Ned.

Mais l'oiseau recula, soudain alarmé, détourna son cou plat et, d'un bond, disparut de son champ de vision. Quelque chose lui avait fait peur. Une hyène ? Un lion ? Un Maniana ? C'est à peine si Ned pouvait éprouver le désir de s'en soucier. Arrosé d'un filet d'eau qui lui lavait l'aine et les jambes, il regarda fixement la surface polie du rocher qu'il avait sous les yeux, tandis que le claquement sec des ailes résonnait encore dans le silence. Puis il y eut un autre bruit, un bruit aérien et mélodieux. Non, ce n'était pas vraiment un chant d'oiseau, non, pas seulement ça ; ni non plus quelque illusion produite par le frottement de deux branches ou par des courants trompeurs : c'était bel et bien de la musique, un bruit humain et civilisé. Était-il donc mort tout de même ? Était-ce donc ça, l'au-delà, le purgatoire, ce lieu plein de vapeurs méphitiques, ce lieu sans fond où les anges et les diables se battaient pour avoir son âme? Il ferma les yeux. Peut-être même il dormit.

La musique continua: des flûtes, on aurait dit au nombre de trois ou quatre, et dont les mélodies s'entrelaçaient comme de la vigne vierge, le berçaient et le réconfortaient. Lorsque enfin il se redressa, le soleil était bas sur l'horizon et seuls les sommets arrondis des rochers en étaient illuminés, nimbés d'une lueur rose – comme si tous eussent été sur le point d'éclore. Mais soudain la musique avait cessé. Il regarda autour de lui: pas la moindre trace de rapides ou de musiciens, pas le moindre signe de vie. Rien que des rochers lisses jetés en désordre jusqu'à l'horizon ainsi que des melons, des ballons de plage ou de grosses têtes chauves. Derrière lui, le fleuve. Ces flûtes, se les était-il donc seulement imaginées?

La douleur lui enfilant de grandes échardes dans les mains et les pieds, il se mit debout en tremblant et, presque aussitôt s'effondra sur le premier roc venu. Il était couvert de bleus, battu, brisé. Des ampoules lui étaient sorties autour du cou et tant d'écorchures lui bariolaient les jambes, les fesses et la poitrine qu'il ressemblait à un arlequin. Pour une raclée, c'était une raclée! Il n'empêche: il était vivant, il respirait et, pour autant qu'il le sût, n'avait rien de cassé. Ce ne fut presque qu'après coup qu'il comprit qu'il avait faim.

Puis – il n'y avait pas à s'y tromper – quelque chose remua, là-bas, dans le dédale pierreux. Encore une fois: des coudes qui tricotaient, des épaules qu'on baissait...

– Ohé! cria-t-il.

Rien. Il essaya une deuxième fois – en mandingue, en sourka, en arabe. Il y eut un long moment de silence, puis, comme si l'on voulait lui répondre, la musique recommença. Pas fou, il se radossa au rocher et prit l'air de quelqu'un qui appréciait. Au bout d'un moment, il se mit à claquer dans ses mains au rythme des musiciens invisibles cependant que, sonore et régulier comme un pouls qui bat, quelque part sur sa gauche, un tambour se mettait de la partie.

Timide et apeuré comme la biche, on commença à se montrer. Une tête ici, un torse là : on jouait à cache-cache. Enfin on s'enhardit. Ned découvrit alors que les rochers étaient pleins de ces gens. Pas plus hauts que des enfants, ils s'étaient avancés à découvert et le regardaient du fond de leurs yeux placides couleur terre de Sienne. Ils étaient nus, avec des bras et des jambes qui ressemblaient à des brindilles, et l'abdomen aussi gonflé que le ventre rond et protubérant des nourrissons. Et ils n'étaient pas noirs, enfin... pas exactement : leur peau tirait davantage sur le gland ou sur la noisette.

Ned attendit. Il en comptait déjà dix-huit, dont deux enfants. On pouvait voir parmi eux quatre homoncules au poil grisonnant et aux pieds tournés en dehors, occupés à souffler dans des sortes de flûtes droites, mais le tambour, que l'on frappait toujours, demeurait invisible. C'était maintenant la troupe tout entière qui oscillait au rythme de la musique ; malgré la douleur qui lui tiraillait le coude, Ned continua de claquer dans ses mains. Alors l'un des hommes se détacha du groupe et s'approcha de lui. Il marchait en traînant les pieds dans la poussière, sa tête et ses épaules ondulant au gré des battements insistants de la mélodie. Il serrait sur son cœur un arc minuscule comme un jouet et portait un carquois à l'épaule. Les bouts de ses seins offraient l'aspect de deux rosettes sombres, marquées d'anciennes cicatrices : brûlures, blessures de guerre, emblèmes initiatiques ? Sa clavicule et ses côtes saillaient, et son pubis était un enchevêtrement de poils raides et blancs d'où pendait, tel un badge, une verge grise et ridée. Une chevelure blanchissante ornait sa tête à la manière d'une auréole. Les joues creuses s'affaissaient sur des mâchoires édentées. On aurait pu le prendre pour le premier homme, notre père à tous. Cherchant à y lire la réaction qui convenait, Ned scruta le visage du patriarche mais n'y trouva qu'une expression parfaitement vide.

Tous s'étaient mis à chanter une mélodie bizarre, une sorte de complainte aiguë entrecoupée de grognements et de claquements de langue. Pour la première fois, Ned commença à se sentir mal à l'aise : et si, tout bien considéré, ces gens n'étaient pas aussi inoffensifs qu'ils en avaient l'air ? C'est alors qu'il aperçut la chose : là, entre les mains du vieillard, elle brillait. Un couteau ? Un pistolet ? Était-ce donc pour cela que le sort l'avait épargné ? Mais non : tout à coup, cet objet resplendissant, cette chose qui attrapait la lumière, il sut ce que c'était, il sut pourquoi ils s'apprêtaient à lui en faire cadeau... et il sut ce qu'il allait en faire – et de quelle manière il s'en sortirait, oui, dans l'instant, il vit ce que serait son avenir. Il avait cessé d'être un exclu, un criminel, un orphelin, il était devenu un messie.

Le vieillard lui tendit la clarinette. Elle était encore humide d'avoir trempé dans l'eau du fleuve mais les coussinets en étaient propres et les clés intactes. Le tambourinaire donnait de grands coups sourds, les flûtes lançaient des sons suraigus. Tous, ils s'étaient rangés autour de Ned comme des enfants précoces et tous, ils souriaient. Il porta l'instrument à ses lèvres, et joua.

~

Comme on ôte les pelures d'un oignon, les années se découvraient l'une après l'autre. Soudain en disgrâce, le « Beau » Brummell s'était enfui à Calais, De Quincey avalait de l'opium, Sir Joseph Banks et George III rendirent l'âme. Il y eut des émeutes à Manchester, au Portugal et en Grèce. Beethoven devint sourd, Napoléon tomba, se releva, et retomba, cependant que Sir Walter Scott sortait ruiné du krach de 1826. Les bonnets à plumes furent de nouveau à la mode, les falbalas déclenchaient une véritable fureur. Et toujours le Niger était un mystère.

La guerre, la paix, les Habsbourg, les Hanovre, les corsages *décolletés** et les chemises de nuit en coton, la chute d'un empire, la restauration d'une monarchie, Metternich, Byron, Beethoven, Keats... tout cela échappa entièrement à Ailie. Elle aurait tout aussi bien pu vivre sur une autre planète. Sitôt après avoir succombé à Georgie Gleg, et avoir eu sa vision d'enfer sur les eaux du loch Ness, elle changea en effet du tout au tout. Sa vision – mais en était-ce vraiment une ? – lui était venue comme un avertissement, un châtiment. Elle était allée trop loin. Jalouse et amère, en se rebellant contre le vide terrifiant de sa vie toute vouée au soutien d'un grand homme, elle avait abandonné Mungo au moment même où il avait le plus besoin d'elle. Elle n'était qu'une femme adultère qui avait renié sa foi, une pécheresse.

Elle passa le reste de son existence à tenter de se racheter. Sitôt rentrée à Selkirk, elle prit le pli de réunir ses enfants devant l'autel du salon, pour leur inculquer la légende de ce père qu'ils avaient à peine connu. C'était un héros, l'un des plus grands Écossais que la terre eût portés, leur répétait-elle : il affrontait le danger comme l'homme ordinaire se met à table pour déjeuner. « Où est-il ?, lui demandaient-ils. – En Afrique, leur répondait-elle. – Quand reviendra-t-il à la maison ? – Bientôt ! »

L'autel, la légende, le fardeau d'être seule à élever ses enfants, telle fut sa pénitence. Des cadeaux souvent lui arrivaient d'Édimbourg : des peignes, des robes, des parfums, des jouets pour les enfants. Elle les renvoyait sans s'en être servie. Gleg lui écrivit lettre sur lettre. Elle n'y répondit jamais et lorsqu'un jour, la douleur et l'angoisse lui creusant le visage, il s'en vint frapper à sa porte, elle ordonna à sa domestique de le chasser. « Mais qu'ai-je donc fait ? hurla-t-il à la fenêtre. Qu'ai-je donc fait ! » – et il continua de protester jusqu'à ce que le vieux médecin finît par le menacer de la force publique.

Les enfants grandirent. Son père mourut. Elle passa des heures et des heures assise à sa fenêtre à contempler les collines, à attendre, à espérer. Et lorsqu'elle se sentait au plus mal, lorsque dans son cœur elle savait que plus jamais elle ne reverrait Mungo ou Zander, de nouvelles rumeurs venaient immanquablement à lui être soufflées à l'oreille, ou bien alors c'était quelque marchand qui apparaissait dans les rues d'Édimbourg et invariablement racontait une histoire qu'il tenait d'un directeur de comptoir sur la Gambie, lequel directeur de comptoir la tenait d'un négrier indigène, qui lui-même la tenait d'un prêtre mandingue : il y avait un homme blanc au Sahel, un homme qui, d'une sainte humilité, vivait comme vivent les Noirs. Et cela recommençait. Mungo était toujours là-bas, elle le savait !

En attendant, il y avait les enfants. Thomas, l'enfant du siècle, était tout à la fois son enfer et sa consolation. Athlétique, il était physiquement aussi précoce que son père ; à quatorze ans, il était déjà le meilleur rugbyman du comté. Grand, les épaules et la poitrine carrée, les cheveux blonds comme le sable, il était le portrait tout craché de Mungo. Chaque fois qu'elle le regardait, c'était son passé qui se dressait devant elle et se remettait à la hanter comme un rêve d'une indicible tristesse, tout droit sorti des profondeurs froides et sombres d'un loch. Certes, Mungo Junior et Archie ressemblaient eux aussi à leur père – eu égard notamment au léger strabisme qui les affectait –, mais Thomas seul était l'exacte reproduction de Mungo, la forme très précisément martelée, le moule même de son être. En outre, c'était lui qui, plus encore que ses frères et sa sœur, contribuait à faire vivre la légende de son père : il passait des journées entières à étudier les cartes et les livres entassés dans la bibliothèque de l'explorateur, il reprenait comme des litanies toutes les rumeurs qui couraient sur son compte et les ressassait jusqu'à ce qu'en leurs moindres mots elles eussent acquis l'évidence du cristal taillé.

En 1827, quoique ayant à peine dépassé la cinquantaine, Ailie n'était déjà plus qu'un petit bout de femme prématurément vieillie, un être épuisé par la stérilité de toutes les heures passées à attendre et par l'indicible futilité de son existence : cela faisait vingt-deux ans qu'elle n'avait pas revu son mari. Sa fille s'était mariée, Archibald était soldat, Mungo Junior avait succombé à l'appel du large : envoyé aux Indes avec son régiment, il y avait été emporté par les fièvres. Thomas, lui, ne s'était jamais marié. Il vivait encore à Selkirk, tout près de sa mère, et avec elle souffrait la grande douleur de la disparition de son père, avec elle nourrissait l'espoir que, chenu et triomphant, un jour il revînt de là-bas, de ses collines battues par les vents, du plus profond de ses dunes et de ses jungles.

Le matin était clair et froid le jour où il s'en fut. Ne voyant aucune raison d'alarmer sa mère, il avait préparé son départ en secret. Lorsqu'elle s'aperçut de son absence, Ailie comprit tout de suite de quoi il retournait : après son mari et son frère, c'était maintenant son fils qui la quittait. Il lui écrivit une lettre d'Accra, sur la Côte-de-l'Or. Le problème n'avait rien de compliqué, il l'avait résolu, et jusque dans les moindres détails : il voyagerait seul, comme son père l'avait fait lors de sa première expédition, prendrait vers le nord-est et, vivant comme les indigènes, par les territoires des Ashantis et des Ibos, gagnerait les chutes de Boussa. L'harmattan s'était mis à souffler, on ne pouvait rêver meilleures conditions pour démarrer. Il partirait dès qu'il aurait réussi à engager un guide.

Ailie étudia le sceau apposé sur l'enveloppe avant d'ouvrir celle-ci – y avait-il vraiment la moindre raison de lire la lettre ? Comme si elle ne savait pas ce qu'elle contenait ! Elle aurait pu l'écrire elle-même, cette lettre ! Ailie avait cinquante-trois ans. « Mrs Mungo Park » ! déchiffra-t-elle sur l'enveloppe. C'en était presque drôle !

Longtemps elle resta assise à sa fenêtre, la lettre lui pesant de plus en plus lourd dans les mains. Comme venue d'ailleurs, une lumière pâle blanchissait les buissons, les toits des maisons et les arbres, et là-bas, au loin, les collines en étaient comme vidées de toute couleur et de toute vie. Sur l'étagère derrière elle, luisante et noire, trônait la figurine en ébène : gravide, obscène. Un vestige parmi tant d'autres.

Ce fut la dernière lettre.

TABLE

DU MÊME AUTEUR

Aux Éditions Phébus

En littérature étrangère

La Belle Affaire, 1991 ; Libretto n° 97, 2002.
Water Music, 1988 ; Libretto n° 8, 1998.

Aux Éditions Grasset et Fasquelle

Les Femmes, 2010 ; Le Livre de Poche n° 32071, 2011.
Histoires cruelles, 2008.
Talk talk, 2007 ; Le Livre de Poche n° 31528, 2009.
Vingt-cinq histoires bizarres, 2006 ; Le Livre de Poche n° 31121, 2008.
Le Cercle des initiés, 2005 ; Le Livre de Poche n° 30790, 2007.
D'amour et d'eau fraîche, 2003 ; Le Livre de Poche n° 30423, 2005.
Vingt-cinq histoires de mort, 2002 ; Le Livre de Poche n° 30087, 2004.
Un ami de la Terre, 2001 ; Le Livre de Poche n° 15429, 2003.
L'Enfant sauvage, 2001 et 2011.
Histoires d'amour, vol. I, 2000.
Riven Rock, 1999 ; Le Livre de Poche n° 15184, 2001.
America, 1997 ; Le Livre de Poche n° 14659, 2007.
Histoires sans héros, 1996.

Aux bons soins du docteur Kellogg: la route de Wellville, 1994.

L'Orient, c'est l'Orient, 1993; Le Livre de Poche n° 13970, 1996.

Si le fleuve était whisky, 1992; Le Livre de Poche n° 13845, 1995.

Au bout du monde, 1991; Le Livre de Poche n° 13545, 1994.

Aux Éditions Le Livre de Poche

Vingt-cinq histoires d'amour, n° 15339, 2002.

Libretto

Dernières parutions

624.	FELDRIK RIVAT	*La 25e Heure*
623.	JACK LONDON / ROBERT LLOYD FISH	*Le Bureau des Assassinats*
622.	MEHMED UZUN	*La Poursuite de l'ombre*
621.	ROBERT D'ORBIGNY	*Floire et Blanchefleur*
620.	THEODOR PLIEVIER	*Berlin*
619.	FREDERIK GUSTAVUS BURNABY	*Khiva*
618.	JÂMI	*Medjnoûn et Leïla*
617.	DRAGO JANČAR	*Aurore boréale*
616.	KURBAN SAID	*Ali et Nino*
615.	DOROTHY LEIGH SAYERS	*Le Cœur et la Raison*
614.	LONGUS	*Daphnis et Chloé*
613.	ODILE GODARD	*Les Soupers de Schéhérazade*
612.	ALEXANDER KENT	*Un vaisseau de haut bord*
611.	MARIE BARTHELET	*Celui-là est mon frère*
610.	VICTOR SEGALEN	*Les Immémoriaux*
609.	SYLVAIN ROUMETTE	*Lilith dans l'île*
608.	ROBERT GRAVES	*Adieu à tout cela*
607.	RICHARD LESCLIDE	*La Diligence de Lyon*
606.	BERNARD OLLIVIER	*Longue marche, suite et fin*
605.	LAURA MANCINELLI	*Les Douze Abbés de Challant*
604.	SAADI	*Le Jardin des roses et des fruits*

603. LUIGI DA PORTO — *Roméo et Juliette*
602. NATHANIEL HAWTHORNE — *Contes étranges*
601. MARIE GOUDOT — *Lettre américaine*
600. CHRISTINE ORBAN — *Le Collectionneur*
599. TIMOTHY FINDLEY — *Guerres*
598. ROBERT MARGERIT — *Le Dieu nu*
597. MAXIME GORKI — *Une confession*
596. GUILLAUME APOLLINAIRE — *L'Enchanteur pourrissant*
595. ANONYME — *Le Plaisir après la peine*
594. OLIVIER BELLAMY — *Un hiver avec Schubert*
593. SERGE FILIPPINI — *Rimbaldo*
592. CLAUDE TILLIER — *Mon oncle Benjamin*
591. CHARLES PALLISER — *Mère et fille*
590. CHARLES LE GOFFIC — *Morgane la Sirène*
589. WILLIAM MORRIS — *La Source au bout du monde,* II
588. COLETTE — *Trois… Six… Neuf…*
587. MIR AMMAN — *Les Aventures des quatre derviches*
586. WILLIAM MORRIS — *La Source au bout du monde,* I
585. FABIEN CLAVEL — *Feuillets de cuivre*
584. ANGÉLIQUE VILLENEUVE — *Les Fleurs d'hiver*
583. ANTOINE DE MEAUX — *Le Fleuve guillotine*
582. GUILLERMO ARRIAGA — *Le Bison de la nuit*
581. WILLIAM BECKFORD — *Vathek*
580. ANDRÉS NEUMAN — *Le Voyageur du siècle*
579. DANIEL DEFOE — *Colonel Jack*
578. DRAGO JANČAR — *L'Élève de Joyce*

577.	JEAN GALTIER-BOISSIÈRE	*Mon journal dans la Grande Pagaïe*
576.	HERBERT ERNEST BATES	*L'Aviateur anglais*
575.	WILLIAM TREVOR	*Les Enfants de Dynmouth*
574.	GASTON LEROUX	*Un homme dans la nuit*
573.	BOOTH TARKINGTON	*La Splendeur des Amberson*
572.	ALEXANDRE DUMAS FILS	*La Dame aux camélias*
571.	JOHN COWPER POWYS	*Owen Glendower, II : Les forêts de Tywyn*
570.	RENÉ BOYLESVE	*L'Enfant à la balustrade*
569.	ALEXANDER KENT	*Sans relâche*
568.	ANTHONY SATTIN	*Un hiver sur le Nil*
567.	JOHN COWPER POWYS	*Owen Glendower, I : Les tours de Mathrafal*
566.	ÉTIENNE GUÉREAU	*La Sonate de l'anarchiste*
565.	MIKE DASH	*L'Archipel des hérétiques*
564.	GEORGE SAND	*Les Beaux Messieurs de Bois-Doré*
563.	MARTIN PROVOST	*Bifteck*
562.	RICHARD E. BYRD	*Seul*
561.	ABU BAKR IBN TUFAYL	*L'Éveillé*
560.	JEAN GALTIER-BOISSIÈRE	*Mon journal dans la Drôle de paix*
559.	ANONYME	*Fierabras*
558.	ROBERT MARGERIT	*Le Château des Bois-Noirs*
557.	THEODOR PLIEVIER	*Stalingrad*
556.	ANONYME	*Neh Manzer, ou les Neuf-loges*
555.	CHRISTIAN CHAVASSIEUX	*L'Affaire des vivants*
554.	PÉTRONE	*Satyricon*

553.	JESSE BROWNER	*Villa du crépuscule*
552.	ALEXANDER KENT	*Le Sabre d'honneur*
551.	R. A. DICK	*Le Fantôme et Mrs Muir*
550.	MOHAMMED AL-MAHDI	*Les Dix Soirées malheureuses*
549.	ROBERT GRAVES	*King Jesus*
548.	ELIZABETH GOUDGE	*Les Amants d'Oxford*
547.	GILES MILTON	*Les Miscellanées*
546.	ALBERT ADÈS & ALBERT JOSIPOVICI	*Le Livre de Goha le Simple*
545.	HONORÉ D'URFÉ	*L'Astrée*
544.	JACK LONDON	*Croc-Blanc*
543.	HERMAN BANG	*Mikaël*
542.	ANTONI LIBERA	*Madame*
541.	FERDYNAND OSSENDOWSKI	*Esclaves du soleil*
540.	K. MANN /S. ZWEIG	*Correspondance, 1925-1941*
539.	MYRIAM CHIROUSSE	*Miel et Vin*
538.	FRANÇOISE CLOAREC	*De père légalement inconnu*
537.	DRAGO JANČAR	*Katarina, le paon et le jésuite*
536.	JEAN GALTIER-BOISSIÈRE	*Mon journal depuis la Libération*
535.	SERGIUSZ PIASECKI	*L'Amant de la Grande Ourse*
534.	RAFAEL SABATINI	*Scaramouche*
533.	W. W. COLLINS	*Quand la nuit tombe*
532.	THOMAS RAIN CROWE	*Ma vie dans les Appalaches*
531.	ALEXANDER KENT	*Second ne daigne*
530.	DOMINIQUE SCALI	*À la recherche de New Babylon*
529.	MAURICE LEBLANC	*Voici des ailes*

528. VALERIE MARTIN	*Mary Reilly*
527. ÉMILE GUIMET	*Huit jours aux Indes*
526. O. HENRY	*Contes du Far West*
525. ODILON REDON	*Il rêve et autres contes*
524. KURBAN SAID	*La Fille de la Corne d'Or*
523. R. BURTON ET H. SPEKE	*Aux sources du Nil*
522. ANNE BRONTË	*La Recluse de Wildfell Hall*
521. HENRY DUPUY-MAZEL	*Le Miracle des loups*
520. ANONYME	*Le Roman d'Antar*
519. HENRYK SIENKIEWICZ	*Quo Vadis ?*
518. ANONYME	*Les Aventures du chevalier Jaufre*
517. GUSTAVE AMIOT	*La Duchesse de Vaneuse*
516. ANONYME	*Les Contes populaires de l'Égypte ancienne*
515. GEORGES ARNAUD	*Les Oreilles sur le dos*
514. JEAN GALTIER-BOISSIÈRE	*Mon journal pendant l'Occupation*
513. HJALMAR SÖDERBERG	*Docteur Glas*
512. SOPHIE KOVALEVSKAÏA	*Une nihiliste*
511. JULIEN BLANC	*Le Temps des hommes*
510. TADEUSZ BOROWSKI	*Le Monde de pierre*
509. THEODOR PLIEVIER	*Moscou*
508. ANONYME	*Absurdités et paradoxes de Nasr Eddin Hodja*
507. ALEXANDER KENT	*La Croix de Saint-Georges*
506. OLIVIER BELLAMY	*Dans la gueule du loup*
505. GUISEPPE MARIA LO DUCA	*Journal secret de Napoléon Bonaparte*

504. ERWIN MORTIER	*Psaumes balbutiés*
503. CÉDRIC GRAS	*Le Cœur et les Confins*
502. DRAGO JANČAR	*Des bruits dans la tête*
501. TIMOTHY FINDLEY	*Le Dernier des fous*
500. NICOLAS CLÉMENT	*Sauf les fleurs*
499. GUILLERMO ARRIAGA	*Un doux parfum de mort*
498. ALEXANDER KENT	*Au nom de la liberté*
497. W. WILKIE COLLINS	*Passion et repentir*
496. ANTOINE DE MEAUX	*L'Ultime Désert*
495. FRANCISCO COLOANE	*Naufrages*
494. ANDRZEJ BOBKOWSKI	*Douce France*
493. NICOLAS DICKNER	*Nikolski*
492. BERNARD OLLIVIER	*Sur le chemin des Ducs*
491. VIOLAINE GELLY	*Karen Blixen*
490. JEAN-MARIE DALLET	*De pareils tigres*
489. PANAÏT ISTRATI	*Œuvres III*
488. PANAÏT ISTRATI	*Œuvres II*
487. PANAÏT ISTRATI	*Œuvres I*
486. DANIEL ARSAND	*Un certain mois d'avril à Adana*
485. ZABEL ESSAYAN	*Dans les ruines*
484. WILLIAM DALRYMPLE	*La Cité des djinns*
483. CECIL SCOTT FORESTER	*Retour à bon port*
482. CHARLES PALLISER	*Le Quinconce V*
481. CHARLES PALLISER	*Le Quinconce IV*
480. LOUIS-BERNARD ROBITAILLE	*Dernier voyage à Buenos Aires*
479. CÉDRIC GRAS	*Le Nord, c'est l'Est*

478.	CHARLES PALLISER	*Le Quinconce III*
477.	CHARLES PALLISER	*Le Quinconce II*
476.	CHARLES PALLISER	*Le Quinconce I*
475.	PHILIPPE RENONÇAY	*Le défaut du ciel*
474.	DAVID DONACHIE	*Un parfum de trahison*
473.	OLGA TOKARCZUK	*Sur les ossements des morts*
472.	SOPHIE GUILLOU	*Romy Schneider*
471.	LUDOVIC ZÉKIAN	*Rideau !*
470.	ERWIN MORTIER	*Le Sommeil des dieux*
469.	BERNARD OLLIVIER	*Histoire de Rosa qui tint le monde dans sa main*
468.	KVĚTA LEGÁTOVÁ	*La Belle de Joza*
467.	GUILLEMETTE DE LA BORIE	*Indira Gandhi*
466.	ALEXANDER KENT	*Une mer d'encre*
465.	BERNADETTE COSTA-PRADES	*Niki de Saint Phalle*
464.	EDITH VELMANS	*Les Carnets d'Edith*
463.	KAREL SCHOEMAN	*En étrange pays*
462.	DANIEL ARSAND	*Que Tal*
461.	HENRYK SIENKIEWICZ	*Par le fer et par le feu*
460.	ALEXANDER KENT	*Par le fond*
459.	GÉRARD BONAL FRÉDÉRIC MAGET	*Colette journaliste*
458.	W. WILKIE COLLINS	*Histoires regrettables*
457.	FRANCISCO COLOANE	*Le Sillage de la baleine*
456.	FRANCISCO COLOANE	*Le Golfe des Peines*
455.	FRANCISCO COLOANE	*Le Dernier Mousse*
454.	FRANCISCO COLOANE	*Antartida*

453.	BERNADETTE COSTA-PRADES	*Simone de Beauvoir*
452.	CECIL SCOTT FORESTER	*Trésor de guerre*
451.	JULIEN BLANC	*Joyeux fais ton fourbi*
450.	NATHALIE PEYREBONNE	*Rêve général*
449.	IVAN CASSAGNAU	*Ce que chaque jour fait de veuves*
448.	JEANNE CORDELIER	*Reconstruction*
447.	JEAN-FRANÇOIS BEAUCHEMIN	*La Fabrication de l'aube*
446.	WILLIAM DALRYMPLE	*Le Moghol blanc*
445.	ANGELIKA SCHROBSDORFF	*Tu n'es pas une mère comme les autres*
444.	CATHERINE ENJOLET	*Sous silence*
443.	DANIEL ARSAND	*Lily*
442.	MARIUSZ WILK	*Le Journal d'un loup*
441.	CLAUDE SEIGNOLLE	*La Malvenue*
440.	FERDYNAND OSSENDOWSKI	*Lénine*
439.	MORITZ THOMSEN	*Mes deux guerres*
438.	DAVID DONACHIE	*Haut et court*
437.	JAMIE O'NEILL	*Deux garçons, la mer*
436.	ROBERT IRWIN	*Nocturne oriental*
435.	JULIEN BLANC	*Confusion des peines*
434.	NADIFA MOHAMED	*Black Mamba Boy*
433.	BERNADETTE COSTA-PRADES	*Frida Kahlo*
432.	WILLIAM DALRYMPLE	*L'Âge de Kali*
431.	JOHN VAILLANT	*Le Tigre*
430.	ALEXANDER KENT	*Un seul vainqueur*

429.	CHARLIE GALIBERT	*Sistac*
428.	ÉLISABETH WEISSMAN	*Coco Chanel*
427.	CECIL SCOTT FORESTER	*Seul maître à bord*
426.	JEAN-FRANÇOIS BEAUCHEMIN	*Le Jour des corneilles*
425.	LOUIS HÉMON	*Le Dernier Soir*
424.	H. J. C. VON GRIMMELSHAUSEN	*La Vagabonde Courage*
423.	W. WILKIE COLLINS	*Pauvre Miss Finch*
422.	MARIE CHAIX	*Barbara*
421.	ALEXANDER KENT	*À l'honneur ce jour-là*
420.	FRANK MAYER	*Tueur de bisons*
419.	DOMINIQUE FORTIER	*Du bon usage des étoiles*
418.	LEON ROOKE	*En chute libre*
417.	GILES MILTON	*Le Paradis perdu*
416.	RICHARD LLEWELLYN	*Qu'elle était verte ma vallée !*
415.	JOSEPH BIALOT	*La station Saint-Martin est fermée au public*
414.	BORIS PAHOR	*Printemps difficile*
413.	BERNARD FOGLINO	*Bienvenue dans la vraie vie*
412.	IGNACIO DEL VALLE	*Les Démons de Berlin*
411.	AMANDA SMYTH	*Black Rock*
410.	DONALD RAY POLLOCK	*Knockemstiff*
409.	CÉDRIC GRAS	*Vladivostok*
408.	DAVID DONACHIE	*Trafic au plus bas*
407.	RAX RINNEKANGAS	*La lune s'enfuit*
406.	RON HANSEN	*L'Extase de Mariette*
405.	SYLVIE WEIL	*Chez les Weil*

404. BERNARD OLLIVIER — *Nouvelles d'en bas*
403. NICHOLAS JUBBER — *Sur les traces du Prêtre Jean*
402. BALTHUS — *Correspondance amoureuse*
401. DAVID EBERSHOFF — *Danish Girl*
400. WILLIAM SAROYAN — *Folie dans la famille*
399. CONSTANCE DE SALM — *Vingt-Quatre Heures d'une femme sensible*
398. JENNIFER LESIEUR — *Jack London*
397. GILES MILTON — *Samouraï William*
396. DMITRI BORTNIKOV — *Le Syndrome de Fritz*
395. ROLAND TOPOR — *La Princesse Angine*
394. BERNARD OLLIVIER — *La vie commence à 60 ans*
393. ALEXANDER KENT — *Deux officiers du roi*
392. JOSEPH CZAPSKI — *Proust contre la déchéance*
391. MAURICE SACHS — *Chronique joyeuse et scandaleuse*
390. SUAT DERWISH — *Les Ombres du Yali*
389. JEANNE CORDELIER — *La Dérobade*
388. GIAMBATTISTA BASILE — *Le Conte des Contes*
387. JAMES WADDINGTON — *Un Tour en enfer*
386. ALEXANDER KENT — *Flamme au vent*
385. LOUIS BROMFIELD — *Précoce automne*
384. BERNARD OLLIVIER — *Aventures en Loire*
383. JACK SCHAEFFER — *L'Homme des vallées perdues*
382. RON HANSEN — *Soleil de cendre*
381. TCHINGUIZ AÏTMATOV — *Il fut un blanc navire*
380. ALBERT T'SERSTEVENS — *L'homme que fut Blaise Cendrars*
379. EDWARD CAREY — *L'Observatoire*
378. WILLIAM SAROYAN — *Une comédie humaine*

377. THEODOR KRÖGER	*Le Village oublié*
376. DOROTHY SCARBOROUGH	*Le Vent*
375. HANS HABE	*La Tarnowska*
374. W. WILKIE COLLINS	*Une belle canaille*
373. IGNACIO DEL VALLE	*Empereurs des ténèbres*
372. MARCELLE SAUVAGEOT	*Laissez-moi*
371. LAWRENCE DURRELL	*Citrons acides*
370. DAVID DONACHIE	*Une chance du diable*
369. R. L. STEVENSON	*Le Trafiquant d'épaves*
368. GILES MILTON	*La Guerre de la noix muscade*
367. RON HANSEN	*La Nièce d'Hitler*
366. HERMAN BANG	*Les Quatre Diables*
365. PETER BALAKIAN	*Le Tigre en flammes*
364. ROGER DE BEAUVOIR	*Les Mystères de l'île Saint-Louis*
363. ALBERT T'SERSTEVENS	*Les Corsaires du roi*
362. MARCELO FIGUERAS	*La Griffe du passé*
361. RODERICK CONWAY MORRIS	*Djem*
360. ALEXANDER KENT	*Honneur aux braves*
359. CARLOS BAUVERD	*Post Mortem*
358. W. WILKIE COLLINS	*Mari et Femme*
357. JACK LONDON	*La Fille de la nuit – Courage à la hollandaise*
356. FRANÇOISE CLOAREC	*Séraphine*
355. ROLAND TOPOR	*Le Locataire chimérique*
354. MARGARET DRABBLE	*La Sorcière d'Exmoor*
353. EMMANUEL DARLEY	*Un des malheurs*
352. RAFAEL SABATINI	*Le Faucon des mers*

351. ROY PARVIN — *La Petite-Fille de Menno*
350. MORIS FARHI — *Jeunes Turcs*
349. DAVID STOREY — *Ma vie sportive*
348. SLAVOMIR RAWICZ — *À marche forcée*
347. ROLAND PIDOUX — *Les Clochards d'Asmodée*
346. ALEXANDER KENT — *Victoire oblige*
345. SERGIO ATZENI — *Le Fils de Bakounine*
344. ILIJA TROJANOW — *Le Collectionneur de mondes*
343. JOSEF MARTIN BAUER — *Aussi loin que mes pas me portent*
342. WILLIAM DALRYMPLE — *Dans l'ombre de Byzance. Sur les traces des chrétiens d'Orient*
341. DAVID MADSEN — *Le Nain de l'ombre*
340. CLAUDE FARRÈRE — *Thomas l'Agnelet*
339. GEORGES BERNANOS — *Un crime*
338. MIKLÓS BÁNFFY — *Que le vent vous emporte. Chronique transylvaine*, t. 3
337. KENNETH GRAHAME — *Le Vent dans les saules*
336. CARLO GÉBLER — *Comment tuer un homme*
335. KLAUS MANN — *Speed*
334. ANA MARÍA MATUTE — *La Tour de guet*
333. MÉLANI LE BRIS — *La Cuisine des flibustiers*
332. JANE DIEULAFOY — *L'Orient sous le voile. De Chiraz à Bagdad, 1881-1882*
331. J. SHERIDAN LE FANU — *Les Mystères de Morley Court*
330. DOROTHY PARKER — *Hymnes à la haine*
329. ALEXANDER KENT — *Cap sur la Baltique*
328. MIKLÓS BÁNFFY — *Vous étiez trop légers. Chronique transylvaine*, t. 2

Cet ouvrage
a été achevé d'imprimer
en novembre 2020
dans les ateliers de Normandie Roto Impression s.a.s.
61250 Lonrai
N° d'imprimeur : 2004433

Imprimé en France

Dépôt légal : septembre 2012